本书翻译组

主　译
　　任海龙（北京语言大学高级翻译学院），第1—9章
　　常　江（深圳大学传播学院），第10—17章

组　员
　　韩冰洁（北京语言大学高级翻译学院）
　　刘一然（中国人民大学新闻学院）
　　史肖杰（北京语言大学高级翻译学院）
　　王江川（中国人民大学新闻学院）
　　王丽明（北京语言大学高级翻译学院）
　　肖　寒（中国人民大学新闻学院）
　　余鸿雁（中国人民大学新闻学院）
　　朱禹欣（北京语言大学高级翻译学院）

未名社科·学术面对面

The Media of Mass Communication
(eleventh edition)

大众传播媒介
（第十一版）

〔美〕约翰·维维安（John Vivian） 著

任海龙 常 江 等译

著作权合同登记号：01-2013-1211

图书在版编目(CIP)数据

大众传播媒介：第十一版/(美)约翰·维维安(John Vivian)著；任海龙等译．—北京：北京大学出版社，2020.3

(未名社科·学术面对面)

ISBN 978-7-301-30723-6

Ⅰ.①大… Ⅱ.①约…②常… Ⅲ.①大众传播—传播媒介—高等学校—教材 Ⅳ.①G206.3

中国版本图书馆 CIP 数据核字(2019)第 262515 号

Authorized translation from the English language edition, entitled MEDIA OF MASS COMMUNICATION, 11th Edition by VIVIAN, JOHN, published by Pearson Education, Inc., Copyright © 2013 Pearson Education, Inc. All rights reserved. No part of this book may be reproduced or transmitted in any form or by any means, electronic or mechanical, including photocopying, recording or by any information storage retrieval system, without permission from Pearson Education, Inc.

CHINESE SIMPLIFIED language edition published by PEKING UNIVERSITY PRESS LTD., Copyright © 2019.

本书中文简体翻译版由 Pearson Education, Inc. 授权给北京大学出版社出版发行。

本书封面贴有 Pearson Education(培生教育出版集团)激光防伪标签。无标签者不得销售。

书　　　名	大众传播媒介(第十一版)
	DAZHONG CHUANBO MEIJIE (DI-SHIYI BAN)
著作责任者	〔美〕约翰·维维安(John Vivian) 著　任海龙　常江 等译
责 任 编 辑	梁　路(lianglu6711@163.com)
标 准 书 号	ISBN 978-7-301-30723-6
出 版 发 行	北京大学出版社
地　　　址	北京市海淀区成府路 205 号　100871
网　　　址	http://www.pup.cn
新 浪 微 博	@北京大学出版社　　@未名社科-北大图书
微信公众号	ss_book
电 子 信 箱	ss@pup.pku.edu.cn
电　　　话	邮购部 010-62752015　发行部 010-62750672　编辑部 010-62765016
印 刷 者	天津中印联印务有限公司
经 销 者	新华书店
	787 毫米×1092 毫米　16 开本　34.25 印张　830 千字
	2020 年 3 月第 1 版　2020 年 3 月第 1 次印刷
定　　　价	108.00 元

未经许可，不得以任何方式复制或抄袭本书之部分或全部内容。

版权所有，侵权必究

举报电话：010-62752024　电子信箱：fd@pup.pku.edu.cn

图书如有印装质量问题，请与出版部联系，电话：010-62756370

目 录

第1章 大众传媒素养 / 001
  1.1 无处不在的媒介 / 003
  1.2 媒介传播 / 005
  1.3 媒介消费者素养 / 009
  1.4 评价媒介信息 / 011
  1.5 大众传播的目的 / 016
  1.6 媒体和社会 / 019

第一部分 大众传媒概说

第2章 媒介技术 / 029
  2.1 媒介技术 / 030
  2.2 印刷技术 / 031
  2.3 化学技术 / 036
  2.4 电子技术 / 040
  2.5 当今技术 / 046
  2.6 数字化集成 / 048
  2.7 技术和大众传媒 / 054

第3章 传媒经济学 / 063
  3.1 经济基础 / 064
  3.2 所有权结构 / 067
  3.3 其他媒体所有权形式 / 070
  3.4 政府角色 / 076
  3.5 新的资金来源 / 082
  3.6 传媒经济模式 / 085

第二部分 大众传媒产业

第4章 印刷媒体 / 097
  4.1 印刷媒体行业 / 098

4.2 报纸行业 / 101
4.3 主流报纸 / 105
4.4 杂志行业 / 110
4.5 创新杂志 / 114
4.6 图书行业 / 120
4.7 图书类型 / 123
4.8 图书行业的前景 / 125
4.9 后印刷时期文化 / 128

第5章 声音媒体 / 137
5.1 长期的共生关系 / 138
5.2 唱片行业 / 140
5.3 广播行业 / 144
5.4 美国无线广播的特点 / 146
5.5 广播的影响 / 153
5.6 广播行业的发展方向 / 158

第6章 视像媒体 / 166
6.1 影视融合 / 168
6.2 电影业 / 170
6.3 电视产业结构 / 173
6.4 电影产业结构 / 177
6.5 视像媒体产品 / 183
6.6 平台融合 / 190

第7章 新媒体景观 / 200
7.1 乔布斯的历史模型 / 202
7.2 门户网站 / 205
7.3 搜索引擎 / 207
7.4 信息 / 210
7.5 用户生成网站 / 213
7.6 电子商务 / 217
7.7 在线主导 / 219
7.8 游戏 / 221
7.9 存档 / 222

第三部分 大众传媒的内容

第8章 新 闻 / 231
8.1 新闻的概念 / 233
8.2 贝内特新闻模式 / 234

8.3 哈钦斯新闻模型 / 242

8.4 重思新闻模式 / 247

8.5 新闻中的个人价值观 / 249

8.6 影响新闻的变量 / 252

8.7 新闻的质量 / 255

8.8 新闻潮流 / 260

第9章 娱 乐 / 271

9.1 娱乐的历史 / 272

9.2 媒介表演 / 275

9.3 讲故事 / 277

9.4 音乐 / 278

9.5 体育和媒体 / 282

9.6 色情内容和媒体 / 285

9.7 游戏和媒体 / 287

9.8 艺术价值 / 289

第10章 公共关系 / 304

10.1 公共关系的规模 / 306

10.2 语境中的公共关系 / 308

10.3 公共关系的根基 / 310

10.4 作为战略的公共关系 / 317

10.5 公共关系的战术 / 318

10.6 公共关系的专业化 / 330

第11章 广 告 / 336

11.1 广告的重要性 / 337

11.2 广告的起源 / 339

11.3 广告公司 / 343

11.4 广告投放 / 344

11.5 品牌战略 / 351

11.6 广告策略 / 355

11.7 当代广告技巧 / 358

第四部分 大众传媒相关问题

第12章 受 众 / 371

12.1 发现受众 / 372

12.2 受众评估的原理 / 374

12.3 评估受众规模 / 382

12.4 受众调查方法 / 389

12.5 测量受众反馈 / 395
12.6 受众分析 / 398

第13章 大众传媒的效果 / 406
13.1 效果理论 / 407
13.2 大众媒体对生活方式的影响 / 410
13.3 大众媒体对公众态度的影响 / 414
13.4 大众媒体对文化的影响 / 419
13.5 大众媒体对公众行为的影响 / 424
13.6 媒体呈现的暴力 / 426

第14章 政府管理与大众传媒 / 435
14.1 媒体在政府管理中扮演的角色 / 437
14.2 媒体对政府管理的影响 / 439
14.3 政府操纵 / 446
14.4 竞选活动 / 450
14.5 媒体与竞选融资 / 454

第15章 大众传媒的全球化 / 462
15.1 大众传媒与民族国家 / 464
15.2 战争可检验自由的程度 / 468
15.3 互联网领域的全球变革 / 470
15.4 跨国界软外交 / 477
15.5 阿拉伯国家的传媒系统 / 481

第16章 传媒法 / 488
16.1 知识产权 / 489
16.2 表达自由 / 493
16.3 保护范围的扩大 / 499
16.4 诽谤 / 504
16.5 不雅内容 / 508

第17章 媒介伦理 / 514
17.1 道德的困境 / 515
17.2 媒介伦理 / 519
17.3 道德法则 / 519
17.4 过程 vs.结果 / 523
17.5 波特的盒子 / 527
17.6 伦理、法律与实用性 / 529
17.7 令人不安的媒介问题 / 530

第1章

大众传媒素养

■ 媒体"随警出车执行任务"

"随警出车执行任务"(police ride-along)式的新闻报道方式并非福克斯(Fox)电视网首创,但该台播出的《警察故事》(Cops)却是将此类新闻形式成功打造为成本低廉、剧情跌宕的节目的典型。其实,本片及其他电视网跟风制作的剧集从一开始就饱受争议。批评人士认为这有损社会价值观,代表着一种新"偷窥文化"的抬头。节目内容确实有些低俗,毕竟犯罪行为本身就不是什么光彩的事情。而从新闻的角度来看,这种报道行为也有一些问题。福克斯是真的以公共政策的眼光在严肃审视犯罪现象吗?还是说只想大打制作低廉牌,卖给广告主,昧良心赚脏钱?

这些问题之所以激发公众大讨论,是因为发生了这样一起事故:A&E电视网跟风制作的节目《头48小时》(First 48 Hours)的剧组有一次在底特律跟随警察突袭一所民宅。警方当时正在搜索一起便利店杀人事件的嫌疑犯。民宅中到底发生了什么,也许永远无人知晓,但警方坚称,一位警员要么与女主人梅蒂拉·琼斯(Mertilla Jones)发生了碰撞,要么就是被她推挤,结果警枪走火,琼斯的孙女爱雅娜(Aiyana)正在沙发上睡觉,不幸中弹,当场死亡。事后各方都承认:这是一个悲剧性的错误。

事发后,很快有人质问A&E电视剧组在事件中扮演了什么样的角色。警察知道有人在一旁摄影,行为举止是否会与往常不同?镜头面前,人是会变的,有时想表现得更体面、更勇敢,有时又更加谨慎。这些问题,恐怕我们永远也找不到准确的答案。

尽管如此,一些有关大众传媒行为和效果的重要难题,还是有方法分析解答的。本章为媒介素养的入门课,能够让你了解记者随警突袭等媒体活动如何受到诸多互动因素的影响。这些因素既包括经济需求、吸引观众、增加广告收益等考虑,也包括伦理问题,如侵犯隐私权和"陷阱式采访"(gotcha journalism)等现象。此外,媒体行为的后果又该如何看待?媒体信息是否会对我们个体产生正面影响?还是会狡猾地操纵我们?这里可以想一想怪兽电影的现象,也可以思考一下广告现象。另外,社会会受到何种影响?这里可以思考一下企业出于各种目的进行的公关宣传活动。还可以审视政治竞选活动,其是否有益于民主制度,还是说正在逐步破坏着我们的生活方式?

我们可以通过一些工具来应对这些问题。这就对我们的媒介素养提出了要求，也就是说，我们必须明白应该如何发现问题，以及如何以批判性思维评估这些问题。这些工具使我们免受大众传媒的欺骗。更重要的是，这些工具可以赋予我们力量，使我们在日常的媒介使用中从多方获益。

底特律女童爱雅娜·史丹利-琼斯周日夜间死亡案发生后，各类随警拍摄式的警察节目制作方纷纷辩称，节目通过拍摄警察行动，为公民呈现了有价值的信息。很多警察机构指出，此类节目的播出，有助于吸引年轻人加入警察队伍。一些政治学者也认为，电视剧组等非警方人员对警察活动的拍摄，有助于督促公众对警方的问责。

但另一方面，随警拍摄式的节目也饱受批评。1999年，联邦最高法院裁决，媒体随警出车，跟警察进入民宅，侵犯了公民的"住宅隐私权"。底特律事件中，当警员拔枪、突闯民宅时，A&E剧组留在了外面，因此A&E严格来讲并没有违法。然而，因为电视剧组在场，是否加剧了现场矛盾冲突，或是否在其他方面导致了悲剧发生，仍然是值得考虑的问题。

此外还要回答一个更加广义、更加恼人的问题：真人警察节目是否将重要问题渺小化，将一切事物都视为娱乐呢？如果回答为"是"，那么A&E和其他播放真人秀的电视台头戴神圣的新闻光环，喊着提供公共服务、增进公众理解的口号，是否有些太虚伪了？

悲痛欲绝的祖母

在烛光守夜活动上，梅蒂拉·琼斯因孙女死亡号啕大哭。警方此前突袭其住宅时，其仅七岁的孙女不幸被警方一颗子弹击中身亡。悲剧事件中，电视是否也是一个作用因素？毕竟，某电视网真人节目的剧组当时正在现场拍摄突袭行动。

如果节目的确是**真人**节目，也就是说要符合新闻写实原则，那为什么制作方又迫于警察局的压力，允许警方编辑素材？新闻工作者永远不会允许报道对象编辑新闻，但警方对随警出车执行任务节目的内容去留通常有最终决定权。连一些小事，比如警员是否按规定身着制服出现在镜头中，都受警方控制。某警局甚至剪掉了警员抽烟的片段，因为担忧警察抽烟影响其职业形象。

观察以上所有现象，可以分析出什么道理？通过学习媒介素养，通过讨论，我们就可以在探求答案的道路上更进一步。

本章要点

- 大众传媒对我们的生活影响至深，但我们经常未留意到其作用。
- 科技发展将大众传媒和社交媒体与其他的人类沟通方式区别开来。
- 语言、视觉和影视素养是参与大众传播必不可少的技能。
- 媒介素养不仅包括知识的获取，也包括批判性思维的培养。

第1章 大众传媒素养

- 大众传播有明确的目的，通常是为了告知、说服、娱乐或教化。
- 大众传播既是团结社会的力量，也是分裂社会的力量。

1.1 无处不在的媒介

▲ **本节概述**

我们沉浸在大众传播的海洋中，每天活动时间的68.8%都暴露在媒介信息之下。因为深处其中，我们经常意识不到其存在，更是想不到其产生的巨大影响。

1.1.1 媒介接触(Media Exposure)

我们完全沉浸于**大众传媒**①(mass media)信息之中，大部分时间都意识不到其存在。波尔州立大学(Ball State University)的学者发现，我们主动参与看电视、上网等媒介活动的时间占每日活动时间的30%，差不多5个小时。其他的媒介接触是消极的，比如音乐壁纸(audio wallpaper)。进入21世纪，大众传媒更是大多数人日常生活中必不可少的一部分，有时直接在眼前呈现，有时如空气般无影无形却无处不在。至少，大多数人不会留意大众传媒，已将其视为理所当然的存在。

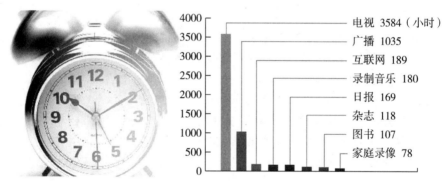

媒介使用。媒体研究公司尼尔森(Nielsen)发现，不管是按人数计算还是按家庭数计算，在看电视上花费的时间都要远多于其他媒介活动。如果考虑录后再看和观看DVD等活动，看电视所占时间就更长了。

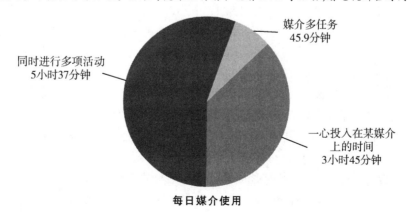

每日媒介使用

---

① 大众传媒：严格来讲，大众传媒是将信息传播至广大受众的载体。也可以用来形容基于大众传媒的行业，如电视和图书媒体，或形容使用大众传媒将信息大规模输送至大众的行业公司，比如维亚康姆(Viacom)就是一家媒体公司。

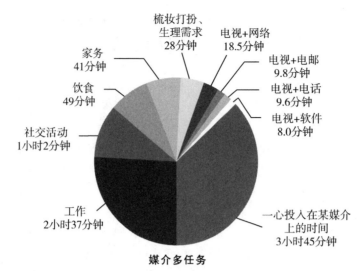

在媒介上所花费的时间。大众传媒无处不在,全天候供应。波尔州立大学的一项大型研究发现,我们每日活动时间的 68.8% 都在使用媒介,其中大部分时间同时也在做别的事情。我们有时还在接触一种媒介的同时接触其他媒介的信息。

1.1.2　同时进行的媒介使用

令人惊讶的是,波尔州立大学发现,除了每日 5 小时的媒介使用时间外,我们还有另外平均每天 6 个小时在做别的事情的同时接触着媒介,相当于每日活动时间的 39%,比如一边煮饭一边心不在焉地看电视,或上下班时看户外大广告牌等。如果都算在一起,媒介使用占到了我们非睡眠时间的约 2/3,确切数字是 68.8%。也许我们该休息一下了。

随着大众传媒深度嵌入日常生活,**媒介多任务**①(media multitasking) 早已不再是一件烦人的事情。波尔州立大学的研究人员发现,人花在大众传媒上的时间中有约三分之一是同时接触两个或多个媒介。比如读报时,一只耳朵听电视,另一只耳朵听广播,同时还浏览网页。

波尔州立大学的研究结果可能让人惊讶,但事实就是如此,很难反驳。研究人员跟踪了 294 名中西部美国人的日常生活,每天跟踪 12 个小时,共跟踪 5000 个小时,每隔 15 秒钟就在手持设备上记录追踪对象的媒介使用情况。样本规模之大、方法论之严谨,让人肃然起敬。

严格来讲,波尔州立大学的研究跟踪的媒介接触情况并不全是大众传播。依据定义,**大众传播**②(mass communication) 是指借助科技将信息传送至大众受众(mass audiences)。波尔州立大学的研究涵盖了科技辅助下的一对一传播,如实时通信和电子邮件,这两者主要是人际传播或沟通的形式。然而其实大众传播和一些人际传播之间的界限日益模糊。举例来讲,电子游戏可以是单人活动,也可以是人际活动;两名玩家可以身处一室,也可以相隔万里。电子游戏也可以是数十人,甚至是成千上万人参与的大规模活动,此时很明显就成为一种大众传播活动。将科技辅助传播和大众传播结合在一起,波尔州立大学的数据仅反映出

---

① 媒介多任务:同时接触来自不同媒介的信息。
② 大众传播:指借助技术将信息发送至远距离广大受众的过程。

我们的生活正逐渐经历媒介饱和的现实。

1.1.3 无法逃避的共生现象

有些人为了展示超人般的意志力，会突然戒网，拒绝接触大众传媒。这种现象很罕见，因此，每次当某个小学班级"集体下线"，或某个科学家开展相关严格实验，都能上新闻。通常来讲，这些完全将媒介拒之门外的行为或实验撑不了多长时间。除非挎上背包，去荒山老林露营，大多数人平常和大众传媒之间都是一种愉快的共生依赖关系。我们依赖媒介。媒体行业当然也要有受众才能存活。如果没有听众，开设电台的意义何在？

人依赖媒介。通常，早间新闻听众最多的栏目是天气预报。听众想了解天气如何，以做相应准备。如果不知道会下雨，回家路上可能就会淋雨。对大多数人而言，现代生活离开了媒介就无法维持。我们需要媒介提供新闻咨询、娱乐消遣、分心解闷，也依赖媒介交流思想。

媒介依赖人。现代生活方式需要大众传媒，而以媒介为基础的媒体行业也需要受众。这就是相互依赖的**共生**①（symbiosis）关系。为了不破产，出版社需要愿意花钱购书的读者。好莱坞片商需要观众去影院花钱看电影或通过正式渠道注册并下载电影。电视、广播、报纸、杂志业的媒体机构如果无法为广告主希望吸引的受众提供内容，就无法生存。广告主只有当确信媒体机构能够吸引来潜在顾客，才会掏腰包购买广告时段和空间。

我们生活在一个与大众传媒存在着千丝万缕联系的环境中。这种相互依赖的关系，通常对现代生活有益，但也并不是说完全没有问题。

- 用一两天时间跟踪你自己的媒介使用情况。将结果与波尔州立大学的研究结果相比较。
- 媒介多任务如何影响信息的呈现方式？
- 大众传媒和受众之间的相互依赖关系会对社会产生何种影响？

1.2 媒介传播

▲ **本节概述**

大众传播是指借助科技将信息传送至大众受众的过程。传播的其他形式相形见绌，因为无法覆盖众多人群。

1.2.1 古代传播

人类传播形式五花八门。洞穴人以语言沟通，比如一个叫阿坨的原始人向邻居阿乌哼唧一声，这就叫**人际传播**②（interpersonal communication），是一对一的。篝火旁边，阿坨向部

---

① 共生：相互依存、互利互惠的关系。
② 人际传播：在两个人或一个小团体的成员之间面对面地进行。

落中的其他人讲述今天打猎的故事,这就叫**群体传播**①(group communication)。传统上讲,人际传播和群体传播都是面对面进行的。古老的人类传播手段在科技推动下,内涵逐渐变得丰富。情侣在电话上情话缠绵,也依旧是人际传播。手持高科技扩音器的人,在煽动群众时从事的仍然是群体传播。

1.2.2 通过大众传媒实现的传播

媒介素养的基本技能之一,是清晰区分不同传播形式。如将人际传播和大众传播混为一谈,便无法梳理清楚复杂的重要问题。

大众传播是指将信息传送至彼此距离很远的大量受众。大众传播只有通过科技才能实现,比如印刷机、广播信号发射机或互联网服务器等。大规模受众是大众传播的核心特征之一。

受众。大众受众个体迥异,异质化程度很高。例如,电视网制播情景喜剧的目的,就是为了吸引由男女老少,左派、右派,虔诚、世俗等不同人群构成的大规模观众。其他产品的受众群就比较狭窄,比如婚纱杂志。不过尽管婚纱杂志的受众主要是年轻女性,也有民族、收入、教育程度和其他指标上的差别,也可称其为大众受众。

距离。传播者无法亲眼见到大众受众,他们通常位于千里之外。这与人际传播和群体传播有很大不同。运用卫星或视频会议技术召开团体会议,尽管远隔重洋,也是群体传播的一种形式,不是大众传播。

反馈。大众受众通常缺乏立即**反馈**②(feedback)的机会。人际传播时,对方可以莞尔一笑,也可以一记勾拳直击传播者鼻梁,这都是立即反馈。而大众传播进行时,回应却是延时的,比如给编辑写信、取消订阅、在 Twitter 上发文破口大骂等。即使是给真人电视节目发短信都有延时,肯定不如一拳打在鼻梁上来得更有力度。写邮件的话,对方收到邮件后,有时也不会立即阅读。

大众传播如果离开印刷机或广播信号发射机等科技手段,就无法实现。就这一点而言,大众传播可以说是工业时代和机械时代的胜利果实。迄今仍有人将其称为**工业传播**③(industrial communication)。"工业"两个字,代表着需要拥有巨大的科技资源,才能从根本上大规模实现大众传播。有没有想过购置一台高斯 Metro 打印机,办家报馆?要先准备好投资成百上千万美元。联邦通信委员会(Federal Communications Commission)要求现金首付头六个月开支,才会考虑将电视广播执照发给你,数额同样成百上千万。大众传播是在工业级层面上开展的活动。

1.2.3 通过社交媒体实现的传播

21 世纪兴起的**社交媒体**④(social media)现象,其革命性似乎不亚于工业时代大众传播的发明。与大众传播相同,社交媒体也是通过媒介进行。不同在于,社交媒体几乎任何人都可使用。不需要昂贵的印刷机或广播设备也可以实现。拥有一台联网计算机,用户就可以创作内容,供全世界访问。社交媒体基于互联网,通过移动技术,将传播转化为交互式对话。

---

① 群体传播:受众超过一人,所有受众都在听力所及范围内。
② 反馈:对信息的回应。
③ 工业传播:大众传播同义词,指运用工业规模的科技手段,推动大众传播过程。
④ 社交媒体:基于互联网的传播平台,实现用户生成内容的交互式交流。

用户生成内容的交互式交流,即为**社交**。典型例子:Facebook、Twitter 和 YouTube 都允许用户以较低的成本发表、搜索、交流信息,与传统的工业媒体形成鲜明对比。无论通过大众传媒还是社交媒体实现的传播,其吸引的受众都是可多可少的。大多数 YouTube 视频基本无人理睬,但有一些却能实现病毒式传播,人气之高令最成功的电视剧都自惭形秽。

以下是社交媒体和工业传播之间的一些重要区别。

影响范围。社交媒体和工业传播都运用科技,实现传播规模化,都能够影响全球受众。但是工业传播一般在组织、生产和传播方面采取集中框架;社交媒体则更加分散,等级不明显,生产点和访问点更多。

所有权。工业传媒的生产数据复杂昂贵,通常为企业或政府所有。相比之下,社交媒体的生产工具门槛低,大多数人用得起。

获取难易程度(access)。工业传媒生产繁复,需要专业技能和培训。社交媒体生产只需普通技能,几乎任何人只要拥有一台联网计算机,就可以制作信息,能够大规模传播。

- 比较人际传播、群体传播和大众传播。
- 相比工业传播,社交媒体有哪些不同的特征?
- 假如你未来会成为一名传播者,你拥有的信息和思想能够改变世界,从今天起要培养技能,为以后的事业打基础,那么你希望从事大众传媒事业还是社交媒体事业?

▶ 媒介时间线

	媒介素养里程碑	
史前	**语言** 人类出现成型的口头语言(史前) **洞穴艺术** 洞穴壁画拓展了人类传播范畴(1.7 万年前) **重大事件** • 人类传播(史前) • 智人起源于非洲(20 万年前)	 旧石器时代人类留下的图像不仅在当时向同部落人传达信息,也向以后来到洞穴的人传播着信息
15—18世纪	**媒介素养里程碑** **书写和阅读** 阅读技能逐渐提高 **重大事件** • 古腾堡印刷机推动大规模生产(1446) • 英属北美殖民地制造出第一台印刷机(1639)	 弥尔顿鼓励开放的思想交流

19世纪	**媒介素养里程碑** **公共教育** 美国第一所公立学校在波士顿成立（1821） **摄影** 约瑟夫·涅普斯（Joseph Niepcé）发明摄影术（1826） **免费上学** 美国各州都开始提供免费学校教育（1870） **重大事件** • 杂志《哈珀周刊》（*Harper's Weekly*）将添加插图视为标准做法（1862） • 第一张报纸照片（1899）	 视觉在20世纪大众传播中的重要性与日俱增
20世纪	**媒介素养里程碑** **身势学（kinesics）** 朱利亚斯·法斯特（Julius Fast）撰写《身体语言》一书，讲述非语言传播信号（1970） **视觉素养** 斯科特·麦克劳德在《了解漫画》中定义视觉素养（1993） **组织** 约翰·迪贝斯成立国际视觉素养协会（1969） **重大事件** • 第一家主要电影片商派拉蒙的前身成立（1912） • 《生活》（*Life*）杂志创刊（1936） • 发明互联网（1969）	
21世纪	**媒介素养里程碑** **YouTube** YouTube允许用户上传DIY视频（2005） **重大事件** • 维基百科成立（2001） • Facebook成立（2004） • 经济大衰退（2007—2009） • iPad上市（2010） • 史蒂夫·乔布斯去世（2011）	 开始了解视觉素养

1.3 媒介消费者素养

▲ 本节概述

媒介素养的基本要素包括写作和阅读技能。随着视觉在大众传播中的重要性日益加强,视觉素养也变得必要了,包括"阅读"静态和动态图像的技能。

1.3.1 语文素养

大众传媒在早期几乎完全以文字为中心。创作媒介信息、推断信息含义的行为构成媒介素养,也就是需要词汇、语法和其他写作阅读技能。这些都是后天习得的,可教可学,无人生来就会。

当代的**语文素养**①(linguistic literacy),也称识字率,与经济生产力和繁荣程度一样都是衡量现代文明的标志,三者之间密不可分。高识字率通常与人均收入存在正相关关系,但也有一些例外,比如古巴的国家政策重视教育,但经济萎靡。

	识字率	人均年收入
美国	99.0%	7132 美元
印度	54.2%	1265 美元
阿富汗	34.0%	906 美元
尼日尔	28.7%	381 美元

1.3.2 视觉素养

传播符号出现的时间早于成型的复杂人类语言。远古洞穴壁上便刻着动物图像,比如法国西南部拉斯科(Lascaux)的洞穴壁画。17,000 多年以前,在成型语言诞生之前,旧石器时代的洞穴居住者就已经借助图像传达意思,也许在使用图像的同时还会用喉咙简单发出声响,进一步说明信息的含义。远古人可能没有意料到,他们留下的图像也向未来的人类传递着信息。今天的古人类学家不就在"翻译"洞穴壁画吗?识别图像的能力,即为**视觉素养**②(visual literacy)。

除了人类偶尔创作的一些简单的木刻版画之外,视觉图像并不是早期大众传媒承载的主要内容形式。当时的科技是以文字为中心,尚未涉及图像。19 世纪中叶人类发明摄影技术后,图像的重要性才开始显现,20 世纪印刷工业技术的发展也加速了图像的崛起。人喜欢看图,但过程通常是直观的。20 世纪 70 年代时,人类才开始思考,在诠释、推敲、创造含义的过程中,是否存在着系统化的智力过程在起作用? 视觉素养这个词,是**约翰·迪贝斯**③(John Debes)于 1969 年发明的,他当时任职伊士曼·柯达公司(Eastman Kodak)的教育项目

---

① 语文素养:使用书面语言和口头语言的能力。
② 视觉素养:解码图像含义的能力。
③ 约翰·迪贝斯 1969 年首次提出"视觉素养"一词。

协调员。迪贝斯将视觉素养定义为"人通过视觉和其他感官体验的集成而培养出的视觉能力组"①。

在科技的推动下,视觉在人类传播中的地位逐渐提高,教育家也意识到,生活在一个与日可视化的现代社会中,学习视觉素养必不可少。然而太多学科被牵扯进来,这就妨碍了核心原则的建立。

漫画作家**斯科特·麦克劳德**②(Scott McCloud)给出了迄今为止最清晰的定义。麦克劳德在1993年出版了漫画小说体写实作品《了解漫画:隐形的艺术》(*Understanding Comics*: *The Invisible Art*)。书中描述了艺术家如何通过控制形式、风格、结构等作品的核心要素来精确传达信息。精明的媒介消费者能够察觉到一些基本的概念。比如,若画中的动作是面向右方,则通常代表积极向上的含义,因为起码在西方文化中阅读方向是从左到右。若画中的动作从右向左进行,则代表着障碍、低下、矛盾。颜色能够影响氛围和基调,正如文字传播中文字的节奏和排列能够营造氛围一样。

斯科特·麦克劳德

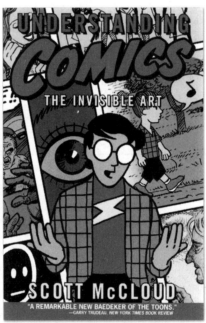

传播者的控制。大众传播者能够在一定程度上控制信息的传播,实现自己的意图。漫画小说家斯科特·麦克劳德提出,这些控制技巧包括形式、风格、结构等手段。大众传播者技巧掌握愈娴熟,其传达的信息就愈有冲击力,其表现出的视觉素养和语文素养也就愈强。另一方面,站在媒介消费者的角度,对这些技巧的辨识度越高,他们对大众传播过程的参与度就越高。

若创作者是高手,则漫画等视觉数据希望表达的意图会自然呈现,用不着受众有意识地去分析。而作为媒介消费者,如果经验老到,便能够在图像中辨识艺术家运用的原则和技巧,深入理解并评价信息。若能察觉作者的意图,不但可以更加准确地了解信息,还可以更好地欣赏作者的思想。

麦克劳德等视觉素养理论家坚持认为,尽管我们需要视觉素养才能在一个高度复杂的

---

① "The Loom of Visual Literacy: An Overview" by John L. Debes in *Proceedings*: *First National Conference on Visual Literacy* by C. M. Williams and J. L. Debes (eds.). Copyright © 1970 by International Visual Literacy Association. Reprinted by permission.

② 斯科特·麦克劳德:漫画书作家,对媒介素养做出了清晰的描述。

世界中生存和交流,但视觉素养并不能取代语文素养。两者相辅相成,需要两者兼顾,才能充分传播和理解含义。

1.3.3 影视素养

摄影等静态图像经过数十年发展,逐步融入了大众传媒。电影业也迎来了繁荣大发展,高新科技一经发明便立刻应用在影视生产中,由此产生了所谓**影视素养**①(film literacy)的传统。譬如,观众慢慢不再恐惧屏幕上比真人高大的男女主角,也慢慢不再为电影的闪回倒叙手法所困惑。戴白帽子的是好人,顶黑帽子的是坏蛋。渐渐地,电影大师运用的技巧也被应用到同为动态媒介的电视屏幕上。影视业运用了五花八门的影视手法,传达最微妙的情感,经验丰富的狂热影视迷一眼便可察觉。提高影视素养,可以加深观影体验。

在迪贝斯、麦克劳德等人开始研究视觉素养之前半个多世纪的时间内,其实电影业一直进行着广泛的思考,为今天有关视觉素养的研究打下了坚实的基础。

思考

- 请解释语文素养和经济繁荣之间的相关性。
- 请仔细回忆,描述自己的视觉素养从年幼至今的发展过程。
- 影视素养包含深刻、丰富的含义。请你来评价一下白帽代表好人、黑帽代表坏人的现象。

1.4 评价媒介信息

▲ **本节概述**

媒介素养是对知识和批判性思维过程的应用。基本要素包括识别信息形式、区分信息和信使、了解不同媒介和平台的潜能和限制,以及将媒介放在历史和传统的框架下思考等能力。媒介素养也需要坚持不懈地对传统智慧提出质疑。

1.4.1 媒介素养的基本要素

一提到素养,通常我们会想到阅读书写能力。素养也可以指对历史或物理等某一特定学科的掌握。**媒介素养**②(media literacy)是"大众传播时代"必不可少的组成部分,生活从早到晚,人生生老病死,都浸淫在大众传媒中。设想一下如果不掌握现代媒介素养会有什么结果。托马斯·杰斐逊在他的时代可谓是才华傲人、学富五车,但如果突然来到现在,听到广播放出的声音,定会惊讶得合不拢嘴。他会提一些在我们现代人眼中愚蠢的问题,比如为什么一个小盒子能够装下那么多小人,还能发出那么大声音。不懂媒介素养的杰斐逊,肯定会受到百般嘲笑。

---

① 影视素养:评价电影、电视、视频等动态媒介的能力。
② 媒介素养:分析、评价媒体信息并创造通过媒介传播的有效信息的能力。

明日传媒

小说黯然失色

"狂热的小群体活动"(cultic activity)。美国小说家菲利普·罗斯对自己这行的前景感到悲观。他认为小说作为长篇故事叙述媒介已经在走下坡路。他称小说已经成为"狂热的小群体活动"。

正是由于科技,小说作为长篇故事叙述文体才得以诞生。13世纪中叶,古腾堡的发明带来了印刷文字的大规模生产,在此之前,长篇虚构散文非常罕有。手抄书和装订书每次只能人工生产一本,价格极其昂贵。而且因为古腾堡时代以前的民众识字率很低,文字产品市场微乎其微。"小说"(Novel)这个词18世纪才出现。

然而,发展了三四百年之后,以目前形式存在的小说却站在了历史的十字路口。当初推动小说作为高雅文学艺术诞生的科学技术,也许正在为小说挖掘坟墓。

- **相互竞争的科技**。高新媒介技术催生了更强大的故事叙述形式,侵蚀着小说传统的专有领地。电影成为探索人性状态和重大社会问题的有力载体。电视在严肃文学表现方面也有巨大潜能。每一个媒介都拥有独一无二的特征,也都存在缺陷。比如,电影因为时间相对紧凑,受限较多,但紧凑并不代表电影就无法产生深刻的文学见地。
- **易于获取**。同样是因为科技发展,电子、数字媒介更加唾手可得。花两个小时在影院观影,要比买本书再用上两个星期阅读容易得多。今天甚至可以用移动平板点播下载影视剧,还有比这更简单的吗?
- **时间限制**。小说也可以下载,但消费长篇文学,需要人开展智力活动即阅读,整个过程既缓慢又辛苦。大多数人阅读理解时,每分钟只能读300个词,不及一页。教科书因为是学习工具,更需要投入精力。快速阅读最快的情况,比如略读,通常每分钟可以扫六七百词。生活中有那么多更简单、更紧凑的媒介传播形式,似乎人的注意广度在萎缩,也更没有耐心。当然,生活中争抢着吸引我们注意力的事情实在太多,若真的允许大多数人按照喜好来获取媒介内容,则一天24小时远远不够。

小说会消失吗?肯定不会很快消失,但是连一些长篇故事叙述的支持者,比如小说家菲利普·罗斯(Philip Roth),都承认小说时日无多。他对 The Daily Beast 网站说道:"图书无法与屏幕竞争,原来无法与电影屏幕竞争,后来也无法与电视屏幕竞争,现在还无法与计算机屏幕竞争。屏幕已经占据了我们的生活。"

各式各样的新媒介形式吸引着本来会选择小说体表现艺术灵感的创造性人才。举个极端的例子:日本的手机小说连播,日文名为"携带小说"(keitai shosetsu)。虽然每一期只有16个字,算不上优秀文学,但回顾纸质书的历史,一些长篇幅的书何尝不是内容乏善可陈甚至低俗的?也许不应该"断章取义"地看待"携带小说",而是应该整体考察:也许这种新的形式还没有完全演化成熟,尚未发挥最大艺术潜能。

每次只播放一部分,这种分期或分集放送的形式经常见于电视连续剧。不过它还可以用于其他传播形式,将节目剪切分块下载,供忙于工作生活的观众抽空观赏。

第1章 大众传媒素养

> **你怎么看？**
>
> 传统的长篇叙事文学，不管是以印刷装订形式，还是以可下载的电子形式存在，还会存活多长时间？
>
> 有人对一切新的文学媒介包装形式都加以批评，认为都比小说劣等，你会如何回应这种批评？

我们虽然经常接触媒介，但在大多数人眼中，媒介是隐形的，或者至少没有主动意识到其存在，比如商店播放的音乐、笔身上的广告、菜单上堆得比天高的汉堡照片旁边的夸张菜品描述，我们平常都不会去留意。很多媒介信息融入了周围的生活环境，在我们眼中实在是再正常不过的事情。学习媒介素养是就要求我们意识到媒介信息的存在。

有些媒介信息，需要看得更广更深，才能够意识到其存在。

信息形式。最基本的媒介素养是能够区分一对一信息和大众信息。有时这并不简单，比如群发邮件开头写"卡拉你好"，如果卡拉真的认为邮件是给她个人写的，那就太天真了，用我们的术语来讲，叫没有媒介素养。

信息和信使。有一个寓言故事，讲的是一位国王，每次听到坏消息，都要杀掉信使。换到今天的媒体身上，就相当于责怪记者报道坏事，或批评电影导演拍生活阴暗面给你看。媒介素养需要我们区分信息和信使。描述毒品文化的作者并不一定就是在宣扬毒品，饶舌歌手在歌词里给"冰毒"配了好几个精妙的押韵词，也不代表他支持吸毒。

察觉动机。若想明智地使用大众传媒，就需要评价一条信息背后的动机。其目的是否为传达信息？说服我用他家品牌？抹黑某位竞选人？为了看清答案，通常需要跳出信息本身，确认信息来源。发出信息的，是一位努力保持客观中立的新闻记者吗？还是来自民主党全国委员会？来源不同，信息背后的动机也可能有所不同。

媒介限制。不同媒介依赖的技术会影响信息传播。比如，CD可以高清播放音乐，书籍就无法做到。CD和书籍都是大众传媒，但潜在影响大相径庭。

比如，一本书改编成电影后，总会有人批评电影中的一些细节与原著不符，但这些人可能缺乏足够的媒介素养，没有意识到，100分钟长的电影，不可能百分百忠于9万字的小说。相反，2011年马修·沃恩（Matthew Vaughn）执导的电影《X战警：第一战》（*X-Men: First Class*）在视觉听觉上的精彩特效，是20世纪60年代斯坦·李（Stan Lee）和杰克·科比（Jack Kirby）于漫威漫画《X战警》中无法体现的。批评电影与书不同，就和批评金枪鱼吃着不像菠菜一样没有道理。反之亦然。

传统。历史塑造了现在。举例来说，美国新闻业的一大悠久传统扎根于美国宪法，即新闻媒体应该代表人民监督政府，防止政府做蠢事坏事。另外一大传统是艺术表现应该不受政府限制。这些传统深远地影响了媒体表现和理性期待，如果对此一无所知，媒介素养也无从谈起。

而且，媒介素养还要求了解其他文化和传统。比如中国大众传媒的起源和传统就与西方民主国家存在巨大差异。即使是民主国家内部，媒体表现也千差万别。比如，英国的刑事诉讼新闻报道就比美国克制得多。

媒体迷思。一旦发生暴力犯罪,社会就会鞭挞媒体,最早是影视暴力,现在又轮到了电子游戏。事实是,社会科学家已经开展过成百上千次严肃研究,但没有一次证明媒体暴力内容导致现实暴力的传统观点是正确的。事实是,不管辩护律师如何巧妙地将被告的暴力行为归罪于电子游戏或影视剧,法庭没有一次承认过此类辩护的合理性。并不是说媒体中的暴力和现实生活中的暴力没有关系,而是说尚未确认两者之间存在着简单直接的联系。

大量的媒体迷思充斥于社会,污染着理性对话,歪曲着对媒体展现暴力等重要问题的理解。为了将实际现象与假想和谬论区分开,媒介素养必不可少。

媒介争论

素养和互联网

尼古拉斯·卡尔(Nicolas Carr)是一位多产的科技作家,有一天突然感觉自己可能患上了"中年头脑腐烂症"。他才47岁,就发现自己专注某一件事情的时间超不过几分钟。他当年在达特茅斯学院时,最喜欢去图书馆,一去就泡上好几个小时。近30年过去了,为什么变成这样了?难道头脑真的烂掉了?

卡尔的答案是否定的。但他认为,他使用大脑的方式已经严重恶化,罪魁祸首就是互联网。

在他的新书《浅滩》(The Shallows)中,卡尔指出大脑是习惯塑造而成的。路上行车越多,车辙就越压越深,大脑中的连接渠道也是同样的道理。他多年来大量使用互联网,习惯于东挑西拣碎片化的信息,大脑的工作方式逐渐偏离了年轻时的训练模式。接触网络之前,他阅读时会遵循著作者意图,从头到尾直线进行,沿途寻找事实和观点,连接逻辑关系,跟随情节一路前进,评价文字背后的理论基础。

卡尔的网瘾史可以追溯到1995年,他第一次使用Netscape浏览网页。十多年后,他发现互联网已经深刻广泛地影响到他的工作习惯和个人生活习惯。他希望能够快速、简单地获得一块块的信息,多多益善。而现在他认为,这种现象使人上瘾,破坏性很大。

卡尔曾经喜欢深度阅读。他还记得自己曾经是如何沉迷于作者文字之中,为情节发展唏嘘不已。一本书能连着读好几个小时。现在不行了。现在他读一两页之后就开始走神。他越来越烦躁,深度阅读已成为苦差事。

尽管如此,卡尔还是承认互联网的巨大作用和超高效率。写作时,他能立即获取前人无法想象的海量数据。以前在图书馆需要好几个小时完成的工作,现在只需几秒、几分即可收工。但他为此付出了什么代价?互联网在他看来,已经一点点消磨光他集中精力思考问题的能力。他心有忧虑。

卡尔说,他的朋友们也有同样的经历。相关大脑功能研究也证实了他的理论,不过他也承认还需要更多研究。

另一方面,也有大量研究表明,使用互联网能够为认知能

神经科学问题。人脑功能研究的一个方向,是探索人类暴露在互联网海量信息之中,是否会改变思考方式。尼古拉斯·卡尔在《大西洋月刊》(The Atlantic)杂志中以一个挑衅性的大标题点明了主旨。

力带来正面影响。后现代文学学者凯瑟琳·黑尔斯(Katherine Hayles)认为互联网导致的碎片化、非线性思考过程并不构成什么威胁。她承认,这种在各个屏幕上快速切换、超链接至四面八方的"注意力兴奋型专注"(hyperattention)行为,的确与屏蔽外部世界、聚精会神阅读一部作品的传统做法迥然不同,但是她觉得,快速灵活地切换信息流的能力也有其优势。她将其称作"认知新模式",认为其融合了传统的注意力深度专注模式与网络时代的兴奋型专注模式。

> **正方**
>
> 肤浅的网络使用,已经让我们失去了深度集中精力的能力。沉思、独思、专注等能力的贬值,不仅是个人的损失,也是文化的颓败。
>
> **反方**
>
> 失去文化、失去思辨能力的风险其实并不大。传统的线性、文学思考方式的确有一些注意力兴奋型专注方式无法比拟的优势,但反之亦然。

深化你的媒介素养

探索问题: 回顾自己的经历,找出一部影响了你的价值观或思维方式的文学作品。可以选择经典小说或电影,有助于思考。如果实在无法决定,建议考虑达尔顿·特朗勃(Dalton Trumbo)1939年的书《约翰尼上战场》(*Johnny Got His Gun*)或1971年的电影改编版。

深入挖掘: 上网搜索有关作品核心情节和概念的词汇。如果你选择了《约翰尼上战场》,请搜索作者姓名、书名、第一次世界大战、气管、窒息、和平主义、摩尔斯密码、安乐死等词汇。搜什么词请尽情发挥想象。时间允许的情况下,浏览越多链接越好。

你怎么看? 网络搜索是否丰富了你对本作品的体验?搜索之后,你是否对作者的意图或思想产生了不同的看法?你的价值观是否发生了动摇?还是进一步巩固?还是发生微调?尤其要说明,上网带来的体验是否可以充分替代线性的阅读体验。

1.4.2 媒介素养领域

媒介素养的形式五花八门。比如,创作媒介信息的人需要技术能力。音乐制作人需要掌握音板技术。杂志编辑需要熟练使用编辑软件。但是这些技能媒介消费者却不需要。其实,媒介生产中的技术细节在受众眼前隐藏得越深,传达的信息就越有效。但媒介消费者如果对信息生产过程有一定的了解,就会对媒介信息有更深的领会。这就好像,每个人都会为马友友的精彩演奏所折服,但如果你学过一点大提琴,就会对他的超人才华和精湛技巧更加赏识。

媒介素养可以有很强的专业性。比如,大众传媒相关学科众多,全部掌握毫无可能。研究美国早期联邦时期报纸的获奖历史学家可能与视觉传播理论学者没有共同语言。每个人的媒介素养都存在盲点,但这只是证明了大众传播和大众传媒领域的宽广,不代表我们应该放弃学习,也不代表我们应该在综合提高媒介素养的道路上松懈。

我们可以换个比喻。因为大部分媒介行为都通过经济学解释,精明的媒介消费者需要了解媒体收入流、财务、公司结构等事宜,但大多数人都没有必要培养超高级的商务智慧,无须效仿广播电视巨擘戴维·沙诺夫(David Sarnoff)、CNN创始人泰德·特纳(Ted Turner)和福克斯电视网创始人鲁珀特·默多克(Rupert Murdoch)这样大赌注、高风险、玩转行业的权威大腕。

> **思考**
> - 随着本学期学习的深入,你如何培养自己的媒介素养?可以思考一下你在开课前的一些先入之见:新闻是否带有偏见?广告是否值得信任?媒体报道不当行为,是否会导致不当行为进一步扩散?思考你自己的媒介使用:主要用来获取信息,还是主要用来娱乐?
> - 你关于哪种媒介信息的媒介素养最强?音乐?政治新闻?视频制作技能?电影类型?名人新闻?

1.5 大众传播的目的

▲ **本节概述**

除非有人就喜欢听废话,否则大众传播肯定是有目的地进行的。它可以是告知信息,帮助大众在日常生活和社会生活中做出理智的决定;也可以是说服——媒体在购物、宣传观点等方面起着核心作用。另外一个目的是娱乐。

1.5.1 告知

大众传媒传达信息采取多样的形式。学生刚迈入大学校门,尤其是选择住宿时,会收到一本关于可怕的脑膜炎的宣传册,其中传递着如何在拥挤的居住空间里消除传染病毒的"事关生死"的信息。"现在就打预防针"的信息通过大众媒介传播,如印刷宣传册、群发邮件或校园卫生负责人发送电邮附件。

如果缺了记者,还能依赖谁呢? 电力公司总裁水野明久在新闻发布会上宣布,关闭受海啸破坏的滨冈核电站,随后离席。该公司和日本政府此前一直拒绝透露事故和大面积污染的细节。在新闻媒体坚持要求做出解释、强力要求他们采取行动后,他们才开始松口。

信息通过大众传媒传播,受众最熟悉的形式就是新闻。观众收看新闻节目,访问新闻网站,甚至观看史蒂文·科尔伯特(Steven Colbert)、比尔·马赫(Bill Maher)和戴维·莱特曼(David Letterman)等人的喜剧节目,为的就是了解世界上发生了什么事情。如果大众传媒不存在,我们只有向远方来的旅人口头打听,才能得知阿富汗、好莱坞,甚至本州首府的情况。

信息以各种方式强化人们的意识。除新闻和健康手册外,广告也提供信息,帮助消费者做出理智判断。民主政体中,媒体既是分享新闻和信息的重要场所,也是鼓励理性公民参与社会治理的思想交流平台。

1.5.2 说服

通过参与所谓的"**观点的自由市场**"①(marketplace of ideas),接触众多相互竞争的思想,我们形成自己对重大问题的看法。1644年,思想家、小说家约翰·弥尔顿(John Milton)对思想碰撞的价值有过精彩陈述:"让真理和谎言扭打格斗,在自由和公开的斗争中一见高下。"今天,我们更是在大众传播的集市中将自己的观点和价值呈现在他人面前,以求真理。弥尔顿如果活在今天,会为信息量之大而惊讶。广播节目、报纸社论专栏、iTunes 的反战歌曲、博客、推文等,五花八门,应有尽有。

在民主社会中,"说服"的作用尤为重要。回顾一下社会围绕年轻人饮酒年龄限制的持续了数十年的大讨论。法定饮酒年龄下限应该是 18 岁还是 21 岁?还是根本不应设限?是否应该全面禁酒?随着争论不断深入,双方例证持续补充,代表广大基层民众利益的公共政策也发生了转变。媒介在其中扮演了关键角色。在堕胎、同性婚姻、战争与和平等其他众多争议话题的讨论中,媒介也同样扮演着重要角色。

受众最熟悉的说服形式就是广告。我们通过看广告,从相互竞争的产品和服务中进行挑选。如果你没有接触过耐克和 iPad 的广告,或没有从看过、听说过、在 Facebook 上赞过广告的朋友口中听到过一些内容,你对耐克和 iPad 又能有多少了解呢?

说服的另一大领域是运用媒介劝服受众的公共关系业。通用汽车设置专职部门,负责打造消费者对通用汽车的好印象。共和党全国委员会也希望选民对共和党有好印象。公关技巧不像广告一样是为了销售,但目的同样是说服受众。

观点的自由市场。 英国思想家约翰·弥尔顿在 17 世纪出版的《论出版自由》一书中对自由表达权有过精彩论述。他认为,人可以运用理性思考,改变自己的境遇,通过自由地交流思想,发现伟大真理。在"说服"受众的过程中,大众传媒是主要载体。

---

① "观点的自由市场":指对思想不加限制,鼓励充分交流,以产生更好、更坚定的共识。

权力归于人民。反对埃及独裁政府的抗议群众在开罗解放广场为手机充电,接线板和电源线铺满地面。2011年长达18天的抗议活动的组织者正是使用手机进行联系,推翻了统治埃及长达30年的政权。

1.5.3 娱乐

15世纪中叶大众传媒诞生之前,古人的散心解闷、娱乐消遣活动各具地方特色。村民聚到一起,载歌载舞,互叙故事。云游四方的杂耍家、魔术师、表演艺人时不时到村里巡演。自从大众传媒出现后,我们的世界发生了翻天覆地的变化。詹姆斯·卡梅隆(James Cameron)的电影《阿凡达》(*Avatar*)上映四个月内,仅北美就有超过7500万人次去影院掏钱观看。你身边有谁在过去一周没有看过电视娱乐节目或听过广播娱乐栏目吗?过去24小时呢?

1.5.4 教化

借助大众传媒,我们能够深刻地分析人性。散文与诗歌、虚构与非虚构文学,不同的媒介呈现着人性的千姿百态。大众传媒是探索人性的强大载体。想一想,在伟人去世后,当听到发自肺腑的悼文,你是否会潸然泪下。再想一想你读过的感人小说,比如达尔顿·特朗勃描述战争代价的《约翰尼上战场》,或艾丽斯·沃克(Alice Walker)的《紫色》(*The Color Purple*)。改变我们世界观的思想都是以媒介信息的形式传播开来、生根发芽的,比如查尔斯·达尔文的《物种起源》(*Origin of Species*),托马斯·潘恩(Thomas Paine)的《常识》(*Common Sense*),蕾切尔·卡森(Rachel Carson)的《寂静的春天》(*Silent Spring*)。贝蒂·弗里丹(Betty Friedan)的《女性的奥秘》(*The Feminine Mystique*)从根本上转变了社会进程。媒介产品五花八门,有矫情的电视情景喜剧、严肃的广播纪录片,还有风格沉郁的网络动画片等。透过种类繁多的产品,我们得以瞥见自身。

> 思考

- 有人曾经开玩笑说,新闻节目中最重要的栏目是天气预报。你怎么看?
- 同样是起"说服"作用,你如何区分广告和公关?
- 请按照你心中的重要性排列大众传播的告知、说服、娱乐功能。
- 讲述曾经改变你人生的媒介体验,或个人价值观受到冲击的经历。

1.6 媒体和社会

▲ 本节概述

过去的大众受众正在逐渐碎片化。媒体公司不再试图迎合所有人的口味,而是愈发重视小众市场。

1.6.1 统一的力量

运用媒介素养,可以审视大众传媒对社会和文化的全局影响。大众传媒的一个重要影响,就是文化统一。大众传媒连接不同群体,其传播的信息成为社会的共同体验。19世纪早期美国特色浓郁的小说,推动这个年轻的国家塑造出独一无二的文化身份。当时的大众传媒主要通过书籍、报纸等形式,培养了民众独特的美国意识观。由此诞生的共同知识、体验和价值观,被称为文化。

20世纪20年代的全国广播网在争抢各地听众的同时,进一步巩固了美国的文化凝聚力。流行音乐也从东海岸席卷到西海岸。富兰克林·罗斯福总统在大萧条阶段曾借用广播的力量,动员全国人民支持大胆的经济社会改革。

后来出现的电视网更是成为打造国家身份的重要元素。各大电视网覆盖了规模空前的观众,传播着相同的文化内容。即使是电视网新闻节目,在发展初期也大同小异。

整个20世纪,最成功的大众传媒公司纷纷争夺受众群体,特别是那些依赖广告收入的媒体机构,形成了高度同质化的托拉斯,创造、培养、维护主流单一文化。

大众传媒的凝聚力在报道吸引眼球的新闻事件时一览无遗。比如"9·11"事件、比如卡特里娜飓风,甚至超级碗比赛。屏幕上的新闻图像每天都在宣扬国家作为整体的观点,如"美国遭遇危机,非法移民进入,国界失守!"此类语言是家常便饭。

互联网更是超越国界,至少在理论上将各国民众联系在一起。某些领域中,国界已经形同虚设。英国的BBC全球各地均可收看。捷克的广播、《纽约时报》、不断更新的维基百科等,受众遍及全球。

1.6.2 道德共识

大众媒体在塑造社会善恶准则的过程中扮演了重要角色。克林顿总统弹劾案的新闻报道就是一个好例子。你也许会问,媒体在报道争议话题时,是否会造成受众极化。解释起来很复杂,但可以总结为:不会。媒体一般不会创造争议,仅是报道争议而已。全面综合的新闻报道,日积月累,最终会形成社会共识,引发社会变革或维持现状。比如,过去大多数美国人都反对堕胎合法化,但是经过这么多年的媒体浸染,大部分人已经认可,在很多情况下,应该设立合法堕胎渠道。20世纪下半叶,社会又形成关于种族融合的共识,促使公共政策转变方向。而今天,枪支管制、全民医保、同性婚姻和每年政府预算优先项目等重要话题的讨论,几乎全是在大众媒体上开展的。

喜人的胜利,沉痛的哀伤。 媒体拥有团结国家的力量。奥巴马总统发表电视讲话,宣布恐怖组织头子奥萨马·本·拉登被击毙,共有5650万美国人观看。无论是国家欢庆胜利还是悲痛哀悼的时刻,媒体都能起到凝聚人心的作用。奥巴马发表电视讲话几个月前,国会议员加比·吉福兹(Gabby Giffords)在亚利桑那州图桑遇刺,所幸活了下来。之后电视直播了国会为她召开的纪念活动,3100万美国人收看。催人泪下的纪念仪式后,奥巴马拥抱了议员的丈夫、宇航员马克·凯利(Mark Kelly),传达着全国人民的共同情感。如此大规模的受众,横跨全国各地,只有大众传媒才能做到。

丹·沙维奇。 2010年一系列同性恋少年不堪霸凌自尽的事件被媒体曝光后,报纸专栏作家丹·沙维奇(Dan Savage)创建了宣传活动网页"明天会更好"(It Gets Better)。六个月之内,超过一万人访问网站并签名表示支持,包括奥巴马总统在内的数十位名人制作并发表了反对霸凌的视频,引起巨大反响。媒体历史上出现过很多类似的重要宣传活动,比如意在护林防火的"大熊斯摩基"(Smokey the Bear)活动、为少数族裔提供教育机会的"浪费头脑很可怕"(A Mind Is a Terrible Thing to Waste)活动,以及"是朋友就不让他酒后驾车"(Friends Don't Let Friends Drive Drunk)活动,等等。

1.6.3 碎片化

报业巨头甘耐特(Gannett)于1982年推出全国性日报《今日美国》(USA Today),编辑风格明显迎合了美国的统一国民性价值观:每当报道全国性事件时,都使用第一人称"我们"。《今日美国》后来成为发行量最大的美国日报,不但反映出同时也巩固了美国文化的高度同质性。与此同时,大众传媒的其他一些领域却开始从根本上推翻有关大众受众的传统概念。媒体公司转变原来迎合大众的战略,转而推出适合受众细分市场的产品,这个过程被称为"**分众化**"①(demassification)。

分众化是从广播领域大规模兴起的。20世纪60年代,NBC、CBS、ABC等各大广播网将最受欢迎的广播节目改编为电视节目,拿到新成立的电视网上播出。广播的受众和广告主数量急剧下降。一夜之间,广播业濒临倒闭。电台意识到,它们已经无法与电视网争夺大众受众,于是开始播放特定类型的音乐,专注细分市场。广播成为分众化的媒介,音乐类型与日俱增。每一台都追求大众传媒在本地的那一小块蛋糕,即所谓的**亚受众**②(sub-mass audiences),或追求小众(niche)受众。新制作的广播节目目标不是吸引所有听众,而是关注小众受众。电视网追求涵盖所有受众的同时,忽视了这些细分市场。

1.6.4 分众化加速

随着20世纪80年代科技的进步,有线电视可以播出数十个频道,加速了媒体分众化的进程。大多数频道虽然面向全国观众,但都在学习杂志业的分众化趋势,刻意追求小众市场,如体育、美食、赛车等。与广播相对的**窄播**③(narrowcasting)一词也进入了媒介素养的词典。随着互联网新科技的诞生,又出现了更多的选项,范围进一步变窄。

分众化对媒体的社会凝聚力有何影响?一些观察家很快就将媒体碎片化与"蓝州红州"的政治极化现象联系在一起。诚然,媒体碎片化即使没有导致某些文化分歧,也助长了文化分歧的扩大。比如,今天的音乐根据代际、种族、民族、社会经济阶层区分,与20世纪30、40年代广播业黄金时代培养全国上下趋同品位的局面已不可同日而语。另一方面,一些媒体机构仍然拥有传统意义上的大规模受众。大众传媒在瞬息万变的局势下如何生存发展,是当代一个重要的议题。无论大众小众,媒体公司都在尝试搭建新的平台,以内容吸引或留住粉丝。电影不是只有在影院才能播放,今天可以轻松地在计算机、iPod、iPad或其他平板设备上欣赏。CBS的 *NCIS* 剧集不仅在电视上的黄金时段播出,也供网上下载。《今日美国》推出在线版本,CNN也启动了多个在线平台。

> **思考**
> - 以你自己的媒介体验为例,说明哪起事件中媒体曾发挥出最大的社会凝聚作用?
> - 你认为有哪些媒体关注的重大社会问题正在逐渐形成共识?
> - 你认为哪些当代媒体内容针对大众受众?亚受众?小众受众?

---

① "分众化":媒体重视更加狭窄的受众细分市场。
② 亚受众:最大规模的大众受众的一部分,具有小众市场的特征。
③ 窄播:寻求小众受众,而非传统的广播受众培养理念。

- 你认为媒体分众化的步伐是否正在放缓？

专注小众的有线台。2006年，专门面向北美犹太观众的电视网平安电视（Shalom TV）上线。想当年，美国全国电视网只有ABC、CBS和NBC三家，竞相追求最多的受众，与今天形成了鲜明对比。并不是所有的新台都能维持下去，爱犬频道（Puppy Channel）就是一例。像葡萄酒电视网（Wine Network）和抗衰老电视网（Anti-Aging Network）都没有走出概念阶段。尽管如此，与过去观众选择无多、媒介体验类似的情况相比，今天多样化的媒介内容使观众碎片化，在某种程度上抵消了媒体的社会凝聚力。

本章小结

无处不在的媒介

我们三分之二的活动时间都有意识或无意识地花在了大众传媒上。媒介是我们生活环境的重要组成部分。大众传媒无处不在，我们一边使用媒介一边处理多重任务时，甚至都没有意识到其存在。要想对媒介影响不再浑然不知，就需要了解媒介运作的方式和原因，即培养所谓的媒介素养。

媒介传播

科技已经极大地拓展了原本面对面的人类传播方式。今天，我们能够通过大众传播放大信息，将其传送给大规模多样化的受众。大众传播有时也称工业传播，因为其依赖的科技需要巨额资本投入。21世纪诞生的社交媒体传播，则能够降低不同受众规模传播的成本门槛，也使立即反馈成为可能。

媒介消费者素养

媒介素养是从事实基础开始的，并在深入了解影响媒介信息的动态因素的过程中逐渐提高其敏锐度。意识程度分不同等级，包括了解并解释媒介行为和效果，或者挖掘重大媒介话题等能力。

评价媒介信息

媒介信息完全嵌入日常生活，需要我们有意识地去观察媒介信息带来的影响。运用媒介素养，我们可以识别不同的信息形式，还能够了解多种媒介和平台的潜能和限制，将媒介放在历史和传统的框架内思考。为深入了解媒介信息，需要培养批判性思维。

大众传播的目的

人在交谈、聆听时带有特定的目的。有时是为了获取知识,有时是为了娱乐消遣,有时是为了倾听他人意见或接受教化。大众传播亦然。大众传播者肯定是有目的而为之,否则为什么要传播?媒介素养要求我们在评价大众信息内容时,看清信息背后的意图。

媒体和社会

大众传媒对社会的影响正在转变。广播电视发展的早期,所有人接收同样的节目。尽管全国各地受众文化多样,但他们看到听到的都是一样的喜剧、正剧、音乐剧。结果形成了强大的文化凝聚力。而今天,受众碎片化,文化凝聚力日益瓦解。今天的媒体公司不断尝试寻找受众或新的小众受众,导致受众碎片化,虽然在某些领域会造成社会极化,但在其他领域只是推动多样化发展而已。

批判性思考

1. 缺乏媒介素养,会有什么负面后果?
2. 通过大众传媒和社交媒体的传播与其他人类传播形式有何不同?
3. 除书写阅读素养之外,还需要哪些素养来处理媒介信息?
4. 批判性思维技能在媒介素养中发挥何种作用?
5. 你近期是否接触过集告知、说服、娱乐和教化为一体的大众信息?
6. 大众传播是如何团结和分裂社会的?

媒介术语

demassification 分众化
feedback 反馈
film literacy 影视素养
group communication 群体传播
industrial communication 工业传播
interpersonal communication 人际传播
John Debes 约翰·迪贝斯
linguistic literacy 语文素养
marketplace of ideas 观点的自由市场
mass communication 大众传播

mass media 大众传媒
media literacy 媒介素养
media multitasking 媒介多任务
narrowcasting 窄播
Scott McCloud 斯科特·麦克劳德
social media 社交媒体
sub-mass audiences 亚受众
symbiosis 共生
visual literacy 视觉素养

■ 媒体资源

→Nicholas G. Carr. *The Shallows*:*What the Internet Is Doing to Our Brains*. W. W. Norton,2010. Carr 是科技作家,认为互联网削弱了人集中精力思考问题的能力。

→James W. Potter. *Media Literacy*,5th edition. Los Angeles, Calif.:Sage Publications,2010. Potter 是媒介学者,认为运用媒介素养,可以避免媒介的潜在负面影响,扩大潜在正面影响。

→Andreas M. Kaplan and Michael Haenleina. "Users of the World, Unite! The Challenges and Opportunities of Social Media," *Business Horizons* 53:1(January-February 2009), pp. 53,

59-68. 两位作者是管理和营销学者,对"社交媒体"这个时髦但含义模糊的词做出了清晰定义。

→Hal Niedzviecki. *The Peep Diaries*:*How We're Learning to Love Watching Ourselves and Our Neighbors*. City Lights, 2009. Niedzviecki 是多伦多的新闻工作者和小说家,认为现代生活使我们脱离了邻里小区等旧式的社会场所。现代人通过大众传媒偷窥陌生人的私生活,以此填补自我的孤独感。不管这是好是坏,网络的出现都进一步加剧了这种行为。

→Silverblatt Art, Jane Ferry and Barbara Finan. *Approaches to Media Literacy*:*A Handbook*, 2nd edition. M. E. Sharpe, 2009. 作者建议采取定性方法解码摄影、电影、广播、电视和交互式媒体等形式的大众传播。

→Gunther R. Kress. *Literacy in the New Media Age*. Routledge, 2003. 书中讨论了科技在大众传播中愈发重要的作用,及其带来的难以想象的政治和文化后果。

→Benjamin M. Compaine and Douglas Gomery. *Who Owns the Media? Competition and Concentration in the Mass Media Industry*, 3rd edition. Earlbaum, 2000. 两位作者在本书1979年版和1992年版的基础上,介绍了大众传媒业进一步集中化的趋势,并添加了关于有线电视和家庭录像、技术融合后果的更多内容。

→Eric McLuhan and Frank Zingrone. *Essential McLuhan*. Basic Books, 1997. 两位学者将 Marshall McLuhan 的众多著作浓缩为一卷,介绍了他关于大众传媒的理论和看法,其中包括地球村、热媒介和冷媒介、媒介即信息、媒介和文化等概念。

→Judith Stamps. *Unthinking Modernity*:*Innis, McLuhan, and the Frankfurt School*. McGill-Queen's University Press, 1995. Stamps 比较了两位加拿大理论家 Innis 和 McLuhan 的作品,并将其置于法兰克福哲学思想学派的框架内思考。

→Scott McCloud. *Understanding Comics*:*The Invisible Art*. Tundra, 1993. 漫画理论家 McCloud 的里程碑式作品,运用线性漫画格的形式最早对视觉素养做出诠释。

▶ 本章主题性总结

大众媒介素养

为了进一步深化你的媒介素养,此处用贯穿本书的几个主题来展现本章内容。

媒介素养

斯科特·麦克劳德教导我们,语文素养的原则也可以运用在阅读视觉图像上。

以文字为中心的大众传播可以追溯到15世纪中叶,约翰内斯·古腾堡的印刷机为语文素养注入了极大的社会价值。自那以后,不识字的人在日常生活和社会交往中开始面临越来越多的障碍。大众传播的视觉元素在20世纪也已发展成熟,无论是大众信息的创造者还是消费者,都须拥有视觉素养。

媒介技术

富兰克林·罗斯福总统在20世纪30年代运用广播网，鼓励民众冷静面对全球经济大萧条。正是由于科技的发展，他才能够面对前所未有的大规模受众发表讲话。

大众传播和其他传播形式的不同在于科技。离开印刷机或广播发射机等科技发明，大众传播无从谈起。大众传播相对人际传播和群体传播的优势在于受众群的庞大规模。想象一下，如果少了大众传媒技术的扩大效应，西蒙·富勒（Simon Fuller）怎么可能将其在《美国偶像》（*American Idol*）中展现的精彩歌艺呈现给全国观众？

媒体与民主

17世纪的政治理论家约翰·弥尔顿鼓励不受束缚、强健有力的思想交流。

缺少大众传媒，民主无法奏效。公民需要大众传媒提供的信息，参与塑造共同议题。未来这一点会更加重要。人需要交流思想的平台，分享对信息的反馈和自己的观点。大众传媒就提供了这样的平台。

媒体与文化

我们非睡眠时间的近三分之一都花在大众传媒上。

我们的文化日趋媒介饱和。大众传媒无处不在，我们大多数时间甚至没有留意到其存在。我们可能会因偶尔出现的露骨内容感到惊讶，但是通常会觉得大众传媒再正常不过，就像空气。空气影响着所有人，所以需要科学研究监测，传媒也是如此。

受众碎片化

媒介产品分众化，面向的受众群愈发狭窄，比如CNET科技资讯网、有线电视网、低功率小区电台和小众图书出版等。

19世纪初图书业的发展培养出了美国人的国家认同感，造就了他们的集体记忆，后来出现的广播和电视网更是向全国各地的多样受众传送相同的喜剧、正剧和新闻节目，极大地加强了国家凝聚力。今天的媒体仍然可以团结国民，然而越来越多的信息转而针对亚受众，推动社会碎片化进程加速发展。

媒体的影响

媒体可以为某些事件创造规模巨大的受众，比如2011年超级碗吸引了1.11亿观众。共同的文化体验起到了团结国民的作用。

媒体影响我们，我们也反过来影响媒体。媒介信息几乎是以润物细无声的方式影响我们对日常决策的制定。比如，我们决定是去星巴克还是麦当劳喝咖啡时，就会受到媒体影响。同样的，我们一般也不会留意自己对媒体的影响。因为媒体在经济上依赖受众，我们作为媒介消费者决定去哪里喝咖啡、浏览哪个网站、阅读哪份杂志，都会影响到媒体发展。

第一部分
大众传媒概说

媒 介 技 术

■ 网络战争工具

早期黑客约翰·德雷珀(John Draper)极富传奇性,江湖上传说无数,也许因此他有了"嘎吱船长"(Cap'n Crunch)的外号。他的黑客行为时常带有无忧无虑、异想天开的色彩。理查德·尼克松出任美国总统时,当时二十几岁的德雷珀破解了一段白宫电话代码,使用密码"奥林匹斯"接入了总统专线,而后告知总统洛杉矶出现厕纸紧缺情况。故事是否真的发生难以证实,至少传说如此。

随着个人电脑的普及,黑客行为越发带有恶意——比德雷珀幼稚的玩笑要恶劣得多。以海量的电脑使用者为攻击目标的微型软件会偷偷毁坏个人电脑的硬盘。这类软件被称为病毒或蠕虫,它们带来的可不只是困扰。一些蔑视政府的黑客制作恶意软件,攻击银行及政府机关以及其他高能见度目标,造成大范围破坏。全球各地的警察机构纷纷设置调查组,追捕黑客。尽管新型防火墙软件层出不穷,以阻挡入侵者,黑客们还是在不停地寻找系统弱点,满足自己的邪恶目的,继续造成破坏。

政府不仅是受害者,也是入侵者。例如,以色列及其盟国美国一直怀疑伊朗试图研发核武器,以攻打特拉维夫。尽管没有公开承认,以色列及美国政府还是设计了一种蠕虫病毒,即超级工厂病毒(Stuxnet),侵入伊朗的铀提炼离心机控制系统。超级工厂病毒于2010年被秘密释放。几个月之内,伊朗3900台离心机中共有384台失灵。所以,以色列及美国坚信,他们让伊朗的一个武器研发项目被推迟了几年之久。不知是否出于巧合,在超级工厂病毒感染伊朗离心机的几个月时间内,三位伊朗核科学家受到锁定,其中两位死于汽车爆炸事故。之后的许多间谍片就是以此为蓝本进行创作的。

并不是只有超级工厂病毒这一个案例。2011年还出现了其他案例:

证实为来自美国境外的黑客破解系统,进入了美国军事承包商洛克希德·马丁(Lockheed Martin)的网络,其中含有尚在开发中的敏感战争技术。这一黑客行动使最前沿的技术受到威胁,甚至可能涉及一项隐形直升机技术,该技术曾于2011年在巴基斯坦使用,在一次突袭行动中用于狙杀本·拉登。

军方日益重视网络的使用与防护,的确在种种层面上令人感到似曾相识。互联网发明于20世纪60年代。当时,美国军方认为全面爆发的核战争将扰乱他们的指挥控制网络。事实上,第一波打击就可能使其陷入瘫痪。他们的应对策略是:建立一个内在关联但渠道独立的网络,使数据包不通过中央通信枢纽传输,以防止被追踪。该网络于1969年开始运行,它没能服务于它的初始目标,却逐渐形成如今的互联网,成为电子邮件、万维网以及各类大众传媒的基础。

互联网也变得十分脆弱——与原本的计划不同,它不畏惧炸弹的打击,但却是害怕黑客攻击。由于互联网已不仅仅是一个军事工具,它已融入人们的日常生活,网络攻击就可以大规模扰乱以计算机为中心、互相联系的现代交流系统,即我们所知的大众传媒,从而造成破坏。在2011年的一篇研究性论文中,中国学者叶正、赵宝先提出,战争已经发生了改变。在他们看来,核策略属于人类历史的工业时代,网络战争才是目前信息时代的策略性战争。二者都能够造成"大规模破坏"。二者的共同之处在于:无论核战争还是网络战争,都能决定国家存亡。

美国已制定出军事准则,将来自别国的计算机破坏行为视作战争行为,可采取传统军事手段回应。一位匿名的五角大楼的官员在《华尔街日报》上公开说:"如果你切断了我们的电网,我们可能会往你的烟囱里丢一个导弹。"

情况的升级远超过约翰·德雷珀半个世纪前的恶作剧黑客行为。

这一章中,你将了解到一系列支撑所有大众传播行为的技术,包括印刷、广播、电影,以及数码技术和互联网,它们既涵盖了传统的传播平台,同时也创造出新事物,如新网络战场。

本章要点

- 大众传媒的运作以技术为基础。
- 金属活字使得大规模印刷文字成为现实。
- 电影的技术基础是化学。
- 电磁波谱技术的成熟带来了广播和电视。
- 轨道卫星及纤维光学提高了媒体的效率。
- 数码技术催生了传统媒体产品及新产品。
- 模型可以解释技术驱动的大众传媒过程。

2.1 媒介技术

▲ 本节概述

技术是大众传媒的基础。如果没有印刷技术,书本就无法存在。如果没有电子技术,电视、广播和互联网都不会存在。

2.1.1 对于技术的依赖

大众传媒①(mass communication)的一个重要特点就是对技术的依赖。人和人面对面地

---

① 大众传媒:一个靠技术实现的过程,用来将信息传达给规模大、距离远的受众。

进行交流,即**人际交往**①(interpersonal communication),无须借助技术手段。几个世纪以来,人们聚集起来进行交流,例如在市民大会及音乐厅等场合,并不使用麦克风,只用人声,即使有时需要将声音抬高到非同寻常的程度。然而,对大众传媒来说,其受众分布更广,人数更多,远超过最大的观众席所能容纳的数量,此时技术就显得十分必要。

2.1.2 媒体格局的演变

媒介技术作为人类发明的产物,存在多种不同的形式。围绕每种技术都产生了许多产业,这些技术与产业紧密相连。

印刷技术。印刷技术可追溯到15世纪40年代,其诞生催生了图书、新闻、杂志等产业。几个世纪后,这些产业依然存在,并在媒体格局中占据着一席之地。

化学技术。摄影及电影在其发展过程中的大部分时期都曾严重依赖化学技术。

电子技术。第一种电子媒介形式——唱片,其实比电力的普遍应用出现得还早。但20世纪早期美国架设供电线路后,唱片迅速成为靠电力供应的媒介。广播早期也依赖电力,电视则始终依赖电力。

数码技术。自21世纪第一个十年起,传统大众媒体均在不同程度上适应了数码技术,但那些建立在印刷、化学及电子技术基础上的媒体行业仍保持着鲜明的特色。哈珀柯林斯出版集团(HarperCollins)等图书公司仍在生产图书。美国哥伦比亚广播公司(CBS)仍主营电视业务。最为引人注目的、建立在数码技术基础上的新媒体则是互联网。而一些建立在旧技术基础上的公司也急于从新媒体中获益,互联网本身更是催生了很多新型的媒体公司,例如Facebook、谷歌、维基百科等。

同时,平装书、精装书依然存在。电视上的第二频道(Channel 2)、派拉蒙电影公司(Paramount Pictures)和电台访谈节目也依然存在。

思考

- 大众传媒所依赖的四种主要技术之间有什么共同点?
- 不同的媒介技术分别催生了什么行业?

2.2 印刷技术

▲ 本节概述

15世纪40年代中期金属活字诞生后,大规模印制文字突然成为现实。人类发展因此受到极大的影响。19世纪末,摄影技术与印刷技术的融合又对印刷品产生了新的影响。

2.2.1 金属活字

尽管印刷技术可以追溯到几千年前的东亚,一项15世纪40年代中期的发明却首次使

---

① 人际交往:通常由两个人面对面进行。

得大规模印制文字成为可能。这项发明就是**金属活字**①(movable metal type)。一位来自今德国城市美因茨(Mainz)的工匠**约翰内斯·古腾堡**②(Johannes Gutenberg)沉迷于熔化、融合不同种类的金属,以创造新合金。他突发奇想,用金属铸造出字母表中的每个字母,然后每次将它们组合成一页字,再将纸压到涂上墨水的凸起字母上复印内容。金属字母很坚固,可以多次使用——这对早期印刷常用的雕刻木制字母来说是不可能的。

如今,有很多产业都建立在印刷术的基础上,如书籍、报纸、杂志等。然而,古腾堡的这项发明所产生的巨大影响,却是在很早的时候便已发生。古腾堡印刷术的推广速度极快。到16世纪,印刷出版业已遍布欧洲。人类文明一夜之间就进入了大规模印制文字的时代。

媒体人物

大众传媒的黎明

约翰内斯·古腾堡十分古怪——他是一位隐居的工匠,对美、细节和工艺充满热情。他的职业是一位冶金家,但收入不多。和大部分15世纪的莱茵兰(在今日的德国境内)人一样,他自己榨葡萄酿酒。作为一名商人,他不甚成功,去世时家徒四壁。他的品质、怪癖、习惯加在一起,使他前途暗淡,但可能正因为这些,古腾堡带来了历史上最重大的变革:大规模印制文字。他发明了金属活字。

尽管古腾堡的发明影响深远,我们对他却知之甚少。就算对朋友,他也很少提及自己的实验;即使提及,他也神秘地将其称为"秘密艺术"。他身无分文时,就会偷偷寻找投资者,诱使他们给自己的神秘投资事业。我们仅知的关于古腾堡"秘密艺术"的记载,还是因为他的主要投资者没有收到预期中立竿见影的经济回报,因而起诉了他。从这次诉讼留下的记录中,历史学家逐渐拼凑出了现代印刷业的起源。

古腾堡使用金属活字印制出第一页文字的日期不明,但历史学家通常认为在1446年。古腾堡的印刷工序被争相模仿,并且传播速度极快。到1500年,整个西欧的印刷业共印制了约4万本书。

约翰内斯·古腾堡。 古腾堡强壮的助手使用人力,用垂直螺丝钉将一块砝码敲下,使砝码压迫一沓纸。纸下面就是凸出的金属字母,已预先排成了单词和句子并涂上了墨水。墨水会印到纸上。古腾堡傲于向游客展示机器,游客则会在砝码旋起、文字印到纸上后表示惊叹。每页纸印好后都要悬挂起来,以风干墨迹,然后印刷背面。最后,印好的纸会被装订成一本书。

---

① 金属活字:一种革新金属字母,使得印刷出版成为大众传媒的媒介。
② 约翰内斯·古腾堡:冶金家,于15世纪40年代中期发明了金属活字。

如今,古腾堡因使用金属活字印刷《圣经》而留名。两百本古腾堡印制的《圣经》,每本都是印刷名作,古腾堡印制它们花了 7 年时间。他使用最优质的纸张,还调制了一种特殊的黑色墨水。成品的质量震惊了所有人,《圣经》一售而空。古腾堡本可继续印制成百甚至上千本书,只要招来一些强壮的帮手。他用榨酒机改造的机器一小时可以印刷五十到六十页纸。然而,古腾堡一贯缺乏商业头脑,他关注的是质量。四十七本古腾堡印制的《圣经》保留到了今天,成为收藏家的藏品,其中一本于 1978 年以 240 万美元的价格售出。

> **你怎么看?**
>
> 古腾堡算是你心目中人类历史上最重要的十个人之一吗?请解释你会将他排在第几位。

2.2.2 古腾堡的影响

古腾堡的影响是革命性的。早年,科学家需要耗费大量时间手写信件与同事联络,现在则可以印出自己的理论和实验记录,以供广泛传播。现代科学就此成型。宣传宗教的小册子也可以大规模印制,同样得以印制出来的还有许多对宗教造成严峻挑战的内容。印刷材料的增加促进了文学的发展,并慢慢形成了书面语的规范。古腾堡可以说是大众传媒时代之父,同时他的发明也促使西方文明转入科学与理性的时代。人类文明就此发生转向。

古腾堡的发明从以下几方面改变了历史。

学术。学者可以印制多份自己的发现和理论。由于每个人的成就都有迹可循,学者自此就可以以别人的工作成果为基础进行研究,从而使人类知识有了质的飞越,也引发了后来的科学革命。

口述传统。印刷材料广泛普及,人们对阅读的价值就有了新的认识。人们的识字能力越来越强,听别人读故事、讲故事的传统就被私人的无声阅读代替了。

语言。印刷技术促进了方言拼写和句法方面的规范,使方言合并为一国的语言。这带来的一个结果就是现代国家的兴起,一国的居民逐渐用本国的语言代替方言。拉丁语在泛欧洲地区的主导地位逐渐下降。

作者身份。作家的地位得到了认可。此前,作家的名字时常在抄写员抄写作品时被遗漏,而且每个新的誊本上都会有奇怪的改动。古腾堡之前,抄录本很少提及作品的作者,使得很多遗著的作者不明,这一现象如今依然困扰着研究者。

商业化。印刷业变得有利可图,一些作家逐渐拥有了如今我们所说的"品牌认同"。写作也首次变成赚钱的行当,还有出版业也逐渐赢利。版权法出现了,用于保护作家和出版商的经济利益,打击泛滥的盗版行为。

编页。有了印刷术,页码变得实用,这与手抄相反。手抄中,编页只是一种书写的工具。编页催生了包括最初的索引和目录表,它们让印刷材料变得尽善尽美。

宗教。古腾堡之前,欧洲大部分手写材料由教会授意生产,旨在传播宗教信仰。通过印刷业的世俗化和商业化,教会领袖发现宗教在构成西方文化及价值观方面的主导性历史地位不复存在。

> ## "麻烦"的中国字
>
> 最初的印刷文化产生在亚洲,远远早于古腾堡。早在公元600年之前,中国人就已经使用木板反刻文字,再涂上墨水印字。这个流程叫作"雕版印刷"。中国人还发明了纸,这是一种理想的书写媒介。
>
> 中国人用雕版印刷印制了几百部书籍,包括科学、数学、哲学等类别。印刷术提升了孔子思想的影响力,其教学活动可追溯到公元前500年。
>
> 但中国印刷技术随即停滞不前。中文包含5000多个基本汉字,日常读写需要掌握3000到4000个汉字。相反,拉丁语及其衍生出的语言,例如古腾堡使用的德语,只有26个字母。对于中国人来说,他们的语言组成单位太多,活字印刷实际上并不可能。

2.2.3 工业革命的影响

考虑到当时的条件,古腾堡版的《圣经》的质量十分惊人。先看纸的质量。古腾堡印制《圣经》的材制是**羊皮纸**①(vellum),一种经过处理的动物皮。墨水呢? 用的是他自己调和的炭渣和亚麻油。古腾堡的墨水浓黑,可保持几个世纪,至今仍令博物馆馆长惊叹不已。

浆纸。尽管如今人们已视同寻常,但曾有几个世纪,纸张和墨水十分稀缺。19世纪早期,**工业革命**②(Industrial Revolution)迅速发展,各类产品都由机器生产,包括纸张。机器制造的纸张于1803年出现,以棉絮和碎亚麻布作原料。1840年,木头成为主要的造纸原料,节省了巨大的成本。纸浆做的纸催生了前所未有的出版物生产浪潮。"**浆纸小说**"③(pulp fiction)这个词代表的就是低成本、面向大众的书籍。第一批面向大众的报纸也使用工厂制造的新型浆纸。

同时,石油业不断发展,以提供更为廉价的墨水。

高速印刷机。工业革命的产物也包括印刷机,它和同时代其他机器一样以蒸汽为动力。最伟大的发明则是轮转印刷机,由**理查德·霍**④(Richard Hoe)改良,他的名字成了高速印刷的代名词。他于1876年研制的轮转印刷机每小时可印刷3万张纸。而4个世纪前的古腾堡式印刷机,运转良好时一天才能印刷500张纸。如今的印刷机每小时可印16万张纸。

卷筒纸。技术允许成卷生产纸张后,生产又大大加快了。纸张可以连续通过印刷机印制,然后裁剪和装订——全由印刷机单独完成,印刷机此时更为完善。4个世纪以前,即古腾堡所处的那个年代,纸张需要一次一张地送入印刷机。1865年,费城《问讯者报》首次使用自动卷筒纸轮转印刷机,成为大众传媒技术史上的一个重大事件。

排版。古腾堡印刷流程使用手工组合的金属活字,将字母组合成单词、段落及页面。这道工序在1884年由**麦根泰勒**⑤(Omar Mergenthaler)将其自动化。使用麦根泰勒发明的**自动**

---

① 羊皮纸:早期印刷常用的一种经过处理的动物皮。
② 工业革命:使用机器,尤其是以蒸汽为动力的机器,促进了大规模生产,发生时间为18世纪末到19世纪。
③ 浆纸小说:对廉价文学的贬称。
④ 理查德·霍:于1840年完善了轮转印刷机。
⑤ 麦根泰勒:于1886年发明了自动铸排机。

铸排机①（Linotype），人们可以用包含 90 个字键的主控台控制铜模，排列出整行的文字，然后将熔化的铅浇入铜模，几秒钟之后冷却，然后按次序使铅字条落下，组成一页文字。每个铅字条铸好后，铜模会自动打乱，以便再次使用。

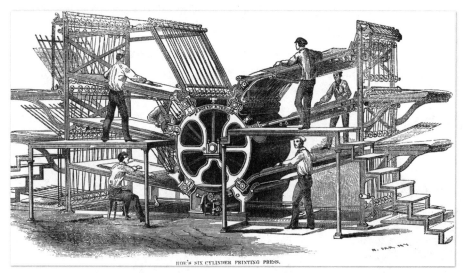

轮转印刷机。由理查德·霍完善，将排版式样制成一个椭圆形的模具，在待印刷的纸张上转动。这架 1846 年的模型属于费城《公众纪录报》。另一项重大的发明则是卷筒纸。纸张不再需要一页一页地送入印刷机。

后工业时代的排版程序得到了改进，与如今的电脑打印机较为相似。

尽管印刷不断发展并变出各种花样，其源头仍是古腾堡，而这种技术在工业革命时期得到进一步发展和完善。书籍、报纸和杂志依然是文字主宰的媒介，不过，目前印刷术在生产上主要依靠化学及电力技术。至于蒸汽印刷机，则早已被电力驱动的设备所取代。

2.2.4　印刷与图像的结合

尽管图像不属于一种大众传播媒介，但摄影仍在 19 世纪末促进了印刷材料的传播。19 世纪 70 年代，康奈尔大学做了一些实验，催生了一项技术，可以大批量在书籍、报纸、杂志中印制图片。这项新技术由**弗雷德里克·艾夫斯**②（Frederic Ives）率先提出，即**半色调**③（halftone）技术。艾夫斯将一张照片分割成细微的小块，每个小方格都有一个凸起的圆点，代表照片中不同的灰度——点越大，就会使更多墨水附到纸上，灰度就越高。人们阅读时眼睛通常与书本保持 14 英寸的距离，在这个距离外，人眼无法识别出小方格，但能通过不同深浅的灰色识别出图像。这个技术尽管粗糙，却是最初的半色调印制技术。

纽约《每日画报》的**史蒂夫·霍根**④（Steve Horgan）采用了艾夫斯的工艺，进行高速印刷。1880 年，该画报发布了一幅名为《贫民窟》的半色调图片——打破了此前《每日画报》首创的素描画传统。此后，艾夫斯又在霍根这套流程的基础上加以改进，视觉传媒随即成为大

---

① 自动铸排机：一种复杂的机器，使用类似打字机键盘的主控台，用熔化的铅排成字条。
② 弗雷德里克·艾夫斯：于 1876 年发明了半色调技术。
③ 半色调：使用不同大小的墨点产生不同的灰色调或彩色调，以此复制图像。
④ 史蒂夫·霍根：将半色调技术应用到了快速报纸印刷中。

众传媒时代的一部分。

杂志，尤其是早期的《**国家地理**》①（*National Geographic*），也尝试了半色调。1934年，《时代周刊》创始人**亨利·鲁斯**②（Henry Luce）创办了《生活》杂志，此后，摄影使杂志产业转入新的视觉领域。特大号的尺寸和光滑洁白的纸张使得《生活》杂志的照片具有新闻印刷所无法具有的美感。《生活》杂志的摄影具有浓厚的时代精神，展现了图像记录下的各种人类活动。无论是真实的生活，还是《生活》杂志，都具备十足的震撼力。1938年，《生活》杂志上一张女人分娩的照片在当时产生了极大震动，审查人员随后在33个城市中禁止了这一期的发行。

弗雷德里克·艾夫斯

半色调。半色调工艺由弗雷德里克·艾夫斯发明，使用大小不一的圆点将墨水附到纸上。除非仔细检查，否则看不到这些圆点。保持正常距离阅读时，大一些的点会留下颜色更深的视觉印象，而小一些的点会留下较浅的视觉印象。其效果类似照片中的不同色调。

思考

- 约翰内斯·古腾堡之后，有哪些传媒技术发明可比肩金属活字的变革性影响？
- 古腾堡和17、18世纪的科学革命有何关联？与其后的工业革命有何关联？
- 如果这本书没有目录，会对你的学习习惯造成什么影响？
- 是什么促进了媒体信息的图文并茂？

2.3 化学技术

▲ **本节概述**

历史上，摄影植根于化学。这个独特的技术在美国内战时期走向成熟，创造了一种新的档案记录方式。当人们研制出一种技术将摄影与古腾堡留下的印刷术相结合时，大众传媒突然进入了新的视觉时代。电影也依赖化学工业，但发展路径有所不同。

---

① 《国家地理》：使用图像的先驱杂志。
② 亨利·鲁斯：杂志创办人，其创办的《生活》杂志大量使用照片，造成视觉影响力。

2.3.1 摄影

1727年，人们发现，光照可以使硝酸盐颜色变深。这是大众传媒的一个突破点。接下来的一个世纪，科学家都在研究这种化合物。其后，1826年，**约瑟夫·涅普斯**[①]（Joseph Niepce）找到了一种利用光感材料捕捉并保存图像的方式。摄影就此诞生——这是一种化学工艺，可以创造并记录图像信息。这项技术于19世纪60年代被充分应用于创造一种新的历史档案。**马修·布雷迪**[②]（Mathew Brady）组织成群结队的摄影师，创造出令人难以置信甚至令人毛骨悚然的美国内战记录。

视觉影响力。 19世纪末的新技术可以在印刷品上印制照片，使得报纸杂志突然拥有一种讲故事的新潜能。摄影能够使印刷媒体找到新的发展方向，这一点在南北战争中那些令人痛彻心扉的、鲜血淋漓的战争照片中得到印证。用图像记录战争，主要归功于马修·布雷迪组织的摄影队。

马修·布雷迪

接下来的半个世纪中，技术发展到了可以复制印刷品上的照片。布雷迪留下的遗产也因此以书籍形式出版。带有情感色彩的广告刺激了此书的销售，因为它承诺能够提供栩栩如生的"四周士兵冲锋、旗帜飞扬、万马奔腾"的照片。几十万本图书销售一空，卖给了内战老兵及其家人。然而，第一次世界大战开始时，市场已经饱和。而且，人们已能得到新的令人毛骨悚然的照片——来自欧洲前线的战争实况。新的惨状取代了旧的。

 # 明日传媒

3D：下一个热点？

杰弗瑞·卡森伯格（Jeffrey Katzenberg）不能算是3D技术的发明人，但却可能是3D媒体的掌控者。作为好莱坞梦工厂动画制作公司的行政总裁，卡森伯格正处在推行3D的前沿，不只在电影方面，还包括电视、电子游戏、手机，甚至广告牌等媒介形式。卡森伯格认为，未来我们所有的媒体都可以通过3D效果实现。当然，除了电台广播和其他仅仅使用声音的

---

① 约瑟夫·涅普斯：利用光感材料保存图像。
② 马修·布雷迪：用照片记录了美国内战。

杰弗瑞·卡森伯格。他被称作 3D 的传教士。事实上，正如卡森伯格指出的那样，2010 年好莱坞前十部最赚钱的电影中有四部是 3D 的。他说，下一个我们可以期待的现象就是 3D 电视的勃兴。

媒体。

卡森伯格真的心中有底吗？或许是他忽略了 3D 的艰难历史？

1922 年圣诞节刚过，康奈尔大学的发明家**劳伦斯·哈蒙德**①（Laurens Hammond）播放了《无线电技师》（Radio-Man），也就是第一部商业 3D 影片。哈蒙德加强了深度接受的幻觉效应，同时播放两个轻微偏离中心的影像，一幅给右眼，一幅给左眼。这种技术被称为**立体视觉方法**②（stereoscopy），源于几乎一个世纪以前应用在静态摄影上的 3D 幻觉技术。尽管哈蒙德的《无线电技师》带来了重大突破，他还是遇到了问题。只有一家影院，纽约的塞尔温（Selwyn）影院拥有 3D 所需的放映和观影设备。《无线电技师》只短暂上映了一段时间，后来就又上映了 2D 版。作为电影技术，3D 被搁置。

20 世纪 50 年代，一批 3D 电影上映。电影观众可以得到一次性的 3D 眼镜，配备橙色和蓝色镜片。但技术本身仍过于粗糙，而且制作成本高昂，同时还要和很多类似的放映新技术竞争。几年之后，梦工厂的卡森伯格迷上了 3D。2009 年，梦工厂发行了首部 3D 影片，直接使用立体视觉 3D 形式拍摄，而非在拍摄完成后再转成 3D。同年，詹姆斯·卡梅隆（James Cameron）的大片《阿凡达》上映。在好莱坞大肆宣扬《阿凡达》的成功之际，卡森伯格宣布，此后梦工厂的动画电影将一律使用 3D。在竭力促进 3D 电影发展的同时，卡森伯格称为了保险，也会发行 2D 版本。

卡森伯格的狂热可能标示着未来的发展方向，但他也遇到了很多问题。其中一个与 1922 年《无线电技师》的遭遇相同——可以上映 3D 电影的影院数量太少。在美国，只有 15% 的影院可以播放 3D 电影。为了克服这个问题，卡森伯格劝说工作室及电影连锁公司中的管理人员分摊成本，安装更多 3D 播放设备。2011 年中，一个月就安装了五百多台播放设备。然而美国共有 3.9 万家影院，道阻且长。

另一个障碍则是：许多评论家认为，3D 只是种骗人的短暂现象。一位具有影响力的评论员罗杰·埃伯特（Roger Ebert）对此态度明确："我讨厌 3D。"事实上，眼镜的确不好玩。同时，还有人指出观影过程中这种技术可能带来眩晕。卡森伯格反驳评论家："有了 3D，我们可以提供一种沉浸在故事和人物中的感觉。"卡森伯格表示，3D 不会消失，评论人员不能忽视当前的现象。同时，梦工厂自己出品的 3D 电影也大获成功——《怪物史莱克》《驯龙高手》和《超级大坏蛋》都是 2010 年的大片。对于埃伯特，卡森伯格不无嘲笑："他可以看 2D 的《超级大坏蛋》。"

---

① 劳伦斯·哈蒙德：于 1922 年制作了第一部 3D 电影《无线电技师》。
② 立体视觉方法：早期的 3D 技术，同时播放两个稍微偏离中心的影像，一个给右眼，一个给左眼。

还有一个障碍是消费者的抗拒。3D 电影的票价要贵出 3.25 美元。

此外,由于《阿凡达》播出后 3D 大热,很多电影出品商会在电影制作好后转成 3D 模式。人物看起来像是纸板上剪下的人——不会令人眩晕,只会让人分心。

《阿凡达》后对 3D 的狂热氛围也催生了 3D 家庭电视和电子游戏。目前还没有足够的 3D 产品能将这个行业的总产值抬高超过 2010 年的 12 亿美元。但正如卡森伯格所言,我们只需等待。

> **你怎么看?**
>
> 就你的经验,你认为 3D 足够吸引电影观众,让他们愿意花更高的票价,并忍受 3D 眼镜带来的麻烦吗?
>
> 卡森伯格对 3D 电影的狂热,有可能对其他播放系统,例如电视,造成影响吗?

2.3.2 电影

电影作为 19 世纪末的产物,也源于化学。新的媒体将摄影的经验与**视觉暂留**①(persistence of vision)现象的发现联系起来。19 世纪末,人们发现,人眼会在几分之一秒的时间内保留图像。如果拍摄一系列照片,记录一串动作的不同瞬间,然后快速播放这些图像,人眼就会受到蒙蔽,从而看到连续的动作。对大部分人来说,最慢每秒播放 14 个图像可以产生这类幻觉。

照相机。多产的发明家、企业家爱迪生的研究实验室中,**威廉·迪克森**②(William Dickson)研发出一种照相机,每秒可拍摄 16 幅照片。这是第一台实用的动态图像照相机。迪克森使用了由**乔治·伊士曼**③(George Eastman)改进的赛璐珞胶片,后者发明的柯达照相机促进了业余摄影的普及。1891 年起,爱迪生开始生产电影。

放映机。爱迪生的电影需要在一个盒子中观看。在法国,**卢米埃尔兄弟**④(Lumiere brothers)——奥古斯特·卢米埃尔和路易·卢米埃尔发明了电影的放映机。在一个特殊的大功率灯泡前放映电影,可以将影像投射到墙上。1895 年,他们在巴黎开了一家放映厅——这是第一家电影院。爱迪生看到了放映的商机,为一种放映机申请了专利,第二年就投放到市场上。

> **思考**
>
> - 解释这一观点:摄影和文字不是大众媒体,但对媒体至关重要,需要媒体发掘它们的潜力。

---

① 视觉暂留:快速变换静态照片,创造动态的错觉。
② 威廉·迪克森:研发出第一台电影照相机。
③ 乔治·伊士曼:研发出赛璐珞胶片。
④ 卢米埃尔兄弟:开办了第一家电影播放厅。

- 视觉暂留在电影中是如何应用的？在3D电影中呢？

2.4 电子技术

▲ **本节概述**

19世纪末以来，电力改变了人们的生活，广泛地应用到各类活动中。现代音乐产业催生了新的唱片和回放系统。广播和电视技术都源于电力，并形成了引人注目的新产业。

2.4.1 电的转换作用

19世纪末起，电力的应用对美国人的生活产生了极大的影响。半个世纪后，以电力为基础的生活模式已完全成型。20世纪30年代，政府又建设了大规模的基础设施，使电网遍及每个乡村的农舍。这一时期，发明家和工匠陆续创造出全新的大众媒体，远超过书籍、报纸和杂志的范畴。仅仅一代人的时间，人们便发现自己的生活中多了一系列令人目眩神迷的发明，从灯泡到有轨电车，再到令人兴奋的留声机、广播以及随后的电视机。

想想这些新兴媒体改变人们的生活方式到底有多快：一个小时候借着煤油灯深夜读书的小孩，长大后竟有电视可看了。

2.4.2 唱片机

唱片机一开始并非电子媒介。最早的唱片机是1877年**托马斯·爱迪生**①(Thomas Edison)发明的**留声机**②(phonograph)，是一个包锡的椭圆板，一边旋转，一边让歌手对着一个大金属漏斗唱歌。这个漏斗会传导声音的震动，记录到一个膜片上，膜片则会通过颤动在旋转的包锡板上刻出沟壑。把椭圆包锡板放入回放机器中旋转，唱针会通过沟壑的深浅不同识别出声音。要听到声音，人必须耳朵对着喇叭，并旋转椭圆板。

然而，爱迪生的系统中固有的一个问题成为其取得商业成功的主要障碍：唱片无法被复制，遑论大规模生产。1887年，**埃米尔·贝利纳**③(Emile Berliner)研发出一种笨重的金属碟片，以取代爱迪生的包锡椭圆板。在金属碟片的基础上，贝利纳制造了一个模型，并将热塑性材料灌入模型。材料变硬后，贝利纳就得到了近乎完美的原始碟片复制品，并可以制造几百个。虽然这个工序依如今的标准来看十分原始——完全是机械性的，不应用电力，但在当时，这已是一个奇迹。

这些早期的机器最终融合为电子麦克风及扩音器，以复制声音。这些革新主要由贝尔实验室的**约瑟夫·麦克斯菲尔德**④(Joseph Maxfield)于20世纪20年代完成，具备超高的敏感性。要听到声音，已经无需用耳朵对着机器扬声喇叭，毕竟喇叭只能播放窄频带的声音，扩音器则可以利用电磁扩大声音。

---

① 托马斯·爱迪生：留声机的发明者。
② 留声机：最早的唱片回放机器。
③ 埃米尔·贝利纳：大规模制造唱片工序的发明者。
④ 约瑟夫·麦克斯菲尔德：于20世纪20年代发明了电子唱片机。

2.4.3 电磁频谱

将电力引入大众传媒是由**电报**①(telegraph)完成的。利用线路传送电子脉冲的实验完成十多年后，**塞缪尔·摩尔斯**②(Samuel Morse)说服国会，花费 3 万美金安装了从华盛顿到巴里摩尔 41 英里的导电线路。1844 年，摩尔斯使用点和线组成的密码，发送了那条著名的信息："上帝做了什么。"这次展示清晰表明了远距离实时通信的可能性。摩尔斯的即时通信小发明克服了印刷文字的障碍——生产和传播实物之间必然的延迟。

摩尔斯这个发明带来的可能性使人们，当然还有投资者，开始关注电力。仅仅四年后，到 1848 年，支持者募集到足够的资金，创建出可联系美国大部分聚居区的系统，横贯东海岸线和内陆，最远可达芝加哥和密尔沃基。到 1866 年，电缆已经铺设到了大西洋海底，连接北美和欧洲，以供电报通信。

尽管电报信息基本是点 A 到点 B 的传播，尚不能算大众媒体，但这一方法却使得大众可以应用电力进行沟通了——也许甚至不需要线路。

无线。无线通信的创意源于 1887 年格兰维尔·伍兹(Granville Woods)的发现。他找到了一种与移动中的火车交换信息的方式，即铁路电报，这种电报允许发报机实时在火车上通信并避免冲突。尽管这个发明旨在应用于电动火车，其动力来源于头顶的线路和地上的轨道，但伍兹的成果提出了一个问题：通信是否可以脱离线路？

几百年来，科学家一直觉得，闪电可以发射出肉眼不可见的巨大电波。radi(无线)一词来源于拉丁语 radius(光线)，因为这些电光来自闪电。德国科学家**海因里希·赫兹**③(Heinrich Hertz)于 1887 年证实了这些电波的存在：两个相隔几英尺的线圈，当一个线圈导电时，另一个也会被通上电。因此，电力的确可以通过空气传播，这个效应之后就被我们称为"赫兹电波"。

格兰维尔·伍兹。通信的新可能源于他 1877 年发明的铁路电报。这一发明允许列车员在途中利用发报机相互沟通。

这些满载赫兹电波理论的科学期刊启发了一个意大利的年轻贵族，**古列尔莫·马可尼**④(Guglielmo Marconi)。无论马可尼本人是否意识到，他所读的那些书都在逐渐将他培养为一名工程师。他深深为之着迷，连饭都顾不上吃，将自己锁在他父亲位于博洛尼亚附近的一栋房子里，进行思索和演算。1895 年，马可尼把赫兹的线圈埋进地里，发现他可以把信息传送得更远。很快，他可以通过远程控制，按响房间另一头的铃，然后是楼下的铃，然后是 300 英尺以外的铃——这就是最早的无线信息。

---

① 电报：电力驱动的远距离沟通方式，通常用于点 A 到点 B 的传送。
② 塞缪尔·摩尔斯：于 1844 年发明了电报。
③ 海因里希·赫兹：于 1887 年证明了无线电波的存在。
④ 古列尔莫·马可尼：于 1895 年发送了第一条无线信息。

马可尼当时正在证明科学家的一项论断是错的,即赫兹电波无法穿透固体,更不要说地球。对此他信心满满。他安装了一架天线,进一步拓展了信号的传播范围。同时,他找到了一台摩尔斯发报键盘,当时这种键盘已经被广泛用于打出点和线,以供电报线路传播信息。马可尼让他的哥哥翻过一座山,走到三英里以外,马可尼告诉他,如果通过接收器收到摩尔斯电码"点—点—点"就叩响来福枪的扳机。极具象征性的是,这一枪震惊了全世界。

费罗·法恩斯沃斯(Philo Farnsworth)

费罗·法恩斯沃斯11岁时,家人把家什装上三辆马车,搬到了爱达荷州东部里格比的一处农场里。年轻的法恩斯沃斯驾着其中一架马车翻过一座山时,俯视山下的田地,看见了连通建筑的电线。"这里有电!"他喊道。费罗对电很着迷,他很快就精于修理坏掉的电器。

1919年,他们的家在里格比定居下来的那一天,对年轻的法恩斯沃斯的生活来说是一个重要的瞬间,因为在这里他发明了一项技术并促成了电视的诞生。

下一个重要的瞬间则在两年后,费罗·法恩斯沃斯13岁那年。他偶然看到一篇杂志上的文章,里面提到科学家正在研究用无线电传播图像的方法,但目前一无所获。他随即出门,将马拉到收割机前收割土豆。当他拉着马在田野间来回,一垅一垅地收割时,脑海中出现了动态图片被生动地捕捉并传送到远处去的景象。如果可见光可以被转换成电子,一次传送一个,但以极快的速度组成光束,在一个平面来回,那么也许通过无线电传送图像就能够实现。

电视发明家。 13岁的费罗·法恩斯沃斯想出了一个方法来实时传送动态图像,用电子在屏幕上来来回回反复传送——就像他自己做的那样,来来回回地收割土豆。二十出头的法恩斯沃斯从理论走向实践,发明了他所说的析像管。

这个想法酝酿了几个月。14岁那年,法恩斯沃斯在化学老师的黑板上用粉笔画出了一个复杂的图表,展示"电子电视"。

法恩斯沃斯的聪慧、真诚和魅力帮助他赢得了周围人的赞许。他19岁那年在盐湖城工作,认识了一位可以帮他从旧金山拉到投资的人。有了投资者的支持,法恩斯沃斯工作中的第三个重要时刻出现了,他在洛杉矶设立了一个实验室。此后,他在旧金山将他的图稿和理论付诸实践。1927年,他用人工吹成的玻璃管和手焊的连接点制造了一台小机器,他称其为析像管,能够识别出一块玻璃载玻片上的图像,并进行传送。这个爱达荷州的农场男孩就这样发明了电视。

尽管马可尼当时并没有意识到,那座隔开他和他哥哥的山的确在事实上阻挡了无线电波,但那座山只阻挡了直线电波,其他电波则向上发射,经电离层反射回地球。因此,无线电波能传播到很远的地方。马可尼当时不明白这个现象,但他看到了通过海上航船实施通信的巨大商业潜力,很快即可得到回报。此前,船只通信仅限于打旗语、用镜子反射光,这当然意味着船只无法与地平线以外的东西进行通信。马可尼凭此创造了巨大的财富。

电视。电台广播发明以后,电视自然成为媒介技术的下一个步骤。人们认为,电视信号可以通过电波传送,就像无线电那样。然而,关键在于捕捉可视的动作以供传播。很多著名大学的物理学家和工程学家研究多年,试图创造"带图片的广播",这是电视早期的名称。

然而,最终是一个南方爱达荷州的农场男孩,**费罗·法恩斯沃斯**①(Philo Farnsworth)在13岁那年犁地时想出了一个法子,最后促使他发明了电视。犁地时在田垄间来来回回的运动让年轻的法恩斯沃斯灵感突发。他运用从科学杂志和自己平时动手积累的电学知识,设想出一个类似照相机的机器,可以识别屏幕上反射的光,图像经过类似无线电的方式发送到一个接收器上,接收器可以转化图像中不同程度的光,使其迅速移动,通过满是横线的屏幕,快速来回,那么屏幕上的图像对人眼来说就会与照片无异。然后,另一个电子会迅速穿过屏幕,也就是所谓的"田垄",来代替第一个图像。因为图像变换得很快,人眼会将其识别为动作。法恩斯沃斯将这个设备称为**析像管**②(image dissector),功能正如其名。

正如40年前发明的电影技术一样,电视以每秒几十幅的频率捕捉动作,以极快的速度依序播放,创造出一种类似电影的幻觉,主要依靠的是视觉暂留现象。与电影不同的是,法恩斯沃斯没有使用摄影技术。电视使用的是电子技术,而非化学。同样,不同于电影的是,电视摄影机所记录的图像能直接传送到叫作显像管的接收器中,或者传送到记录设备中,以供后续的传送。

尽管1927年法恩斯沃斯在旧金山公寓的一个房间中把第一个电视图像传送到另一个房间中,电视技术的复杂性还是阻碍了这种媒介的迅速发展。同时由于美国专注于二战,电视的发展在国内也举步维艰。到了20世纪50年代,类似广播的电视信号传送基础设施才建立起来。

思考

- 埃米尔·贝利纳发明金属唱片碟片产生的影响,与古腾堡的金属活字比较起来如何?
- 无线通信的发现对社会发展和全球化有何影响?
- 视觉暂留效应在电视和电影中分别是怎样应用的?

---

① 费罗·法恩斯沃斯:电视发明者。
② 析像管:早期电视技术的第一个设备。

▶ 媒介时间线

15、16世纪	**技术里程碑** **金属活字** 古腾堡印刷工艺开启了大众传播时代(1446) **印刷** 古腾堡的印刷技术生产的印刷品遍布欧洲城市(1500) **重大事件** • 哥伦布发现美洲大陆(1492) • 第一批黑奴抵达美国(1502) • 米开朗基罗完成大卫像(1504) • 哥白尼提出太阳是太阳系的中心(1512) • 马基雅维利著成《君主论》(1513) • 路德领导新教改革(1517) • 威廉·莎士比亚(1564—1616)	 古腾堡
17世纪	**技术里程碑** **书籍** 剑桥出版社在英属北美殖民地发行了第一本书(1640) 剑桥出版社还发行了宗教宣传册和宣传材料 **报纸** 本·哈里斯出版了《国内外公共事件报》,是英属殖民地的第一份报纸(1690) **重大事件** • 伦勃朗·范·莱因(1606—1669) • 清教徒建立殖民地(1620) • 第一本英语词典诞生(1623) • 约翰·弥尔顿著成《论出版自由》(1644) • 艾萨克·牛顿发明显微镜(1669) • 法国—印第安人战争(1689—1763)	 轮转印刷机
18世纪	**技术里程碑** **杂志** 安德鲁·布雷德福(Andrew Bradford)和本杰明·富兰克林(Benjamin Franklin)将互相竞争的杂志引入英属殖民地(1741) 同时,周报在殖民地大城市出现,转印欧洲报纸及其他周报的内容 **重大事件** • 约翰·塞巴斯蒂安·巴赫(1685—1750) • 法国人发现新奥尔良(1718)	 早期3D观众

	• 丹尼尔·笛福写成《鲁滨逊漂流记》(1719) • 小冰河期的顶峰(1750) • 工业革命开始(18世纪60年代) • 独立战争(1775—1781) • 华盛顿就任总统(1789—1797)	
19世纪	**技术里程碑** **唱片** 托马斯·爱迪生发明了留声机,可以记录并回放声音(1877) 同时,书籍、报纸和杂志产业繁荣 **电影** 威廉·迪克森组装出动态图片照相机(1888) 同时,报纸作为主要媒介发展如日中天 **重大事件** • 购得路易斯安那后,美国国土增加了一倍(1803) • 摩尔斯发明了电报(1844) • 美国内战(1861—1865) • 美国海岸线由铁轨连通(1869)	 战争照片
20世纪	**技术里程碑** **无线电** 古列尔莫·马可尼通过无线电波发送了第一条信息(1895) 同时,轰动事件和揭丑报道使得更多人购买报纸和杂志 **电视** 费罗·法恩斯沃斯发现了通过电子方式记录移动的图片,以便实时传送的方法(1927) 同时,无线电网络吸引了前所未有的数量的观众,遍布全国 **网络** 美国军方研发出计算机网络,后来发展成互联网(1969) 电视地位稳固,成为主要娱乐媒介,并逐渐成为成熟的新闻媒介 **重大事件** • 妇女获得选举权(1920) • 大萧条(20世纪30年代) • 第二次世界大战(1941—1945) • 苏联与西方的竞争导致冷战(1945) • 人类登月(1969) • 苏联政治动荡(1989)	 轨道卫星

	技术里程碑
	融合
	大众信息的传送分化成数量不断增长的数码机制。总体上,传统媒体产业还在生产内容
	云计算
	满足需求的应用程序,逐渐发展为移动设备附加功能(2010)
	平板电脑
	苹果研发出 iPad(2010)
21世纪	**重大事件**
	• "9·11"恐怖袭击(2001)
	• 伊拉克战争(2003—2011)
	• 卡特里娜飓风(2005)
	• 东日本大地震及海啸(2011)
	• 世界人口超过70亿(2011)
	• 乔治·W.布什出任美国总统(2001—2009)
	• 经济大衰退(2007—2009)
	• 奥巴马出任美国总统(2009—2017)

数码设想

2.5 当今技术

▲ **本节概述**

卫星和光纤技术在20世纪末提升了大规模信息传送的速度和可靠性。这些重大发展在很大程度上并不能被媒体消费者察觉。然而容易察觉的是,这些技术促成了互联网的诞生,并使之成为新的大众媒体。

2.5.1 轨道卫星

50多年前,苏联将斯普特尼克号送入轨道,这是人类历史上第一颗人造卫星。这一成就掀起了探索近地空间的浪潮,空间技术蓬勃发展。天气预报不再主要凭借直觉,而是依靠科学,准确度也提高了好几倍。通过卫星发回的地理位置信号使得地图成了一项新的日常应用,而这只有外星人史波克才想得到。通信也发生了转变,信号走直线发射到卫星上,其效率远超过当时可用的网络。当时的网络在地面架设信号塔传送信号,塔与塔之间相隔十英里左右。

在通信意义上,使用卫星最重要的就是**同步轨道**①(geosychronous orbit)。这是科幻小说作家**亚瑟·C.克拉克**②(Arthur C. Clarke)提出的概念——他同时还是一位严肃的科学家。克拉克于1945年提出,离赤道2.23万英里的卫星可以在轨道上与地球同速旋转,这样就一直保持在地球某一点的上方——这将是一个理想的平台,持续提供服务,收集来自地球信号站的信号,再传送回地球信号站,就像一个处于2.23万英里高空的信号塔。这样,就只

---

① 同步轨道:一种卫星旋转周期,与地球转速完全吻合。
② 亚瑟·C.克拉克:提出了同步轨道卫星的设想,以供通信。

需要一个传播设备,而不用上百个,信号传送也更快、更稳定。**电星 1 号**①(Telstar)通信卫星发射于 1960 年,从地面上的**上行**②(uplink)信号站接收第一个电话信号,进行放大,然后传送回**下行**③(downlink)信号站。电视网络也使用电星 1 号。

然而,卫星技术并未改变产业的基本结构,产业依旧主要围绕印刷、化学和电子技术发展。卫星则是一个有效的替代工具——传送传统媒体产品。黄金时段的联播节目仍来自广播网。主流报纸,包括《今日美国》《华尔街日报》和《纽约时报》,都通过卫星将版面内容发送到美国各处的印刷工厂,以使地处偏远的读者也能读到最新的内容,仿佛提供内容的媒体就在车程之内。简言之,卫星技术十分重要,它使得媒体公司提高了信息的传送效果,而消费者对此却难以察觉。

2.5.2 重回有线

尽管卫星带来的可能性使科学家目眩神迷,但旧有的大众传媒——有线网络,有时称为**固定线路**④(landline)——以其可靠性,开始复苏。一位俄勒冈州阿斯托里亚的无线电修理店主,**艾德·帕森斯**⑤(Ed Parsons)在 1949 年为镇上装上了线路,接受来自西雅图的电视信号。以往,由于西雅图地理位置偏远,只有安装很高的天线才能接收到信号。帕森斯通过一家宾馆楼顶的天线接收无线信号,再通过铜线将信号送到全镇——这种铜线,阿斯托里亚满大街都是。在山脉连绵的西弗吉尼亚州,企业家也利用本地有线系统传播被地势阻隔的电视信号。**有线电视**⑥(cable television),正如其名,在小城镇取得了成功。然而,从电视产业来看,有线只是小小的一个点。本地有线运营商只是传播来自别处的信号。这些有线系统几乎无一能够创造自己的内容。

亚瑟·C. 克拉克

轨道中继站。数十颗卫星环绕地球,扮演通信中继站的角色。这个概念可追溯到 1945 年,亚瑟·C. 克拉克,一位知名的科幻小说作家,但同时也是一位严肃的科学家,设想卫星可以在地球上方某一点保持相对静止,只要使卫星速度和地球旋转速度保持一致就行。15 年后,也就是 1960 年,第一颗通信卫星电星 1 号证实了克拉克的设想。

---

① 电星 1 号:第一个通信卫星。
② 上行:一种地面信号站,发射信号到轨道通信卫星上。
③ 下行:一种地面信号站,接受通信卫星发射的信号。
④ 固定线路:传统电信系统,由陆上线路连接,线路通常埋在地里或撑在杆上。
⑤ 艾德·帕森斯:建立了第一个社区天线电视系统。
⑥ 有线电视:一种电视传播系统,使用线路而非无线广播信号。

有线产业的角色在1975年发生了转变,时代公司(Time Inc.)执掌的传媒帝国将HBO电视网的信号通过卫星传送,为本地有线电视提供节目服务。由于可以为订阅者提供专门的节目,有线电视迅速兴起。更多由卫星传送的有线节目服务上线。华尔街投资人投入了数十亿美元在大城市,那里有大规模的观众,渴望收看HBO、CNN等节目,而这些节目只通过有线运营商提供。很快,有线电视就不再是只依靠无线获取信号并传播的小镇企业了。

同时,在20世纪60年代,康宁公司(Corning Glass)开发出一种电缆,可以传送光,速度不可想象——理论上可达到每秒18.6万英里。这类新**光纤**①(fiber-optic)电缆具备巨大潜力,每股可同时传送6万条信息。这项技术被电话所应用。光纤网络速度之快,可以在几秒之内传送整本《牛津英语词典》。很快,几百名工人开着反铲挖掘机埋设光纤电缆,代替固定线路通信依靠的铜线。引人注目的数据数字化、以卫星为基础的光纤通信系统和其他新技术一起,使得互联网成为现实。

思考

- 卫星电视公司宣称它们可以为美国任何地方的户主提供电视服务,只要户主能够不受限制地连接到南边的天空。为什么是南边?
- 什么技术转变了20世纪70年代出现的沉寂的小镇有线电视产业?

2.6 数字化集成

▲ **本节概述**

数码技术使人类生活的各个方面都提升了效率,包括传统大众媒体公司的生产。一种全新的媒介——互联网——完全依靠二进制的数码信号建立起来。这种最新的媒介技术使传统媒体的很多一度泾渭分明的传播路径发生了融合。

2.6.1 半导体

1947年,美国电话电报公司(AT&T)的贝尔实验室有几位研究人员在电话通信领域有重大发现。工程师杰克·巴丁(Jack Bardeen)、沃尔特·勃里特(Walter Brittain)和威廉·肖克莱(William Shockley)设想了一种类似玻璃的硅芯片——实际上是几粒砂——可以用来回应正负电荷。这些小芯片叫作半导体,特点是能够快速开关。有了这些芯片,人类的声音就可以被压缩成一串数字——1表示开始,0表示结束——然后以极速的脉冲传播,在线路另一头快速重建,声音就和真的一样。巴丁、勃里特和肖克莱获得了诺贝尔奖。

他们并没有意识到,自己为革命性的突破打下了基础的,不只是在电话通信方面,也在大众传媒方面。

贝尔实验室随即将数码开关二进制信号应用到一个新的水平。通过将信息打碎,一股一股传播,很快,也就是在1965年,贝尔实验室就可以同时传送多条信息。人们惊奇地发现,51个电话可以同时在一个线路上进行。电话系统的承载力大幅提高,并不需要增设哪怕一英里的新线路。

---

① 光纤:极细、具有弹性的玻璃纤维,可以传播光信号。

杰克·巴丁、沃尔特·勃里特和威廉·肖克莱

诺贝尔获奖者。 1956年的诺贝尔奖颁给了半导体的发明者。他们设想出用极小的低成本晶体作为开关,传播被转换为0、1二进制代码的数据。数字通信随即发展,各项发明促成了今天的全球通信网络。

这种新兴技术具有革命性的潜力。不仅是人声可以压缩成二进制数字传播,还有文本乃至图像。未来学家问道:"谁还需要纸呢?"数字化会不会代替在当时依然属于前沿的电视技术呢?

可惜,数字化并未代替古腾堡发明的印刷媒体。核心媒体产业始终懒散地停留在传统类别中,包括书籍、报纸、杂志、电影、唱片、广播和电视。然而数字化技术的确催生了新的媒体产业,围绕着新技术发展。美国在线(America Online)就是第一代。现在,谷歌、YouTube以及Twitter都是业内领先者。未来?我们拭目以待。

2.6.2 互联网的起源

数字化传播的另一个里程碑就是**互联网**①(internet)。互联网起源于军方,军方看到了数字化传播提供非集中式网络的潜力:无需中心枢纽,非集中式网络可以自我维护,在核攻击中能够得以保全。这一系统被命名为ARPAnet(美国高等计划研究署网络),从1969年开始运行。起初,这一网络连接军事任务承包商和大学,以便研发人员交换信息。1983年,美国国家科学基金会这一旨在促进科学进步的团体接管了网络并纳入了更多大学,各大学纷纷将自己的内网交流系统融入更大的网络。作为勾连内联网的主干系统,"互联网"这个名字实至名归。

2.6.3 媒介融合

高性能网络建设于20世纪90年代,我们将其称为互联网。后来,互联网逐步发展为所有媒体产品的传播媒介。互联网的技术基础被称为"**数字**"②(digital)技术,十分独特。信息,无论是文本、声音、图像还是混合体,都能被打碎为几百万个比特的数据。互联网传送信息的单位就是比特,其性能和速度十分惊人,随后在接收端重新整合。这个过程对于文本来说几乎是即时的,文本的数据位很小,容易调试。声音和影像信息需要的时间较长,因为它们需要更多数据位,才能在接收点重组信息。

---

① 互联网:高性能全球电话网络,可以联接电脑。
② "数字":这一技术中,媒体信息被编为1和0组成的代码,以便传送,然后破译重组为原来的信息。

一场数字化革命,即**媒介融合**①(media covergence)已然来临。

蒂姆·伯纳斯-李②(Tim Berners-Lee)

蒂姆·伯纳斯-李独自发明了互联网。此后,不同于许多利用互联网圈快钱的企业家,伯纳斯-李致力于完善互联网,使之成为一种可以免费向所有人公开的传播媒介。

最早的网站管理员。蒂姆·伯纳斯-李及其在瑞士研究部门的伙伴于1989年创建了新的网络编码,将其命名为国际互联网。如今,这种编码还是全球计算机交流的核心。

伯纳斯-李是一位工程师,毕业于牛津大学,他设想出互联网这个概念是因为他无法记录在不同地方的电脑上留下的笔记。当时是1989年,他在欧洲核子研究组织,一个位于瑞士的物理实验室工作。他开发出一种系统,能够使科学家的电脑互相连通,促进科学研究的进行。

在某种意义上,这一软件的运行原理和大脑无异。事实上,伯纳斯-李表示,这个想法的初衷是"记录一个人在真实生活中遇到的所有随机联系——大脑本该擅长记忆,有时我的脑子却不灵光"。

伯纳斯-李和三位软件工程师一起,建立了测试小样,运行了三个月。然后,他跑遍全世界,在科学会议上介绍这个网络。这一设想的潜力逐渐展露出来:该网络是一个可以将任何信息与其他所有信息连接起来的系统。

互联网成功的关键在于使用了一种相对简单的计算机语言,即HTML(超文本链接标示语言)。尽管多年来,计算机语言不断发展,但它如今仍是网络的核心。伯纳斯-李还开发出一个地址系统,使得计算机可以找到别的计算机。每个连入网络的计算机都有一个单独的地址,即URL(统一资源定位符)。为了使之可行,伯纳斯-李还创建了一种协议,使电脑和电脑之间产生实际的关联,即HTTP(超文本传输协议)。

伯纳斯-李的成就有目共睹。随着时间的推移,互联网的发展很有可能会使其他媒体黯然失色。有些人认为伯纳斯-李可比肩约翰内斯·古腾堡——后者400年前发明了金属活字,使得文字材料大规模生产成为可能,从而开启了大众传媒时代。

分销。互联网在传送信息方面的效率无可比拟。相比之下,报纸公司需要许多卡车和司机,在黎明之前从生产点跑到分销点。到了那里,还要有人拿着报纸,送到顾客手中。杂志公司依靠邮政系统,其传送需要至少一天,耗费无数燃料。传统的书本出版商有大批量的库存,仓库租金很高,还有极高的运输成本。尽管书籍、报纸和杂志还没有退出传统媒体格局,但这些公司都转向互联网传送内容。

设备。使用一个设备,消费者可以接收到任何来源的媒体内容。这一设备可以是手机、平板电脑、台式或笔记本电脑。这些设备的共性是可连入网络。

---

① 媒介融合:印刷、电子、摄影媒体融合为数字形式。
② 蒂姆·伯纳斯-李:创造了超文本链接标示语言和国际互联网。

区隔。数字化正在打破旧有媒体的区隔。报纸从业者日渐关注的是新闻产业,而非报业。出版商谈论的是知识产权,而非书籍。新的重点转移到了内容上,而非此前的媒介。消费者也看出了这一潜在的转变。例如,人们不说"读报纸",而说"读新闻"。不再像以前一样说"看电视",而说"看情景剧"。其意义体现在数码设备排挤古腾堡的印刷技术,并将广播、电视、电影和唱片接收设备结合到同一个设备中。

生产。将近一个世纪以来,印刷媒体出版商认识到,它们在生产成本方面具有天然的劣势。在大城市里经营日报往往需要几百万美金的投资。在它们眼中,广播和电视反而和是简单易行的——这两个行当里的人只要会按开关就可以了,尽管这么说有点过于粗暴。但有了数字化传输,广播电视就和印刷出版一样显得很费钱了,甚至广播发射机和信号塔的维护都变得十分昂贵。有了互联网传送技术,报纸内容的生产成本急须被大幅削减。

民主化。网络生产和传送成本较低,对拓宽媒体内容来源产生的影响可能最大。几乎每个人都负担得起。人们可以创造信息,在网络上传送,也至少可以在理论上触及地球上每一个具有接收设备的人。与二十多年前相反,进入大众传媒不再需要几百万美元的成本,也无须购买生产设备,更不必有几百万美元作为启动资金,人力成本也谈不上。相信任何一个博主或车库乐队对此都深有体会。媒体巨头开始试图寻找维护主导地位的方式。我们处在一个充满变动的环境中,即使此时此刻变化也仍在发生,这个过程已被人们描述为大众传媒的民主化。这个说法或许是一种先见之明,或许只是一种不成熟的考虑。

媒介争论

文字的"技术化"

大众传媒行业正在经历重大变革。传统媒体行业的有些技术可以追溯到550年前的古腾堡,这些行业能在全新的互联网传播时代中幸存吗?这个问题不仅困扰着纸质媒体,也困扰着电视产业和所有在古腾堡之后产生的技术,它们都曾在20世纪的媒体格局中占据一席之地。

每当新技术和新媒介出现,印刷媒体都会遇到严峻的挑战。但它还是坚持了下来。进入21世纪后,七个重要产业——书籍、报纸、杂志、唱片、电影、广播和电视——都已经进入了较为良好的共存状态。每个产业的产品不同,经济上保持可持续,利润着实很高。

20世纪90年代中期,马克·安德森的网景公司开发出的浏览器使得互联网打入媒体阵营中。历史地看,这个新产业可能会在先前的媒体产业中谋得一席之地,就像电视和20世纪的其他新媒体产业那样。

互联网改变了一切。以文字为中心的纸质媒体失去了它们在文字方面的垄断。正如文学与文化史学家沃特·翁格(Walter Ong)所说,印刷文字突然被"以一种新的方式技术化"了。有了互联网,人们在屏幕上就可阅读,而且比阅读纸张更方便。

同时,互联网还可以传送声音、图像和时评。电视、电影、CD、广播等产业都该小心了。

如今,这七种传统媒体产业都不那么依赖传统生产机制了,例如印刷机、广播发射器等。或多或少、或早或迟,这些传统媒体都在转向互联网传播。这一过程被称为媒介融合,也就是传统媒体公司将使用互联网作为普遍通用的传送平台。

沃特·翁格。这位身为耶稣会士的学者将互联网视为书写文化在当代的"技术转型"。网络阅读作为一种新的阅读形式有可能令古腾堡式的印刷媒体绝迹。

这种媒介融合的问题在于,它给传统媒体行业带来了双重影响:

- 过去不同的媒体平台之间存在的区别在网上渐渐模糊。原有的商机不复存在。杂志不再仅与其他杂志竞争,报纸也是一样。在网上,每种传媒产品都是平等的,鼠标点击即可获得;
- 传统媒体行业的产品面对的是网络上无止境的竞争产品。尽管有足够的网络空间容纳所有产品,市场却是有限的。世界上只有七十亿人口,每个人只有24小时,这是传媒消费的限量。人们还需要时间睡觉、吃饭、谋生。

悲观论调者不相信传统大众传媒产业能挺过网络融合,认为其至少会发生重大转变,但此时下定论还为时尚早。我们也曾过于草率地否定旧媒体。

20世纪20年代:"这个时代,人们能去电影院,谁还会再读书?""广播听新闻更快,还看报纸干什么?"

20世纪50年代:"现在所有的好节目都在电视上,广播马上就要消失了。""现在大部分全国广告都转到了电视,杂志无法存在了。""电视会把电影挤掉的。"

这些可怕的预测都被证明是错的。这些悲观失望的预测者遗漏了一个事实,所有媒体,无论新老,都建立在下述四个文化、社会、经济的基础上,这正是20世纪的标志:

- 人口显著增长,扩大了媒体产品的市场;
- 工作周缩减到标准的40小时,人们有更多自由时间花在媒体上;
- 公众兴趣扩展,拓宽到政治和社会问题,以及运动和其他娱乐,大众传媒在这方面得天独厚,可以满足公众需求;
- 消费者经济爆炸性增长,极大地增强了媒体行业的经济实力,因为这些行业依靠广告谋利。

在当时的迷雾下,这些现象的长远积极影响被分析人员忽略了。他们的预测是错的。如今,问题在于我们是否错过了什么,正如那些早期的媒体预言家那样。媒介融合真的不是我们所能预见的大众传媒的终点吗?

正方

科技融合正在颠覆媒体基本结构。媒体行业的终点已近,它们曾各自有稳定的商机,但如今在网上彼此直接竞争。

反方

媒体行业一直在吸取新技术,以维持生存,事实上还在不断发展。这个吸取的过程很可能正在发生,尽管我们很难感知。

深化你的媒介素养

探索问题：搜索美国论坛公司（Tribune Company）破产事件，以及关于《芝加哥论坛报》《洛杉矶时报》、超级电视台 WGN 等媒体机构的母公司遇到的困难的最新信息。

深入挖掘：搜索人们对这个历史上最强盛的美国媒体公司之一发生的问题有何解释。

你怎么看？ 论坛公司的悲剧在多大程度上是因为网络？这个公司采取了哪些举措来对抗网络对观众和广告经费的大幅掠夺？当前的前景如何？

2.6.4 云计算

人们日常可用的计算设备日益增多。台式电脑之外，还有笔记本电脑，它的存储能力与台式电脑相当，却不到五磅重，非常便于携带。iPad 等平板电脑更轻，携带更方便。智能手机具有电脑的很多功能，盈盈一握而已。

云。设备不断变小，有些只有几盎司，这都是云计算的功劳。这些设备从外部获得需要的数据——云。这样一来，无须在电脑里储存几万个音乐文件，只须在需要时即时下载文件即可。

云计算就像一个电路网。当你轻轻打开开关时，你并不太关心电是来自哥伦比亚河上的大古力水坝，还是其他相互连接的发电站。你的电力是无缝传送来的。同样，对大部分人来说，他们并不在乎自己最喜欢的音乐是储存在智能手机里，还是想听时从别处的云上下载下来。有了云计算，设备本身甚至可以更轻。内置的硬盘大小——这个曾衡量电脑存储能力的黄金标准，变得无关紧要了。设备内部的元件越少就越轻。

应用①（App）。**云计算**②（cloucl computing）催生了大批应用软件，为用户完成特定任务而设计。这类程序通常只提供一种服务，例如卡路里计算器或某种游戏。有上千种 App 是免费的，但也有些 App 需要征收高低不等的费用。App 也推动了订阅。例如，《连线》杂志的 App 每年 20 美元。《纽约时报》的 App 免费提供最重要的新闻，但获得所有内容需每月 35 美元。

App 公司也能成为很大的软件公司。苹果商店在 2012 年提供了 50 万个苹果手机可用的 App。超过 20 万个也可用于安卓设备。

在某种意义上，App 正在侵蚀互联网。网络使人们可以接触到任何发布到网上的东西。事实上，人们可以接触到的东西太多，甚至需要谷歌一类的搜索引擎进行分类。有了 App，就可以选择自己需要的东西了。

思考

- 半导体是如何改变现代生活的？大众传媒呢？
- 蒂姆·伯纳斯-李与约翰内斯·古腾堡影响相当吗？爱迪生呢？马可尼呢？法恩斯沃斯呢？

---

① 应用：一种小软件程序，通常用于移动设备，有种种特定用途。
② 云计算：需要时可以接入数据库，采用无缝下载，而非将数据存储在个人电脑中。

2.7 技术和大众传媒

▲ **本节概述**

理论家设想出一些模型来帮助人们理解并解释大众传播的过程,它依赖技术,十分复杂且神秘。但很多模型如今已经有50多年的历史了,在技术的快速变革中已经过时。这些变革使大众传媒的工作原理显得更加玄妙。

2.7.1 拉斯韦尔模型

20世纪,学者试图理解大众传媒的工作原理。很多理论如过眼云烟。其中一个最有用的解释就是20世纪50年代耶鲁大学教授**哈罗德·拉斯韦尔**①(Harold Lasswell)提出的模型,概括得十分简洁。这是一个叙述性的模型,它提出四个问题:谁说了什么?用什么**渠道**②(channel)?告诉谁?有什么**效果**③(effect)?

拉斯韦尔提到渠道时,将自己的模型清晰地与其他描述人类传播的模型进行了区分。他的渠道要素明显使他的模型成为看重大众传媒技术的模型之一。拉斯韦尔的渠道是指以技术区分的大众媒体——书籍、电影、电视等。

拉斯韦尔模型很容易操作。我们可以选择任何一个媒体信息,例如美国前副总统阿尔·戈尔(Al Gore)的纪录片《难以忽视的真相》:

- **谁说了什么?** 戈尔讲述了一个故事,以专家实验和记录下来的证据为基础,讨论全球变暖现象。他的信息是,全球变暖现象中,人类起了加速作用,对地球这一人类栖息的家园构成了破坏。
- **用什么渠道?** 这部纪录片是一部电影。同时,它还以录影带的形式销往全世界,供家庭和团体观看。此外,还出版了一本同名的书籍。
- **告诉谁?** 尽管不友善的批评家试图贬低这部片子,说它是为了企鹅而拍摄的,但这部电影的录像带和书籍却迅速热销。
- **有什么效果?** 公众迅速接纳了一个看法,即人类如果迅速采取行动,有可能扭转地球栖居环境的恶化。在前州长阿诺德·施瓦辛格的带领下,加利福尼亚州迅速采取行动,出台了新的公共政策,减少温室气体的排放。美国最高法院出台了更严格的排放标准,大工业对此表示抗议。这些都是这部片子的传播效果。

2.7.2 模型的价值和限制

为了追求实用性,大众传媒模型均十分缺乏捕捉传媒系统复杂性的能力。信息的数量是无法计算的。"亿万"这个词已经出现。我们只知道,信息数量正在迅速增加。没人能提出一个模型,描述大众传媒中所有内容涵盖的范围和彼此之间的互动。

所有模型,无论是船只、飞机还是汽车的模型,都有一些缺陷。不妨说,模型是一个副

---

① 哈罗德·拉斯韦尔:提出了叙述性的传媒模型。
② 渠道:信息传达给广大观众使用的媒介。
③ 效果:信息带来的后果。

本,能帮助我们看到并了解真实的东西,但没有一个模型能表现出所有的细节。例如,一位飞机工程师可以创造出飞机推进系统的模型。尽管这对解释飞机动力来源十分重要,却无法表现飞机的美学特征、通风系统、电力系统或其他上百个重要的特征。工程师可以设计多个模型,展示其中的关联和内在联系——这本身就是一个重大的挑战,但却无法解释所有发生的事情。传媒也是如此:每个瞬间都会发生太多的变故。因此,和所有模型一样,大众传媒模型可以用于阐释说明,但也有局限性,因为太多细节无法被压缩到一个简单的模型中。

不同的模型往往侧重于传播过程的不同方面。这个过程太过复杂,一个模型无法涵盖所有内容,这一点从拉斯韦尔模型中即可看出。拉斯韦尔模型尽管看上去很完善,但远谈不上是一个精细的框架,理论家还需要做更为细致的工作。

2.7.3 同心圆模型

这是 20 世纪末最有用的模型之一,由学者雷·希伯特(Ray Hiebert)、唐纳德·尤古芮特(Donald Ungurait)和托马斯·波恩(Thomas Bohn)提出。它由一系列同心圆构成,信息来源在最中心。来源将信息或想法编码,然后向外扩散到最外层,即受众。其间有几个大众传媒独有的要素,包括把关人、以信息为基础的媒介、管理者和放大过程。这个模型创造了一个框架,可以追踪信息经过大众传媒的艰难历程。实际上,这个模型将大众传媒描述为障碍丛生的过程。

媒介。希伯特、尤古芮特和波恩了解媒体会影响信息,故在其中一环打上了"大众传媒"的标签。媒体的存在使情况变得不同。一个借助视觉描述的信息,例如喜剧演员的滑稽动作,在电台广播中就毫无作用。媒体实际上至关重要,它可以保证向外扩散的信息达到目标,这个目标也就是被希伯特、尤古芮特和波恩放在最外环的传播效果。

放大过程①(amplification)。了解大众传媒,很重要的一点是了解大众传媒如何使信息更有机会被观众获取并造成影响。广播迅速扩大了评论员的听众群体。一台打印机也同样放大了信息。事实上,正是媒介技术催生的**放大过程**使得大众传媒区别于和邻居谈天、在课堂上做展示。

信息控制。大部分大众传媒都涉及工作团队,通常都有几十人,有时达上百人。以一部恐怖袭击视频为例——这个视频需要经历十分复杂的把关程序,包括编辑、制作人和其他人员均要做出判断,这段内容血腥的视频中的哪些部分用于电视台传播,甚至这部视频是否应该播出。**把关人**②(gatekeepers)是媒体从业者,判断哪些内容中包含的价值最大,可以供网络、电视台和网站使用。

把关是大众传媒中一个无法避免的机制,因为没有足够的时间和空间让所有信息实现传播。把关人通常指决定哪些内容以何种形式实现传播的编辑。

和把关人一样,**管理者**③(regulators)也可以极大地影响到信息交流,但管理者并非媒体人。如果一个高级军官叫停了一条战争新闻的播出,那么他就是管理者。有些管理者的作用比审查员更微妙,但都会对信息造成巨大影响。美国联邦通信委员会(FCC)就是一个例子,它监管美国的广播电视业,十分权威,可以颁发或撤销广播电视台的执照。2006 年,FCC

---

① 放大过程:使信息接触到更多观众。
② 把关人:媒体从业者,会影响到信息传播的途径。
③ 管理者:非媒体从业者,会对信息产生影响。

处罚了一些播出过不雅内容的广播电视运营商,并通过这种方式杀鸡儆猴,震慑那些在创作中频频越界的编剧和制作人。媒体监管程序有时可以十分强硬。

过程中的阻碍。 如果发言人含糊其辞,信息的有效性就岌岌可危。信息被观众接收前,"含糊其辞"等交流过程中的阻碍因素被称为**噪音**①(noise)。在大众传媒中,由于机械和电子设备的复杂性,噪音有无数机会对信息进行干扰,因为太多地方可能出现问题。

如果传播者粗心大意、表意不清,那么其本人也可能对自己传播的信息进行干扰。这就是语义噪音。而渠道噪音则可以干扰信息的传播,例如广播的静电干扰、杂志上的一个墨点,或者电视主播领口麦克风出现故障。接收方受到的干扰则是环境噪音,包括阅读文章时被门铃打断,以及看电视时孩子在一旁吵闹等,都会干扰解码。

解码的阻碍。 人们在潜意识中所熟知的某些信息可能本身就会干扰大众传媒过程。这类干扰被称为**过滤器**②(filter)。

如果有人不明白传播者采用的语言或符号,交流过程就会遇到问题。这可能因为个人缺乏足够的信息来解码一个信息。这个缺陷被称为信息型过滤器。这个过滤器的产生,在一定程度上要归咎于传播者,因为他所使用的话语体系也许和观众不相符。更常见的情况却是,过滤器源于观众自身的问题。

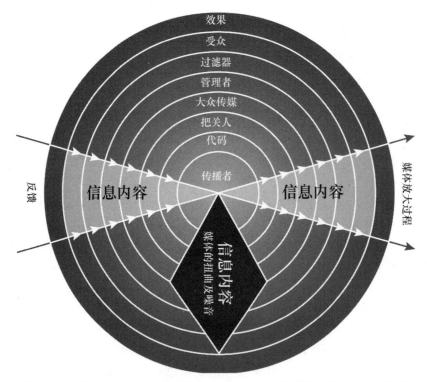

同心圆模型。 同心圆模型呈现了大众传播信息在被受众接收的过程中遇到的大量障碍,包括技术障碍和代码障碍。该模型十分详尽,它表明媒体会放大信息以强化传播效果。反馈机制也被包含其中。在大众传播过程中,反馈通常是无声的,几乎总被延迟。

---

① 噪音:信息被观众接收前受到的阻碍,有多种形式,包括语义、渠道和环境噪音。
② 过滤器:接收者要素,会阻碍交流。它有几种形式,包括信息型、物理型、心理型。

此外，还有物理型过滤器。当接收者的大脑因疲惫而懈怠时，物理型过滤器就可能阻碍交流过程。一个醉酒的人，注意力可能时强时弱，也是受到了物理型过滤器的阻碍。大众传媒几乎无法控制物理型过滤器。

心理型过滤器也会干扰交流。例如，保守派传教士詹姆斯·多布森（James Dobson）和帕金森综合征患者迈克尔·J. 福克斯（Michael J. Fox）就很可能对干细胞研究的相关信息有大为不同的解读。

希伯特、尤古芮特和波恩模式在图解大众传媒过程方面作用很大，直到新技术带来了互联网，极大地改变了大众传媒。20世纪的模型迅速变得陈旧。

2.7.4　21世纪的模型

学者再次展开工作，试图提出一些新模型，解释新的大众传播形式。很明显，网络信息编码过程极大地自动化了。排版员和印刷操作员不复存在。广播控制室工程师也是一样。把关的重要性被降至最低。博主可以自由更新博客。照相手机和 YouTube 也带来了翻天覆地的改变。把关成了难题，因为将信息传达给广大观众变得如此简单。最近的例子就是，Facebook 是由匿名的监管者编辑的，控制极少，几乎没有。管理者呢？政府已经大致提出了跨国版权问题，但大部分西方国家政府并未认真尝试将旧有的管理模式应用到互联网上。

问题部分在于，网络技术的中心是分散化的。没有可以监管的中心源头——没有新闻直播间，没有制作中心，也没有印刷机。某种意义上讲，它对所有人都是免费的。对互联网的机制进行设想，不妨参考传统的19世纪电报通信，亦即信息从A点传送到B点的直接传递模式。到了20世纪，技术带来了大众传播的爆发。例如，无线电技术使广播和电视传承了印刷媒体的大众传播模式。信息从某一点A被传送到海量的接收者那里——上百万的杂志读者、上百万的广播听众，还有上百万的电视观众。这个过程完全被希伯特、尤古芮特和波恩的同心圆模型捕捉到了。

21世纪，有了互联网，每个点A理论上都可以接收来自点B、C乃至X、Y、Z的信息。这不再是点A到点B的线性关系，也不是从点A传播到多个点的放射关系。这是一个网络，信息相互作用，可以被传送到无数的点——这在一定程度上正是"互联网"一词的来源。

思考

- 大众传播的拉斯韦尔模型和人际交往模型有何不同？
- 大众传播这类复杂的现象是如何被简化成一个模型的？
- 网络技术是如何使得早期大众传播模型过时的？

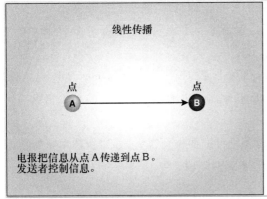

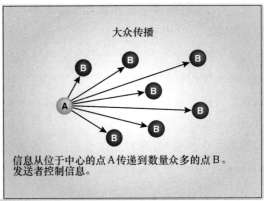

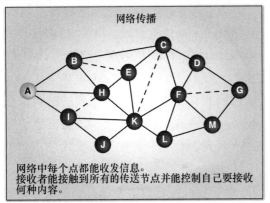

点模型。网络交流极大地改变了人们对从大众媒体到接收者的信息传播过程的控制,颠覆了传统的大众传播过程。接收者不再像看电视台的节目一样被迫接受线性传递的信息。接收者可以随时随地转向几十个,甚至上百个替代的媒体。这是一个网状的结构,它至少在理论上可以让世界上的每一个信息发送者和信息接收者建立联系。

本章小结

媒介技术

大众传媒与人类传播的其他形式不同,因为它必须依靠技术。这些技术包括现代印刷术。书籍、报纸和杂志都植根于印刷技术。电影植根于化学技术。唱片、广播和电视被称为电子媒体,也有其原因。最新的媒介技术是二进制数字信号。

印刷技术

约翰内斯·古腾堡对人类文明的重要性无可比拟。15世纪40年代,古腾堡发明了金属活字,使得大规模生产印刷品成为可能。至此,困难的远距离交流成为现实。人类传播呈指数级增长。最重要的是,科学家和其他学者间的交流更多了,这大大拓宽人类的知识边界。人类历史上的一些重要运动开始了,包括理性时代、科学时代的出现和文学上的巨大突破。这些都可以算作大众传媒时代的一部分,至今已有550多年的历史。

化学技术

摄影技术是在化学研究中被发明的。半色调技术的发明使摄影成为印刷媒体(尤其是报纸和杂志)的一个重要组成部分,这极大提高了印刷媒体信息的强效果。电影也依靠化学技术实现传播,但发展途径截然不同。

电子技术

电力和电磁波的发现为我们带来了大众信息的全新流通机制。最重要的电子媒介是20

世纪初期诞生的广播,以及其后发明的电视。电子媒介传送信息的过程是不可见的,通过空气,将物质世界中无所不在的电磁波扭曲塑形。电子技术在近代的突破包括有线传输,但有线产业也往往依靠节目供应商的无线信号。其他种类的电子媒体,包括唱片等,虽然起初与电子无关,后来却发生了转变。

当今技术

有了 20 世纪末的人造卫星和光纤技术,大众信息传送的速度和可靠性极大提升。这一进步对媒体消费者来说几乎是不可察觉的,除了一点——每个人都意识到媒体产品更多了,有了更多选择。人们一度只能接收到几个电视频道,有了新的人造卫星和有线服务之后,却突然可以接收几十个,甚至上百个频道。媒体内容的数量,包括新闻报道,都飞速增长。

数字化集成

仅仅 40 年间,网络就从一个概念成长为一个重要的大众媒体。网络完全建立在二进制数字信号的传输之上,正在融合那些一度泾渭分明的传输系统,这些系统可能用于不同的产品,属于历史悠久的媒体公司。此外,全新的媒体产品和内容形式出现了。二十多年前,没有人知道"发推"是什么意思,也不知道在 Facebook 上"点赞"是怎么回事。

技术和大众传媒

大众传播的过程复杂又神秘。许多学者试图理解这个过程,提出了一系列模型和图表,发明了很多术语,试图解释他们分析这个过程时所观察到的一些现象。尽管这些模型在一定程度上具有实用性,但仍无法尽善尽美,仍有很多问题亟待解答。如果我们对大众传播过程有 100% 的准确了解,那我们每一次广告宣传都会获得成功,每本书都会畅销,每个电视节目都会成为下一个"美国偶像"。

批判性思考

1. 古腾堡金属活字对文明有什么先期影响?你能否设想,没有古腾堡的发明,我们的文化会变成什么样?
2. 摄影和电影都植根于化学技术,但一个是大众媒体,另一个却不是。请按下述范例解释二者的差异:照片之于书籍,就像剧本之于电影。
3. 引入电力和电子技术的大众信息传送系统对社会有什么影响?
4. 请描述有助于创造并完善互联网这一最新大众媒体的要素。
5. 数字技术催生的互联网改变了围绕传统大众媒体建立的产业。传统媒体公司应如何做,才能幸存下来,维持其原有的地位?

媒介术语

amplification 放大过程
App 应用
Arthur C.Clarke 亚瑟·C.克拉克
cable television 有线电视
channel 渠道
cloud computing 云计算
digital 数字
downlink 下行

Ed Parsons 艾德·帕森斯
effect 效果
Emile Berliner 埃米尔·贝利纳
fiber-optic 光纤
filters 过滤器
Frederick Ives 弗雷德里克·艾夫斯
gatekeeping 把关人
George Eastman 乔治·伊士曼

geosynchronous orbit 同步轨道
Guglielmo Marconi 古列尔莫·马可尼
halftone 半色调
Harold Lasswell 哈罗德·拉斯韦尔
Heinrich Hertz 海因里希·赫兹
Henry Luce 亨利·鲁斯
image dissector 析像管
Industrial Revolution 工业革命
internet 互联网
interpersonal communication 人际交往
Johannes Gutenberg 约翰内斯·古腾堡
Joseph Maxfield 约瑟夫·麦克斯菲尔德
Joseph Niepce 约瑟夫·涅普斯
landline 固定路线
Laurens Hammond 劳伦斯·哈蒙德
Linotype 自动铸排机
Lumière brothers 卢米埃尔兄弟
mass communication 大众传媒
Mathew Brady 马修·布雷迪
media convergence 媒介融合
movable metal type 金属活字

National Geographic《国家地理》
noise 噪音
Omar Mergenthaler 麦根泰勒
persistence of vision 视觉暂留
Phil Farnsworth 费罗·法恩斯沃斯
phonograph 留声机
pulp fiction 低俗小说
regulators 管理者
Richard Hoe 理查德·霍
Samuel Morse 塞缪尔·摩尔斯
semiconductors 半导体
stereoscopy 立体视觉方法
Steve Horgan 史蒂夫·霍根
telegraph 电报
Telstar 电星1号
Thomas Edison 托马斯·爱迪生
Tim Berners-Lee 蒂姆·伯纳斯-李
uplink 上行
vellum 牛皮纸
William Dickson 威廉·迪克森

■ 媒体资源

→Ken Auletta. *Googled: The End of the World as We Know It.* Penguin, 2009. Auletta,《纽约客》媒体评论家,他研究谷歌如何从最初的普通小网站发展成互联网巨头并全面取代了传统媒体,以及谷歌如何出于盈利需要主导媒介传播过程,成为主要广告投放地。

→Linda Gordon. *Dorothea Lange: A Life Beyond Limits.* Norton, 2009. Gordon,历史学家,以令人信服的洞察力勾勒出兰格的心理世界,解释兰格的为人,和她作为一位大萧条时期杰出摄影师的成就。

→Steve Knopper. *Appetite for Self-Destruction: The Spectacular Crash of the Record Industry in the Digital Age.* Free Press, 2009. Knopper,《滚石》杂志作家,谴责人们缺乏远见和想象力,同时还傲慢自大、愚不可及,因此唱片业才在网络时代到来后濒临破产。

→Greg Milner. *Perfecting Sound Forever: An Aural History of Recorded Music.* Faber & Faber, 2009. Milner,艺术批评家、历史学家,狂热地研究唱片技术,并为之下了定论。

→Stephen W. Littlejohn. *Theories of Human Communication*, eighth edition. Wadsworth, 2004. 在这本经典书籍中,Littlejohn追述了传播理论的发展,综合了各类研究。其中一章重点讲述大众传播。

→Linda Simon. *Dark Light: Electricity and Anxiety from the Telegraph to the X-Ray.* Harcourt, 2004. Simon，文学学者，在19世纪小说和短篇故事中发现人们对电力既兴奋又恐惧，因为它对生活和价值观造成了转变性的影响。

→Lev Manovich. *The Language of New Media*. MIT Press, 2001. Manovich，媒体艺术理论家，对新媒体这个概念提出了影响深远、严格缜密的解释，说明其在文化语境下的意义。

→Denis McQuail and Sven Windahl. *Communication Models for the Study of Mass Communication*, second edition. Longman, 1993. McQuail和Windahl综述了几十种模型，涵盖大众传播研究最初30年的成果，并给出了阐述性的评论。书中还包含了香农-韦弗模型和螺旋模型。

▶ 本章主题性总结

媒介技术

为了更好地巩固你的媒介知识，此处用贯穿本书的几个主题来展现本章内容。

媒介技术

古腾堡的金属活字是人类传播史上革新性的事件。

大众传播是科技推动的传播。事实上，大众传播和其他人类传播方式的本质差别就在于科技的作用。基础技术是印刷、化学和电子技术。每种技术都建立起完整的产业。印刷技术有书籍、报纸和杂志产业；电子技术有唱片、广播和电视产业；化学技术有电影产业。数字技术使得网络成为现实。传统媒体产品的界限正在模糊。

传媒经济学

超乎预料的技术改变了传媒经济学，建立了新的规则。

现代商业和产业的经济基础，包括媒体产业的经济，都是在工业革命时期建立的。大部分国家的媒体公司都需要获取利润，维持生存。因此，这些公司对政府的政策和法律格外敏感，包括信息内容受到何种限制。有学者归纳出大众传播过程的模式，以明确哪些人或机构扮演了监管者和限制者的角色。监管者的角色在美国大众媒体中体现得最明显的是在广播电视产业，其运营需要联邦通信委员会这个政府部门颁发执照。

媒体的未来

媒介技术的演变中，最重要的就是3D。

未来学家对新媒介技术的应用，预测不一。有时他们预测得很准，就像科学思想家亚瑟·C.克拉克1945年谈到地球同步卫星的可能时那样。1946年，彻斯特·古德（Chester Gould）为笔下的人物迪克·崔西绘制了一个收发两用的腕式广播，1964年又绘制了收发两用的腕式电视。范内瓦·布什（Vannevar Bush）1945年设想出了一种叫作Memex（记忆和索引）的机器，预见到了维基百科。同时，应用新技术也耗费了大笔财富。谁还记得Betamax录像机呢？或者留声机？如今，有些人认为3D将成为未来所有媒体信息的表现形式。时间会说明一切。这种技术正在屡次失败后逐渐完善。

媒体与民主

以营利为目的的强势媒体公司与民主社会是如何丝丝相扣的?

那些主要的媒体公司通常起步时规模较小,但现在已十分完善,根深蒂固;它们规模庞大,实力雄厚,甚至到了被称作"帝国"的程度。对大众媒体的控制如今已集中到了几家公司手中,普通人发现发出自己的声音受到很多限制。这不是民主的本意。然而,更新的科技正在降低大众传媒业的准入成本。低成本的记录设备和数字文件分享使得一些车库乐队也有能力制作并发行自己的音乐,其质量在早年可能只有通过耗资巨大的唱片工作室才能达到,而这些唱片工作室都受唱片公司控制。同样,小功率的广播和电视也使大众传媒在社会中的盈利空间更窄。博客则是另一个大众传播民主化的例子,因为任何人都可以写博客。

媒体与文化

向大众传播信息和想法,包括视觉信息,会产生什么影响?

大众媒体的基础技术极大地改变了人类的存在方式。印刷机的影响力在早年间十分明显。有了它,科学家第一次可以通过印刷出来的论文分享自己的理论和发现,无须手写信件。科学论文的广泛传播促进了科学知识的生产,这改变了古腾堡之后的人类的存在方式。社会结构也发生改变。印刷促进了宗教改革运动,撼动了16世纪以来的传统宗教基础。几十年间,大规模印制并广泛传播的文学改变了大众的价值观,这类文学有的是印刷出来的,有的采取其他的形式传播,包括电影。音乐和戏剧中蕴含价值观的传播也不再限于剧团和游吟诗人。有人认为,分散化的数字传播对文化的影响也会如古腾堡的印刷术一样巨大。事实上,这种影响正在发生。

传媒经济学

▪ 别人在玩，他在建设

马克·扎克伯格(Mark Zuckerberg)少年时，他的父亲虽然是牙医，但爱好就是研究软件。他教会了马克如何在雅达利(Atari)家庭电脑上编程。雅达利是20世纪90年代的潮流产品。马克的父亲见儿子对此充满激情，故为他请了一名家教。接下来，1995年，马克用网络连接了自己家和父亲设在家里的牙科工作室，并称其为"扎克网"。每台电脑都能联接其他电脑，这也是即时通信的一种。这比美国在线公司(AOL)引入即时通信还早一年。扎克伯格夫妇确实生了一个天才。

马克在哈佛读大二时写了一个软件，让有选课需求的学生可以根据他人对某一课程的评分来选课。此外他还写了帮助学生成立学习小组的软件。大二那年，他完成了一个名叫"Facemash"的软件程序，让学生为别人的外貌打分，照片就来自宿舍名单，该软件很快如野火燎原般风行。扎克伯格和他的朋友将其覆盖范围扩展到其他学校并加以改进，重新命名为"Facebook"。

如今，Facebook有7亿多名用户，是世界领先的社交网站。它改变了人类交流方式，《时代周刊》将马克·扎克伯格提名为2010年年度人物。扎克伯格在26岁那年就成为世界上最年轻的亿万富翁。他的净资产已超过190亿美元，就源于Facebook在全球范围内的巨大成功。

网络企业家。 电脑程序奇才，以社交网络Facebook闻名。

尽管 Facebook 使得扎克伯格十分富有,但他生活的主题却是:钱不是最主要的推动力。他的宗旨,据其本人所说,是"使世界更开放"。扎克伯格回应了第一批收购 Facebook 的请求,解释说他的目标不是盈利,而是"为人类创造更开放的信息流"。同时,专家认为,Facebook 有潜力从广告中获取更大的收入流——尽管广告收入在 2011 年已达到令人惊叹的 20 亿美元。潜力是什么?对此,扎克伯格做出了典型的回应:"我们的钱已经赚够了。"

扎克伯格的确展现出了自己的慷慨。2010 年,他捐出了 1 亿美元,扶持新泽西州纽瓦克市资金短缺的教育系统。他想要匿名捐赠,但州长劝他公开身份以吸引公众对纽瓦克预算紧张的关注。他还曾捐钱给 Diapora——由四位纽约大学学生创立的反对 Facebook 的项目。支持别人反对自己?不只是这样!扎克伯格表示:"这是个很酷的想法。"

结论:扎克伯格既符合又违背本章的基本内容,即媒体不是免费的。总有人要付账,无论是广告商、订阅者、投资人、政府还是慈善家。扎克伯格的 Facebook 变成了网络巨头,因为投资人投入了现金,推动了它的成长。维持公司生存的是广告收入。广告如今占据屏幕上 10%的空间。而且,毫无疑问,Facebook 有能力承载更多广告,或许比其他网站平均 20%的广告空间更大。但扎克伯格一直控制着公司,他对自己开发的产品的潜能充满激情,不像其他媒体巨头那样为利润着迷。在这一点上,扎克伯格明显异于常人。

本章要点

- 经济学能够解释大部分大众媒体公司的行为。
- 企业集团主宰了大众传媒,尽管这样未必好。
- 人们正在提出替代传统大众传媒商业模式的模型。
- 政府政策决定了美国媒体发展和产业基础架构。
- 大众传媒开始出现混合收入结构。
- 媒体从创新到成熟阶段都有可预测的商业模式。

3.1 经济基础

▲ **本节概述**

大部分媒体行为都能从经济学视角解读。谁来付账?广告提供了报纸、杂志、广播和电视的大部分收入。广告还日益主宰着网络媒体。另一方面,书籍、音乐和电影则极大地依靠面向消费者的直接销售。投资人也可以创造收入流,以期实现收入流的自我维持。如今,收入流的混合激增,正在重塑媒体公司及其产品。

3.1.1 资本主义

大部分大众媒体产品都是由以追逐利益为特征的**资本主义**①(capitalism)体系下的公司生产出来的。不能谋利的公司无法收支相抵,支付各种费用。它们会面临分解,有些还会破产。这对媒体公司、零件工厂还是连锁商场都是一样的。

---

① 资本主义:一种经济体系,私有者经营贸易或产业以谋利。

媒体拥有者委托别人管理他们的公司,以获取利润。这些人的头衔通常是总裁、出版商或总经理。老板希望这些管理人员能够管理好自己拥有的企业,来赚取收入。不同类型的传媒企业拥有不同形式的获利方法。建立读者群对报纸和杂志来说很管用,发行畅销书对出版产业至关重要,拍摄大片对电影业也是如此,收视率的领先对广播电视业而言也是最关键的。坦言之,谁创造出的媒体产品能吸引到最多的眼球——对广播来说,或许是耳朵——谁就能获得最大的利润。

获取利润的压力非常大。如果获利不多,拥有者就会找其他管理人员谋取利润。很大程度上,媒体管理层的人员流动性是很强的。工作的稳定性依靠利润水平。推出了一个不受欢迎的情景喜剧对电视网总裁来说绝不是好兆头。发行量直线下跌对杂志出版商而言也是职业上的重大打击,也许他会开始考虑投递简历。

3.1.2 收入流

最知名的媒体公司可能是通过以下两种方法赚得盆满钵满:广告和对消费者直接销售。

广告。广告包括向广告商销售媒体产品的空间或时间,广告商借此将营销信息传达给受众。商业广播电视主宰着美国的广播电视业,完全凭借的是广告的力量。

对媒体消费者直接销售。几乎所有书籍、录制音乐和电影行业的收入都来源于将产品直接销售给消费者。销售通常通过邮购、下载或购书、购票等方式完成。

报刊的经营方式是混杂式的,虽主要依靠广告带来收入,但也从订阅和报刊亭销售中获取利润。

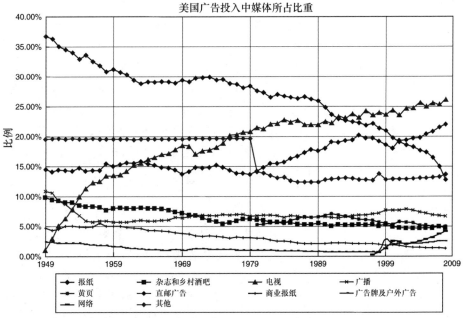

广告收入减少。1933 年以来,报纸在美国广告投入中所占的比重几乎下降 50%。此图中的数据来源于尼曼(Nieman)新闻实验室的媒体营销顾问马丁·兰格维尔德(Martin Langeveld),其显示了几十年间新媒体广告比重的上升。1998 年以来,互联网企业广告收入的份额不断上涨。兰格维尔德注意到,广告投入总量在 50 年间有所增长,但始终保持全国经济的 2% 左右。

来源:"Can newspaper publishers survive this revenue freefall? Perhaps, if they embrace a digital future," by Martin Langeved from Nieman Journalism Lab, August 31, 2009. 版权来自马丁·兰格维尔德(2009)。经允许重印。

近年来，由于传统媒体公司的收入渠道过于狭窄，传媒业的格局出现了重大改变。受众群体大量流向互联网，这打击了广告商的信心，令其怀疑将广告预算投在报纸和杂志上是否明智。此外，广告商也在重新考虑对广播电视业的广告投放。以信号发射系统为基础的电视台的广告资金渐渐流向有线电视、卫星电视以及互联网，电台广播在维持广告收入方面也日趋艰难。

3.1.3 投资人

一些有望成功的新企业如雨后春笋般建立起来，这都有赖于投资人对其注入资金并期望从中得到回报。如果企业正常启动，并赚取收入的话，早期的投资人是可以获得回报的。而如果企业能够吸引足够多的额外投资并最终抬高企业的品牌价值的话，早期的投资人的获利则更为丰厚。有些投资人会见好就收，有些人则会追加投资，以期获得更多的利润，或期望新的投资人的进入能够进一步提升企业的价值。投资是有风险的。如果企业破产，投资人可能失去所有投资。

大部分媒体公司的投资都是机构化的，以所有股份的形式购买或出售，既向投资人，也向公众出售股份。纽约证券交易所是一个出售股票的地方。例如，20世纪80年代，美国有线电视行业被称为"华尔街的宝贝"，当时投资人大幅抬高有线公司的价值，为这个行业提供了丰沛的现金以供其扩张。

亚马逊网站创始人杰夫·贝索斯（Jeff Bezos）发行股票时，发现自己有大笔资金可以进行企业扩张，根本无须担心盈利的问题。让一些投资人失望的是，贝索斯出售股份后的头五年，亚马逊没有任何盈利。

投资人也会收购已经建立起来的媒体公司。有些投资人寻求投资中的稳定长期回报。有些人则期待大赚一笔，然后迅速转移资金。

风险投资。除了公开发售股票外，媒体公司还可以向**风险资本家**①（venture capitalists）筹资，这些风险资本家会向媒体公司注资。这就是马克·扎克伯格的 Facebook 走的路。扎克伯格聘请企业家肖恩·帕克（Sean Parker）担任公司总裁，这激起了投资人的兴趣，并使 Facebook 于 2004 年成功从皮特·泰尔（Peter Thiel）那里获取了一笔投资——后者正是贝宝（PayPal）的创始人之一，资金雄厚。另一位投资人也随即跟进，抬高了 Facebook 公司的市值。投资人购买股份，为公司提供了所需的资金，缓解盈利压力。事实上，直到五年后，Facebook 才扭亏为盈。

互联网泡沫破裂。20世纪80年代，建立以网络为基础的企业在投资人中十分风行。事实上，过度投机抬高了新公司的价值，到了虚幻的程度，这一过程被称为互联网泡沫。最终，该泡沫破裂，就像历史上的其他泡沫一样。**互联网泡沫**②（Dot-Com Bubble）与 1637 年消耗大笔资金的郁金香狂热和 2008 年的美国房地产泡沫一样撼动了整个经济体系。亚马逊和谷歌最终以优渥的红利回报了那些知道互联网泡沫存在却仍坚持投资的投资人，证明了一些着实可疑的概念是错误的。互联网行业在 2000 年遭遇的重挫被称为**互联网泡沫破裂**③（Dot-Com Bust），其结果是数十亿美金的投资化为乌有。互联网领域的几百家公司中：

---

① 风险资本家：承担巨大风险的投资者，主要投资新兴行业或扩张中的行业。
② 互联网泡沫：1995—2000 年的对互联网公司高度投机性投资。
③ 互联网泡沫破裂：2005 年互联网公司的市值暴跌。

- The Broadband Sports 公司在破产前筹集了 6000 多万美元的投资。
- CyberRebate 公司承诺消费者,如果买到的产品价格是零售成本的十倍,可以 100% 退款。自己去算吧。
- 也许由于观念过于超前,少女在线社区 Kibu.com 使得 2200 万风险投资化为乌有。
- DigiScent 公司试图通过互联网来传播气味。

思考

- 资本系统中的大众传媒为什么必须盈利?
- 历史上美国大众传媒的主要收入流后来如何了?
- 投资者为何会甘冒风险,向那些自己不了解底细的媒体投资?

3.2 所有权结构

▲ 本节概述

媒介素养的要点之一是了解生产了大量媒介产品的传媒企业的结构。例如,只有了解新闻集团(News Corporation)的所有权构成,才能更好地理解其旗下集团机构如福克斯电视台和哈珀柯林斯出版集团推出的产品。

3.2.1 企业集团主导

弗兰克·甘尼特①(Frank Gannett)白手起家。1906 年,甘尼特和几个合伙人筹到了足够的资金,买下了纽约埃尔迈拉公报的一半股权。报纸经营得很顺利,很快,他们又买下了附近几个小镇的报纸。最后,他们创造了日报集团帝国,将总部搬到了罗切斯特。后来,又有新报纸陆续加入,如今的甘尼特集团拥有 81 家日报社,经营范围横跨东西海岸,下属报纸包括《今日美国》。此外,该公司还拥有 17 家英国日报社,持有 23 个电视台的股权。甘尼特集团先后投资过广播、广告牌、杂志、调查、就业安置等相关行业。

甘尼特集团的故事属于典型的大企业**集团**②(conglomeration)诞生过程。最初是有人提出某一个想法,并愿意承担风险。成功带来发展:一个实体变成两个,再变成三个。在甘尼特集团的案例中,埃尔迈拉公报发展为一个新闻连锁公司,然后变成拥有数十个下属公司的全方位媒体企业集团。

大型媒体公司不会骤然占据大量市场份额。对于很多美国人来说,鲁珀特·默多克(Rupert Murdoch)的新闻集团看似一夜成为市场主导。这个人一开始还是一个没什么名气的澳大利亚人,突然就控制了福克斯电台、电影工作室、报纸、书籍、杂志和家用卫星电视,但他最初的时候是继承了澳大利亚阿德莱德的一家小报社。

企业集团规模很大,其中最大的一个在 2011 年成型,也就是巨型有线电视系统商康卡斯特公司(Comcast)控制了通用电气旗下的 NBC 环球公司。下表中罗列的都是美国规模前

---

① 弗兰克·甘尼特:甘尼特媒体公司的创始人。
② 集团:多个公司变为共同所有,但保持独立个体地位的过程。

几的传媒集团,在多种媒体行业均有投资,按美国国内收入排名如下:

单位:美元

康卡斯特/NBC环球公司	512亿
迪士尼/ABC	380亿
新闻集团	304亿
时代华纳	269亿
维亚康姆	136亿
考克斯(Cox)	71亿
清晰频道(Clear Channel)	68亿
论坛公司(Tribune Company)	57亿
甘尼特集团	56亿
纽约时报公司	24亿

下表则是按美国国内收入排序的规模前几的媒体企业,其业务范围比上述集团要窄一些,但也会通过收购其他公司扩张:

单位:美元

谷歌	236亿
DirecTV	173亿
雅虎	65亿
艾科斯达(Eco Star)	116亿
Facebook	8亿

主要的传媒机构被少数几个大集团把持的现状,在很多人看来并不是一件好事。

▶ 案例研究:弗兰肯改革

艾尔·弗兰肯(Al Franken)就这样认为。这位前《周末夜现场》节目的脱口秀幽默大师被选为美国参议员时,曾签名反对大规模媒体并购。弗兰肯表示,他在NBC的《周末夜现场》节目工作的六年间对传媒的垄断情况深有感触。在参议院,弗兰肯再次提醒政府警惕NBC与有线电视巨头康卡斯特公司的合并请求。弗兰肯指出,如果少数几家公司控制了主要信息源,美国民众就会遭殃。美国的传媒公司分成两类,有一些专门创造内容,如NBC,还有一些则经营传输系统,如AT&T和康卡斯特公司。

弗兰肯将康卡斯特和NBC的合并视为恶劣的先例,是为其他电信公司吞并广播网做准备,例如AT&T与CBS,或威瑞森、ABC和迪士尼的合并。弗兰肯表示:"是时候决定,我们是否需要四五家公司持有、传播所有信息和娱乐了。"弗兰肯的回答十分明确:不。

弗兰肯知道有种说法是,企业文化不鼓励某些内容的出现,例如新闻故事批评网络行业利益和母公司:

- 例如,NBC的《今日》节目从未播放一个出问题的通用电气喷气机引擎报道。当时通用电气拥有 NBC。
- 迪士尼持有的 ABC 曾接到直接命令，不允许报道迪士尼主题公园发生的儿童性侵害案件。
- 福克斯新闻受制于公司政策，卷入党派纷争，将新闻报道上升成了政治问题。
- 2011 年，康卡斯特高管不满 MSNBC 政治评论员基斯·欧伯曼（Keith Olbermann）抨击大企业虚伪的左倾评论。传言纷纷，说 NBC 向康卡斯特保证欧伯曼会在康卡斯特和 NBC 合并前离职。欧伯曼随即离职。

弗兰肯自己从未忘记 1980 年他在《周末夜现场》演出"好扯的豪车"后发生的事。幽默短片中，弗兰肯讽刺 NBC 总裁弗雷德·斯沃曼（Fried Silverman）是"一个彻彻底底的失败者"。据弗兰肯说，斯沃曼根本不值得公司为他配备豪车。暴怒的斯沃曼出手阻止了弗兰肯晋升为《周末夜现场》总制作人，弗兰肯则愤怒地离开了电视台。

几年后，成为美国参议员的弗兰肯发现康卡斯特也有类似情况。康卡斯特一直要求政府相关负责人支持他们与 NBC 合并。在国会做证时，康卡斯特总裁布莱恩·罗伯茨（Brain Roberts）提出，消费者不必惧怕康卡斯特和 NBC 的合并，因为联邦通信委员会（FCC）规定，康卡斯特必须向其服务的 2390 万家庭用户提供 NBC 竞争对手的节目。弗兰肯向罗伯茨提出了质疑，指出康卡斯特的律师曾试图证明上述联邦通信委员会条款违宪。谈及此前的会议，弗兰肯表示："换言之，为了通过这次合并，你坐在我的办公室里，当面告诉我这些条款会保护消费者，但你的律师刚刚在国会面前指出履行这些条款违背宪法。"迷惑的罗伯茨支吾着强调康卡斯特的信誉，然后表示此前和弗兰肯谈话时他也很困惑。这是康卡斯特较为头疼的一段日子，弗兰肯将其与 NBC 合并的请求描述为"康卡斯特灾难"（Comcastatrophe）。

尽管如此，NBC 和康卡斯特的合并还是获得了联邦政府的批准。支持弗兰肯的批评家认为，这一批准是公司传播影响力的范例。事实上，媒体行业每年要花费 1500 万—2000 万美元去游说国会和联邦政府支持对本行业有利的公共政策，这一金额仅次于医药行业。仅仅一年内，康卡斯特就花费 550 万美元来进行政治游说。

民众对 NBC 与康卡斯特合并的不信任植根于一个事实，即企业和政府的核心目标不同：

- 企业服务于其所有者，这就意味着扩大收入，包括进行合并。
- 政府的服务对象是公民，其职责包括保护公民不受企业侵害，因为企业追求利润的行为可能与公众利益相悖。

在 NBC 与康卡斯特的事件中，艾尔·弗兰肯输了一分。问问弗兰肯就知道。

艾尔·弗兰肯。前喜剧演员，后成为美国参议员。他指出媒体消费者的利益会因为媒体公司大规模兼并而受损。尽管弗兰肯持反对态度，但 2011 年 NBC 环球公司和康卡斯特提出的兼并请求还是得到了联邦政府的批准。弗兰肯在反对主要电信商 AT&T 和 T-Mobile 的兼并请求时更为成功，该请求被驳回，因为政府声明兼并可能导致不公平的市场主导地位。

3.2.2 企业集团行为

大部分公司,包括企业集团,都有一个董事会,并由董事会来选择高管,以达成获利的目标。这些高管会指派下属工作。在层级分明的公司结构中,董事会的决策决定了下属媒体公司的形态。在大公司时代华纳,这涉及重大的决策——是否收购、出售美国在线,是否与华盖创意图片库建立伙伴关系并将《生活》杂志的照片重新用于其网站上,或者是否将大部分电视内容放到网络和移动设备上。这些决策都由董事会做出,只有最具常识和媒介素养的人才能做出准确判断。

大部分企业集团都会把日常决策下放给下属媒体公司的产品经理。董事会通常不直接管理具体事务。公司秉承绩效体系,经理是可以替换的,做不出绩效的经理会被撤职。

3.2.3 剥离

媒体公司利用产业优势获取收益的现象由来已久。但 2007 年前后开始的经济衰退中,很多传媒企业被迫剥离自己的一些业务,引发了社会恐慌。那段时间,没有人愿意收购媒体机构。企业集团模式在过去三十年,甚至更长时间内遭遇的最明显、最主要的挫折开始于 2005 年。重要的报纸连锁企业奈特·里德公司(Knight Ridder)就是代表。奈特·里德是美国第二大连锁报业公司,多次获普利策奖,但在股权所有者看来,它获取的利润远远不够。董事会决定将公司出售。另一个连锁公司,麦克拉奇公司(McClatchy)收购了奈特·里德的大部分产业。受过度扩张影响,麦克拉奇的资本价值暴跌,公司最终只能无奈变卖资产、宣告几家报社破产,来维持生存。

变化迅速的经济形势催生了出人意料的联盟关系。处境艰难的门户网站美国在线于 2011 年不知怎么筹到了 3.15 亿美元,买下了《赫芬顿邮报》(*Huffington Post*)新闻网站。《新闻周刊》(*Newsweek*)出了一大笔钱,并购了《每日野兽》(*Daily Beast*)新闻网站。纽约时报公司由于缺少现金,为避免巨额广告损失,向墨西哥电信巨头卡洛斯·斯利姆·埃卢(Carlos Slim Helu)贷款 2.5 亿美元,次贷利率达到 14%。公司提前还清了贷款,但丧失了对报纸的部分控制权,斯利姆因此持有纽约时报公司 17% 的股份,成为其第三大股东。

在严峻的经济形势和互联网引发的混乱中,媒体的所有权不再是有赚无赔。获利的机会肯定是有的,但不多。传媒业的格局经历剧烈震荡。

思考

- 媒体兼并对广大观众有何好处?坏处呢?
- 所有权变化如何影响本地报纸、电视台、广播电台的表现?
- 收益有可能出现下降时,媒体公司如何应对?

3.3 其他媒体所有权形式

▲ **本节概述**

有些媒体的资本结构比较特殊。《基督教科学箴言报》(*Christian Science Monitor*)自

1908年起就是赞助媒体(sponsored media)的典范。最近出现了其他所有权形式,包括社区组织、慈善事业、政府融资。

3.3.1 组织赞助

有些赞助媒体的特征并不明显。一度影响力巨大的芝加哥电台的大部分听众都不知道该电台是由芝加哥公会赞助的。是的,公会持有并运营这座电台。回到20世纪20年代,许多教堂也曾持有电台。

按照某些计量方法,受赞助的媒体比财政独立的媒体更多。美国约有1.2万家杂志社,大部分受机构赞助,面向特定的受众群体,如企业为雇员、股份所有人、消费者及其他受众出品的杂志。每个高校也都会出版校友录。

▷ **案例研究:《基督教科学箴言报》**

玛丽·贝克·艾迪①(Mary Baker Eddy)是基督教科学信仰的重要创始人,极富影响力。她被世纪之交的波士顿报纸震撼了。波士顿的日报像美国其他大城市的报纸一样,耸人听闻,夸大犯罪和流血,以争取读者。艾迪加入了战斗,创造了承载另一种使命的报纸。她的《基督教科学箴言报》②(Christian Science Monitor,后简称《箴言报》)成立于1908年,力求高屋建瓴地讨论问题,帮助世人寻找解决方案。《箴言报》是受赞助的报纸,由一个机构出品,是一项宏大计划的一部分。与很多受教会赞助的媒体不同,《箴言报》从不传教,无论在曾经的印刷版还是现在的网络版上。和所有受赞助的媒体一样,教会作为赞助商,提供订阅、报摊销售以及广告收入不足时所需的费用。

玛丽·贝克·艾迪

受赞助的新闻。自1908年成立以来,《箴言报》一直报道国际新闻,从提供解决策略的角度出发,受到基督教科学教会的支持。教会创立人玛丽·贝克·艾迪的目的是真正忠实地报道,帮助民众应对严峻的问题。2009年,由于缺少维持运营的资金,《箴言报》改为每周发行,同时在线传播内容。

---

① 玛丽·贝克·艾迪:1908年创建《基督教科学箴言报》。
② 《基督教科学箴言报》:全国性日报,受基督教科学教会赞助。

媒体人物

复杂的媒体权贵

记者想起鲁珀特·默多克斥50亿美元巨资收购《华尔街日报》那天,都会不由自主地抖一下。媒体观察者瞠目结舌。默多克出生于澳大利亚,是个巨富的媒体大亨,其传媒帝国包括福克斯电台、哈珀柯林斯出版集团及一系列出产低俗内容的媒体公司,他旗下的某些媒体机构甚至称得上劣迹斑斑。默多克要对《华尔街日报》这样一家闻名于世的主流报纸做什么?想想都觉得心酸。当时正值2007年,媒体产业早已日薄西山,似乎要走向灭亡。

有人认为,默多克高深莫测,他的成功无法言说。

鲁珀特·默多克。 全球媒体权贵鲁珀特·默多克在他的福克斯新闻网络的比尔·奥雷利(Bill O'Reilly)脱口秀节目中坦言,他不受政治因素影响,只受经济因素影响。利润解释了默多克多元化的媒体帝国会传播什么样的内容。事实上,经济因素可以解释大部分媒体行为。

事实上,现年八十多岁的默多克是个复杂的人,但他的人生可以用两个主题来贯穿。第一,他直奔目标,有时十分鲁莽,甚至不顾情面。第二,他总是以自己的经济利益为行动准则。这意味着一旦他确实发现经济收益遥不可及、不可实现,就会立刻更正,甚至扭转鲁莽的决策。默多克因此而领悟到媒体行为中一个反复出现的主题——经济利益。

默多克的日子还过得去,谢天谢地。他的产业,新闻集团,每年付给他3300万美元。

在传统智慧看来,有了《华尔街日报》,默多克就有办法改善自己媒体奸雄的名声。是的,小成本的通俗小报《纽约邮报》是他的。收购了《华尔街日报》,默多克就明确表示出自己希望与世界新闻业的黄金标杆《纽约时报》竞争。因此,着了迷的默多克向班克罗夫特家族开价更高,购买道琼斯公司(《华尔街日报》母公司),远远超过此前所有专家的估价。

交易完成后,经济形势迅速打破了默多克的梦想。为了控制成本,他要求新闻报道更短,报道范围更小,甚至将报纸页面变窄来减少邮费,还进行了裁员。一度神圣的头版也开始出售广告位。

早先的投机行为中,预期收益一旦不理想,默多克都会放弃。例如2006年,他放弃了DirecTV卫星传播服务的控制权,因为他觉得该服务潜力不再,此前他曾控制DirecTV长达三年。默多克对DirecTV的短期投资说明了什么?到头来,对鲁珀特·默多克来说,底线就是底线。他在国会听证会上如是说。有人批评他的福克斯新闻在政治上倾向保守右派,有失偏颇,默多克的证言中对此并不否认,却表示自己对政治并不感兴趣:"保守派的观点更受欢迎。"他的看法是:金钱决定内容。他的意思是,如果自由主义能吸引大量观众,那么福克斯也会支持自由主义。事实上,在2008年的总统选举中,有着保守派背景的共和党候选人约翰·麦凯恩(John McCain)支持率大幅落后,默多克就与贝拉克·奥巴马逐渐结成了自由派同盟。然而两年后,他又向支持保守派候选人的机构交纳献金220万美元。

批评家认为,默多克的首要准则就是追求利润的机会主义。

例如,20世纪80年代,默多克在建立福克斯电视网络时遇到了障碍,因为美国政府只向美国公民颁发电视台经营许可证。因此,默多克申请了美国国籍,参加了入籍考试。问题迎刃而解。对于默多克来说,公民权是一个达成目的的手段。

当他需要就广播规章的问题获取国会的支持时,默多克的出版子公司,哈珀柯林斯出版集团,提出为众议院院长纽特·金里奇(Newt Gingrich)出版自传,预付450万美元。金里奇甚至还没动笔就能拿钱。消息泄露后,图书产业瞠目结舌。金里奇的书根本不可能赚回预付款。这笔交易被公之于世后,默多克否认自己想要用金钱换取影响力。他在国会的活动和这本书的出版计划,据他说,完全是个不幸的巧合。

默多克就等同于媒体权力。前CBS高管霍华德·斯金格(Howard Stringer)曾称其为"传媒业新拿破仑时代的领导者"。但批评家认为他过分看重公司收益,损害了大众传媒服务大众的主要职责。

> **你怎么看?**
>
> 作为一位投资者,你会被鲁珀特·默多克的企业吸引吗?请说明其优势与劣势。
>
> 你愿意成为鲁珀特·默多克的朋友吗?邻居呢?或者你宁愿与他保持距离?请解释原因。

3.3.2 社区基金会

2007年的金融危机中,报纸资产骤缩,人们开始担忧重要的本地新闻、意见论坛是否会面临困境。一些媒体分析家建议报纸所有人将报纸捐赠给慈善事业,以获取免税资格。不必缴税后,报纸可能获得财政盈余,继续维持发行。本·舒特(Ben Shute),这位负责以投资方式推行民主的洛克菲勒兄弟基金董事表示,由慈善机构设立的社区基金会可以判断一张报纸的倒闭究竟会给社区带来哪些信息上或其他问题上的损失,并通过接手这些倒闭报纸的方式来确保民众的需求得到满足。**社区基金会**①(community foundation)在全美十分普遍,其资金来自捐赠,目的在于扶持有价值的社区事业。

然而,也有人质疑是否所有的社区基金会都能如私营报业那样提供公平、中立的新闻报道。许多机构都是社区促进组织,很难接受质疑性的调查报道。问题可能在于,许多社区基金会天然就对各种社区事务和理念持有热忱拥护的态度,难免会使报纸沦为宣传机器,而非自由寻求真相的公共服务机构。

舆论仍在讨论社区基金会如何融入未来的大众传媒经济支持系统。

3.3.3 非营利组织

另一个可能性是对**合作**②(cooperative)模式的广泛运用。新闻行业中,最典型的代表就

---

① 社区基金会:非营利团体,促进社区的良性发展,通常受捐赠支持。
② 合作:成员共同拥有、运营组织,共享收益和优势。

是全球新闻收集组织**美联社**①(Associated Press)。美联社成立于1848年,由纽约几家报纸共同组成。最初,这些报纸为从欧洲接收大批信件而派船只横跨大西洋,停在桑迪波因特岸边,但不接近码头。每家报社不是分别雇船运送新闻信件,而是几家报社共享一支船队以减少额外支出。该合作组织,即"港口新闻社",就是美联社的前身。此后至今,成员报社控制了美联社,共享报道,分摊通讯社以及各分社的运营成本——美联社在美国50个州设立国内分社,另有243家海外分社。为了弥补开支,美联社还会将报道卖给广播公司、投资公司、政府机构和消费者。

在上述合作模式下,利润不是至关重要的因素,这就使美联社比起那些追逐利润的新闻机构更具优势。多年来,美联社的非营利地位使其财政状况好于追逐利润的同类竞争对手,而那些机构大多消失了。还有人听说过合众国际社吗?国际新闻社呢?报道国际新闻的主要新闻机构只剩下了美联社和英国的路透社。

从美联社的案例看来,非营利是可行的。据估计,每天有30亿民众听到、看到美联社的新闻。全国公共广播电台也是一个非营利组织,但不是合作模式的,在美国每周有2400万听众。

在本地新闻的生产中,报纸、广播电视或网站可以建立类似于美联社的小型合作新闻社。就像当年的港口新闻社,很多重复花费的成本可以节省下来。不过,当然,以往那些竞争性的报道也就不复存在了。

非营利及调查性报道。非营利新闻机构多由记者自发组成,它们来自日渐衰落的报业,这些机构正在填补营利新闻机构留下的空白。全球范围内大约有40家发布调查性报道的非营利机构。这些机构从事的是花费最大、风险最大的新闻报道活动,这种报道形式已经被很多困于预算的传统媒体公司摒弃。

非营利新闻机构的形态各不相同。波士顿的全球新闻公司(Global News Enterprise)采取新闻编辑室的形式。为维护机构运行,早年创办新英格兰有线新闻电视网(New England Cable News)的菲利普·巴尔波利(Philip Balboni)和前《波士顿环球报》记者查尔斯·斯诺特(Charles Senott)筹集了将近800万美元的款项。全球新闻公司拥有一个由70名记者组成的报道网络,他们全是自由职业者。另一个非营利新闻机构,公共诚信中心(Center for Public Integrity),则有着特殊的宗旨,即促进政府和其他权力机构的诚信状况。该机构总部设于华盛顿,由查尔斯·李维斯(Charles Lewis)创立,他曾是CBS新闻节目《60分钟》的制片人,后事业受挫。中心每年预算500万美元,已经有40名记者发布过400多篇报道。中心还有自由合同记者,在全世界范围内共几百人。还有一个非营利新闻机构ProPublica也在华盛顿,由前《华尔街日报》主管编辑保罗·斯泰格(Paul Steiger)管理,启动预算为每年1000万美元,拥有30名员工,关注"具有道德影响力的重要新闻"。

非营利组织的可持续性。并非人人都觉得非营利机构可行。产业经济学家担忧把营利企业变为非营利组织会带来兼并后的负担。即使非营利组织能赚取足够的收入,抵消运营成本(虽然这本身就是一个挑战),组织还需要开销来维持基础设施。例如,以报纸来说,印刷机的寿命约为30年,大部分报社都会推迟更换设备,但是最后,印刷机总会报废。其他推迟的资本开销包括设备维修、更换车辆、升级软件等。非营利组织也许可以维持一段时间,

---

① 美联社:世界最大的新闻收集组织;非营利合作组织,由成员报社共有。

但长期的可持续性是个问题。传媒经济学家罗伯特·皮卡德（Robert Picard）预测这种机构无法成为"持续性的模式"，只能存在两三年或再长一些，然后就会受困于财政问题而倒闭。

3.3.4 大学媒体机构

公共诚信中心的查尔斯·李维斯2009年单独在位于华盛顿的一所大学建立了一个学生调查报告组织。此类以大学为基地的调查性报告组织此前因西北大学的戴维·普罗泰斯（David Protess）建立了一个"莫迪尔无罪计划"（Medill Innocence Project）而大受关注。普罗泰斯的学生揭露了一个司法漏洞，该漏洞导致十一个无辜男女被送进监狱，其中五人被判处死刑。《华盛顿邮报》前记者弗洛伦丝·格雷夫斯（Florence Graves）在布兰迪斯大学建立了舒斯特调查性新闻研究所（Schuster Institute for Investigative Journalism）。前《纽约时报》和PBS《前线》节目职员罗威尔·伯格曼（Lowell Bergman）在加州大学伯克利分校领导调查性新闻项目，为有志于进行深度公共服务报道的记者提供薪水、福利及编辑指导。

基于校园的媒体组织可能会在未来很长一段时间成为新兴媒体组织的一部分。然而，事实上，无论在学术自由上诉求如何，不是所有的大学的领导层都具备勇气支持调查性新闻报道，因为这类报道主要关注政治、社会组织的不公正及权力滥用行为。

3.3.5 家族所有

另一种方式是回归家族所有。几乎所有的媒体公司起初都是个人私有。常规做法是由建立者将公司转赠给继承人。有些家族后代还掌管着公司，尽管20世纪末美国联邦遗产税法要求大部分媒体公司将公司出售给家族外的人，通常卖给迫切渴望扩张的连锁公司。有两个因素证明家族所有权较为有利，也包括一种怀旧的诉求。

人格担保的媒体。历史上，媒体内容曾深受个人或家族所有制的影响。通常家族所有制会打造一种致力于公共服务和大众福利的形象，虽然很有可能是美化过的。自然，媒体产品会打上创建者及其家族的烙印，程度远高于后来的媒体形式。获得家族企业的连锁公司或产业集团会制定政策强调盈利，也会主动回避风险，采取较为温和的路线。下表是一些例证：

	媒体单位	早期所有人	后期所有人
书籍	斯克里布纳出版社	查尔斯·斯克里布纳	CBS
报纸	《华尔街日报》	班克罗夫特家族	新闻集团
杂志	《时代周刊》	亨利·鲁斯	时代华纳
唱片	摩城	贝利·高迪	环球唱片
电影	派拉蒙	阿道夫·朱克	维亚康姆
广播	NBC	戴维·萨尔诺夫	NBC环球
电视	NBC	戴维·萨尔诺夫	康卡斯特&通用电气
网络	《赫芬顿邮报》	阿里安娜·赫芬顿	美国在线

这种朝着连锁所有权方向发展的模式贯穿美国本地报纸、广播、书籍、电视等行业。早期丰富多彩的内容被产业集团注重底线的保守言论代替。

所有权的骄傲。过去的所有权形式是否更理想还没有定论。但人们对媒体出于家族荣誉而努力发布更好的内容的那个时代不无怀念。事实上,本地家族的名声就维系在家族产品上。路易斯安那州立大学新闻学院的杰·汉密尔顿(Jay Hamilton)曾提出,家族所有的媒体更愿意放弃经济收益而服务社区。汉密尔顿的观点是,连锁公司所有人会更多地将利益置于社区福利之上,家族所有的媒体则较少会这样做。

显然,遗产税法要做出调整,才能鼓励本地家族掌管媒体。当前的税法对实业课税太重,遗产税甚至被称为"**死亡税**"①(death tax)。税率达到55%,意味着价值一亿美元的媒体产业需要支付5500万美元联邦税务。有些州还会附加自己的遗产税,数目会更高。筹钱支付遗产税通常意味着大量——甚至是无法偿还的——债务,或者变卖产业。

怀疑者认为用税制变革鼓励家族持有媒体只是暂时性的解决方法。传媒经济学家罗伯特·皮卡德不认为这个策略可以持续:"你可以变革税制,支持家族所有,但事实上,80%左右的家族企业根本撑不过第二代。"有时这被称为"富家子弟综合征"。大部分情况是,新一代会发展其他的产业。

思考

- 你认为媒体消费者了解组织赞助媒体产品的情况吗?这种赞助关系会影响媒体产品吗?
- 社区基金会应该接管财政遇到危机的媒体公司吗?为什么?
- 将营利媒体组织转化成非营利组织,会遇到什么问题?
- 美国调整遗产税,会鼓励家族持有媒体吗?为什么?

3.4 政府角色

▲ 本节概述

自美国成立之初,政府政策始终影响着大众传媒的结构和经济情况。这些政策包括向媒体行业收取更低廉的邮费等。美国广播电视行业受政府政策影响很大。报纸行业没落时,政府出台相关政策,保护了具有竞争力的报纸。

3.4.1 历史上媒体和政府的联系

合众国成立之初,政府政策决定了媒体行业的经济结构。

政府传媒政策。1789年公布的第一批法案中,第一届国会给予期刊优惠邮费。一份报纸寄送一百公里只需1美分,一百公里以外的部分则收取0.5美分。这是真的。一份寄送450公里的报纸只需收取1.5美分,一封三张纸的信件则需要45美分。这一政策提议出自合众国创立人之一亚历山大·汉密尔顿(Alexander Hamilton),他认为报纸的价值应得到重视。汉密尔顿在《联邦党人文集》上的文章将报纸称为"将知识高效传播到合众国最远处的使者"。此外,《**1789邮政法**》②(1789 Postal Act)允许编辑互相邮寄文章,无须付费。这促

---

① "死亡税":遗产税。
② 《1789邮政法》:政府提供寄送报纸邮费优惠。

进了新闻的重印,使之能传播到最远的联邦州,促进了国家认同感。

1789年的法案以一种温和的方式明确了政府在传媒业的发展中扮演的角色。法案使得新闻出版机构拥有其他行业没有的经济优势。法案所鼓励的编辑间的免费新闻交换机制实际上是一种变相的政府补贴,尽管最后的结果只是来自边远地区的报道得以重新刊印而已。

邮政偏向。1789年的法案是美国政府的第一项传媒政策,但并不是最后一项。1845年,国会更进一步,允许30英里内免费寄送周报。国会实际上在日益分化的乡村地区和飞速发展的城市之间选择了自己的阵营。据一位国会成员所说,这一举措的目的在于保护小社区不受"城市有害情感的影响,关注自己的报纸"。倾向小镇周报而非大城市日报,国会中占主要席位的乡村派别就会利用出版业对当时的城乡差距表示抗议。这一问题从19世纪延续至今,城乡间的价值观一直存有差异,导致了文化冲突。

《1845邮政法》颇具争议性,故一直在改进。不过,有一点是再清楚不过的,那就是政府进一步深入大众传媒领域,手段仍是提供优惠邮率,尽管只提供给偏远的报社。

1879年,在对法案的进一步修改中,政府制定了对新闻和杂志的补贴标准——每航运1磅补贴1美分。"补贴"一词当时还未使用,但政府已开始运用自己的资源来减少出版业的经营成本。在这一补贴影响下,刚刚兴起的杂志业迅速繁荣起来。

如今,印刷品的邮寄补贴已被定为优惠费率。书籍和期刊出版公司可以享受大规模的邮费优惠,但这一优惠是有条件的。为了达到优惠邮费的条件,报纸和杂志必须满足一定的重量和页面限制。寄送的材料必须先按邮政编码分类。一些类别的出版物必须保证其读者数量。例如,学会只能寄送给付费会员。期刊的广告数量会受到限制。

尽管人们认为媒体公司可能反对几乎所有影响其内容的政府政策——通常也的确如此,而且经常激烈反对,但不会反对给予其优惠的政府政策。事实上,代表出版商利益的商业集团一直积极游说国会给邮费优惠。可见,媒体公司首先看重自身的经济利益,不可避免带着伪善的面具。

3.4.2 广电经济

政府实施的规模最大的传媒政策是在广播电视行业。早在电台诞生之前,政府就开始对广播活动进行监管。1909年的一场海难中,1200人在沉船后获救,靠的就是船上的无线发报机送出的讯息。国会意识到新广播技术的救援潜力,迅速采取行动,要求大型船只安装发报机。这是一项常识立法。这项法案的高明之处在三年后的泰坦尼克号悲剧中得到了证明。其他常识法案陆续出台,包括要求广播电台到政府注册的规定,目的在于使政府可以在特殊时期,例如战争时期,控制广播。

20世纪20年代,商业广播行业开始发展。电台寻求大批听众,以出售广告来获利。到1927年,美国共有732家电台,却总共只有568个频率。为吸引更多听众,各商业电台纷纷强化信号发射以扩大覆盖范围。结果就是,各电台的信号相互重叠,节目十分嘈杂。随后,广播业内成立了一个组织——全国广播协会(NAB)——来应对这个问题,但也想不出什么解决策略。于是广播业只能转而向国会请求政府监管,规范广播频率资源。国会参照此前对船只广播的要求,推出了1927年《**联邦无线电法**》①(1927 Fedral Radio Act)解决这个问题。法案创造了一个新政府机构,以颁发许可证的方式控制电台的数量。

1934年,新的联邦通信委员会开始颁发许可证的时候,技术已经有了进步,可以允许649个电台同时运作。尽管如此,政府还是必须关闭一些电台,以确保其他电台的播音质量。此外,电台还被要求分享频率,有的电台白天播放节目,有些仅在晚上播放。有些电台必须按特定方向播送自己的信号,以避免信号重叠。政府进行媒体监管的程度是前所未有的。

▶ 媒介时间线

18世纪	**政府传媒政策** **出版自由** 由第一修正案提出,保护媒体不受政府控制(1791) **邮费优惠** 第一个联邦传媒政策,为报纸提供邮费优惠(1791) **重大事件** • 殖民地英国邮票税(1765) • 独立战争(1776—1781) • 新美利坚合众国政府成立(1791) • 关于制止外国人反美及制止煽动言论的法律(1798)	 约翰·洛克:人民先于政府
19世纪	**政府传媒政策** **文化战争** 国会给予周报邮费优惠,而非大城市日报(1845) **每磅一美分** 期刊和书籍获得大规模邮费优惠(1879) **反垄断法案** 休曼法案规定垄断定价非法(1890) **重大事件** • 本国作者的书籍创造了美国文化(19世纪20年代以来) • 大城市加速发展(19世纪20年代以来) • 廉价报时期(1833年以来) • 公路连接东西海岸(1869) • 杂志成为重要的全国媒体(19世纪70年代) • 公司迅速发展,导致垄断和权力滥用(19世纪80年代)	 工业时代机器大生产催动了大众传媒的发展

---

① 1927年《**联邦无线电法**》:创造了一个政府机构颁发广播许可证。

20世纪	**政府传媒政策** **无线电法** 电台所有人需要向联邦政府注册（1912） **广播许可证** 国会试图打破广播业垄断，限制连锁式的公司所有权（1927） **第一修正案** 法院决定，按广播内容进行许可证管理不属于宪法事务（1932） **公共广播** 国会创立政府机构CPB，支持非商业广播（1967） **报纸保护法** 国会通过不信任法案，反对具有竞争关系的报纸合并（1970） **互联网** 国会将互联网交给国家科学基金会管理（1983） **广播电视业去规则化** 政府放宽连锁公司控制本地电台、电视台的限制（1996） **互联网泡沫** 对互联网新兴公司（1995—2000）的过度投资导致的泡沫（2005） **重大事件** • 广播电台扩张（20世纪20年代） • 电视成为商业媒体（20世纪50年代初） • 小镇人口流失（20世纪50年代以来） • 尼克松当选总统（1969—1974） • 里根当选总统，加速去规则化（1981—1989） • 互联网成为商业媒体（20世纪90年代）	 贸易组织标志着产业成熟
21世纪	**政府传媒政策** **分裂和失败** 奈特·里德等传统媒体连锁公司陷入危机，尤以报纸行业为甚（2006年以来） **报纸复兴** 国会出台减税等补偿政策，挽救报纸行业（2009） **后续合并** 康卡斯特成为传媒巨头，与NBC环球联合发布内容，并和有线电视系统联合进行传播 **互联网** 谷歌、雅虎等互联网公司继续实施兼并（2011） **重大事件** • iPod面世，广播听众减少（2002） • 报纸、杂志观众减少，广告流失（2009） • 康泰纳仕将旗下所有杂志上线（2011）	 艾尔·弗兰肯反对媒体公司合并

3.4.3 政府搭建传媒业架构

广播许可证系统创立于1927年,建立在一种**稀缺论**①(scarcity model)的基础之上。无线电频谱资源的稀缺使监管成为必须,新兴的广播行业必须确保其服务于美国大众的能力。常规资本市场动力代替监管后,政府则会成为广播行业经济结构的保护者,这一模式此后还应用于电视行业。作为保护者,政府出台了复杂的政策以保护这一系统,以许可制度为手段制约商业力量对广播业的侵袭。美国广播业最初的监管机构是联邦无线电委员会(FRC),之后变成联邦通信委员会(FCC)。但后来,监管机构却成为阻碍电台之间相互竞争的因素。例如:

广播监管。1912年,海船泰坦尼克号在北冰洋撞上冰山沉没,附近的一艘航船收到了其救援信号。尽管当时已有要求航船安装无线电发报器,但泰坦尼克号的悲剧还是促使更严格的法规出台。以前监管是出于公共安全考虑,后来出台的1927年《联邦无线电法》却使得广播业成为受到政府监管的行业,许可证制就是最主要的手段。许可证制奠定了美国广播电视行业的基本经济架构。

- FCC禁止有线电视系统在未经本地无线电视台许可的情况下大量播送其节目。出于自身经济利益的考虑,地方无线电视台也很少允许有线电视台播放其节目,因其会与自己抢夺观众,毕竟有线电视提供的节目更多元。
- 同样,FCC多年来坚持对其许可的无线电视台提供保护,禁止卫星广播系统播送本地电视台的节目。

随着技术的发展,无线电波资源不再稀缺,故稀缺论逐渐失去了其在保护本地无线广播电视业问题上的合法性。如今全美有1.4万座广播电台,很多下设多个频率。资源一旦不再稀缺,传统资本主义**市场模型**②(marketplace model)就开始发挥作用了。尽管如此,政府仍在通过许可证监管播放频次。政府颁发许可证的系统仍是美国广播电视行业的核心影响因素。

3.4.4 税收优惠

如果城市里的一种报纸停刊了,那么它的忠实读者就会痛心不已。人人都在抱怨,新闻业竞争越来越少了。通常,新闻来源的减少往往会令人为民主制度担忧。

1970年,午报社相继关闭已有十年,尚存的报社也危在旦夕。美国国会出台了新法规进行挽救。《**报纸保护法**》③(Newspaper Preservation Act)鼓励存在竞争关系的本地报纸将各自的非新闻业务结合起来,并使其免于受到反垄断法的惩罚。若非如此,合并业务会被看作违反反垄断法。共有56家报社签订了《**联合运作协议**》④(joint operating agreements, JOAs),将

---

① 稀缺论:资源太少,无法满足需求。
② 市场模型:供求决定企业能否存活。
③ 《报纸保护法》:1970年联邦出台法案,允许本地报社合并非新闻业务,免受不信任法案影响。
④ 《联合运作协议》:在联邦法案允许下,合并存在竞争关系的报社的出版、分销、广告和业务部分。

广告、出版、分销、业务等部分合并,但保持新闻、编辑人员的独立。这一运动的成果是有26个城市都能拥有两张报纸。

然而,这一法案仅停留在表面。逐渐,弱势报社开始退出协议。市场现实将广告商导向主流报纸。最后,政府打造出的安全网还是不能够保护弱势报纸,确保它们的销量。《联合运作协议》中没有几个成员坚持下来。

同样的担忧推动了2009年国会的一项提案,即允许报业企业重组成为非营利机构,广告和订阅收入可以免税。"报业复兴法案"由马里兰州参议员本杰明·卡丁(Benjamin Cardin)提出,它界定有些报纸为教育机构,与公共广播电视台类似。卡丁如此解释这个提案:"报纸的商业模式建立在发行量和广告收入上,该模型已经濒临破产。这对于全国各社区,以及我们的民主来说都是个巨大的悲剧。"卡丁认为,他的计划不会给新闻报道带来任何政府影响,且报纸会放弃一贯的游说政治代表的行为。提案提交到了金融委员会,此后再无进展。

思考

- 现在来看,政府对印刷媒体的邮费补贴公正吗?以前又是否公正过?
- 对于政府对广播业的监管,你有什么观点?
- FCC与媒介技术的飞速发展有何关联?
- 如果2009年的"报业复兴法案"通过了,你认为新闻媒体行业如今会怎样?

媒介争论

新闻线索收集过了头?

英格兰南部,13岁的米莉·道勒(Milly Dowler)在放学路上遭到绑架。此后,她的父母绝望、悲切地恳求绑匪放她回来。少女的失踪和父母的悲痛迅速成为英国媒体争相报道的主题。六个月后,人们在树林里找到了米莉的尸体。几年后,一家夜店保安被控谋杀米莉。

从始至终,这一恐怖罪行便极具新闻价值。2011年,米莉失踪九年后,人们才发现有一张名叫《世界新闻报》的报纸是如何"积极"地跟踪案件情况。事实证明,这家报社黑进了米莉·道勒的语音信箱实行窃听以查找线索。尽管事情已过去多年,但这一消息的披露仍使英国公众感到震怒。

这张报纸以窃听方式获取新闻线索的行为远远超过了侵犯隐私的范畴。在窃听过程中,报纸黑客发现米莉·道勒的语音信箱是满的,竟偷偷远程删除了一些信息。当时,警察已经绝望地搜查了数月,正在排查米莉·道勒收到的电话。为获得更多线索,黑客需要更多信息。事实上,所有的电话都是假的,是一个装作绑匪的怪人打的。

窃听电话的丑闻不断发酵,《世界新闻报》受到指控——

侵入。演员休·格兰特透露,他的语音信箱中,一位女性朋友珍美玛·军的信息可能被《世界新闻报》侵入了。他对此提出了控告,法官要求警方提供所知的资料,这样格兰特才能决定下一步的动向。格兰特是卷入"侵入"游说团的成员之一,这个组织旨在提出强烈诉求,控诉英国报社的窃听行为。

他们还侵入了在伊拉克、阿富汗战亡的士兵家属的电话,以及威廉王子等皇室成员的电话。很多政客和名人的隐私都受到了侵犯。演员休·格兰特声称,一个女性朋友发给他的信息被窃。事件被曝光的几个月里,7000人联络律师,声称《世界新闻报》侵入了他们的电话。

多年来,这家报纸一直以哗众取宠的新闻攫取读者的注意,其发行量达240万份,是英国最赚钱的小报之一。但人们不知道它的报道是怎么来的,只能认为是通过传统的新闻收集模式得来的,就算有一些侵略性,却也达不到违法的地步。激进的出版自由拥护者则认为媒体寻求信息时不应受到限制。

这个想法植根于17世纪思想家约翰·弥尔顿(John Miltion)的理论,他认为必须要有不受控制的调查自由:"让真理与谬误角斗吧!行自由公开之道,真理何时败于谬误?"传统的自由主义者坚信,美好的事物终将到来,就算现在没有,只要信息能够通过大众传媒毫无保留地传播,就一定会到来。

而美德被置于何地?会不会影响警方的调查呢?是否应促使政治领袖制定政策去禁止此类下作的新闻采集手段?不管怎么说,《世界新闻报》的行径都是低俗的。

在国会的强压下,鲁珀特·默多克承认,他的《世界新闻报》做过头了。这震惊了许多人,因为默多克凭借毫无顾忌的小报和电视台,几十年来已经积累了76亿美金的财富。还有人认为,这个认非常符合默多克的风格,他一贯能屈能伸,只要能保护自己的传媒帝国。事实上,默多克在英国的帝国已岌岌可危,他解雇了很多报社的高管,有些甚至进了监狱。因此,在持续的压力以及几百万美元广告投资被撤回的情况下,他关闭了《世界新闻报》。与此同时,默多克声称他本人对窃听事件并不知情。

正方
只有新闻自由才能造就一个自由的新闻业,因此新闻采集工作不应受到限制。

反方
新闻采集工作需以美德为前提,侵犯隐私、干预司法以及损害公共利益都是不体面的行为。

深化你的媒介素养
探索问题:上网查找《世界新闻报》倒闭的新闻。
深入挖掘:上网查找关于这则丑闻的评论。
你怎么看? 约翰·弥尔顿会如何回应《世界新闻报》侵入丑闻呢?媒体自由专制主义者会怎么回应?你呢?

3.5 新的资金来源

▲ **本节概述**

在传统大众传媒的收入来源结构中,广告和订阅的地位不断下降,但不会完全消失。取而代之的是什么呢?也许是一种结合更多政府投资和慈善支持的组合模式。同样,媒体消费者自己也会通过新机制付费。

3.5.1 广告和订阅

新收入组合中有些元素是传统的,有些则不是。这种组合正开始为大众传媒获取资金。对于有些媒体来说,广告的地位会降低,因为广告商找到了直接联系潜在消费者的新方式,即互联网,而不再通过传统媒体。同理,大多数期刊的订阅收入也会锐减。人们已经在互联网上免费满足了他们的信息需求和其他需求。只有傻瓜才会为免费的东西付费,除非他们想要的更多。

许多媒体都在想方设法在线创造收入,通过平板电脑、智能手机、计算机等设备。《纽约时报》建立了一种新方式:每月可以免费阅读20篇文章,但须订阅才能阅读更多内容。潘多拉网络电台每月可以带广告免费收听320小时;如果不想要广告,就要付费且可以收听不受干扰的音乐,只要下载应用"Pandora One"即可。

3.5.2 混合结构

在大众传媒业的生态体系中,替代性的融资方式已经存在了几十年。比如,公共广播的听众都知道,广播会鼓励听众直接捐款。直到现在,传统媒体还在忽视这些选择。不过以后不会了。

政府补贴。在报纸行业的要求下,国会于2009年举行了听证会。参议员约翰·克里(John Kerry)主持了下属委员会听证会,主要关注报纸行业,尽管报业的问题远远超出了报业自身。"合众国的历史一直与言论和出版自由紧紧相连,"克里表示,"无论未来的商业模式如何,我们都必须尽自己所能,保证多元、独立的新闻媒体能够存活下去"。其意见包括扩大政府对美国公共广播电视业的投入。

州政府和市政府也在选择同样的道路。一些城市和州已经开始补贴非商业电台,其中包括明尼苏达和新墨西哥,政府的拨款对于这两个州的广播网和广播电台来说几乎是救命钱。然而,其他州和城市却宁愿远离媒体所有权。纽约市在1995年出售了WNYC电台许可证,而新泽西于2011年将NJN广播网出售给了WNET。

在联邦政府层面,是否应通过准政府机构对非商业广播电视台进行扶持是一个争论不休的问题。曾有一个时期,公共电视台和电台20%的收入来自国会拨款。有人要求放弃或减少政府财政支持,因为大部分节目可在商业电视上获得——如今总共有500个电视频道在同时播出,与国会决定创立公共广播公司时只有50个频道的局面早不可同日而语,对公共广播电视台给予资金支持的需求早已不复存在。

政府对媒体的扶植可以不通过直接补贴,而通过间接的方式进行,甚至令人难以察觉。应州新闻联盟的要求,州立法委员要求市镇指定"官方报纸"来发布**法律通知**①(legals)。这些法律通知包括详细的预算和其他文件,通常来自政府机构。据称,此举旨在为公众提供政府政策和开支信息。报纸会根据通知所占的版面向政府收费,通常每年总共收取几页版面的费用。对有些周报来说,发布法律通知是很重要的收入来源。存在竞争关系的报纸相互竞标,希望能赢得"官方"名号。

在有些州,法律要求一些公司定期在当地正式出版的报纸上发布周期报告。当然,这是一种商业行为,主要针对非本州的保险公司。实际上,在这些公司投保的人都会被额外征税

---

① 法律通知:法律要求的付费广告,通常用来发布政府文件。

以补贴用于本地报纸的费用。

同样，联邦政府要求一些生产商，包括医药商，在杂志上发布极其详细的产品、风险报告。联邦和州政府也会购买很多广告时间和版面。想想海军征兵广告。或者，最近有广告劝你去阿肯萨斯度假吗？

慈善。近年来大力支持媒体组织的行为展现了**慈善**①（philanthropy）前所未有的潜力，慈善捐款完全可以加入未来的媒体收入组合中。2003年，麦当劳快餐产业的琼·克洛克（Joan Kroc）捐给全国公共广播公司2亿美元，创造了媒体慈善的新纪录。赫尔伯特·桑德勒（Herbert Sandler）将金色西部金融公司打造成抵押巨头，然后将其出售给规模更大的美联银行。他还向调查性报道组织 ProPublica 捐了1000万美元。捐助新媒体公司成了时髦的行为。

和慈善有些相关的是公司**担保**②（underwriting）。例如，主要石油公司已经承担了一些项目的成本，声称是出于公民意识的本能。然而，赞助者名单会被昭告天下，这就在企业和被赞助的项目之间建立了联系。事实上，这就是一种变相的广告，尽管没有人愿意称之为广告，因为联邦政府严格禁止非商业广播机构播放广告。"担保"一词就是为了规避"广告"一词与法律规定的冲突，然而在广播时却允许进行产品描述。

拉赞助。非营利媒体组织并不觉得争取赞助是什么丢人的事。公共广播业已经建立起成熟的模式以实现定期筹款。例如，明尼苏达公共广播网络的42个频道预算共7000万美元，其中11%来自听众会员费和捐献。本地公共电视台在争取观众赞助方面也很成功。纽约 WNET 每年拉赞助的目标是9000万美金。许多人每年只捐不到100美元，但加在一起就有一两百万美元了。在线网站也有自己的办法。调查新闻组织公共诚信中心要求读者每月付5美元，若付500美元以上则会被视为慷慨的捐助者。

小额付费。电话公司好多年前就已经搞清楚如何通过小额收费的方式收取长途通话费。报纸和杂志认为**小额付费**③（micropayment）系统不诚信，不符合传统的单独批量收费的做法——例如一份报纸1美元，或者一年订阅费150美元。小额付费则要求收费项目更加具体，例如读一篇新闻4美分，并确保这种付费行为以特定频率持续发生。这一系统对很多消费者来说十分有效。体育爱好者如果对其他内容没有兴趣，就不会为自己不需要的政治新闻、爱情指导付费。这一系统已用于很多在线服务，例如 iTunes 和谷歌，主要用于出售音乐和其他版权内容。

附属业务。原创内容耗资巨大，很多媒体组织选择重复其他来源的内容。原创内容的减少广受责难，但对媒体公司来说，好处是发布原创内容的公司可以出售转载权。例如 ProPublica 就向报纸等媒体公司出售调查性报道。**附属业务**④（auxiliary enterprise）有很多种形式。PBS 发行常规节目 DVD，以及众多周边产品，从全套《芝麻街》到带 PBS 标志的 T 恤，应有尽有。

- 作为媒体收入流，广告的未来如何？

---

① 慈善：慷慨捐赠有利事业。
② 担保：广播播送非商业广播的捐助人。
③ 小额付费：逐渐收取小额费用，通常在信用卡上付费。
④ 附属业务：营利的副业。

- 哪种收入组合有望主导大众传媒未来的商业模式？为什么？

3.6 传媒经济模式

▲ 本节概述

媒介技术是创新天赋的产物，但应用技术来创造媒体并使之切实接触到广大受众，则是一个试错的过程。最终，有些企业能找到正确答案，模仿者也随之而来。这是一个演变的过程。主要媒体行业不可避免地陷入自身成功的陷阱中，要么硬着头皮应对新的挑战，要么对自己做出彻底的改造以维持生存。

3.6.1 第一阶段：发明

"发明"是我们可以观察到的大众传媒演变模式的第一个阶段，只有经历过这一阶段，传媒企业才能逐渐成熟，迎来繁荣。每个大众传媒行业的源头都可以轻易找到。这基本是一个共识，如今的印刷媒体植根于15世纪40年代约翰内斯·古腾堡发明的技术。古腾堡当时根本没有意识到他的金属活字技术能够造就后来的书籍、报纸、杂志出版等大批产业。报纸？杂志？古腾堡可能从未想过这些东西。发明者通常只关注技术本身。

3.6.2 第二阶段：创业

从发明到商业的转变过程中，人们很有可能会走错路，并为之付出惨重代价。想想互联网，其创业历史中出现了许多新公司，有些获得了大笔资金支持，名噪一时，然后迅速消失。还记得通用电气的门户网站吗？没什么人记得了。还有被人遗忘的Napster文件分享软件呢？时代华纳的《探路者》杂志网站呢？

媒体演变的创业阶段结合了视野、资本和风险。很多新公司都失败了。最后，有人找到了正确的方法。技术的应用找到了受众，一个行业就此诞生。

广播证明了这个观点。古列莫·马可尼在1898年发现，信息可以通过空气传播，催生了广播成为大众媒体的潜力。他的关注点在于点对点的电报沟通。事实上，他把自己的发明称为"广播电报"。是马可尼的员工，戴维·沙诺夫看到了广播作为大众媒体的潜力。1916年，沙诺夫给他的老板留了一个纸条："我脑海里有一个发展计划，可能使广播成为钢琴、留声机那样的'家用设备'。我的想法是将音乐通过无线的方式接入家庭……接收器可以设计成简单的广播音乐盒形式。"沙诺夫还建议通过广告获得赞助。老板没有年轻的沙诺夫那种重新发掘广播潜力的热情。然而，沙诺夫在马可尼的子公司美国广播公司迅速晋升，然后将广播改善为新的大众媒体行业，打着RCA下属NBC的旗号。

一些投资者看到了投资的商业潜力。例如，托马斯·爱迪生想方设法进入唱片和电影行业，建立了企业。然而，创业阶段通常不会由投资者主导。不过也有例外，例如爱迪生随着时间推移减少了投资，而是将研究和革新留给了经营实验室的人。柯达的乔治·伊士曼也是像爱迪生一类的例外。他创建的实验室后来也由别人以他的名义进行研发。

创业阶段存在大量的失败案例。20世纪90年代，投资者向互联网等数字媒体企业投入了几十亿美元的资金。大部分企业都倒闭了，在商业史上，这个几百家公司共同消亡的现象被称为2000年互联网泡沫，导致了严重的经济衰退。当然，此后还是有公司能够维持运营的。已故的史蒂夫·乔布斯振兴的苹果公司就是创业阶段成功的典型。

3.6.3 第三阶段：行业

成功会催生模仿者。在广播业，NBC 后有 CBS 和 ABC。电视业也一样。从 19 世纪一家图书出版公司发行杂志宣传书籍开始，其他公司迅速效仿，除了哈珀公司、斯克里布纳出版社、柯林斯出版社等。阿道夫·朱克 1912 年为派拉蒙创造了一个拍摄电影的新模式。很快，其他公司开始效仿，好莱坞因这一工作室系统而闻名。在行业中，模仿也是不可避免的。《时报》成为 1923 年的创新发明。此后就有了《新闻周刊》和《美国新闻和世界报道》。

尽管存在竞争关系，成功的新公司和模仿者还是共同组成了新兴的产业。这是所有植根于媒介技术的企业发展的模型。20 世纪的头十年，电台的第一次尝试几乎无法组成行业，但到了 20 年代，一百多个电台开始广播，明显界定了一个新的商业领域已经形成。书籍、报纸和杂志也是如此。唱片公司也组成产业。好莱坞亦是如此，还有此后的电视。

一个行业内，合并时常发生。形势可能鼓励存在竞争关系的公司合并。公司明目张胆的扩张也会导致并购。结果就造成了**寡头**①（oligopoly），这种情况存在于但也不仅仅存在于大众传媒行业。每个行业中会有几家公司主导行业，如唱片业的四巨头、电影业的六巨头、网络电视的四巨头和书籍出版销售的五巨头。

寡头还不是**垄断**②（monopoly），垄断是一家公司主导全国或当地的生产和分销。美国文化倾向于竞争，所以 1890 年后垄断被定为非法。尽管存在文化偏向，公共策略还是允许合并组成寡头。比尔·克林顿任总统时提出，公司扩张对于加强美国的国际竞争力十分必要。此后的总统也同样接受公司并购，使得美国的公司规模越来越大，以稳固其在国际竞争中的地位。事实上，最大的媒体公司通常是全球性的，很多总部没有设在美国。

唱片业中，公司在美国市场的份额排名如下。

母公司	子公司	市场占比
索尼-BMG（日本—德国）	Arista、BMG、哥伦比亚、Epic、RCA	30%
环球（法国）	MCA、Interscope、Geffen	27%
华纳（美国）	大西洋唱片、Elektra	15%
EMI（英国—荷兰）	Capitol、维京唱片	10%

书籍出版销售行业：

母公司	子公司	市场占比
培生（英国）	企鹅	40%
CBS（美国）	Simon & Schuster	21%
贝塔斯曼（德国）	兰登书屋	21%
新闻集团（美国）	哈珀柯林斯	12%

---

① 寡头：行业中几家公司主导生产和分销。
② 垄断：一家公司主导全国或地方行业中的生产和分销。

如今,每个人都看出,数字化技术即将带来新的机遇,但新行业的定义始终不明朗。有人尝试了软件行业、新媒体行业、互联网行业。也许新行业会发展成几个独立的行业,或者我们会找到新的说法,提出它们的共同点。未来还有许多激动人心的时刻,能够看到这个新媒体行业,或者这些新媒体行业发展成型。

然而,事实上,合并已经出现,有的规模不大,但一般来说都不均衡。雅虎和微软在2008年提出的合并虽然失败了,却揭示出了行业在这个阶段内兼并的诉求。想想合并公司的名字——NBC环球、迪士尼-ABC、索尼-BMG。还有多种新造的公司名,掩饰新组合而成的公司的悠久传统——Cumulus、Entercom、维亚康姆、康卡斯特等。

3.6.4 第四阶段:成熟

媒体公司发展壮大的标志之一就是成为集团,使那些普遍性问题得以被提到集体高度统一解决。这就是**贸易集团**①(trade groups)成型的时刻。美国最大的贸易集团几乎都在媒体行业,而几乎所有集团总部都在华盛顿,将能够影响政府作为优势。

贸易集团也会赞助研究,大部分是技术研究,以使成员企业受益,比如发展行业内的技术规格。包括:

- 电视传输的统一标准能够避免不兼容系统,例如20世纪50年代彩色电视的竞争技术,还有最近的模拟信号向数字信号转换。
- 通用的报纸专栏宽度和版幅,方便广告商选择大小。
- 标准杂志大小,方便展示新闻。

3.6.5 第五阶段:保卫基础设施

一旦稳固,大众传媒产业就面对着自满、贵族化和失败的风险。**安迪·葛洛夫**②(Andy Grove)就是电脑芯片制造商因特尔的那位传奇总裁,后来成为斯坦福大学商业策略学者。他表示,产业老化的最终阶段是紧跟着可预测的三阶段的。

忽视新的挑战。公司长期发展的成功带来的自满使得高管首先轻视跨行业革新的威胁。简言之,他们不了解情况。我们看到葛洛夫的观点一次次得到印证。唱片行业的衰落源于执着于传统分销渠道,无视互联网这一传播音乐的新技术。同样,新闻行业在顺利发展140年后,没有重视读者群的流失,直到2001年广告这一经济基础开始弱化。

拒绝改变。据葛洛夫说,当危机无法应对时,行业内的高管会进入抗拒模式,包括合并创造经济体。通常,并购被看作未来持续发展的基础。葛洛夫表示,这都是幻觉。事实上,这种没有共同之处的合并只能暂时延迟无法避免的结局。

抵抗也有其他的形式,例如要求国会和政府机构调整公共政策,保护现有的媒体基础设施。传统电视行业,主要依靠本地有许可证的电视台,花了30年要求联邦政府制止有线和卫星传播的自然增长。最后,消费者受有线和卫星接收的吸引,本地电视台贸易集团和说客的努力失败了。

激进改革。日薄西山的产业总会发起英雄主义式但注定失败的改革以求生存,通常为

---

① 贸易集团:为追求共同目标,由相关方(有时是竞争者)成立的组织。
② 安迪·葛洛夫:行业阶级分化理论家。

时已晚。例如,本地电台如何使自己成为能同 iPod 竞争的音乐来源?日报如何能够重获新闻媒体中的垄断地位?大规模整修和再投资也许会有用,但葛洛夫表示怀疑:"你的医生说你会死,但如果你不吸烟,可以但也就只能多活一会儿。"

思考

- 为什么发明家并不总对自己的发明具有远见?
- 媒体商业成为产业的标志是什么?
- 具有竞争关系的媒体公司为什么会组成产业集团?
- 选择一个有问题的媒体产业集团,应用安迪·葛洛夫的产业衰退阶段理论进行分析,并回答:公司可能扭转这一局面吗?

明日传媒

互联网会使旋转门变慢吗?

政治游说从一开始就很有争议。

这个问题被称为"华盛顿旋转门"——一个关系系统,帮助身居高位的人在公共服务岗位和产业内私人服务岗位中流转。这个问题自联邦广播委员会1927年作为监管机构建立后开始困扰广播业。卡尔文·库里奇(Calvin Coolidge)主席应该任命明白行业内问题的广播员进入委员会,还是应该选择普通公民,代表公众的利益,尽管他们可能完全不懂相关问题?

媒体游说中的旋转门案例包括:

- **美国电影协会**。现任主席克里斯·杜德(Chris Dodd)以参议员身份任职20年。前任丹·格里克曼(Dan Glickman)曾是国会议员,接替了杰克·瓦伦提(Jack Valenti),后者在20世纪60年代与白宫关系密切。

戈登·H. 史密斯。前美国参议员,如今就职于全美广播事业者联盟,任主席及首席说客。

- **美国唱片业协会**。米奇·班沃尔(Mitch Bainwol)接管美国唱片业协会前,曾在联邦政策制定及政策部门服务25年。
- **美国报业协会**。首席说客保罗·波伊尔(Paul Boyle)曾是国会议员,任职五届。
- **全美广播事业者联盟**。戈登·H. 史密斯(Gordon H. Smith)出任联盟主席前曾在美国参议院就职12年。
- **美国出版商协会**。汤姆·艾伦(Tom Allen)就任主席之前曾在国会任职六届。前主席帕特·施罗德(Pat Schroeder)曾在国会任职十二届。
- **美国杂志媒体协会**。妮娜·林克(Nina Link)1999年加入,此前就职于媒体出版行业,成为特殊利益群体与政府相关人员流通的一个例外。

说客与其公共服务部门前同事间的亲密关系成为一个政治问题:这些说客是否不公平地利用了自己与政府政策制定者

的关系,损害了公众的利益呢?如果是,该怎么办呢?

科恩·德罗斯特(Koen Droste)为《金融时报》撰文称,说客通常使用以下策略:

- **冰山策略**。公开进行一小部分游说,就像冰山顶一样,剩下的则潜在水底,避免无法预料的公众争议。
- **浮标策略**。说客将一个话题公开放在议程上,明确表现出来,然后将某些行动保持在水下,解决一些微妙的问题。

网络的运用,不可避免地使游说更加透明。"冰山策略风险越来越大",德罗斯特表示。他相信,数字媒体的崛起会给更透明的浮标策略带来便利。一个有网上粉丝基础的组织可以雇用粉丝将一个话题提上公共议程。世界最大的在线销售商 eBay 曾使用这个策略,收集了将近一百万个签名,支持其政治提案,要求结束不公平的网上贸易做法。尽管召集草根支持的做法常被目标公司和政府机关称为"**伪草根舆论**"①(astroturfing),但却成为一个有力的工具,影响公共政策的公开辩论。日后也定会更加有效。

> **你怎么看?**
>
> 公司需要瓦伦提这样的传统说客吗?还是更可能雇用数字媒体专家?什么样的游说对公众利益最有利?

本章小结

经济基础

大众传媒很符合逐利的资本主义系统,直到其两大收入流衰竭。广告收入大幅降低,大部分日报及杂志受到影响。广播业也面临广告减少的新挑战。另一个美国媒体主要收入流是销售,如今也因观众减少而流失。从其他国家的媒体经济状况中能获得什么教训?从美国媒体行业中的细分市场的主导企业能获得什么教训?

所有权结构

美国大众传媒的结构属于普通商业模型。大部分公司从努力工作的企业家起家,企业家通常具备远见,媒体产品具有个人甚至古怪的特征。所有权随机发展成连锁公司或产业集团。总的来说,结果是产品更具普适性,因为企业的目的在于增加利润,减少产品的小众特性,服务更大范围内的公众。连锁公司和产业集团的结构在某些媒体行业会遇到重大问题,尤其是报纸和杂志行业,因为 21 世纪初利润骤减。由于财务问题,一些连锁公司宣告破

---

① "伪草根舆论":政治活动家设计出的"草根舆论",实际是有组织的运动的一部分。

产。其他公司被收购,新的所有者会对公司进行拆解。当前的不确定条件会产生怎样的新所有权结构还未可知。

其他媒体所有权形式

人们反复思索大众传媒应当如何调整结构,保证经济上自足。互联网时代首当其冲的就是唱片业。在规模显著缩小和进行艰难的调整后,广播业似乎达成了平衡,可以维持下去。也许不断衰落的报纸和杂志业还需要更激进的改革。人们思考了很多可能性,包括政府加大扶持力度、基金会进行慈善扶持、将大学作为新闻收集机构等。目前还没有定论。

政府角色

理想的政府、出版分离的时代可追溯到17世纪晚期的民主政治领袖约翰·洛奇,如今这一观念还有众多追随者。然而,民主支持者找到了很多方式将公共基金引入媒体行业,既能服务于公共利益,又能避免政府的控制。如果政府加大对大众传媒的财政支持,如何保证媒体监管政府的能力就成为挑战。

新的资金来源

美国大众传媒收入的两大渠道——广告和订阅收入,损失很大。一个新模式是让报纸等产品放弃捆绑内容。捆绑的概念可追溯到19世纪30年代,目的在于为每个人创造可负担的内容集合。如今这个模式正在衰落。有人提出按项目收费的方法,例如向一则体育新闻收取小额费用,如1美分。消费者每月为所选的内容付费。这类系统已用于付费电视和iTunes下载。加大政府出资和慈善支持也是未来媒体收入流可能的一部分。

传媒经济模式

一些大众传媒已进入成熟阶段。日报业的历史可追溯到19世纪30年代,如今可能已处于最后一个阶段:在技术影响下衰落,无法再投资以保证生存。这些商业模式是可以预测的,产业会经过革新期、创业期,进入成熟期,并在这个过程中不断演化。主要媒体产业无法逃离这个过程,也无可避免地落入成功之后的陷阱中:不是在新竞争中衰落,就是在激进的再投资中衰落。

批判性思考

1. 历史上,大众传媒是如何融入资本主义经济系统的?
2. 产业集团持有大众传媒的内在问题是什么?
3. 描述大众传媒新收入流的替代商业模式。
4. 如今,我们能从美国政府资助媒体的经验中学到什么?
5. 我们讨论的历史上的大众传媒商业模型有哪些优缺点?
6. 计划并应用安迪·葛洛夫的商业模型,研究如何建设社交媒体行业。你认为行业结局如何?

媒介术语

Associated Press 美联社
astroturfinng 伪草根舆论
auxiliary enterprise 附属业务
capitalism 资本主义

Christian Science Monitor《基督教科学箴言报》
community foundations 社区基金会
conglomeration 集团

cooperative 合作
death tax 死亡税
Dot-Com Bubble 互联网泡沫
Dot-Com Bust 互联网泡沫破裂
joint operating agreements《联合运作协议》
legals 法律通知
marketplace model 市场模型
micropayment 小额付款
monopoly 垄断
Newspaper Preservation Act《报纸保护法》
1927 Federal Radio Act 1927 年《联邦无线电法》
oligopoly 寡头
philanthropy 慈善
scarcity model 稀缺论
1789 Postal Act《1789 邮政法》
trade groups 贸易集团
underwriting 担保
venture capitalist 风险资本家

■ 媒体资源

→John Allen Hendricks, editor. *The Twenty-First Century Media Industry*: *Economic and Managerial Implications in the Age of New Media*. Lexington Books, 2010. Hendricks 研究社交媒体，在书中讨论了新闻娱乐媒体管理者如何适应技术革新。

→Jeff Kaye and Stephen Quinn. *Funding Journalism in the Digital Age*: *Models, Strategies, Issues and Trends*. Peter Lang, 2010. Kaye 和 Quinn 均具备国际新闻经验，在书中评价了可能帮助新闻业的商业模型和策略，探讨新闻业如何在变换的技术、社会趋势和经济形势下生存。

→Nicole LaPorte. *The Men Who Would Be King*. Houghton Mifflin Harcourt, 2010. LaPorte 是一名娱乐记者，他认为梦工厂的衰落源于提高艺术水准和追求大片以保持收支平衡间的矛盾。

→Daniel Lyons. "Arianna's Answer," *Newsweek*（August 2, 2010）, pp. 44-47. 媒介技术记者 Lyons 从《赫芬顿邮报》着眼，审视网站财政收支平衡的变迁。

→Ken Auletta. *Googled*: *The End of the World as We Know It*. Penguin, 2009.《纽约客》媒体评论家 Auletta 记录谷歌从一家小企业发展到代替传统媒体的重要网站，进而探讨其在利益驱动下主导媒体传送并成为广告巨擘的过程。

→Jim Cox. *American Radio Networks*: *A History*. McFarland, 2009. Cox 是著名广播史学家。

→Robert Burgelman, Andrew Grove and Philip Meza. *Strategic Dynamics*: *Concepts and Cases*. McGraw-Hill/Irwin, 2005.

→Ben Bagdikian. *New Media Monopoly*, fifth edition. Beacon, 2004. Bagdikian 也许是最知名的媒体产业集团评论家，在这本经典著作中囊括了数字革命的数据信息。

→David Croteau and William Hoynes. *Media/Society*: *Industries, Images, and Audiences*, third edition. Pine Forge Press, 2003, pp. 3-30. 两位社会学家在书中构建了一个模型，分析新媒体在良好社会系统中的重要统一作用，系统包括政府、经济活动和情况以及民意。

→Benjamin M. Compaine and Douglas Gomery. *Who Owns the Media? Competition and Concentration in the Mass Media Industry*, third edition. Erlbaum, 2000. 作者更新了 1979 年和 1992 年的版本，融入了更多聚合的细节，更关注有线和家庭录像行业，讨论科技聚合的影响。

→Ben Bagdikian. *The Media Monopoly*, fifth edition. Beacon, 1997. Bagdikian 也许是最知

名的媒体产业集团评论家,在这本经典著作的修订版中融入了数字革命的数据信息。

▶ 本章主题性总结

传媒经济学

为了更好地巩固你的媒介知识,此处用贯穿本书的几个主题来展现本章内容。

传媒经济学

读者数量和广告减少,使日报转向互联网。

在美国,大众传媒是资本主义经济体系的一部分,几乎完全依靠乐于购买媒体产品的消费者。如果没有人愿意看电影,工作室就面临窘境。投资新产品的图书出版和音乐营销商也是一样。对一些媒体来说,更复杂的收入流来自广告。公司付款给报纸、杂志、广播、电视、网络公司,购买版面和时间做广告。事实上,广告商是在购买通过大众传媒接触潜在消费者的机会。

媒介技术

主要媒体公司,例如默多克帝国,都在发掘技术,以图扩张。

19世纪起,技术和进步,或渐进,或迅速地发展,使大众传媒能触及更多受众,创造了巨大的产业。此后,媒体公司,从本地报纸到全国性杂志、广播网络,成为经济体系中的主要雇主和重要部分。

媒体与民主

政府放松媒体监管。

大众媒体必须独立于政府,以保证民主。这种看法需要重新审视。为什么?因为报纸、杂志、广播和电视如今都十分脆弱,广告减少,财政遇到困难。媒体独立于政府的想法在某种程度上已不可行。政府政策,从美国建国初期开始,就扶持大众媒体,措施程度不一。历史上有多个模式,通过政府的税收政策和收入保证大众传媒的地位。这些模式涉及英国的BBC广播帝国,以及美国的公众广播基础设施。

受众细分

受众细分可能是数字信息无线传播的终极目标。

经济转型正在重塑大众传媒,这主要由于受众习惯和偏好不断转变。一个人花在网站上的每一分钟,都意味着花在书籍、杂志上的时间少了一分钟。现代生活还为人们提供了其他选择。算一算:每个人一周只有七天,一天二十四小时。人们拥有前所未有的纷繁选择,决定如何打发时间。只考虑电视:五十年前,三个美国电视网络主导了美国的电视节目。如今,出现了几十个电视网络,为电视节目划分狭窄的观众分层。这类受众分层正在重写大众传媒产业的经济形态。

媒体的未来

媒体通过组织游说对其有利的公共政策，实现自身的利益。

大众传媒行业集团的游说是一个悬而未决的问题，在游说政府满足其特殊利益（以经济利益为主）方面已经日渐偏离轨道，背离了媒体服务公众利益的责任。媒体依靠政府提供减税政策、支持性规定等特殊照顾时，还能监管政府滥用权力等不当行为吗？媒体是政府的监督者还是政府的走狗？这个问题具有特殊意义，因为媒体一直遵循其他行业的模型，将游说看作规范做法，甚至和其他行业一样，大众传媒贸易集团周期性地雇用退休的公共机构管理人作为说客。他们虽已离开政府部门，却还保持着与国会和政府机构、部门或新或旧的联系。

媒体与文化

评论家提醒人们警惕媒体产业集团的文化影响。

大众传媒告别个人、家庭所有，与以企业为基础的文化基调一致。运营良好的媒体公司倾向于收购其他媒体公司。这一趋势是遗产税的结果，这种税务使得继承人几乎不可能接管、经营媒体公司。继承人别无选择，只能卖掉公司付税。时间久了，就出现了连锁公司和产业集团。多元股份所有人控制媒体公司的兴起就是结果之一。这些所有人主要关注如何增加利润。利润的重要性常常超过社区服务、调查性报道和丰富文化等因素，成为衡量媒体产出的标准。

第二部分
大众传媒产业

印 刷 媒 体

维基百科[①](Wikipedia)的突破

20世纪60年代的某一天,吉米·威尔斯的家人从一位上门推销员那里购买了一套《世界图书百科全书》。威尔斯深深地被书中的内容所吸引。从大学时代起,他就坚信,通过汇集知识,人们能够最大限度地获取智慧。他自称是"一位启蒙式人物"。

2000年,威尔斯在网上宣布要发起一个雄心勃勃的项目,即建立线上参考书。他称之为"新百科全书"。与此前多套印刷版百科全书一样,"新百科全书"招揽专家撰写文章。威尔斯还将文章交由一个传统的评审小组审核。事情进展很慢。一年后,"新百科全书"仅仅收录了21个词条。

后来,吉米·威尔斯从一位助手那里听说了"维基"这款简单的软件工具。这款软件实现了多人协作撰写与编辑。为什么不在数千人甚至数百万人之间开展协作呢?2001年,威尔斯对"新百科全书"进行调整,使之能够直接接收来自任何人(只要能够长期在线即时编辑词条)的投稿。这被称为"开放编辑"。

"新百科全书"收件人列表上的2000人收到了一封电子邮件:"维基百科来啦!给个面子。登录网站,贡献一篇文章。只需5分钟或10分钟。"

仅仅5年之后,维基百科(由"新百科全书"更名而来)已经刊载了100万篇文章,而作为评判其他图书依据的印刷版百科全书——《大不列颠百科全书》,却仅刊载了12万篇文章。今天,在维基百科上,仅英文文章已接近380万篇,其他语言的文章数量也超过620万篇。维基百科基于网络,大小不受实际空间的限制。该网站的访问量已经在互联网上排名第七,每秒点击次数为3万次。维基百科覆盖了35种以上的语言,在网络全球化中名列第四。

维基百科在很多方面都体现了互联网面向所有人开放的特点。以下是维基百科为数不多的几条规则:首先,文章的观点必须中立;其次,文章内容必须有依据,并且此前发表过。投稿人必须匿名投稿。

---

① 维基百科:由用户创造并编辑的线上百科全书。

维基百科创始人。吉米·威尔斯雇用的员工人数不多，他们维持着维基百科繁忙的运作。几乎所有的词条都是人们自愿贡献的，其数量不断增加，是传统百科全书收录量的很多倍。

尽管受到规则的约束，维基百科上依然存在荒唐的文章。而且，有些蓄意破坏者刻意搅乱词条内容，并以此为乐。威尔斯设置了机器人，负责巡视词条中的恶意投稿行为。当信息的准确性存疑时，管理员会做出判断。投稿人的意见存在分歧时，威尔斯会将不同版本的说法提交调解委员会和仲裁委员会。

维基百科的准确性怎么样？很多国会议员都会清理维基百科发布的有关自己的信息，这样的例子不胜枚举。投票记录会被私自篡改。有些时候，当维基百科管理员把事实与真相一一列举出来之后，所有国会议员都无法更改网站上的信息。

为了解决准确性问题，《自然》杂志测试了维基百科和《大不列颠百科全书》上的43个词条，发现两者都惊人地准确。不过，维基百科与《大不列颠百科全书》之间的错误比为4∶3，但两者都很少出现错误。2010年，一项关于毒理学、癌症研究和药物的词条调查表明，维基百科的深度和广度都可以与医生的数据库匹敌。

维基百科虽然有利有弊，但它体现了科技驱动的时代环境。在这种环境下，印刷媒体——不管是图书行业、报纸行业还是杂志行业——将面临着存亡抉择。对于很多以印刷技术为重点的公司而言，发展前景不容乐观。一场媒体革命正在进行。

本章要点

- 古腾堡印刷术出现后的400年间，大众传媒的作用微乎其微。
- 随着工业革命的开展，报纸与其他印刷媒体蓬勃发展。
- 揭露特威德丑闻之后，《纽约时报》声名大噪。
- 早期广告商喜欢利用杂志推销批量生产的产品。
- 杂志和报纸很容易受到广告商的影响。一旦广告撤离，杂志和报纸的生存便会受到威胁。
- 不管怎样，跨国所有权改变了图书行业的历史性价值。
- 在线网站严重削弱了参考类图书的作用，而其他类型的图书面临的威胁相对较小。
- 印刷媒体有助于推进民主，促进文化发展，这就让人们对后印刷时代产生了疑问。

4.1 印刷媒体行业

▲ **本节概述**

大多数人都能够买得起报纸，报纸刊载的内容也面向大众读者。19世纪30年代，随着报纸的出现,大众传媒也初现雏形。当时,报纸的大众受众形成的关键因素在于社会经济的变革——工业化和城市化的发展、移民数量的增加以及读写能力的提高。

4.1.1 大众受众的发现

15世纪40年代中期,古腾堡印刷技术的出现使大众传媒成为可能,但在此后的近四个世纪里,我们所熟知的其他类似的媒体行业并没有出现。杂志是不定期的刊物,且大多寿命短暂。为了生存,印刷公司每周发行报纸,将其作为副业。报纸内容基本上是大杂烩,要么刊载印刷公司喜欢的内容,要么用手边的信息随意填充版面。当时没有报道人员。将报纸视为每日大事汇览的概念尚未成形。根据现在的标准,当时的图书产量还比较小。

19世纪30年代,美国的社会秩序发生了巨大变化,催生了现代的大众传媒。如果说存在转折性时刻的话,那应该是1833年9月3日。

本杰明·戴

大众传媒的先驱。1833年,本杰明·戴创办《纽约太阳报》,每份报纸1美分,开辟了廉价报纸的时代。普通人也能够买得起报纸。今天的大众传媒体现了《纽约太阳报》的很多开拓性理念,包括报纸内容要符合多数人的兴趣、以广告为经济基础以及方便获取等。

那天,纽约一名22岁的印刷工,**本杰明·戴**①(Benjamin Bay),创办了《纽约太阳报》,每份报纸1美分。由于价格低廉,几乎任何人都能买得起,《纽约太阳报》很快便大获成功。在此之前,报纸一直很贵。一份报纸的年度订阅费用相当于一个人整整一周的工资。便宜的《纽约太阳报》很快有了很多效仿者。新型报纸竞相涌现,发展成重要的行业。戴确实发现了大众受众这一群体。他为《纽约太阳报》提出的口号"照耀所有人"双关意味十足。在媒体发展史上,这一时期被称为"廉价报业时期"。

4.1.2 发展背景

工业革命带来了社会经济的变革,使得廉价报业成为可能。

- **工业化**。随着以蒸汽机为动力的新型印刷机的出现,报纸的印刷量达到每小时数百

---

① 本杰明·戴:出版了《纽约太阳报》。

份。而此前的报纸印刷则是通过人工操作完成的。

- **城市化**。大量工人涌入城市的新型工厂，形成了大量潜在的报纸读者群。报纸可实现当天送达，十分便捷。19世纪二三十年代之前，美国人口几乎全部为农业人口，零零散散地分布在乡下。
- **移民**。欧洲贫困地区的大批移民来到美国。大部分移民迫切地想要学习英语。他们发现廉价报纸不仅价格便宜，写作风格也简单直接，是学习英语的"好老师"。
- **读写能力**。整体而言，人们的读写能力不断提高，这促进了报纸和杂志的广泛发行。

这些强大的力量不可阻挡地改变了人类的生存方式。诚然，即便戴没有创办《纽约太阳报》，其他人也会把零散的信息汇集起来，引进现代的大众传媒。然而，现实就是：戴是第一人。

4.1.3　经济结构

廉价报纸①（penny papers）的发行量之大前所未有，商人将其当作发掘大量潜在客户的渠道。广告收益意味着更大的报纸发行量，这将吸引更多的读者和广告商。大众传媒以滚雪球之势继续发展，刊登的广告也越来越多。报刊业的收入来源也发生了巨大变化，由依靠订阅转变为依靠广告商。事实上，每份《纽约太阳报》一便士（1美分）的价格让戴入不敷出。他依靠广告商来支付很大一部分生产费用。实际上，正如今天的情况一样，广告商补贴了读者。

杂志也发展为依赖广告收入的大众传媒。近200多年来，杂志一直是大众传媒的主要组成部分。图书行业也快速发展。但相比于报刊和杂志，图书的收入来源仅依靠读者。而且，由于没有广告作为辅助性收入来源，图书价格一直相对较为昂贵。

印刷媒体之间的区别			
主流印刷媒体之间虽然存在模糊的共同之处，但也各具特色。			
	图书	杂志	报纸
装订	线订或胶订	机订	散装
期次	单本	至少每季度一期	至少每周一期
内容	单一话题	多元话题	多元话题
及时性	一般不及时	及时性一般	及时性很重要

思考

- 在大众传媒的发展过程中，《纽约太阳报》发挥了哪些关键性作用？
- 根据你对美国历史的了解，在19世纪30年代及以后，还有哪些变革推动了印刷媒体的蓬勃发展？
- 电子书阅读器、在线报刊、在线杂志和在线图书对传统收入模式产生了哪些影响？

---

① 廉价报纸：一种价格便宜的报纸，于1833年问世，大众受众的数量之多前所未有。

4.2 报纸行业

▲ **本节概述**

廉价报纸的成功使报纸成为最主要的媒体行业。在所有的新闻媒体中,报纸经营模式持续了数十年。互联网为读者和广告商提供了其他选择,这动摇了报纸在媒体产品中的主导地位。

4.2.1 报纸经营模式

本杰明·戴的《纽约太阳报》以及其他廉价报纸的成功标志着报刊发展为一个重要的行业。这些报刊创造了一种**经营模式**①(business model),这种模式在今天的新闻企业、印刷企业以及其他企业中仍然发挥着核心作用。在这种经营模式下,报纸行业的员工都颇具创造力,他们专门设计并创造产品。创造力的核心主要由新闻工作室的编辑、作家以及实地采访的记者构成。其他员工则专门负责生产,包括操作复杂精密的新型印刷机。另外一些员工则专门负责向广告商销售广告版面。

报社的组织结构以**出版商**②(publisher)为首,出版商是报刊所有人或者报刊所有人委任的代理人。下属组织结构如下:

- **新闻—社论**③(news-editorial)。由**编辑**④(editor)负责,除了最小的报刊,一般报刊的编辑都有数名助手。新闻—社论的内容分为两部分。新闻部分主要报道重大事件、热点问题、娱乐信息以及其他内容。在《纽约太阳报》的巅峰时期,编辑、记者和作家人数达到1200人,是员工人数最多的报刊之一。社论部分则独立于新闻部分,发表各种观点。
- **生产**。在早期,排字工人和其他技术人员在产品的机械装置上工作。排字工人已经被技术取代了,但是其他专业的技术人员仍然需要维护并操作印刷机。这些印刷机比工业时代的任何机器都更为庞大复杂。
- **广告**。新闻—社论和生产运作所需要的巨额开支主要由来自广告商的广告费用负担。广告内容由在报刊上购买版面的广告商而不是报刊负责。广告商会向报刊读者推销自己的产品。
- **发行**。发行部是一个独立的部门,负责推销报纸。该部门的核心理念是报纸的读者群越大,它对广告商的吸引力也越强。
- **经营**。报刊需要簿记员、会计、律师以及其他标准的经营设施维持复杂的运营。

经过细微调整之后,上述结构已经独立发展了150多年。

4.2.2 在媒体中的主导地位

长期以来,报纸在大众传媒中一直占据主导地位。这种主导地位主要基于报纸的捆绑

---

① 经营模式:经营生意并确定收入来源、客户基础、产品和融资的方案。
② 出版商:杂志或报刊的所有人。
③ 新闻—社论:报纸上发表新闻、娱乐信息和各种观点的部分。
④ 编辑:负责新闻媒体内容的管理人员。

模式,即集新闻、信息和娱乐于一体,而且价格便宜。虽然每份报纸的价格由 1 美分先后增长到 5 美分和 25 美分,但除了报纸之外,没有其他媒体能够提供新闻、体育和喜剧消遣这类必要的信息,更不用说占星术、失恋建议甚至连载消遣小说了。

报纸的影响力。报纸影响了一代又一代读者的生活。报道的内容正是人们讨论的话题。未被报道的话题一般无法通过其他渠道进入公众的谈话。

目前尚不清楚报纸能否引导舆论。传统观点认为,对政治候选人而言,报纸的社论支持是十分必要的。20 世纪三四十年代,这种传统观点遭到了质疑。当时大多数报刊都发表了社论,支持共和党候选人赢得总统职位,但是民主党的富兰克林·罗斯福却以压倒性多数的优势连续赢得四次大选。当然,没有候选人会忽略社论支持,但报纸能够为大选拉票的说法已经存在缺陷了。不过,候选人依然会召集多家报刊的社论董事会,阐释自己的立场、回答问题并寻求支持。

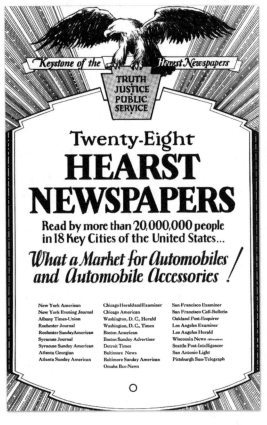

报业连锁集团巨头。赫斯特报业连锁集团会在多份报纸上购买版面的全国性广告商提供折扣。在整个 20 世纪,该报业连锁集团,在纽约、芝加哥、洛杉矶、波士顿、旧金山以及西雅图都发行日报,成为盈利最多的报业集团之一。作为美国历史上的巨富之一和报业集团创办人,威廉姆·伦道夫·赫斯特生活富足。他在加利福尼亚州的比弗利山庄有 29 间卧室;同样位于加利福尼亚的圣西蒙城堡占地 240,000 英亩,让参观者惊叹不已。赫斯特曾两度被选为国会议员。

威廉姆·伦道夫·赫斯特

报业连锁集团。**本杰明·富兰克林**①(Benjamin Franklin)是通过创办报纸致富的第一人。25 岁那年,他已经通过创办《宾夕法尼亚公报》变得十分富有。秉承着典型的实用主义思想,富兰克林推断,如果他能从一份报纸中获利,那么他同样能够通过创办更多报刊获得更大的利润。富兰克林资助以前的学徒在殖民地的其他地方开办报纸,由此成为第一个报

---

① 本杰明·富兰克林:在美国地殖民时期,他创办了第一个报纸连锁集团。

业连锁集团①(chain newspaper)创办人。他在安提瓜岛、纽约、罗德岛以及南加利福尼亚开办了报刊公司。以前的学徒作为投资人,与富兰克林共享利润。

相比于后来出现的报业集团,富兰克林的集团不值一提。19 世纪晚期,报业进入鼎盛时期,像威廉姆·伦道夫·赫斯特②(William Randolph Hearst)这样的出版商发行了很多大都市日报。这些大都市日报造就了数位全国巨富。20 世纪 70 年代,报业连锁集团实现了新跨越。报纸的盈利一路飙升,报业连锁集团买断了所有的地方报纸,有时还会为此进行竞拍。报业连锁集团也会买断其他连锁集团。据财经杂志《福布斯》的跟踪报道,1983 年至 1988 年期间,8 家报业公司的盈利相当于个人活期存款利息的 23.9%。仅可口可乐和百事可乐两家公司超过了报业公司的盈利。

20 世纪晚期,美国的报刊日益集中于越来越少的几家公司。过去,美国 4/5 的地方报纸不属于报业连锁集团。作为最大的报业连锁集团,甘耐特拥有近 100 份日报;集团总部的摩天大楼俯瞰着波托马克河,企业战略正是从这里传播出去。同样地,虽然《洛杉矶时报》头版顶部显眼的"洛杉矶"几个字可能让它看起来像地方报纸,但报纸的商业战略和商业活动均受连锁集团芝加哥论坛报业公司的支配。

在报业连锁集团的办公室里,新一代报刊行业专家重著了报刊经营之书。新的战略方向会根据盈亏底线进行调整。高质量新闻的价值不在于新闻本身,而在于它能成为维持并增加利润的媒介。尽管当前报业连锁集团一直鼓吹致力于公共服务,但事实上,行业中大多数报纸都目光短浅,仅关注盈亏底线,把报刊内容生产视为最主要的成本负担。

4.2.3　隐蔽的内爆(Hidden Implosion)

然而,利润掩盖了行业中缓慢发生的内爆。读者人数已出现停滞或大幅下跌。人们花费在阅读报纸上的时间更少了。电视和继而出现的互联网吸引了人们的眼球。更多的家庭成员在全职工作上花费了更多时间。现在,更多的人从事朝九晚五的工作,这与从前盛行的工厂倒班制形成了对比。那时人们一般早上六点开始工作,下午三点左右结束工作。因此,现在人们晚上阅读报纸的时间更少了。下午发行的报纸被称为晚报,其发行量曾一度超越早报。但 20 世纪 80 年代,这种报纸实际上已经消失了。有的晚报倒闭了,有的则被早报吞并了。由于广告商别无选择,存活下来的早报仍有利可图但收入增长逐渐减少。创造高质量新闻与盈利之间传统的平衡状态被打破了。

几十年后,历史学家将会思考,美国的报刊行业从什么时候开始衰落。1984 年,在电脑还没有成为日常生活的一部分之前,报纸的发行量达到顶峰,为 6330 万份。报纸继续以印刷媒体的形式传播信息。对于互联网的出现,它们反应迟钝,甚至抵制将报纸内容转移到互联网上。2009 年,报纸发行量为 4560 万份,差不多以每年 7% 的速度减少了 1/3。在这 25 年间,虽然美国人口继续攀升,但报纸的发行量依然减少了。一位金融分析家解释,**市场渗透率**③(market penetration)下跌了。亏损是无可置疑的。对此,我们无法掩饰。

在过去 10 年间,技术革命和新媒体革命对报纸的经营模式产生了很大冲击。像克雷格列表网站这样的免费资源出现之后便广受欢迎,这终结了报刊行业在分类广告领域(报刊行

---

①　报业连锁集团:报纸为一家公司所有,公司在其他地方也发行其他报纸。
②　威廉姆·伦道夫·赫斯特:黄色新闻风靡时代的《纽约周刊》和其他主流日报的出版商。
③　市场渗透率:人均销售额。

业的主要收入来源)的垄断地位。虽然报刊行业已进入生死存亡的阶段,只能依赖昔日强大的影响力,但2010年这种急剧下跌的局面出现了缓解。

在衰落时期,报刊行业削减了运营开支,因而依然保持着盈利状态,亏损也被掩盖起来。为了减少印刷开支,报纸版面被剪裁得更窄。精简后的报纸重量更轻,从而减少了配送运输的油耗开支。缩减开支的途径包括购买更加便宜的纸张,与此同时也降低了报纸内容的质量。与各州首府的报社一样,偏远地区的分社也进行了裁员。这导致新闻报道中涉及国家政策的内容缩减,耗费人力的调查性报道也大幅减少。国家的主流日报缩小了华盛顿分社的规模,关闭了国外分社。这些逐步采取的措施使报社保持盈利状态,也掩盖了行业的潜在问题。

这些削减开支的措施并未引起行业外部的注意。然而,到2010年,读者人数不断减少,广告收入也随之下降,报业日益衰落的局面再也无法掩饰。为了维持报纸的运营,报刊所有人采取了日渐激烈的措施,包括进一步裁员。这大幅减少了报纸的印刷量。据美国劳工部估计,2008年报刊行业减少了2万个工作岗位。报界巨头《洛杉矶时报》一举减少了300个工作岗位,这种情况并非首次出现。2008年,在丹佛经营了150年的《落基山新闻报》停止发行了。在毁于行业内爆的各类报纸中,《落基山新闻报》是当时规模最大的一家。虽然《基督教科学箴言报》和《西雅图邮讯报》依然存在在线版本,但这两份报纸也倒闭了。"印刷媒体"正向"网页页面文字"转变。或者,更准确地来说,正向"屏幕页面文字"转变。

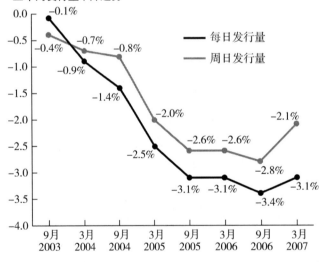

报纸发行量。 无论怎么计算,美国报纸的日发行量总是不容乐观。美国发行量审计局发现,以1984年为基点,以六个月为时间段,报纸的发行量一直呈下降趋势,虽然在2007年3月有所上升。即便这样,在过去的五年间,报刊的每日发行量和周日发行量依然分别下降了2%以上和3%以上。

4.2.4 网上竞争

有些报纸很早便意识到互联网投递的潜力。1992年,《阿尔伯克基论坛报》创建了第一个可以发布帖子的新闻网站。然而,这些早期的新闻网站并未受到好评。人们戏谑地给它们起了个绰号——盗版件,因为印刷版报纸的内容几乎全部被毫无章法地堆砌在网上。在线阅读新闻与从印刷版报纸上阅读并没有区别。总而言之,网络发表图片的潜力并未完全被挖掘出来。

报纸的在线版本不断完善,更适于屏幕阅览。虽然在线读者数量不断上升,但广告收入并未增加。订阅收费的尝试也失败了。

2011 年,《纽约时报》为网站 nytimes.com 设置了**收费墙**①(paywall)。每月在线文章阅读量超过 20 篇的读者如不订阅,将无法继续浏览网站内容。《纽约时报》的目标是在一年之内积累 300,000 付费订阅用户。前三周,公司的订阅用户已达到 100,000 人,订阅费用为每月 15 美元到 35 美元不等。其他报纸也竞相效仿,设置收费墙。

在所有的新闻网站中,报纸公司网站的访问量位居前列。下表是 2011 年初美国网站每月的访问量,较为突出的主要是报纸网站。

雅虎新闻	86,600,000
美国有线电视新闻网络	80,200,000
微软全国有线广播电视公司	54,200,000
美国在线	47,200,000
纽约时报	**38,000,000**
赫芬顿邮报	31,000,000
福克斯新闻	27,000,000
美国广播公司新闻网	22,400,000
今日美国	**21,300,000**
先锋因特网	18,300,000
华盛顿邮报	**17,900,000**
哥伦比亚广播公司新闻网	17,400,000
每日邮报	16,600,000
华尔街日报	**15,500,000**
英国广播公司新闻网	15,000,000

思考

- 对比报纸经营模式与其他商业或行业(如零售、高等教育以及快餐)的结构。报纸经营模式是如何建立的?
- 什么动摇了报纸在美国媒体行业中的主导地位?
- 鼎盛时期过后,报纸行业如何掩饰了自身的衰落?又如何丧失了其不断恶化的财务根基?

4.3 主流报纸

▲ 本节概述

《纽约时报》虽然不是美国最大的日报,但却是最具影响力的报纸。《纽约时报》以综合

---

① 收费墙:如未付费,收费墙将阻止访问者浏览网站内容。

性新闻报道和新闻报道中的精神与勇气著称。美国最大的日报是《华尔街日报》和《今日美国》,其次才是《纽约时报》。

4.3.1 《纽约时报》

美国报纸行业面临重重困难。作为这个行业中的一分子,《纽约时报》虽然在资金上受到较大冲击,但它依然是优秀新闻的先锋。就连《纽约时报》的批评者也无法说出比它更优秀的报纸。

纪实报纸。自1851年创刊以来,《纽约时报》以公正全面地报道国外新闻著称。此外,它还是一份新闻纪实报纸。几十年来,《纽约时报》一直完整地刊登美国总统的年度国情咨文和其他重要文件。近来,《纽约时报》开始通过网站发布互动视频并提供字幕和人们对演讲的反应。《纽约时报》是重要的研究资源,部分原因在于访问者可以利用月度索引和年度索引搜索每一个新闻事件。《纽约时报》150多年来的新闻和合订本都可以从网上和许多图书馆中找到。

为了吸引年轻读者,《纽约时报》效仿其他报纸,在报道严肃的新闻事件的同时,也增加了一些更为轻松的娱乐内容。周四的时尚专栏刊登了更加生活化的广告。《纽约时报》多数时候不屑于发表漫画,但是现在,长达十页的"幽默专栏"已经出现在《纽约时报》炫目的周日杂志封面上。这份杂志面向高端读者群,刊载的内容包括绘画艺术家的画作、连载小说以及幽默作家创作的"基于现实生活的故事"。严肃的书评杂志和广受读者欢迎的纵横字谜游戏依然是报纸每周固定的刊登内容。

《**纽约时报**》。长期以来,《纽约时报》的声望主要依赖于员工对国外新闻和华盛顿新闻的报道。《纽约时报》总部位于世界金融、文化和艺术中心,因而在这些领域的报道方面也是领先者。

《**纽约时报》传承**。19世纪70年代,《纽约时报》大胆的报道导致纽约市政府垮台,由此巩固了其在新闻界的声望。

- **特威德丑闻**。纽约市议会议员**威廉·特威德**①(William Tweed)曾骗取有轨电车特许经营权,向纽约市出售并不存在的大楼,并且伪造双倍账单,由此积累了巨额财富。1868年,特威德及其拥护者以压倒性优势赢得纽约市大选,更多的欺诈行为如蜘蛛网般蔓延开来。1870年,《纽约时报》开始揭发特威德丑行,导致特威德逼迫《纽约时报》最大的广告商撤掉广告。他的做法既没有影响《纽约时报》的运营管理,也没有威慑到报道该丑闻的主要记者**乔治·琼斯**②

---

① 威廉·特威德:被《纽约时报》揭发的腐败政治家。
② 乔治·琼斯:《纽约时报》记者,负责追踪坦慕尼协会丑闻。

(George Jones)。一位对纽约市政府不满的雇员泄露了相关文件。《纽约时报》由此得知,特威德黑帮从纽约市盗窃的金额多达2亿美元。情急之下,特威德派下属向琼斯提供500万美元的封口费——通过行贿让琼斯撤销报道。琼斯拒绝了,并打发那位下属离开。

- **沙利文诽谤案**。1960年,在美国废除种族隔离的斗争愈演愈烈之际,《纽约时报》刊登了一则支持种族融合的广告,广告中的抨击言辞激怒了阿拉巴马州蒙哥马利市的警察局局长。他以涉嫌诽谤为由起诉了《纽约时报》,并在阿拉巴马州法院的判决中获得胜诉。该案本可以通过庭外调解解决,但《纽约时报》不顾高昂的费用,依然选择向美国最高法院提起上诉,以维护第一修正案中的言论自由。1964年,**沙利文案判决结果**①(Sullivan decision)得出,并据此确立了新的法案,内容涉及言论诽谤和放松对美国新闻媒体报道公众事件的限制。
- **"五角大楼文件"事件**。《纽约时报》接到一批泄露政府秘密的文件,文件主要涉及美国对越南战争的政策。此后,《纽约时报》便对文件展开调查,并决定根据这些文件进行系列报道。政府要求《纽约时报》停止系列报道,由此导致了新闻自由与讳莫如深的尼克松政府之间的较量。《纽约时报》没有被吓倒,反而就所谓的**五角大楼文件案**②(Pentagon Papers)向美国最高法院提起上诉,声称在民主国家,对于像战争与和平这样的重要问题,人们需要获得相关信息,以做出明智的决定。最高法院站在了《纽约时报》这边,给政府审查增添了新的法律障碍。

4.3.2 《华尔街日报》

《华尔街日报》是美国发行量最大的报纸,创办于1882年,当时规模很小,主要以时事通讯的形式在纽约金融区发行。随着越来越多渴求信息的投资者签约订阅,这种时事通讯便发展成为报纸。1900年,在高速发展的报纸行业中,该报的发行量已达到1万份。

基尔戈尔体例。1929年,大名鼎鼎的**巴尼·基尔戈尔**③(Barney Kilgore)加入《华尔街日报》旧金山分社。作为商业报纸,《华尔街日报》虽然很成功,但如果不是基尔戈尔,该报的规模可能依然很小。基尔戈尔在两年的时间里便成为《华尔街日报》的新闻编辑,有权改变报纸的新闻方向。基尔戈尔体例包括三方面:

- 在不影响表意的前提下,用平实的语言报道商业信息;
- 对政府新闻进行详细报道,避免使用当时在华盛顿新闻报道中泛滥的术语和行话;
- 扩大《华尔街日报》的报道范围,报道内容由"商业"新闻扩展到"与谋生相关的一切内容"。

体例的最后一部分要求扩大报道范围,这存在一定的风险。批评者告诉基尔戈尔,现有读者如果认为《华尔街日报》忽略了商业性内容,便可能选择其他的财经报纸。然而,基尔戈尔的设想并不是要减少商业新闻报道,而是寻找并报道其他领域的商业因素。这种策略很成功。今天,《华尔街日报》的发行量达到210万份,成为美国发行量最大的日报。

---

① 沙利文案判决结果:《纽约时报》主张对公职官员的报道不应受到限制,该诽谤案具有里程碑意义。
② 五角大楼文件案:《纽约时报》披露了政府就越南战争制定的秘密军事文件。
③ 巴尼·基尔戈尔:在20世纪40年代改进了《华尔街日报》的理念。

对广告商而言,《华尔街日报》的吸引力不只在于发行总量。《华尔街日报》读者的平均家庭收入为 124,600 美元。这是很可观的可自由支配收入,甚至超过了《纽约时报》读者的平均家庭收入——95,400 美元。

《华尔街日报》在新闻报道上投入了大量资源。在《华尔街日报》的鼎盛时期,记者在报道重要新闻时,往往有 6 周的时间去搜集信息,且开支不受限制。这种搜集方式使《华尔街日报》在报道重大新闻时能够取得很大突破。

《华尔街日报》拥有 500 名编辑和记者,但他们并不全在曼哈顿总部。《华尔街日报》还有 37 家国外分社和 14 家国内分社,而且欧洲版和亚洲版都有各自的员工。

默多克关注的焦点。 2007 年,《华尔街日报》的继承人把报纸卖给了媒体大亨**鲁珀特·默多克**①(Rupert Murdoch)。默多克主要以经营低端媒体出名,正如评论家预料,他下令转变报纸的重心——以更短的故事、更加吸引人的简明标题以及花哨的外观取胜。默多克解释说,他将努力增加《华尔街日报》的吸引力,与《纽约时报》展开直接竞争。默多克的调整激怒了《华尔街日报》的很多热心读者。调整后的《华尔街日报》既比不上原来的版本,也不及《纽约时报》的内容丰富。然而,这些改变只是整个过程中的一步举措,而且,当他的调整不但不成功反而危害投资时,作为一个敏锐的企业经营者,默多克往往会改变路线。此外,默多克很谨慎,没有过多地触动《华尔街日报》长期以来在金融和商业报道上的魅力。

与基尔戈尔时代一样,《华尔街日报》依然面临着一项挑战,即实现保持原有优势(报道商业新闻)与扩大报道范围之间的平衡。两者之间很难实现平衡。很多商业媒体,《彭博商业周刊》、美国全国广播公司财经频道的有线电视网络以及无数在线资源,都在争夺同一批读者和广告商。目前,《华尔街日报》逐渐成功地将报道范围扩展到一般性新闻,同时也没有失去商业新闻的读者。

4.3.3 《今日美国》

《今日美国》具有格式严谨、简明易读、文笔轻快的特点,这给报纸带来自信的气息和成功的光环。该报确实有其所长。《今日美国》于 1982 年创办,隶属巨头甘尼特报团,在创刊不到十年的时间里,发行量便达到 160 万份,超过了《华尔街日报》,但此后便落后于《华尔街日报》。

自创立之初,《今日美国》便与众不同。历史上,美国的报纸都是地方性的。除《华尔街日报》之外,再没有其他真正的全国性日报了。甘尼特报团利润颇丰,董事会主席艾伦·纽哈斯拿出一大笔资金,在未曾涉足的领域中冒险尝试,创办了符合大众兴趣的全国性日报。

纽哈斯理念。 与大多数美国日报不同,《今日美国》的发行量主要依靠单份销售和批量销售,而不是个人订阅。纽哈斯把目标读者锁定为需要快速浏览新闻的商务出差人士。很多报纸都在机场新闻架上销售。高端宾馆会批量购买报纸,早晨免费送到客房门口。这些宾馆可以享受大幅折扣。

新闻内容努力做到生动活泼,让读报过程变得积极有趣。大多数新闻故事都很简短,读者只需要从繁忙的生意中抽出很少时间来阅读报纸。《今日美国》内容简洁,笔调轻松,图片引人入胜,还配有令人眼花缭乱的广告宣传,这些特点使得报纸得到一个嘲弄性的绰号"麦

---

① 鲁珀特·默多克:全球媒体公司"新闻集团"的创建人。

当劳报纸"。

理念调整：在线投递。 与报纸行业的整体情况一样，《今日美国》的发行量和广告收入都在下降。出版商达夫·洪克(Dave Hunke)意识到，在即将到来的2011年，报纸不应再强调印刷版本，而应该大量增加在线投递。虽然经济衰退让很多公司大幅减少了出差预算和出差人员，但洪克关注的依然是《今日美国》的传统优势——商务出差人士。不过，洪克的想法是通过移动设备（像智能手机和苹果平板电脑）将新闻投递到商务出差人士这一群体中，并坚持下去，直到商务出差的情况出现好转。"这让我们为迎接接下来的25年做好了准备，"他说道。问题是，广告商如何看待这一调整。上个季度，《今日美国》的广告页数由两年前的1098页减少到580页。此后，洪克便实施调整措施，并且裁员120人。

《今日美国》的影响力。 不管《今日美国》的经济前景怎么样，它在美国新闻界的影响力依然很大。在《今日美国》创办之时，大多数报纸都报道探索式的长篇说明性新闻，以此与电视新闻区别开来。虽然像《纽约时报》和《洛杉矶时报》这类的主流报纸并未受到《今日美国》简洁易读的版式的影响，但很多其他报纸开始刊载简短易读的新闻、信息图表以及更多的数据表格。色彩成为衡量优劣的标准。

思考

- 《纽约时报》《华尔街日报》和《今日美国》的在线版本在新闻报道方面各有什么特点？
- 你如何看待本·戴、乔治·琼斯、巴尼·基尔戈尔以及艾伦·纽哈斯对报纸行业的影响？
- 你认为移动设备、电子阅读器和在线订阅对当今《纽约时报》《华尔街日报》和《今日美国》的新闻报道产生了哪些影响？

明日传媒

数字新闻订阅量的较量

鲁珀特·默多克传媒帝国的顶尖业务涵盖了利润丰厚的福克斯电视新闻特许经营权、哈珀柯林斯书籍以及包括《华尔街日报》在内的主流报纸。但默多克也经历过失败。2011年，他发行了仅有电子版的《日报》，现在的问题是这份报纸能否成为苹果平板电脑的一款应用程序。默多克称，他有充分的数据证明，《日报》能够引领数字报摊的未来。

默多克在《日报》上的初步投入为3000万美元，对他而言这只是小钱。他预计，《日报》每年的生产成本应该是2600万美元——低于普通日报的标准。因为《日报》仅发行电子版本，既不需要昂贵的印刷机，也不需要油耗很高的投递卡车或较贵的邮费。当时有1500万人拥有苹果平板电脑，每台都能够接收《日报》，每周的订阅费用为99美分。虽然只有一部分苹果平板电脑用户订阅《日报》，但随着苹果平板电脑用户与日俱增，默多克预测收入肯定会相当可观。

在这款苹果平板电脑独有的新产品发布仪式上，默多克称，印刷报纸和杂志前景暗淡："我们能够也必须让新闻收集和编辑生意生存下去。"他称《日报》代表了"新型的新闻业"，而不仅仅是给传统内容换上华丽的包装。

准确来说，情况确实有了意想不到的突破：新闻广播实现了视讯与新闻故事的结合，还

具有互动功能,呈现形式流畅,苹果平板电脑用户能够轻松地翻阅个人最感兴趣的内容。

最有新意的是电子投递。媒体顾问麦克·沃豪斯(Mike Vorhaus)称《日报》"能让读者在苹果平板电脑上对内容进行第一个大测验"。

事实上,几个月前《华尔街日报》——默多克旗下的另一产品,已经成为苹果平板电脑的一款应用。但《华尔街日报》应用程序只是印刷报纸的辅助形式——《华尔街日报》并非仅有电子版本。其他一些报纸也开发了苹果平板电脑应用程序,但一次只出售一期,不能连续订阅。

默多克欣然称《日报》迎合了新一代读者的需求,"根据他们特定的需求为其量身打造新闻内容,而且随时随地都可阅读"。默多克的乐观态度并没有得到广泛认同。的确,二十多年来,读者已经不再选择付费新闻了,而是根据自身需求,通过互联网上的大量免费资源了解全球事件。《日报》与苹果电脑相结合的商业模式虽然面向广告商开放,把广告当作一种收入来源,但主要还是依靠订阅者支撑。在早期,报刊刊载了美国家庭影院有线电视网络、英国维珍大西洋航空公司以及汽车制造商路虎揽胜的广告。

《日报》未能得名《星球日报》。默多克并非总能如愿得到想要的东西。最初,鲁珀特·默多克打算将这份仅有电子版本的报纸命名为《星球日报》,给报纸罩上超人的光环。但DC漫画称,这是自己虚构的报纸的名字,对其拥有所有权,拒绝默多克使用该名称。这等于2011年创办的《日报》发行的时机恰当吗?已经习惯了通过因特网阅读免费新闻的这代人能否证明《日报》的魅力呢?

那么,《日报》是否开启了报纸和杂志公司的未来呢?媒体分析师没有给出正面回答,认为《日报》至少不会迅速成功。萨拉·罗特曼·艾普斯(Sarah Rotman Epps)认为,任何付费新闻产品的成功都是长期"点滴"积累的结果。她说,默多克应该把眼光放长远。

> **你怎么看?**
>
> 登录《日报》网站,阅读报纸内容。《日报》与传统报纸有什么区别?《日报》有没有充分利用苹果平板电脑技术?

4.4 杂志行业

▲ **本节概述**

印刷和交通条件不断改善,邮递费用也出现折扣,这些因素推动杂志成为19世纪的主流媒体行业。内容上的创新(如长篇新闻和摄影新闻)吸引了大量读者。近年来,媒体之间的竞争缩小了杂志创新的范围。数字技术的发展减少了杂志的读者数量和广告收入。

4.4.1 杂志行业概览

早期杂志主要由小型企业经营,杂志内容主要面向接受过传统教育的富裕精英阶层。然而,美国内战之后,各种条件的改善使发行量猛增,特色鲜明的杂志行业也形成了。发生了什么呢?

- 理查德·霍公司(R. Hoe & Co.)发明的轮转印刷机增加了单次印刷量。
- 国家铁路系统的发展扩大了配送范围。
- 国会制定了二级邮费,大幅减少了配送成本。

单次印刷量的增加带来了规模经济效益,从而降低了单位生产成本。1883年,S. S. 麦克卢尔将其大众杂志《麦克卢尔》的价格降低到15美分。竞争对手出版商弗兰克·芒西(Frank Munsey)则将杂志《芒西》降价为10美分。杂志成为大众传媒的一种形式,主流杂志刊载了很多文章,吸引了很多读者。很快,特点显著的杂志行业形成了。

现在美国大约有1.78万种杂志,发行量超过10万册的杂志只有400种。大多数杂志的发行量适中,并且面向特定的群体,如员工杂志、大学校友杂志以及粉丝杂志。尽管这样,该行业的年收入依然达到了400亿美元。

该行业的收入分布集中。50家公司创造了70%的收入。以下是美国主要的杂志出版公司及其旗下的部分杂志。

- 康泰·纳仕:《诱惑》《建筑文摘》《好胃口》《婚嫁》《细节》《魅力》《高尔夫文摘》《智族》《家园》《纽约客》《悦己》《名利场》《时尚》《W》《连线》。
- 菲力柏契:《名车志》《机车世界》《世界时装之苑》《道路与行车》《妇女日》。
- 赫斯特:《时尚》《乡村生活》《时尚先生》《好管家》《美丽家居》《美丽佳人》《大众机械》《红皮书》《十七岁》《城里城外》《奥普拉杂志》。
- 梅雷迪斯:《美国宝贝》《美好家园》《家庭圈》《健康》《妇女家庭杂志》《中西部生活》《父母》《传统家庭》。
- 普罗媒体:《汽车》《车艺》《家庭影院》《马和骑手》《重机车发烧友》《汽车趋势》《机车骑士》《能源与摩托艇》《启航》《滑雪者》《肥皂剧文摘》《发烧天书》。
- 时代公司:《为你》《烹饪之光》《娱乐》《精华》《财富》《高尔夫》《健康》《人心》《返璞归真》《南部生活》《体育画报》《日落》《老房子》《时代周刊》。

杂志发行量

发行量排名居前的美国杂志(根据出版周期列出)

周刊	双周刊	月刊
《人物》3,600,000	《滚石》1,400,000	《美好家园》7,600,000
《时代周刊》3,300,000	《福布斯》923,000	《读者文摘》6,100,000
《体育画报》3,200,000	《财富》857,000	《好管家》4,700,000
《新闻周刊》1,600,000		《国家地理》4,500,000
《纽约客》1,000,000		《好管家》4,400,000
		《游戏线人》4,400,000

4.4.2 杂志创新

在长期发展历程中,杂志一直在创新内容。其他媒体也相继开始创新,包括开创了长篇新闻报道形式。

丹尼尔·笛福。英国小说家、时评撰稿人,涉猎多个写作领域。笛福的《每周评论》(1704—1713年)奠定了杂志刊载文章和引人深思的评论的传统。

文章。当下,虽然很多华而不实的杂志已经转而刊载与娱乐信息相关的花边新闻,对于严肃话题的叙写非常简短,但杂志的传统却是刊载有深度的长篇文章,这类文章是无法缩短为寥寥几句的。这种传统源于**丹尼尔·笛福**①(Daniel Defoe)。虽然笛福主要因其冒险故事《鲁宾逊漂流记》而出名,但他也是杂志创始人。1704年,他在伦敦创办了颇有影响力的杂志《每周评论》,杂志主要刊载文章。笛福的《每周评论》经营了九年,成为沟通社会上知识分子与广大读者的桥梁。

所谓的**精英杂志**②(highbrow slicks)一直秉承着笛福的传统。这些杂志(如《大西洋月刊》和《哈珀周刊》)致力于走在政治、经济、社会、艺术和文化思想的最前沿。令《纽约客》引以为豪的是,杂志能够在重大问题上取得突破。因为只要编辑认为有必要,文章可以写得很长,差不多能达到一本小书的长度。像《新共和国周刊》《国家》以及《国家评论》这些具有意识形态导向的杂志既有盲从性又有理性特点。与精英杂志一样,它们主要面向**文学人士**③(literati)。

调查性报道。20世纪早期,杂志致力于**揭发丑闻**④(muckraking),现在一般称之为调查性报道。杂志刊载长篇文章,调查政府、公司以及社会上其他机构滥用权力的行为。正是致力于改革的西奥多·罗斯福总统创造了"揭发丑闻"这种说法。罗斯福总统比较喜欢调查性报道,但调查过程会过多地触及个人隐私。当时调查性报道已经发展到不可遏制的地步。1906年的一天,他将这种报道与17世纪一部小说中某个角色的行为联系起来。小说中的角色过度专注于挖掘负面信息,而忽略了正面新闻。总统创造这种说法本是为了表达嘲讽之意,但该词却成为记者们的荣誉勋章。

揭发丑闻使杂志成为一种有力的媒体,影响着国家政策的制定。1902年,**艾达·塔贝尔**⑤(Ida Tarbell)连续撰写了19篇报道,揭发了标准石油公司对《麦克卢尔》的垄断。由于塔贝尔的报道,政府打破了这一垄断。**林肯·斯蒂芬斯**⑥(Lincoln Steffens)详细报道了市政腐败行为。改革随之而来。其他杂志也开始进行调查性报道。《科利尔》揭发了专利药品的欺诈行为。当时,《时尚》是揭发丑闻的主流杂志,调查了美国参议院的不诚实行为。**厄普顿·辛克莱尔**⑦(Upton Sinclair)撰写了《屠场》一书,用以揭发丑闻。小说只是略微揭露了现实。辛克莱尔对屠宰场里肮脏行为的描述震惊了全国。国家随即制定了联邦检查法。

---

① 丹尼尔·笛福:1704年创办《每周评论》,使杂志成为交流观点的平台。
② 精英杂志:内容具有很强的知识性的杂志。
③ 文学人士:受过良好教育且对文学和理性问题感兴趣的人。
④ 揭发丑闻:20世纪90年代出现的说法,指调查性报道。
⑤ 艾达·塔贝尔:1902年揭露了标准石油公司对系列杂志的垄断行为。
⑥ 林肯·斯蒂芬斯:揭露了市政腐败。
⑦ 厄普顿·辛克莱尔:披露了屠宰场中肮脏的肉类包装行为。

人物专访。人物专访①(Personality Profile)是杂志在 19 世纪 20 年代的创新之举。《纽约客》的哈罗德·罗斯要求作者对人物进行全面报道,这在新闻界是一种创新。20 世纪 50 年代,**休·海夫纳**②(Hugh Hefner)完善了《花花公子》的访谈栏目"问与答",提升了长篇专访的可信度和权威性。《花花公子》中的长篇"问与答"部分详尽地描述了人物形象,这是其他形式的新闻报道无法做到的。《花花公子》的采访大多是根据历时数周(有时数月)的面谈内容整理出来的,谈话内容会被录下来,然后拼凑成连贯的文章,字数为 7000 字或更多。很多政治宗教领袖、科学家以及其他思想家和名人都渴望得到长篇问答的机会,详细阐述自己的观点。

摄影报道。 在杂志行业中,最为持久的创新便是刊载图片资料。《乔纳森大哥》(*Brother Jonathan*)是 19 世纪中期图片杂志的先驱,但插图很少。其他杂志的内容则完全是文字。内战期间,情况有了转变,《哈珀周刊》让艺术家描画战斗情境,使新闻不再仅限于文字描述。今天,图片已经成为除无线电广播以外的所有大众传媒的核心因素。在数字时代,这一点也不会改变:图片的视觉效果很好。

1936 年,杂志企业家**亨利·卢斯**③(Henry Luce)创办了《生活》杂志,将摄影新闻提升到新的高度,由此开启了纪实报道的全新世界。这份版式特大的周刊表明,具有新闻价值的事件可以通过相机连续报道。《生活》杂志以摄影的形式抓住了时代精神,而且表明全部的人类活动都能够被生动地记载下来。真实的生活和《生活》杂志都会给人们带来震撼。1938 年,《生活》杂志刊载了一篇关于孕妇分娩的图片文章。当时,这篇文章令人震惊不已,审查员随后在 33 个城市禁止了该期杂志的发行。

亨利·卢斯

版式特大,可视性好。 卢斯于 1936 年创办《生活》杂志,摄影新闻由此登上历史舞台。杂志纸质光滑,清晰度高,页面边缘的图片剪辑细致,给读者带来强烈的视觉冲击。有些图片与页面边缘融合在一起,超出页面,效果更好。正如杂志名称的字面意思所示,作为影响力很大的周刊,《生活》杂志是对世界的真实反映。

---

① 人物专访:不偏不倚、有深度的传记文章。
② 休·海夫纳:《花花公子》的编辑,创造了现代版的"问与答"。
③ 亨利·卢斯:他的杂志帝国囊括了《时代周刊》《生活》《体育画报》《财富》。

4.4.3 杂志面临的挑战

20世纪,美国的杂志行业繁荣发展。杂志数量由3000册增加到17,800册,是原来的6倍,远远超过人口增长速度。杂志行业的历史学家戴维·萨姆纳指出,《时代周刊》杂志的共同创办人亨利·卢斯将20世纪称为"美国时代",我们也可以称之为"杂志时代"。1920年,美国人平均每月拥有不到半份杂志。到20世纪末,平均每人每月杂志拥有量增加了3倍,达到1.35本。美国杂志行业的出版量是排名第2的国家3倍之多。

不过杂志行业的发展在当时也遇到了挫折。比如,在20世纪50年代,网络电视抢走了主流国家级杂志的主要广告商。广告商发现,在寻找潜在消费者方面,新出现的网络电视效率更高。举个例子:1970年,在《生活》杂志上刊登整页广告需要6.5万美元。用广告业的行话来说,这相当于每千户价格(CPM,指每千户的成本,M代表罗马数字一千)7.75美元。而网络电视每千户价格为3.60美元,却能吸引同样数量的客户。《生活》杂志与其他主流的大众杂志,像《周六晚报》《展望》以及《科利尔》,很快就破产了。幸存下来的大众杂志有《时代周刊》和《新闻周刊》,这类新闻杂志周刊发展势头依然很好。像《妇女家庭杂志》和《美好家园》这类家居杂志发展得也不错。迎合特定读者兴趣的小众杂志前景也很光明,这些杂志被广告商用来宣传面向特定群体的产品。

如今,新闻架上的《生活》杂志偶尔发行一期具有纪念意义的内容,图片丰富,主题鲜明。在life.com网站上,《生活》杂志与盖蒂图片社合作,充分利用双方共同在互联网上收集的千百万张图片。当然,网站上既可以投放广告,也为读者提供了从生活商店购买东西的机会。该网站已经不完全是杂志网站了,它利用最新技术以全新的方式诠释了摄影新闻。

杂志行业转而面向小众的调整被称为**分众化**①(demassification)。小众虽然很重要,但实际上代表的是很小一部分受众,而非广泛的受众。像《生活》这样的杂志是面向所有人的,从而培养了广泛的受众。一些小众杂志发展迅速,特别是像《人物》这类以名人为报道对象、关注人类的新生杂志。《人物》杂志创办于1974年,如今的发行量已达到360万册,成为美国发行量最大的周刊。

思考

- 技术如何奠定了杂志行业发展的根基?又如何限制了杂志行业的发展?
- 比较《乔纳森大哥》《哈珀周刊》《国家地理》以及《生活》杂志在媒体可视化方面的创新。
- 在杂志发展的过程中,调查性新闻和人物专访等创新活动都有着重要的影响。这些创新活动取得了哪些成果?

4.5 创新杂志

▲ **本节概述**

杂志行业的两个收入来源,广告与直销,正迅速减少。新闻杂志是一种生存策略,但却

---

① 分众化:媒体缩小目标受众范围的过程。

无法保证一定会成功。尽管如此,一些杂志依然坚持了下来,特别是家居杂志和小众杂志。

4.5.1 杂志发行量不断下降

2008年的一天,应哥伦比亚大学之邀,《新闻周刊》编辑乔·米查姆(Jon Meacham)与100名研究生展开了讨论。讨论开始时,他让读过《新闻周刊》的同学举手示意一下。结果没有一个人举手。这最能说明问题。两年后,《新闻周刊》的亏损超过了7100万美元,杂志的长期业主华盛顿邮报公司决定将杂志拍卖。由于找不到真正的买家,杂志最终以1美元的价格象征性地卖给了立体声设备大亨西德尼·哈曼。西德尼同意接手杂志的债务。曾经稳步发展的《新闻周刊》遇到了哪些问题?根据米查姆的解释,杂志陷入了历史上几乎所有的印刷周刊都遇到过的困境——广告减少、来自数字媒体的竞争以及日益分化的受众。"眼下,我们的任务是找到正确的经济、科技措施以实现目标,同时寻找可持续的业务发展模式,"他说道。

近500家美国主流杂志发现,进入2010年,报摊销售量下降了9%,而一年以前,销售量已经减少了24%。2011年,由于订阅销售量的增加,情况稍微有所好转,但这也不完全是好消息:由于大打折扣,来自杂志订阅的利润更少了。更糟糕的是,从广告页数来看,杂志行业的主要收入来源——广告,已经减少了26%。

问题是,杂志行业能否依赖印刷杂志生存下去。有这样一种生存策略:如果无法打败他们,那就加入他们。很多传统杂志都发行了在线版本。然而,线上环境总是很拥挤。在充斥着各种来源的信息、娱乐以及教育内容的因特网上,这些传统杂志正努力寻找一席之地。作为大众传媒,杂志的传统优势和鲜明特点已不再为其独有。网络远比报摊更有竞争力。

跟报纸一样,在发展过程中,杂志的收入来源有两个——直接销售与广告。虽然零售收入和订阅收入能够抵消一部分成本,但杂志的盈利则来源于广告。现在,随着发行量的减少,广告商已经选择别的媒介来刊载宣传信息了。由于读者和广告商的选择比以前更多了,杂志行业开始进入衰落状态。最重要的问题是:发行量和广告收入降低到什么程度时,杂志将无法维继下去?

媒体人物

冒险的巨额投资救助计划

在杂志行业积极进行自我革新之际,理查德·贝克曼的B-to-I计划至少是最有前景的。"B-to-I"是**企业对意见领袖的商务模式**①(Business-to-Influentials)的简称。贝克曼接收了少量过时的行业杂志,这些杂志面向小众专业人士。他计划将这些杂志打造成以刊载广告为主的华丽杂志,同时不丢失行业杂志自身的坚实根基。

B-to-I能否成为杂志的未来?

贝克曼是时尚的康泰纳仕杂志帝国的前任总裁。他将行业杂志《好莱坞报道》作为改造的目标。2009年,贝克曼的普罗米修斯全球传媒公司(Prometheus Global Media)收购了《好莱坞报道》,该杂志在影视行业圈内人中的发行量为1.2万份。比起康泰纳仕旗下纸张光滑

---

① 企业对意见领袖的商务模式:一种广告商务模式,销售业务直接面向意见领袖。

理查德·贝克曼。他看到了印刷媒体中尚存的生命力。贝克曼正在给行业杂志（如《好莱坞报道》）增添光彩，希望能够吸引行业外的高端读者。如果贝克曼的计划能够成功，高端消费品的广告商会涌向他的出版物。

的王牌产品，像《智族》《名利场》以及《时尚》，这个数字不过是个零头。但是，像很多行业杂志一样，《好莱坞报道》不会受到经济衰退的影响。为了影响电影学会成员，增加自己影片在奥斯卡奖中的胜算，电影制片厂会重金投资广告。当然，获得奥斯卡奖意味着电影票房和影片销售量会急剧增加。

《好莱坞报道》的读者是贝克曼所谓的"意见领袖"。他们影响的人群远远超过自身的数量。

贝克曼的设想不止于此。他认为，《好莱坞报道》的读者不应该仅限于好莱坞圈内人士，还可以将目标读者的范围扩大到更为广泛的电影迷群体。这样，《好莱坞报道》不仅能够刊载面向行业内部人士的广告，同时也可以刊载面向普通消费者的广告。

担任康泰纳仕总裁的24年中，他看到了杂志闪光的一面，也了解了广告生意。在康泰纳仕任职的最后一年，他领导公司的一个部门，经营的杂志包括《鞋业新闻》《女装日报》以及几份行业杂志。他既了解杂志行业华丽且可视性强的一面，也熟悉行业杂志常常被忽视的一面。

问题是，在B-to-I模式中，贝克曼的经验和人脉能否增值。

对贝克曼个人而言，风险还是很大的。创建普罗米修斯全球传媒公司时，他说服投资者斥资7000万美元买下多种语言的行业杂志，除了《好莱坞报道》之外，还买下了《广告周刊》和《公告牌》。前者主要在美国广告公司中发行，发行量为4.7万册；后者的音乐排行榜广受认可，但除了音乐行业中的1.6万名圈内人士外，其他人并不怎么阅读该杂志。在杂志行业的圈内人士看来，贝克曼出资7000万美元买下这些杂志的行为很疯狂。出资太多了，实在太多了，评论家说道。贝克曼则这样回应：以杂志的发行量衡量杂志成败的传统观点应该被摒弃了。他认为，相反，我们应该透过发行量来观察读者群能否带动消费需求。

时间会证明一切的。评论家还无法想象，行业杂志能够拥有更加光明的前景。比如，《鞋业新闻》主要关注有关制鞋厂商、鞋业零售策略以及国际鞋业规定的新闻。《鞋业新闻》中的广告主要面向制鞋商、设计师和零售商，也就是从新颖的材料、新颖的展示架设计到生产设备的一切内容。这是传统的**企业对企业**（简称 B-to-B）的行业杂志。问题是，康泰纳仕帝国一直凭借高端时尚产品（威登手包、阿玛尼西装、充满异国情调的旅行以及劳力士手表）打造**广告商对消费者**的商业模式，行业杂志能否成为汇集这类产品的家园呢？

对贝克曼而言，还是有些积极迹象的。在重新创办《好莱坞报道》的前15个月中，广告增加了50%。在一期共156页的《好莱坞报道》中，有67页刊载了广告，包括美容广告、时尚广告、酒类广告以及家电产品广告。网站hollywreporter.com的浏览量增加了9倍。贝克曼大力宣传自己的B-to-I模式，称该杂志能够使广告商接触到"娱乐界中最有影响力的消费者"。然而，在娱乐杂志中，也不乏损失惨重者——《V生活》《首映》以及《美国电影月刊》。

此外，怀疑者对将各种媒体的商业模式融合起来这一做法十分警惕。融合商业模式虽然很麻烦，但还是成功了。《华尔街日报》起初仅面向投资者，20世纪40年代，巴尼·基尔戈尔接手之后，扩大了报纸的目标阅读群和目标广告商，将其打造为美国发行量最大的报纸。现在,《华尔街日报》不仅是 B-to-B 广告的载体,也成为 B-to-C 广告(像高端手包和奢侈假期)的载体。

《公告牌》也一样,贝克曼正努力将其打造成 B-to-I 模式。《公告牌》与 MySpace 音乐网站合作,未签约的乐队可以借用其商标。贝克曼在拉斯维加斯重新发起了公告牌音乐奖,以增强鲜有人读的 B-to-B 行业杂志的品牌影响力。

> **你怎么看?**
>
> 理查德·贝克曼将行业杂志调整为面向高端消费者的杂志,你认为这一举措成功的概率有多大?
>
> 你认为减缓杂志行业下滑速度的可能性有多大?

4.5.2 仅发行网页版本的杂志

在 20 世纪八九十年代的大部分时间,谁在撰写左翼杂志《新共和国周刊》的必读栏目 TRB 在华盛顿是广为流传的秘密。这个栏目诙谐有趣,见解深刻,发人深省——这些全部归功于**迈克尔·金斯利**①(Michael Kinsley)。金斯利虽然主要负责《新共和国周刊》,但他同时也在杂志《哈珀周刊》《华盛顿月刊》《经济学人》以及《洛杉矶时报》的评论栏目担任编辑,还曾与保守派专栏作家帕特·布坎南在美国有线电视新闻网络的政治节目《交火》上斗智。20 世纪 90 年代,他还参演了三部电影。

迈克尔·金斯利

在线新秀。《石板书》杂志仅发行网页版本,是该领域的先驱,其开发商是软件巨头微软。《石板书》专注于政治、文艺、体育与新闻。

《**石板书**》。金斯利对传统媒体十分了解。1996 年,在微软的资金支持下,他冒险尝试创建了网站 slate.com。《石板书》②(Slate)于 1994 年创立,是第一个主流的在线杂志新秀,

---

① 迈克尔·金斯利:《石板书》杂志的创始编辑,也是《新共和国周刊》以及其他诸多出版物的编辑。
② 《石板书》:专注于新闻、政治和文化的在线杂志。

而且没有印刷版本。

《石板书》办公地点位于西雅图。在金斯利的管理下,该杂志的微型专栏"解释者""话匣子""亲爱的普鲁登斯"以及长篇新闻(通常是每周一篇文章或一个项目)都广为人知。1999 年,金斯利因其在《石板书》上所做的努力被《哥伦比亚新闻评论》评为"年度编辑"。

作为仅有网页版本的杂志,《石板书》虽然极大地影响了媒体历史的发展,但其财务状况并不稳定。1998 年到 1999 年,《石板书》尝试着将年订阅费定为 20 美元,但这一举措并没有奏效。《石板书》再度免费发行,并解释,广告收入情况正在改善。与此同时,微软将该杂志卖给了华盛顿邮报公司旗下的子公司,该公司专营仅有网页版本的杂志。

《沙龙》。《石板书》的竞争对手是杂志《沙龙》。该杂志于 1995 年在旧金山创办,创办地点也距离美国杂志中心纽约市很远。和《石板书》一样,《沙龙》的内容每天都会更新,主要关注政治、时事以及与音乐、书籍和电影有关的报道和评论,文风活泼时髦。编辑戴维·塔尔博特(David Talbot)称《沙龙》为"智能小报"。

《沙龙》的体例吸引了很多读者,但是,与《石板书》一样,它的财务状况也不稳定。2011 年,在几近破产之际,《沙龙》引入了需要付费的"优质内容",但网站的大部分内容仍是免费的。杂志的订阅量达到了 13 万,年订阅费为 45 美元。但财务困难依然存在,杂志仍然在寻求赞助。

- 作为印刷媒体,杂志生存的有利因素和不利因素分别有哪些?作为网络媒体,其生存的有利因素和不利因素又有哪些?作为印刷和网络的结合体呢?
- 像《石板书》和《沙龙》这样仅有网络版本的杂志怎样才能拓展财务前景?
- 网络杂志的日常开支较低,为人们表达各种声音创造了新的平台。这为社会带来了哪些机遇与挑战?

▶ 媒介时间线

	印刷媒体的里程碑	
	印刷媒体 古腾堡发明了金属活字印刷术(1446) **推广** 古腾堡印刷术在欧洲得到了广泛应用(1500)	
15—16 世纪	**重大事件** • 圣女贞德被处以火刑(1431) • 克里斯托夫·哥伦布首航美洲(1492) • 马丁·路德提出"九十五条论纲",发起宗教改革(1521) • 西班牙宗教法庭成立(1481) • 列奥纳多·达·芬奇,艺术家、思想家(1452—1519) • 哥白尼指出,太阳系以太阳为中心(1512) • 亨利八世在英国建立了政教分离的体制(1532)	 印刷开始了长久的发展历程

17世纪	**印刷媒体的里程碑** **第一家出版社** 清教徒建立剑桥出版社(1638) **重大事件** • 科学时代、理性时代开启(17世纪) • 朝圣者建立了普利茅斯殖民地(1620) • 艾萨克·牛顿发现了自然法则(1687)	 约翰·弥尔顿的《论出版自由》传达了自由主义
18世纪	**印刷媒体的里程碑** **图书行业的崛起** J. B. 利平科特创建,成为主要的出版公司(1792) **重大事件** • 工业革命(18世纪60年代) • 美国独立战争(1776—1781) • 托马斯·纽克曼发明了蒸汽机(1712) • 约翰·塞巴斯蒂安·巴赫,作曲家(1685—1750) • 乔纳森·斯威夫特,讽刺作家(1667—1745) • 《每日新闻》,伦敦,第一份日报(1702) • 小冰河期达到顶峰(1750) • 法国—印第安人战争(1754—1763) • 安东尼奥·维瓦尔第,作曲家(1648—1741)	 丹尼尔·笛福创造了杂志的文章体例
19世纪	**印刷媒体的里程碑** **便士报纸** 《纽约太阳报》,第一份便士报纸(1833) 《纽约时报》是一份代替便士报纸的严肃报纸(1851) **超级报业连锁集团** 赫斯特收购了《旧金山观察家报》,该报成为主要报业集团的王牌产品(1887) **重大事件** • 公众教育作为一种社会价值观深入人心(19世纪20年代) • 机造纸广泛应用(19世纪30年代) • 美国内战(1861—1865) • 公众教育极大地提高了识字率(19世纪80年代) • 世界人口超过10亿(1804) • 查尔斯·达尔文著述《物种起源》(1859) • 海因里希·赫兹发明无线电波(1886)	 工业化极大地提高了报纸发行量

20 世纪	**印刷媒体的里程碑** **揭发丑闻** 艾达·塔贝尔的杂志揭发了标准石油公司(1902) 厄普顿·辛克莱尔的《屠场》(1906) **杂志创新** 《读者文摘》汇编(1922)、新闻杂志《时代周刊》(1923)以及《纽约客》(1924)创立 **摄影新闻** 亨利·卢斯创立《生活》杂志,创造"图片文章"一词(1936) **数字图书** 电子书出现(1998)	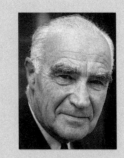 亨利·卢斯在他所谓的"美国时代"创造了杂志帝国
21 世纪	**印刷媒体的里程碑** **维基百科** 维基百科是由读者编辑的在线参考工具(2001) **报纸集团衰退** 在历史上占有重要地位的骑士里德报纸资金不足,被出售给他人(2006) **读者群的转变** 更多的人从网上而非报纸、杂志上获得新闻(2008) **失败** 位于丹佛的《落基山新闻》倒闭,是倒闭的报纸中规模最大的一家;其他报纸随后也相继倒闭(2009) **重大事件** ● 互联网泡沫破裂(2000) ● 大萧条(2007—2009)	 维基百科创始人吉米·威尔斯

4.6 图书行业

▲ **本节概述**

2007年经济衰退爆发之后,在图书行业中发行印刷产品的企业已经不再局限于媒体公司。小众出版商的发展势头尤其强劲。图书行业出现这种局面的一个原因在于,很多出版公司在全球范围内进行兼并收购,更加关注盈利底限。这种局面造成的不利影响在于,出版公司与众不同的特点消失了。书店败给了在线销售商,图书零售成为美国图书行业中的软肋。

4.6.1 图书行业概览

因特网的发展使其他传统印刷媒体迅速衰退,但美国的图书出版行业却经受住了来自因特网的冲击。据预测,十家规模最大的出版通俗读物的出版社未来的增长率将达到3.5%。考虑到2008年经济衰退给当前经济带来的消极影响,这一增长率尤其引人注目。2011年,哈珀柯林斯出版集团和企鹅出版社的销售量分别增长了11.3%和10.7%。威利出版公司的图书(包括《外行人》系列图书)销售量增加了6.7%。十家规模最大的出版社的总收益达到79亿美元。

但是图书行业也有软肋。2009年图书行业的总体销售收入为239亿美元,现在却下降了1.8%,主要原因在于学校预算拮据,推迟了为学生更换教科书的时间。另外,普通图书(包括畅销小说)的销售量下降了5%。从积极方面来看,大学教科书(占据行业销售量1/5)的销售量增加了13%。大学教科书销售量增加的部分原因在于,随着网络课程的增加,教科书在教学中的作用越来越重要。

在美国,图书行业每年会生产28.9万种图书。再版图书出版社主要生产公版图书,并且利用数字技术生产小批量图书(此前,生产少量图书在经济上并不划算),因而这些出版社的销售量增长最多,从而抵消了传统图书销售量的下降。

4.6.2 出版公司

得到广泛认可的主流出版公司包括西蒙舒斯特出版公司、克诺普夫出版社、双日出版社、哈珀柯林斯出版集团以及企鹅出版社。然而,对大多数人来说,书就是书,不管是哪家出版社出版的。不过也有例外,比如禾林出版社由于出版低俗的言情小说几乎成为人们耳熟能详的名字。学者也是例外。他们话语间不离出版社,也许因为学术著作中充满必要的脚注和参考文献。

受出版商文学取向的影响,主流出版公司一度具有鲜明的个性。例如,在20世纪20年代至50年代期间,斯克瑞伯纳出版社主要出版汤姆·沃尔夫、欧内斯特·海明威以及F.司各特·菲茨杰拉德的作品。出版社深深地刻上了查尔斯·斯克瑞伯纳及其著名编辑麦克斯威尔·柏金斯的个人印记。出版社是男性主导的生意,每位出版商都身着花呢大衣,叼着烟斗,这是他们在那个时代典型的特征。如今,由于出版社更多地优先考虑盈利,这些独特的文化特征已经模糊了。

4.6.3 全球化与兼并

与其他大众传媒行业一样,图书出版行业也经历了兼并、企业相互合并,或是从其他出版社购买部分书籍的版权的过程。你看到的一些出版社已经不是独立的企业了,而是国际传媒集团的一部分。兰登书屋是一个令美国图书出版行业骄傲的名字,现在是德国贝塔斯曼集团的一部分。该集团旗下还有矮鸡脚出版社、克诺普夫出版社以及双日出版社,同时也包括其他媒体子公司和无数杂志。达成数项协议之后,哈考特出版公司经由英荷集团之手,最终落地美国霍顿·米夫林出版公司。西蒙舒斯特公司曾是世界最大的出版商,如今该公司的一半都为英国培生集团所有。圣马丁出版社是德国霍兹布林克出版集团的一部分。哈珀柯林斯属于鲁珀特·默多克,他的王牌新闻公司起源于澳大利亚。华纳图书属于法国出版巨头拉加代尔集团。总之,随着世界图书的生产量日益增加,很少有公司能够独领风骚了。而且,现在很多美国出版公司都在国外建立了总部。

4.6.4 图书零售业

几十年来,美国图书行业中的零售业一直处于转型过程中。自 20 世纪 60 年代以来,B. 道尔顿书店与其他连锁书店都大量减少了在购物商场中的独立书店。现存的几家独立书店曾是图书销售行业的中流砥柱,如今也举步维艰。商场中的连锁书店也遇到了灾难,因为美国受人尊重的图书经销商巴诺书店建立了超级商场,占地 7 万平方英尺,陈列图书 16 万册。

最近,在优秀的**杰夫·贝索斯**①(Jeff Bezos)及其网站亚马逊的引领下,因特网图书经销商使幸存的独立书店和超级商场陷入困境。令人惊叹的是,自 1994 年以来,亚马逊的网络零售模式一直十分成功,这种模式不仅改变了人们浏览和购买图书的方式,也让始于 17 世纪的传统实体业务模式发生了巨大变化。

书店正处于危机之中。在主要的连锁书店中,图书销售量急剧减少。巴诺书店正进行大规模的结构调整。博德斯书店原本拥有 650 家连锁店,如今已经关停了 250 家,正处于破产的边缘。由于不需要店面成本,来自因特网(像亚马逊)的竞争严重冲击了大型零售商。电子阅读器的销售量剧增,这同样给大型零售商带来巨大冲击。苹果 iTunes 书籍和谷歌电子书的出现催生了一大批读者群,这些人热衷于因特网,喜欢网购。

杰夫·贝索斯。早在 1994 年,杰夫·贝索斯就预测到,网络具有开展电子商务的巨大潜力。但是用来销售什么呢?贝索斯认为,能直接邮递的商品都可以在网上销售。所以,他将目标锁定为图书。他在西雅图的家中的车库里创建了亚马逊网站,成为在网上零售图书的先驱。到 2000 年,销售额达到 10 亿美元。

- 如果你是投资者,现在你会投资哪类出版公司?
- 我们能否期待现代图书出版行业培养出像 F.司各特·菲茨杰拉德、欧内斯特·海明威以及汤姆·沃尔夫这样的天才?需要培养吗?
- 图书行业联合后,出版公司的数量更少了,这是否会减少社会上新型小说的多样性?会减少非小说类图书的多样性吗?
- 网购会使传统的实体书店完全消失吗?

---

① 杰夫·贝索斯:在线图书零售商亚马逊的创始人。

4.7 图书类型

▲ **本节概述**

在因特网时代,参考图书不堪一击。你最近还见到有人购买整套的百科全书吗?教科书受到的影响较小。因为每本教科书中关于课程教学内容的观点都能够得到某个教授或学校董事会的认可。低价图书和电子图书的需求量正在增加。普通图书能够便捷地转化为适用于电子阅读设备的格式。

4.7.1 参考图书

面对来自因特网的竞争,生产**参考图书**①(reference books)的出版公司不堪一击。根据康姆思科的分析,网站 Britannica.com 与由用户创作、用户编辑的维基百科的访问量之比为1∶184。这些数字令人震惊:维基百科每月的网页访问量为 38 亿,但在线大英百科全书的访问量却仅为 2100 万,而且在线百科全书的内容是从多卷印刷版百科全书中提取出来的。所有的传统百科全书的销售量都在直线下降。为什么?简单来说,在线参考图书是免费的,很容易获取,而且内容经常更新。

虽然由用户创作的维基百科和其他在线参考网站正在重塑参考书出版行业,但维基创作的理念并不新颖。《牛津英语大词典》出版于 1857 年,是规模最大的英语参考图书之一。在编纂之初,该词典就运用了维基模式。学者们向讲英语的人大范围征集英文单词在英语中最初的字形的可靠证据,并获得了大量有用的回复。很多投稿都是以书信的形式提交的,所以大英百科全书因页数较多,十分厚重,渐渐衰落了。

就连被一代又一代人当作必备的专业工具的参考图书(像医学领域的《医生案头参考》和新闻学领域的美联社参考样书)也面临着威胁。只要迅速搜索一下,人们便能够便捷地从网上找到图书汇编中的信息,而且大部分资源都是免费的。对很多参考图书出版商来说,最好的出路是创建订阅网站,收集分散在全球各地的信息,将其放在服务器上,只要点击便可获取信息。

4.7.2 教科书

2006 年,维基百科的共同创建人拉里·桑格提议匿名在线编写**教科书**②(textbooks)。桑格建议建立像维基那样的大众百科,邀请所有人在线供稿,实时更新内容,更正并调整其他供稿人发布的内容。桑格起初是针对从幼儿园到 12 年级的学习用书提出的该建议。后来,该提议演化为创建"维基教科书"。开放的教科书以"开放的教科书面向开放的世界"为口号,主要面向儿童和高中以上文化程度的学生。网站上甚至发布了烹饪用书。

但是面对这种竞争,教科书出版商几乎没有产生丝毫畏惧。对桑格的建议持怀疑态度的人指出,与参考汇编图书不同,教科书的优点在于书中的观点来自一个作者或几个合著者。教科书的主题连贯。此外,教科书出版商也很快指出了他们的产品的便利之处。教科

---

① 参考图书:图书汇编,包括百科全书、词典以及地图集。
② 教科书:用于学习和促进理解、与课程相关的图书。

书能够清晰地为学生呈现他们需要知道并理解的内容。换言之,教科书是高效的学习工具——比"开放的"因特网更加高效。在学习的过程中,学生不需要在网上到处查找资料,最终得到很多杂乱的信息和观点。

同时,教科书出版商也开始进驻在线投递领域。一些主要的出版公司,包括麦格劳希尔集团、培生集团以及威利出版公司,都在使用网站 CourseSmart.com 为学生提供教科书下载服务。这些书并不用于出售,但是已经获得了授权。实际上,学生可在授权的期限(一般为一个学期)内租用教科书,价格只是印刷版本的一半。

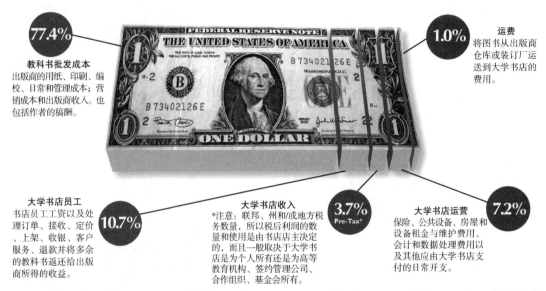

77.4%
教科书批发成本
出版商的用纸、印刷、编校、日常和管理成本;营销成本和出版商收入。也包括作者的稿酬。

1.0%
运费
将图书从出版商仓库或装订厂运送到大学书店的费用。

10.7%
大学书店员工
书店员工工资以及处理订单、接收、定价、上架、收银、客户服务、退款并将多余的教科书返还给出版商所得的收益。

3.7% Pre-Tax
大学书店收入
*注意:联邦、州和/或地方税务数量,所以税后利润的数量和使用是由书店店主决定的,而且一般取决于大学书店是为个人所有还是为高等教育机构、签约管理公司、合作组织、基金会所有。

7.2%
大学书店运营
保险、公共设备、房屋和设备租金与维护费用、会计和数据处理费用以及其他应由大学书店支付的日常开支。

教科书经济。学生一直抱怨教科书价格太高,这加深了人们对投机倒把活动的怀疑。然而,根据大多数行业和零售标准计算,教科书利润很微薄。全美大学书店协会称,新教科书税前的平均零售利润为3.7%。然而,对用过的教科书来说,情况则截然不同。大学书店的图书一般会涨价两倍。用过的教科书则不需要生产费用,也不需要日常开支、版税或宣传费用。

4.7.3 普通图书

在图书行业中,最常见的产品便是**普通图书**①(trade books)。这些书籍符合大众兴趣,包括小说类和非小说类图书,人们想到书籍时便会想起这种图书。2008 年,哈里斯公司进行了一项民意调查,让美国人列出他们最喜欢的书籍。排名靠前的书籍如下:

《圣经》
玛格丽特·米切尔的《飘》
J.R.R.托尔金的《指环王》系列
J.K.罗琳的《哈利·波特》系列
斯蒂芬·金的《末日逼近》
丹·布朗的《达·芬奇密码》
哈柏·李的《杀死一只知更鸟》

---

① 普通图书:符合大众兴趣的图书,包括小说类和非小说类书籍。

丹·布朗的《天使与恶魔》

艾茵·兰德的《阿特拉斯耸耸肩》

J. D. 塞林格的《麦田里的守望者》

以上书单中,除了基督教《圣经》之外,其他都是普通图书。大多数《圣经》是卖给教堂、其他团体或专业零售商的,但不是通过通常所说的"图书行业"出售的。

普通图书也可能成为极好的畅销书。1937年面世以来,托尔金的《霍比特人》已经销售了1亿多册了。玛格丽特·米切尔的《飘》于1936年出版,销售量已达到3000万册。然而,大多数普通图书的畅销时间并没有那么长。为了稳居畅销书排行榜榜首,史蒂芬·金、丁·昆士、丹尼尔·斯蒂尔以及其他作家必须一直写作。斯蒂尔以其在电脑前的自律著称,她每六个月就会创作一部新小说。

如果一本书很畅销的话,那么即便是普通图书也获利颇丰。然而,出版普通图书一直是风险很大的事情。据估计,60%的普通图书会亏损,36%的普通图书能够做到收支平衡,只有4%的图书能够获得不错的利润。只有极少部分普通图书能够成为畅销书,赢得巨额利润。

思考

- 在数字时代,参考图书出版行业应采取哪些措施保持继续发展?
- 根据你的预测,将来会有百分之多少的教科书不再使用印刷材料,而是转变为电子教科书?
- 你能列举出多少在当前或近期畅销的普通图书?作者是谁?

4.8 图书行业的前景

▲ **本节概述**

总体而言,图书行业能够顺利地向数字图书转型。图书行业不依赖于广告。事实证明,作为报纸行业和杂志行业的收入来源之一,广告是非常靠不住的。此外,与报纸不同,图书出版商不需要在印刷机上做大量投资。

4.8.1 出版社的前景

美国的图书行业,特别是零售业,遭到了2007年经济衰退的重创。在2009年12月节假日之际,零售图书的销售量大幅下跌,十分可怕。自此,零售业受到的影响变得十分显著。相比于一年之前,最大的图书连锁零售商——巴诺书店——的收入下降了7.7%,博德斯书店的收入下降了14.4%,布米书店的收入下降了5.6%。为了精简开支,在线零售商亚马逊关闭了四家仓库,维持住了原有状况。出版社的状况有所好转。因为出版社进行了裁员,不同出版社之间相互合并,还采取了其他精简措施,并且进一步朝无纸化、数字投递的电子图书方向发展。

从长远来看,图书出版行业比其他形式的印刷大众传媒(报纸和杂志)更容易从冲击中恢复过来。

资本投入很少。 与报纸不同,图书出版商没有在印刷机上大量投资。几乎所有图书都由专门的公司负责印刷。正是这些印刷公司而非出版社,会受到未来图书无纸化这一转变的重创。

收入来源于销售。 报纸行业和杂志行业严重衰退,广告业随即迅速转为在线宣传。然而,图书行业不依赖于广告业。出版社几乎所有的收入都来源于客户采购。除了广告赞助之外,没有其他类似的力量能够使报纸行业和杂志行业发展成传媒巨头。一个多世纪以来,报纸和杂志的生存一直依赖广告。当以广告为基础的商业模式崩溃之后,报纸和杂志行业也开始直线下跌。

图书出版商面临两方面的挑战:首先,要生产编纂良好、质量优秀的图书,让人们愿意购买。其次,要建立补偿模式,通过发行电子书维持盈利状态。出版社继续与电子阅读器经销商协商电子书的价格,这些电子阅读器包括亚马逊的电子阅读器 Kindle、苹果的平板电脑和手机以及巴诺公司的电子阅读器 Nook。但是原来由出版社为零售商设定价格和盈利率的定价政策已经改变了。现在的情况是,向在线投递转变的过程中,传统的实体零售书店已经失败了。就连巴诺书店的在线订购和电子阅读器都在艰难地维持运营。

在线产品的优势。 当前,大多数图书出版社不存在在线竞争。然而,在其业务结构瓦解之前,报纸和杂志的内容能够广泛地从成千上万种在线来源获取。但是,小说、传记、长篇新闻以及教科书并没有遇到激烈的在线竞争,当然,除了图书出版社之间已经存在的竞争。

4.8.2 电子书

与其他印刷媒体一样,图书出版行业正朝数字化方向发展,利用数字化方式处理业务,从扫描、存档与谷歌搜索到按需打印技术,再到在线图书销售。在图书行业中,人们最常谈起的两种数字应用软件便是电子书和电子阅读器。**电子书**①(e-books)一般是印刷图书的数字版本,能够通过电脑或者被称为**电子阅读器**②(e-reader)的数字设备阅读。

此类设备,像亚马逊的 Kindle 和索尼阅读器,大小一般与平装书一样,可下载文字较多的材料,便于阅读。平板电脑,包括苹果平板电脑,也是一种电子阅读器,这种设备还具备更为广泛的功能。此外,由传统手机演变而来的智能手机也可用于阅读。受限于屏幕的大小,此类设备只能用于阅读简短的片段。比如,日本图书行业中最热门的领域便是手机小说。这类小说是迷你小说,由简短的句子构成,每次只发布短短几句话。这种连载发行方式受到日本活跃的青少年和年轻人的欢迎,这些读者不习惯坐下来完整地阅读一本书。

电子书技术虽然相对简单,但市场上一个重要的障碍推迟了早期电子书的成功,即市场上有太多不兼容的平台。部分问题是由出版公司自己造成的。这些公司发布的电子书只能在自己发行的阅读器上阅读。比如,苹果通过苹果商店出售的电子书只能使用苹果平板电脑阅读。2010年,谷歌电子书出现之后,像苹果这样试图制造垄断的公司受到了重创。谷歌发布的电子书适用多种设备,包括人们广泛使用的安卓平台、苹果操作系统以及 Adobe 电子书平台(此前,巴诺的 Nook 电子阅读器和索尼的电子阅读器便运用了该平台)。

谷歌电子书发行了 300 万本图书,大部分图书都来源于一个公司项目,该项目计划将每

---

① 电子书:图书内容的数字化文件,能够通过电脑、专用阅读器或手机实现在线存储、搜索、取样、下载和在线付款。
② 电子阅读器:用于进行屏幕阅读的可携带电子设备。

一本已出版的图书(包括经典著作)数字化。经典著作的版权已经过期,所以可以免费实现数字化。从一开始,谷歌电子书就提供从出版社买进的 40 多万本近期出版的图书。出版社依然拥有这些图书的版权,同时也向其他电子书零售商(像亚马逊、巴诺以及苹果商店)出售图书。突然之间,谷歌成了重要的电子书零售商,不仅像其竞争对手一样出售普通图书,还出售科学作品、技术作品、医学作品、学术作品以及专业作品,但后者的读者较少。谷歌还提供不同语种的版本。此外,谷歌允许作者在其网站上出售个人作品,从而绕开了传统的出版社。

2010 年,美国电子书的销售量超过了 1.69 亿册,是 2009 年的 2 倍,占美国图书销售量的 10%。亚马逊电子书的销售量超过了印刷版图书。

4.8.3 年轻读者的习惯

影响图书行业根基的一个问题是青少年是否像前几代人那样,很小年纪就开始读书。青少年是未来的图书购买者。不同的研究得出了相互矛盾的结论。2000 年年初,书店表示,年轻的图书购买者增加了 20% 到 75%。有人称这为**哈利·波特效应**①(Harry Potter effect),该效应确实增加了 10—14 岁孩子的新书购买量。包括伊莎贝尔·阿连德、克莱夫·巴克、迈克尔·克莱顿以及卡尔·希尔森在内的知名作家都转而创作面向青少年市场的作品。一些观察人士指出,面对激励,青少年在大学入学考试中表现得比以往几代人都要出色。他们更加努力地去了解自己未曾经历过的更为广阔的世界。图书行业也采取了更为明智的营销策略,包括利用好莱坞和明星效应,建立青少年读书俱乐部。

即便这样,人们仍然担心青少年会慢慢远离图书。美国国家艺术基金会开展了一项具有里程碑意义的研究,研究名称为"阅读面临危机"。研究发现,不到半数的美国成年人在阅读文学作品(广义上指的是小说或诗歌),比二十年前降低了 10%。相比于二十年前,阅读文学作品的年轻人减少了 28%。这并不是因为人们不能读书,也就是说不识字。相反,越来越多的人变成了**不爱读书者**②(aliterate),也就是说,他们具备读书能力,却不读书。

国家艺术基金会的研究结果虽然令人担忧,但也可能言过其实。作为图书行业的发言人,帕特里夏·施罗德曾指出,图书行业的盛衰反映了时代的变化。施罗德认为,在严肃的时代,像战争时期和经济萧条期,人们阅读小说的时间会减少,阅读传记、历史、时事和其他非小说作品的时间会增加。即便如此,人们阅读图书替代品,像屏幕上的新闻和博客的时间也更多了。

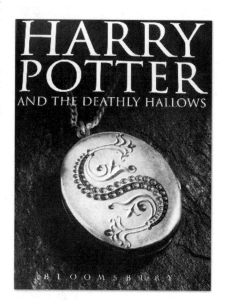

《哈利·波特》。《哈利·波特》系列让过时的系列小说再度对新一代人产生了吸引力。自《哈利·波特》系列面世以来,年轻读者的数量增加了 20% 到 75%。

---

① 哈利·波特效应:一部畅销书的影响。
② 不爱读书者:具备读书能力却不读书的人。

思考

- 主流出版社如何利用新技术,充分发挥其独特的知识产权在增加收入、维持出版社运营方面的作用?
- 你认为杰夫·贝索斯是天才吗?还是只是比较幸运?
- 如果青少年不像父母那样喜欢读书了,这是好事还是坏事?向电子阅读器的转变能够调节出版行业的平衡吗?

4.9 后印刷时期文化

▲ 本节概述

近300年来,报纸的新闻报道为推动民主做出了很大贡献。同样,报纸和杂志也走在促进政府公开化和根除腐败的最前线。如果报刊消失了,将会发生什么?

4.9.1 没有印刷媒体的民主

一则嘲笑报纸的笑话称,报纸是用来包裹放了一天坏掉了的鱼的好材料。然而,报纸行业的衰落带给人们的忧虑可不只是没有东西包裹厨房垃圾了。杂志行业的衰落同样令人担忧。问题是,这两大行业曾在印刷媒体时代发挥着重要的社会政治功能,而其他媒体能否代替报纸和杂志,充分发挥这些功能呢?

新闻报道。就日常新闻而言,电台对国家政策和公共治理的报道从来都比不上报纸。同样,电视网络对全球事务的报道也不如《纽约时报》。大多数网络新闻组织的报道内容也很薄弱。这引发了人们对后报纸时代中民主的担忧。没人会说,大众的信息越不灵通,越有利于政府自我管理。如果报纸行业继续衰落,那么由什么来弥补信息空缺呢?

调查性报道。报纸不仅发挥着记录时事的核心作用,在其鼎盛时期还有财力挖掘政治真相,揭露滥用权力的行为。没有报纸,人们是无法了解这些事实的。杂志在揭发丑闻上也发挥着显著的作用。思考以下具有里程碑意义的调查性报道:

- 19世纪70年代,《纽约时报》大胆的报道将腐败的纽约官员送进监狱。权倾一时的贪官试图运用权势、金钱和压力让报纸保持缄默,但《纽约时报》勇敢地抗争到底。市政改革随之而来。
- 20世纪早期,杂志通过揭发丑闻披露了贪污腐败行为,例如,戴维·格雷厄姆·菲利普在《时尚》上发表了《参议院的叛国罪》("Treason of the Senate")一文。
- 20世纪70年代初期,《华盛顿邮报》通过跟踪报道披露了水门丑闻。据《华盛顿邮报》报道,这种恃权而骄的行为不仅是对民主化进程的蔑视,也是对面向民众保持公开、诚实和正派这一原则的蔑视。这一系列报道最终导致了尼克松总统的辞职。

区域报纸和地方报纸还进行了彻底的企业报道。相比于非印刷媒体,报纸和杂志在反对政府、企业和其他机构的不正当行为上发挥着历史性的媒体监督功能。

没有报纸和杂志,调查性报道就会出现空白。揭发丑闻已经成为报纸和杂志的公共责任之一,而公共责任既没有在广播行业具备如此深厚的基础,也没有在互联网(不包括报纸和杂志网站）的内容中发挥重要的助力作用。在入围 2011 年普利策新闻奖决赛的 42 家新闻单位中，ProPublica 是唯一获奖的网络新闻单位。所以，正如一位针砭时政的人所说："谁能确保这些混蛋诚实可靠？"随着报纸和杂志行业的衰落，或者说在真正意义上的后印刷时代，深得公众信任的人员的不诚实行为需要受到监督，那么这些监督者会因此陷入险境吗？

政府公开化。相比于其他媒体，报纸公司在追踪政府会议和政府文件的不为人知的真相时，付出了昂贵的代价。然而，根据法律要求，这些文件需要向公众公开，以确保政府在公共事务中的行为是透明的。法律要传达的理念是，不能通过闭门交易为市长的内兄提供有利的合同，不能剥夺无法表达自己呼声的贫困群体的公民权，官员任命过程中不能发生权钱交易行为。但是，随着报纸在追踪大众新闻的过程中力度不断减弱，后报纸时代面临的危险之一便是过失行为（甚至刑事不法行为）将被人们忽视。

媒介争论

新闻杂志的危机

随着杂志收入日趋不稳定，作为《新闻周刊》的编辑，乔·米查姆不能忍受杂志因缺乏创新而受人挑剔。他很早就意识到，网络新闻以先发制人之势夺走了他的杂志在概括一周大事上的优势。他把杂志的重心转移到时评和分析报道上来。这种转型虽然非常成功，激励人心，且引人深思，但新举措并没有阻止读者和广告商的"叛离"。其他主流新闻杂志也遇到了同样的问题，这些杂志曾是杂志行业的翘楚。以下是接下来发生的事情。

为了取得协同效应，《新闻周刊》于 2010 年与《每日野兽》的在线网站合并。《每日野兽》由蒂娜·布朗创办。蒂娜·布朗在杂志《名利场》和《纽约客》上取得了长期的成功，此后便加盟杂志《每日野兽》。根据新的安排，布朗兼任《新闻周刊》和《每日野兽》两本杂志的编辑。将摇摇欲坠的印刷产品与经济上并不成熟的网络产品结合起来是一种高风险的举措。确实，仅有两年历史的《每日野兽》正贪婪地汇集资金，使原创内容的比例由原来的 20%（剩余内容是从其他网站转载的）增加到 80%。对《每日野兽》而言，《新闻周刊》的吸引力之一在于其广告收入。《新闻周刊》虽然是印刷杂志，而且正处于亏损状态，杂志页数也已经减少到 56 页，但其每年的广告收入仍然高达 6500 万美元。

在布朗看来，她的任务就是要利用从之前的杂志中掌握的方案——这种方案不同于《新闻周报》风格的新闻（所谓的面向大众的新闻以及华丽的图片和设计风格）——调整《新闻周报》的亏损状态。在杂志行业中，布朗拥有明星般的影响力，能够使《新闻周刊》现有的广告商不仅继续在该杂志上投放广告，同时也会在《每日

挑战极限。蒂娜·布朗革新了一系列杂志（包括《名利场》），这使她成为媒体名人。为了寻找新的挑战，她接手了《每日野兽》的新闻网站。随后《每日野兽》收购了《新闻周刊》，她便成了两本杂志的编辑。布朗是不是用大相径庭的策略欺骗了自己，而这种策略只是延迟了杂志这种印刷产品的终结？

野兽》上购买广告版面。经过布朗的重新设计,第一期《新闻周刊》的封面刊载了希拉里·罗德海姆·克林顿的照片,杂志的报摊销售量比平均水平增加了19%。这种情况能否持续下去还有待观察。但是,广告收益却下跌了25%,这给良好的销售状况蒙上了一层阴云。

与此同时,《美国新闻和世界报道》尝试了另外一种生存模式。2008年,杂志不再每周发行印刷版本,而是每两周发行一期,同时希望读者能够转而阅读每周发行的在线版本。这种方案并未奏效。杂志削减到每月发行一期,最终于2011年彻底关停了印刷版本和在线版本。编辑布莱恩·凯利宣布,这本具有77年历史的印刷杂志"无法维持下去了"。

作为该杂志的所有者,美国新闻媒体集团依然经营着杂志的网站usnews.com,该网站会发布杂志对最出色的大学、医院以及共同基金的排名,这种排名榜的知名度很高。此外,该杂志仍然面向报摊发行单一主题的印刷期刊,如年度大学排名榜。

正方
如果印刷杂志能够充分利用历史优势,成为沟通印刷传统与数字时代的现实之间的桥梁,那么,印刷杂志幸存的概率还是很大的。

反方
在21世纪,印刷杂志已经过时,进入了垂死挣扎的阶段。什么都无法使其维持下去。最好关闭印刷厂,将其彻底转移到互联网上。

深化你的媒介素养

探索问题:访问《美国新闻与世界报道》网站,了解《美国新闻与世界报道》周刊的订阅情况。订阅这种数字杂志的动机有哪些?

深入挖掘:使用搜索引擎搜索提供在线新闻报道的其他数字杂志。比较其他杂志与《美国新闻与世界报道》的异同。关注以下方面:内容、应用程序及时性、文章的长度、消息的来源以及与博客和读者的帖子之间的互动。

你怎么看?假设你拥有一家传统的印刷杂志周刊,你如何有效地提高杂志在网络中的地位,并由此创造收益?

4.9.2 无印刷媒体时代的文化

没有了报纸和杂志,图书行业便成为接力者,承载着小说和长篇新闻的报道和见解。

文化孵化器。周刊一直是孕育文学巨匠的温床,这些人物对文化产生了持久的影响。欧内斯特·海明威最初在《堪萨斯城明星报》上发表作品,从此开始声名鹊起。杰克·伦敦在杂志小说创作方面日渐成熟。这样的人物数不胜数:布鲁斯·卡顿、史蒂芬·克莱恩、西奥多·德莱塞、辛克莱尔·路易斯、玛格丽特·米切尔、亨特·S.汤普森以及马克·吐温。尽管图书可以承载长篇新闻和小说,看起来能够很好地实现向后印刷时期文化转变,但问题是,期刊出版物作为重要的文学生涯的跳板这一角色是否会被取代?

言论自由。出于自身的财力和兴趣,报纸一直是捍卫公民言论自由权的斗士。1964年的"沙利文诉《纽约时报》案"是一起意义重大的法律案件。在该案中,《纽约时报》为人民争取了评论公众人物的言行举止的权利。案件中,《纽约时报》被指控诽谤了阿拉巴马州一位恃强凌弱的警察局局长。本来,《纽约时报》只需要向美国最高法院缴纳一部分上诉诉讼费,便可使此案通过庭外调解解决。但是《纽约时报》不惜花费巨额诉讼费,依然做出了正确的选择,这不是件简单的事情,并且在判决中获胜,更使得这次判决成为具有里程碑意义的事件。

在鼎盛时期,报纸和杂志支持不受欢迎的决议,迫使美国人和法庭认真处理棘手但却重要的言论自由问题:

- 《芝加哥论坛报》赞助了具有划时代意义的"尼尔诉明尼苏达案"。该案维护了明尼阿波利斯市一家小型报社的权益。这家报纸触怒了地方当局,被县治安官关停了。1931年,美国最高法院判决,地方政府禁止了有争议的甚至令人不快的言论表达的自由,这种做法违背了宪法。
- 在报纸和杂志行业的广泛支持下,《进步》杂志为了在1979年发表的一篇文章的权利而斗争。这篇文章讲述了如何在普通的地下室制造氢弹。该案的判决结果进一步遏制了政府吹毛求疵的冲动。
- 杂志一直在媒体的边缘捍卫其具有色情意味的低俗品味。比如,为了1983年发表在杂志上的一篇讽刺文章,《好色客》杂志花费了五年的时间与电视信徒杰瑞·法威尔进行较量。这场耗资巨大的法律案的判决结果扩大了幽默的范围。虽然《好色客》的品味值得讨论,但该杂志确实进一步减少了对艺术创造力和艺术表达的束缚。

在历史上,并不是所有的报纸都为争取第一修正案中的权利而奋斗,但是相比于其他媒体,报纸、杂志及其行业协会对言论自由产生的影响确实更为深远、更为强烈。民权自由派,事实上所有的公民,都应该忧心谁将代替报纸和杂志,为正义而战。

思考

- 互联网媒体能够发挥报纸的哪些功能?能发挥杂志的哪些功能?互联网媒体有哪些不足?
- 在你从语文课上了解到的小说家和作家中,有多少人在创作早期是通过报纸和杂志出名的?
- 相比于广播公司,报纸和杂志在法庭上为什么会更多地争取言论自由?相比于互联网媒体呢?

本章小结

印刷媒体行业

虽然早在15世纪40年代,古腾堡印刷术已经催生了印刷大众传媒,但自此400年以后,传媒行业才成形。19世纪30年代,美国出现的廉价报纸是关键事件。突然,普通大众能够消费得起印刷媒体了。诸多因素促成了这一转变:运转速度更快的印刷机能够大批量生产印刷产品;在快速发展的城市地区,读者人数增加;工厂中出现了新的工作机会,大批移民涌入工厂;人们的识字率提高,特别是那些母语不是英语的移民,他们希望通过新的大众传媒学习语言。

报纸行业

19世纪中期，与杂志和图书一样，报纸也发展成一个特点鲜明的行业。报纸占据了统治地位。报纸的鼎盛时期一直延续到20世纪40年代。在此后不到20年的时间里，媒体新秀（先是无线电广播，而后是电视和互联网）的出现使报纸发行量急剧下降，也夺走了广告商。2008年的世界经济衰退加剧了报纸销售量和广告数量的下滑趋势，迫使整个报纸行业进行大规模裁员。

主流报纸

《纽约时报》创立于1851年，因其全面的报道、公共服务以及调查揭发而声名显赫。今天，《纽约时报》依然是在全球最有声望、最受尊重的报纸。在新主鲁珀特·默多克的管理下，《华尔街日报》不再是仅专注于商业报道的全国性报纸，而是转变为能够挑战《纽约时报》在纽约地区地位的报纸。全国性报纸《今日美国》创办于1982年。

杂志行业

19世纪中期，铁路网络的发展为大批量生产的杂志产品的配送创造了条件，杂志由此开始成为全国性的广告媒体。铁路使杂志能够在全国范围内配送，从而为新产品开发潜在消费者。由于成本低，作为一种大众传媒，杂志比图书更具优势。杂志的创新使它们与报纸区别开来。这些创新包括刊载长篇新闻和摄影新闻，从而吸引了大量读者。然而，近年来，互联网的出现使印刷版本的杂志和杂志广告的数量大幅减少。

创新杂志

20世纪50年代，新出现的国家电视网络吸收了大量广告。面对这种情况，作为一个行业，杂志依然保持着十足的弹性和复原能力。杂志进行了分众化的自我调整过程，开始面向大众中的小众。当前，该行业面临的挑战来源于互联网。就像半个世纪之前电视出现时的情形一样，互联网以更便宜（甚至免费）的价格为更多读者提供服务。广告商也追随读者，将广告投放在互联网上。传统杂志也努力向数字投递的方向转变，但互联网上的竞争对手很多，各种杂志的转型成败不一。尽管面临这些困难，杂志行业中有些领域的前景还是很光明的，例如家居杂志和小众杂志。

图书行业

图书出版企业一般为大型跨国公司。这些公司目光短浅，越来越多地受到利润的驱使。在这一过程中，图书已经失去了文化发展的培育者这一美誉。然而，盈利意识使该行业挺过了始于2008年的经济衰退。随着时代的发展，图书零售成为该行业中愈加难以解决的问题。主要零售商，像巴诺书店，正面临着来自互联网竞争和图书销售量下降的双重压力。

图书类型

互联网已经取代了传统的参考书，像印刷装订的百科全书。维基百科就是典型的以用户为主导的网上参考工具。普通图书是图书行业中现存的主要图书类型，包括畅销书和教科书，这些图书有助于促进学习、加深理解。

图书行业的前景

与报纸和杂志不同，图书行业不依赖于广告。读者是唯一的收入来源。这种直接的商业模式使图书行业成功地完成了由印刷版本向电子产品的转型。图书行业的前景也很明朗，因为没有其他行业能够提供这种长篇阅读产品，与图书行业竞争。

后印刷时期文化

报纸和杂志渐渐从美国人的生活中消失了,那么谁来代替它们的传统角色呢?报纸极大地推动了公民自由(尤其是言论自由),使其得到了法律认可。报纸和杂志一直是讨论公共问题的重要平台,也一直走在促进政府公开化和根除腐败的最前线。如果报刊消失了会发生什么?会对民主产生消极影响吗?对文化呢?

批判性思考

1. 解释19世纪中期印刷媒体行业崛起的历史背景。
2. 为什么报纸能够长期在大众传媒中占据主导地位?
3. 报纸转变为电子格式以后,如何改变了新闻的传播和写作方式?
4. 19世纪中期,哪些因素使杂志得以维持下去并成为主要行业?
5. 电视网络出现之后,杂志是如何生存下来的?作为印刷行业的一员,杂志在今天还能生存下去吗?
6. 面对来自互联网的竞争,图书行业中哪些类型的图书最不堪一击?为什么?
7. 图书内容数字化会对图书行业产生哪些长远的影响?又会对读者阅读和接触书籍的方式产生哪些影响?
8. 解释说明印刷大众传媒运营模式的改变是如何影响美国以及其他地区的民主和文化质量的。

媒介术语

aliterate 不爱读书者
business model 经营模式
chain newspaper 报业连锁集团
demassification 分众化
e-book 电子书
e-reader 电子阅读器
editor 编辑
Harry Potter effect 哈利·波特效应
highbrow slicks 精英杂志
intellectuanl property 知识产权
literati 文学人士
market penetration 市场渗透率

muckracking 揭发丑闻
news-editorial 新闻—社论
open editing 开放编辑
penny papers 廉价报纸
personality profile 人物专访
publisher 出版商
reference books 参考图书
textbooks 教科书
trade books 普通图书
wiki 维基
Wikipedia 维基百科

媒体资源

→David E. Sumner. *The Magazine Century: American Magazines Since 1900.* Peter Lang, 2010.作为杂志行业的专家,Sumner研究了杂志的快速发展及其在美国文化中的作用。Sumner追溯到20世纪初的分众化。

→Mike Farrell and Mary Carmen Cupito. *Newspapers: A Complete Guide to the Industry.* Peter Lang, 2010. Farrell和Cupito均是新闻行业的学者,从报刊行业的发展历史的角度探讨了报

纸的未来。

→John Thompson. *Merchants of Culture*. Polity, 2010. Thompson 是一位社会学家。他采访了图书行业的很多领导，并得出结论，认为图书行业的未来取决于以下因素：求得发展和获得利润的压力、有影响力的作家代理的崛起、为数不多的大型零售商的兴起以及电子书使用程度的降低。

→Sarah Ellison. *War at the Wall Street Journal：Inside the Struggle to Control an American Busuiness Empire*. Houghton Mifflin Harcourt, 2010. Ellison 曾是《华尔街日报》的记者。根据他的描述，鲁珀特·默多克费尽心机、坚持不懈地将道琼斯通讯社纳入他的全球媒体帝国之中，而班克罗夫特家族则很不幸陷入了争论和暗藏的秘密之中。因此，面对默多克坚持不懈的收购建议，他们的回绝注定要失败。

→Alan Brinkley. *The Publisher：Henry Luce and His American Century*. Knopf, 2010. Brinkley 是研究罗斯福新政的历史学家。他将 Luce 的文章"美国时代"作为这本书的书名，目的是探索《时代周刊》出版社在美国生活中所发挥的激励作用。Luce 的想法是按照美国的模式重塑整个世界。

→Noberto Angeletti and Alberto Olive. *Time：The Illustrated History of the World's Most Influencial Magazine*. Rizzoli, 2010. 两位作者均是记者。他们记录了《时代周刊》的演变、决策以及创新（包括《年度人物》）之处。

→Naomi Rosenblum. *A History of Women Photograhers*, third edition. Abbeville, 2010. Rosenblum 是摄影历史学家。她更新了其先锋传记作品，补充了出生于 1950 年之后的摄影家。

→Jan Goggans. *California on the Breadlines：Dorothea Lange, Paul Taylor, and the Making of a New Deal Narrative*. University of California Press, 2010. Goggans 是一位文学教授，他以文本分析的形式研究了大萧条时代的摄影家多罗西亚·兰格及其丈夫劳动经济学家保罗·泰勒对美国人对待弱势群体的态度所产生的影响。

→Bertrand Lavédrine with Jean-Paul Gandolfo, John McElhone and Sibylle Monod；John McElhone, translator. *Photographs of the Past：Process and Preservation*. Getty Conservative Institute, 2009. 此书以百科全书的形式叙述了 19 世纪早期以来摄影的发展历程。

→Ken Auletta. *Googled：The End of the World as We Know It*. Penguin, 2009. Auletta 是《纽约客》的媒体评论家，叙述了谷歌从卑微的出身发展到取代传统媒体的互联网巨头的历程，并探讨了谷歌如何在利润的驱使下主导着媒体投递方式，由此成为主要的广告载体。

→Chris Anderson. *The Long Tail：Why the Future of Business is Selling Less of More*. Hyperion, 2006. Anderson 是杂志《连线》的编辑。他认为，随着技术的发展，市场已经开始向微众方向发展，这使畅销书变得越来越不重要了。

→Diane Cole. "Publish or Panic," *U. S. News & World Report*（March 13, 2006）. Page 46-53. 作为一位记者，Cole 概述了图书行业中的问题，特别关注小型出版社的发展前景。

→John Thompson. *Books in the Digital Age：The Transformational of Academic and Higher Education Publishing in Britain and the United States*. Polity, 2005. 该书全面分析了大学出版社和学术出版的情况。

→Charles Brownstein. *Eisner/Miller：A One-on-One Interview*. Dark House, 2005. Will Eisner 和 Frank Miller 均为图画小说家，都曾创作过漫画书。两人通过大事和名人细致地讨

论了图画小说艺术。

→Arthur Klebanoff. *The Agent*: *Personalities*, *Publishing and Politics*. Texere, 2002. Klebanoff 是司各特梅雷迪斯出版社的所有人，通过风趣地描述与知名作家的合作经历，向读者展示了文学出版社的商业情况。

→John P. Dessauer. *Book Publishing*: *What It Is*, *What It Does*, second edition. Bowker, 1981. Dessauer 是久经商场的图书出版商，特别了解图书行业的组织架构。

▶ 本章主题性总结

印刷媒体

为了更好地巩固你的媒介知识，此处用贯穿本书的几个主题来展现本章内容。

媒介技术

可印刷的材料越来越少。再见，报纸。

印刷技术催生了图书行业、报纸行业以及杂志行业，这些行业对社会的影响日渐深远。在 21 世纪初期，印刷设备显然已经成为报纸的累赘。报纸行业的整个商业模式与机构内部的印刷机密切相关。但是，即便对中等规模的日报来说，印刷机也需要数百万投资。随后，该商业模式中的两大重要的收入来源消失了。读者人数减少了，广告收入也随之下跌。印刷机日益成为闲置资产。杂志和图书公司受到的影响较小，因为它们将印刷工作承包出去了。

传媒经济学

印刷媒体正从互联网上撤离。

随着广告收入大幅下降，报纸和杂志争相转战互联网，将其作为向读者提供新闻并赢回广告收益的低成本途径。总体而言，这种方法并不奏效。成千上万的其他公司已经进驻互联网，发布的内容与报纸和杂志也是同类的。知名出版物曾是人们获得新闻和体育消息的唯一来源，但突然之间却在拥挤且竞争激烈的领域扮演着另外一个角色。图书行业从不依赖广告收益，因而依然保持着良好的状况。互联网上几乎没有像一本书这么长的高质量文章，因而未对图书行业造成危胁，而且图书行业已经娴熟地转而进行在线投递了。

媒体与民主

伍德沃德与伯恩斯坦揭发了水门事件，目标崇高，为的是披露滥用政治权力、威胁民主化进程的行为。

大众传媒在民主进程中发挥着重要作用。早在 19 世纪 70 年代，报纸、杂志和图书就已经开始揭发危害公众利益的行为，如政府和企业中的腐败行为和权力滥用行为。报纸曾致力于起诉和改革。如果报纸和杂志不复存在了，那么哪些社会机构会填补这片空白呢？在线的新闻公司可没有广告收益来支撑耗资高昂的调查性报道。在 21 世纪，如果没有媒体监督，纽约市会再度落入新的坦慕尼协会黑帮手中吗？新的水门事件会被放任自流吗？

精英主义与民粹主义

早在哈里特·比彻·斯托发表《汤姆叔叔的小屋》之际，人们已经开始争论畅销书是不是优秀的文学作品了。

在廉价报纸时代出现的报纸刊载了迎合大众口味的故事，这使报纸获得了前所未有的发行量。正是这些报纸创造了大众读者和大众传播的概念。虽然在大量竞争之下，读者群十分分散，但媒体的内容仍能够体现强烈的平民主义。比如，自从1852年《汤姆叔叔的小屋》面世之后，图书行业开始热衷于出版畅销书。图书评论员阿尔文·柯南指出，我们的文化为对畅销书的痴迷付出了沉重的代价。柯南认为，为了追逐利益，主要的出版社正利用资源增加自身对大众的吸引力，而不是致力于出版有助于推动文化进步的图书。柯南的观点是精英主义。为了迎合大众品味，图书行业放弃了从事正确事情的责任，即不只是从事和关注受大众欢迎的事情。

媒体的未来

谁说青少年不读书？

青少年已经涌向数字媒体，这些媒体上的文字比印刷媒体少。未来还会有人阅读吗？这种"代际"转变是导致报纸衰落的一个因素。与此同时，人们对这两个方面都进行了研究。图书出版商指出，他们的研究表明非小说作品的销售量有所回转。实际上，自2007年经济衰退以来，图书销售量每年以3%到5%的速度增加。而且《哈利·波特》系列图书的惊人的销售量表明，新一代几乎不会厌倦阅读。

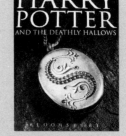

媒体与文化

1833年创办的《纽约太阳报》提出了"照耀所有人"的口号，但在当今媒体环境十分分散的情况下，这种口号并没有得到共鸣。

在鼎盛时期，报纸是人们获得信息和娱乐的常见来源，这促进了社区的形成。从全国范围来看，杂志和报纸也起到了同样的作用。比如，每个人都在读《汤姆叔叔的小屋》和艾达·塔贝尔的报道。即便有些内容存在争议，但就当时主流的文化观、政治观和社会观而言，每个人都处在相同的层次上。印刷媒体的垄断地位先是被广播行业夺走，后来则被互联网大规模地占据。大众传媒凝聚地方社区和全国上下的力量越来越微弱，反而成为导致社会分化的因素。人们可以选择符合个人兴趣而不是公共兴趣的媒体。

声音媒体

蒂姆·韦斯特格伦的潘多拉网络电台

毫无疑问,蒂姆·韦斯特格伦是一名企业家。但他到底在从事什么生意?音乐?广播?互联网?答案是,三者兼有。韦斯特格伦找到了一种途径,将他对音乐的热情和过时的技术融合为一种新的媒体形式,称为自行设计的打碟音乐。

韦斯特格伦在斯坦福大学学习了计算机、声学和录音技术。他是一名钢琴演奏者,后来学习了击鼓、巴松管和单簧管。他在乐队演出,同时也创作音乐。

2000年,在互联网初盛时期,和很多人一样,韦斯特格伦看到了新型网络商务的潜力。这种商务模式能将他对音乐的热爱和知识与他大胆新颖的创意结合起来,创造出对核心受众有吸引力的产品,然后放在互联网上。他与一位合伙人共同创办了新的公司,然后成功地将其推荐给风险投资人。

他的想法很简单:开发一项技术,定义并收集音乐的不同属性,然后将这些属性组织起来,使其能够最大限度地为人们所用。新公司使用的第一种模式是许可零售商(如百思买集团)出售公司的音乐产品,这有助于音乐购买者找到自己喜欢的乐队。现在,韦斯特格伦的分类技术和组织技术依然是这种商业模式的核心。

这家公司名为潘多拉。潘多拉拥有约8000万名用户,已经成为全球顶级的互联网广播网站。根据一些衡量标准,在苹果平板电脑和苹果手机的免费应用程序中,潘多拉分别位居第一和第二。

互联网广播并不是一个新颖或独特的创意。自20世纪90年代中期以来,广播电台已经开始在线传输信号。很多服务商,如苹果的iTunes,根据不同的音乐风格,免费向听众开放各种各样的音乐通道。

潘多拉的创新之处在于改变了广播常见的单向交流的基本模式。潘多拉使听众由被动的接受者转变为积极的参与者,听众可以决定自己要听的内容。潘多拉要求听众以对音乐投票的形式(拇指朝上或朝下)参与到音乐分类算法中来。这种分类方法被称为音乐基因组项目。分解并归类任何一首歌的成千上百种属性即破解音乐基因,都是一项浩大的工程。在潘多拉不断扩大的数据库中,已经有80万首歌曲得到了一位专业音乐人士的分析。这个

非你莫属。 蒂姆·韦斯特格伦的潘多拉音乐基因组计划将音乐基因进行切分,然后利用算法找到符合音乐爱好者个人偏好的风格。订阅者不需付费便可得到一份独特的音乐播放列表。该计划可被称为"只为一个人而设的广播电台"——为你而设。

过程需要二三十分钟,在这个过程中,每首歌曲都被赋予一张"基因"列表,这些基因能够反映一首歌的特定属性,比如主唱的性别、原声贝斯还是电贝斯以及节奏吉他的失真程度。摇滚歌曲和流行歌曲有 150 种基因,说唱歌曲有 350 种基因,爵士歌曲则有 400 种基因。

潘多拉用户可以通过指定演唱者或歌曲创造一个广播电台。在播放一首歌曲时,潘多拉考虑的是指定歌曲的特定基因属性或指定的艺术家的共性,而不一定是歌曲本身或特定演唱者。潘多拉会询问你是否喜欢这样的音乐,然后根据你的反馈,继续在自己的"电台"上播放新的歌曲。因此潘多拉越是了解你喜欢哪些音乐,就越能智能地播放音乐。

这个过程虽然非常复杂,但创意却很简单,就是韦斯特格伦最初提出将音乐进行分类的想法。

本章要点 ///

- 唱片行业和音乐行业的成功是基于二者密不可分的联系。
- 在互联网上共享文件打乱了唱片行业的商业模式。
- 政府管控是影响广播行业形成的一个重要因素。
- 美国广播行业分为地方和全国两个级别,二者的资金来源主要依靠广告收入。
- 在各种新闻信息交织的背景下,音乐在广播行业中占据主导地位。
- 传统的地面商业广播陷入了被其他投递方式围困的境地。

5.1 长期的共生关系

▲ 本节概述

音乐行业将电台播放看作免费的宣传手段,借此出售唱片音乐。广播行业也将唱片行业视为价格低廉、吸引大众的节目来源。这种共生关系持续了近一个世纪,如今已经根基稳固,而且非常重要。因此偶尔的付费行贿便成为违法行为。

5.1.1 唱片播送营销

音乐行业(包括唱片音乐)的形成反映了该行业与广播行业的密切关系。这种关系差不多起源于一个世纪以前。20世纪初期,录音唱片快速流行起来,由此引发了舞蹈热,而这股热潮进一步提高了**留声机**①(phonographs)和唱片的销量。然而,到了20世纪20年代中期,唱片生意走到了尽头。为了摆脱困境,胜利留声机公司设法与羽翼初丰的全国广播公司无线电网络合作。两家公司都成为巨头美国广播公司的一部分。类似地,哥伦比亚留声机公司也收购了一家无线电网络,后来发展成为哥伦比亚广播公司。

那时,唱片音乐与无线电技术区别很大,但相同之处在于两个行业的产品都是对声音的大规模营销。在这种关系下,唱片行业找到了宣传其产品的途径——**唱片播送**②(airplay)。这是一种免费广告。人们如果喜欢电台播送的歌曲,就可能去购买唱片。20世纪40年代,唱片行业与广播行业的共生关系已经十分稳固了,这表明,演奏者(如宾·克鲁斯拜和埃拉·菲茨杰拉德)借助无线广播表演能够使唱片的销售量剧增。

20世纪50年代,无线电广播播放的几乎全都是唱片音乐,新的唱片如果想取得成功,那么通过无线电音乐播送显然已经成为必要的途径。今天,唱片公司很乐意向广播电台免费提供最新的音乐,希望自己的音乐能够被播放。

5.1.2 节目效率

历史上,音乐行业和唱片行业一直依赖于无线广播;同样地,无线广播也依赖着这些行业。唱片音乐是一种成本很低的节目。播放阿黛尔的唱片远比请她到无线电台录音室便宜。无线广播对唱片音乐的依赖越来越重,到20世纪50年代,播放唱片音乐已经成为无线广播的主流节目。当时,电视夺走了无线广播的听众和广告商。无线电台和无线电网络都无力承担直播演出了。直播的广播剧、喜剧、音乐会和各种演出几乎在一夜之间全都被预先录制的音乐取代了。对无线广播而言,在全国广告的收益减少之际,为了求得生存,低成本的唱片音乐是必选之策。

文化影响。无线广播的主流节目变为唱片音乐节目之后,其在推动地方文化发展上的媒介作用也被削弱了。过去,钢琴是地方无线广播电台的标准设备。而今,那个时代已经一去不回了。用于乐队和小型爵士乐团现场演出的录音室虽然扩音效果很好,但同样也过时了。地方戏剧演出和诗歌朗读也消失了。无论好坏,无线广播播放的地方文化已经被全国性的广播公司(位于纽约、洛杉矶和纳什维尔)播放的同质的文化内容所取代。

商业贿赂。为了在无线电台上播送音乐,音乐宣传人之间展开了竞争。为了使某些音乐得到播放,宣传人开始向无线电台的音乐总监和有影响力的电台音乐节目主持人(DJ)行贿。这种行为被称为**商业贿赂**③(payola),并在1959年遭到起诉。如果没有通过无线广播向公众告知这种金钱交易行为而直接播放音乐,那么这种行为是违反联邦法律的。菲尔·林

---

① 留声机:早期用于播放唱片的设备。
② 唱片播送:无线广播播放特定唱片的时段。
③ 商业贿赂:为宣传产品(如为了播送一首歌曲)而行贿。

德是一位很受欢迎的芝加哥电台音乐节目主持人。他告诉调查人员,接受了 2.2 万美元的贿赂之后,他播放了一张唱片。国会委员会发现,335 名电台音乐节目主持人承认收受了 26.3 万美元的"咨询费"。作为回应,美国广播公司网络(拥有数家无线电台)开始要求 DJ 签署声明,保证自己不会接受贿赂,否则便会被解雇。有些 DJ 签署了,有些则悄悄地离开了这家公司。

但是商业贿赂并未因此消失。对唱片行业来说,无线电台的音乐播送极为重要。为了摆脱行贿的干系,一些公司雇用了独立的宣传人。现在这些宣传人并不总是以现金的形式行贿。唐尼·迈克尔斯是纽约州阿尔巴尼市无线电台的一名项目总监。2004 年,他接受了在曼哈顿一家酒店的住宿和洋基队棒球赛的门票,随后便将布莱恩·麦肯奈特和尼克·拉奇的歌曲添加到电台的**播放列表**①(playlist)上。

面临新一轮起诉热潮的威胁,主流唱片公司都因当时的纽约州的首席检察官艾略特·斯皮策大跌面子,唱片公司要为行贿行为缴纳巨额罚款。2005 年,全球最大的唱片公司环球音乐集团的经理被指控从事行贿活动,公司为此缴纳了 1200 万美元的罚款。贝塔斯曼音乐集团和华纳音乐集团分别缴纳了 1000 万美元和 500 万美元的罚金。斯皮策称,在这个行业中,人们认为无线广播是增加销售量最好的方式:"只要能在无线广播上被播出,人们什么都会去做。"

思考

- 在经济上,音乐行业和广播行业之间存在什么样的相互依赖关系?
- 你怎么评价音乐和广播行业之间的共生关系产生的文化影响?商业贿赂又有什么样的文化影响?

5.2 唱片行业

▲ **本节概述**

音乐行业由四大唱片公司主导,分别是环球音乐集团、百代唱片公司、华纳音乐集团和索尼音乐公司。大众的品味瞬息万变,而且反复无常,这使音乐行业成为高风险的行业。1998 年,纳普斯特在互联网上引入文件共享服务以后,音乐的销售量急剧下滑,这造成了最大的混乱,而且前所未有。在苹果 iTunes 的帮助下,这场衰退得到了一定的遏制,但音乐行业依然处于原有状态的阴影之下。

5.2.1 四大唱片公司

全球的唱片行业主要集中在几家公司。所谓的"四大唱片公司"占据了美国 84% 的市场份额,同时占据了全球 75% 的份额。四大唱片公司中,每家都是更大的媒体集团的一部分。

---

① 播放列表:无线电台所播放的歌曲的列表。

	年收入	总公司	总部所在地
环球音乐集团	61亿美元	威望迪集团	法国 主要唱片公司:迪卡、街头教父、格芬、新视镜、小岛、美国音乐公司、摩城、神韵
百代唱片公司	16亿美元	花旗银行	美国 蓝色音符、国会、百代、自由、创业、维京
华纳音乐集团	30亿美元	通路实业	美国 避难所、大西洋、坏小子、埃莱克特拉、熔岩、农萨奇、犀牛、华纳
索尼音乐公司	11亿美元	索尼集团	日本 哥伦比亚、史诗、传承、奥德赛、普罗维登、美国广播唱片公司、索尼

音乐行业的收入主要来源于热门歌曲,因而很不稳定,但四大唱片公司占据了全球3/4的市场份额。规模较小的公司被称为独立唱片公司,拥有的市场份额很小。这种独立唱片公司获得成功后,无一例外地会被四大唱片公司之一收购,就像摩城在20世纪60年代收购了底特律之音。1988年,在经营摩城31年之后,创建人贝里·戈迪以6100万美元的价格将其卖给当时的主流唱片公司——美国音乐公司。现在,美国音乐公司和摩城唱片公司都隶属于环球音乐集团。

5.2.2 文件共享带来的冲击

几十年来,唱片行业(特别是主流唱片公司)的成功,使其对创造和宣传利润丰厚的流行文化的模式一直洋洋得意。后来出现了一个18岁的大学生肖恩·范宁①(Shawn Fanning)。范宁凭一人之力几乎搞垮了整个行业。大一结束之后,范宁设计出一款点对点软件,这样他的舍友就可以相互交换声音文件了。这种点对点软件不需要中央基础设施,也不需要任何成本。范宁称这款不受束缚的系统为纳普斯特,这正是他蹒跚学步时的绰号。开始,这款软件看起来很招人喜欢。作为唱片音乐市场的主体,青少年认为这是种技术友好的应用。他们不再需要花费15美元去购买CD,而是可以在全球范围内免费交换音乐。他们喜欢纳普斯特。

唱片公司的反应比较滞后,没有意识到纳普斯特带来的不利影响:这款软件将会彻底摧毁音乐行业的零售结构。很快,纳普斯特便有了2500万名用户,他们的硬盘上共有8000万首歌曲。青少年不再购买音乐了,而是选择免费交换。音乐零售店的顾客数量慢慢变得越来越少。百思买集团关闭了山姆古迪商店、音乐学堂以及其他音乐门店,而这些门店本是盈利大户。唱片音乐行

纳普斯特创建人。 肖恩·范宁引入了在线音乐免费共享技术,他称之为纳普斯特。文件共享受到了广泛的欢迎,给唱片行业的传统盈利模式带来了威胁。为什么要花15美元去买一张CD呢?唱片行业起诉了文件共享服务,称这种服务加剧了版权侵犯行为,结果胜诉。

---

① 肖恩·范宁:借助最初的纳普斯特平台开创了音乐文件共享服务。

业迅速衰落了。在纳普斯特出现之前,美国唱片音乐的销售额高达 146 亿美元,但在短短十年之间,销售额便猛跌为 69 亿美元——不及原来销售额的一半。

美国唱片行业协会代表了唱片音乐公司,该组织虽然没有及时采取行动,但通过起诉纳普斯特,最终还是减缓了该行业的衰退。2005 年,美国最高法院支持美国唱片行业协会的观点,认为纳普斯特的行为属于版权侵犯,这种行为加剧了对受保护的知识产权的非法复制。纳普斯特被关停了。后来涌现的其他文件共享服务也被关停了。

5.2.3　iTunes 助力唱片行业复苏

唱片行业能够幸存下来不仅归功于美国最高法院对纳普斯特的干预,同时也离不开苹果公司的总裁**史蒂夫·乔布斯**①(Steve Jobs)。2001 年,乔布斯开设 **iTunes**② 商店,出售歌曲,用户可将歌曲下载到广受欢迎的苹果音乐播放器(iPod)中。iTunes 非常方便。纳普斯特不能保证音质,但 iTunes 的诚信度却始终如一。用户点击一下便可试听歌曲,再点击一下便可以 99 美分的价格下载歌曲。在 iTunes 刚刚发布一个星期时,歌曲下载量达到了 100 万首,使苹果公司的股票价格猛增 27%。到 2008 年,iTunes 已经成为美国最大的音乐零售商。自问世以来,iTunes 已经出售了 160 万首歌曲。

下载解决方案。苹果电脑公司的史蒂夫·乔布斯在他的 iTunes 商店为唱片行业提供了一个在线零售门店。用户可通过这个门店把音乐下载到广受欢迎的 iPod 中,每首歌 99 美分。下载者感觉很好,因为自己没有侵犯唱片公司、演唱者、词作者或曲作者的知识版权。而唱片公司也竭力想要减少非法免费下载带来的收入损失。乔布斯此举能够为唱片公司带来销售收入。

不同于下载—交换模式,iTunes 不是免费的。苹果公司采用新的格式高效地压缩音乐,提高了下载速度,需要的硬盘空间也减少了。该系统十分干净,没有烦人的病毒来影响交换系统(如"卡泽"[Kazaa]或者"摩尔普斯"[Morpheus]以及"格罗斯特"[Grokster])。美国唱片行业协会使非法下载者背负着负罪感,这也给苹果公司带来了好处。

在创建 iTunes 之初,乔布斯从一些主要的唱片公司那里获得了巨大的音乐库。看到 iPod—iTunes 模式取得了成功,其他唱片公司也恳求与苹果公司签约。到 2005 年,在所有的音乐下载中,62% 的音乐都来自 iTunes。毫无疑问,效仿者很快便涌现出来。

- 如果你是四大唱片公司的经理,你认为公司未来会朝什么方向发展?

---

① 史蒂夫·乔布斯:苹果电脑复兴、iPod 以及 iTunes 背后的推动力量。
② iTunes:由苹果公司创建并用于零售唱片音乐的在线零售网。

- 你在多大程度上认为肖恩·范宁是一位民间英雄？或者是一名罪犯,其行为加剧了对曲作者、词作者、演唱者和唱片公司的合法收入的窃取？
- 你怎么评价 iTunes 制定的歌曲下载收费标准（每首歌 99 美分）？偏高？适中？偏低？

媒介争论

无法独立生存的商业模式？

对于全球唱片音乐行业的未来,人们的看法是存在分歧的。问题是,这个行业到底有没有未来？

十年来,唱片音乐的销售量以每年 8% 到 9% 的速度下降。下降过程中也出现了一丝希望:用数字音乐的销售量抵消下降的 CD 销售量。但这种情况并没有发生。2010 年,在该行业中,数字音乐的销售量(主要通过下载)确实增加了 6%,但这几乎不足以抵消整体销售量的下降。更糟糕的是,有现象表明,数字音乐的销售量已经达到了顶峰,而非数字形式的音乐(主要是 CD)销量则继续减少。弗雷斯特研究公司的分析师马克·穆里根称,我们有理由认为唱片行业寄托在数字音乐上的希望落空了。穆里根告诉《纽约时报》:"音乐数字化的前十年已经过去了,而我们得到了什么呢？进展并不大。"

人们不怎么听音乐了吗？不是的。但是很多人已经不再购买音乐了,而是选择从互联网上免费下载音乐。由于性质特殊,音乐销售量的损失难以衡量,但高层人士推测,世界 95% 的音乐下载都通过是免费的,而不是通过创收渠道。

美国的情况相比之下好很多。美国的唱片行业起诉了便于免费分享音乐的点对点互联网服务。该行业还起诉了非法下载音乐的个人,以儆效尤,使人们杜绝这种行为。在明尼苏达州的德卢斯,詹米·汤普森非法下载了 24 首歌曲,侵犯了版权,被联邦陪审团处以 190 万美元的罚金。此外,该行业还迫使学校关闭校园服务器,禁止学生非法下载音乐。事实上,唱片行业告诉各大学:"如果你们不关闭,我们也会起诉你们。"

尽管美国政府站在了唱片公司这边,反对非法下载,但为时已晚。唱片公司提出起诉的时候,它们的零售商业模式已经崩溃了。这些公司迫切想要找到新的商业模式,便将苹果的 iTunes 作为音乐下载零售商,虽然苹果会从 99 美分的收费中抽取 30 美分,但唱片公司的目的是求得生存。这种方法奏效了。美国人开始从 iTunes 上下载音乐,这在技术上可行,使用方便,价格便宜,而且合法。尽管唱片公司抱怨苹果从收费中抽取了 30 美分,但唱片行业还是稳定下来

凯莎发展得很顺利。得益于大牌演员,唱片行业发展很好。仅 2010 年一年,凯莎的《跑趴滴答》的下载收入便达到 1280 万美元。但是对唱片音乐行业来说,迫在眉睫的问题是,非法下载使凯莎损失了多少收入。

了——虽然行业规模比鼎盛时期缩小很多。

虽然美国的唱片行业受到很大的动摇,欧洲的情况却比这更差。在欧洲,iTunes音乐零售模式并不受欢迎。

此外,欧洲政府并没有及时打压非法下载行为。直到2009年,迫于来自唱片行业的压力,法国才制定法律,要求互联网服务提供商禁止反复非法下载的用户访问网站。但是这需要数次提醒,而且互联网服务商也反对执行这样的法律。虽然互联网提供商向可疑的违法者发送了成百上千封警告性质的电子邮件,但在法律实施的第一年,没有人被禁止访问网络。

法国的法律虽然在实施过程中遇到了重重困难,但却被其他国家引为典范。如果这些法律能够得以执行,也许能够延缓甚至阻止唱片行业的衰退趋势。

正方

对于不断暗淡的前景,唱片行业只能怪自己。唱片行业太满足于过时的商业模式,而且自鸣得意,固步自封。不要再固守这种过时的商业模式了。调整自我,面对新的现实吧。

反方

音乐是充满活力的现代文化的核心。唱片行业有必要生存下来。我们必须保护其经济状况。

深化你的媒介素养

探索问题:从美国唱片行业协会和美国电影协会查找数据,了解它们的会员每年会因盗版损失多少收入。

深入挖掘:这些行业协会在遏制盗版上发挥了多大作用?

你怎么看? 根据你的经历,你认为年轻人有没有意识到,当我们免费下载音乐和电影时,创作人的经济收入会受到影响?

5.3 广播行业

▲ **本节概述**

政府能够在广播行业中发挥作用的前提在于,无线电波为国家所有,国家有权根据公众利益管控无线电波。这种所谓的托管模式塑造了广播行业。如今,广播行业已经从严重的衰退中恢复过来,1.1万家商业广播电台的年收入也已达到173亿美元。

5.3.1 政府执照

广播公司常常抱怨政府的管控,但是它们也无计可施。1927年之前,广播公司把无线电波弄得一团糟,根本无力解决问题。它们请求国会进行监管,要么分配频率,要么管理无线电波。国会出台了监管措施,建立了执照发放体系。在新的体系之下,无线电台要想播放节目,就需要得到政府的授权执照,遵守技术规定和其他政府监管条例。

根据1927年的《联邦无线电法》①(Federal Radio Act),在由政府建立的体系中,政府本身也是一名股东。作为股东,联邦无线电委员会认为,为确保无线电在公共服务方面有序发展,必须将稳定作为重要条件。联邦无线电委员会及其继承者联邦通信委员会以保持稳定为目标,维护了行业的现状。但是这种维持现状的心态并非没有问题。联邦无线电委员会和联邦通信委员会拖延对行业基础设施的革新,原有的基础设施已经威胁到传统的商业模式;同时,委员会还拒绝接受新技术。最典型的例子便是20世纪90年代,委员会在很长一段时间都拒绝授权使用卫星无线电。地面电台所有者通过美国广播业界协会反对来自卫星无线电台的竞争。现有的无线电台所有者担心新的竞争对手会夺走广告收入,为了保护这些电台所有者,联邦通信委员会故意拖延,对卫星无线电的应用不予批准。

以下是1927年《联邦无线电法》和1934年《联邦通信法案》列出的基本规定。

所有权限制。根据法律规定,电台所有权只能够授予地方。此举意在提倡地方电台所有权,发挥地方问责体制在提供日常的社区服务方面的作用。

此举也是为了控制电台数量,避免广告收入和赞助费用无法支撑更多电台运转的情况。获得执照的电台数量得到限制以后,竞争也得到了控制。对这种体制提出批评的人士指出,考虑到电台即将带来的利润,政府发放电台执照也是为了挣钱。

很多国家都有全国性的电台。与其他国家的体制不同,美国这种体制阻止了全国性电台的出现。

技术限制。电台的频率是被指定的,电台信号的强度也有上限,这样,不同的信号就不会相互交错。这种上限解决了1927年之前存在的问题,即为了获得更多听众,并盖过其他电台的信号,各家电台竞相增强自己电台的信号。

内容要求。在发放执照的过程中,为了避免偏袒行为,政府制定了质量标准。执照申请人被告知,播放内容必须符合"**公众利益、方便、需要**"②(public interest, conveniene and necessity)的原则。这种原则虽然模糊,但很高尚。结果,在选举中,电台虽然具有政治上的偏袒倾向,但语言一直很得体。

5.3.2 托管理念

政府对无线电的管控看似有悖于美国宪法关于禁止政府干预大众传媒的规定,但事实是,在1927年,732家电台试图在568道频率上播放消息,产生了一片混乱的杂音。必须采取措施改变这一状况,否则无线电作为一种传媒的潜力肯定会丧失。事实上,为了保证广播信号的畅通,联邦无线电委员会拒绝向一些电台发放执照。当时,这些电台向法院起诉了委员会,称**第一修正案**③(First Amendment)明文规定:"国会不能制定限制……新闻自由的法律。"法院回避了这个问题,只是称联邦无线电委员会的行为在其权限范围之内。

托管理念④(trusteeship concept)为政府管控提供了理论依据。该理念的前提是无线电波为公共财产,不为私人所有。听说过"自由自在"这个短语吗?就是这个意思。根据这一

---

① 《联邦无线电法》:1927年通过,规定了政府具有监管无线电的权力。
② "公众利益、方便、需要":美国政府发放、更新地方无线电台和电视台执照需要遵循的原则。
③ 第一修正案:美国宪法中反对政府干预公民自由表达权和媒体内容的条款。
④ 托管理念:政府作为托管人,代表公众的利益管控广播行为。

理论,由于无线电波属于公众资产,作为公众的托管人,政府具有独特的资格代表公众利益管控无线电波的使用情况。

托管理论之所以存在,是因为随着更多的电台努力挤入有限的电磁波谱,公众得到的服务质量变差了。频率出现了不足。

即便频率稀缺的状况并没构成真正的问题,但托管理念依然留存下来了。技术进步解决了频率稀缺问题。事实上,美国有1.4万家电台。从某些方面来说,**市场理念**①(marketplace concept)的出现减弱了政府管控。如今,政府已经不能像过去那样,保护持有执照的电台免受竞争带来的挑战了。该行业越来越多地依靠市场力量决定哪些电台可以生存下来。公众变成更加直接的监管者,而不再通过政府托管或其他中间人管控电台。根据市场理念,生存下来并蓬勃发展的电台拥有很多听众,广告商也愿意在这些电台上投放广告。听众人数能够直接决定电台的存亡,体现了适者生存的模式。

思考

- 有人称,并没有特殊的原因使政府管控出现在美国无线广播行业。你怎么看待这种观点?
- 你支持市场成为无线广播行业中唯一的监管者这种观点吗?或者政府能够更好地扮演监管者的角色?还是支持市场—政府相结合的监管方案?

5.4 美国无线广播的特点

▲ **本节概述**

美国无线广播体系的经济来源主要是广告收入。广告商会在获得许可的电台(在特定的地方或区域内运营)上投放广告。在地方电台之上还存在一个更高层级的结构,其网络和节目来源使广播节目具有全国性特点。

5.4.1 无线广播基础设施

1927年,当政府开始管控美国无线广播行业时,很多现存的举措都得到了认可,包括通过向广告商出售广播时间来获得收入。政府还引进了其他新政策,这些政策塑造了广播行业。

广告。早期的政府监管者认为,在当时的新兴金融模式之下,广告是广播行业的经济基础。长期以来,广告一直是报纸行业和杂志行业的经济基础。

政府还为非商业电台(主要是教育电台)提供资金。在公共广播根基稳固之前,这些非商业电台只占行业的一小部分。

今天,美国无线广播行业的收入依然主要依靠广告。这与有些国家的情况不同,有些国家将广播节目看作一项全国性的服务,值得获得政府的资金支持。

所有制限制。20世纪20年代,国会对很有影响力的报业集团十分警惕,因而设定了电台数量的上限,这些电台为个人或单个企业所有。国会的目标是杜绝连锁广播集团。

---

① 市场理念:听众能够通过市场机制决定一家企业的命运。

在大部分发展历程中,国会限定七家电台必须为单一所有制。电磁光谱的调频部分开放以后,电台才被允许增加了调频电台。后来管制逐渐放宽。1996年通过的《**电信法案**》①(Telecommunications Act)对1927年以来的广播管控进行了大规模修订,取消了剩余的大部分限制。这表明,相比于托管模式,市场理念得到了更加广泛的认可。在当今市场上,七家电台长期以来受到的限制大大减少了。

考虑到主要的目的和意图,国会对所有制的限制已经完全取消了。2005年,清晰频道通信连锁集团拥有的电台数量高达1200家,包括市场上的七家电台。

地方主义。1927年,国会对所有制进行限制,主要是为了使无线广播具有地方特色:广播主持人为地方人士,熟悉当地情况,能够向社区成员重现地方文化。但现在,**地方主义**②(localism)的理念已经渐渐消失了。如今,作为无线广播的主要节目,音乐主要来源于全国的流行文化中心。地方播音员依然

广播,一种新的媒体。在20世纪20年代,广播的商业潜力和文化潜力已经很明显了。但是太多电台竟涌入有限的频道,使广播的潜力受到了威胁。为了解决这个问题,国会于1927年建立了严格的许可和监管体系。电台之间的信号不再相互交错之后,广播行业也得到了蓬勃发展。

存在,但是很多电台选择从遥远的中心录音室引进节目和节目主持人,这些主持人从未到过电台节目所服务的大部分社区。尽管存在例外,但全国大部分广播都是一样的。

早在政府管控开始之际,美国全国广播公司网络和哥伦比亚广播公司网络已经将主要电台联系起来了。这不符合地方主义理念,但无线电网络避开了联邦无线电委员会的管控范围。作为节目供应方,这两家无线电网络没有直接使用公共无线电波,所以不受政府管控。20世纪30年代以来,这两家无线电网络提供的节目越来越多,直接削弱了地方主义,而国会最初将地方主义视为美国广播行业的关键特征。

双层结构。现在,美国广播行业实施双层运营结构。第一层的电台仍然在地方社区播放——虽然电台所有人一般与电台离得很远,而且与社区也没有联系。第二层主要包括无线电网络、节目提供方以及唱片公司,这使广播具备了全国性特征。你能够在全国收听到同样的广播内容,每一个地方上都播放着凯蒂·佩里、凯利·罗兰以及布雷克·谢尔顿的音乐,而且各处播放的内容都是一样的。

---

① 《电信法案》:该法案于1996年通过,修订了联邦监管条例,取消了对连锁集团的大部分限制。
② 地方主义:发行广播执照,允许电台向特定的社区及其周边提供广播服务。

5.4.2 广播行业概览

美国商业无线电台的收入连续下跌十年之后,在2010年出现了回转,增长了6%,达到173亿美元。对广播行业而言,这是一个好消息。因为行业收入连续下跌十年,去年甚至减少了18%。这些收入是1.1万家电台收入的总和。

两项技术。电台广播会利用其中一种技术。获得**调频**①(frequency modulation,FM,指调整频率)许可的电台能在信号发射塔和一些边远地区之间发射很强的信号。调频信号直线传播。相比之下,调幅电台运用了**调整振幅**②(amplitude modulation,AM)的技术,发出的信号能够穿越电离层。实际上,调幅信号围绕地球传播,传播距离比调频信号更远,但信号的清晰度较低。调频电台因音质超高,主要播放音乐。调幅电台则更多地播放信息和访谈。

公共广播。除了商业广播电台以外,联邦通信委员会还批准了另外2500家电台,但禁止这些电台播报广告。在广播行业发展早期,开设这些电台的用意是保留一些具有教育目的的电台。这些电台主要由大学和学区运营,但有些是由教堂和工会运营。20世纪60年代,教育广播演化为公共广播,为那些在经济上难以为继的电台(如播放经典音乐、文化节目以及公共事务的电台)提供了新形式。这些电台的收入来源于支持者(包括听众、慈善家和企业赞助商)的捐赠。它们的收入也来源于受联邦资助的公共广播公司和州政府。

广播连锁集团。根据联邦通信委员会的规定,电台虽然只能在指定的区域内播放,但一般来说,几乎没有电台仍然归地方所有。2005年,清晰频道通信连锁集团进入鼎盛时期,拥有1200多家电台,收入达35亿美元。但是由于经济责任过重,清晰频道公司开始向外出售电台,将电台数量精简到850家,并裁员1800人。第二大广播公司Cumulus Media拥有570家电台,Citadel广播公司拥有240家电台,哥伦比亚广播公司拥有130家电台。地方独立拥有电台的情况已经很少了。

内容类型。电台广播的内容类型多种多样,大部分是音乐,但也有新闻和消息。宗教电台、外语电台和民族电台也一直存在。从很大程度上来说,广播内容类型是一种宣传工具,用于吸引固定的听众,这些听众正是广告商想要接触的群体;同时,电台也在不断改善广播内容,试图吸引竞争对手的听众。

由于电台播放的内容不断变动,广播内容类型的下属分类也一直在变,我们很难准确地统计电台广播的类型。但下面的表格列出了主要的内容类型:

国家	2041家
新闻/访谈/体育	1579家
成人时代	1213家
宗教	1019家
黄金老歌	822家
经典摇滚	639家
排名前40的畅销唱片	444家
另类/现代摇滚	334家
都市现代音乐	312家

---

① 调频:使广播具备超高清晰度的技术,信号以直线形式传播。
② 调整振幅(调幅):扩大广播信号接收范围的技术,信号围绕地球传播。

思考

- 你认为美国广播行业的结构正在发生哪些变化?
- 如何区分无线电网络和广播连锁集团?

媒介时间线

19世纪	**声音媒体的里程碑** **留声机** 托马斯·爱迪生发明了录音重放装置(1877) **批量生产** 埃米尔·贝利纳的发明使唱片的批量生产成为可能(1887) **无线广播** 马可尼公司发送了世界上第一份电报(1895) **重大事件** • 伴随着美国中产阶级的产生,新的休闲时光和可支配收入出现(19世纪70年代) • 国会创立了第一家监管机构——州际商业委员会(1887)	
1900—1929	**声音媒体的里程碑** 用于声音传输的真空三极管出现(1906) 无线广播对发生在大西洋的泰坦尼克号悲剧进行新闻报道,由此确立了广播在大众心中的地位(1912) 位于匹兹堡的广播电台KDKA成为第一家获得执照的商业电台(1920) **管控** 国会创立了联邦无线电委员会(1927) **新的活力** 电力应用于唱片行业和录音重放技术(20世纪20年代) **重大事件** • 唱片音乐进入影视领域(1927) • 《先知安迪》广播节目(1928—1943)	 广播,一种新的媒体。
1930—1949	**声音媒体的里程碑** **调频无线电** 埃德温·阿姆斯特朗申请了调频无线电专利(1933) **无线电网络** 共同电台(Mutual Radio)形成,为不属于哥伦比亚广播公司和国家广播公司的电台服务(1934)	

	电视 电视网络的出现吸引了无线电广播的听众(20 世纪 50 年代) **重大事件** • 大萧条(20 世纪 30 年代) • 富兰克林·罗斯福任职美国总统(1933—1945) • 联邦通信委员会取代联邦无线电委员会(1934) • 奥森·威尔斯创作了广播剧《世界大战》(1938) •《超人》系列广播剧(1941—1951) • 第二次世界大战(1941—1945)	
1950— 1969	**声音媒体的里程碑** **山区乡村摇滚乐** 不同风格的音乐融合起来,形成了摇滚乐(20 世纪 50 年代) **音乐广播** 广播开始面向小众,播放内容主要是唱片音乐(20 世纪 50 年代) **什么是艺人与作品部(A&R)?** 唱片公司对流行音乐失去了严格的控制(20 世纪 60 年代) **公共广播** 国会建立了国家非商业广播体系(1967) **重大事件** • 电视网络崛起(20 世纪 50 年代) • 朝鲜战争(1950—1953) • 艾森豪威尔任职总统(1953—1961) • 最高法院禁止公立学校的种族隔离政策,"布朗诉教育委员会案"(1954) • "猫王"使摇滚音乐走向白人听众,改变了流行音乐(1956) • 州际高速公路系统建立(1956—1991) • 苏联发射绕地人造卫星(1957) • 肯尼迪任职总统(1961—1963) • 甲壳虫乐队发行唱片《我愿意》(*Love Me Do*)(1962) • 越南战争升级,导致全民抗议和文化巨变(1965—1975) • 宇航员尼尔·阿姆斯特朗登上月球(1969) • 尼克松任职总统(1969—1974)	
1970— 1999	**声音媒体的里程碑** **数字化** 光盘问世(1982) **撤销管制** 国会放松了对广播的管制,包括对所有权的限制(1996)	

	重大事件 • 葛罗莉亚·斯坦能（Gloria Steinhem）与他人共同创办了《女士》杂志（1972） • 美国从越南撤军（1973） • 里根任职总统（1981—1989） • 安德鲁·劳埃德·韦伯创作《歌剧魅影》（1986） • 苏联解体，冷战结束（1989） • 说唱音乐兴起，成为主要的商业力量（20世纪90年代） • 互联网崛起，成为主要的商业媒体（20世纪90年代晚期） • 克林顿任职总统（1993—2001）	
20世纪	**声音媒体的里程碑** **互联网广播** 潘多拉网络电台可以产生个性化的列表（2000） **MP3音乐播放器** 市场上出现了掌上音乐播放器（2001） **天狼星XM卫星** 通过卫星向听众输送数字信号（2001） **播客** 亚当·科利发明了播客（2004） **格罗斯特** 在线音乐交换服务被宣布为不合法（2005） **重大事件** • "9·11"恐怖袭击（2001） • 苹果音乐播放器（iPod）面世（2002） • 伊拉克战争（2003—2011）	 亚当·科利：广播真的在消亡吗？

媒体人物

为了推动社会事业，把听众团结起来

汤姆·卓伊纳成长于民权运动时期。他清楚地记得，20世纪60年代，在阿拉巴马州的蒙哥马利，为了争取集体经济权利，黑人联合抵制商人，这是早期的民权活动。他的家乡在距离蒙哥马利50英里的塔斯基吉，他记得那里每周都有集体游行。当时一家白人所有的电台拒绝播放"黑人音乐"，遭到了卓伊纳的反对，结果卓伊纳获胜，那家电台的经理离职了。这使卓伊纳达到了广播事业上的第一个高峰。

大学期间，卓伊纳的专业是社会学。毕业之后，他在蒙哥马利的一家电台找到了工作。20世纪60年代，黑人电台蓬勃发展，卓伊纳从一家电台换到另一家电台。当时，全国已经有800多家黑人电台了。卓伊纳将音乐、访客和滑稽的喜剧结合起来，呼吁人们为有价值的事

业捐赠。即便谈到争议颇多的问题,卓伊纳仍然能够保持冷静,令听众心情愉悦。

到1985年,卓伊纳已经很受欢迎了。当时,达拉斯的KKDA电台邀请他去主播晨间节目;与此同时,芝加哥的WGCI电台邀请他主持午后节目。他同时接受了这两份邀请。卓伊纳每天往返于两地之间,成为第一个空中飞人式的电台节目主持人。人们称他为"会飞的音乐节目主持人"。1944年,他加入了美国广播公司的无线电网络,主播的节目能够在95家电台上播出,他本人可以待在家的时间也更长了。

卓伊纳理解广播的力量。当纽约的克利斯蒂拍卖行决定拍卖从奴隶贸易中获得的所有商品时,卓伊纳和好朋友塔维斯·斯迈利很快便发现,根据克里斯蒂拍卖行的规定,拍卖行不能非法贩卖从纳粹大屠杀中获得的商品。既然这样,拍卖行怎么能够非法贩卖从奴隶贸易中收集的商品呢?卓伊纳和斯迈利日复一日地在电台上呼吁听众给克里斯蒂拍卖行打电话,以示抗议。克里斯蒂拍卖行取消了这次拍卖。

汤姆·卓伊纳。 他每天都来往于达拉斯—芝加哥,因而被称为"会飞的音乐节目主持人"。

卓伊纳很勇敢。零售商电脑美国(CompUSA)不在黑人电台上投放广告,卓伊纳便连续几周鼓励听众给电脑美国打电话,使该公司的电话应接不暇。该公司向美国广播公司(该公司播放卓伊纳的广播节目)发出了抱怨。美国广播公司的律师决定解雇卓伊纳。但后来,这个决定让广播公司追悔莫及。卓伊纳在广播中念了公司的决定,引起大批听众对美国广播公司无线电网络的抗议。美国广播公司撤回了决定。电脑美国同样收回了原来的抱怨,还派了一名代表作为卓伊纳节目的访客,以示和好。

当卡特里娜飓风席卷新奥尔良时,卓伊纳说服仍能继续广播节目的电台及时对灾害进行全面报道。正是他创造了"黑人的海啸"一词。他募集了150万美元资金,为灾后无家可归的人提供住处。

秉承着利用黑人电台为社会事业募集资金的理念,卓伊纳创立了基金会,帮助传统黑人大学中的贫困学生。卓伊纳告诉听众,这些学生就是我们的未来。

> **你怎么看?**
> 汤姆·卓伊纳为什么备受听众的钟爱?
> 面对广告商对汤姆·卓伊纳的反对,美国广播公司的反应让你了解了大众传媒的哪些特点?

5.5 广播的影响

▲ **本节概述**

广播已经成为一种常见的大众传媒方式,随时随处可以听到。但是,作为一个行业,广播行业正面临着重重困境。广播的主要节目是音乐、新闻和访谈,但是已失去在音乐行业的垄断地位,因人们已经可以通过其他设备收听音乐。

5.5.1 无处不在的广播

广播无处不在。电磁频谱上的信号几乎能够传播到世界的每一个角落。美国每个家庭平均拥有 6.6 台收音机。几乎每辆汽车上都装有收音机。人们每天被收音机闹钟叫醒,上班的路上也在收听广播。即便不在体育场,人们也能够通过收音机收听体育赛事新闻。成千上万的人听着解说员(如拉什·林博)的广播度过一天又一天。数以百万的人通过收听实时新闻关注时事。听众会慢慢找到自己最喜欢的播音员和 DJ。

以下数据能够充分体现广播的重要性:

- 阿比创是一家调查广播收听率的公司。该公司称,青少年和成人每周收听广播的时间平均为 22 个小时。
- 美国人共拥有 5.2 亿台收音机。从另一个角度来说,收音机的数量与人口数量之比达到 2∶1。
- 大部分人(很多是在上班的路上)从广播中收听的早间新闻比从其他媒体上获得的新闻多。

广播虽然很重要,但也出现了问题。听众已经由获得联邦执照的传统地方电台转向音乐播放器、直接面向听众的卫星服务、网络广播和智能手机。还是有 2 亿人(很可观的数字)每周至少会收听一次广播,但是听众正转向其他媒体。

5.5.2 广播内容

广播娱乐。20 世纪三四十年代,喜剧、戏剧和智力竞赛节目是无线电网络的主流节目。但到了 20 世纪 50 年代,这些节目已经转移到了电视上。广播节目的听众也开始转向电视。由于广告商已经转向电视,无线电网络便开始缩减提供给**下属电台**①(affiliates)的资金。由于听众数量减少,地方电台转而播放唱片音乐,这种节目的成本远低于音乐会、戏剧和喜剧演出的费用。因此,广播进行了自我革新,并存活下来,得到了蓬勃发展。

20 世纪 70 年代,广播行业的地位再次动摇。当时听众都竞相收听调频电台的节目。调频技术能够提供清晰度超高的音质,调频电台便成为播放音乐节目的电台。调幅电台的听众数量注定会减少,但进行新一轮的革新之后,大部分调幅电台转而播放非音乐节目。

广播新闻。在广播电台面世以前,广播新闻已经出现了。李·德·弗雷斯特在纽约报社工作,主管报纸《美国人》。1916 年,他广播了大选结果。成千上万的民众通过自制的接

---

① 下属电台:获得执照、从属于无线电网络并播放无线电网络节目的地方电台。

收器接收到了试验信号,听到李·德·弗雷斯特宣布:"查尔斯·埃文斯·休斯当选下任美国总统。"这次开端很不顺利。德·弗雷斯特犯了错误。事实上,伍德罗·威尔逊再次当选美国总统。1920 年,KDKA 签约成为美国第一家获得执照的商业电台,开始报道哈丁与考克斯之间的总统竞选,大选结果由《匹兹堡邮报》报道。这次,广播没有弄错获胜者。

广播新闻界的偶像。第二次世界大战期间,爱德华·R. 默罗报道了欧洲战场的新闻,播报的背景中还有轰炸的声音,这使哥伦比亚广播公司的听众产生一种身临其境的感觉。

今天,广播新闻的形式多种多样:有的遵循弗雷斯特的信条,及时报道爆炸新闻;更多的电台则倾向于进行深度报道,加深理解。尽管如此,大多数电台还是因及时报道新闻大事而出名。与报纸不同,广播具有即时性。印刷媒体会因印刷和投递而产生滞后性,但广播不会这样。广播可以进行直播报道。

- **爆炸性新闻**。第二次世界大战时期,无线电网络开始向国外派遣战地记者,广播由此盛行。美国人迫切想要了解欧洲的最新情况,因而养成了听广播的习惯,如**爱德华·R. 默罗**①(Edward R. Murrow)以及 20 世纪中期新闻界其他巨头(如**沃尔特·克朗凯特**②[Walter Cronkite])的报道。作为进行即时报道的媒体,广播甚至在报纸发布特刊之前就能够报道突破性新闻。**爆炸性新闻**③(breaking news)一词用于描述仅适合电台广播的内容。

- **标题新闻**。第二次世界大战结束以后,世界局面相对平静,人们对新闻的关注减少了,广播行业意识到,听众已经不再关注长篇新闻了。新闻的类型已经转变为更短的新闻故事,使新闻成为**标题新闻**④(headline news)。新闻的细节和深度挖掘则由报纸负责。20 世纪 60 年代,**戈登·麦克莱登**⑤(Gordon McLendon)引进了很有影响力的摇滚音乐式播报,这是标题新闻的典型代表。一般 20 分钟长度的播报时间会连续播放 3 分钟时长的歌曲,中间插播 3 分钟时长的新闻广播。新闻时长很少超过 20 秒,大多只有两句话。

---

① 爱德华·R. 默罗:战地记者,推动确立了广播作为新闻媒体的地位。
② 沃尔特·克朗凯特:二战期间知名的哥伦比亚广播公司广播新闻组成员,后来成为著名电视节目主持人。
③ 爆炸性新闻:对正在发生的事件的现场报道。
④ 标题新闻:简短的新闻故事。
⑤ 戈登·麦克莱登:20 世纪 50 年代改革了广播的类型,创立了面向小众的广播类型。

- **全新闻节目**。20 世纪 60 年代,戈登·麦克莱登不仅创办了《榜单前 40》这个音乐节目,简化了新闻的篇幅,还发明了**全新闻广播**①(all-news radio),这看起来有些自相矛盾。针对洛杉矶市场,麦克莱登在美墨边界的提华纳市派遣了几名员工,使其在 XTRA 电台不间断地播报电报稿。XTRA 电台盈利之后,麦克莱登接管了芝加哥的一家电台,将其更名为 WNUS,并将电台节目改为全新闻节目。该举措彻底偏离了广播成为一种大众传媒形式的想法:每家电台都尽可能吸引更多的听众。麦克莱登的 WNUS 电台和后来出现的全新闻电台面向小众,在整个广播市场的宏观背景下的小众群体中寻求利润。现在,在很多大城市,新闻电台蓬勃发展,有些甚至派遣大批员工报道现场新闻,新闻的长度已经不限于标题新闻,从而突破了麦克莱登的低成本、依靠无线电传播的 XTRA 电台的特点。

- **包裹式新闻**。1970 年,**美国国家公共广播电台**②(National Public Radio)开始播送节目,电台的王牌节目是《**包罗万象**》③(All Things Considered)。该节目不播放长篇新闻,因为长篇新闻往往忽略两个前提,这也是广播存在已久的问题。第一,这些新闻的题材不一定属于爆炸性新闻。第二,只要记者或制作人觉得有必要,新闻故事可以很长,而这忽略了一个事实,即听众的注意力只能持续很短一段时间。《包罗万象》节目中的新闻被称为**包裹式新闻**④(news packages)。这类新闻制作精细,充分考虑了其他广播新闻类型在报道中对时间和精力关注不足的问题。很多报道都真实地再现了事实。一般而言,包裹式新闻中充满了声音和录制的访谈,而且以深刻的事例、辛辣的逸闻趣事和有力的文笔见长。

广播新闻的衰落。尽管全新闻广播和美国国家公共广播电台享有优势,但新闻已经不是广播节目的核心了。20 世纪 90 年代,联邦通信委员会将公共服务作为更新执照的条件,这使很多电台撤销了运营成本很高的新闻部门。相反,这些电台注重以唱片音乐为基础的低成本节目。很多都市电台曾经是播放新闻的主要电台,现在也将主持上下班时段的简短新闻的节目主播减少到一两位。如果播放全球或全国性的标题新闻的话,这些新闻也是从无线电网络中传送过来的。有些电台甚至没有专门负责播报新闻的人员。

5.5.3 热线广播

20 世纪 80 年代,热线广播成为美国广播的主要类型之一,听众可以给电台打进热线电话。很多调幅电台意识到,自己虽然无法在音乐的超清音质方面与调频电台竞争,但却更适合访谈节目,因为这不需要超高的清晰度。最初,听众来电节目很受欢迎,因为它们可以被当作讨论重大公共问题的论坛。一些电台(包括明尼阿波利斯市的 WCCO 电台和得梅因市的 WHO 电台)是运营多年的热线广播的模范,已经形成了很高的标准,人们对其期待也很高。美国国家公共广播电台的"大谈国事"节目也是如此。然而,很多热线广播节目选择了其他方向,相比于时事,它们更多地关注古怪刻薄的名人。

很多节目已经简化为关于痔疮、牛皮癣、整容术以及精神病的热线节目。热线节目对琐

---

① 全新闻广播:小众的广播类型,只播报新闻、相关的资讯内容以及评论。
② 美国国家公共广播电台:非商业电台网络。
③ 《包罗万象》:美国国家公共广播电台的领军节目,午后新闻杂志。
④ 包裹式新闻:制作精细、有深度的长篇广播新闻;美国国家公共广播电台的标志。

碎的体育活动和宠物护理的报道越来越详细。热线节目看似在播报新闻,但实际上这些不过是低俗的娱乐内容。

虽然**主播**①(talkers)有很多不足,这在广播行业中也是众所周知的,但他们依然拥有很多听众。在事业最辉煌的时候,**拉什·林博**②(Rush Limbaugh)的节目被卖给660家电台,但此后减少到600家。林博的听众人数很难统计,因为并不是所有的电台都会把他的节目连续播放三个小时,而且他所服务的各种电台网络会在不同的时段播放他的节目。林博曾是一名自我推销者,称自己每周的听众人数达到了2600万,但是没有收听率或统计数据能够证明这一数字。广播行业杂志《主播》(Talkers)的迈克尔·哈里森推测,林博每周的听众约1430万人,这一数字本身已经相当大了。哈里森同时还估计了其他热线节目主播(都是保守派)的听众人数:肖恩·哈尼蒂,1330万;迈克尔·萨维奇,830万;劳拉·英格拉汉姆,550万。

自由派也有热线节目。然而,作为与保守派对立的派别,他们从未能吸引大批听众。美国广播(Air America)网络是左翼力量发起的最为雄心勃勃的电台网络,但由于陷入了经济上的困境,最终于2010年破产。

主播的影响力可能被夸大了。1996年,媒体研究中心对收听政治热线节目的听众进行了调查。调查结果表明,这些调查对象并不能代表主流美国人的观点。政治热线节目的听众主要是白人、男性、共和党人以及富裕阶层。这些人的政治参与度比普通民众(除了右翼民众)更高。此外,这些人不信任主流媒体,他们认为主流媒体都偏袒左翼力量。

随着新闻电台和热线电台的出现,很多以音乐节目为主的电台便减少了自己的新闻节目。事实上,很多音乐电台称:"让那些人做新闻和热线节目吧,我们来做音乐节目。"这些电台这么说的根本原因在于掩盖自己受利润驱使而减少对成本昂贵的新闻和公共事务的报道的真相。播放唱片音乐的成本很低。结果,播放严肃的新闻和有关公共事务的节目的电台越来越少了。

对很多人来说,热线节目会让人们感觉到,现在广播中关于新闻和公共事务的报道比以前更多了。事实上,现在播放新闻的电台越来越少了。除主流广播和全新闻广播之外,很多自称新闻热线节目的电台与其说在报道新闻,不如说就是在交谈,谈话的内容不过是肤浅的娱乐,使这种报道形式变得很没有价值。

5.5.4 公共广播

四十多年来,美国广播行业中的非商业部分,即公共广播,凭借与众不同的节目一直稳步发展。1967年,美国通过了一项法律,为公共广播提供资金支持,希望广播能够更好地为公众服务。麦当劳创办人的遗孀琼·克罗克(Joan Kroc)给全国公共广播电台——广播系统的支柱——捐赠了一大笔资金,挽救了该电台的未来。

自20世纪20年代出现之后,美国广播行业的结构便是由政府将广播分配给地方社区,并借助广告进行融资。非商业电台本是用于试验的平台,现在受到了冷落。很多非商业电台由大学经营,大部分由物理学院负责。

还有一些用于教育目的的非商业电台。这些电台不能通过广告获得收入,它们只是广

---

① 《主播》:热线节目。
② 拉什·林博:保守派广播热线节目主播。

播行业中小小的一分子。后来,由私人赞助的杰出的卡耐基教育电视委员会重新思考了非商业广播的状况。这个颇有影响力的委员会认为,非商业广播是尚待开发的国家资源。

国会听从了卡耐基委员会的建议,建立了由政府资助的电视和广播体系,以满足"美国公众的多种需求"。作为一项授权法,1967 年通过的《公共广播法》是对商业广播的羞辱。因为商业广播的内容大部分都是低俗无味的娱乐信息。这项立法的目的是使广播得到改善。就在短短几年前也就是 1961 年,联邦通信委员会委员牛顿·米诺在一次大会上责备了广播公司的经理,称他们管理的是一片"广阔的荒地"。这种比喻和讽刺击中了要害。但广播内容没有丝毫改变。

根据新的法律,由**公共广播公司**①(Corporation for Public Broadcasting)负责向非商业电台和电视发放资金。很快,国家公共电台(National Public Radio 成立于 1970 年)便创办了《包罗万象》(All Things Considered)这一新闻杂志。该节目共 90 分钟,在晚上开车时间播放。很多非商业电台创办了 ATC 栏目(该行业中的说法),代替商业电台中的标题新闻。该节目虽然在初期的听众很少,但很快便逐步增长起来了。1979 年,国家公共电台创办了一个在开车时间播放的节目——《早间报道》②(Morning Edition)。2008 年,美国公共广播媒体的一个下属电台与纽约公共广播电台联合创办了 The Takeaway③。该节目是一种新型的谈话式晨间广播,而且具有很强的个性。该节目整合了媒体资源,与英国广播公司通讯社和《纽约时报》合作,对公共电台的《早间报道》构成了挑战。

纽约公共广播电台的 Takeaway 节目。长期以来,约翰·霍肯贝利一直是公共广播领域的知名人物。他负责主播纽约公共广播电台的 Takeaway 节目。与很多非商业电台一样,纽约公共广播电台发现,越来越多的听众热衷于明智地讨论严肃的话题和有趣的普通话题。Takeaway 节目创办于 2008 年。

虽然美国国家公共广播电台是美国非商业电台最重要的组成部分,但它的节目只占下属电台节目量的 1/4 左右。这些电台节目中 49% 为自创节目。电台还从很有竞争力的节目提供商——美国公共媒体——那里购买 19% 的节目。1974 年,明尼苏达公共广播电台网络创办了 APM 节目,由随和的盖瑞森·凯勒现场播放综艺节目《牧场之家好作伴》。

美国国家公共广播电台及其下属的地方电台挑选出了一部分听众。这些听众的个人情况,包括受教育程度和收入,为广告商所垂涎。虽然公共电台不能播放广告,但它们可以播报节目的赞助商,包括高端产品和服务的供应商。虽然没有鼓励听众去消费,但这些鸣谢听起来就像广告。

---

① 公共广播公司:半官方机构,负责管理联邦向非商业电台和电视提供的资金。
② 《早间报道》:国家广播电台的晨间新闻节目。
③ The Takeaway:起源于纽约公共广播电台、面向公共电台的晨间节目。

> 思考
>
> - 广播是怎么失去在音乐播放方面的竞争优势的?
> - 现在,你可以在哪里收听到广播新闻?
> - 热线节目与新闻节目有哪些不同?
> - 在美国广播行业中,公共广播是如何不断发展壮大的?

5.6 广播行业的发展方向

▲ 本节概述

卫星广播将信号直接从国家无线电网络传输给听众,正将获得执照的传统地方电台挤出市场。天狼星 XM 卫星网络提供 140 多个频道:有些是无广告的频道,有些频道的节目是从其他电台转播的。

5.6.1 卫星广播

2001 年,两家**卫星广播**①(satellite radio)开始播送节目。这是首批投入运营的美国国家广播电台。天狼星电台和 XM 电台都播送来自多个卫星的不同节目,提供数字品质的音质,而且大部分都是无广告节目,每月收费为 10 美元到 13 美元。2007 年,两家电台合并,并将市场扩大到传统广播之外的领域,这是它们不断发展壮大的关键原因。最近要买一辆新车?那你要在预算中考虑天狼星 XM 电台的收听费用。

截至目前,卫星广播和后来所谓的**地面广播**②(terrestrial radio)之间的战争已经持续了十多年。该词是指在传统广播行业中,地方电台通过信号塔传输广播信号,这与天狼星 XM 的卫星传输方式形成了对比。地方商业电台的听众渐渐转向天狼星 XM 电台,这减少了地方电台对广告商的吸引力。结果广告商大批离开了地方电台。天狼星 XM 电台拥有 1850 万名用户。

5.6.2 新技术

其他技术的发展也不利于传统广播行业的发展。

音乐播放器。多年来,掌上 MP3 播放器(最典型的是 iPod)夺走了地方广播电台的听众。人们从互联网上将音乐下载到这些设备中,或是从自己的 CD 上将音乐复制到这类设备中,这样就能创建自己的播放列表——没有电台音乐节目主持人喋喋不休的唠叨,没有广告,也不需要为了收听喜欢的音乐而忍受不太喜欢的歌曲。但收音机应用软件的出现改变了这种动态结构。现在,听众可以通过智能手机、平板电脑以及计算机收听直播的广播节目。新技术的应用也许恰好能够使地方广播电台复兴起来。现在,就算你身在迪比克或爱荷华,也能够收听旧金山的爵士音乐电台的广播。

播客。只要愿意,任何人都可以事先录制一批最喜欢的音乐,添加个人的叙述,然后将

---

① 卫星广播:利用轨道卫星直接向终端听众输送广播。
② 地面广播:借助地面信号塔(与卫星信号传输相反)传输声音。

其制成节目,作为音频文件保存在个人电脑、智能手机或 MP3 音乐播放器上。接下来,通过在网络服务器上添加超链接,这些自封的音乐节目主持人可以让全世界的人下载这个节目,然后重复播放。听众不管什么时候再次点击网络服务器,都能够从同一来源自动下载新的节目。**播客**①(podcasting)使每个人都能成为音乐节目主持人。这也让听众远离了传统广播。

点播广播。就像早期的电视数字录像机,**点播广播**②(on-demand radio)设备可以用来录制节目,以备日后重放。高频收音机是领先的点播广播服务提供者,能够实时播放来自 140 个国家的 5 万个电台的节目,而且不需订阅。一些高频收音机具备调幅—调频调谐器,用于收听网络广播上所没有的地方节目。

思考

- 怎样才能重振获得执照的地方地面商业电台?
- 你习惯怎么听音乐?使用 MP3 还是 iPod?还是通过广播电台?播客?点播电台?相比于其他方式,你为什么更偏好其中一种收听方式?

明日传媒

播客革命

播客的创始人很多。但是音乐电视节目主持人**亚当·科利**③(Adam Curry)自我宣传的技巧使他被称为"播客之父"。2005 年,科利开创了"播客秀"。想要主持音乐节目的人会把音频文件放在播客秀网站上,以供下载。科利把自己比作媒体革命者。确实,播客标志着一场革命的开端。

科利认为,互联网技术的应用具有解放意义。他说:"主流媒体空洞无力,包装太多,套路明显。几乎没有新颖或有趣的内容。"

科利是对的。为了吸引更多的听众,传统的商业电台已经把自己同质化,出现了播放雷同内容的局面。音乐电台的风格虽然不尽相同,但风格种类有限,涉及面狭窄,重复性强。一个乡村音乐电台的播放列表听起来与其他乡村音乐电台极其相似。大型电台集团的总部甚至集中决定节目类型。在这些公司,创新是不可能的。

相比之下,播客则具有很强的个体风格。有些音乐迷并不喜欢商业广播上的音乐风格,而播客的吸引力则在于符合音乐迷的兴趣。

亚当·科利。作为播客创始人,他使成千上万的乐队与播客和听众联系起来:"我们创建的是一个社交媒体网络。"科利称之为"音乐领域中一场自发的数字革命"。

---

① 播客:从互联网上下载的数字媒体文件。
② 点播广播:听众可随时方便地点播节目。
③ 亚当·科利:倡导播客技术艺术家的言论自由的先锋。

短短一年之内，4700名播客通过科利的播客秀分享自己的个人节目。播客秀可以代替主流广播空洞的音乐包。现在，播客秀目录下已经有9.4万条播客了。

播客只是各种各样的音乐源的一部分。

潘多拉的创新之处在于，为用户提供定制的音乐播放列表，只要方便，用户随时都可以收听音乐。这属于点播音乐，与商业电台不同。在商业电台上，听众必须要等不太喜欢的音乐播放完毕才能收听自己喜欢的音乐。

2008年，装订电台面世，标志着点播电台的理念得到了进一步发展。听众可以利用装订电台随时下载新闻和热线广播节目。听众选定一个节目之后，装订电台便会根据用户的偏好利用算法为音乐库中的每个节目排序。如果用户下载了迈克尔·萨维奇的热线节目，装订电台便会向听众推荐同类的保守派主播劳拉·英格拉姆的节目。换句话说，听众可以把最喜欢的节目"装订"成个性化的列表。

人们常常把装订电台在电台新闻上的做法比作潘多拉在音乐上的做法。然而，事实上，装订电台关注的不只是新闻节目，该电台的节目也包括热线广播、体育、新闻和喜剧。

2011年，零售商Hammacher Schlemmer开始销售能够收听4.5万个电台节目的汽车收音机，这使传统上以收音机为主的传播方式提升到了一个新层次。汽车收音机售价99美元，可以被插进12伏的电源插座中。这种收音机能够通过汽车收音机的扬声器即时下载成千上万的地方性、全球性以及互联网上的广播电台节目。苹果手机的一款应用能够根据不同的节目类型进行快速检索。

与此同时，福特、大众以及其他汽车制造商已经与装订电台和潘多拉开展合作，在其生产的汽车上安装内置互联网收音机设备。

未来的广播模式：

- 能够将直播节目下载到连接互联网的设备（如智能手机和平板电脑）。
- 由潘多拉这样的点播电台根据你的喜好为你提供个性化的播放列表。
- 由装订电台这样的点播电台提供公共事务、新闻、体育以及其他热线节目。

你怎么看？

你认为播客对唱片音乐零售业产生了什么影响？

你认为将各种广播节目下载下来用于点播收听的过程比喻为"装订"合适吗？

本章小结

长期的共生关系

音乐行业与广播行业相互依存。唱片公司鼓励广播电台播放自己的唱片，因为它们知道唱片播送能够提高唱片销售量。电台能够免费获得唱片音乐，这降低了节目成本，同时也使节目很受欢迎。早在20世纪20年代广播刚刚出现时，这种共生关系就已经产生了，并延续至今。但是这种关系也存在负面影响，为了使一首歌曲能够得到播放，音乐推广人偶尔会贿赂电台的工作人员。这种行为被称为"商业贿赂"，也因对音乐的过度宣传歪曲了音乐真实的受欢迎程度。

唱片行业

四家公司的唱片音乐占据了 75%—85% 的市场份额。20 世纪初期形成的商业模式获利丰厚。虽历经起伏,但却能反映大众口味的改变和变幻莫测。1998 年,纳普斯特软件出现后,人们能够免费分享自己硬盘中的音乐,不再需要购买唱片,因而瓦解了这种商业模式。最终,最高法院判决纳普斯特侵犯了音乐所有人的版权。这缓解了唱片行业的问题,但却未能使问题得到解决。苹果的 iTunes 推动了问题的解决,但在很大程度上取代了出售唱片音乐的传统实体零售门面。

广播行业

托管模式是政府对广播实施早期管控的有效方式。当时,广播频率太少,无法让每个人都如愿创办电台。作为托管人,政府需要使电台服务于公众利益,因而有权决定哪些人可以进行广播。随着时代的发展,技术进步使这种托管关系逐渐淡化。现在,美国共有 1.3 万家电台,而最初只有几百家。

美国无线广播的特点

美国广播行业虽然受到政府管控,但大部分电台以广告为经济基础。然而,这种经济结构受限于政府限定的授权结构。根据政府的授权,每家电台只能在特定的地理范围之内播放。无线电网络和具有全国性特点的节目电台不受政府管控。尽管这样,获得执照的电台也应就其所在的网络和播放内容向政府负责。

广播的影响力

大多数广播节目都是娱乐节目,主要是唱片音乐。原创节目很少。虽然新闻曾是广播节目的主要内容,但现在却被音乐取代了。在很多电台,热线节目是重要的支柱节目,但大部分是由遥远的电台网络中转播而来的,没有地方特色。

广播行业的发展方向

唱片行业面临着技术进步带来的挑战。该行业依然关注传统的分销渠道,忽略了互联网在交换音乐方面带给人们的影响。该行业注意到这一问题时,为时已晚。绝望之中,唱片行业试图利用各种在线分销机制与非法下载做斗争。但这些方法都不奏效。随后,苹果公司的 iPod 和 iTunes 音乐商店问世,这为唱片公司打造了 21 世纪的分销体系。通过这个体系,唱片公司可以获得收入。

批判性思考

1. 你认为唱片行业与广播行业的共生关系有哪些优点?有哪些缺点?
2. 如何解决政府对广播的管控与第一修正案中新闻自由之间的矛盾?
3. 无线电网络本身虽然并不受政府管控,但为什么还要遵守政府的法律法规?
4. 你认为美国广播行业特点的变化是否有悖于 1927 年出台的监管法律?
5. 假设你是一名身穿闪耀铠甲的骑士,被派来拯救传统的地面商业广播,你会怎么做?
6. 你认为,对广播行业而言,哪种新的广播技术是最持久的?

媒介术语

Adam Curry 亚当·科利
affiliates 下属电台
airplay 唱片播送
all-news radio 全新闻广播
All Things Considered《包罗万象》
American Public Media 美国公共媒体
amplitude(AM) 调幅
Arbitron 阿比创
breaking news 爆炸性新闻
Coporation for Public Broadcasting 公共广播公司
Edward R.Murrow 爱德华 R.默罗
Federal Radio Act《联邦无线电法》
First Amendment 第一修正案
frequency modulation(FM) 调频
Gordon McLendon 戈登·麦克莱登
headline service 标题新闻
localism 地方主义
marketplace concept 市场理念
Morning Edition《早间报道》
Napster 纳普斯特
National Public Radio 国家公共电台
news package 包裹式新闻
on-demand radio 点播广播
payola 商业贿赂
phonographs 留声机
playlist 播放列表
podcasting 播客
public interest, convenience and necessity 公众利益、方便、需要
Rush Limbaugh 拉什·林博
satellite radio 卫星广播
Shawn Fanning 肖恩·范宁
Steve Jobs 史蒂夫·乔布斯
talkers 主播
Telecommunications Act《电信法案》
terrestrial radio 地面广播
The Takeaway Takeaway 节目
Trusteeship concept 托管理念
Walter Cronkite 沃尔特·克朗凯特

媒体资源

→对于想要了解音乐行业的粉丝来说,双周刊《滚石杂志》(*Rolling Stone*)是主要的期刊。《公告牌》(*Billboard*)杂志也是如此。

→Ethan Brown. *Queens Reigns Supreme*. Anchor, 2005. 1988年,新手警察爱德华·伯恩死于枪击,这使警察对皇后区的毒枭进行了镇压。很多毒枭不再做毒品生意,转而创造自己最了解的音乐。Brown认为知名说唱歌手的根源可以追溯到这件事。Brown的文风虽然客观中立,文章全然使用了新闻的语调,却也没有丝毫同情之心。

→Barry Truax. *Acoustic Communication*, second edition. Greenwood, 2001. Truax是加拿大学者,通过跨学科研究创建了一套模式,用于理解声音和听觉体验。

→James Miller. *Flowers in the Dustbin: The Rise of Rock 'n' Roll, 1947-1977*. Simon & Schuster, 1999. Miller是一名学者,也是图书和音乐批评家。相比于大多数学者,他探索了摇滚乐更早的起源。

→Charles H. Tillinghast. *American Broadcast Regulation and the First Amendment: Another Look*. Iowa State University Press, 2000. Tillinghast是娱乐行业的律师。他讲述了政府管控的历史及政府管控给第一修正案支持者带来的困难。

→Donna Harper. *Invisible Stars: A Social History of Women in American Broadcasting*.

Sharpe, 2001. Harper 是一位历史学家。本书的内容主要基于对先锋女主播及仍在主持节目的女主播的采访。她还参考了信件、新闻和杂志上的文章。

→Marc Fisher. "Resurgent Radio," *American Journalism Review* (December 2000), pp. 32-37. Fisher 是《华盛顿邮报》的媒体作家。他研究了新型的广播技术,包括卫星投递、互联网投递以及数字传输。

→Gerald Eskenazi. *I Hid It Under the Sheets: Growing Up with Radio*. University of Missouri, 2006. Eskenazi 是《纽约时报》的体育记者。他回顾了所谓的"广播的黄金时代"。书中,他主要关注喜剧、智力竞赛节目、肥皂剧、戏剧、悬疑故事、西部片、恐怖片以及 20 世纪 30 年代至 40 年代的早期电台体育节目。

→Thomas Doherty. "Return with Us Now to Those Thrilling Days of Yesteryear: Radio Studies Rise Again," *Chronicle of Higher Education* (May 21, 2004), pp. B12-B13. Doherty 是一名广播学者。他对广播这一社会现象产生了新的兴趣,并在该报告中阐述了该领域学术研究的状况。

→Robert L. Hilliard and Michael C. Keith. *Dirty Dscourse: Sex and Indecency in American Radio*. Iowa State Press, 2003. Hilliard 和 Keith 都是传播学学者。二人回顾了广播管制放松化和联邦通信委员会雅俗标准的变化。

→Gerd Horten. *Radio Goes to War: The Cultural Politics of Propaganda During World War II*. 2002.

→Kevin G. Wilson. *Deregulating Telecommunications: U.S. and Canadian Telecommunications, 1840-1997*. Rowan & Littlefield, 2000. Wilson 是加拿大传播学学者,他回顾了广播管制政策的历史演变,并且指出管制政策最终进入与技术融合的时代。

→James C. Foust. *Big Voices of the Air: The Battle over Clear Channel Radio*. Iowa State University Press, 2000. Foust 是新闻学教授。他讲述了联邦向电台发放执照的历史,分析了联邦向 40 家超级电台发放执照的案例,该举措使广播得以覆盖农村听众。

▶ 本章主题性总结

声音媒体

为了更好地巩固你的媒介知识,此处用贯穿本书的几个主题来展现本章内容。

媒介技术

纳普斯特小孩(译称肖恩·范宁)在唱片音乐的发展历程中昙花一现,给整个唱片音乐行业带来了巨大的威胁,几乎要击垮整个行业。范宁开发这款点对点音乐共享软件的本意并非如此,但却产生了无法预料的、近乎灾难性的后果。

老牌大众媒体公司发现自己错失了新技术带来的转型机会,但却为时已晚。比如,对唱片行业而言,纳普斯特的出现完全是出乎意料的。利用这款软件,粉丝能够免费交换音乐。唱片行业不仅没有接受新技术不会消失这一事实,反而极力抵制新技术,并起诉了粉丝。如今,苹果的 iTunes 这一稍有区别的零售模式已经被广泛接受了。

媒体的未来

着眼于未来,唱片音乐行业和广播行业的发展形势可谓摇摇欲坠,因而几乎没有犯错误的余地。

原有的商业模式持续了几十年,这种模式带来的成功蒙蔽了声音媒体行业的视野,使之错失了顺应新时代的机遇。20 世纪 90 年代,广播没能升级到数字传输技术。结果,像天狼星 XM 这样能够直接将信号传输给听众的卫星广播便抢走了地面广播的听众。地面广播能够播送高处的信号塔发出的信号。在过去的一个世纪里,地面广播技术得到了改善,但没有发生根本变化。地面广播试图挽回失去的听众。2008 年,约 2000 家广播电台输出了数字信号,而且清晰度也得到了改善。

传媒经济学

唱片行业希望通过音乐下载来抵消 CD 销售量快速下降带来的损失,但是这种愿望并没有实现。虽然下载量不断上升,但上升的速度还有待提高。

20 世纪 20 年代中期,唱片市场暴跌。唱片公司开始寻求与广播行业开展有利的合作。自 20 世纪晚期政府放松管制以来,广播电台发现,音乐对听众和广告商的吸引力最大。针对播放公共事务和新闻的广播电台,联邦通信委员会放松了授权条件。广播电台发现,相比于雇用新闻记者和公共事务节目的制作人产生的费用,制作音乐节目的成本更低。从播放新闻向播放音乐节目的转变清楚地表明,媒体公司是资本主义企业,寻求用最低的成本获得最多的收益。

媒体与民主

在广播生涯中,汤姆·卓伊纳动员听众参与到他的事业中来,常常在权力面前说出真话。在卓伊纳发起的一场运动中,听众捐款 150 万美元,用以帮助卡特里娜飓风的受害者。他创造了"黑人的海啸"一词,用来代指这场灾难和政府的不作为。

作为一种媒体形式,广播具有很长的发展历史。1916 年,广播播报了总统大选的结果。20 世纪晚期,电视取代了广播在这方面的角色,但是作为一种媒体形式,广播行业仍然是讨论公共事务的平台。现在,这种角色主要由热线电台扮演,虽然节目的大部分内容是逗笑和喧闹,并没有启发意义。与此同时,非商业公共电台发展为致力于公共事务讨论的平台。

精英主义与民粹主义

在所有的大众媒体中,对音乐电台频道的选择能够最为充分地反映不同文化品位之间的对比。音乐电台上既有"泡泡糖"摇滚乐演奏者也有高端音乐家。但是哪种力量占据主导地位呢?

神经科学告诉我们,大脑的开发并不完全受个人的控制。智力与心智并不是同步发展的。人们的心智能力处于不同的水平。理解能力和欣赏能力也是如此。这就要求媒体内容必须实现多样化。我们需要为孩子提供符合孩子兴趣的摇滚广播电台,为无法欣赏这类音乐的人提供其他的电台。问题是,在吸引观众的过程中,媒体是否丧失了提升品位和欣赏能力的功能。孩子喜欢的东西是不是取代了更有价值的内容?

媒体与文化

纽约公共广播电台向多家电台提供 The Takeaway 节目。这个节目很典型,采取精妙复杂的谈话方式,标志着美国公共广播的兴起。国家公共电台的《包罗万象》节目便是很好的范例。

在增加报道新闻、公共事务以及文化的非商业性广播电台听众方面,政府也发挥着作用。1967 年,政府开始将大部分资金投放到非商业性广播系统中,由此催生了国家公共电台网络和《包罗万象》这样的节目,节目主要关注政治、社会、经济以及文化事务,节目以谈话的形式在友好的氛围中展开,吸引了大批听众。这些听众不喜欢平淡重复的流行音乐,而流行音乐已经成为商业电台的核心。对于依赖广告收入的电台来说,这种类型和风格的节目很难维继下去,但是很多州级非商业电台网络都采用这种节目形式。

第6章

视像媒体

■ "多面手"泰勒·派瑞（Tyler Perry）

泰勒·派瑞出生于美国新奥尔良市，来自工薪阶层家庭的他，童年生活非常贫困；16岁从高中辍学后，他自学了剧本写作和表演。这样的一个人，似乎不可能成为所谓"新好莱坞"的化身。然而泰勒·派瑞却做到了，并做得更为出色。从他身上，可以看到下一阶段媒体在内容、平台和渠道方面的演变趋势。他是新媒体时代的"导演"，不仅创作和拥有自己的作品，还同时负责在各个平台上建立品牌、担任制片和发行作品，丝毫不遵循传统上将电影、电视、舞台、印刷和数字媒体分开的旧路线。在40岁之前，派瑞已成为媒体行业的"新好男人"。

派瑞从20多岁的时候开始写剧本并排演舞台剧，那时他在亚特兰大，他的剧往往只有20到30名观众，参演演员多是年轻有才而又默默无闻的黑人演员。派瑞也常常参演，有时他头戴假发、身着家居服，扮演"黑疯婆子"玛蒂——一个以他祖母为原型的令人生畏的女家长形象。派瑞在每一场表演之后都会做观众调查，他会在台上和观众们交谈，看看他们喜欢什么、想看什么。派瑞说，他从这段经历中体会到，黑人家庭中的女性对建立观众群体至关重要，因为"是女性观众把男人和孩子以及其他任何人带来看所有这些东西"。他因此意识到，女性观众是他关注的重点。

派瑞的第三部舞台剧《疯女人日记》（*Diary of a Mad Black Woman*），便以玛蒂这个角色为中心。这部剧被改编成他的第一部电影，成本只有550万美元，由独立电影公司狮门电影公司发行，于2005年上映，最终获得了超过5000万美元的票房。尽管《疯女人日记》曾受到批评家的严厉批评，然而它却似乎填补了那些感觉好莱坞不对胃口的观众的观影空白。这部影片也为派瑞在接下来几年中高产的创作确立了模式。在接下来的几年中，派瑞撰写、制作并负责巡演了六部舞台剧，拍摄共九部电影、两部电视剧，并且出版了一本书。

派瑞所有的作品，无论是哪种媒介，都以"泰勒·派瑞的"（Tyler Perry's）冠名。2009年根据其舞台剧改编的电影《泰勒·派瑞的黑疯婆子闹监狱》（*Tyler Perry's Madea Goes to Jail*），上映第一个周末的票房收入就达到410万美元，再次证明了一个已然十分明显的事实：面向美国黑人观众的普通中产阶级喜剧有很大的市场，这一市场不仅存在，而且尚待开发。

到目前为止，派瑞共有两部情景喜剧在美国 TBS **电视频道**[①]热播：《佩恩一家》(*Tyler Perry's House of Payne*)和《拜见布朗一家》(*Tyler Perry's Meet the Browns*)。前者于 2006 年首播，成功播出了七季并联卖(in syndication)给了其他电视台播出。后者于 2009 年首播，与派瑞的其他作品一样，《拜见布朗一家》也是内容驱动媒体融合的典范：首先是舞台剧，之后被改编为同名电影并在 2008 年 11 月 2 日首映当周周末获得 210 万美元的票房成绩，随即被改编成电视剧。2012 年度，派瑞发行了他的第三部电视情景喜剧《婚姻生活》(*For Better or Worse*)，改编自他之前的两部成绩不错的电影《我为什么结婚了》(*Why Did I Get Married?*)和《我为什么也结婚了》(*Why Did I Get Married Too?*)，同样在美国 TBS 电视频道播出。

在一次电视与广告界人士的聚会上，派瑞曾说过，观众们渴望《拜见布朗一家》这样的剧。他说，这些剧能让人们知道有人正在关注他们，就像一台回放机一样，人们能从这些影视作品的故事情节和人物描绘中看到他们自己。

派瑞在亚特兰大建立了庞大的泰勒·派瑞工作室(Tyler Perry Studios)，集制片厂、摄影棚和办公室于一体，除了打响自己作品的品牌，派瑞现在也为其他艺术家的作品担任制作人，指导其他电影摄制者的工作。

工作室也为派瑞的下一个梦想打下了基础，即拥有自己的有线电视网络。雄心勃勃的派瑞，如他自己所说，一直在寻找更多的扩张机会。他将自己为拍摄《佩恩一家》和《拜见布朗一家》所付出的努力描述为一块"磨刀石"，助他成就他的下一部大作。

媒体融合的典范。 泰勒·派瑞是媒体行业的"新好男人"。他看到了在多个平台上开发内容并无缝衔接的可能性。你可能从他的电影里知道他塑造的人物玛蒂，而这个角色也属于他的舞台剧。他还写书，制作电视剧，当演员，当导演……是平面媒体？声音媒体？还是视像媒体？这些都不重要。对派瑞来说，不论借助哪一种媒体，将内容传播给广大观众才是最重要的。

本章要点

- 电影和电视行业在许多方面都不同，但也越来越融为一体。
- 在经历了早期的快速增长之后，电影业随着与政府关系的破裂和电视的出现而失去了发展动力。
- 美国电视业最初是由联邦政府授权的双重结构，现在则与有线电视系统和直接面向消费者的卫星传输系统相竞争。
- 电影业由少数几家大电影公司掌控，但电影发行公司和放映公司也扮演着必不可少的角色。

---

① TBS 电视频道：特纳广播公司旗下频道。（译者注）

- 视像媒体产业正在逐渐融合，产品类别的划分出现了交叠。尽管如此，不同类别的产品还是各自保有一定的区分度。
- 电影产业中的电影放映行业正处于快速转型阶段。

6.1 影视融合

▲ 本节概述

在经历了早期的敌对之后，电视和电影行业在很大程度上融合在了一起。许多大公司都涉及这两个行业。传统电视和好莱坞电影之间已经显现出协同效应。

6.1.1 不同的传统

尽管如今好莱坞和电视行业相处融洽，最初它们却把对方看作死敌。这种敌对关系可以回溯到 20 世纪 50 年代，那时电视的出现将成百万人的眼球从电影院的大银幕转移到电视屏幕上来。在此之前的半个多世纪，好莱坞一直是屏幕音画内容的唯一媒介和传播者，这一地位此前从未被动摇过。

电视和电影这两种视像媒体拥有不同的企业和艺术文化。在巨大的知名度和盈利能力的推动下，一种鲜明的、好莱坞式的文化与生活方式诞生了，它是追逐名流、金光闪闪又华而不实的。电视行业则是在忽然之间强势兴起，与好莱坞截然不同，它在文化上继承了相对更加保守的纽约广播业。即使是技术方面两者也是不同的，电影制作当时靠的是感光化学，而电视制作则是电子技术。

演员对这两种交战中的媒体的态度有着明显的区分。在电视录像带技术出现之前，一些舞台剧演员会考虑在电视上进行直播表演，而从不在电影中露面，因为在那时，电视可以拥有现场表演的随性自然。而有的演员则会首选电影，因为拍摄和剪辑过程可以控制失误，还可以通过替代镜头来创造电影中毫无缺憾的完美效果，从而有了更强的可操控性。

6.1.2 协同效应

今天我们很难理解当时电视和电影的敌对关系。现在，演员对平台持中立态度，能够毫不费力地在不同的舞台间穿梭。电视和电影行业也常常在内容上相互借鉴。事实上，从公司名字上就可以看到电视和电影的融合已经非常明显：NBC 环球、迪士尼-ABC、福克斯电视台与二十世纪福克斯电影公司。

那么发生了什么？在界限逐渐模糊的这些重要媒体产业间，还保留着什么样的区别？

1954 年，电视节目《迪士尼乐园》(*Disneyland*) 开始在美国广播公司（ABC）的周日晚间播出，这一次美国广播公司电视台与迪士尼工作室之间的联手，显示出了潜在的**协同效应**①(synergy)。当时流行的电影衍生出了电视连续剧，同样，流行的电视连续剧也衍生出了电影。另一个突破发生在 20 世纪 60 年代中期，电视台开始播放好莱坞大片，如《桂河大桥》(*Bridge over the River Kwai*) 等。之后这类影片被统一安排在黄金时段的"每周电影"系列中播出。无论是对电视台，还是对电影公司，这都是经济上的双赢，它们突然间发现可以通过

---

① 协同效应：产生的组合效果大于单独效果之和的相互作用。

电影产品的再利用获得额外的收入。可以肯定的是，地方台在此之前已经从好莱坞接手过一些旧片子来填充时间，不过这些影片大多是B级片，多在非黄金时段播出。

电视系列喜剧《我爱露西》（*I Love Lucy*）的出现使电视和电影间的鸿沟进一步缩小。这部剧于1951年首播，由三台摄像机拍摄完成，使电视脱离了现场表演的形式，更趋近于好莱坞的制作传统。《我爱露西》的编辑人员从三组角度不同的镜头中加以选择，以产生最好的效果。同样重要的还有演员戴西·阿纳兹（Desi Arnaz）和露西尔·鲍尔（Lucille Ball），其成功给了他们足够的底气与哥伦比亚广播公司（CBS）电视台谈条件，使后者允许他们在好莱坞制作节目。那时的电视产业仍以纽约为中心，但戴西和露西尔更喜欢西海岸的阳光和魅力。

之后数字化技术的出现促进了电影、电视之间的相互转化，两者之间的区别逐渐模糊。在公司办公室里，经理关注的不再是他们的老对手抓住了多少眼球，而是如何让产品适应所有的传播媒介以实现利润最大化。

虽然这对旧日死敌目前已找到一种简单而有利可图的方式和平共处，但它们仍然存在分歧，这些分歧深深植根于它们独特的过去。

劳埃德和列维坦。 电视制片人

现代"伪纪录片"。 克里斯托弗·劳埃德（Christopher Lloyd）和史蒂文·列维坦（Steven Levitan）的《摩登家庭》，采用旁白和人物直接对摄影机讲话的形式拍摄。这种"伪纪录片"的风格使之与传统的"情景喜剧"截然分开。其中，索菲娅·维加拉（Sofia Vergara）饰演一位花瓶妻，这一哥伦比亚裔的形象，让不少观众想起在1951年首播的神经喜剧《我爱露西》里戴西·阿纳兹创造的怪诞的拉丁元素。

> **思考**
> - 你认为导致二战后好莱坞和电视行业之间斗争的最重要的一个因素是什么？经济？技术？企业文化？行事风格？还是其他什么因素？
> - 根据你自己的经验，列出在电影和电视两方面都很成功的演员、电视制片人和电影导演名单。他们这些人有什么共同点？

6.2 电影业

▲ 本节概述

20世纪初，电影作为动态的视觉媒体，迅速成为一大重要行业。随着阿道夫·朱克（Adolph Zukor）的一系列创新，好莱坞已与魅力和浮华联系在一起。而在20世纪40年代，电视的到来使电影面临劲敌，加上针对大制片厂的一项反垄断法庭裁决，迫使好莱坞缩减了规模。虽然好莱坞的鼎盛时期早已过去，但电影业仍然是主要的大众传播媒介，只不过它现在处于一个更广阔的媒介竞争环境中。

6.2.1 形成时期

美国发明家托马斯·爱迪生（Thomas Edison）是电影行业的先驱。他用投影机在墙上投射出图像，这种早期的展厅让观众赞叹不已。他有一组镜头，拍摄的是沙滩上的海浪朝着摄像机镜头翻滚而来，把观众都吓坏了——人们护住头部，本能地以为他们会被淹没。这就是所谓的"怀疑搁置"①（suspension of disbelief）。在像茧一样的黑暗的电影放映厅环境里，人类天生的怀疑心理被迷惑了，屏幕上的故事由此得以深深打动人心。

虽然观众被隔绝在一个昏暗的放映厅里，他们却拥有着相同的体验。你不是唯一一个或哭泣或惊恐或快乐的人，和你一起的观众会加强这种情绪，这是其他媒体无法比拟的。比如说，一家报纸的文章可以有成千上万的读者，但是这种阅读体验却是独立的、个人化的，对他人产生的情绪化影响也较小。在家里看电视也常常是独自一人进行的，即使电视上有大多数电影的元素，包括图像、动作、声音等，然而电视在引起周围人情绪共鸣方面也同样没有优势。

电影自爱迪生时代以来已经走了很长的路。配备了宽屏和精致的扩音效果，电影这一媒体比以往任何时候都更有影响力。想想看丹·布朗的惊险小说《达芬奇密码》引起的烦扰和谩骂。这本超级畅销书因其对天主教历史所做的描述引起了一些轰动和批评，但这远远比不上由该书改编的电影所点燃的怒火。电影《达芬奇密码》由朗·霍华德（Ron Howard）导演，索尼公司发行。电影首映时，公众的愤怒已经到了无以复加的地步。这前所未有的愤怒，显示出了电影的影响力。作为一种讲述故事、制造神话的媒介，电影对于广大观众的影响可以远远超过其他媒体，至少在短时间内如此。

正是通过这种影响力，阿尔·戈尔（Al Gore）的纪录片电影《难以忽视的真相》让人们意

---
① "怀疑搁置"：当你不再怀疑一个故事的真实性，并陷入了故事当中时，就是"怀疑搁置"现象。

识到寻求全球变暖解决方案的紧迫性。以迈克尔·摩尔(Michael Moore)为代表的讽刺时事纪录片的创作者所触及的重要问题,已远远超过了杂志和报纸文章数年的总和。比如《猜猜谁来吃晚餐》(*Guess Who's Coming to Dinner?*)这部以黑人与白人通婚为题材的电影,在20世纪60年代还非常前卫,它的出现推动了公众对于种族主义的认识。

电影业的影响力在于其传播方式。如同缚在茧中一样的剧场环境使电影对观众更有影响力,因为那漆黑的观众席中没有任何使人分神的东西。然而,电影业早已不只限于电影院,而是扩展到了其他平台,尽管其他平台的效果并不如影院观影的效果好,却也使电影业的影响力得以延展。这些平台包括电视、家庭DVD、电脑或智能手机下载等。

6.2.2 阿道夫·朱克的派拉蒙

早期的电影制作者对他们演员的名字都进行了保密。当时的想法是,这样就可以阻止粉丝群的形成,以免演员产生明星情结,并要求更好的薪酬。在当时,一天十五美元就算最高的薪酬了。但是,匈牙利移民**阿道夫·朱克**①(Adolph Zukor)有不同的想法。1912年,他成立了一个名叫"名演员"的制片公司,通过跟踪粉丝信件,他会找出最常被提到的演员,跟他们签订独家合约。可以这么说,朱克把他们的名字置于了明处。这可成本不菲。玛丽·碧克馥(Mary Pickford)的薪酬很快就涨到了每周1.5万美元。而这给朱克带来的回报则是玛丽·碧克馥这个名字所吸引的观众,即使是平淡无奇的电影,也有人慕名而来只为再看她的表演。朱克的**明星制**②(star system)被广泛地模仿起来。

阿道夫·朱克

好莱坞的幸存者。 在各大巨头中,派拉蒙是唯一仍据守地理意义上的好莱坞的影业公司。随着拍片预算锐减、收入大幅下滑,很多大制片公司都将大批土地和设备卖给了房地产开发商以换取现金。今天,只有派拉蒙的设施还保留在好莱坞。

---

① 阿道夫·朱克:派拉蒙影业公司的富有创新精神的创始人。
② 明星制:将演员打造成名人,从而为电影吸引更多观众。

电影的大规模生产。明星制将大规模生产引入了电影制作领域。朱克需要大量项目来保住自己雇员的生产力,不仅包括明星,也包括其他合约雇员如数百名董事、编剧、剪辑师和技术人员。到朱克的制片公司由"名演员"更名为"派拉蒙"的时候,电影制作已近似于工厂化生产。最后,在大规模生产的紧凑进度下,派拉蒙每周都会发布一部新电影。

与联邦政府关系的破裂。到了 20 世纪 30 年代中期,大的电影公司积聚起以英亩计的摄影棚和设备,而这些都是赚钱的机器。在巨大的利益驱动下,这些电影制作公司不仅进行电影拍摄,也涉足电影发行和电影放映业务,而这便挤占了独立经营商市场。这种商业模式,即**片厂制度**①(studio system),是一种从故事概念、生产到最终消费者阶段进行全面控制的一体化结构。整个系统的控制导致了很多弊端。派拉蒙等主要电影制片厂实施了**包档发行**②(block booking),这意味着剩下的独立放映商如果想要播放制片厂的主要电影,就必须买下这一片厂一整年的其他产品,包括劣质作品。这种强制性做法为主要制片厂带来了更多的财富,为好莱坞富贵的生活方式和其他各方面的穷奢极侈提供了资金,好莱坞背上了纸醉金迷的名声。

1948 年,一场由美国最高法院裁决的反垄断诉讼让这一切都走向了尽头。这就是所谓的"**派拉蒙判决**"③(Paramount decision)。法院判决禁止电影公司垂直经营制片、发行和放映业务,为此,电影公司不得不出售了一批电影院,片厂制度因此受挫。突然间,各大电影公司不得不在电影院争夺放映时间。由于包括 B 级电影在内的电影销路没有了保障,电影公司只好缩减员工人数和设施。好莱坞过度奢华的镀金时代结束了。

6.2.3 电视成为对手

尽管派拉蒙判决是对大电影公司商业模式的突然打击,但它们面临着一个更为棘手的危胁。这一新兴的竞争对手便是电视。它于 20 世纪 40 年代早期出现,那时正值国家资源被二战消耗,其发展因此受到了阻碍。但战后,美国全国广播公司(NBC)和哥伦比亚广播公司(CBS)的电台网络便恢复了全国电视网络项目。数百万的家庭在厨房的桌子旁做出预算决策,决定购买一台电视机,而在那时,一台电视的价格往往高达 500 美元。为了分摊成本,人们往往会待在家里消遣而不再去附近的戏院看电影。电影观众人数由 1946 年顶峰时期的每周 9 亿张电影票销量开始下降。对于刚从危险之中生存下来的好莱坞而言,电视便是敌人。

最初,电影和电视两者的技术基础几乎没有什么共同之处。电影被记录在胶片上,是一个以化学反应为基础的媒体。零零碎碎的表演摄制过程需要数周或数月,之后经过煞费苦心的剪辑后,才让观众看到产品。而在早期的电视中,观众看到的活动和表演都是现场直播的。从某种意义上说,早期电视拥有舞台现场的紧张感和兴奋感,但电影是被编辑打磨后才最终呈现。当然,电视节目也可以被记录在胶片上,但早期向观众播出的时候必须是现场直播。

早期的电视和电影的倾向也是不同的。电视产业网络是仿照以纽约为中心的广播网络

---

① 片厂制度:各大电影公司主导并控制了电影业的方方面面。
② 包档发行:电影院接受的租下一整批电影的租赁协议。
③ "派拉蒙判决":1948 年美国最高法院打破电影行业寡头局面的决议。

而建立的。电视技术人员和制作者都来自广播行业。相比之下,电影产业的模式和传统却一直在好莱坞,在那远在大陆彼端的地方,按照自己的方向演进着。

思考

- 除了能够记录运动影像这种新颖特性外,还有什么让电影成为一种新的强大的媒体?
- 你认为谁是如今电影业的阿道夫·朱克?为什么?
- 作为媒体消费者,如果身处那个年代,你会如何看待当时的派拉蒙判决?现在又会怎么看?
- 电影、电视行业的传统和实践如何导致了它们早期的互不相容?

6.3 电视产业结构

▶ **本节概述**

20世纪30年代,由国会制定的电视行业调控机制导致了美国电视行业双重结构的形成。进入电视行业的企业须与规定的结构相一致。最初的电视行业由地方电视台组成,而它们播出的最成功的电视节目则往往来自全国电视网。今天,这些通过扎根地表的本地信号塔来传输内容的地面电视台,面临着有线电视和卫星传输电视的竞争。

6.3.1 双层结构

正如1948年政府针对派拉蒙的反垄断行动使电影行业发生巨大变化,政府政策也对电视产业格局的形成产生了深刻影响。20世纪30年代,电视的发展刚刚起步。国会由于看到了广播领域法规的效果,对1927年的《联邦无线电法》感到很满意,于是认为,如果这样的监管体系适用于广播,也能够适用于电视。国会调整了1927年的**《联邦无线电法》**①(Federal Radio Act)并将其范围扩大到了电视,于1934年颁布了**《联邦通信法》**②(Federal Communication Act)。

同广播一样,全国电视体系的支柱是由联邦通信委员会批准的地方电视台。因为政府不想鼓励强势的中央媒体的发展,所以并未产生"国家电视台"。然而同广播类似,这些新的地方电视台在自身预算无法制作的电视节目上,仍依赖全国电视网。毫无悬念地,这些电视网便是广播系统里已形成的美国全国广播公司、哥伦比亚广播公司和之后的美国广播公司。大一些的城市也有一些非附属的、独立的电视台,但大部分都居于次级。再次的则是一些非商业电视台,大多由校区运行,用于播出教育类节目。

因此,早期电视产业的结构与广播的**双层结构**③(two-tier system)是一致的。由政府批准、地方运营的电视台是一层结构,而全国电视网则构成了另一层结构。电视网不由联邦通信委员会批准,但须符合其对地方电视台的期待,也就是说,它会避免制作播出后可能危及

---

① 《联邦无线电法》:美国政府对广播进行监管的法案,最初于1927年颁布。
② 《联邦通信法》:1934年对《联邦无线电法》的修正,将电视包含在内。
③ 双层结构:最初的美国广播系统有两层结构,一层是地方的有执照的电视台,另一层是全国电视网。

其地方加盟电视台执照的节目。

由美国广播公司、哥伦比亚广播公司和美国全国广播公司组成的"**三巨头**"①(Big Three),逐渐势均力敌,各有约 300 家加盟电视台。电视网的节目通过获许可的电视台的信号塔,在各个城市间传播,除了信号无法到达的偏远地区和山区,几乎覆盖了全美。1986 年,澳大利亚传媒大亨鲁珀特·默多克以其他电视网的成功为基础,创建了福克斯广播公司(Fox),将"三巨头"变成了"四巨头"。

除了以广告收入为主要财务来源的美国商业电视体系,联邦通信委员会也批准非商业电视台的运营。最初,非商业电视台主要由大学和校区运营,目的是扩大其教育范围。1967 年,为了回应联邦通信委员会主席**牛顿·迈诺**②(Newton Minow)对电视节目是内容低俗的"**巨大的垃圾场**"的批评(这一批评至今仍被引用),国会成立了**公共广播公司**③(Corporation for Public Broadcasting, CPB),目的是建立国家级非商业广播体系,制作高水准的电视节目,从而与那些本质上为了迎合大众而制作的商业节目区别开来。被称为"**公共广播服务**"④(Public Broadcasting Service, PBS)的公共电视网应运而生。

为了支付制作费,公共电视台汇集了各种收入来源,既包括有公共精神的企业的捐款,也包括观众的捐款。直到数年前,政府拨款一直是维持公共电视网运营的主要来源,拨款由一个叫作"公共广播公司"的类政府机构进行政策控制和分配。然而随着联邦经费的减少,现在公共电视明显地增加了募集捐款的力度,不管是慈善机构或企业(会在播出时进行简短鸣谢)的赞助,还是来自忠实观众的捐助。

6.3.2 碎片化的电视产业

1934 年国会起草《联邦通信法》时,没人能想象到除了地上的发射器以外,还有什么其他的办法能传输电视信号。那时,通过低容量的电话线进行有线传输是不现实的。通过轨道卫星传输?更是天方夜谭。

地面电视。早期的电视台需要把发射器建在山脊、山峰或是摩天大楼上,要不就建很高的发射塔,以使信号传得越远越好。北达科他州平坦的红河谷地上,一家电视台的发射塔高达 2063 英尺(约 628.8 米)。1963 年这一发射塔一落成,就成了当时世界上最高的建筑。这家电视台定的台号 KTHI 便是高塔(Tower High)的缩写。

由于电视信号沿直线传输,不能贴合地球的曲度,因而对超过数英里的地面电视信号传输来说,高度就至关重要。从法戈(美国北达科他州东南部城市)到大福克斯(美国北达科他州东部城市)的电视信号,全程 55.6 英里(约 89.5 公里),就必须得途经北达科他州的信号发射塔。这就是地面电视的限制。

有线电视。20 世纪 40 年代后期,俄勒冈州、西弗吉尼亚州和宾夕法尼亚州西部山区的企业家,想出了在群山阻挡电视信号的情况下,把电视输送给他们社区的方法。当时只有大城市才有电视台。这些企业家把接收塔建在附近的山顶,再串起电缆到城镇,这样就能把收

---

① "三巨头":美国广播公司(ABC)、哥伦比亚广播公司(CBS)和美国全国广播公司(NBC)。
② 牛顿·迈诺:前联邦通信委员会主席,曾批评电视是"巨大的垃圾场"。
③ 公共广播公司:类政府机构,将税收产生的经费分配给美国非商业电视和广播系统。
④ 公共广播服务:非商业无线广播电视台组成的电视网。

到的遥远的信号,从山顶传到家家户户。这样一来,像俄勒冈州的阿斯托里亚(Astoria)那样的地方,就有了电视。渐渐地无线电视信号无法到达的每一个小镇,都建起了当地的共用天线电视,被称为**有线电视**①(Community Antenna Television,CATV)。于是美国小镇每晚都能看到主流娱乐节目,能看米尔顿·伯利(Milton Berle)、杰克·本尼(Jack Benny)和《蜜月旅行》。不过,那时几乎没有任何地方的有线电视有本地电视节目。

电视网自有电视台及加盟电视台

电视台能有多少观众,是吸引广告商的重要因素。说的更明白一点:每一个观众都是一个潜在的消费者。以下是美国最大的电视市场,排序依据的是每个城市电视广播范围中有电视的住户的数量。所有电视市场都存在经联邦许可设立的地方电视台,它们会播送电视网的节目,但同时各大电视网也将其自有自营的电视台布局在了主要市场地域的重要位置。在没有电视网自有自营电视台的城市,电视网的节目则由电视网的加盟电视台播出。

纽约市 750万户
WABC(美国广播公司),WCBS(哥伦比亚广播公司),WNYW(福克斯广播公司),WNBC(全国广播公司)

洛杉矶 570万
KABC(美国广播公司),KCBS(哥伦比亚广播公司),KTTV(福克斯广播公司),KNBC(全国广播公司)

芝加哥 350万
WLS(美国广播公司),WBBM(哥伦比亚广播公司),WFLD(福克斯广播公司),WMAQ(全国广播公司)

费城 300万
WPVI(美国广播公司),KYW(哥伦比亚广播公司),KTFX(福克斯广播公司),WCAU(全国广播公司)

达拉斯 260万
KTVT(哥伦比亚广播公司),KDFW(福克斯广播公司),KXAS(全国广播公司)

旧金山 250万
KGO(美国广播公司),KPIX(哥伦比亚广播公司),KNTV(全国广播公司)

波士顿 250万
WVZ(哥伦比亚广播公司),WFXT(福克斯广播公司),WVIT(全国广播公司)

亚特兰大 240万
WAGA(福克斯广播公司)

华盛顿 240万
WTTG(福克斯广播公司),WRC(全国广播公司)

休斯顿 210万
KTRK(美国广播公司),KRIV(福克斯广播公司)

底特律 190万
WWJ(哥伦比亚广播公司),WJBK(福克斯广播公司)

凤凰城 190万
KSAZ(福克斯广播公司)

西雅图 190万
没有电视网自有自营电视台

坦帕 180万
WOGX(福克斯广播公司),WTVT(福克斯广播公司)

明尼阿波利斯 180万
WCCO(哥伦比亚广播公司),KMSP(福克斯广播公司)

迈阿密 160万
WFOR(哥伦比亚广播公司),WTVJ(全国广播公司)

丹佛 160万
KCNC(哥伦比亚广播公司)

克利夫兰 160万
没有电视网自有自营电视台

奥兰多 150万
WOFL(福克斯广播公司)

萨克拉门托 140万
KOVR(哥伦比亚广播公司)

有线电视网。到1970年的时候,轨道卫星被用于电话传输。一位来自纽约时代公司的年轻主管**杰拉尔德·莱文**②(Gerald Levin)把卫星和有线电视结合,提出了电视发展的新方

---

① 有线电视:早期地方有线电视系统,是 Community Antenna Television 的缩写。
② 杰拉尔德·莱文:于1975年,使用轨道卫星向有线系统转播独家节目。

向。莱文的办法是为当地的有线电视台系统建立专有的电视网,使其内容来源得到大大扩充,过去它们只能接收无线电视台的节目,从中选择内容播出。这一电视网建于处于危机当中的时代公司,被称为美国家庭影院电视台(Home Box Office),简称 HBO。HBO 通过轨道卫星播送节目。

一年之后,亚特兰大电视台的拥有者**特德·特纳**(Ted Turner)将卫星播送运用到了他的 WTBS 频道上,并把这一频道做成了当地有线电视中的纯电影频道。特纳把 WTBS 称为"超级电视台"。一夜之间,这一电视台变成了赚钱机器。运用这笔收入,特纳创建了**美国有线电视新闻网**①(CNN),这是美国首个 24 小时有线电视新闻网。

这些电视网大都避开了政府的规定,因为它们的节目是通过有线的方式传播给观众的,这就不必像地面电视那样,因采用无线广播而受到联邦通信委员会的管制。地方有线电视的全国性节目抢走了无线电视的观众,极大地震撼了业界。

有线电视的商机和潜力没有逃过华尔街的眼睛。对于投资者来说,有线电视突然间热了起来,有线电视系统(CATV)一下子被大量收购。随后便出现了**多系统运营商**,在业内被称为 MSO②(multisystem operators)。这些公司中很多都是大传媒公司的子公司,它们纷纷从投资者那里筹集资金以覆盖大城市,使有线电视节目可以在这些地方接受包月付费收看。如今,超过 90% 美国家庭电视处于有线电视覆盖范围,尽管只有大约三分之二的家庭付费并收看。康卡斯特公司在 2002 年通过收购美国电话电报宽带公司(AT&T Broadband)一跃成为美国最大的多系统运营商,并声称,加上早期收购,其已有超过 2100 万有线电视用户。康卡斯特公司之后继续收购,2011 年它收购了电视和电影巨头 NBC 环球(NBC Universal)。与此同时,随着有线电视纷纷并购整合,美国全国多系统运营商的数量缩减到了 25 个,比起 20 世纪 40 年代后期涌现的各地独立有线电视系统的数量,已相去甚远。

卫星电视。接下来是第三种节目传输方式,卫星传输。它绕过地面电视台和有线系统,通过卫星直接将电视信号传输到各个地面站,地面站通常是屋顶上比萨大小的圆盘。卫星直接传输的高准入成本将美国卫星通信运营商的数量限制为两家。一家是 **DirecTV**③ 公司,规模较大,有 1920 万用户。另一家是 Dish **网络**④,拥有 1430 万用户。Dish 网络拥有多达 16 颗卫星,DirecTV 也有 13 颗。

Direct TV 和 Dish 网络都分流了一部分有线电视用户。2003 年,达拉斯卫星电视用户的数量超过了有线电视,使得达拉斯成为各大城市中的首例。然而,有线电视用户总数为 4220 万,遥遥领先于卫星电视的 3350 万。不用付费又几乎随时可以收看的地面电视台,通常也能在黄金时段吸引 2770 万观众。

多方式的传输系统使得"统一的电视行业"这一想法变得有些过时。不同传输方式下的各公司都极有竞争力,这使得每种传输方式都可以被认为是单独的一个行业。不过,跨系统公司也越来越多,举个例子,NBC 电视网曾经一度只为本地地面电视台提供服务,而现在则拥有 A&E、布拉沃、Syfy、Chiller、CNBC、MSNBC、Telemundo、天气频道(Weather Channel)和 USA 电视网,而 NBC 本身就是更大的 NBC 环球公司的一部分,而后者又是更大的康卡斯特

---

① CNN:首个 24 小时电视新闻服务。
② MSO:在通常相隔很远的不同地区,拥有数家地方有线电视传输单位的公司。
③ DirecTV:美国两家卫星电视公司中较大的一家。
④ Dish 网络:卫星电视公司。

媒体集团的子公司。

- 有人认为,如果有线电视和卫星电视都不受针对地面电视的有关规定的管制,那么对地面电视的严格管制就没什么意义了。你怎么看?
- 传统电视网一度为地区加盟电视台服务,它未来的角色会是如何?

6.4 电影产业结构

▲ 本节概述

好莱坞有六大制片公司,都从事电影制作和发行。这些制片公司都是更大集团的子公司,通过公司间的联系与电视产业保持着千丝万缕的关系。同时,独立电影制作者仍占有一席之地。

6.4.1 后派拉蒙判决时期

好莱坞的大公司并没有欣然接受美国司法部打破其垄断的命令。但1948年的派拉蒙判决中,美国司法部获得了最高法院的支持,之后,电影公司只好以退为进,以不同的方式进行经营。派拉蒙和其他大制片公司都决定留在电影制作行业,即电影产业的生产环节。制片公司放弃了自己在发行和放映方面的所有权。电影产业的三大组成部分——制作、发行和放映——各有所属,形成了电影产业结构。

制作。电影产业的创意心脏就是制作。其中包括大名鼎鼎的演员,像安吉丽娜·朱莉(Angelina Jolie)、汤姆·汉克斯(Tom Hanks)、丹泽尔·华盛顿(Denzel Washington)和梅丽尔·斯特里普(Meryl Streep),还有大牌导演,如汤姆·胡珀(Tom Hooper)、凯瑟琳·毕格罗(Kathryn Bigelow)、马丁·斯科塞斯(Martin Scorsese)和约翰·福特(John Ford)。不太显眼的是幕后人员,包括负责组织项目和筹集资金的制片人、编剧、作曲家及词作家、服装、技术人员和成千上万的支持人员。

发行。虽然他们的名字在屏幕上短暂地出现,但大多数影片发行公司的名字并不为观众熟知。发行公司负责让影片进入影院,并洽谈电影在其他渠道的发行事务,还负责预告片制作和广告投放。发行公司是电影财务分账的重要参与者,而反映电影业内部运作情况的财务分账十分复杂,能让大多数人头晕眼花。事实上,一些发行公司与一些知名的制片公司有着密切的关系,并有类似的名字,这就容易让人忽略二者在公司和职能作用上的不同。比如,博伟影片发行公司(Buena Vista),虽然现在只发行视频 DVD,但其曾经是迪士尼电影的发行商,旗下的品牌就包括华特迪士尼影片发行公司及其他与迪士尼名字有关的品牌。

放映。电影放映业务在20世纪50年代遭受了重大打击。当时,数百万家庭都购买了电视机,他们选择待在家里,而不是出去看电影。1946年巅峰时期,影院每周可卖出9000万张电影票,而当时全美的人口仅有1.41亿,不到目前的一半。放映公司纷纷疯狂地采取阻止他们票房暴跌的举措,比如建起了多样化的、或简陋或优雅的小型放映厅。制片公司也不时地尝试利用技术革新挽回局面,比如立体声宽银幕电影和3D电影。数字电影方兴未艾,有望取代笨重的85磅(约38.5公斤)罐内电影胶片的物理发行。为了弥补票房的损失,放映公司已经把爆米花的价格提到了荒谬的程度,不管爆米花里有没有黄油;同时,电影正片播放之前的银幕广告也被大举出售。

现实是,1946年不会再回来了。人们的娱乐方式更加多样,包括电视以及智能手机和平板电脑。

6.4.2 主要制片公司

作为更大媒体集团的子公司,主要的几大电影公司占据着好莱坞的主导地位,包括迪士尼、哥伦比亚、派拉蒙、20世纪福克斯、环球和华纳。对这些制片公司进行排名十分困难,因为一部大热或者惨淡的电影就会打乱整个排名。但迪士尼一直是领导者之一。

迪士尼。1928年,米老鼠有声动画片上映。插画家**华特·迪士尼**①(Walter Disney)在创造出米老鼠形象的同时,也由此开创了迪士尼人物及产品系列,尽管当时他并未意识到这点。1937年迪士尼赌上一切,冒险拍摄了全长的动画电影——《白雪公主和七个小矮人》。观众反响热烈,希望看到更多类似的作品。迪士尼因而又制作了《木偶奇遇记》《小飞象》和《小鹿斑比》。

凭借动画电影、自然纪录片和面向13岁以下观众的电视节目(如"米老鼠俱乐部"),迪士尼在20世纪50年代中期建立起家庭娱乐的形象。主题公园进一步巩固了这一形象。接下来的20年,迪士尼的主要任务就是培育品牌。1995年,迪士尼超越家庭题材,推出新锐和小众电影,如《闪电奇迹》和《危险游戏》等,但作为缓冲,这些项目很多都放在旗下公司或合作伙伴公司中进行,以保护积极健康的迪士尼品牌形象。这些电影的制作方包括试金石电影公司(Touchstone)、大篷车电影公司(Caravan)、好莱坞电影公司(Hollywood Pictures)和米拉麦克斯电影公司(Miramax)。同时,当时迪士尼的发行公司,也是世界上最大的发行公司,博伟影片发行公司,也开始涉足生产百老汇戏剧。

1995年,得到迪士尼许可的《狮子王》取得了巨大成功,但与此同时,该公司却经历了动画长片的巨大失败。经过管理方面的一场混战,该公司的董事开出了74亿美元给苹果公司复兴背后的天才史蒂夫·乔布斯(Steve Jobs),买下了他的皮克斯动画工作室。在此之前,正是皮克斯用《玩具总动员》《海底总动员》和《超人特攻队》等大片,"窃取"了迪士尼动画的重要地位。2006年该交易完成后,乔布斯成为迪士尼最大的股东,也成为迪士尼董事会的一员。

迪士尼有很多代表性作品,最近的有《加勒比海盗》以及与皮克斯合作的《汽车总动员》等。

哥伦比亚。成立于1919年的哥伦比亚电影公司经历过数次众所周知的所有权转移,包括可口可乐和日本电子公司索尼。旗下品牌哥伦比亚和三星(TriStar)电影公司负责电影的制作和发行。近期主要的电影作品包括《决战洛杉矶》《青蜂侠》和《社交网络》。该公司也经营电视节目的制作和发行,包括经久不衰的智力竞赛类游戏节目《危险边缘》。

派拉蒙。派拉蒙公司成立于1912年,是现存最古老的电影制片厂,也是唯一一家总部仍在好莱坞的主要制片公司。该公司所拥有的系列电影包括《夺宝奇兵》《碟中谍》《星际迷

---

① 华特·迪士尼:动画电影的先锋。

航》和《变形金刚》。自 1994 年以来,派拉蒙一直是维亚康姆媒体帝国的子公司,后者的子公司还包括哥伦比亚广播公司、音乐电视网(MTV)和黑人娱乐电视网(BET)有线电视频道。

20 世纪福克斯。 20 世纪福克斯的历史可追溯到 1915 年,现在是鲁珀特·默多克的新闻集团的一部分,后者是源于澳大利亚的全球媒体帝国,其子公司还包括福克斯电视网。20 世纪福克斯是詹姆斯·卡梅隆的大片《阿凡达》的制作公司之一。《阿凡达》由三家制作公司联合制作,以共担这一大成本项目的风险。卡梅伦的早期电影《泰坦尼克号》也采取了共担风险的方式,由派拉蒙和 20 世纪福克斯公司联合制作。

环球。 2011 年,有线电视巨头康卡斯特从通用电气收购了环球影业的控股份额,被它收购的其他公司还包括美国全国广播公司电视网络及其他媒体公司。

华纳。 华纳兄弟公司成立于 1918 年,1989 年被时代公司收购,成为时代公司媒体帝国的一部分,促使母公司更名为时代华纳。该公司制作和发行的大多数电影和电视节目是在华纳的名下,但也有在其他品牌名下,如城堡石(Castle Rock)、新线(New Line)和罗瑞玛(Lorimar)等。

▶ 媒介时间线

18 世纪	**视像媒体的里程碑** **约瑟夫·涅普斯(Joseph Nièpce)的历程** 照相技术的发明,对早期电影至关重要(1727) **重大事件** • 本杰明·富兰克林(1706—1790) • 艾萨克·牛顿去世。牛顿是一位极富影响力的科学家,其研究成果包括万有引力理论(1727) • 法国—印第安人战争(1754—1763) • 美国独立战争(1775—1783)	 埃德蒙·伯克(Edmund Burke)创造了"第四等级"(新闻界的别称)一词(1787)
19 世纪	**视像媒体的里程碑** **托马斯·爱迪生** 爱迪生实验室发明了电影摄影机及投影仪(1888) **重大事件** • 美国工业化、城市化加速(19 世纪 30 年代) • 查尔斯·达尔文的《进化论》(1859) • 南北战争(1861—1865) • 职业棒球的确立(19 世纪 70 年代) • 任何时间都可进行娱乐活动的美国中产阶级出现(19 世纪 70 年代至今) • 美西战争(1898)	 南北战争影像资料

1900— 1949	**视像媒体的里程碑** **斯特兰德影院（STRAND）** 首个华丽的"电影宫殿"(1912) **派拉蒙** 好莱坞片厂制度成型(1912—1948) **风靡一时** 美国电影迎来巅峰时期的每周售出9000万张电影票(1946) **决裂** 美国最高法院打破了好莱坞的垂直一体化(1948) **电视** 费罗·法恩斯沃斯发明了可以捕捉和传输运动影像的显像管原型(1927) 首个电视网节目传送(1948) 有线电视出现(1949) **重大事件** • 福克斯公司首次在新闻短片中使用声音(1922) •《黑海盗》，首部彩色电影(1927) • 华纳公司发行首部有声电影，《爵士歌手》(1927)	
1950— 1975	**视像媒体的里程碑** **电视** 电视影响了电影票房(20世纪50年代) **公共电视** 国会成立公共广播公司(1967) **迪士尼** 迪士尼推出每周电视秀(1954) **多元化** 影院采用多种屏幕，试图挽回电影观众(20世纪70年代) **重大事件** • 前联邦通信委员会主席牛顿·迈诺称电视是"巨大的垃圾场"(1961) • Telstar通信卫星进入轨道(1961)	 20世纪50年代，法恩斯沃斯发明的电视投入使用
1976— 1999	**视像媒体的里程碑** **VHS（Video Home System，家用录像系统）** 家庭电影租借影响了影院票房(20世纪90年代) **HBO电视网** 首个利用卫星将节目传输到有线系统的电视网(1975) **DISHES** 卫星直接传输节目的时代开始(1994)	

	数字电视 联邦通信委员会采用数字标准对逐渐普及的数字电视进行管制(1996) **重大事件** • 美国国内发现首个艾滋病病例(1981) • 微软公司推出 Windows 操作系统(1985) • 互联网作为商业媒体出现(20 世纪 90 年代后期) • 英国流行音乐组合"辣妹"组合成立(1994) • 治疗艾滋病的高效抗逆转录病毒治疗(HAART)被提出(1996) • 克林顿执政(1992—2001)	
21 世纪	**视像媒体的里程碑** **电影院的新面貌** 通过互联网在网络上进行内容发行(2000 年之后) **更高的分辨率** 为期 10 年的数字电影放映转型开始(2006) **重大事件** • 伊拉克战争(2003—2011) • 苹果公司推出可播放视频的 iPod(2005) • 经济大萧条(2007—2009) • 詹姆斯·卡梅隆的 3D 电影史诗《阿凡达》(2009) • 奥巴马执政(2009—2017) • BP 石油公司墨西哥湾石油泄漏事件(2010) • 世界人口超过 70 亿(2011)	 随时随地看电视

6.4.3 独立电影公司

除了主宰好莱坞的各大电影公司,独立制片公司和制片人也经历着潮起潮落,往往伴随着一部突破性的电影而名噪一时,之后又变得不那么引人注意。"独立"这一术语某种意义上是种误导,因为这些"**独立电影公司**"①(indies)经常在财务方面依靠大的制片公司。此外,通过大制片厂的兄弟企业和子公司进行发行是个再好不过的选择。独立电影公司的历史往往也是那些有过好成绩的公司被大电影公司收购的历史。一个值得注意的例外是联美电影公司。

联美(United Artists)。因不满被一味逐利的电影公司限制住创造力,查理·卓别林(Charlie Chaplin)、道格拉斯·费尔班克斯(Douglas Fairbanks)、D. W. 格里菲斯(D. W. Griffith)和玛丽·碧克馥(Mary Pickford)等几位好友在 1919 年另辟蹊径,创造了联美电影公司。凭借电影创作上的自主控制权,他们制作的影片取得了不错的口碑,吸引了大批的观众。在巨头们确立了各自的"山头"之后,联美公司是"起义派"中少数在好莱坞留下长久印记的公司。

---

① 独立电影公司:小电影制片公司,不在五大制片公司之内。

减少风险。 从2011年维奥拉·戴维斯（Viola Davis）和奥克塔维亚·斯宾塞（Octavia Spencer）出演的电影《拯救》开始，五大制片公司共担成本，共同盈利，2500万的投入换来了1.75亿的收入。不过，不是所有电影都有如此成就。这是因为电影拍摄是高风险业务，需要制片公司间的合作。

尽管票房成绩不俗，联美的电影却出现赤字。在迈克尔·西米诺（Michael Cimino）1980年的大成本电影《天堂之门》之后，联美公司亟需一位白衣骑士的解救。泛美保险公司收购了联美，之后转手给了米高梅（MGM）。新公司米高梅—联美公司陆续拍摄出一大批"票房灾难"。

梦工厂（Dreamworks）。在联美电影公司精神号召下，三位好莱坞传奇人物——戴维·格芬（David Geffen）、杰弗瑞·卡森伯格（Jeff Katzenberg）和史蒂文·斯皮尔伯格（Steven Spielberg）于1994年创立了一个新的工作室——梦工厂。三位创始人都是人脉广泛、经验丰富的好莱坞电影人，都从成功的娱乐产业中获取了财富。他们被称为好莱坞的"梦之队"。斯皮尔伯格1998年的电影《拯救大兵瑞恩》为早期梦工厂的电影设定了精益求精的标准；之后的《角斗士》则获得2000年奥斯卡最佳影片提名。不过，红极一时的公司往往又瞬间陨落，即使是最成功的也不例外，梦工厂已经消失了。格芬、卡森伯格和斯皮尔伯格于2005年将他们的公司以16亿美元的价格卖给了派拉蒙。

米拉麦克斯（Miramax）。1979年，纽约州布法罗市的音乐会发起人鲍勃·韦恩斯坦（Bob Weinstein）和哈维·韦恩斯坦（Harvey Weinstein）兄弟，吹响了进军好莱坞的号角。他们成立了一家电影发行公司米拉麦克斯。公司有一个简单的宗旨：找到低成本、独立制作的电影，便宜买下，然后大加推广。

经过10年的奋斗，韦恩斯坦兄弟在传记电影《我的左脚》上淘金成功。该电影改编自爱尔兰作家及画家克里斯蒂·布朗（Christy Brown）的自传，获得了奥斯卡最佳影片提名，主演丹尼尔·戴-刘易斯（Daniel Day-Lewis）更是赢得奥斯卡最佳男主角的殊荣，推动了票房大卖。同年，韦恩斯坦兄弟发行了独立电影粉丝的最爱——《性、谎言和录像带》。其他热卖影片接踵而至，促使迪士尼于1993年收购了米拉麦克斯。这次交易后，电影创作上的控制权仍在韦恩斯坦兄弟手中，他们似乎拥有迪士尼所缺乏的文化敏锐性。在这样的安排下，昆汀·塔伦蒂诺（Quentin Tarantino）的《低俗小说》于1994年诞生了，耗资800万美元的制作成本换回了全球2亿美元的票房收入，并赢得了一项奥斯卡奖。

随之而来的是更多收入和影评上的成功，包括《英国病人》《心灵捕手》《莎翁情史》《杀死比尔》，以及《惊声尖笑》和《非常小特务》等电影。如同任何电影工作室，韦恩斯坦兄弟也有失败的时候，包括《冷山》和《纽约黑帮》，二者未赚回其一亿美元的制作成本。

狮门（Lions Gate）。1997年由一位加拿大投资者成立。狮门电影公司早期大量收购和制作低成本电影，之后进行大量渲染和宣传，取得了不少收入。电影《撞车》就是典型的例子，其制作成本仅为330万美元，营销费用则高达2100万美元，是前者的6倍，而美国和全球票房收入则为2.54亿美元。为了给赢得奥斯卡奖增加筹码，狮门公司给美国演员工会成员赠送了 11 万套 DVD。这部电影后来获得了 2005 年奥斯卡最佳影片奖。意料之中的是,这引发了电影《撞车》的票房和租金的飙升。除了深受影评家喜爱的《撞车》等电影,狮门电影公司已经通过《电锯惊魂》系列电影赚得盆满钵满,《电锯惊魂 3D》于 2010 年上映。

狮门电影公司每年推出的电影一般不超过 20 部。2011 年,其宣布每年将推出最多 10 部低成本电影。为渡过衰退期,狮门电影公司投资建立了电影库,并逐步积累了 8000 余项存档,通过美国国内和海外授权而有持续的收入。电影库库存包括《本能》《全面回忆》《辣身舞》和最有利可图的《鬼精灵》恐怖系列影片。

思考

- 从哪些方面可以说明好莱坞已经恢复了视像媒体产品生产领域的统治地位?
- 主要电影制片公司成为巨型企业集团的子公司,对电影来说是件有利的事情吗?
- 独立电影市场有哪些新近的加入者?他们未来被已有电影公司收购的可能性有多大?

6.5 视像媒体产品

▲ **本节概述**

视像媒体产业的各产品种类之间有一定的交叉,但彼此间又有显著的不同。有一点需要注意:在大屏幕上(如电影院)成功的,并不一定适用于小屏幕(如电视和手持设备),或者至少说,作用的方式不一样。原因之一是大屏幕独一无二的感官冲击;另一原因是人体工程学——没有人能有耐心在座位上把智能手机一直举在离脸部 14 英寸(约 36 厘米)的地方,一次看完一整部长电影。

6.5.1 电影类型

如果你问别人什么是电影,可能听到的回答都是在描述所谓的故事片,即那些讲故事的电影。它们的影响力,一方面来自巨大屏幕上富有冲击力的图像,另一方面也来自黑暗的放映厅形成的封闭环境,观众被封在其中,没有任何外界干扰。

叙事电影。讲故事的电影,很大程度上遵循舞台剧的传统。这些故事片宣传力度很大,标题和演员名字铺天盖地,片长大多在 100 分钟以内。1896 年,一位法国魔术师兼发明家乔治·梅里爱(George Méliès),将童话故事和科幻故事搬上银幕,开创了**叙事电影**①(narrative films)的先河。梅里爱的《小红帽》和《灰姑娘》片长都不到 10 分钟——你可以称它为短故事。

从最早期的电影以来,叙事电影最为人所知的创新有:有声电影、彩色电影和计算机生成图像技术。

有声电影。早期观众对能够活动的影像太过着迷,对电影没有声音并不介意。电影制作四新贵,**华纳兄弟**②(Warner Brothers)——阿尔伯特·华纳(Albert Warner)、哈利·华纳

---

① 叙事电影:讲故事的电影。
② 华纳兄弟:成功推出第一部有声电影的电影制片公司。

(Harry Warner)、杰克·华纳(Jack Warner)和山姆·华纳(Sam Warner)——1927年改变了这一点。华纳兄弟公司的《爵士歌手》①(The Jazz Singer),由阿尔·乔尔森(Al Jolson)主演,包含两部分声音,共354个字。不久各地的电影院都配备了扬声器。第二年,也就是1928年,华纳兄弟发行了《歌唱傻瓜》②(The Singing Fool),同样由乔尔森主演,这次电影则有全长配乐,华纳兄弟公司的收入是其投资的25倍。之后十余年,没有任何其他的电影战胜了这一票房成绩。

彩色电影。1939年,一部故事片凭借在另一项技术上的突破,超越了《歌唱傻瓜》。这部电影就是《乱世佳人》③(Gone with the Wind)。虽然《乱世佳人》经常被称为第一部彩色电影,但彩色电影技术早在20世纪20年代就被发明出来。1925年,道格拉斯·费尔班克斯(Douglas Fairbanks)的《黑海盗》④(The Black Priate)比《乱世佳人》要早得多。但《乱世佳人》是一部重要得多的电影。《乱世佳人》标志着好莱坞开始追求越来越惊人的故事和特效来吸引观众——这就是好莱坞大片。

计算机生成图像(CGI)。你应该可以想象为什么早期电影制作人阿尔弗雷德·克拉克(Alfred Clark)会在他1895年的电影《苏格兰玛丽女王行刑实录》中使用特效。那时,特效被称为"幻觉"。虽然观众都感到震撼,但那时的特效效果肯定无法跟今天的三维CGI相提并论。CGI是**计算机生成图像**⑤(Computer-generated imagery)的缩写,是电影人使用的行话。1977年的《星球大战》就运用了CGI场景,但这项技术在多数情况下仍是个实验性的新事物。这种情况一直持续到1989年,那年工业光魔公司(Industrial Light and Magic)为《深渊》创造的变形海洋生物赢得了奥斯卡奖。

计算机生成图像很快就成了电影特效的主要形式。CGI角色开始替代替身演员来实现某些特殊效果,并且跟原演员几乎没有分别。需要众人场景时,不必雇用数百名群众演员,运用CGI就能很容易地创造。这就产生了一个问题,那就是电影演员本身是否会被电脑图像所取代。

电影评论家尼尔·派特库斯(Niel Petkus)担心,一些电影制作人在运用他们的"玩具"时可能过度了。"CGI效果可能被不当运用或者滥用了,"派特库斯说,"导演有时会让电脑产生的视觉盛宴破坏了任何电影都该有的实际内容。"派特库斯批评导演乔治·卢卡斯(George Lucas)在后期《星球大战》电影中做得太离谱了:"这些电影里本该呈现的角色的丰满和成长,都被不断出现的CGI动作场面盖过了。"

动画电影。20世纪20年代是定义叙事电影种类的关键时期。1923年,华特·迪士尼从密苏里州来到洛杉矶,当时他20岁出头,兜里只有40美元。华特投奔了他的兄弟罗伊,他们赚够了500美元后,开始了**动画电影**⑥(animated film)的业务。1928年,《威利汽船》⑦(Steamboat Willie)以短片而非长篇故事片的形式登场,其中的角色威利最终演变成米老鼠。

---

① 《爵士歌手》:第一部有声故事片。
② 《歌唱傻瓜》:第一部全长有声电影。
③ 《乱世佳人》:彩色电影先锋。
④ 《黑海盗》:第一部彩色故事片。
⑤ 计算机生成图像:特指在电影和电视中应用三维计算机图形产生特殊效果。
⑥ 动画电影:场景和人物通过绘画生成的叙事电影。
⑦ 《威利汽船》:其中的动画卡通形象演变成为米老鼠。

1937 年,迪士尼推出首部动画长片——《白雪公主和七个小矮人》①(Snow White and the Seven Dwarfs),将动画片作为叙事电影的一个亚种固定下来。

动画电影属于劳动密集型产品,屏幕上的一分钟需要一个绘画师画 1000 多幅连续的图纸。20 世纪 90 年代,电脑的出现改变了这一切。首先是电脑特效,电影不必为此设置场景和演员,尤其在乔治·卢卡斯的《星球大战》系列电影中得到体现;其次是动画角色。1995 年,迪士尼的《玩具总动员》,是首部完全由电脑制作的电影。这项新技术导致了动画电影的中兴,也重新建立了动画电影在票房的主要地位。

纪录片。非虚构电影对于历史或当前事件以及自然和社会现象的探索,可以追溯到 1922 年**罗伯特·弗拉哈迪**②(Robert Flaherty)对因纽特人生活的记录。早期**纪录片**③(documentary)报告性强,有很大的可信度。然而不久后,政治宣传利用了纪录片可信度强的特点,推出有观点的非虚构电影。宣传影片在第二次世界大战期间吸引了大量观众,包括**弗兰克·卡普拉**④(Frank Capra)的 7 部 50 分钟电影——《**我们为何而战**》⑤(Why We Fight)系列。

小电影。电影制作新人会在工作中着力吸引大电影公司发行部门的注意,这已经演变为新的行业结构。犹他州帕克城的圣丹斯电影节(Sundance Film Festival)为这些所谓的小电影提供了一种模式。每年一月,好莱坞会派出团队来电影节,试看由独立制片人制作的电影。这些低成本的项目有时会带来丰厚的投资回报。由一群佛罗里达中央大学的毕业生拍摄的《女巫布莱尔》,可谓是这类电影的典型。这部电影制作花费了 3.5 万美元。1998 年,艺匠娱乐公司的影探在圣丹斯电影节观看了这部电影后,决定支付 110 万美元买下发行权,让这一电影的年轻主创们大赚了一笔。而对于艺匠公司,这部电影收获了 1.41 亿美元的票房。

媒体人物

一位电影制作者的惊奇感

虽然史蒂文·斯皮尔伯格出生于 1946 年,但他自己还是个孩子,否则也不会有《大白鲨》《E.T. 外星人》和《夺宝奇兵》这样的电影出现。在他七个孩子的成长过程中,斯皮尔伯格总在餐桌前说出闪入脑中的故事的头几句,然后由每个孩子添加几句。没人知道这样的故事会发展到哪里,但是故事却在每一个人的推动下发展。

斯皮尔伯格喜欢故事,尤其是普通人遇到特殊生物或发现自己处于特殊环境的故事。另一个主题则是失去童真、逐渐长大。还有一个贯穿始终的主题,即亲子关系的紧张,这可以归因于斯皮尔伯格在孩童时期父母离异引起的苦恼。

然而,评论家在斯皮尔伯格的电影中看到的则是非现实主义的乐观精神和感伤主义,尽管他们承认也有例外。斯皮尔伯格的电影为他赢得了"历史上最伟大的电影人之一"的声誉,还有一项排名将他列在了首位。显然《夺宝奇兵》不是这类电影的全部。凭借《辛德勒

---

① 《白雪公主和七个小矮人》:首部长篇动画电影。
② 罗伯特·弗拉哈迪:首位纪录片导演。
③ 纪录片:对历史或当前事件及自然或社会现象的视频记录。
④ 弗兰克·卡普拉:好莱坞电影导演,二战时期拍摄了极具冲击力的战争宣传电影,记录了美国在二战期间的运动。
⑤ 《我们为何而战》:弗兰克·卡普拉的战争动员系列纪录片。

史蒂文·斯皮尔伯格。趴到地上,又脏又累,作为《夺宝奇兵》的导演,斯皮尔伯格不惜一切代价,只为拍出完美镜头。1975年,斯皮尔伯格因票房大片《大白鲨》而名声大噪,之后他执导了一系列题材广泛的电影,既包括许多儿童题材的电影,也包括科学、战争和历史题材的电影。哦,对了,E.T.外星人也是他创造的角色。

的名单》及《拯救大兵瑞恩》,斯皮尔伯格两次赢得奥斯卡金像奖的最佳导演奖。两部电影都讲述了战争苦难中的坚韧不拔,《辛德勒的名单》还获得了奥斯卡最佳影片奖。

斯皮尔伯格在孩童时期就痴迷于拍电影。12岁那年,他让两个莱昂内尔玩具火车相撞,在两个发动机上洒上果汁,拍出了火车相撞的自制影片。那个时候,他已经拍摄了几十部短片。其中的一部里,他哄着他的母亲穿上军队多余的制服,戴上遮阳帽,开着家庭吉普车,颠簸着经过凤凰城附近后山那里的坑坑洼洼的路,而他则开动了摄影机。这是他的第一部战争片。

后来,在一次前往洛杉矶的家庭旅行中,他报名参加了环球影城的无薪暑期工。1965年,他被位于长滩的加州州立大学录取,但因为一份环球公司的电视导演工作而辍学,没有完成学位。讽刺的是,斯皮尔伯格为入读南加州大学著名的电影项目,三次尝试,三次失败,而在1994年,他被授予南加州大学荣誉学位。

斯皮尔伯格的大多数电影虽然题材广泛,但通常都充满孩子般的好奇,主题也适合家庭观看。不过一些电影中也有一些强烈的情绪,比如《辛德勒的名单》中对大屠杀惨状的描绘、《紫色》中的社会不公和性别歧视、《勇者无惧》中的奴隶制和《慕尼黑》中的恐怖主义。不过在沉重中,他又混合着刺激的冒险,就像在《夺宝奇兵》系列或《侏罗纪公园》续集中那样。

《侏罗纪公园》首部就收获了2.5亿美元,财务上的成功给了斯皮尔伯格足够的资金,让他能拍摄任何他想拍摄的电影。1994年,他与好莱坞传奇人物戴维·格芬和杰弗瑞·卡森伯格联手打造了梦工厂,成为好莱坞的六大电影公司外的独立电影工作室。《勇者无惧》和《拯救大兵瑞恩》为公司树立了成就的标杆,其生产的电影虽然为数不多,但广受好评。十二年后,格芬、卡森伯格和斯皮尔伯格以16亿美元的价格将梦工厂出售给了派拉蒙。

然而,梦工厂的出售并不意味着斯皮尔伯格的电影制作生涯的结束。2007年,《夺宝奇兵4》拍摄完成。亚伯拉罕·林肯的传纪电影也即将上映。或许我们未来可能又一次在银屏上看到那么丑陋却又那么可爱的E.T.外星人。

部分电影作品

- 《第三类接触》(1977)
- 《夺宝奇兵》(1981)
- 《回到未来》(1984)
- 《紫色》(1985)
- 《谁陷害了兔子罗杰》(1988)

- 《侏罗纪公园》(1991)
- 《辛德勒名单》(1993)
- 《拯救大兵瑞恩》(1997)
- 《慕尼黑》(2005)
- 《战马》(2010)
- 《林肯》(2012)

6.5.2 电视类别

电视节目如同波浪一般，一档节目突然火爆，然后消失，另一档节目又会出现。主导黄金时段的一开始是各种表演秀，后来变成牛仔西部片，之后是家庭剧，再然后是侦探秀。还有一种长期存在的节目，行话称之为情景喜剧。

情景喜剧。 许多早期的电视节目改编自广播系列节目，节目中的人物每周都出现在新的、通常是两难的情况中，笑话妙语不断。不久，电视节目也开始制作原创情景喜剧，其中最值得一提的是《我爱露西》，于1951年开播，播出了九季，共197集，之后又播出过特别节目，一直持续到1960年。即使在今天，《我爱露西》还在重播。自2003年起，CBS电视台的情景喜剧《好汉两个半》一直是收视领头羊，每周观众达1500万，不过2012年播出季中艾什顿·库彻（Ashton Kutcher）取代了查理·辛（Charlie Sheen）成为主演，让不少人怀疑这样的收视成绩还能否继续。

电视连续剧。《犯罪现场调查》(CSI)系列为哥伦比亚广播公司创造了收视率新高，这一电视剧以对恐怖谋杀案的调查开场，利用高科技手段侦查现场，将犯罪细节毫无保留地呈现，不留任何想象的空间。许多其他电视剧接踵而至，例如《海军罪案调查处》也获得了大量长期追剧的观众。在以病理为主题的犯罪系列电视剧大行其道之前，还风行过其他主题的电视连续剧。播出时间最长的是西部片，《枪烟》从1955年到1975年，播出了635集；《大淘金》从1959年到1973年，播出了431集。另一个风行的流派则是犯罪剧，《法律与秩序》是其中的代表作品，它从1990年开始，播出了20多季。

真人秀节目。 马克·伯内特（Mark Burnett）总爱谈及他如何充分利用他早年的生活经历开创性地制作出黄金强档真人秀节目《幸存者》，被他利用的这些经历包括：英国陆军跳伞

观点纪录片（Docu-ganda）。 电影制作人迈克尔·摩尔（Michael Moore）已经证明，带有观点的纪录片可以在市场上大有作为。虽然以事实为依据，但摩尔的作品往往带有倾向性，并大量使用修辞技巧，似乎破坏了纪录片该有的忠于事实的说服力。那些价值观和行为受到摩尔攻击的人很容易抓住这一点，对摩尔进行反攻，而摩尔则陶醉在他们的不适之中。

员、卖沙滩T恤的小贩、好莱坞司机和保姆。这一切的关键是他看到了2001年一篇关于法国探险大赛的报纸文章。与其他四名成员一道，他创建了一个名为"美国骄傲"的团队。很快，他看到了商机，并创造了一个类似的比赛，称之为《挑战自我》。这引向了《幸存者》的播出。《幸存者》首播于2000年，引领了真人秀电视节目的热潮，参赛者须经历不断的淘汰测试和投票。伯内特还创造了许多其他的节目，包括《学徒》(Apprentice)等。

从《幸存者》第一季开始，伯内特在十年内制作了共计1100小时的电视节目。他的成功引来了众多模仿者。基于现实的节目也成为电视节目的一大主要种类。数十个电视节目遵循着同样的模式，许多都运用了类似的赚钱法宝，即通过相对低成本的方式吸引观众进而吸引财力雄厚的大广告商。这些节目各显神通，许多都在有线电视网络播出，包括《存储大战》(Storage Wars)、《顶级厨师》(Top Chef)、《典当明星》(Pawn Stars)、《致命捕捞》(Deadliest Catch)和《冰道卡车司机》(Ice Road Truckers)等，有些真人秀还与竞猜节目的特点相结合。

新闻。当电视成为主要媒体时，人们已经在看电影院新闻片了。这些新闻片通常片长为10分钟，与预告片和卡通片一起，在正片前播放。20世纪50年代，电视上的新闻节目取代了新闻片。1962年到1981年，沃尔特·克朗凯特(Walter Cronkite)在哥伦比亚广播公司主持的晚间新闻是美国人生活中不可缺少的一部分。

传统的电视网络仍然继续着晚间的新闻节目，不过，它们也培育了新闻—娱乐综合节目，例如美国全国广播公司的《今天》。加盟电视台会捎带着播放那种将新闻报道和自己的软新闻混合的本地节目。

但是，人们不再需要按照节目表等待新闻节目了。自1980年以来，有线电视新闻网(CNN)提供了全天候的新闻节目。MSNBC和福克斯新闻频道在1996年也跟随其脚步。而对于传统电视的晚间新闻节目，随着收视群体逐渐老龄化，收视率也逐渐下降，未来这类节目是否会继续值得怀疑。

电视纪录片。第二次世界大战期间，电影纪录片是一种政治宣传工具。而在20世纪50年代，战争结束后，电视记者则试图为纪录片带来平衡和公正性。在某种程度上，正是这些"唯求事实"模式的记者在做纪录片。此外，也正是电视公司在承担这些纪录片的预算。其目的是建立企业信誉，而不是做意识形态的宣传。推动纪录片中性化的另一个因素则是美国联邦通信委员会公布的"公平原则"，其规定电视台在对待有争议的问题时需要平衡立场。

防弹背心上的战地报道。虽然大多数美国的新闻机构都削减了他们的国际工作人员，但驻外巡回记者的传统却并没有丢失。美国全国广播公司(NBC)的理查德·恩格尔(Richard Engel)在危机四伏的中东地区穿梭。他把一个微型摄像头固定在自己身上，以此记录视频日记并反映他的想法。这些视频日记后来成为纪录片《战区日记》(War Zone Diary)。

美国联邦通信委员会于1987年撤回了**公平原则**①(Fairness Doctrine)，因为出现了一种

---

① 公平原则：从1949年到1987年，美国政府要求广播节目对争议性的公共问题必须包含两方面的观点。这一规定被称为"公平原则"。

纪录片的新理念,即在许多情况下,纪录片与其说是在告知观众信息,不如说是在影响观众。一种新形式的流派出现了,评论家称之为**观点纪录片**①(docu-ganda)。独立制片人**迈克·摩尔**②(Michael Moore)的影片可以说是这种新一代纪录片的缩影,其第一部影片《罗杰和我》就是对通用汽车的强烈攻击。摩尔2004年的《华氏"9·11"》则指向了布什总统发动伊拉克战争的动机,该片是历史上最卖座的纪录片,展现了纪录片的经济活力。

电视纪录片很大程度上仍遵循着公平原则的传统,但置身事外的中立视点已经让位于一些有单方观点的纪录片。这种情况是好还是坏?新风格的纪录片制片人戴维·齐格尔(David Zieger)对评论家说:"罪名成立。"齐格尔以他的《先生!不,先生!》引起人们的极大愤慨,该片讲述了越战期间美国军队内的反战运动。齐格尔承认他的偏颇:"如果你拍的电影让两边都满意,你就会拍出无聊的影片。"他说,电影并非新闻。

无论是电影还是电视,这种带有视点的纪录片都需要观众有较高水平的媒介素养。有时人们无法同时接触到不同的观点。有评论说,当代那些最能引起轰动的纪录片,实际上是很危险的,因为它们可以欺骗观众全盘接纳它们的观点,以为那就是全部的真相。

肯·伯恩斯(Ken Burns)。纪录片制作人肯·伯恩斯制作了《1990年的内战》系列,这档节目相比于PBS历史上的任何其他节目,吸引了更多的观众。他的主题包罗万象,包括棒球、爵士乐、战争等,并一直致力于提供明确的处理方式。他的美国国家公园系列作品于2009年首次亮相,之后是《禁酒令》《沙尘暴》《中央公园五项谋杀罪》等作品。

6.5.3 小屏类型

在媒体公司试图再次利用现有的产品以榨取更多的利润的时候,智能手机和其他小屏幕设备就成了个问题。银幕电影不能很好地转化到一台笔记本电脑上,更不必说转化到智能手机上。除了技术问题,也存在一些与人性化紧密相关的问题。很少有人会在杰克·卡斯顿(Jake Kasden)的《坏老师》跟前一直坐92分钟,更别说保罗·约翰逊(Paul Johannson)根据安·兰德(Ayn Rand)长达414页的《阿特拉斯耸耸肩》改编的102分钟电影。不符合人体工程学是吸引不了观众的。

电子游戏。小画面内容中,最成功的类型是为小屏幕设计的电子游戏。芬兰游戏开发商Rovio公司在2010年售出了1200万份《愤怒的小鸟》游戏,首先是在苹果iPhone上出售,后来迅速推出适应Android手机和其他触摸屏系统的版本。

快速戏剧。为了解决小屏幕设备的注意力时间较短问题,电视网正尝试与网络剧合作。**网络剧**③(webisode)可以是全长节目分成的短片段,或是全新的自制内容,有的只有三分钟。网络剧的概念可以上溯到1995年电影制片人斯科特·泽拉肯(Scott Zarakin)和他的互动虚构网络剧《斑点》。泽拉肯声称,该剧每天有超过10万次点击量,他的那些20岁出头的演员

---

① 观点纪录片:试图影响其观众的纪录片。
② 迈克·摩尔:观点纪录片的制片人兼导演。
③ 网络剧:可以下载到网络电视或手持设备上的很短的剧集,这个词是由网络(web)和剧集(episode)合成的新词。

和他们的海滨别墅剧在当时可谓让人印象深刻。《斑点》是自制网络剧,不同于后来网络电视尝试将电视内容变成适应小屏幕播放内容的做法。

一开始,较短的电视网的网络剧主要是为了应对互联网下载速度缓慢的问题。随着技术改进,目前也可以提供全长的电视节目,以满足点播观看的需要。

电视直播。人们对小屏幕设备普遍的热爱,使得向智能手机和平板电脑用户提供电视直播内容成为一件必然有利可图的事情。基于订阅的应用,如 Netflix、AT&T 公司的 U-verse 电视直播和 Hulu Plus 可以即时提供电视节目和电影。

产品和广告的质量。从技术上和艺术上讲,能够呈现出最佳小屏幕动态视觉效果的内容往往是专门为小屏幕制作的,而非从其他平台上改编的。这包括产品的展示视频,以及广告。正如长久以来,广告界在做活动时对电视、广播和印刷的展示有不同的变化,广告公司现在也会保证其活动的内容也适合于小屏幕观看。

原创视频质量。在技术和艺术上最弱的小屏幕类型,即用户上传的原创视频,包括在 YouTube 网站上的原创视频等。就其性质而言,这些视频大多是业余的,当其疯传的时候,往往是因为它的内容有趣、古怪或者离奇,而不是因为它的质量。

思考

- 在电视上观看电影的体验为何达不到在电影院观看同一部电影的体验?
- 面向日益扩大的有线电视市场的节目将会继续出现。你认为电视节目的下一流派类型可能是什么样的,为什么?
- 什么样的动态影像内容在智能手机和其他小屏幕设备上播放的效果较好?为什么?

6.6 平台融合

▲ **本节概述**

美国电影院在 1946 年的鼎盛时期,每星期可卖出 9000 万张电影票,然而这已经是历史了。之后,美国电影经历了不平坦的道路。票房收入的持续下降给放映行业带来不少问题。为应对这一问题,尝试解决的方法包括更整洁出色的剧院、强制性的观众行为准则,以及如数字电影院等新技术。

6.6.1 票房

在制作方面,处于竞争状态的电影和电视行业已经进入和平共处的时期,或者可以被称为融合时期。然而发行和放映方面,仍有许多悬而未决的问题。最大的问题在于电影放映行业,它的过去充满繁荣,也不乏萧条。

电影放映发端于 20 世纪初,那时的条件还十分简陋。投影的屏幕就是廉租店面里墙面上横挂着的一块白布,或者是马戏团帐篷里直立的白色胶合板。到 1912 年时,一种新标准出现了,那就是配备了 3300 个座位的纽约斯特兰德影院,其华丽程度可与世界上最好的歌剧院相媲美。门卫和引座员身穿制服,整洁有礼,让看电影变成一种体验。此外,还有广阔的大厅,豪华的长廊、柱子和柱廊,以及天鹅绒的墙面装潢。影院还首次使用了空调技术,该技术是由芝加哥肉类加工厂发明的。这种放映电影的"宫殿"逐渐在市区各处建立起来。

观影高峰。为了充分利用电影的风靡程度,并保证大家都看得起电影,居民区和小城镇建造的电影院就不再那么财大气粗。虽然既不如市中心的电影院大,也不是那种豪华的宫殿风格,但是这不妨碍居民区的电影院在1946年成为美国票房的心脏,那时观影人数达到史上最高峰,每星期可卖出9000万张电影票。人们甚至开始在汽车中观看电影,在巨大的户外屏幕前,停着很多汽车,车窗内挂着笨重的音箱。那时,电影既方便又实惠。对于很多人来说,每周观看两到三次电影已经成为他们的习惯。20世纪50年代问世的电视极大地减少了电影的上座率。很多电影院永远地黑了下去,有一些每周至少也会关闭几个晚上。

多元化影城。放映行业逐渐调整策略。20世纪70年代开始,院线跟随着它们的顾客来到郊区,建造了新形式的电影院——**多元化影城**①(multiplex)。电影上座率逐渐复苏,虽然远低于1946年的高峰期,而且票房也依赖于放映的影片内容。新一代有辨识力的观众,主要去观看那些已经收到良好影评的电影,不像斯特兰德和居民区剧院的鼎盛时期,即便最差的电影也能吸引成群的观众。此外,到20世纪70年代时,人们在娱乐方面已经有了很多其他选择。

多元化影城解决了上座率不均衡的问题。这样的影城拥有多个放映厅,每种都有不同的座位数,电影可以根据需求量在不同的放映厅中切换。广受欢迎的电影可以同时在多个放映厅上映。这之后,评价一部电影的成功标准不再是它在多少影院上映,而是它在多少块屏幕上放映。

放映收缩。在20世纪90年代,预感到未来会有更大的市场,各大电影院线公司纷纷出现支出热潮,以扩大和更换电影院。多元化影城的上座率强劲,有些影城多达30屏,安装了最先进的音响系统;有些影城配备了豪华的体育场式座位。近年来,售票数量每年都在12亿到14亿张间波动。

但是,扩展和升级使得一些院线的开支过度,破产紧随其后。接着又一波整合消除了一些院线,最终Regal公司占主导地位,拥有5800块屏幕;其次是Carmike的3700块屏幕和AMC的3300块屏幕。随着持续的票房下滑,情况更加恶化,反映出来自购买和租赁DVD回家这种观看方式的竞争力。人们选择付费观看家庭卫星电视以及有线电视,也使得院线收入受到损失。同样的还有电子游戏,这些游戏特别吸引年轻人,而他们正是曾经的核心观影人群。

没有什么比2010年的这些数字更能说明电影公司内部的危机:

- 票房收入:109亿美元
- 家庭娱乐收入:188亿美元

媒介争论

艺术性对战商业性

早期的电影导演,包括D. W. 格里菲斯,一直在用这种新媒体来测试他们讲故事的潜力。逐渐高涨的公众热情则是什么才有效的证明。格里菲斯1915年的南北战争史诗《一个

---

① 多元化影城:有多种屏幕的电影院。

国家的诞生》是电影技法创新和商业成功的典范。按当时的标准,这是一部"**重磅炸弹**"①(blockbuster)。

这部电影推动着格里菲斯的想象力进一步向前,创造出一个更复杂的项目《党同伐异》。在这部新的电影中,格里菲斯希望通过整个人类历史来检验社会公正。他建造了庞大的场景,并聘请了数百名演员。总之,他花费了前所未有的200万美元。在1916年,《党同伐异》首映,评论家为格里菲斯作为导演的胆略和艺术性而欣喜若狂。然而对观众来说,这部电影搞砸了。电影中分离的场景把观众搞得百思不得其解,其中包括古巴比伦、文艺复兴时期的法国和基督时期的圣城耶路撒冷。

格里菲斯破产了,他不得不获取外部融资以拍摄更多的电影。这可能意味着,银行家和金融家会派出代理人监控格里菲斯的一举一动,以控制支出。而这些看重钱的家伙总会将铅笔和资产负债表拿在手中,驳回格里菲斯的创作冲动这种事会时常发生。第二种猜测不仅涉及成本问题;有时这些赞助人的现场代理商还会施加自己的评价,评论什么才对观众有效。实际上,会计师在讲故事方面获得了举足轻重的影响力。

《党同伐异》的经验中所表现出的动态关系继续在好莱坞发生——并不罕见的金融家和导演间的紧张关系。这种紧张关系随着制作成本大幅飙升就会变得更尖锐。詹姆斯·卡梅隆的《阿凡达》在2009年的预算为2.37亿美元。有人说,成本已经超过了3亿美元。考虑到投资,共同制作《阿凡达》的三个制片工作室——光风暴(Lightstorm)、沙丘(Dune)和神奇电影公司(Ingenious Film Partners)有很多剑拔弩张的时刻。但投资得到了回报,并且非常丰厚。然而并不是所有情况都如此。一部大片的灾难可以困扰工作室或制片公司很多年。米高梅(MGM)一度是位于统治地位的制片公司,然而在几度失算下滑后,再也没有恢复过来。联美也因迈克尔·西米诺在1980年的《天堂之门》中痴迷于历史细节,成本大幅上升,几乎也面临下滑。

阿凡达风向标。在大预算科幻史诗《阿凡达》中,电影导演詹姆斯·卡梅隆正在为演员萨姆·沃辛顿(Sam Worthington)勾画出他设想的场景。一如既往地,他们的附近便是影片财政支持者的代理商们。这些代理商的工作就是:避免可能破坏投资的花销。

在成功大片可观利润的驱使下,制片公司的项目支出日渐增多,都期望超过最新大片。但是,满怀期望也可能迎来很大的风险。

为了平衡大片的风险,工作室也在寻找安全的赌注。如果生产成本被控制的话,就有利可图。其结果便是公式化的电影,这样的电影提供的故事很少有创造性。它们不以电影制作的艺术性为优先考虑,而以盈利为目的。这就产生了所谓的 B 级片②(B-movie),包括其续集、重拍和专有系列电影,虽然其中几乎没有什么伟大的电影,但是它们绝大多数是稳赚不赔的。

快速动作片不需要精湛的演技,而且制作价格便宜,成为低预算和中等预算着重考

---

① "重磅炸弹":影响力巨大的在商业上成功的电影,也用于描述书籍。
② B级片:低预算电影,一般很少有艺术诉求。

虑的电影。同样的还有暴力和色情电影。这些电影中的很多把对话量变得极少,使得其很容易对非英语国家的观众发行。

大片除了带来高风险,巨额预算也可能占用一些预算成本较低但有价值的项目的资金。其结果是大片与 B 级片之间的巨大的空白。一些大片有很强的艺术性,一些则不然,而充斥市场的是大量的 B 级影片。

> **正方**
>
> 会计师是创意企业的敌人。他们为艺术性设置了界限,阻止了电影和电视发挥其潜力。
>
> **反方**
>
> 在媒体行业中的企业必须首先是一个企业。这意味着赚钱或者至少收支平衡。媒体产品存在于利润的现实之外的想法是愚蠢的。

深化你的媒介素养

探索问题:寻找一部在评论界广受好评,但票房以失败告终的电影,阅读你可以找到的有关材料。可能的选项有《党同伐异》(1916 年)、《埃及艳后》(1963 年)、《天堂之门》(1980 年)、《泰特罗》(2009 年)。

深入挖掘:对于你所选择的电影,比较其制作预算和国内外总收入。为什么生产成本会这么高?如何降低成本,而不降低艺术质量?你如何解释观众反响平平的情况?

你怎么看?这部影片当初应该拍吗?

6.6.2 视频点播

一些设备可以让人们在想要观看的时候,观看他们想看的东西,这就是**视频点播**[①](VOD),这可以追溯到索尼公司于 1976 年推出的 Betamax 录像带播放器。

时移录像带播放器。Betamax 录像机及之后的设备,比如 **TiVo**[②] 和其他数字录像设备,提供了可供选择的选项,即所谓的**时移**[③](time shifting)。人们不必围绕广播公司安排自己的活动。他们甚至不必在家录下节目。只要设置好硬盘录像机(DVR)就能够录制节目,之后便可以在任何时间观看这些节目。时移大大减少了电视台和电视节目曾经在人们生活中的"专政"。此外,随着大量的电视内容逐渐迁移到线上,人们现在可以观看大量电视节目而不必拥有一台电视机。许多节目都通过各种官方和非官方门户网站在线存档,免费播放。许多节目在开播前,先把部分内容上传到网上,开播后则立即全部上传。

该技术给电视网和电视台带来的一个令其不安的结果是,它们正在失去同时积聚大批

---

① 视频点播:观众可以随时查看内容并控制观看渠道。
② TiVo:用于电视的数字记录和重放装置。
③ 时移:观众变更观看节目时间的能力。

观众在屏幕前的能力。这一直是电视广告的卖点。一些基于时间的产品，比如赛百味的三明治，其广告主想要自己的广告在饭点被观众看到，而不是由观众决定观看的时间。比如，本周末即将推出新的菲亚特500或雪佛兰Volt，而有条广告目的在于激起观众对这款车的兴趣，然而如果观众直到一个星期后才看到，这条广告又能带来什么好处呢？此外，这些DVR设备可以让观众完全跳过广告。

便携设备。 2005年，苹果公司推出了一款用于视频播放的网络设备，将观众完全从巨大而固定的电视机前解放出来。苹果公司的iPod视频播放器突然间使得电视产业碎裂。到2012年，手持iPod播放器可以在3.5英寸的彩色屏幕上播放七小时的视频和图像。人们可以在路上或者任何地方随时观看电视节目。这是真正的视频点播——人们从互联网上下载节目，并在他们想要观看的任何时间观看。苹果iPad和其他有更大屏幕的平板电脑加剧了其与传统视像媒体播放方式之间的矛盾。

视频点播继续影响着电视和电影的未来。按需服务已成为大势所趋，像Netflix这样的公司都在竞相跟上它们消费者不断变化的习惯，而苹果和其他公司则继续生产更加方便的数码设备，以便于观众录制和播放他们想要看的任何东西。其他的电视网和制作公司则竞相在这些新的播放媒体上推销它们的产品。视频点播已经不再是一个革命，而是一种自然的力量，而所有的视像媒体都必须为之奋斗。

- 为了挽回电视和新平台导致的观众流失，电影放映行业还有多少新花样？或者影院注定要衰亡？
- 在小型设备上观看电影的过程中，有什么体验上的损失？

 明日传媒

数字电影院和流媒体

在好莱坞的财务繁荣助推下，电影放映公司纷纷为影院配备数字投影机。影院业主一开始持反对态度，因为成本太高，每块屏幕需要至少10万美元。但他们最终下定了决心，因为DVD和其他放映平台的竞争已经使得票房下降，除了升级设备外没有别的选择。好莱坞补贴也是一个有利的激励。到2012年，超过一半的北美屏幕已升级。

所谓的数字影院并非新概念。马克·库班（Mark Cuban）早在2005年就开始将其拥有270屏的地标院线转型。一旦人们在大屏幕上观看过了数字电影，库班就料定他们将不再会满足于质量稍差的屏幕。

数字投影技术与高清晰度电视（HDTV）技术并不相同，但是其清晰度和影响是类似的。数字电影的颜色更鲜艳，颗粒感一去不复返。投影室会发生的错误，例如胶卷次序弄乱等，都不复存在。同样，再也没有失焦中的调整，或者胶卷因反复在链轮上运转而发出刮擦声。除去它的属性不谈，数字电影院是很难单独作为一个诱人的新方式提供视像媒体产品的。它发展过程中有很多的竞争，很多的实验和挣扎，也有挫折和失败。

比如，流媒体就是一个蓬勃发展的业务。亚马逊在2011年提供了5000多个流媒体电视节目和电影给客户。但是,在一个为了保持竞争力而启动的计划(已中止)中,Netflix 的首席执行官里德·哈斯廷斯(Reed Hastings)试图将它正在下滑的邮寄 DVD 业务转移到一家新公司的流媒体电影业务上来,该公司的网站名字很妙,叫 Qwikster。意思就是比电子邮件更快,明白了其中的含义吗?

Netflix 公司声称,DVD 出货量可能已经见顶了,目前应该放缓这部分的业务,并全盘投入到流媒体上。该计划的一部分是抬高 DVD 出租的价格,以鼓励 Netflix 的邮件客户转向流媒体业务。Netflix 公司数量已经不断减少的忠实客户被激怒了。Netflix 不得不将这一计划作废。

哈斯廷斯对于这一混乱状况的解释可以揭示公司对于快速变化的媒介技术应用上的努力:"我最害怕的一直是,Netflix 公司却步不前,无法完成从 DVD 的成功向流媒体的成功飞跃。"与 Netflix 公司类似,有线电视和卫星电视公司都担心流媒体业务对它们的网络造成影响。2010 年,全美高峰时段流量的 43% 来自流媒体,相当于主要有线和卫星电视网络晚 8 点到 10 点之间观看流量的近一半。

里德·哈斯廷斯。他能让 Netflix 在瞬息万变的流媒体中继续春风得意吗?Netflix 公司在邮寄电影 DVD 业务上成绩斐然,但哈斯廷斯现在的挑战是,如何赶上下载交付的浪潮。被称为 Qwikster 的一次尝试事与愿违。Netflix 的下一步是什么?

另一个新的视像媒体的竞争对手是好莱坞本身。电影公司已尝试将自己的电影直接以流媒体的形式提供给消费者,其目的是弥补暴跌的 DVD 销售。派拉蒙 2011 年的重磅大片《变形金刚:黑月降临》通过制片公司旗下的流媒体网站直接上传到了线上。客户只需支付 4 或 5 美元,就可将电影传输到他们的笔记本电脑或个人计算机上。然后,他们必须 48 小时内观看影片。对于派拉蒙来说,这种直接面向消费者的流媒体的明显好处是减少了中间商的环节。电影制作公司将不再需要 Netflix、Hulu、HBO 或者电影院来发行电影。制片公司可以停止向中间商提供电影,同时还能留下所有的利润。

剧院业主对于这种绕行表示不满。当 DirecTV 公司想在电影首映 60 天后提供该电影的点播视频时,几大共拥有 4680 屏的院线便举行了抗议,对它们来说,60 天比从电影首映到后期发行的时间要短太多。

与此同时,在瞬息万变的流媒体市场中,Netflix 和 Hulu 正在寻找另一种赚钱方式,并开始创建自己的内容流。HBO 和 AMC 有线电视网络也已经成为它们自制内容的不竭动力。当你可以自己创造内容并保留 100% 的收入时,为什么要向其他内容支付版权费呢?

你怎么看?

大屏幕电影以及影院体验还有没有价值?数字影院技术对现状有改观吗?在线流媒体视频会超越电影院、DVD 光盘、广播电视或有线电视,或者它们全部吗?广播电视如何转变才能在未来保持竞争力?这将如何影响到那些依赖广播电视的免费内容的人?

本章小结

影视融合

20世纪50年代,作为视像媒体,电视侵占了电影的霸主地位。这两个行业都将对方视为在争夺同一批观众的竞争对手。随着时间的推移,共同点逐渐出现,一度是竞争对手的两个行业开始融合。尽管今天的电影和电视行业经常拥有同样的企业主、内容和明星,但它们之间仍有很多区别。

电影业

早期的电影令人们着迷。他们从来没有见过动态影像这种事物。这种经历惊险刺激。不久,一个重要的新的媒体产业产生,为永无止境的需求提供商业服务。阿道夫·朱克引入了电影的大批量生产。很快地,几个主要的电影公司不仅制作电影,同时也控制着发行和放映。强制的垄断行为导致政府让该行业在1948年解体。大约在同一时间,电视开始吸引大量电影观众。电影行业还能否复苏?

电视产业结构

电视行业有三个组成部分,分别有不同的传输技术。原有的结构中,地方台在政府的许可下播送节目。政府监管的理由是,电波是公共财产,是必须由政府管理的一种公共资源。虽然美国没有全国性的电视台,但很多地方台都进行了联网,在全国播送由ABC、CBS、福克斯和NBC公司提供的节目。从20世纪30年代双层制度建立以来,技术进步已经逐渐催生了两个新的节目播送系统。当地的有线电视系统通过线缆将节目发送给订阅的用户,由于不使用公共电波,有线电视公司可免于严格的监管。

一种更新的技术则是卫星直接传送节目给消费者,而不通过本地的加盟电视台或有线电视系统。该技术也不受管制。

电影产业结构

分属于不同集团的六大电影公司称霸了好莱坞的电影制作和发行。这些电影公司都通过集团与电视行业连接。电影发行渠道中,越来越重要的一个组成部分是独立电影,其独立于好莱坞的结构之外,但其融资和其他支持往往源自大制片公司。

视像媒体产品

视像媒体产品生产存在差异。这种差异的原因是,产品根植的电影和电视技术互不相同,脱胎于这两种技术的文化和商业模式也不同。在剧院观看电影拥有在小屏幕上不能匹敌的效果。同样,手持媒体也不会将自己的内容跨界授给电影和电视。其差别可以通过屏幕大小的影响和观看时的人体工程学进行解析。巨大的电影屏幕具有强大的影响力,小屏幕往往无法比拟。

平台融合

尽管美国电影院的上座率已经从巨大的损失中恢复过来,但这仍是一个不稳定的行业。随着20世纪50年代电视的崛起,以及今天可以提供视频点播的设备的兴起,票房收入在整个市场中所占的份额相对来说很小。因为视频点播设备,电影产业需要重新调整,电视行业也是一样。

批判性思考

1. 电影和电视行业是如何平息50年代初的激烈竞争的?

2. 电影行业从前基于明星制,并在派拉蒙判决之前实行片厂制度,今天你所知道的好莱坞与之有什么不同?
3. 政府如何调控有所不同的广播电视系统、有线电视系统和卫星电视系统?为什么呢?
4. 在电影、电视和网络行业,播送结构有什么不同?
5. 电影、电视和网络行业的媒体类型有什么相似之处?
6. 电影放映行业会有什么样的未来?

媒介术语

animated film 动画电影
b-movies B 级片
Big Three 三巨头
block booking 包档发行
blockbuster 重磅炸弹
Community Antenna Television (CATV) 有线电视
computer-generated imagery (CGI) 计算机生成图像
Corporation for Public Broadcasting(CPB) 公共广播公司
docu-ganda 观点纪录片
documentary 纪录片
Fairness Doctrine 公平原则

Federal Communication Act 美国《联邦通信法》
indies 独立电影公司
multisystem operator(MSO) 多系统运营商
narrative films 叙事电影
Paramount Decision 派拉蒙判决
star system 明星制
studio system 片厂制度
suspention of disbelief 怀疑搁置
time shifting 时移
two-tier system 双层结构
video on demand 视频点播
webisode 网络剧

媒体资源

→Steven Bingen, Stephen X. Sylvester and Michael Troyan. *M-G-M*: *Hollywood's Greatest Backlot*. Santa Monica Press, 2011. 作者借鉴电影历史学家的描绘,展现了米高梅电影公司鼎盛时期的状况,并解释其后来所出的问题。

→Ken Auletta. *Googled*: *The End of the World as We Know It*. Penguin, 2009. Auletta 是《纽约客》杂志的媒体评论员,追溯了谷歌从一家小公司成长为线上巨头并取代传统媒体的过程;讨论了其在盈利驱动下,如何主导媒体投放,并成为主要广告载体。

→Bill Carter. *Desperate Networks*. Doubleday, 2006. Carter 是《纽约时报》的电视记者,追踪了一个季度的电视网节目。

→Colin McGinn. *The Power of Movies*. Pantheon, 2006. McGinn 是一位哲学家,其为长期以来一直被分析的"电影梦理论"构建了一个易于后续研究的案例,解释了这一媒介引人入胜的特性。

→J. D. Lasica. *Darknet*: *Hollywood's War against the Digital Generation*. Wiley, 2005. Lasica 进行了大量的访问,以证明数字时代下美国广播框架业已过时。

→Peter Biskind. *Down and Dirty Pictures*: *Miramax*, *Sundance and the Rise of Independent Film*. Simon & Schuster, 2004. Biskind 曾是《首映》杂志的编辑,将各有不同动机的圣丹斯模

式和米拉麦克斯模式作为好莱坞新制片模式进行了分析。

→David L. Robb. *Operation Hollywood*: *How the Pentagon Shapes and Censors Movies*. Prometheus, 2004. Robb 是资深好莱坞记者,记述了政府在战争题材电影上的强制行为,这种强制行为包括决定是否提供技术方面的支持。

→Gary R. Edgerton. *Ken Burns' America*: *Packaging the Past for Television*. Palgrave, 2002. Edgerton 是一位传播学教授,对伯恩的纪录片非常热衷并进行了详细的探讨。

▶ 本章主题性总结

视像媒体

为了更好地巩固你的媒介知识,此处用贯穿本书的几个主题来展现本章内容。

媒介技术

将节目直接播送给观众是电视的未来?

电影是视觉动态影像的第一个媒介,这一技术让人惊叹不已。之后出现了电视,这一建立在新技术上的设备曾被称为"有图画的收音机",其增长迅速,同样也让人惊叹。电视网为加盟电视台提供的节目可以覆盖到信号范围内的任何人。到目前为止,这是所有的旧技术。新技术以数字和互联网为基础,可以在任何时间、任何地点提供视频。随之产生的一个结果是,新技术挑战了传统的美国电视结构和以之为基础而创造的节目形式,包括 30 秒广告以及 30 分钟和 60 分钟的预定节目。

媒介效果

细节太多?太真实?在南北战争中,摄影师将战争的现实放到每个人的眼前;在越战中,电视则把越南放到每个人的客厅中。今天的记者可以从战区全天候实时发回报道。

一些研究人员专注于探讨电影、电视和其他媒体是否影响公众的态度和观点,文化社会学家的重点则放在媒体对公众生活方式的影响,后者更能使公众自己得出更坚定的结论。早期的电视效果明显。周三晚上固定的拳击节目让人们待在家里,而使得早期的家庭外活动场地的人数大幅减少。而在 20 世纪 50 年代的美国,人人都不会错过《6.4 万美元问题》。如今,设备使得时移和随行视频成为可能,将主导权交给了观众。

传媒经济学

电影制片厂曾经利用包档制度使自己免受金融风险,这一制度现已废止。今天,电影制作人通过联合项目减少风险。《拯救》这一电影的收入由五大制片公司共分,该电影用 2500 万美元的投资赢来 1.75 亿美元的收入。

早期电影行业的财务状况因电视的兴起而变得坎坷。早年的电视、电视网及其加盟电视台沉浸在赚钱的喜悦中,广告主排队购买每一个可用的时间段,尤其是黄金时间。整个行业建立在向广告主收取广告

费的基础上,而后者每年保持着两位数的增长。今天,这一经济结构断裂。广告主可以针对消费者的视觉诉求做出不同版本的广告,不仅可以投放到有线和卫星电视,还可以投放到以互联网和数字为基础的其他媒体上,一应俱全,令人眼花缭乱。传统的经济基础将在何处最终解体,或许只有千里眼才能预测。

精英主义与民粹主义

谁能对历史做点好的记录?纪录片制片人肯·伯恩斯通过他的战争、贫穷、爵士和棒球系列纪录片吸引了大批观众。那么,在电视上到底有没有严肃作品的一席之地?

在20世纪50年代,电视作为新媒体,迅速吸引了数以百万计的观众,似乎在文化启蒙和鼓励重大问题的公众参与方面,有很大的潜力。十年后,FCC主席牛顿·米诺曾实际上放弃了这种潜力。他称电视是"一片巨大的垃圾场",这一标签自此一直跟随着电视。让米诺困扰的是,电视网为迎合低级趣味,节目既不激动人心,也不能促进积极的政治参与。主要来说,电视是一种起麻醉作用的、低俗的东西——喜剧是为了一时的笑,戏剧有能预测到的结果,还有电视新闻的肤浅呈现,等等。如今的电视是否变得不那么像垃圾场,是个可以辩论的问题,然而至少公众电视台的存在可谓一个替代方案,因为基于订阅的有线电视生产的电视剧和纪录片规模巨大,而且伴随着大量的垃圾。

受众细分

电视行业目前除了基于当地的地面附属广播电视台之外,还有其他的节目输出。然而,手持设备和其他接收装置也可连接到互联网,接收到各种彼此竞争的内容。观众群体的分裂是前所未有的。

电视作为一种新媒体,其爆发(至少在一段时间内)曾毁掉了杂志、广播和电影行业,并减少了人们阅读书籍的时间。围绕新媒体的受众整合是惊人的。杂志和广播走向小众化以求生存,寻找它们以前的受众的细分领域。毫无疑问,杂志和广播行业向电视交出了它们大量的观众。因果往复,现在电视观众本身也在分裂。核心电视网加盟广播电视系统已经损失了大量观众,因为有线电视可以提供数百个可观看的频道,更不必提卫星传输电视和直接面向观众的互联网渠道。

媒体与民主

半个多世纪以来,人们只能按照电视公司高层的意愿,在规定时间观看他们选择当时播放的电视节目,而便携式视频技术的出现将人们从这种专制的生活方式中解放出来了。

视频点播技术已将束缚在电视机前的人们解放了。电视网曾有过的对生活方式的控制,以及它们诱人的黄金时段和其他费用,都全被打破。人们可以选择他们方便的时间在设备上录制和播放电视节目。便携式设备使人们不仅可以选择在何时观看,还可以选择在何地观看。这被称为电视的民主化——权力从国家电视网公司办公室里节目排片人的手中,转移到了在纽约网上冲浪的观众个体手上。

新媒体景观

■ 新秩序的建筑师

20世纪90年代,所有人都知道计算机技术将会改变大众媒体。有人早些时候就意识到了这一点,但只有已故的**史蒂夫·乔布斯**清晰地看到了未来。乔布斯是计算机巨头苹果公司的驱动力,他彻底改造了三大苦苦挣扎的媒体行业。让人难以置信的是,音乐、电影和手机行业的企业领导被传统观念深深地束缚着,安于现状,以至于他们让自己变得措手不及。唱片行业正处于恶性循环中。电影行业也注定会走上这条路。

然而,乔布斯没有被旧的做事方式所阻碍。对他来说,未来是一种新媒体数字生活方式。他的苹果发明包括手持iPod①音乐播放器和iTunes②在线音乐零售网站,在2001年和2002年相继推出。iPod和iTunes的结合减慢了唱片行业的下滑趋势。随后,新的iPod出现了,并带有新的功能,比如播放视频。2007年,苹果公司推出iPhone③,它是集移动电话、音频和视频播放器以及网络浏览器于一体的单一设备。

苹果公司的i系列的设备广受人们喜爱,它把原本苦苦挣扎的苹果公司转变成一个吸引众多投资者的公司。商业杂志《财富》将乔布斯列为21世纪头十年最厉害的首席执行官。

那么,这位史蒂夫·乔布斯是谁呢?

乔布斯和密友史蒂夫·沃兹尼亚克在年仅20多岁的时候就身处早期的个人电脑领域了。在一个车库里,他们创造了一台具有革命意义的个人电脑。1976年,他们创立了苹果公司。尽管有成功,但这条路也充满风险。有些产品事与愿违。沃兹尼亚克离开了公司。原本的投资者接管了公司,而乔布斯则被解雇了。十几年之后的1997年,投资者求乔布斯回来。乔布斯不在期间,公司出现了一系列混乱又无重点的失误,他采取了严格的措施才让公司重新站了起来。

随后,乔布斯连连获得成功。2001年,在几个月之内,苹果相继推出iTunes软件、一种

---

① iPod:手持苹果数字音乐播放器。
② iTunes:在线苹果音乐下载网站。
③ iPhone:手持苹果智能手机。

叫作 Mac OS X 的全新操作系统、第一家苹果零售商店和第一台 iPod。这些都是在为苹果公司添砖加瓦，但是只有乔布斯和他在公司里的心腹知道苹果的目标是什么。尽管如此，他还是做了一些暗示。在 2002 年《时代周刊》的采访中，乔布斯说："我们是唯一一家拥有所有小部件——硬件、软件和操作系统的公司。"乔布斯还谈到"全面负责用户体验"。

对消费者来说，苹果产品讨喜的一个优点便是乔布斯对于细节和设计的狂热所赋予它们的一种神奇的光环。2010 年，苹果公司推出了 iPad①，它是一个 0.5—1 磅重的平板，是音频视频媒体的传播平台，包括书、期刊杂志、电影、音乐、游戏，以及网页内容。iPad 让苹果公司离成为数字生活的中心又近了一步。

数字生活中枢。苹果公司有卓越远见的史蒂夫·乔布斯预见了能够用一台单一设备作为访问整个媒体领域的枢纽。他大步朝着数字化未来迈进，推出了 iPad 平板电脑——轻巧，便于携带，能够添加新闻、音乐和视频，一个设备就能实现传统媒体需要分开来做的所有事情。

这些意味着什么？苹果产品不仅仅让人们能够接触到强大的科技，这只是前期的苹果个人电脑所做的。乔布斯的天赋在于，苹果产品让人们能够将强大的科技与人们的日常生活融为一体。乔布斯称之为"数字中枢"理念，即数字生活。人们很难再去单独描述音乐产业、电影产业、书籍产业和新闻产业。由于乔布斯的苹果公司在主导产品上所做的贡献，这些领域已经融为一体了。

本章要点

- 数字生活是自 1980 年以来大众媒体的第三次转型。
- 浏览器在重写互联网历史中至关重要。
- 搜索引擎在新媒体领域必不可少。
- 通过手机短信和电子邮件发送消息是数字生活的重要组成部分。
- 基于用户内容建立的网站将彻底改变大众媒体传播和国际贸易。
- 贸易已经推动了互联网的发展。
- 谷歌给我们提供了一张互联网的地图，就像 Facebook 能够根据用户绘制出地图一样。
- 在线游戏的销售已经超过了音乐，正在逼近电影和书籍。
- 数字化正在重写数据的储存方式。

---

① iPad：超轻苹果平板电脑，带有电子图书、视频和音乐功能。

7.1 乔布斯的历史模型

▲ **本节概述**

苹果公司的史蒂夫·乔布斯是大众媒体新领域的天才建筑师,他看到了一场已经经过了三个阶段的革命。如他所说,计算机革命大概是从 1980 年到 1994 年,它带来的主要变化是大大提高了生产效率。前所未有的全球范围内人与人相互关联的互联网革命发生在 1994 年到 2000 年。乔布斯看到了数字生活的曙光,而个人电脑是中枢。

7.1.1 第一阶段:计算机革命

几乎每个人都在努力弄清计算机的巨大转变所带来的影响,这一转变大致可以追溯到 1980 年。每一种关于正在发生和最终去向的理论在遇到各种创新和适应问题之后都会立刻黯然失色。2011 年,苹果天才史蒂夫·乔布斯去世之前,设计了一个有用的模型,用以了解新媒体景观。乔布斯说这一切大概始于 1986 年,也就是人们通常所说的**计算机革命**①(Computer Revolution)。

乔布斯模型②(Jobs' Model)分为三个阶段。在第一阶段,也就是计算机革命,计算机成倍提高了生产率。尽管该阶段没有什么东西可以跟随后出现的东西相比较,但是它仍然在经济、社会和技术方面产生了巨大的影响。有人把 20 世纪 80 年代后期称为**信息革命**③(Information Revolution),这种称呼捕捉到了一些卓越的变化,像两个世纪前的工业革命那样有深远意义的东西。

7.1.2 第二阶段:互联网革命

从 1994 年到 2000 年,个人电脑的作用转变为通用互联。它使用一个调制调解器,将低成本的电脑与地球上任何地方的任何拥有相同设备的人的电脑相连。由于技术上的限制,通信主要是通过文字,但很快就有了图形、静像视频、音频和活动视觉影像功能。

乔布斯把这一阶段称为**互联网革命**④(Internet Revolution)。在此期间,计算机成为消费者交易的媒介。事实上,互联网创造了一个商业市场。虽然互联网革命本身是一次重大的变革,但对于未来,它仅仅是一个先驱。

7.1.3 第三阶段:数字生活

数字化转型可以追溯到 20 世纪 80 年代,如果说有人有资格来定义最新的数字时代,那就是史蒂夫·乔布斯。他是 20 世纪 70 年代第一台苹果计算机模型的革新者。2001 年,乔布斯向苹果产品的狂热爱好者宣称,个人电脑将成为"数字生活的数字中枢"。从此,"**数字生活**"⑤(Digital Lifestyle)这个词出来了。个人电脑,尤其是苹果公司的 iBook 和 MacBook 笔

---

① 计算机革命:人类生产力大幅提升,大约在 1980—1994 年。
② 乔布斯模型:新媒体数字生活阶段的三个步骤发展模型——计算机革命、互联网革命、数字生活。
③ 信息革命:在 20 世纪 80 年代后期由数字技术引发的重大变化的包罗万象的术语。
④ 互联网革命:普遍的、低成本的、易得到的、几乎即时的通信方式,尽管大部分是文本,大约在 1994—2000 年。
⑤ 数字生活:个人电脑和手持电脑成为信息传出和传入的交流中心,大概始于 2000 年。

记本,能够连接丰富多样的产品——数码相机、电子书和其他传统纸质产品、零售音乐库,还有乔布斯所认为的智能手机。这是一次全新的整合,将音乐、电影和视频,以及人际语音通信结合在一起。人们的生活方式正在改变,与所谓的互联网革命和之前的计算机革命时期的生活更加不一样。

乔布斯能够把他的想象表达出来。2007年,在介绍 iPhone 的时候,乔布斯把这个多功能手持设备描述成新时代的高潮。iPhone 手机"像是把你的生活装进口袋"。他把它称为"终端数字设备"。

哈佛大学商业历史学家南希·科恩从更广义的角度描述了乔布斯数字生活的重要性。她说:"我们有更多的机会让人们进入市场——不仅是商业市场,还有观念市场、出版市场、公共政策市场,凡是你能说得出的(都可以)。"

思考

- 计算机革命,即史蒂夫·乔布斯提出的数字历史框架的第一阶段,是如何为新媒体景观铺平道路的?
- 史蒂夫·乔布斯的第二阶段,即互联网革命是如何影响人们的日常生活的?
- 第三阶段数字生活对你来说意味着什么?

▶ 媒介时间线

1960—1969	**新媒体景观的里程碑** **阿帕网** 美国军方连接承包商和研究人员的计算机(1969) **重大事件** • 轨道通信卫星(1961) • 越南战争(1964—1975) • 尼克松执政(1969—1974) • 人类登月(1969)	科幻作者亚瑟·C.克拉克创作了与地球同步轨道相关的作品。
1970—1979	**新媒体景观的里程碑** **苹果公司** 史蒂夫·乔布斯、史蒂夫·沃兹尼亚克创建了苹果电脑公司(1976)	使用方便的苹果产品

1980—1989	**新媒体景观的里程碑** **模拟游戏** 威尔·莱特创造了模拟游戏(1984) **"围墙花园"** 美国在线公司成立(1989) **重大事件** • 里根执政(1981—1989) • 苏联解体(1989)	
1990—1999	**新媒体景观的里程碑** **计算机革命** 个人电脑提高生产率(1980—1994) **互联网革命** 人际交往是网络连接的新时代(1994—2000) **浏览器** 网景公司成立(1994) **社交网络** Facebook 的前身 Facemash(1993) **搜索引擎** 雅虎成立(1994) 谷歌成立(1996) **第一个博客** 罗伯·玛尔塔创造了 slazhdot.org(1997) **重大事件** • 乔治·H.W.布什执政(1989—1993) • 海湾战争(1990—1991) • 对网络公司的投资热(20 世纪 90 年代) • 克林顿执政(1993—2001) • 立法刺激光纤网络的快速发展(1996)	
2000—2009	**新媒体景观的里程碑** **维基百科** 协作编辑的在线百科全书(2001) **iPod-iTunes** 苹果设备和下载商店解救了唱片业(2001—2002) **Facebook** 社会媒体网络建立(2004)	

	谷歌图书馆计划 将所有出版图书数字化(2005) **游戏增长** 电子游戏的销售是音乐销售的两倍(2008) **纳米管** 美国和中国的研究完善了批量生产(2009) **重大事件** • 网络泡沫破裂(2000) • "9·11"恐怖袭击事件(2001)
2010年至今	**新媒体景观的里程碑** **平板电脑** 苹果发行了 iPad(2010) **重大事件** • 环境保护论使公共政策问题更严重(2010)

iPad 已成为数字生活的中心?

7.2 门户网站

▲ **本节概述**

早期人们尝试借助"围墙花园"服务,如美国在线,将广大群众和互联网联系起来。这些举措虽然获得了成功,但却只是昙花一现。美国在线理念注定会被浏览器的出现所打败。通过浏览器,即使是首次购买电脑的用户也能在家连接上整个网络。这是围墙花园远远达不到的。

7.2.1 围墙花园

20世纪90年代,有远见的人意识到互联网将有可能改变大众媒体。然而这个愿景却很模糊。第一个确立的概念便是**围墙花园**①(walled garden)。一个名为**美国在线**②(America Online,AOL)的一次性网络游戏公司,开始通过订阅提供百科全书式的服务功能。每个月花费20美元,人们就能够买到访问音乐、游戏、电子邮件以及美国在线发布在"花园"里的任何东西的访问权限。

一个大胆的营销方案让美国在线执行官**史蒂夫·凯斯**③(Steve Case)成为传奇。他主动寄出了数百万的光盘,让非技术人员也能快速方便地访问美国在线。凯斯精明的市场营销策略为美国在线带来了3000万用户。

通过"围墙花园"商业模式,美国在线提供有限的接口,与互联网连接成一个整体。但是非用户则不能进入围墙。

---

① 围墙花园:早期商业模式中在线门户网站的访问大多局限于专有内容。
② 美国在线:曾经占有主导地位的互联网服务供应商。
③ 史蒂夫·凯斯:利用围墙花园模型将美国在线打造成媒体巨人。

很快,事情发生了变化。人们开始学习使用新发明的**浏览器**①(browser)。通过浏览器,最开始是网景浏览器,随后有因特网浏览器还有其他浏览器,人们能够免费直接地访问到更多内容,比任何一个围墙花园所能提供的都多。还有什么是比免费更好的呢?

美国在线逐渐降低并拆除"围墙",随后开始疯狂地尝试新发明。但是在日益变化的媒体领域中,它已经逐渐陨落了。

7.2.2 浏览器

当美国在线正在形成全面优势之时,**马克·安德森**②(Marc Andreessen)和伊利诺伊大学的一些研究生朋友正在设计一款软件,将不同的计算机操作系统和互联网相互连接。他们的发明就是浏览器。

1993年,安德森毕业之后和一些研究生朋友直接去了**硅谷**③(Silicon Valley),那是世界高新科技之都。他们创造了**网景**④(Netscape)——浏览网页的产品。通过网景浏览器,计算机新手也能够直接打开他们的第一台家用电脑,直接获得互联网上的任何东西。好吧,也许不会那么简单,但也差不多。无论多么不懂技术,只要有一台电脑,你就能获得比人类历史上任何时候都要多的内容。一开始,安德森对这个软件适当地收取费用,但跟美国在线不同,网景不收订阅费。网景的广告词说明了一切:"网络是所有人的。"

1996年,安德森成为时代周刊封面人物,年仅25岁,白手起家,千万富翁。

随着浏览器的出现,问题就来了:互联网广阔无边,其内容未经分类,一旦进入之后,你该如何?美国在线有序的围墙花园已经被未知的网络荒野所替代。成千上万的网站每天都在更新,人们怎么知道到底应该去哪里找到自己想要的内容呢?的确,浏览器有标记功能,允许用户创建一系列对自己有用的网站,但是如果所有这些成千上万的网站都是有用的,却没有人能够从正确命名的网页上随机找到它们,那该怎么办呢?

马克·安德森。他的网景浏览器终结了订阅的命运,即只有围墙花园能访问互联网。网景和山寨产品使人们能够免费访问任何地方任何人发布的任何东西。

思考

- 为什么围墙花园的在线商业模式盛行之后又摇摇欲坠?
- 浏览器是网络技术的巨大突破,却仍然感觉不够。怎么会这样?

---

① 浏览器:能够浏览无数网站的软件。
② 马克·安德森:软件天才,设计了先锋浏览器——网景。
③ 硅谷:位于旧金山附近,以计算机和电子产业而闻名。
④ 网景:第一个浏览器。

7.3 搜索引擎

▲ **本节概述**

搜索引擎在新媒体领域是一项必不可少的工具,能够访问互联网上无数的网站。谷歌和雅虎是主要的搜索引擎。每一个都价值数百万美元。两者都在寻求加入其他互联网相关的活动中。

7.3.1 谷歌

搜索引擎①(search engine)和浏览器同样重要,它使互联网对大多数人都有用。使用精心制作的软件,搜索引擎通过**网络爬虫**②(crawler)获取网页快照和关键词。搜索引擎积累大量的参考文件,不断更新,并根据某些词在文本中出现的频率进行整理。如果有人搜索"网络电视"这个词语,搜索引擎会产生一个网站列表,很可能有几百个网站。搜索"加拿大网络电视"则会使列表减少,搜索"加拿大网络电视新闻",列表将会更小。

如今最常用的搜索引擎**谷歌**③(Google)是**谢尔盖·布林**和**拉里·佩奇**④(Sergey Brin, Larry Page)两个人头脑风暴的产物,他们是斯坦福大学的博士生。1996年,布林和佩奇想要通过算法改善互联网搜索,该算法能够根据网页上的链接数量将其与其他相关网页进行排序。他们选择谷歌(google)这个词来代表他们正在做的事情。朗朗上口,又伴随一种极客精神。实际上,这个词是数学家在拼写 googol 时常犯的一种拼写错误,表示这个"1"有着1后面跟100个"0"这个数一样的力量。在某种意义上,这个词夸大了谷歌的作为。对任何一条特定的搜索查询,谷歌最多只会提供1000条结果。但是,谁会抱怨这个呢?或者说谁会去数呢?

传说在谷歌上的公司加载的时候会带有格言和口号。有一句关于搜索引擎是什么的谷歌主义口号是:"整合世界信息,使之被全球获得和利用。"

搜索引擎不仅非常有用,而且免费提供给用户,添加了拥有广泛的在围墙花园需要订阅的网站。但是,如果谷歌是免费的,那么布林和佩奇是如何在几年之内成为千万富翁的?谷歌的大部分收益,现在是99%,都来自广告。

谷歌已经把服务扩展到 Gmail 电子邮件和移动媒体递送领域。2010年第四季度,谷歌的智能手机平台**安卓**⑤(Android)已经居世界领先地位。从手机广告上获得的收益大大增加了公司的利润。然而,它的核心仍然是搜索引擎。在搜索引擎中,谷歌的全球市场份额明显领先。

谷歌	85%
雅虎	6%
百度	3%

---

① 搜索引擎:通过关键词来识别并对网页排序的工具。
② 网络爬虫:计算机程序搜索网页并创建索引。
③ 谷歌:主要的搜索引擎。
④ 谢尔盖·布林和拉里·佩奇:谷歌搜索引擎的创始人。
⑤ 安卓:谷歌智能手机操作系统。

媒体人物

谷歌人物传奇

1995年,谷歌创始人谢尔盖·布林和拉里·佩奇在为斯坦福大学研究生新生安排的旅行当中相识。他们很讨厌彼此。佩奇曾在密歇根大学学习工程学,而布林是一名计算机科学专业的研究生。两人都很固执,所有的事情他们都会争论。现在回想起来,他们称之为"开玩笑"。

几个月之后,佩奇正在为他的博士论文寻找课题。他对新兴的万维网很感兴趣,决定研究其数学特性。当时,网页上大约有一千万个文献的链接,各种各样的,但是没有办法知道如何从一个网页回到另一个网页上去找链接。佩奇想如果能够知道哪个网页和哪个链接是连着的应该会有用,于是开始做一个被他称作BackRub的研究项目。他的预想是,一个链接应该像是学术著作中的一个注脚。

布林当时正在寻找新项目,而佩奇的想法的复杂性吸引了他。布林6岁的时候从俄罗斯移居到美国,他是美国宇航局的一位科学家和马里兰大学的一位数学教授的儿子。他是一个数学天才,他提前一年离开高中去密歇根大学上学。毕业后,他进了斯坦福大学,在那里他基本都在混日子。他曾经告诉记者,天气太好了所以他就去上帆船和潜水课,他把精力都花在有趣的研究项目上,而不是课堂上。但是,布林加入佩奇的项目之后,他们决定为链接创建一个以来源重要性为基础的排序系统。

佩奇和布林很快意识到他们的项目可能会对互联网搜索有影响。BackRub项目的结果已经比现有的搜索引擎要好,因为它们不能在返回之后对结果排序。因为能够排序,随着互联网的扩展,BackRub项目自然能够有所发展。事实上,网页越大,引擎就会越好。

谷歌人物。 位于硅谷的谷歌总部是为了激发创造性思维而设计的一个非正式的地方。在一个有趣的创意湾,谷歌创始人谢尔盖·布林和拉里·佩奇在豆袋枕头里休息。或许他们需要休息。他们已经积累了巨额财富,成为互联网历史上最富有的一个公司。他们一直在把公司推向看似不计其数的新方向,其中包括一个项目:把所有已出版的书籍数字化,变成一个巨大的引用源。

"Googol"表示数字"1"后面加上100个"0",根据这个词,他们将这个新的搜索引擎命名为"Google"。1996年8月,谷歌的第一个版本在斯坦福大学的网站上发布,那时离他们第一次见面才一年。

让布林和佩奇感到苦恼的是,搜索引擎需要大量的计算机资源。学生没钱买新电脑,于是他们就去讨要和借,并且佩奇的宿舍房间很快就装满了备件制造的电脑。布林的宿舍成了他们的办公室和操作中心。他们通过斯坦福大学的宽带校园网络运行自己的搜索引擎。该引擎在网络上搜索每一个网页,然后进行排序。数据太大,经常使斯坦福的网络连接崩溃。

谷歌项目越来越出名,这时候的问题是,接下来要做什么。佩奇和布林并不确定他们是否想要经营一家公司。佩奇的父亲在他进入斯坦福的第一年就去世了,为了表达对父亲的敬意,他想要继续念完博士。布林不想丢下这个项目。最终,他们决定成立一个公司,想着如果经营不好,他们总还可以回到学校。

1998年9月,他们创建了谷歌公司,搬到了朋友的车库里,并且聘请了一个员工。自那时以来,谷歌成为一个在全球拥有超过两万名员工的国际大公司。如今,谷歌不仅仅是搜索引擎公司,它的业务已经扩展了,包含Gmail电子邮件、谷歌地球和智能手机。

2000年,谷歌开始销售与搜索关键词相关的广告。佩奇和布林曾一直反对把广告作为商业手段来污染他们的创造,但最终广告还是在谷歌找到了一席之地,尽管广告被要求只能用文本,这样才能保证整洁的页面设计,并且广告也不能降低搜索效率。2010年,谷歌的广告收入已经超过了293亿美元。

谷歌广告已经让它的创始人成为亿万富翁。2011年,布林和佩奇的个人财富已经达到167亿美元,而谷歌的首次绝对造访人次也突破了10亿。

> **你怎么看?**
> 没人会嫉妒布林和佩奇在Google上取得的成功,但这家公司会发展得很大吗?随着Google开始涉足新的领域,它也在不断地并购和壮大,美国司法部应该注意垄断和托拉斯的可能性吗?

7.3.2 雅虎

雅虎①(Yahoo)出现在谷歌之前,也是由斯坦福大学的两位研究生创造的。1994年,**戴维·费罗**和**杨致远**②(David Filo, Jerry Yang)创造了他们自己的搜索引擎,并选择了雅虎这个名字,他们还加了一个感叹号表达喜爱之情——雅虎!这确实是一个奇怪的名字,但是却很吸引人。带着好玩幼稚的心态,费罗和杨把"Yahoo"(雅虎)看作是"Yet Another Hierarchical Officious Oracle"(另一种正式层级化体系)的缩略词。实际上该灵感来源于1726年乔纳森·斯威夫特在他的小说《格列佛游记》里给一个乡下人取的名。无论名字是什么,雅虎是全新且非常有用的东西,一个网络目录。一年内,雅虎的点击量达到了十万次。

20世纪90年代,人们对计算机相关公司进行过度投资,而雅虎瞬间就吸引了很多风险投资。雅虎的价值在**网络泡沫破裂**③(dot-com bust)时暴跌,也就是所谓的2000年网络泡沫破裂事件。但在那时,雅虎公司已经很多元化了,足以生存下来。如今雅虎已经成为一家全球互联网企业,提供20种语言的丰富内容,平均每天的访问量为87亿次。

雅虎的眼界是一个实现了的营销梦。一项2007年的研究表明,与任何一家数据整合机构相比,雅虎都能够提供更多的个人消费者信息给广告商。平均每月,雅虎可以为每一位访问者建立一个有2500条记录的档案。

实际上,通过向广告商提供它们想要的相对精准的潜在客户信息,雅虎成为广告巨

---

① 雅虎:一个主要的搜索引擎和互联网服务公司。
② 戴维·费罗和杨致远:雅虎创始人。
③ 网络泡沫破裂:2000年,互联网商业中,大多数经济投资崩溃。

头。雅虎收入的88%来源于广告商。出现在雅虎网的广告每被点击一次,广告商就要支付2.5—3美分。公司还在雅虎新闻、雅虎电影、雅虎财经、雅虎体育和其他网站上出售广告空间。2012年,广告收入预计为35亿美元,大约是公司总收入的一半,在网络公司中仅次于Facebook。然而,最近雅虎的搜索引擎出现了收入不景气的问题。

对搜索引擎重要性进行衡量的一种方法就是它们为创建者所带来的财富。商业杂志《福布斯》将谷歌的拉里·佩奇和谢尔盖·布林排在美国富豪榜第11位,各自拥有财富153亿美元。雅虎的戴维·费罗以29亿美元身价居第240位,而杨致远则以24亿美元排在第317位。

思考

- 如果没有浏览器和搜索引擎,今天的互联网和网页会是怎样?
- 不向用户收取费用,搜索引擎是如何赚钱的?你认为它们的长期收入来源是什么?

7.4 信息

▲ **本节概述**

今天的媒体景观的一个核心要素是电子邮件和相关的文本信息。电子邮件是一种以计算机为基础的系统,其历史可以追溯到1969年建立的军事通信网络。手机中有个与此类似但却有更多限制的变体就是发短信,一般每条短信最多有140个字符。

7.4.1 电子邮件

互联网中第一个被大量使用的就是电邮(e-mail),是术语"**电子邮件**"①(electronic mail)的缩略词。其历史可追溯到1969年,当时美军创建了一个计算机网络,叫作**阿帕网**②(ARPAnet),代表美国高等研究计划署网络。五角大楼为军事承包商和做军事研究的大学建造了网络,用于交换信息。1983年,以促进科学为使命的美国国家科学基金会接管了该网络。新的软件编码的演变,使不同的计算机系统能互相交流。

如今,任何一个有电脑和调制调解器的人都可以与地球上任意一个有相似设备的人交换电子邮件信息。电子邮件已经成为一种普遍的通信工具。比起普通信件,即现在被笑称为"蜗牛邮件"的方式,大多数用户更喜欢电子邮件。

电子邮件中简单的文本信息很快就能写成,并且可以直接投递到忙碌、不在办公桌前的收件人的收件箱里。日常业务和社会事务中不再有那么多让人烦躁的没完没了的电话。

尽管在令人眼花缭乱的新技术中,电子邮件有一定的根基,但是它通常不算是大众传媒。人们会更多地把它作为一对一的电子信息使用。的确,多个内容能够被编到一条信息中。同样,广告小商贩发明了**垃圾邮件**③(spam),将推销和请求推送给数万人,甚至是数百

---

① 电子邮件:一个通过网络让电脑用户交换信息的系统。
② 阿帕网:互联网之前的军事网络。
③ 垃圾邮件:任意发给大批接收者的电子邮件。

万人。在某种意义上,由于垃圾邮件的大小、不均匀性和与受众的距离等因素,它符合大众传媒的定义。然而,从另一种意义上来说,垃圾邮件大多没有经过筛选,也很不专业,不太符合大众传媒信息仔细、专业的特点。

电子邮件的确更多地呈现了大众传媒的特征,而且新的软件则将普通的文本与基础的万维网编码超文本和图形结合。然而,即使这样,为大众寻求精巧演示的组织还是普遍使用网站。

7.4.2 短信

短信①(texting)是电子邮件的一种变体,使用移动电话按键敲打出信息,拥有移动电话的接收者就可以在小小的手机屏幕上阅读该信息,可以即时阅读也可以之后再读。短消息通常很简短,而且只能是文本。实际上,承接短信的蜂窝网络限制每条信息只能有 140 个字符,大约 30 字。

短信原本只是一个像电话那样能够点对点通信的想法,而不是大众传媒,但是企业和机构已经开始使用新兴软件发送通知,选择群体,就像为一个俱乐部会议或者即将到来的真实交易而发布提醒。一些新闻服务商会向用户发送突发新闻、体育新闻和市场动态等即时信息。经过几次校园惨案后,包括 2007 年的弗吉尼亚理工学院枪击事件和 2008 年的北伊利诺伊大学事件,许多学校建立系统,通过向手机发送短信的方式提醒学生和教职工。

手机的增多和人们(尤其是年轻人)对于短信的狂热已经产生了广泛的影响。这绝对不是闲聊。比如,警察知道,在大学啤酒聚会上进行搜捕会更加困难,因为如果有一个人看见警察聚集在一个社区,他就能以默默发短信的方式将这个消息传给整个街上的人。想象一场深夜聚会的场景:唯一的光源来自手机屏幕。

短信也能够帮助警察工作。在荷兰,如果出现恶性事件,像正在发生的绑架或抢劫,警方都会第一时间向市民发布短信警报,提醒他们保持警惕。

政治组织者,是的,包括煽动者,发现短信在 21 世纪能够很好地代替扩音器。据说发短信活动已经改变了几个国家的选举。菲律宾总统约瑟夫·埃斯特拉达(Joseph Estrada)的支持者就将他在 2001 年的下台归咎于所谓的"聪明暴民"。

在短信兴起的国家间,美国很难再保持领先地位,但是它的数据仍然是惊人的。尼尔森媒体受众跟踪服务表示,2010 年,短信用户超过了 1 亿,几乎是总人口的 1/3,而美国 4/5 的手机用户使用短信。在青少年和年轻人当中,这个比例是 87%。有人估计在美国,平均每个用户每天会发 17 条短信。

美国电话电报公司为成功的电视节目《美国偶像》的观众开通短信网络,使他们能够为自己喜欢的人投票,在此期间,短信在美国得到极大推广。2009 年,粉丝向节目发送了 17.8 万条短信,比前一年的两倍还多。来做个数学题:美国人口是 3.06 亿,《美国偶像》的短信是 17.8 万条。的确,很多观众在整个赛季发送了多条短信。

- 什么时候电子邮件是大众媒体,什么时候又不是?

---

① 短信:便携式设备间通过网络发送的简单信息。

- 短信是如何影响人们生活的?
- 从短信对政治的影响中,你看到了什么?

明日传媒

手机小说

一位日本预科学校的教师在35岁左右时与年轻人有大量的交流。这所学校为小说提供了丰富的素材。这个教师用"耀西"作为自己的笔名,开始写他的第一部小说。这是一部有着详尽的爱情场景的浪漫小说。这部小说《深爱》主要面向十几岁的女生,细致地描写了一个在东京的17岁妓女的挣扎。她工作是为了赚钱,支付男友的心脏手术费。悲剧的是,这笔钱没能到她手上,而她自己却因为客户染上艾滋病,并且死亡。这本书很简洁,节奏很快。语言口语化、简单,也经常很色情。

《深爱》与众不同的地方在于人们是在手机上阅读这本书的。实际上,耀西改变了在手机上发短信的限制,即每次只能发送160个字符,这在当时引起了轰动。

在某种意义上,《深爱》是协同完成的。2000年,耀西用900美元的投资建立了一个网站,并开始在网站上连载他的小说。为了宣传小说,他印了2000张名片,并在东京繁华的涩谷火车站前发给女高中生。三年之内,耀西的网站收到了2000万的访问量。耀西写作期间,读者会把他们的反馈用邮件写给他。他把读者的一些想法加进了故事当中。完结的时候,手机小说售出了10万份。

耀西创造了手机小说之后,这本书也引起了一位传统出版商的注意,他想要出版这本书。《深爱》也被制成了漫画(一种日本连环画体裁)、电视剧、电影和一系列的小说,销售量达到2700万。

耀西每天都会读几十封青少年粉丝发来的邮件。他把其中的一些材料加到故事构想和曲折的情节中。他的书是互动性的,所以当读者开始厌烦的时候,他立刻就能知道。"这像是在一个俱乐部里演奏现场音乐,"他说,"观众没有回应了,你立刻就知道了,而且你可以当时就做改变"。

在日本,86%的高中女生和75%的初中女生都读手机小说。近几年,10部最畅销小说里有5部是原创手机小说。畅销书排行榜前三的作者都是首批手机小说作家。

今天,手机小说家可用的网站比比皆是,他们中的大多数人都是年轻女性和青少年,他们模仿耀西,给自己取一个不是连名带姓的笔名。传统的图书出版商会利用这些网站找到可以纸质出版的作品。如今,日本的书店已经有一整个版块都是这种新体裁的书。

手机小说的市场在日本已经日趋稳定,而在欧洲和美国,才刚刚起步。像 textnovel.com 和 quillpill.com 这样的网站也在迎合新

耀西的启发。一位笔名为耀西的日本教师发明了一种新的书籍文体,即手机小说,以760个字符为单位发送。86%的日本女高中生读过手机小说,大部分都是轻浪漫小说。这个文体正在向欧洲和美国传播。

的作家和读者的需求。这些网站上的许多书籍尚未结尾,而且当作家不断地向读者发送内容的时候,读者也被要求用手机发送自己的意见,每条160个字符。

> **你怎么看?**
> 手机小说会变成新的图书行业吗?
> 如果手机小说能在美国流行起来,像在日本一样,将给美国文化带来什么影响?

7.5 用户生成网站

▲ **本节概述**

博客作者已经强势介入大众媒体领域。博客质量虽然参差不齐,但已经证明它们可以成为公众的监督者。同样重要的是,博客显示出了新兴大众媒体工具的潜力,包括社交网站。

7.5.1 博客

借助互联网服务提供商的软件可以创建简单的网页,于是个体想要轻松地创建属于自己的个人媒体已经成为可能。这些网页就像个人日记或日志,所以被称为网络日志,简称**博客**①(blog)。一些博客作者开发了跟帖功能,并增加了软件功能,允许访问者插话。连续的叙述变成了连续的对话。

博客已经成为一种有独特影响力的大众传媒。例如,2002 年博客作者约书亚·马歇尔在他的博客中指出,美国参议院中最有力的成员特伦特·洛特在演讲中所做的评论,不管怎么看,不是种族歧视就是种族无情言语。洛特在参议员斯特罗姆·瑟蒙德的百岁生日会上发表了他的评论,而瑟蒙德曾是一位坚定的种族隔离主义者。主流媒体忽视了洛特评论的影响。而约书亚·马歇尔没有。在博客上,马歇尔每天都在强调洛特的问题。其他同样对洛特的评论感到愤怒的博客作者也加入了。三天后,这个故事登上了美国全国广播公司。四天后,洛特道歉。两个星期之后,他的议会同事投票,不让其继续做多数党领袖。

产生影响力的博客作者不仅仅只有约书亚·马歇尔一个人。最著名的是马特·德拉吉,他揭露了比尔·克林顿和莫妮卡·莱温斯基在总统办公室调情,并将该事件变成全国性的丑闻。另一位博客作者是大学生拉斯·科克,他在亚利桑那州用电脑寻找政府拒绝公布的在伊拉克和阿富汗死去的美国军人的棺材的图片,他认为包括他自己在内的公众访问这些资料应当是合法的。根据《信息自由法案》,科克为获取这些资料提出了请求。他手上一有这些照片,他就在自己的网站上发布,包括被国旗覆盖的棺材和在哥伦比亚大灾难中丧生的宇航员的照片。这些照片成了头条新闻。一时间,科克的博客每天会有 400 万的点击量,是《今日美国》发行量的两倍之多。

---

① 博客:一个持续叙述的、像日记的网站,一般是私人的,主题不太宽泛。网络日志的简称。

杰克·多西。 14岁时，多西就对设计软件来优化出租车的调度过程感到很好奇。23岁时，他已经利用自己的发明来谋生，通过网络调度通讯员、出租车和紧急服务。之后，他对即时通信很感兴趣，并有了Twitter的概念。正是聊天和博客的结合让社交网络有了新的内容，并且为人类交流发掘了重要的新潜能。

博客不仅在新媒体领域很重要，而且还大力扩展了**用户生成互联网内容**①（user-generated content）。这促成了大众媒体的转型。任何人都可以创作并发布内容，这与传统模式形成了对比。传统模式入门成本很高，如创办报纸、电视台播报。借助用户生成内容，互联网使大众媒体变得民主，让任何一个拥有电脑和能访问网页的人都成为大众传播主体。

7.5.2 社交网络

社交网站巨头**Facebook**②有一个模糊的开端。2003年，马克·扎克伯格还是一名哈佛大学的大二学生，他搜查了联谊会会员名单，找到了成员的照片。他把照片成对地放在博客上，随后邀请访问者投票选出每对中更"火辣"的女孩。马克·扎克伯格的Facemash网站并没有持续太久。因为种种问题，学校关闭了该网站，关闭理由中包括危及隐私权。

然而，Facemash网站在学生中（至少是一些学生中）的反响还是很积极的，扎克伯格认为他做的不无道理。他将站点重新安装到一个非大学的服务器上，并取名"Facebook"，源于小学院在入学教育时发放的照片册子，以便大家互相认识。最开始是哈佛大学学生的脸部照片，随后是斯坦福大学、哥伦比亚大学和耶鲁大学。扎克伯格还在不断地调整概念。

如今的Facebook不仅是持续时间最久的社交网站，也是最大的。人们发布自己的照片，并选择他们想要保持联系的朋友，很容易就能交换信息。在他们的网页上，人们可以更新自己的信息，并通过博文、照片和视频告知朋友自己的情况。Facebook用户可以确定自己的"喜爱"，Facebook在产品和服务中会用该信息提醒互相关注的人的兴趣爱好。

Facebook的成功是显而易见的。一个跟踪服务显示Facebook是全球访问量第二多的网站。日交通量平均为1.15亿。成员总量为5亿，大概是世界人口的1/7。他们已经上传了500亿张照片。

在大学生中，Facebook早期有很高的声誉。一项研究表明，在大学生最喜

马克·扎克伯格。 在哈佛大学大二那年，他花了好几个星期通宵写代码，建立了Facebook社交网站。扎克伯格26岁时就成为世界上最年轻的亿万富翁。在《福布斯》杂志的美国富豪排行榜上，他以690亿的网站价值排在第35位。

---

① 用户生成互联网内容：来源于个人的互联网信息，能够与大众直接沟通。
② Facebook：社交网络服务。

爱的东西中，Facebook仅次于啤酒。自那以后，Facebook将它的吸引力扩展到了其他群体当中。2010年，本来与Facebook竞争的福克斯媒体家族的**我的空间**①(Myspace)，放弃与Facebook的竞争，重新塑造自己，成为一个娱乐新闻网站。

Facebook是一个用户生成网站，其内容来源于用户，这与早期美国在线的围墙花园概念相悖。其他的主要对手包括发布照片的**Flickr**②和视频共享的**YouTube**③。通常它们的收益都来自屏幕上的广告，通过对关于生活方式的个人资料的分析，将广告直接传给潜在用户。

社交网站对传统媒体有着双重影响。在广告收益上，这些网站是传统媒体的竞争者，传统媒体的广告收入正在缩减。另外，在用户时间上，这些网站也是一个竞争者：在Facebook上多待一分钟，在其他事情上就少花一分钟，比如阅读杂志或观看情景喜剧。

7.5.3 Twitter

谁知道2009年4月，演员艾什顿·库奇产生了什么样的怪想法。我们知道的是，库奇立志要做已成立四年的社交网站**Twitter**④的第一个拥有100万粉丝的用户。有100万人跟踪你的每日评论，不管你在沙滩上是穿凉鞋还是拖鞋，他们都喜欢，这看起来好像让人半信半疑。但是这些数据说明了为什么《吉尼斯世界纪录》的销售量会达到数百万。

虽然在库奇开始纪录的时候，Twitter在网络社交平台中只能排在第三，但是它的发展是惊人的——近一年全球用户数量就增长了14倍，现在已经超过1.75亿。仅在美国，Twitter每月的绝对造访人次平均达到5400万。

是什么让Twitter与众不同？与短信相似，**推文**⑤(人们把Twitter的内容叫推文，tweets)也限制为140个字符。与短信不同的是，Twitter将手机和电脑的交流合并了。这是一个无缝结合，并且不局限于一对一交流。比如，如果你想成为艾什顿·库奇的粉丝，你同意网站的协议，然后就能接收到所有库奇和其他粉丝最新发布的消息，最新的在最上面，依次排列。

▶ **案例研究：Twitter的双重性**

Twitter采用了很多早期媒体的结构，那么一条不超过140个字符的信息有什么深意呢？谁会在乎艾什顿·库奇选择麦片还是幸运符当早餐？或者，在洛杉矶高速公路上是开法拉利还是悍马？事实上，Twitter让这个社会注意力缺失且混乱了吗？

就上述问题，曾为《时代周刊》评估过Twitter现象的科技作家史蒂文·约翰逊(Steven Johanson)肯定地回答说：不是！约翰逊想到了一次会议，其主题为教育的未来，邀请了40位教育家、企业家、慈善家和风险投资家。所有人都被鼓励在演讲和讨论过程中用Twitter发布现场评论，显示在所有人都能看到的大屏幕上。会分心？约翰逊用"影子谈话"概括了这6个小时的体验。推文中会有讨论的总结、时不时的玩笑以及进一步阅读的建议链接。"一度，小小的争论在会议室内的两个与会者之间爆发，此起彼伏的紧张感悄悄蔓延，而其他人却在Twitter上友好地交流。"是的，约翰逊的启发就是人们可以多任务地工作。这些140个

---

① 我的空间：社交娱乐网络服务。
② Flickr：图像视频共享网站。
③ YouTube：视频共享网站。
④ Twitter：计算机和手机用户间不超过140个字符的交流平台。
⑤ 推文：Twitter(推特)平台上的信息。

字符的推文可以丰富人们的生活。

随后,令约翰逊感到惊讶的是,外界有人听到了会上有趣的对话的风声,并加入了进来。Twitter 上加入的粉丝提出了他们的意见和想法,会议参与者将这些想法添加到他们的思考和面对面的交谈当中。约翰逊说:"把 Twitter 与对话结合从根本上改变了参与规则。这样添加了第二层讨论,并给原本的私人交流带来了更多的观众。"

约翰逊表示,同样重要的是产生的几百条公共 Twitter 记录,没有一条超过 140 个字。整体效果比每一部分相加的效果更大。并且之后,这些记录在 Twitter 上被持续跟进了好几周。该会议在网络上有了"第二次生命"。

以下这些观点可以用来反驳那些认为 Twitter 构成了惊人的简易文化的言论。

Twitter 之王。演员艾什顿·库奇是第一个拥有一百万粉丝的 Twitter 用户。为什么?问他们。在打破百万粉丝大关的比赛中,库奇的主要竞争对手——美国有线电视新闻网络突发新闻提要在半个小时之后"出线"了。

- 简洁并不表示不深刻。
- 个人 Twitter 是对话和思想的一部分,应当被完整地看待。
- Twitter 会报告世界实时事件。巴基斯坦北部的一名技术顾问就在 Twitter 上直播对奥萨马·本·拉登的追捕。伊朗大选和埃及的政治变化都被 Twitter 用户发送的信息所推动。
- Twitter 讨论包括相关材料的链接,比如网上其他地方的支持数据或者《大西洋月刊》的新视角。这些被称为**传递链接**①(passed links)。

传递链接的潜力可能会是新媒体领域下一步的发展方向。约翰逊把传递链接看作"在当代被垃圾邮件困扰的网络中实现高效的好方案"。

7.5.4 视频分享

衡量用户生成网站的社会影响大体与衡量媒体影响一样难。YouTube 自 2005 年建立以来,已经显示了用户生成媒体的显著影响力。用户可以上传视频,并且一天之内可以上传 540 万次。大部分是业余视频,但其他媒体,包括电视网络和消费者广告商,也会发布视频片段,吸引人们关注他们的程序和产品。在很多人的生活中,关注媒体的时间大部分给了该网站。

YouTube 在网络文化中根深蒂固。其影响还在进一步加深,由美国 CNN 电视网络转播

---

① 传递链接:计算机用户共享的网络资料来源。

的两场 2008 年美国总统大选辩论讨论的就是来自 YouTube 用户在视频中提出的问题。这些辩论扩大了 YouTube 的观众群,不局限于其核心的年轻观众群体。其中一场辩论的收视率非常高,有 260 亿观众。在 2012 年大选之前,福克斯与谷歌合作,而美国广播公司则与 Facebook 合作。

思考

- 如何能说明博客作者使大众传播民主化?
- Facebook 的巨大吸引力是什么?
- Twitter 已经被定性为注意力短暂的人所用的工具,且造成了文化的衰落。你怎么看?
- 社交网站是如何赚钱维持营业的?

7.6 电子商务

▲ 本节概述

互联网被认为是一种无广告的通信网络。随着电子商务成为现实,这个概念也逐渐消失了。商业网站通常很像目录,提供可以寄给用户或者由用户自行下载的产品,或者它们收取费用提供服务。

7.6.1 销售网站

20 世纪 80 年代,在国家科学基金会的帮助下,互联网集合在一起,所有的创始人齐心协力维持一个无广告的系统。他们的目标是建立一个不会追求不义之财,不会陷入混乱,不受污染的严肃的大众传播媒介。早期用户监管系统使其保持纯粹性,并严厉指责违规的人。当每个人的意识里闪现该媒介的商业潜能时,这些"警察"也放弃了监管。该把互联网编制成一个个有用的单位体了,包括**域名**①(domain name)、**名称和编号分配公司**②(Corporation for Assigned Names and Numbers)批准的后缀,包括 telling.com 和 later.biz 等主要互联网监管机构。如今,甚至连为教育机构保留的带有.edu 后缀的网站都携带商业信息了。

7.6.2 拍卖网站

没有任何故事能比拍卖网站**易趣网**③(eBay)的崛起更能说明互联网转变成了一种商业媒介。1995 年,加利福尼亚州圣何塞的一名计算机程序员**皮埃尔·奥米迪亚**④(Pierre Omidyar)在他的个人网站上增加了拍卖功能。有人要卖一台坏了的镭射打印机,令奥米迪亚惊讶的是,它的成交价为 14.83 美元。奥米迪亚由此找到了灵感,就找了投资商,随后公司

---

① 域名:网站的识别标签,每一个都带有像".com"".org"".gov"这样的后缀。
② 名称和编号分配公司:互联网的主要监督机构。
③ 易趣网:在线拍卖网站的先驱。
④ 皮埃尔·奥米迪亚:易趣在线拍卖网站的创始人。

迅猛发展。1998年,公司向大众发售公司所有权的股票,三年后,奥米迪亚成了亿万富翁。

易趣网能够进行全球运营,拥有9700万活跃用户。2010年,通过易趣网售出的商品总额几乎达到620亿美元。易趣网并不是唯一的拍卖网站。有一些经营范围比较窄,如diecast.com就专门从事汽车模型销售。

7.6.3 邮购

互联网已经改变了零售业,有许多传统商店销售减少,有的甚至倒闭了。对此,所有的零售商,从零售巨头沃尔玛到小本经营的商店都已经开设了网上业务,至少能够吸引客户来到实体店,或者可以进行网上销售,再发货给客户。

亚马逊公司是大范围地重写零售规则的先驱。这是**杰夫·贝索斯**①(Jeff Bezos)的理念,他看到了电子商务在互联网上的极大潜力,但却不知道要出售什么。贝索斯想到将产品邮寄出去这种模式应该能在网上运行得很好,于是就选定了图书。在西雅图家里的车库里,他建立了**亚马逊网站**②(Amazon.com),并于1995年上线,首开在线图书零售之先河。至2000年,亚马逊的销售总额突破10亿美元。如今,亚马逊是一个有着各类产品的"百货商店",就像早期的西尔斯罗巴克百货公司,所有物品都可以通过邮政服务或其他载体直接邮寄给买家。

对此,图书零售商邦诺书店建立了自己的在线销售网站,但是亚马逊有着先行一步的优势。许多地方独立图书零售商没能跟上这一零售新模式。它们的市场份额缩小,许多都被迫关闭。

7.6.4 产品下载

电脑制造商苹果公司找到了电子商务的一个新方向,与亚马逊不同,它们的**iTunes商店**③投递一种无形的产品——音乐。数字音乐被下载到用户电脑上。像亚马逊一样,苹果iTunes商店很快就赢得了用户,苹果商店和邮购的结合也影响了传统音乐零售业。下载技术的进步允许在适当的时间下载视频,iTunes商店的产品目录也增多了,包括电视节目和电影。

在亚马逊,贝索斯学会了苹果公司iTunes模式。2008年,亚马逊推出电子图书**Kindle**④,通过下载提供图书,并在该设备上阅读。苹果公司不甘示弱,其iPad也可以当作一个光滑的电子阅读器。很明显,互联网已经成为一种主流商业媒介。

思考

- 早期对互联网商业内容的蔑视是为什么?
- 可以说易趣网促进了互联网的商业化吗?
- 为什么杰夫·贝索斯选择图书为电子商务的方向?这对传统图书零售业产生了什

---

① 杰夫·贝索斯:创建了亚马逊在线网站,最初是为了卖书。
② 亚马逊网站:电子商务公司,颠覆了传统的图书零售。
③ iTunes商店:在线数字媒体,可供消费者下载,最初只有音乐。
④ Kindle:亚马逊电子图书,可以下载图书和期刊。

么影响？

- Kindle 是如何让亚马逊更接近 iTunes 模式的？它对电子商务的影响与 iPad 对电子商务的影响相比又如何？

7.7 在线主导

▲ 本节概述

搜索引擎谷歌以其敏锐的洞察力和集中的搜索算法主导着互联网。其广告收入在增加，因为商业信息能够定向发给潜在用户。社交网站 Facebook 能够给广告商提供更精确的定向信息，因为太多的个人信息都储存在它的服务器中。

7.7.1 积累目标受众

传统媒体经济正在塑造新媒体景观。占主导地位的公司将会是能够吸引大量受众的公司，或者用今天的说法就是，最能吸引人眼球的。广告商想要博人眼球，并愿意为访问付费。互联网的商业潜力很大程度上还未被开发。据估计，每年全球品牌广告花费约为 5000 亿美元，而到 2013 年，仅有 15.2% 预计会用在网络上。

谷歌轻松占据了搜索引擎市场，每天、每小时、每秒都有很多人访问，于是广告商相当慷慨地购买了在带有搜索结果的网页上的广告空间。这是**定向市场营销**①（targeted marketing）。有人在搜索信息，比如说，关于蚊子的吧，那么比起搜索意大利面酱食谱和北欧旅游的人来说，前者更有可能会是一位喷雾剂的消费者。谷歌的搜索算法为产品和潜在客户提供一种无与伦比的连接，即梦想营销。虽然谷歌已经创造了除广告之外的收入流，但其年收入 236 亿美元中的大部分还是来自广告。

实际上，谷歌用一些方法将广大受众分离开来，让广告商能够以非凡的效率找到他们想要的人群。广告术语是这样说的，要减少浪费。例如，当谷歌提供了一批搜索意大利面酱食谱的目标受众，且没有一个人对番茄过敏的时候，一家海员式沙司公司为什么还要去向一本读者里面有番茄过敏者的食品杂志购买广告空间？

7.7.2 行为定向

社交网络 Facebook 已经将自己定位成在向广告商提供受众细分情况上超越谷歌的公司了。谷歌的算法是建立一个网上世界的地图，而 Facebook 不是，它收集购买产品的用户的个人信息。这些用户个人数据被整合和分类之后，将成为更准确地销售商品和服务的一片金矿。注意这些事实：每个月 Facebook 的 2 亿个人账户会发布 40 亿条信息、8.5 亿张图片和 800 万个视频。这些都专门地存放在 Facebook 的 4 万台服务器上。

当 Facebook 用户与朋友交流，表现他们对任何事物的"喜爱"，从咖啡供应商到百货商店再到可乐产品，并且分享他们的兴趣爱好时，他们会不经意地提交自己的信息，基于此，Facebook 在向广告商推送用户上有令人难以置信的巨大潜力。2010 年推出的**喜欢按钮**②

---

① 定向市场营销：相对精准地匹配广告商和潜在客户。
② 喜欢按钮：一个竖起大拇指的 Facebook 插件，用来识别潜在客户群体。

（Like button）允许广告商向任何一个点击的人以及他们的 Facebook 好友发送信息。不到一年，这个按钮出现在了 200 万个网站上。该按钮是所谓的推荐流量的一种媒介。据报道，广告商和其他网站流量大幅增加。体育新闻增加了 6 倍，掘客网 3 倍，美国广播公司新闻网 1.9 倍，并且 Facebook 已经成为全美篮球协会网站的第二大推荐来源。

喜欢按钮并不是没有引起争议。在德国，数据保护专员关闭了 Facebook 粉丝页面，移除了喜欢按钮，因其违反了德国和欧洲的法律。专员蒂洛·威切特不喜欢 Facebook 服务器将个人数据到处传递。他说："任何人访问 Facebook 或者使用插件时都应该想到自己将被该公司追踪两年。"他担心的是，Facebook 正在建立更广泛的用户个人个性化配置文件。

有人跟德国有着同样的担忧，而有些人则没有。商业作家弗雷德·沃格尔斯坦在科技杂志《连线》中提到，人们在 Facebook 上表现得与网络上其他任何地方都不一样。他们在 Facebook 上用真实名字，与真正的朋友联系，链接到真实的邮箱地址，分享自己真实的想法、品位和新闻。相反，沃格尔斯坦认为除了搜索历史和一些浏览活动，谷歌对它们的用户几乎没有其他了解。

Facebook 将自己定位成新媒体景观中的中央组件，这并未使其失去投资者。2007 年，微软购买了 Facebook 的很多股票，其购买价格显示该公司价值 150 亿美元。三年后，分析家指出 Facebook 的资产为 530 亿美元到 640 亿美元之间。为了更生动地解释 Facebook 与谷歌间的对比，沃格尔斯坦举了一个朋友的例子，他的 Facebook 资料里有原来的生日、地址、简历以及妻子和孩子的照片。另外，沃格尔斯坦强调说，他的朋友说他喜欢自制啤酒，一周前在沃格尔斯坦最喜欢的一家餐厅吃过饭，并且喜欢看卡通。朋友在给他一个朋友的 Facebook 消息中写到他不知道他儿子的小小联盟游戏是否会因为下雨而取消。同时，他请朋友帮忙解决如何让中央加热装置的叶轮正常工作。相反，在谷歌中搜索沃格尔斯坦朋友的名字，随后在一个带有大部分已失效的链接的、过时的个人网站上显示他是计算机科学博士，还有一系列他这些年写过的学术论文。

互联网的未来很有可能就是 Facebook 和其他社交网络资源能够提供给广告商的**行为定向**①（behavioral targeting）。但其中障碍重重。2007 年 Facebook 开始向新闻推送中插入广告，引起了用户的强烈反对。用户关注隐私。在被指控为了商业目的、通过数据挖掘泄露用户隐私时，Facebook 退让了。随后，Facebook 在 2009 年悄悄地修改了服务条款，用户对此只能同意或者离开，于是任何发布在网站上的东西都将该材料的所有权永久地给予 Facebook。小字写道："我们可能会与第三方分享您的信息，包括与我们有合作关系的负责任的公司。"面对新一轮的批评，公司否认有意向第三方提供信息。即使是这样，服务条款上的文字仍然在。2010 年年末，Facebook 又一次修改了服务条款。

即便如此，Facebook 仍明确表示它没有在未经用户许可的情况下，与广告商共享用户信息，但公司的确使用了用户的聚合信息来传递付费广告。在用户必须同意的法律协议细则问题上，Facebook 解释说："我们把广告推送给符合广告商挑选标准的人，但是我们不会告诉广告商这些人是谁。所以，举例来说，如果一个人点击了该广告，广告商可能会推测，这是一个住在美国的 18—35 岁的女人，喜欢篮球。但是我们不会告诉广告商这个人是谁。"

"广告运行后，我们会给广告商提供有关它们的广告表现的报告。比如，我们会给广告

---

① 行为定向：使用个人信息和活动模式将广告和潜在客户匹配。

商报告,告诉他们有多少用户看或点击了他们的广告。但是这些报告是匿名的。我们不会告诉广告商谁看了或者点击了他们的广告。"

"有时我们允许广告商锁定某一类用户,像'影迷'或者'科幻迷'。我们把我们认为有相关特性的人归为一类。比如,如果一个人'喜欢'了'星球迷航'页面,并且在去电影院时提到了'星球大战',那么我们可以得出结论:这个人有可能是个'科幻迷'。"

思考

- 针对目标消费者的社交网站对广告商有哪些优势?
- 做行为定向服务时,Facebook 遇到了哪些障碍?

7.8 游戏

▲ 本节概述

由于软件的日益成熟,新的宽带容量和互动、游戏已经获得了类似大众传播的特性,这包括增强其作为广告媒介的可接受性。

7.8.1 在线游戏受众

在互联网世界牢固建立的是在线电子游戏。甚至在人们听说互联网以前,游戏就开始从夹在第一代电脑的软件包里的简单游戏慢慢发展了。今天,顶级在线角色扮演游戏,如《使命召唤:黑色行动》《疯狂橄榄球》和《光环:致远星》,无论何时在全球都有成千上万的玩家。

因其惊人的增长,电子游戏已经很自然地成为广告商的目标。这是一批对广告商很有吸引力的观众。美国娱乐软件协会表示,玩家平均每周会在游戏上花 6.5 个小时。玩家包括广泛的一群人,其中 39% 的人一年会挣 5 万美元或者更多,这是广告商和其他媒体很难开发的一群极具吸引力的受众。

7.8.2 游戏广告

广告商开始把游戏看作是能够吸引受众显著增长的平台,58% 的受众是男性,大部分年龄在 18—49 岁,这对广告商来说是很难找到的受众群。行业分析认为,预计 2014 年全球游戏内置广告收入将会达到 10 亿美元,5 年内增长 3 亿美元。

思考

- 与美国娱乐软件协会报道的平均每周 6.5 小时游戏时间相比,你的游戏习惯是怎样的?玩游戏对你的日常安排有什么影响?
- 广告商在游戏信息中购买广告空间,其吸引力在哪里?

7.9 存档

▲ **本节概述**

数据储存的能力似乎是无限的。受影响最明显的是图书馆馆藏。谁还需要那么大的储存空间？在线百科全书维基百科和数据信息专业银行彻底改变了工具书产业。随时可调用的数据化资料有着深刻的社会和政治影响。

7.9.1 电子存储

看似无限的数字存储容量已经解决了移动和储存文本、图片、声音和录像的空间缺乏的问题。理论上来说，图书管理员不再需要销毁馆藏中使用最少的部分来腾出书架空间。百科全书编辑在概括人类知识时也不再有任何的限制，不再考虑是写 10 卷还是 20 卷。档案保管员喜闻乐见。有很多的空间可以给任何能够被数字化的东西。

7.9.2 谷歌图书搜索

依据前人经验，搜索引擎公司谷歌提议将所有现存图书数字化，这让人很难想象。谷歌的收藏将远远超过任何一家图书馆馆藏，包括世界上最大的学术图书馆——哈佛大学图书馆，有 1500 万本藏书。**谷歌图书馆计划**①（Google Books Library Project）藏书也将超过拥有 4230 万藏书的美国国会图书馆和拥有 2500 万藏书的大英图书馆。随着项目的扩展和其他语言的加入，其收藏也会超过法国图书馆的 1300 万册法语书籍。

新的挑战是整合数字材料，方便查阅。告别杜威十进制分类法和其他索引系统。数字材料可以用许多方法进行搜索，不仅仅是标题、作者和主题，甚至也可以是段落。图书零售商亚马逊已经开始尝试用段落和短语在其目录列表中搜索图书。

谷歌计划引起了人们对于出版作品属于谁的争论。莎士比亚和亚里士多德的核心作品一直都放在公共领域，实际上，属于所有人。对于一些近期作品，老牌媒体公司拒绝了谷歌的数字化技术。这些公司声称它们拥有控制书籍传播和收费的专有权。这是一个涉及版权的核心问题，而版权又几乎涉及所有的媒体产品。一个根本的问题是：通过向创作者提供工作奖励而鼓励创新生产这种理念是否已经过时。

7.9.3 维基百科

维基百科已经证实了数字化档案的潜力，它是一部在线百科全书，其用户主动提供文章，随后其他用户将对该文章进行自由编辑。在第一个八年，这种合作方式产生了 290 万篇英文文章，几乎是其他语言的文章的 5 倍。就在几年前，这种范围的努力和创作过程甚至还不被认为可能成功。

其影响是：像《大英百科全书》（通常 32 卷）这种装订版百科全书在数字时代已经过时了。传统百科全书公司陷入了危机。《大英百科全书》要负担 100 位全职员工和 4000 位专家工作的开支，它怎么与维基百科竞争？甚至连综合了各种《大英百科全书》版本的 DVD 版

---

① 谷歌图书馆计划：将人类历史上的所有图书都放在线上的项目。

本都仅有 12 万个条目,尽管这彰显了极高的编辑水准,然而却还是很无力,因为这个数量仅为维基百科英国版的 1/25。

这种合作模式也遭到了批评。尽管许多,也可能是大多数维基百科的条目都基本正确,但是错误、不准确,甚至还有有意造假依然在网络中肆意蔓延。因此,维基百科还未被看作大多数学校论文可接受的信息来源,在专业研究中出现就更少了。

维基百科在 2009 年决定增加专业编辑人员,其效果如何还不清楚。目标是整体改善条目。

7.9.4 新闻记录

学校老师曾告诉学生,一个有知识的公民每天会读好几份报纸,保持消息灵通。好消息是,今天的每个学生都能很容易地在网上找到许多新闻,也能找到早期新闻的数字储存档案。过去的报纸现在已经有了数字版本,并被永久储存,以便参考。杂志也是如此。

单一网络新闻服务可以兜售最新报道,但是后人会重视存档。无纸化新闻时代已经到来。

思考

- 数字存储代替了什么?
- 为什么许多图书出版商和作者担心谷歌数字图书馆计划?
- 对比维基百科的合作过程和《大英百科全书》的编辑过程。
- 与传统新闻存档相比,数字新闻存档的优势是什么?

本章小结

乔布斯的历史模型

当乔布斯试图弄懂新媒体领域时,人们洗耳恭听。他几乎从一开始就在新媒体中了。实际上,他保持着让苹果产品引领潮流的成功纪录。乔布斯把数字媒体革命看成三个阶段:计算机革命,发生于 1980—1994 年,特点是生产力发生了质的飞跃;互联网革命,发生于 1994—2000 年,标志是网络连接;正在进行的数字生活方式,以个人电脑为中心。

门户网站

台式电脑成为 20 世纪 80 年代末期美国标准的家用电器。这为数以百万计的人打开了互联网门户。每个人都感觉到一种新的媒体格局正在形成。由美国在线体现出来的一种流行的想法便是类似于订阅一份报纸或杂志。通过订阅,人们可以买到丰富的美国在线的在线材料,或者竞争对手"围墙花园"的内容。随着像网景等浏览器的出现,上述订阅的概念瓦解了,浏览器给予每个人(包括极客和其他人)除围墙花园之外的访问权。

搜索引擎

几乎从一开始,互联网就如此庞大且发展迅速,导致人们很容易迷失。搜索引擎解决了这个问题。软件根据主题跟踪互联网和成群的网站。计算机用户可以输入搜索词语,搜索引擎就会列出几百条相关网站。谷歌成为搜索引擎中的主导者,能够为每一次搜索列出多达 1000 个可能的网站,并使新媒体领域具有导向性。

信息
互联网成为人际交流的主流领域。电子邮件的使用超越了邮政服务和点对点交流的电话,也属于大众传播。用手机发短信是电邮的一种变体,增强了交流的移动性。

用户生成网站
对"围墙花园"概念的最后一击便是软件允许任何一个有电脑和调制解调器的人上传内容。媒体公司再也不能垄断信息。博客成为全国性,实际是上全球性的一种消遣。Facebook 使数百万人能同时在线。YouTube 使每个人都能成为一个电影制片人,或者明星。Twitter 深刻地改变了参与式传播。

电子商务
互联网的创始人对不义之财有一种典型的美国人的蔑视。他们不想让商业玷污他们极好的新的沟通媒介。然而,另一种美国价值观,资本主义,却成了主导。今天,互联网是主要的商务工具,有在线产品目录和在线订购、拍卖以及产品下载。很少有公司还没有在线业务,至少是在线推介。

在线主导
谷歌搜索引擎绘制了网络地图,并创造了日常使用功能。通过出售屏幕广告空间,谷歌在经济上成为媒体巨头。但是社交网站 Facebook 拥有潜力和巨大的优势来吸引广告商。Facebook 绘制了网络和网络用户的地图,积累了令人难以置信的大量数据,帮助广告商以前所未有的精准度锁定潜在用户。Facebook 用户不停地向 Facebook 服务器输送个人数据,定期更新,并分享他们对从产品到慈善的所有事情的"喜爱"。

游戏
游戏行业中的销售额已经超过了音乐行业,并正在逼近电影和图书。游戏玩家之间的互动产生了一大批受众,在线使用持续增长。

存档
数字化使数量惊人的数据储存成为可能。你相信人类历史上出版的每一个字都能被数字化吗?谁还需要传统的带有书架空间的图书馆?每一个新闻故事,包括文本、图片、音频和视频,都可以被存档,留给后人,且几乎是即时检索。数字存档对传统媒体的影响在现在的背景下又有了新内容。举一个例子:想象一下一个记者重新播放一个政治家上个星期、上个月、上一年或者上一个活动中所说的话,"好,参议员,你怎么看待你今天说的话和你去年一月所说的话?"这场采访将会多么地富有启发意义?

> **批判性思考**
>
> 1. 你认为未来历史学家会在史蒂夫·乔布斯的数字化媒体历史中找到什么缺陷?
> 2. 早期的媒体商业模式是如何培育出针对互联网的围墙花园商业模式,又是如何失败的?
> 3. 为什么搜索引擎对于充分利用互联网必不可少?
> 4. 发送电子邮件和发送短信有何不同?又有何相似之处?
> 5. 基于用户的内容为新媒体领域增加了什么样的新方向?
> 6. 应该允许商业成为互联网的经济动力吗?

7. 对比谷歌和Facebook在吸引广告上的潜力。
8. 你认为在线游戏产业还有多大的发展潜能？
9. 数字化数据储存是如何丰富大众传播、社会和文化的？

媒介术语

ARPAnet 阿帕网
behavioral targeting 行为定向
blog 博客
browser 浏览器
Computer Revolution 计算机革命
Corporation for Assigned Names and Numbers 名称和编号分配公司
crawlers 网络爬虫
digital life 数字生活
domain name 域名
dot-com bust 网络泡沫破裂
e-mail 电子邮件
Internet Revolution 互联网革命
Jobs' Model 乔布斯模型
like button 喜欢按钮
passed links 传递链接
search engine 搜索引擎
spam 垃圾邮件
targeted marketing 定向市场营销
texting 短信
user-generated content 用户生成互联网内容
walled garden 围墙花园

媒体资源

→Juliann Sivulka. *Soap, Sex and Cigarettes*: *A Cultural History of American Advertising*, Second Edition. Wadsworth, 2012. Sivulka是一位做关于美国研究的学者，探讨了双向互动的文化和广告发展趋势。

→Walter Isaacson. *Steve Jobs*. Simon & Schuster, 2011. Isaacson由苹果公司天才史蒂夫·乔布斯指定为其撰写传记，并对乔布斯进行了大量的采访，本书被公认为是关于乔布斯的权威著作。

→Douglas Edwards. *I'm Feeling Lucky*: *The Confessions of Google Employee Number 59*. Houghton Mifflin, 2011. 这本书由一位早期的谷歌营销经理以第一人称进行叙述，体现了其对公司如何定义本身的洞察。

→Steven Levy. *In the Plex*: *How Google Thinks, Works, and Shapes Our Lives*. Simon & Schuster, 2011. Levy是一位专注于科技的记者，对谷歌内部人员进行了大量采访。

→Chris Berry, Soyoung Kim and Lynn Spigel, editors. *Electronic Elsewheres*: *Media, Technology and the Experience of Social Space*. Minnesota, 2010. 编辑们收集汇合了社会学、人类学、政治学和大众媒体领域内著名学者的思想成果。

→Jessica Clark and Tracy Van Slyke. *Beyond the Echo Chamber*: *Reshaping Politics through Networked Progressive Media*. New Press, 2010. 学者Clark和Van Slyke认为，社交媒体能导向进步，并战胜了在20世纪80年代和90年代因掌握传统媒介技术而占主导地位的保守的声音。听好了，拉什林堡。

→Tim Wu. *The Master Switch*: *The Rise and Fall of Information Empires*. Knopf, 2010. 学者Wu担心互联网会从相对开放的经济转变为几个寡头垄断。他警告说，这种情况之前在广

播、电视、电信和其他信息行业都曾发生过。

→Ken Auletta. *Googled*：*The End of the World as We Know It*. Penguin，2009. Auletta 是《纽约客》杂志的媒体评论员，追溯了谷歌从一家小公司成长为线上巨头并取代传统媒体的过程，并讨论了其盈利驱动下，如何主导媒体投放，并成为主要广告载体。

→Leah A. Lievrouw and Sonia Livingstone, editors. *New Media*. Sage，2009. Lievrouw 是一位美国学者，Livingstone 是一位英国学者，他们在四卷著作中汇集了丰富的内容，涉及历史、经济、社会和行为问题，具有跨学科的思维和国际性的观点。

→Ben Mezrich. *The Accidental Billionaires*：*The Founding of Facebook*：*A Tale of Sex*，*Money*，*Genius and Betrayal*. Doubleday，2009. 这本传记对 Facebook 创始人马克·扎克伯格进行了完全披露，来源于对艾端尔多·萨维林（Eduardo Saverin）的访谈，后者因与前者关系不合而被排挤出公司。

→Uta Kohl. *Jurisdiction and the Internet*：*Regulatory Competence over Online Activity*. Cambridge，2007. Kohl，英国学者，讨论了对诽谤、合同法、淫秽标准、赌博、银行监管、药品许可要求及仇恨言论的跨国监管的问题。

→Jack Goldsmith and Tim Wu. *Who Controls the Internet*？ *Illusions of a Borderless World*. Oxford University Press，2006. Goldsmith 和 Wu 看到了一个广为流传的说法的问题，即在控制互联网内容方面政府是无能为力的。

→Bruce Abramson. *Digital Phoenix*：*Why the Information Economy Collapsed and How It Will Rise Again*. MIT Press，2005. Abramson，计算机科学家、律师，将互联网泡沫破灭的原因归结为网络理论家不懂得古典经济学，而晕头的投资者则没意识到竞争会消灭大部分的创业公司。他说，随着对知识产权保护规则的放宽，未来的发明创新可能会受影响。

▶ 本章主题性总结

新媒体景观

为了更好地巩固你的媒介知识，此处用贯穿本书的几个主题来展现本章内容。

媒介技术

期待速度更快，容量更大，运用更多。

在计算机基础技术和网络的每一个新发展中，变化都来得很快。门户网站发展了几个围墙花园。它们成为公共公园，每个人都可以通过联网笔记本电脑被邀请到园内玩。从蒂姆·伯纳斯-李的万维网协议和马克·安德森具有革命意义的网景浏览器开始，互联网就开始建立它在新媒体领域的主导地位。电子邮件、搜索引擎、社交网络、短信、博客、按需印书、在线档案的即时数字储存、游戏和现实生活模拟，每一个新发展都具有革命性意义。谁知道下一步会是什么呢？

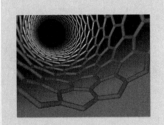

传媒经济学

媒体间有关收入流的常年战斗也标志着新的数字媒体。

互联网早期的围墙花园商业模式源于传统媒体产品,其尝试成为所有人的一切,服务大众。当马克·安德森的网景浏览器与谢尔盖·布林和拉里·佩奇的谷歌一起出现时,该模式就瓦解了。网景和谷歌的结合使人们能够免费访问整个互联网的所有内容。数字媒体时期的公司在寻找收入流时与之前的公司有什么共同之处呢?答案是:广告,跟以前一样。

媒体与民主

包括 YouTube 网在内的社会媒体是新的政治工具。

2008 年美国大选期间,YouTube 用户可以在总统辩论时提出问题。候选人通过电子邮件、YouTube、Facebook 和 Twitter 将他们的消息公布给选民。几乎每个人都可以在网上创建、散布信息。个人可以打开自己的博客网站,或者他们可以把内容发到社交网站上,如 Facebook、Twitter、YouTube 和 Flickr。与传统媒体依赖于经过专业训练的记者不同,现在任何一个有手机或者电脑的人都可以成为公民记者。用户生成内容的出现已经影响了大众媒体,使其民主化。

媒体与文化

孩子们从媒体获得了什么信息,让他们那么简单地就能完成家庭作业?

新媒体对文化产生了深刻的影响。几乎没有人还在写书信并通过美国邮政寄送,电子邮件和发短信已经成为主要的交流方式。我们通过电子邮件和文本做生意、发送聚会邀请、生日卡片和照片。Facebook 和其他社交网站让我们与朋友和同事保持联系。甚至对地球上的某一个人,我们都能知道他午饭吃了什么、跟谁约会,以及在学校表现如何,而且我们几乎是立刻就知道的。我们不再需要查看庞大的目录来邮寄、订阅、购物,我们可以网上购物和订阅。由于强大的搜索引擎和更快的网络连接,只需要轻敲几下键盘就能搜索学校论文,寻找抽象信息。在线游戏占据了许多人的大部分生活。所有这些发明并不是没有引起争议。几乎我们在网上做的一切都可以被追踪,所以广告商和经销商渴望得到这些信息,根本不管固有的隐私问题。

媒体的未来

中国是互联网公司培养收入来源的巨大市场。

互联网公司已经察觉到了中国市场的巨大利润。中国经济是全世界增长最快的经济,正在被消费产品所推动。这意味着制造商和零售商将要寻求平台来兜售它们的产品。美国的互联网公司,包括谷歌和雅虎也在中国有了一席之地,并定位了未来的利润。

受众细分

曾经有一段时间,人们只能定期地接触到极少的媒体,如一份当地报纸、几本杂志、一个最喜爱的广播电台以及三个,也可能是四个地方电视台。20世纪后期是"能够访问任何地方的任何东西的"互联网的顶峰时期,该时期的几项发明产生了多么大的影响啊。传统媒体的巨大观众群已经分散。例如,为了吸引记者眼球,纸质的《纽约时报》要与沙龙、民主党候选人名单、《政治家》、谈话要点备忘录和赫芬顿等各种内容竞争,并且要与《纽约时报》的网站保持对立。还有些网站很容易进入一些未知的媒体领域,如Stitcher广播。甚至在你读到这里的时候,媒体景观就正在改变,也正在扩展。

第三部分
大众传媒的内容

新 闻

真实新闻的缺失

环境地理学家马克斯韦尔·博伊科夫(Maxwell Boykoff)和他的兄弟、政治科学家朱利斯·博伊科夫(Jules Boykoff)曾对全球新闻中关于"全球变暖"的内容做了大量调查。他们发现,14年来,美国四大主流报纸——《纽约时报》《华盛顿邮报》《洛杉矶时报》和《华尔街日报》上,刊载有关气候变暖的文章共有3542篇,他们随机选取了636篇进行分析研究后发现,53%的文章对导致全球变暖的两个主要因素进行了相同比重的报道。博伊科夫兄弟称,读者从中获取的唯一信息就是"科学界在人为因素是不是导致全球变暖的原因这一问题上争论不休"。但事实上,科学界在全球变暖这一问题上已经达成了共识,认为其是威胁全球物种的危险现象。

新闻媒体在报道科学问题时,为何会与科学家的结论如此不一？这便是本章要解决的核心问题——如何收集和报道新闻。本章还会讲述,哪怕新闻媒体本意是好的,但在报道重大议题时仍会出现错误,正如关于"全球变暖"的报道那样。但更重要的是,本章要探讨具备媒体知识的读者如何辨别报道是否可信。

最初,博伊科夫兄弟在2004年的学术研究并未引起新闻媒体的太大关注。从那之后,除了美国著名的新闻媒体,研究者还对世界20个国家的50篇报道进行了研究。媒体对这场即将到来的环境灾难的报道仍然十分缺乏。环境社会学家罗伯特·布鲁勒(Robert Brulle)对美国主要电视新闻报道进行研究后,也得出了相似的结论。

关于新闻报道中出现的失误,博伊科夫兄弟的结论是:似乎和人们的直觉相反,错误的原因在于记者在报道中过于注重公正性。博伊科夫兄弟解释道:"新闻公正的职业标准要求记者在撰写争议性话题时展现问题的两个方面。""相同比重地报道某一论点的两个方面是判断公正报道的根本标尺。但遇到科学问题时,这一职业标准便出现了问题。要求记者报道一个科学问题的两个对立观点,似乎在科学上给予了其相同的地位,但事实却不是这样的。"

公正性这一新闻报道准则,使得特殊利益群体借机向尽职履行公正性原则的记者进行误导,甚至传递错误的信息,对新闻进行操纵。最终,记者的报道中充满了各种服务不同特殊利益集团的声音。博伊科夫兄弟还举出很多实例,例如《纽约时报》曾引用一位"全球变暖"怀疑者的话,称二氧化碳排放对气候没有威胁,反而是"工业革命带来的意想不到的美妙礼物"。

冰川崩裂危机

博伊科夫兄弟一项里程碑式的研究表明,记者被公正报道这一准则缚住了手脚。长期以来,记者对大型能源公司提供的数据给予同等的地位,进而弱化了"全球变暖"的严重性。冰盖消融这样引人警醒的证据被这些所谓"平衡性"的报道所削弱,而全球变暖正是由毫无节制的人类活动所造成的。而后续研究发现,媒体在报道科学问题时并没有什么改进。

这些特殊利益群体又是谁呢?美国副总统阿尔·戈尔(Al Gore)早年曾是一位记者,他直率地抱怨道,这都怪"一些较小的特殊利益群体,包括埃克森美孚和一些石油、煤炭及事业公司"。为什么?"每时每刻,这些公司的生产活动都向地球大气毫无节制地释放大量造成全球变暖的污染物,而它们却获益颇丰。这些公司想要阻止任何可能干预其排污获利的新政策出台。"

博伊科夫兄弟这样写道:"平衡的报道将一小群全球变暖怀疑者的观点放大了。"在博伊科夫兄弟看来,平衡的报道并不是精准的报道。

是记者不诚实吗?朱利斯·博伊科夫并未责怪记者。博伊科夫指出,大型传媒公司为了提高效益,会精简新闻报道者人数,减少需要大量人员投入的调查性报道活动。于是,越来越多的记者成为杂而不精的报道者,没有时间从对比如气候变化这样复杂主题的报道中汲取经验。

长此以往会造成严重的影响,因为从理论上来讲,国家政策中的民主精神从公众意识中被剥夺了。博伊科夫兄弟认为,新闻媒体将科学证据贬值,给了"美国政府一个摆脱责任、采取迟缓行动应对'全球变暖'的政治机会"。

博伊科夫兄弟等媒体学者对关于全球变暖的那些不太站得住脚——或干脆就是糟糕——的报道展开了进一步的研究。

- 新闻媒体大幅减少了对科学问题的报道,转而关注名人或浮夸的新闻事件。与以往相比,"即时显著性"成了新闻的判断标准。总之,"越是坏消息,越吸引眼球"。与之相比,"全球变暖"只是个过程,不具有震撼效果。
- 环境专家威廉·弗登堡(William Freudenburg)也责备当下广为流传的一种观点,即科学最终会得出是非分明的结论。这一观点并不正确,事实上,科学是一个累积的过程。的确,数年前科学家并未对"全球变暖"这一现象给予多少关注。但科学家很快对此形成共识,并达到了引人注意的程度。对记者来说,一个逐渐形成的共识很难报道;比起那些一石激起千层浪、具有轰动效应的新发现来说,这种共识也很难引起读者的兴趣。

不可否认,新闻媒体很容易因未将"全球变暖"放在每日头条而受责备。战争、选举以及对医保、教育等政策的辩论也在竞争着占据每一个新闻版面的角落,这也是不可忽视的。

本章要点

- 理解"新闻",必须要理解"新闻价值"。
- 美国出版商詹姆斯·戈登·贝内特(James Gordon Bennett)在19世纪30年代建立了新闻这一概念。
- 20世纪中叶,哈钦斯委员会(Hutchins Commission)又重新对"新闻"这一概念进行定义。
- 混合型新闻报道模式将事实性新闻和公告性视角相结合。
- 记者会将个人、社会和政治价值观带入到他们的工作中。
- 最后被报道的新闻,是许多变量的结合体。
- 新闻来源的增多不断削弱了新闻质量机制。
- 新闻报道包括探索式新闻、软新闻和全天候新闻。

8.1 新闻的概念

▲ 本节概述

新闻就是在众多竞相发生的变化中脱颖而出,最终被报道的变化过程。因此,被报道的新闻,是记者、编辑和制片人依据日常经验,判断观众需要或想要知道的内容。

8.1.1 新闻是变化

随机向任何一个人提问:"什么是新闻?"人人都认为他们知道答案。但如果继续追问,你会发现很多人的回答都颇为模糊。那么,对于新闻这样一个存在于人们日常生活中的事物,为什么人们对它却没有一个共识性的认知呢?其中一个原因是,美国宪法禁止政府干涉几乎所有的媒体报道内容。因此,五花八门的内容都打着新闻的旗号呈现在观众面前。对比一下令人惊讶的小报网站"奇异新闻"和美国每日新闻的支柱《纽约时报》,它们之间的差别显而易见。即便是主流媒体,在报道事件和问题时的方法也是不同的。

关于新闻的定义,有两个重要的概念——新闻和新闻价值。

简单来说,**新闻**①(news)就是对变化的报道。传统的报纸标题中,这一点体现得最为明显。传统新闻标题中都用一个动词作为表示变化的标志,如:

"地震撼动智利沿岸"

"纽约州议会批准同性婚姻"

8.1.2 新闻价值

新闻播报时间有限,报纸及网页报道版面有限。因此,不是所有的变化都符合这些限制条件,可以成为新闻。也不是所有的变化都值得读者花费时间上网阅读。那么,什么样的变化才能成为新闻呢?记者使用**新闻价值**②(newsworthiness)这一概念来对变化进行评判。美

---

① 新闻:对变化的报道。
② 新闻价值:对新闻的排序,最终决定什么样的新闻可以被报道。

国总统贝拉克·奥巴马打了个喷嚏,这就是变化,整个世界都会关注,很多人都受影响。可当我们打了个喷嚏,只有自己的妈妈才会在乎。用新闻价值这一尺度去衡量可能会被报道的新闻,需要很强的判断力,任意两个人都会给出不同的排序。请对以下虚构的事件进行新闻价值排序,并请你的一位朋友也完成这个测试。

扬基队赢得世界职业棒球大赛冠军
国会投票决定移除墨西哥边境围栏
海军发布新型航空母舰
基督教科学派创始人死而复生
肯尼亚飞机失事致 220 人丧生

决定新闻价值的因素有很多:与观众的接近度、涉及人物的重要性、时效性、对社会的影响度,甚至是所谓的"奇趣度"。但关于新闻价值,并没有确定的判断模式。一些主观因素,如记者的价值观、世界观、对受众情况的判断等,都会在很大程度上影响什么样的新闻、以什么样的形式被报道。

- "新闻作为变化"和"新闻价值"这两个概念的内在联系是怎样的?
- 将相互竞争的报纸、新闻播报或网络上的头条新闻进行对比。解释"新闻判断"是如何决定新闻报道的。

8.2　贝内特新闻模式

▲ 本节概述

19 世纪 30 年代,便士报(廉价报)出版商**詹姆斯·戈登·贝内特**①(James Gordon Bennett)发现,新鲜消息可以成为商品。消息越新,读者越乐于购买。及时性是贝内特的信条。从此之后,这便成为主导美国长达 100 多年的新闻概念的前提条件和要求,甚至对今天的新闻报道方式都产生着深远的影响。

8.2.1　詹姆斯·戈登·贝内特

我们今天所了解的新闻概念只有不到 200 年的历史。詹姆斯·戈登·贝内特本是纽约一位辛勤奋斗的出版商。贝内特看到另一位出版商本杰明·戴(Ben Day)成功创办了便士报,于是便打算开办一份属于自己的便士报。1835 年,靠着两个面粉桶上搭一块木板形成的桌子、一台残破的印刷机和勉强够用的铅字,贝内特创办了自己的便士报《纽约先驱报》。贝内特早期的新闻报道曾有一篇头版关于时髦女郎罗西娜·汤森(Rosina Townsend),是在她手下的一名妓女惨遭杀害后对汤森的专访。警察调查时,贝内特就在现场。他在报道中大量引述受访者话语,并夹杂了绘声绘色的细节描写。这样的新闻令人咋舌,却受到读者的热烈欢迎。这也成为历史上第一个被出版的新闻采访。更重要的是,这体现了贝内特善于把握细节,将其融入报纸吸引读者的本领。他凭直觉发现人们想要知

---

① 詹姆斯·戈登·贝内特:早期廉价报出版商;1835 年创办《纽约先驱报》。

道什么。

贝内特很快意识到,在新闻上抓住先机是战胜其他竞争者的显著优势。他执着于将新闻尽快传递给读者,使得及时性成为新闻概念的重要因素。这促成了新闻以事实性报道为倾向的报道方法,因为记者都急于将报道发布,无暇对其进行分析性描写。

贝内特将及时性奉为信条。当载着报纸和信件包裹的远洋轮船驶向纽约时,他便雇小型快船驶向纽约沿岸之外的城市桑迪波因特,在远洋轮船抵达港口前,小船已经带着包裹驶回城市。这样,贝内特就能提前几小时让读者收到最新信息,进而打败其他报纸。

詹姆斯·戈登·贝内特

贝内特曾前往加拿大新斯科舍省哈利法克斯市(Halifax, Nova Scotia),许多欧洲来的船只都会先在那里停靠,再沿着海岸行驶。当得到一份新闻包裹后,贝内特雇了一列火车头将它带回波士顿、伍斯特和新伦敦。随后他乘船到达长岛,又乘火车回到了纽约。这样,他的新闻比其他的新闻早到了好几天。

《纽约先驱报》很快取得了成功,发行量超越了本杰明·戴的《纽约太阳报》。贝内特从未放弃对快速新闻的追求。1844年,塞缪尔·摩尔斯(Samuel Morse)发明了电报后,贝内特便要求记者使用这项覆盖全国的新生的网络,一刻不停地将报道发送回来。

妓院谋杀案。 艺术家对1836年纽约妓院中妓女海伦·朱伊特(Helen Jewett)谋杀案现场进行了重现。图中描绘了凶手逃离现场的情景。朱伊特被发现惨死在床后,探员对妓院的老鸨进行询问,而贝内特就在现场聆听了询问。公众对此案的兴趣被贝内特这位新闻创新者大大点燃。贝内特对此案的报道引人入胜,人们对"凶手到底是谁"的兴趣持续了数十年之久。

贝内特建立了现代新闻编辑室,并采用了分工的原则。记者按照分配的主题进行报道,并对其报道新闻的及时性负责。**新闻的采访范围**①(news beats)包括警方、法庭等其他内容丰富的对象。当时的纽约拥有150万人口,城市规模庞大,结构复杂。唯有一个强大的新闻网络才能对其进行全面的报道。贝内特体系认为,要获得广大的观众,报道的主题和问题必

---

① 新闻的采访范围:记者报道的特定主题和范围,例如警局专题或科学专题。

须广泛。

总而言之,贝内特对读者兴趣的捕捉和他的创新,成了新闻采集和报道技术的基础。**贝内特模式**①(Bennett Model)已成为理解新闻组成部分的基准。

8.2.2 贝内特模式的组成

毫不奇怪,詹姆斯·戈登·贝内特的报道方式被迅速模仿,受到越来越多受众的欢迎。

刺探新闻。《纽约世界报》出版商约瑟夫·普利策曾派遣他的金牌记者娜丽·布莱(Nellie Bly)在1890年展开一场环球之旅,只为超越著作《环游世界八十天》。布莱的环球世界之旅花了72天。普利策特别擅长制造引人入胜的故事,有些有价值,有些则颇为浮夸。布莱的一次重要创举,便是伪装成精神病人,进入一个精神病院。她在报纸头版上揭露了精神病院可怕的环境,引发了改革。

吸引眼球的事件。20世纪90年代,对事件的报道成为一种艺术,报业成了一个主要行业。人类对信息的渴望,得到了历史性的极大满足。同时,随着消费者在经济运行中的地位不断攀升,报纸也吸引了众多广告商。19世纪30年代,竞相购买报纸上的广告版位使得日报越来越厚。不断增长的需求使得晨报和晚报应运而生,其后,早晚新闻都变成了很多版。报纸就像饥饿的狮子,总是需要新鲜的肉来满足渴望。因此,记者在一个又一个未被披露的事件间奔走。对重大事件的报道竞争十分激烈。新闻行业就像肾上腺素,刺激着记者,也间接刺激了读者。

截稿驱动。贝内特想要打败其他廉价报的欲望愈来愈强。尽快获得事件报道最新进展的压力也愈来愈大,甚至发展到了狂热的程度。报道之快让读者眼花缭乱。1844年,电报诞生。仅仅四年间,所有的主要城市都被电报连接了起来。甚至人们眼中位于偏远西部地区的芝加哥和密尔沃基都有了电报。

公众已不满足于了解当地突发新闻,他们的兴趣拓展到了发生在遥远地区的事件。**电报新闻**②(lighting news)这个术语出现,它体现了电报不仅可以实现瞬时报道,并且是电子的。19世纪末期,电力首次点亮了一个个城市,为工厂提供了动力,改变了人类的生活。电是一项令人肃然起敬的事物。电报新闻是所有新技术中最为显著的产物。

20世纪20年代,广播成了新的新闻媒介。公众对突发新闻的兴趣得到了前所未有的满足。一个广播记者可以在事件现场播报,而人们可以听到现场直播。太棒了!

客观性。不偏不倚地展示事件逐渐成为贝内特模式中的一条重要原则,进而取代了早期党派报纸中的意见内容。为了尽可能获得最多的观众,《纽约先驱报》这样的廉价报选择不带倾向性,以免冒犯任何可能的主要读者群体。报道中没有了观点,只是单纯地叙事。

不带感情色彩的报道成了一条准则,早期的美国联合通讯社(AP,下称美联社)便是一个例子。1848年,几个成本意识较强的

---

① 贝内特模式:一种长盛不衰的新闻概念,强调事件性报道中的截稿期限。
② 电报新闻:由电报传递的新闻。

纽约报商决定成立美联社。作为合资企业,美联社负责报道遥远地区的新闻事件,成本由成员共同分担。如此一来,这些报纸便不再需要专门安排报道遥远地区新闻的记者,省下了一大笔钱。而这样员工共享制度的一个结果便是,美联社的文章必须不带任何党派色彩,以便各个报纸使用。最终,事实性报道便强调不带有任何党派色彩。

另一个根本性的转变,将美联社中立且不带感情色彩的报道风格,或人们常称的"**客观性**"①(objectivity)这一特点深深嵌入了贝内特模式中。随着新闻逐渐盈利,报纸变成了金融引擎。19世纪80年代,普利策、赫斯特、斯克里普斯等主要出版商将他们的报纸视作赚钱工具。底线的重要性不断增加,对这些报纸来讲,获得读者群、增加盈利最保险的方法便是避免和读者及广告商对立。中立报道是有利可图的。以美联社为例,追求利益的出版商倾向于以信息为导向的报道。

的确,所有的报纸都有观点,但这仅限于社论板块。作为日常新闻的事件报道,都被尽可能地以中立的态度呈现。

掩盖记者角色。贝内特模式里中立语气的概念,造就了不具人格的新闻报道。记者的角色被大大压制,以至于新闻如同被机器生产出来一样。20世纪之前,**报道署名**②(byline)都非常罕见。第一人称"我"这样的词语都是禁止使用的。一条重要理念是,记者在故事中的角色要尽可能的无形化。对记者在故事报道中角色的故意隐性化,表明新闻工作是一种高级智力劳动的观点是站不住脚的。

相比之下,其他地方的新闻模式则十分不同。1821年,《曼切斯特卫报》在伦敦成立,报纸的名字如今已简化为《卫报》。《卫报》一直有一项传统,即鼓励记者将他们的经验和观察公开融入其报道中。当然,《卫报》追求真相都以事实为基础,并不会掩盖报道的公正性。1855年成立的《每日电讯报》,以及其他英国和欧洲的主流报纸也是如此。

消息源。贝内特模式中的新闻很大程度上都是被动的。记者的角色是对发生的事件进行报道。贝内特并不强调记者主动挖掘新闻,进行调查性报道。在贝内特模式的驱动下,美国新闻报道都颇为被动:等待事件发生,然后对其进行报道。

8.2.3 贝内特模式的问题

以贝内特模式记录事件仍然是理解新闻的一种有效方法。贝内特模式虽然影响深远,但仍然存在缺陷。强调事件本身或将错过一些值得报道的重要真相。不仅如此,在报道中若仅仅关注事件本身而忽略事件所揭示的重要趋势性问题,就会错失报道重大社会问题和危机的时机。同时,这一模式也使得新闻媒体容易受到来自党派和其他方面的控制。

报道流于表面。贝内特模式下,报道常常较为肤浅。记者倾向于报道事实容易获得的事件。遇到可能要花费大量时间和调查的事件又该怎么办呢?多数情况下,这样不容易报道的故事在截稿驱动的要求下被搁置一旁。

让我们假设一个难以忽视的事件,如炼油厂火灾。火灾很容易报道,难的是获得炼油公司的安全记录。关于安全记录的故事要比关于火灾本身的故事重要很多,特别是当一家公司拥有多个炼油厂时更是如此。然而,获得安全记录要花费很多额外的时间,在这一公司刻

---

① 客观性:新闻学的一个概念,认为新闻的采集和报道都不应掺杂任何价值观点。
② 报道署名:写明作者或记者名称的位置,通常位于文章开头。

意阻碍记者获得信息时尤为如此。对记者来说，追寻新的突发事件更容易展示其工作。负责整合头版、新闻广播和网页新闻的栏目出品人，总会倾向于上镜的事件并将其放大。而安全事故的后续报道这样不那么吸引眼球的报道，则不容易受到重视。

同时，造成贝内特模式较为被动的特点的原因还在于，记者等待事件发生。等待一个公司公布其安全记录要花费很长时间。需要报道的重要事件都是未被公布的。

因截稿日期而慌乱。 复杂的大规模生产，是詹姆斯·戈登·贝内特和其他报商活跃的工业时代的一大特征。实现大规模生产需要近乎军事化地汇集原材料、人力资源和管理精英。截止日期必不可少。当这些条件共同作用，工厂可生产出人们预想到的产品。但在截止日期的压力下，不管产品是零件还是新闻，其质量都会不可避免地受到影响。丰田公司2009年和2011年的大规模安全召回就是一例。还未从1948年乌龙事件走出的《芝加哥论坛报》也是如此。该报曾在1948年头版，以大标题报道"托马斯·杜威当选美国总统"。《芝加哥论坛报》当晚的确没有错过截止日期。但欲速则不达，实际情况是，杜鲁门当选，杜威落败。

报道乏味。 在最为严苛的情况下，贝内特模式极为精简，报道中杜绝任何记者的角色。记者不过是无意识的事实收集者，而事件则神奇地自我展示。就算读者只有非常少的背景知识来解读事件也不关他们的事，搞清楚事件究竟怎么回事都是读者自己的事情。但在错综复杂的世界里，认为读者具备足够的知识和认识领域这一前提不再成立（如果曾经成立的话）。

同时，只讲事实的风格使报道十分平淡。新闻学者丹·吉尔默（Dan Gillmore）曾指出，将观点剔除出新闻报道，是人们写出的"地球上最为乏味的散文"。

忽视变化方向。 黑人大规模从美国南部向北方迁移是20世纪最重要的事件之一，然而却并未得到报道。这次大迁移是历史性的大事件，具有深远影响。然而数十年之后，它仍然不能被简单概括为一个事件。在贝内特以事件为中心的报道模式下，北部新黑人移民中的社会不公现象并未得以报道。数十年来，不满情绪在不断发酵，但媒体对此却只字不谈。直到20世纪60年代，城市种族暴乱此起彼伏，造成惨重伤亡和巨大破坏。当然，新闻并没有忽视这些暴乱，对其进行了报道。但暴乱本身，体现了多年来新闻的失败。

如果记者看出了贝内特模式中肤浅的报道成分，并捕捉到了由黑人移民带来的社会变化，又会怎样呢？如果记者能早点发现这些变化的影响呢？如果人们能被告知正在发生的事情，那么便有机会制定一些国家政策，来纠正错误，在可怕的动乱爆发前缓解社会紧张气氛。

对问题不予追问。 贝内特模式造成的一个结果便是，新闻报道向权力部门倾斜。例如报道抢劫案件时，记者向警方询问信息，警察会接受采访。这也意味着记者能尽快获得事件情况。但为什么不采访目击者和受害者呢？这意味着素材更为丰富的报道。而当嫌疑人被捕后，为什么不试图采访嫌疑人，或嫌疑人的家人、朋友和熟人呢？这样更为平衡、深入和丰富的报道并不能从警方或法庭的采访中获得。简言之，截稿日期和中立不带感情的要求压力催生了以当局为中心、一边倒的肤浅报道。

在整个国家层面，1846年流于表面的新闻报道为美国营造了不实的借口，引发了其对墨西哥的战争。贝内特风格的记者和波尔克总统的官方部门进行联络（这是记者很容易获得的消息源），记者却并没有对官方消息之外的信息进行追踪。同样，2002年美国入侵伊拉克

第8章 新 闻

前,政府错误声称该国有大规模杀伤性武器的论断,记者对此的反应也相同。

外部操纵。 西奥多·罗斯福(Theodore Roosevelt)在1901年至1909年担任总统期间,曾戏谑地称自己"发现了星期一的秘密"。他意识到,星期天没有什么新闻发生,而记者也没有什么可以为周一早报撰写的新素材。于是,罗斯福便在周日这天向媒体公布声明。他知道自己在周一登上头版的概率比其他日子更大。贝内特模式下的新闻业就像狮子,一直需要新鲜的肉来满足,如此一来很容易被了解这一行业的人所操纵。罗斯福了解贝内特模式下的新闻运行规则,尽管与其之后的人相比,罗斯福对媒体的操纵方式多少有些奇怪。

▶ 案例研究:麦卡锡的教训

1950年,一位来自威斯康星州名不见经传的参议员,公开向西弗吉尼亚州集会的共和党称,在国务院中混入了一群共产党间谍。借此,约瑟夫·麦卡锡(Joseph McCarthy)立马成了新闻头条。这又是怎么一回事呢?在当时的大多数美国人眼中,共产主义是苏联可怕挑衅政策背后的意识形态元凶。美国和苏联都卷入了争当世界霸主的沙文主义争斗中。考虑到参议院对国家政策制定的重要作用,记者很难忽视麦卡锡的言论,因此断定西弗吉尼亚州的演讲富有新闻价值。

麦卡锡就此出现在了新闻报道之中。几天后在犹他州的演讲中,麦卡锡再次重申了他的指控,再次成为新闻头条。接下来的几周,麦卡锡一直努力宣传他的论点。报纸、电影纪录片和广播持续报道他说的每一句话。记者实践着截稿日期的报道要求,精确地引用并分析麦卡锡的话语,忠实地报道事件。但是记者并没有指出,麦卡锡事实上是个骗子。因为这样写似乎看起来是带有党派意见的做法,这违反了贝内特模式下"新闻必须客观报道"的原则。问题在于,事实的真相看起来本不那么中立。

当时有丰富的线索可以证明麦卡锡在捏造故事。他提出的混入政府的共产党人数目在不断变化,一天是205人,另一天是81人,再一天又变成了108人。他还不断混淆标签:一天称那些人为"共产党",另一天又称其为"亲共者"。记者也没有逼问麦卡锡不断变化的用词。共产党就一定是苏联间谍吗?麦卡锡使用了很多称呼,如共产党、美国共产党成员和国家忠诚的威胁者。新闻记者的关注点在麦卡锡的话语上,甚至试图实现每一个字的精确,但记者却没有验证麦卡锡话语中前后不一致的地方。截稿日期的压力不允许他们对事实展开调查。不仅如此,记者也没有进行背景调查,如麦卡锡曾经伪造其服役记录,因为他们没有时间调查。记者也没有揭露,麦卡锡还是个不可救药的酒鬼,他的思维也日益混乱。

问题:以下两条哪一个更真实?

犹他州盐湖城——威斯康星州共和党议员约瑟夫·麦卡锡称,美国国务院混入了81个安全隐患。

约瑟夫·麦卡锡。 在美国参议院捏造共产党和苏联间谍混入美国政府的消息,并被详细报道。麦卡锡的确说了这些话,但他在撒谎。回顾这一事件,记者要分辨新闻来源中什么是真实的,什么是假的,并用中立的不带个人感情的立场告诉观众。

239

犹他州盐湖城——威斯康星州共和党议员约瑟夫·麦卡锡,是一个在竞选中伪造其服役记录的酒鬼,再次声称美国国务院混入了 81 个安全隐患。这次,他将人数由先前的数目改为 81 个。和以往一样,他并没有提供具体的证据和消息来源。

新闻煽情主义。纽约报纸出版商约瑟夫·普利策(Joseph Pulitzer)和威廉·蓝道夫·赫斯特(William Randolph Hearst)是竞争对手。为打败对方,双方纷纷报道古巴反对西班牙暴行的故事,其中很多均为捏造。一些历史学家指出,普利策和赫斯特的报道点燃了公众的关注,促使了美西战争的爆发。特别是美国"缅因号"军舰在哈瓦那港突然爆炸沉没后,普利策和赫斯特均在报道中指出,是西班牙袭击了一艘美国军舰。然而,爆炸事件也可以被报道为是偶然事故。

约瑟夫·普利策

威廉·蓝道夫·赫斯特

以上是极端的例子,但却表明了完全的事实性报道是准确的,但也会漏掉真相。直到 1954 年,麦卡锡前后不一、问题百出的行为才被哥伦比亚广播公司的**爱德华·默罗**①(Edward R. Murrow)揭露。但此时,距麦卡锡首次占据全国新闻头条已经过去了四年。四年实在太迟了。

与此同时,麦卡锡也将整个国家的注意从法律和紧要的问题上转移。美国国务院对麦卡锡的指责大为恐慌,阻止美国著名学者前往海外工作室工作。有"嫌疑"的作者包括约翰·杜威(John Dewey)、埃德娜·费伯(Edna Ferber)、达许·汉密特(Dashiell Hammett)和西奥多·怀特(Theodore White)。美国国会之中,美国外交官的职业也遭破坏。这一污蔑破坏了几代志向远大的公务员的形象。数年之后,著名杂志《纽约客》的记者 E. J. 卡恩(E. J. Kahn)指责麦卡锡,称其导致了美国在越南的失误。卡恩指出,因为 15 年前麦卡锡的胆大妄为,政府中一大批了解中国和整个亚洲的外交官遭到清洗,国务院损失严重,缺乏了解亚洲语言、文化和当地人民的专家。

的确,这是新闻的失误。贝内特新闻模式尽管有许多优点,但它重视表面现象、追求及时性和表面客观的特点,也造成了许多缺陷。

---

① 爱德华·默罗:哥伦比亚广播公司的电视记者,揭露了散布谣言的麦卡锡。

第8章 新闻

> **思考**
> - 詹姆斯·戈登·贝内特会怎样评价今天的新闻行为?
> - 贝内特模式在美国新闻界占据主导地位多年,经济因素是怎样进入贝内特模式之中的呢?
> - 盲目追求客观报道是如何造成新闻失败的?请举例说明。

新闻传统

美国媒体的几个发展阶段,都影响着新闻概念的演变,对其进行了一些改良。

殖民地报业。1690年,**本杰明·哈里斯**①(Benjamin Harris)在波士顿创办了美国第一份报纸**《公共事件》**②(*Publick Occurrences*)。哈里斯很快便卷入麻烦之中。哈里斯在清教徒的敏感话题上涉及诽谤,声称法国国王和自己的儿媳有染。该报其他的故事激怒了皇家总督,进而下令封杀该报。然而,读者却非常喜欢《公共事件》上的故事。尽管《公共事件》只发行了唯一的一期,但它却是一大先驱。它证明了新闻要由读者的兴趣决定,而不是来自政府的法规条文。

之后的殖民地报业出版商都依赖订阅量维持生存,他们将新闻纳入资本生产的系统之中。尽管政府支持的报纸时有出现,但这些报纸从未像拥有读者支持的那些报纸一样有那么多的簇拥者。

美国历史上,新闻行业总在追求利益的环境下发展。许多媒体行为,也有人说是全部的媒体行为,都可以从媒体拥有者自身经济利益的角度来解读。

廉价报。1833年,勤奋的出版商**本杰明·戴**③(Benjamin Day)创办了《纽约太阳报》,并以每份一便士的价格出售,几乎任何人都能买得起一份报纸。《纽约太阳报》吸引了大量读者,戴一举获得了商业成功。的确,可以说戴发掘了大量读者。戴以一便士的价钱卖报会赔钱,但这并不重要。因为《纽约太阳报》巨大的发行量吸引了许多广告商。广告商为获得《纽约太阳报》的广告版位支付了可观的费用,进而为美国新闻行业依靠广告收入的经济结构奠定了坚实的基础。

黄色报刊。19世纪80年代,普利策和赫斯特在纽约展开一场发行量大战。**约瑟夫·普利策**④(Joseph Pulitzer)本是一位贫穷的移民。在他的经营下,《圣路易斯邮报》(*St Louis Post-Dispatch*)大获成功。1883年,普利策决定在大城市开创事业,他买下了纽约的《世界报》。普利策重视人们的兴趣,实行了改革和有意义的事业,并开展了许多宣传活动。两年后,洛杉矶一位成功的年轻出版商**威廉·蓝道夫·赫斯特**⑤(William Randolph Hearst)买下了《纽约新闻报》,并发誓要超过普利策。普利策和赫斯特不可避免

---

① 本杰明·哈里斯:《公共事件》创办者。
② 《公共事件》:第一份殖民地报纸,创办于1690年的波士顿。
③ 本杰明·戴:1833年创办第一份成功的廉价报《纽约太阳报》。
④ 约瑟夫·普利策:强调人的兴趣在报纸中的重要性;随后将煽情主义推向了新的高度。
⑤ 威廉·蓝道夫·赫斯特:以煽情主义促进发行量。

地展开了一场愈来愈激烈的竞争大战。甚至漫画版也没有逃过这场争夺战。普利策首先刊登了漫画"黄孩子",但之后漫画师被赫斯特挖走。**黄色新闻**①(yellow journalism)就此诞生,指用煽动性的方法进行新闻报道。普利策和赫斯特的报纸均体现了这点。

这种煽动性的报道,在普利策和赫斯特报道美国和西班牙日益紧张的关系时达到了顶峰。在虚假报道的煽动下,美西紧张的关系最终演变为一场战争。另外还有一个或为杜撰但体现了这场新闻大战的传说:尽管西班牙已经答应了美国的所有要求,但赫斯特还是派遣艺术家弗雷德里克·雷明顿(Frederic Remington)前往古巴绘制插图。雷明顿抵达古巴后发回电报称"一切都很平静,没什么问题。这儿没有战事"。赫斯特回电:"请待在古巴,你提供照片,我提供战争。"赫斯特有没有这样使用权力有待讨论,但新闻对历史的影响却是不可否认的。

至于煽情性报道,黄色新闻传统依然是新闻中的一部分,特别是名人报道。

8.3 哈钦斯新闻模型

▲ **本节概述**

1947年,一群知名学者组成了哈钦斯委员会,他们发展了一个世纪以来的贝内特新闻模式,使其符合媒体的变化,并纠正了该模式中的一些缺陷。最主要的一个变化是,在新闻报道中追寻事实之外的消息,并将这些信息融合为有意义的情境。

8.3.1 哈钦斯委员会

1947年,约瑟夫·麦卡锡还未被选为参议员。当时著名学者**罗伯特·哈钦斯**②(Robert Hutchins)率领一批学者发表了一篇报告,号召新闻媒体担负起社会责任。报刊自由委员会,又常常称**哈钦斯委员会**③(Hutchins Commission),进一步发展了贝内特模式。哈钦斯委员会称,新闻需要以有意义的方式被报道。比起从贝内特时代便开始盛行的报道浅显、受截稿日期影响且过于强调事实的新闻模式,哈钦斯委员会更青睐一个"全面讲述事件真相,以有意义的情境进行报道"的模式。这是十分重要的一次改革,哈钦斯委员会的重点是真实性和理解性。那么事实呢?精确性的确至关重要,但事实只有在可被理解的情境中表达才有意义。

8.3.2 褒贬参半

积重难返。《时代周刊》和《生活》杂志的创始人亨利·卢斯(Henry Luce)曾支持哈钦斯委员会,四年后却公开表示不承认哈钦斯的主张。哈钦斯委员会的成员都是学者,他们都花费大量时间思考新闻工作的前提。其他批评声则指责,委员会的成员都是脱离实际的理论

---

① 黄色新闻:煽情性的新闻报道。
② 罗伯特·哈钦斯:哲学家,对新闻很感兴趣。
③ 哈钦斯委员会:主张新闻改革,强调社会责任。

家。《芝加哥论坛报》的创办者，颇具影响力的出版商罗伯特·麦考密克（Robert McCormick）曾要求手下一名记者撰写一本书，抨击该委员会。然而，渐渐地，后贝内特时代人们对哈钦斯提议的接受度逐渐提升，并不局限于一个小群体。一部分原因在于，1950年由新闻造成的麦卡锡闹剧逐渐显露。

同时，**柯蒂斯·麦克杜格尔**[①]（Curtis McDougal）在1948年出版的名为《解释性报道》的教科书，在新闻院校中引起了轰动。这本书是对新闻报道的一次发展，认为新闻报道不应只依靠信息，还应注意如何使信息有意义。

如果记者有勇气在**信息报道中加入观点**[②]（editorializing），批评者便大肆抨击。而另一方面，正如媒体学者丹·吉尔默在近期指出的那样，"做好的新闻和持有观点"之间并不矛盾。

8.3.3 不断变化的新闻动态

新闻新平台在贝内特模式上打开了缺口，首先是广播，接着是更为重要的电视。20世纪20年代，广播成为新闻新媒介，人们听到了人声播报的新闻。突然间，新闻和人格产生了联系。这和当时无署名的报纸故事非常不同。

电视。20世纪50年代，新闻成了电视的主要内容，人们不仅可以听到新闻，还能看到播音员。这赋予了电视新闻新的人格角度。贝内特模式中的"新闻匿名"的内容就此失效。

电视这一媒介也破坏了贝内特模式中要求新闻不含解读只讲事实的要求。电视这种媒介倾向短小的故事，一般新闻播报员在一分钟内要播报140字的新闻。这便是六到七个句子，除了极为简单的故事，观众很难了解事实情况。因此，电视播报员需要运用技巧，主要是将故事以他们理解的方式讲述，这便是哈钦斯委员会提倡的"有意义的情境"。请看以下几例。

罗伯特·哈钦斯和有意义的情境。1947年，哈钦斯委员会号召新闻媒体调整其新闻的定义。哈钦斯委员会提倡"真实、全面和智慧地报道事件，使其存在于有意义的情境之中"。

> 这是被告律师所声称的内容，与警方提供的报告并不一致。接下来，陪审团需要判断到底谁说的是实话。
>
> 即便保守来讲，尤尔根的政治广告都是具有煽动性的。现在的问题是，罗德里格斯将如何回应。

以上这种情境创造的评论，在电视出现前的新闻工作中是难以想象的。这就打开了一扇超越以往只"讲事实"的新闻报道的大门。

互联网。20世纪90年代，互联网向大规模的用户敞开大门，几乎任何人有想说的话都可以通过互联网表达。人们在发表博客时，不需要遵循任何新闻教条，不需要接受古老的新闻工作培训。和贝内特模式不同，博客中充满着情境化的事实。结果便是，更多的读者接受了情境化的信息。

---

① 柯蒂斯·麦克杜格尔：他编写的新闻教科书提倡解读性。
② 信息报道中加入观点：在直接报道之外，加入观点性评论。

媒介素养。 新闻受众变得越发有素养,这也使得贝内特模式的缺点越发显现。新闻受众的素养,同时表现在读者有责任,不仅通过事实,而且通过不同记者报道的多种情境来理清事情真相。

- 解释性报道和评论性报道有何区别?读者如何区别二者?
- 哈钦斯提议最初招致的负面评价是被什么扭转的?

▶ 媒介时间线

	新闻发展的里程碑	
18 世纪	**监狱时期** 殖民地时期,出版商因惹怒当局遭到监禁,包括威廉·布拉德福德(William Bradford, 1692)、詹姆斯·富兰克林(James Franklin, 1722)、约翰·彼得·曾格(John Peter Zenger, 1733) **曾格的胜利** 尽管曾格的报纸批评了皇家总督,但陪审团还是释放了曾格(1735) **政治支持** 党派报纸反映了政治党派对报纸的支持(1791—1932) **重大事件** • 莱克星顿的枪声打响了美国独立战争(1775) • 国会通过法律,打压批评政府的声音(1798) • 杰斐逊担任总统(1801—1809) • 安德鲁·杰克逊担任总统(1829—1837)	
1800—1870	**新闻发展的里程碑** **大量读者** 本杰明·戴创办了《纽约太阳报》,以每份一便士的价格出售(1833) **现代新闻** 詹姆斯·戈登·贝内特建立了系统的新闻报道体系,强调速度(19世纪40年代) **电报** 塞缪尔·摩尔斯发明了电报,带来了电报新闻(1844) **美联社** 美联社的前身是新闻合资公司(1848)	 贝内特新闻模式开始流行

	重大事件 • 公众教育逐渐成为社会共识(19 世纪 20 年代) • 工厂工作加速了城市发展(19 世纪 30 年代至今) • 移民潮加速了城市化(19 世纪 30 年代至今) • 哈里特·比彻·斯托(Harriet Beecher Stowe)撰写了《汤姆叔叔的小屋》(1859) • 查尔斯·达尔文(Charles Darwin)撰写了《物种起源》(1859) • 美国内战(1861—1865) • 跨大西洋海底电缆铺设成功(1866) • 横贯大陆铁路贯通(1969)	
1871— 1900	**新闻发展的里程碑** **新闻业** 报业明确成为主要的受利益驱动的产业 **黄色新闻** 过于煽情(19 世纪 80 年代) **赫斯特、普利策之战** 约瑟夫·普利策在纽约开创新闻事业(1883) 威廉·蓝道夫·赫斯特抵达纽约(1895) **奥克斯家族** 阿道夫·奥克斯(Adolph Ochs)买下了《纽约时报》(1896) **重大事件** • 民粹主义拓宽了有效的政治参与(19 世纪 80 年代至今) • 塞缪尔·龚帕斯(Samuel Gompers)创办了美国劳工联合会的前身(1881) • 美西战争(1898)	 "黄孩子"这一卡通名字成为一个时代的代名词
1901— 1949	**新闻发展的里程碑** **扒粪运动** 艾达·塔贝尔(Ida Tarbell)和新闻业致力于改革(1902 年至今) **电台** 总统大选结果在电台中被公布(1916) **哈钦斯委员会** 提倡新闻改革,主张转变报道重点,强调理解性(1947) **解释性报道** 柯蒂斯·麦克杜格尔的教科书中呼吁,新闻要在语境中报道(1948)	

重大事件
- 第一次世界大战（1914—1918）
- 美国宪法第18号修正案——禁酒法案正式生效（1919）
- 美国宪法第19号修正案，给予妇女选举权（1920）
- 广播逐渐成为商业化传播媒介（20世纪20年代后期）
- 大萧条（20世纪30年代）
- 第二次世界大战（1941—1945）
- 冷战（1945—1989）

1950—1999

新闻发展的里程碑

麦卡锡主义
美国参议员约瑟夫·麦卡锡开始向媒体提供虚假消息（1950）

报纸巅峰
报纸的发行量达到6330万份（1964）

"冷媒介"和"热媒介"
马歇尔·麦克卢汉（Marshall McLuhan）撰写了《古腾堡星系》（1962）、《媒介即讯息》（1967）和《地球村——战争与和平》（1968）

"水门事件"
机密信息源成为报道丑闻的关键（1972）

电视
美国有线电视新闻网（CNN）率先开始24小时新闻播报（1980）

党派新闻
福克斯新闻网以右倾的方式报道新闻（1996）

《纽约每日新闻》报道"水门事件"

重大事件
- 电视逐渐成为商业化传播媒介（20世纪50年代早期）
- 越南战争（1964—1973）
- 马丁·路德·金（Martin Luther King）遇刺身亡后，引发种族暴乱（1968）
- 互联网逐渐成为商业化传播媒介（20世纪90年代晚期）

21世纪

新闻发展的里程碑

全新的互联网语言
万维网的核心语言、标准通用标记语言下的一个应用超文本标记语言（HTML）的第五次重大修改开始（2007）

产业重组
报纸杂志逐渐衰落，互联网蓬勃发展成为新闻平台（2008年至今）

瑞秋·麦道左倾新闻报道

阐释性报道

《纽约时报》调整了新闻的标签(2010)

重大事件

- "9·11"恐怖主义袭击(2001)
- 伊拉克战争(2003—2010)
- 阿富汗战争(2001至今)
- 经济衰退(2007—2009)
- 英国石油公司(BP)墨西哥湾漏油事故(2010)
- 世界人口超过70亿(2011)

8.4 重思新闻模式

▲ **本节概述**

科技进步引起了大众传媒的变化,也使早期的新闻模式遭到淘汰。这些变化包括新闻来源和报道方式的爆炸式增长,以及观众的分化。一个将直接报道和意见报道融为一体的混合新闻模式逐渐发展起来。《纽约时报》运用复杂的分类系统,以提醒读者注意那些带有倾向性的报道。以《纽约时报》为起点,混合模式渐渐发展起来。

8.4.1 改变新闻环境

贝内特模式主导时期的新闻行业运行环境,与哈钦斯模式得到认可的时代非常不同。尽管没有一个具体年份可以清晰地划分两个时代,但1947年,哈钦斯委员会发起改革这一年估且可以作为有效的分割点。

众多新闻日报。在贝内特时代、1947年之前以及广播诞生之前,大部分人都是从当地或附近的报纸上获得新闻的。当时,报纸为了竞争读者因而提高其报道质量。当时的新闻属于市场主导型,竞争激烈不受限制,被视作能有益于公众。

一座城一份报。20世纪中期,相互竞争的日报逐渐减少。新闻业进入了"一座城一份报"的时代。这一新环境使哈钦斯委员会的学者大为忧虑。竞争不再像从前那样可以作为报纸提供信息从而更好地服务公众的动力。尽管1947年,当哈钦斯委员会发表提议时,广播正在逐渐受到追捧,但报纸仍是当时主要的新闻媒介。电视新闻还尚未被发明。

应对当时的状况,哈钦斯委员会号召各个报纸,将重心从自由市场竞争转移至承担社会责任的自我激励上来。不可否认,竞争作为激励报纸提高质量服务公众的作用正在减弱。尽管接受程度不一,但社会责任作为新闻发展动力逐渐得到了认可。

读者分化。如今,哈钦斯模式中关于不断缩小的新闻来源网络的内容已经不成立。对于全国新闻,电视网络早已成为报纸有力的竞争对手。随着有线电视和卫星的应用,500多个电视频道得以建立,进一步强化了电视在新闻中的作用。观众分化为不同的兴趣群体,新闻也转向了在主流观众群中的不同观众亚群。1996年,传媒大亨鲁珀特·默多克建立了福克斯新闻频道。该频道编排节目时,便考虑到了特定的观众群体。观众分化随着互联网的发展进一步升级。贝内特和哈钦斯模式的存在前提被新的环境大大动摇。

8.4.2 混合新闻模式

从一个新闻模式转变到另一个模式并不是件易事。很多新闻受众都习惯了以讲述事实为中心的贝内特模式。而另一部分人则希望信息能在有意义的情境中被报道。美国著名的《纽约时报》将这一对立体现得特别明显。《纽约时报》一再重申，该报遵循传统的以事实为中心的贝内特新闻模式，但又承认，包括哈钦斯委员会提倡的有意义的情景报道，可以带来重要的报道视角。

因此，《纽约时报》采用了混合新闻报道模式，对直接报道以外的新闻报道用标签进行分类。《纽约时报》不仅在纸质版本上进行了细致的板块分类，在网络版本上也做了同样的划分。这看起来或许有些呆板，但却是一次尝试，将大部分读者的期望从贝内特模式转向哈钦斯模式。以下是《纽约时报》创造的几个主要板块。

新闻分析：这个标签下，报道很大程度上依靠记者的技术与经验。目的是，在不夹杂作者观点的前提下，使读者了解事件的深层内涵和可能的后果。

评价：常常伴随着讣告，由一位评论家或专门记者撰写对一位重要人士、一种职业或一种工作的总体评价。

记者手记：这个栏目是向读者提供幕后的视角，常常是现场记者撰写的轶事或短小的报道，使读者更好地了解重要事件。

备忘录：反思性文章，语言常常不正式且具有争议。向读者提供将几个事件连接起来的幕后视角。例如，巴黎分社史蒂文·厄兰格（Steven Erlanger）曾撰写以"揭开法国阿尔及利亚创伤的电影"为题的文章。

新闻专栏：定期发布的文章，以原创或独特的视角报道新闻。

手记：重点鲜明、体裁新潮的文章。主要依赖记者的观察，给读者带来有关一个地方、事件或时段的生动描述。

新闻人物：这一栏目下的文章，刻画某一新闻事件的中心人物，包括人物背景和职业细节，在分析报道的同时为理解当前事件提供帮助。

评论：对电影、书籍、饭店、时尚和其他创意性工作的评论。由专门评论者撰写，带有个人观点。

团体：网络板块，关于政治和政府的文章，鼓励博客用户发表自己的观点。

《纽约时报》在采用标签分类制度的同时，还保留了其观点板块。《纽约时报》所做出的改变是，新闻并不是观点性的报道，而是反映记者专业技能和判断性的文章，是记者对细节的观察和看法，并不带有说服读者的倾向。带有说服性倾向的文章属于"观点"这一分类。

> **思考**
>
> - 美国传统新闻报道是怎样避免没有观点和情境的报道影响观众兴趣的？
> - 在美国，什么是拓展新闻概念过程中最有影响力的因素？
> - 人们是否应该提防《纽约时报》这样采用混合新闻模式的报道？

8.5 新闻中的个人价值观

▲ **本节概述**

记者做出重要判断,决定什么事件、现象和问题应该被报道。记者会将个人的观点带入工作之中,因而决定什么样的故事被报道,应该怎样报道。个人观点通常和美国主流观点相符。

8.5.1 记者的角色

即便美国主流新闻的运作以"无观点"的贝内特模式为前提,但在新闻实践中,总无法脱离"价值"的影响。事实上,记者会做出选择。美国全国广播公司(NBC)播音员切特·亨特利(Chet Huntley)曾花费多年时间,试图定义新闻。最终他表示:"我决定什么是新闻,什么就是新闻。"亨特利并不是高傲,相反,他指出了关于新闻没有具体的评判标准,新闻也不能脱离人类对什么应该被报道的判断。即便一个事件原本就具有成为新闻的价值,如涉及重要人物、有严重后果并极具戏剧性,唯有被报道后,这一事件才能成为新闻。亨特利的观点在于,记者的判断在决定什么应该成为新闻时是不可或缺的。

亨特利的结论强调了记者作为个体在塑造新闻报道时的能动性。美国宪法第一修正案保证了新闻自由,禁止政府干预。这也促进了新闻独立和自由。从宪法上来讲,新闻记者不可以被授权。贝内特模式中强调的忠实于准确性等原则,成为防止滥用新闻权利的非官方标准。然而,在我们这一全天候新闻和互联网新闻时代,无法计数的新闻源使得这些标准难以有效地发挥作用。

8.5.2 客观性

判断在决定什么变化可以成为新闻中占有很大比重,但除此之外,很多人用"客观性"这个术语来描述新闻。客观性是指,在报道什么、不报道什么的时候不带有任何价值倾向。但"选择"本身就是个矛盾的词,概念上来讲,"选择"从来都是带有价值取向的。所以我们最后是怎么得出结论,认为本来无法做到客观的新闻具有客观性的呢? 历史给了我们答案。

- **廉价报**:一部分答案要追溯到本杰明·戴那个时期,他创办了第一份廉价报《纽约太阳报》,拥有众多读者。戴寻找可以吸引许多读者的故事。突然间,《纽约太阳报》不再和先前观点鲜明的党派报纸那样,而是选择采用能吸引最大可能读者群的故事。报道中没有了观点,只有故事。作者都接受了这个传统,作者的角色到了近乎隐身的程度。报道中不再有第一人称,故事中只有事实。
- **美联社**:1848 年,几个成本意识较强的纽约报商决定成立美联社。作为合资企业,美联社负责报道遥远地区的新闻事件,省下了一大笔钱。同时,美联社也以人们从未想象过的方式改变了美国的新闻业。美联社历来的观念便是,故事不带有任何党派观点,这样才能被政治观点不同的所有报业成员使用。这一结果便是,新闻强调(有些人称之为盲目信奉)不带有任何党派意见的事实性报道。
- **报业经济**:将中立、不含任何感情色彩(常被称作客观性)的美联社报道基调稳固下来的原因还有一条——新闻变得非常具有经济价值。和普利策、赫斯特及其他新闻巨头在

50年间获得的财富相比,本杰明·戴在19世纪30年代依靠《纽约太阳报》赚到的财富实在不值一提。这些出版巨头不仅将其报纸视作赚钱机器,更视作政治工具。底线的重要性不断增强,对这些报纸来讲,获得读者群、增加盈利最保险的方法便是避免和读者及广告商对立。尽可能地以中立态度报道新闻是有利可图的。美联社便是一个例子,但是和美联社保持中立的初衷不同,这些报商是为了赚钱,而不是省钱。因此受利益驱动的报商青睐以信息为核心的新闻。

20世纪早期,第一本新闻教科书和职业新闻机构已经将新闻工作体制化,采用不带感情色彩的、中立的口吻报道的准则已被稳固确立。职业道德准则在当时尚属新兴事物,尽管只盛行了早期三代人,却将不符合其规则的行为归为"不可接受、不道德"的行列。"客观性"已成为新闻工作的信条。

要指明的是,也存在不中立带有感情色彩的新闻报道,但这些"离经叛道"的做法很快遭到传统主义者的批判。目的是使记者,甚至是记者本应做出的判断,在新闻报道中尽可能地无形化。

8.5.3 记者的个人价值观

传统新闻观点认为,新闻应不偏倚地探寻事实真相,不加修饰地对事件进行报道。这依然是主流媒体的核心价值取向。然而记者作为人类,有个人价值并会影响他们所做的事情,包括其所从事的工作。主流记者中的这些价值观是怎样的呢?

社会学家**赫伯特·甘斯**①(Herbert Gans)研究美国新闻媒体的内容已有20年。他得出结论,新闻记者带有典型的美国价值观体系。甘斯列举出了记者在做出新闻判断时使用的主要价值观,这些均属于美国主流价值体系。列举如下。

民族中心主义。美国记者从美国人的视角看问题,这也使得新闻报道带有一定的色彩。甘斯指出,20世纪60年代和70年代,"北越"一直在新闻中被描述为"敌人"。美国记者采用美国政府和军方的观点,很难做到不偏不倚。这种**民族中心主义**②(ethnocentrism)在战争结束之后颇为明显,媒体采用了"北越的坠落"这样的标题。甘斯称,如果以别的价值观进行判断,共产党占领西贡(现胡志明市)可以被视作解放。如果以中立的词汇来表示,这一事件应该被称作政权更迭。

随着新闻媒体的全球化,民族中心主义便遇到了问题。对一个深入美国步兵部队的记者来说,使用敌人这个词是否不那么民族中心主义,也不太中立?试想一下,对一个国际新闻机构驻德黑兰或者驻华盛顿的外交记者来说,这样的挑战是怎样的。在报道伊拉克和阿富汗战争时,总部位于亚特兰大的美国有线电视新闻网(CNN)和总部位于多哈的半岛电视台就遇到了这样的问题。

民主和资本主义。甘斯发现,美国记者青睐美国式民主。在报道其他国家不同形式的政府时,美国记者往往会着重讲述贪污、对抗、示威、官僚体系和失职等方面的内容。甘斯指出,美国记者潜在的一个观点便是,其他国家或地区,唯有在追随美国"服务公众利益"的观点时,才是最佳的选择。

---

① 赫伯特·甘斯:指出新闻包含了主流价值观。
② 民族中心主义:一种基于个人经验和价值观看待事物的倾向。

甘斯还发现,美国记者深信资本主义经济制度。即便是在2008年开始的经济危机中,新闻报道依然认为资本主义是正确的经济体系。贪婪、贪污、不当行为和不当商业行为都被视作需要纠正的差错。甘斯发现,美国经济新闻报道中潜在的倾向,是一种"乐观的信心"。相信商人不会获得来路不明的利益,不会剥削工人和顾客,同时还力争为所有人创造繁荣的环境。在报道外国计划经济体时,美国记者则会强调其衰退趋势。

对大部分美国人来说,民主和资本主义应该是所有正常人的核心价值,这才是正常的。这种观点本身就是民族中心主义。这一点很多人都意识不到,却影响着他们的生活方式。了解大部分的美国记者都持有这一价值,便可解释很多其撰写的报道。

适度个人主义。甘斯发现,美国记者喜爱关于克服种种困难、战胜强大对手的硬汉故事。尽管记者喜欢将个人变为英雄,但也有限制。反叛者和脱离常规的人常被描绘为逾越另一价值取向的极端主义者,这一取向便是适度主义。为了证明这一对适度主义的偏好,甘斯指出:"媒体将无神论者视作极端主义者,也用同样或更谨慎的方式描绘狂热的宗教分子。过度消费的人会被批判,但如嬉皮士这样不消费商品的人也会被批判。对过度学术化的学者和过于知识贫乏的大众,新闻都持批评态度。这是一种既不喜欢阳春白雪也不喜欢下里巴人的态度。大学生在该学习的时候玩耍会遭到批评,反之也是如此。缺乏适度性就是错的,不管是多了还是少了。"

社会秩序。记者报道非秩序的事件——地震、龙卷风、工业灾难、示威游行、小家庭的解体、违法事件和谋杀。甘斯表示,这些报道并不是宣扬非秩序,而在寻找重塑秩序的方式。英国石油在墨西哥湾漏油事故发生后,关于石油泄漏和恢复的报道持续了数天甚至数周。报道的重点是恢复秩序,而非死亡人数和破坏情况。

记者对社会秩序的重视还体现在,记者非常依赖重要领导人作为主要信息源的作用。这些领导人大多代表了权威和现状,最能够维持社会秩序或重塑社会秩序。这便意味着,政府代表常常会影响媒体报道,进而影响观众对什么重要、什么有意义和"真相"的理解。美国总统是获得最多媒体关注的人,甘斯称,美国总统被视作"秩序的最终维护者"。

监督功能。在美国人的生活中,新闻媒体起着**监督作用**①(watchdog function)。美国宪法第一修正案也做出明确规定,禁止政府干涉媒体。从美国成立之日起,人们便期望通过记者对政府活动和缺点的报道,使那些承担公众信任的人,对选民诚实负责。

在履行监督功能时,记者常常被指责带有党派偏见。事实上,一般情况下,当新闻是负面的时候,记者会被当作替罪羊。最经典的案例是1968年,白宫陷入负面新闻中,而美国副总统斯皮罗·阿格纽(Spiro Agnew)常常批评媒体,运用修辞将媒体称作"否定一切的牢骚大王"。几任共和党及民主党的政府也一样,当媒体曝出不利于他们的新闻时,便指责媒体含有偏见。

这并不是说记者是完美无缺且十分精准的,特别是在截稿日期的压力下,报道复杂情况时更是如此。这不是说在媒体团队中,没有渗入有党派倾向的记者。但批评者通常都有党派倾向。当记者履行职责、如实展现当权者的本来面目时,这些批评家常常指责记者不公正。在完成工作的同时,记者有时的确会成为变化的催生者。然而他们是作为记者,而不是提倡者。

---

① 监督作用:新闻媒体监督政府和其他社会机构的作用。

思考

- 为什么众多人会想出"新闻应该客观"这样的观点？
- 你该怎样提议，使得记者认证制度得以施行？
- 在近期的新闻中找出带有民族中心主义，或倾向美式民主和资本主义，或追捧个人主义，或记者行使监督职能的例子。这些报道有什么共同点？

8.6 影响新闻的变量

▲ **本节概述**

决定新闻报道的变量包括不在记者掌控之中的因素，如有多少的时间和空间去讲述故事。也有可能，一个在某天节目中能占据头条的新闻，在发生许多重大新闻的日子里甚至不会出现在报道中。

媒体人物

聪明？机智？还是愚蠢？

瑞秋·麦道从小便与众不同。据瑞秋的妈妈回忆，瑞秋那时只有四岁，当妈妈还在厨房忙碌做早餐时，穿着睡衣的小瑞秋便爬到厨房的凳子上，开始看报纸。1980年总统选举期间，瑞秋记得，那时7岁的自己对电视上的罗纳德·里根产生了强烈的反感。

瑞秋·麦道。以独特的视角报道政治新闻，打破了男性统治新闻主持的局面——福克斯新闻的比尔·奥莱利（Bill O'Reilly）、CNN的拉里·金（Larry King）和微软全国广播公司（MSNBC）的凯斯·奥尔博曼（Keith Olbermann）。

如今，麦道已成为著名左翼政治评论员。她仍不能解释，为什么自己小学时会对里根如此反感。对里根的政治保守主义麦道打趣道，一定是某种"倒叙制造"（reverse engineering）产生了作用。这种自嘲是麦道典型的幽默方式，惹得观众笑声不断。而在意识到讽刺意味后，则会引起更多的笑声。

事实上，麦道非常有智慧。她所说的话都有所根据，而不是依赖像7岁时即兴而来的反应。麦道拥有斯坦福大学公共政策学士学位。毕业后，她获得了罗德奖学金，并获得牛津大学政治学博士学位。

麦道平易近人的风格，不止体现在她标志性的501宽松牛仔裤和运动鞋上。2004年，麦道在广播网美国空中之音的栏目中开始了一档脱口秀节目，那时的她便穿着随意。即便麦道35岁时，她也没有改变这种风格。当时，微软全国广播公司节目（MSNBC）在2008年大热的总统选举期间，给了她一个主持脱口秀节目的机会。MSNBC正式严肃的曼哈顿风格并没有影响麦道。她表示，像一个13岁男孩那样的穿着依然让她觉得非常舒适。在晚间直播前，麦道会从衣柜里一堆相同的套装中选出一套女士裤装。她把自己的风格称作"男性化的女同性恋"。

麦道平实的风格不仅体现在衣着上。麦道在大学期间，通过搬运重物挣钱。有一段时间她曾帮助卡车卸货。她还为一位园林设计师做过清扫庭院的工作。之后她还为咖啡包装贴过标签。在阅读方面，马尔萨斯和马基雅维利的书对她来说，就像看漫画小说那样轻松。

在 MSNBC 主持 2008 年紧张的总统竞选期间，麦道吸引的东部观众翻倍，达到 190 万。在 25 岁到 54 岁的观众中，麦道在前两个月的 44 天的晚间节目中，有 27 晚超过了 CNN 王牌评论员拉里·金。

她在大学时的工作素养延续到了之后的工作中。她每天工作 16 个小时。她坦承，只会在有些晚上"借酒沉睡"几个小时。

麦道的工作精神也感染了其他工作人员。麦道在 MSNBC 的团队成员，都是 20 岁到 30 多岁的政治狂热爱好者。他们和麦道一样都会"借酒沉睡"，半下午和麦道碰头为晚上的节目做头脑风暴时，他们承认自己都会变得有些疯狂。这个环节就是为了倾听这些不拘小节、整晚忙碌的年轻人的观点。

麦道身材高挑纤瘦，只要觉得舒适便会毫不顾忌地坐在地上。让步迁就是对未来乐观的一种表现，而对政客的质疑，则是爱国主义的支柱。节目前的会议任务艰巨，要探讨当天的事件，研究要回答的问题，安排嘉宾对问题进行解答。麦道手中旋转着泡沫篮球，在地上变换姿势，在笔记本上记录思路。

这样轻松的设计氛围只是麦道的预演，一种内在无拘束的大脑活动。麦道轻松、无拘无束的风格吸引了许多年轻观众，引起其他主流电视节目的羡慕，但麦道的直播却是有重点的。麦道的讽刺总熟练地和一个表示轻蔑的经典动作结合。陈词滥调从不出现在其节目中。这便是麦道阳光、真实、原创的风格。

当然，麦道也有批评者。麦道的讽刺和暗示性评论被批评为夸张且带有偏见的。另一些人认为，麦道是在寻找一种实际上协调众多口味且清新的风格。然而可以确定的是，麦道的出现，使许多观众突然感觉，传统男性新闻评论一统天下的局面无趣了许多。

> **你怎么看？**
>
> 你是否认为，瑞秋·麦道体现的这种混合新闻观点会在电视上占有一席之地？你是否喜欢，在有趣的前提下，新闻以平实温和的态度被报道？
>
> 你在全国电视和广播以及当地电视和广播上，分别能找到多少像麦道这样解读政治新闻的方式？

8.6.1 新闻窗口

"**新闻窗口**"①（news hole）是影响一则新闻能否被报道的因素之一。在报纸上，新闻窗口是指，广告部将必须刊登的广告占据的版面除去后，剩下的报道空间。广告量决定了整个

---

① "新闻窗口"：报纸上，除去广告所剩的新闻版面；电视上，除去广告时段剩余的新闻播报时间。

报纸的页数。一般来讲,发行量越大,新闻的版面越多。新闻编辑在页数较少的周一版把自己的报道挤进版面的数量要少于版面更多的周三版。

在电视播放中,新闻窗口则较为固定。一个 30 分钟的电视新闻节目,可能会有 23 分钟的新闻播报,但这个时间分配并不会变化。当广告部没有将 7 分钟的广告时间全部销售,一般会在这个时段播放公益通告,宣传信息和节目策划,这些播放是为了填补空白,却都不是新闻。即便如此,电视播放中的新闻窗口也不是不会变化的。一个 10 分钟的新闻播报,比 5 分钟的新闻播报可以设计更多的新闻,报纸也是如此。记者的判断决定了什么样的事件将被报道。

当然,新闻窗口在互联网新闻上不是问题。

8.6.2 新闻流

除了新闻窗口,每日**新闻流**①(news flow)的情况也是各不相同的。在一个新闻较少的日子,某条新闻可能被置于重要位置,而在一个重大新闻竞相争夺版面的日子,同样的新闻可能根本不会被报道。

重大新闻发生日是不可预测的。如果以下事件发生在一天的话,人们就会明白了,如卡特里娜飓风、BP 深海地平线石油平台发生爆炸、奥萨马·本·拉登之死、迈克尔·杰克逊的私人医生被判刑、日本海啸引发核灾难、联邦众议员嘉贝丽·吉佛斯(Gabrielle Gifford)被枪击、阿富汗战争造成第 3000 名美军身亡。

从宏观意义上来讲,全球变暖危及地球未来这样的问题最终会被忽视。例如,在 2012 年,关于医改法案、阿富汗战争和总统选举的新闻就将全球变暖挤出了媒体报道。

8.6.3 新闻人员

另一个影响新闻的变量就是从事新闻的**人员**②。记者能否在正确的时间出现在正确的地点,影响着新闻的报道。如果电视台驻非洲的新闻记者,忙着报道发生在喀麦隆的自然灾害事件,那么发生在邻国尼日利亚有价值的新闻,便不会在美国电视上得到详细报道。如果一个电台的市政府专门记者去度假,而这个电台又没有雇用一名替补记者的话,那么这个电台的市政新闻就不会被报道。

8.6.4 对观众的认知

一个新闻机构如何认识其观众,影响着新闻报道。《国家询问报》(*National Enquirer*)对一个未经证实的癌症治疗方案大肆报道时,《纽约时报》只会简要描述。《华尔街日报》将其职责视为,为对金融、经济和商业有特殊兴趣的读者群体提供新闻。彭博社有线新闻网络的成立,是为了服务偏爱快速市场信息更新、简短分析和快速消费新闻的读者,而不刊登《华尔街日报》那样深度的报道。

对不同新闻机构的报道进行对比时,新闻机构对其观众的认知判断则更为明显。CNN 或许会报道他国的政变动乱;彭博社会报道政府新的经济预测;喜剧中心则会公布一位喜剧

---

① 新闻流:值得报道的重要新闻在每一天都不同。
② 人员:可以报道事件的新闻人员。

演员的巡演。

8.6.5 竞争

能刺激新闻记者的事情有两件:一是抢到独家新闻;另一件便是独家新闻被抢。新闻是个竞争性的行业,超过其他新闻机构的动力使得他们自己的新闻出版和播报永远有新鲜的材料。竞争也存在不光彩的一面。为了竞争,记者时刻在监控、锁定自己错过并需要赶上的新闻。这种新闻业的追赶造成了新闻报道的相似性。学者里昂·西格尔(Leon Sigal)将其称作"**新闻共同性的本质**"①(consensible nature of news)。这也被称作"一窝蜂新闻"。

最后,新闻是记者对周围环境的审视及最终做出的选择。首先判断是否报道某个事件,接着判断怎样报道这一事件。这种选择以无数的变量为背景,在其报道、写作和编辑的过程中,还存在诸多的不可预知因素。

思考

- 对不同的媒体平台,为什么新闻窗口的影响不同?
- 能参与报道的记者数量及他们的专业素养是怎样影响新闻报道的?
- 观众是怎样决定新闻报道的?
- 在当前的新闻中,你有没有发现"一窝蜂新闻"的现象?这种现象怎么避免?应该避免吗?

8.7 新闻的质量

▲ 本节概述

互联网的诞生削弱了许多新闻编辑室中的标准操作,传统上这些标准操作能满足读者对准确性和高判断性的期望。有一个标准是根深蒂固的,那便是新闻是纪实的。然而,事实上,新闻是记者的判断和其他信息采集包装过程的产物。因此,新闻融合了诸多工作者不同程度的人类智慧、价值观和判断。这使得把控新闻质量成为一项复杂的工程。

8.7.1 新闻的纪实性

每个人都接受,准确是新闻的基石。这一信条可追溯至第一次对虚假、扭曲事实新闻的批判。1835年,本杰明·戴创办的《纽约太阳报》发表了一系列"月球骗局"的文章,公众对此非常愤怒。作家理查德·洛克(Richard Locke)发表文章称,通过一架新型强大望远镜,科学家观测到月球上存在一种类似鸟类的生物。读者被一新闻深深吸引。《纽约太阳报》的竞争对手到底是对这则杜撰的新闻生气,还是对失去读者而恼怒不得而知。然而,公众中爆发了要求新闻准确和真实的呼声。

1923年,美国报纸编辑协会首次将精确性以准则的形式确立下来。精确性被制度化地确立为新闻道德。

---

① "新闻共同性的本质":新闻机构在决定新闻报道时的预测竞争。

正如常说的那样，人都会犯错。新闻中出现错误是种遗憾，却也常常可以原谅。然而，连续事实性出错，则被传统新闻行业视作大罪。而杜撰新闻的人则会立马遭到解雇。以《纽约时报》和杰森·布莱尔(Jayson Blair)为例。被发现在其新闻报道中剽窃和做假后，布莱尔从《纽约时报》辞职，《纽约时报》的声誉遭到严重打击。如今，任何人都能在网上发布新闻。被广泛推崇的精确性标准被逐渐削弱。许多自称为记者的人都没有经过"月球骗局"之后形成的新闻道德的训练，也不了解传统新闻业的规则，便进入了新闻行业。

理查德·洛克

月球骗局。作为一个玩笑，理查德·洛克在1835年的《纽约太阳报》上发表一则简短的新闻称，通过南非的一架望远镜观测到，月球上存在长有翅膀的类人的生物，从月球上的一个火山口飞往另一个火山口。在其后几天，洛克还进一步渲染该新闻，为报纸吸引了大量读者。然而，当真相暴露后，洛克从报社辞职。在这件事的影响下人们开始明白，尽管出错不可避免，但新闻必须追求精确。

8.7.2 质量把关的创造性

比精确性更为复杂的，是新闻编辑室的质量把关职能。对刚成立的职员较少的新闻社来说，这一功能更少。什么是把关？由于实际情况，如报纸版面有限、播报时间有限、报道人员有限，不是所有的事件都能被报道。必须做出报道什么的选择，而做选择的人则被称作"**把关人**"①(gatekeepers)。把关人的工作便是做出新闻判断，决定什么被报道，怎样被报道。

新闻把关可以成为一种创造性的力量。对新闻故事进行修改能增加其力量。一位新闻出品人可以通过增加档案片段，充实记者的实地报道。一位编辑可以联系其出版方面的熟人，在记者的故事中增加细节，阐明某个观点。一个新闻杂志编辑可以整合几个相关故事增加文本，最终形成重要的解释性观点。对于新闻观众来说，大部分新闻把关人都是隐形的。他们总在幕后工作，近乎无名地做出重要选择，决定着晚间新闻播报、最新博客发布和网站更新的内容。对于人员较少的网络新闻编辑室，有些甚至是一个人的工作室，便没有那么多的人手和精力，对获得的信息材料进行筛选。

---

① "把关人"：中途影响信息的媒体人。

同时,社会上不同的声音太多。这使具有公民意识的公民更难找到以前时代那样的新闻领袖。俄克拉荷马大学的传播学者吉儿·艾迪(Jill Edy)指出,专业新闻人员为公众创造的"集体记忆"已岌岌可危。"取而代之的,可能是'媒体'会继续增长和变化,成为无数不同的声音、视觉和版本。在这种情况下,集体记忆怎样形成呢?人们会发现它么?未来,我们将在何处寻找集体记忆呢?"

明日传媒

一英尺媒介体验

尽管加拿大思想家马歇尔·麦克卢汉的工作大多在20世纪60年代完成,但他的思想仍然影响着许多学者看待人和媒体之间互动的方式。麦克卢汉是第一个提出通过观众的参与程度,来区分"冷""热"和二者之间的媒体体验的人。尽管麦克卢汉在之后的生涯中对他的媒体概念进行了修改和重塑,但他的思想遗产最稳固的还是媒体可以从"冷热媒介"的角度去解读。

那么什么是"热",什么是"冷"呢?纸质媒介是"热媒介"。一个读者需要做出选择来参与。例如,选择一本书是一个有意识的动作。在阅读时则需要集中精力来获取信息。这种参与是亲密且调动一切的,因此是热媒介。即便不如阅读福克纳、莎士比亚、托尔斯泰或是教科书那样地费神,随便阅读也需要集中精力的参与。

不需要近乎全部参与的媒介便是"冷媒介"。电梯音乐便是我们可以接触到的"冷媒介"。没有人会在电梯门开的时候多想什么便会出门。脱离情景很容易。

相比之下,在影院看电影则是一种"完全"的体验。身处漆黑的影院中、不受任何打扰是一种高度融入的体验。悬置怀疑很容易进入观众,正如被一本优秀小说吸引那样。因此,去影院看电影是一种"热媒介"体验。那么在平板电脑、智能手机或是便携DVD播放器上看电影呢?这便不是同一种体验。因为当你拿着手持设备看电影时,你可以和邻座的人交流,或者站在结账队伍中。

麦克卢汉在1980年去世,从未见过智能手机或平板电脑。但麦克卢汉的洞察在新形势下依然适用。他用眼睛和屏幕的距离对媒介进行对比。

更新的麦克卢汉。 媒体分类和"冷热媒介"都源自加拿大思想家马歇尔·麦克卢汉(Marshall McLuhan)在20世纪中期的思想。但随着科技的发展,标准通用标记语言下的一个应用超文本标记语言(HTML)的第五次重大修改促进了媒体内容的传播。这不仅体现在冷媒介上,如在几米之外就可看到的电视屏幕,还体现在需要用户手持和介入的媒介上,如阅读一本书。

- 10英尺媒介:一般来讲,观众看电视时距离电视机有10英尺的距离,这使观众可以轻松地脱离情景。观众可以和房间里的人交流,可以起身做别的事情。观众可以离开电视内容一段时间,也可以同时做很多事情。

- 1英尺媒介：麦克卢汉本来所指的是移动设备——手持带有屏幕的个人设备，需要的融入度和书本是一样的。使用手持设备时，人们便不会同时做很多事情。人们将设备拿在手中，目不转睛地观看。除此之外，他们能做的事情确实不多。MSNBC的前任数字总裁查尔斯·提林哈斯特（Charles Tillinghast）指出，"从人们进行自我选择的层面上来讲，在看移动设备时人们是有意识的。人们控制了移动设备，想看便看。人们对内容的理解也会增强。当我们看移动设备的时候，我们的融入度也更高"。换言之，用麦克卢汉的话来说，一英尺媒介是"热媒介"。
- 远程媒介：超过了电视10英尺的观看范围，媒介的融入"温度"则取决于其他因素。公告板的设计，是为了在每小时60英里的速度下观看的，可以让人很快融入。因而从麦克卢汉的观点来看，是非常"冷"的媒介。对摩托车驾驶者来说，由于速度过快，不会对公告板过于在意。电影屏幕的确是个远程媒介，但在其他分散注意力的因素去除之后，便可以成为一种"热媒介"。

> **你怎么看？**
> 新兴一英尺媒介是怎样改变"热媒介""冷媒介"和二者中的媒介这三种不同媒介的呢？

8.7.3 聚合网站

网络新闻十分低廉的成本催生了无数新闻网站。马特·德拉吉（Matt Drudge）最初只有286台电脑和一个调制调解器。但现在，凭借着这一网站的广告收入，德拉吉已成为百万富翁。和许多新闻网站一样，德拉吉报道这一网站主要提供其他网站的新闻，如美联社重要报道，以及其他新闻源和一群意见作者的链接，并没有特别多的原创文章。**聚合网站**①（aggregation sites）很大程度上，成为了解综合报道的门户。

正如德拉吉所做的那样，一小群工作人员，有时一个人，也可以运营聚合网站。

有些聚合网站发展很迅速。**阿里安娜·赫芬顿**②（Arianna Huffington）有着强大的社会关系网，在轰动性的离婚后，获得了巨大财富。她在2005年创办了赫芬顿邮报网，成为德拉吉报道的替代品。赫芬顿启动资金为1100万美元。最初，赫芬顿从纸质媒体、电视和人们的手机或相机上收集新闻。2011年赫芬顿邮报网拥有88位全职员工。这和《纽约时报》鼎盛时期拥有1200个员工来说规模确实很小，但该网站每天从不同的电脑上获得的点击量达2200万次。该网站的年收益达到300万美元，如今每年还在成倍增长。随后，赫芬顿邮报网以3.15亿美元的价格被苦苦挣扎的媒介技术公司美国在线（简称AOL）收购，作为AOL自我振兴的一部分。这次收购使赫芬顿得以负责运营AOL扩大的网络媒体。这对赫芬顿最初的投资来说可是非常大的回报。

---

① 聚合网站：将别处新闻进行整合或提供其他新闻源链接的网站。
② 阿里安娜·赫芬顿：新闻网站赫芬顿邮报网的创始人。

从万维网联盟开始

1989年,英国工程师蒂姆·伯纳斯-李(Tim Berners-Lee)发明了互联网编程。随后,他又创建了万维网联盟(World Wide Web Consortium),旨在引导网络发挥其最大的潜力。内部人士都将万维网联盟称作W3C,该联盟目前的主要项目是超文本标记语言(HTML)的第五重大修改。这项技术能自动检测用户的设备,并调整传输方式,达到快速无缝显示。HTML5不需要用户持有众多为专门设备和程序源设计的应用。这便出现了问题,因为大部分应用与iPad和安卓系统的设备都是不兼容的。

蒂姆·博纳斯-李

尽管HTML5在2007年便推出了,但直到3年后,苹果公司的史蒂夫·乔布斯宣布了互联网视频新标准,其商业价值才得以实现。HTML5早期的支持者包括MSNBC的前任数字总裁查尔斯·提林哈斯特。提林哈斯特将这项技术视作吸引原本没有看新闻习惯的观众的方法。原本要在"10英尺媒介"上播放的电视节目,如今可以直接转换在"2英尺"甚至"1英尺"的设备上,并且不需要任何程序。每月,MSNBC都会将1.5亿新闻节目和内容传输到比电视更"热"的设备上。

8.7.4 定制新闻门户

像谷歌公司这样的搜索引擎发展了聚合的理念,最终开发了新闻提醒。只要连接网络,任何人都可以要求搜索引擎向其提供任何时间、任何地点包含搜索词条的提醒信息。在谷歌,你可以输入"马可·卢比奥(Marco Rubio)美国参议院风波",并可以得到一篇包含所有有关这些词条故事的文章的链接。

社交网站也有相似的运营功能。人们可以推送给朋友自己在网上发现的、彼此共同感兴趣的内容。在一定意义上,Twitter就是在朋友间提供头条新闻的服务。

思考

- 如今,骗局依然在媒体上蔓延。然而,现在受骗的往往是媒体。找出最近纪实性媒体上被广泛报道的虚假新闻。
- 新闻中,把关这一过程中的危险性有哪些?
- 新闻聚合对新闻传播有什么影响?
- 通过新闻提醒的聚合新闻将怎样影响读者对其的评价呢?

8.8 新闻潮流

▲ **本节概述**

电视、网络和移动设备上全天候新闻的飞速发展,改变了新闻采集的方式,重新定义了新闻工作和观众对新闻的期待。常被称为主流媒体的传统新闻方式,被2004年政治大选期间个人进行的报道所动摇。他们开办了数百个博客,但大多数人没受过新闻训练,而且博客是个人运营。博主向读者提供有内在联系的有趣内容,他们常常还会挖到独家新闻。

8.8.1 变化中的新闻编辑室

新闻编辑室的变化受到两个因素的影响。一是新闻转为在网上报道。这便促使编辑要求其员工在创造传统新闻的同时,能制作有竞争性的网站。另一个是经济因素。特别是对报纸行业来讲,今年出现了大幅裁员。新闻记者乔·施特鲁普(Joe Strupp)在商业杂志《编辑与出版》上发表文章表示:"新闻编辑室在缩减,企业需求则在不断增长。问题是我们去报道什么呢?"大部分电视新闻编辑室都面临着同样的问题。如何让现有的员工额外运营全天候的新闻网站,甚至是几个相关的网站呢?

新闻业的现状如下。

不再全面地报道。 新闻编辑室曾花费大量精力,追赶其竞争者的独家报道,将报道推向深入。如今这样的情况少了很多。《今日美国》的主编肯·保尔森(Ken Paulson)表示,现在,如果《纽约时报》和《华盛顿邮报》刊登了独家重大新闻,他会为其鼓掌称赞,但并不把这件事放在心上。保尔森表示:"我们需要做出判断,明确我们的工作重心是什么。"

《今日美国》这种新举措,也是许多面临经济困境的新闻编辑室所共有的。历史上,竞争曾给美国新闻业带来欣欣向荣的局面,如今情况大为不同。20世纪70年代,"五角大楼文件事件"和"水门事件"都曾是竞争激烈的重大报道。竞争新闻机构发布的独立新闻报道都会进一步揭示事件真相,但这却是单个新闻机构所无法做到的。例如,在"水门事件"上,竞争新闻机构的每一个突破性进展,都进一步揭开了事实真相,成为下一轮新闻追踪的基石。

艰巨复杂的工作更少。 由于员工减少,承担的工作增多,新闻编辑室倾向于报道简单的事件。这意味着,报道中随时间变化的事件增多,需要花费大量人力挖掘的新闻减少。《西雅图时报》总编辑戴维·波德曼(David Boardman)曾说,有些是"两三天新闻",如今越来越多的记者都是在短时间内完成报道。《华尔街日报》曾有这样的传说,报社编辑可能会和经验丰富的记者一起策划一则有价值的新闻。编辑会给这个记者一张运通信用卡,告诉他"六个月之后,带着一则新闻回来"。尽管《华尔街日报》以繁重的新闻考试闻名,但如今这样的形式在美国新闻界,甚至在《华尔街日报》本身都不那么常见了。

偏远地区和国际新闻更少。 许多新闻社都精简或关闭了设在偏远地区或海外的机构。田纳西州的《孟菲斯商业诉求报》(Memphis Commercial Appeal)便是典型一例。该报社位于密西西比州杰克逊市和阿肯色州小石城的分社都被关闭。该报位于田纳西州首府纳什维尔的总部原本有三名员工,之后也被精简为一人。

驻外分社也在逐年减少。例如,美国广播公司和哥伦比亚广播公司在2011年埃及革命爆发时,关闭了其在开罗的分社。福克斯新闻从来没有海外分社。当时,美国人对成百上千埃及人推翻该国政府之事不甚了解，一部分的根源在于美国记者的减少。因此，各广播机构迅速增派了记者。美国有线电视新闻网（CNN）尽管有一小部分记者在开罗，但仍增派了记者。而阿拉伯半岛电视台则因其在埃及强大的记者团，对这一事件进行了更好的报道。事实上，半岛电视台成为美国新闻网络，甚至美国政府了解新闻的源泉。

采访的领域更少。报道专门领域的记者被安排去广泛的领域报道。例如，负责报道警局新闻的记者现在同样报道法庭的新闻。有时为了报道某个领域，有些新闻社的编辑会将记者从一般的报道领域调到专门领域。这也意味着，在不属于专门领域的突发事件发生时，参与报道的人数减少了。

独立报道减少。新闻编辑室在兄弟企业分社间共享新闻，这降低了成本，也削减了传统上由竞争带来的更高质量的报道。许多报纸和新闻播报都越来越多地采用来自美联社关于遥远地区的报道。这比起记者报道当地新闻的成本更低。这造成的一个结果便是，在报道美联社的新闻时，整个州，甚至整个国家的新闻报道都是相同的，而有关当地的报道却被挤掉了。

这种新闻事件共享的机制，在所谓的"多媒体新闻编辑室"最为明显。第一个整合的新闻编辑室是由佛罗里达《坦帕论坛报》、WFLA电视台和TBO网站共同创办的。一些当地电视台为了节省设立编辑室的成本，与其他覆盖城市的电视台签订协议，由其提供新闻。有效吗？是的。然而，重新整合新闻比全新的内容要好，这一点也很难辩驳。

8.8.2 不间歇报道

20世纪，美联社和其他新闻社的记者的确是独树一帜。大多数报社的记者只需面临每天一次的截稿日期。但新闻社的记者要向数百个新闻机构发送报道，每个机构都有自己的期限。这便意味着，新闻社的记者几乎每分钟都是截稿日期。

广播和CNN的全天候播报，将不间歇的报道拓展到了新闻机构之中。例如，负责白宫新闻的记者曾经都只专注于晚间新闻的一部分。这样他们有时间思考问题、排列消息源和准备问题。如今，记者似乎时刻都处于疯狂争抢"圆石滩"新闻的状态。（记者将白宫有背板的摄像区叫作"圆石滩"。）

NBC记者查克·托德的一天是这样的：首先，托德会浏览报纸和其他竞争新闻机构，给自己定下方向。之后他会为NBC的博客专栏"第一阅读"撰写一篇文章。接下来他会在MBC的《今日》或MSNBC的节目《早安，乔》中出镜。中午，他会和一群记者在白宫获得报道，这些记者的数量从来不少于6人。除此之外，他会白天添加3—5条

多即是少。美国全国广播公司（NBC）记者查克·托德（Chuck Todd）和其他记者一样，深知经济压力下，记者要报道更多的内容，但这会损害报道原本实质的内容。尽管并不愿意，托德还是依靠自己的黑莓手机，发送他从白宫消息人士那里获得的信息。快速和高效并没有错，但这会削弱报道的思想性和深刻性。这在记者都忙碌奔波时，更难做到。

博客条目,发布十几条或更多的 Twitter 或 Facebook 更新。他还有一档一小时的节目《每日综述》。

这份工作十分重要,充满动力。但托德和其他记者一样明白,产出大量新闻会减少报道新鲜事件、想出不同视角和讲述本可以被报道的故事的机会。他用黑莓手机迅速发布新闻,却和其他记者一样明白,这样远不能替代面对面的采访。

记者不仅面临重压,为 24 小时新闻报道提供素材,而且近年来的预算也在紧缩,这也意味着,越来越少的人愿意从事记者这项工作。

此外,新闻质量遭到削弱。由于负责审核的编辑数量减少,记者发布在网上的排版错误也层出不穷。报业公会是代表记者群体的机构,主席比尔·萨尔加尼克(Bill Salganik)曾在《巴尔的摩太阳报》上称,重压之下,错误在所难免。他质问:"我们怎样保持职业道德和新闻标准?"

总而言之,尽管 24 小时不间断报道可以使人们时刻了解突发事件,但这一模式也有缺点。挖掘新角度的压力使文章变得浅薄。同时,新闻的情景性和理解性都遭到了破坏。

8.8.3 直播新闻

在过去的 150 年中,无论在美国还是世界其他地方,新闻业逐渐建立了标准和工作方法。这些方法被制度化为道德准则,新闻院校将其教授给学生,指导记者和编辑的工作。这些传统做法,在报纸和电视播报作为主导新闻媒介时十分有效。但随着便携轻巧设备的发展,如今的人们不再需要通过传统新闻编辑方法便能报道新闻事件。

把关制度的削弱。 2001 年恐怖袭击发生时,镜头从世贸大厦转向了一堆废墟。被困在楼中的人们从数百米高的楼上跳下。这一举动是绝望而又致命的挣扎,而观众就在直播中看到了这一震惊又恐怖的情景。而无论是视频还是静态照片都没有出现在之后的新闻播报中。不论直播有多少优点,但其重要的缺点便是,直播是原生态的报道。没有人对如何组织和呈现这些材料做判断。直播中没有把关环节。

当然,直播也可以被记者或主持人打断,加入情景内容,或关闭。即便如此,新闻媒体的把关职能在直播中还是被削弱了。

消耗观众时间。 对观众来说,跟进直播报道十分花费时间。例如,对比一下阅读 60 秒的国会听证报告简述和聆听或观看整个 4 小时的直播过程。除了像充满戏剧化的超级碗和轰动的谋杀案审判这样的例子之外,观众喜欢将新闻整合和精简。

媒介争论

当记者害怕时

毒贩之间发生枪战,政府封锁周围地区长达 5 小时,造成 12 人死亡,20 人受伤。这样的事件在哪里都会成为新闻。在墨西哥,拥有 30 万人口的新拉雷多市隔着里奥格兰德与得克萨斯州相望,这场枪战就发生在这座城市。但该城 5 份日报、5 家电视台和 21 个电台都没有对这一事件进行报道。

墨西哥许多城市的新闻媒体已被暴力欺压许久,以致不敢发声。在过去 4 年中,共有

2.9万人死于毒品战争,其中有30人为记者。对许多新闻编辑室来说,报道毒品战争的代价太高。

墨西哥南部海湾城市比亚埃尔莫萨(Villahermosa)有55万人口。《塔巴斯科日报》(Tabasco Hoy)出品人在忠实报道一伙毒贩后收到了这样的威胁:"不要再写那些垃圾。我们知道你儿子在哪里工作。下次就不会警告你了。"当时,已经有一名记者因报道毒品走私的新闻被杀害。受到威胁后,报纸出品人罗伯特·奎特拉瓦克(Roberto Cuitlahuac)给家中增加了门锁,每天变换上班的路线,时刻向其同事告知自己的行踪。而且,该报纸之后便不再报道毒品团体的新闻。

恐怖效应。 记者罗西奥·冈萨雷斯(Rocio Gonzalez)惨遭杀害后被抛尸首都墨西哥城城郊一处公园。墨西哥毒贩的暴力活动已造成数千名受害者。尽管新闻记者只是受害者的一小部分,但他们却因公正报道毒贩活动而被毒贩瞄准。

与得克萨斯州埃尔帕索(El Paso)相邻的边境城市有一家报纸《华雷斯日报》,该报曾发表社论向当地毒枭摊牌称,"我们还有很多记者幸存,"该报写道,"说清楚,你们到底想让我们报道什么,不想让我们报道什么"。华雷斯有140万人口,两年内毒枭杀害了3000多人。受害者包括《华雷斯日报》的一名摄影师和一名记者。

新闻沉默,也可以被称作"媒体自我审查",这是新闻的失败。

新闻出现真空的同时,一个地址为blogdelnarco.com 的网站横空出世。这个网站由一名大学生创建,他在网上发布了自己目睹的毒品战争信息。这一网站很快受到热捧,每周的点击量达到300万。这一博客为匿名制,愤怒的毒枭不知道该报复谁了。

例如,一天,在新拉雷多发生血腥暴力事件后,这个网站里列出了不安全的街道,给人们安排其生活提供重要信息。该网站还列出了伤者在哪里可以得到救治,方便了担忧家人和朋友的人。这些信息都没有出现在当地的报纸或电视上。该网站是唯一一个报道美国使馆要求人们待在家中这一信息的媒体。

该网站接受了来自各方面的信息,可能还包含了来自警方和低级士兵的情报,网站公布了猖狂的贩毒集团"泽塔斯"几名成员被捕的信息。该网站还发布了包含血腥内容的视频,视频中,有被施以绞刑的尸体,还有被斩首、身上布满弹孔、内脏和脑浆迸裂的尸体。这是毒枭用来虚张声势、恫吓对手的变态行径。

正方

在特殊时期,博客可以成为重要信息传播的有力替代方式。Blog del Narco 网站的幕后英雄是一位大学生。他在卧室里收集并发布信息。为了自我保护,他的发布全部是匿名的,并且他也保护了其消息源的身份。

反方

匿名制的博客不是传统新闻的强有力替代。匿名制削弱了新闻的可信性和责任感。谁是出品人?谁是记者?任何人都可以发布无署名的信息和照片。匿名博客不能替代新闻勇气。

深化你的媒介素养

探索问题：浏览 blogdelnarco.com，即便你不懂西班牙语，你也能看出这一网站的风格非常鲜明。

深入挖掘：使用搜索引擎，搜索外国记者关于墨西哥毒品战争的新闻报道。

你怎么看？ 设想你是一个墨西哥饱受毒枭侵害的城市的媒体老板、编辑或记者。你该怎样履行新闻职责，做出重要和深刻的报道？

8.8.4 探索性报道

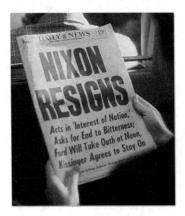

调查性新闻。 在《华盛顿邮报》记者卡尔·伯恩斯坦（Carl Bernstein）和鲍勃·伍德沃德（Bob Woodward）揭露了"水门事件"丑闻后，不懈挖掘事件的细小真相成为20世纪新闻业的一个新花招。这两位记者花费数月时间，追踪民主党在水门大厦的总部在华盛顿的办公室被侵入的事件。这一事件是由执政白宫的共和党高层指使的，时任政府一直在试图掩盖事情真相。最终，美国历史上，总统首次辞职，这位总统是理查德·尼克松。

尽管深度报道有深刻的根源，但20世纪60年代前，美国记者的报道趋势都是对事件进行记叙，如会议、讲话、犯罪、死亡和灾难。1972年，事件发生了重大转变。《华盛顿邮报》两位坚持不懈的记者**卡尔·伯恩斯坦**①（Carl Bernstein）和**鲍勃·伍德沃德**②（Bab Woodward），不仅报道了民主党在水门大厦的总部入侵事件，并将这一犯罪和时任共和党总统理查德·尼克松联系在了一起。报道中涉及的道德问题迫使尼克松辞职，25位从犯被投入监狱。**"水门事件"**③（Watergate）促使**调查性报道**④（investigative reporting）和深入报道新闻的猛增，这些报道不仅限于简单和肤浅的叙事性报道。

调查性报道可以追溯到美国历史上的**"扒粪运动"**⑤（muckraking）时期。**艾达·塔贝尔**⑥（Ida Tarbell）是扒粪运动的代表人物之一，她在1902年揭露了标准石油公司的不法行为，促使政府采取改革，打破洛克菲勒石油公司的垄断，为反垄断法的建立奠定基础。今天的报纸也延续了这项传统。但有人听吗？《新奥尔良时代花絮报》曾获得诸多奖项，约翰·麦奎德（John McQuaid）和马克·施莱夫施泰因（Mark Schleifstein）曾在2002年发表系列文章《冲走》，这一令人胆颤的预测在三年后卡特里娜飓风灾难时成真。但上至联邦政府，下至州政府和地方政府什么都没做。

因为所有的报道在一定意义上都是调查性质的，都通过质疑探寻真相。所以"调查性报道"这个词语很微妙，以下是一些有用的定义：

---

① 鲍勃·伍德沃德：卡尔·伯恩斯坦在"水门事件"调查中的同事。
② 卡尔·伯恩斯坦：《华盛顿邮报》记者，揭露了"水门事件"。
③ "水门事件"：尼克松政府丑闻。
④ 调查性报道：具有冒险性的报道，解释新的、往往是震惊的信息，这些信息常常是官方不愿意透露的。
⑤ "扒粪运动"：形容揭露丑闻的专有词，常用来赞颂调查新闻，针对公共政策改革。
⑥ 艾达·塔贝尔："扒粪运动"者，以其揭露标准石油垄断丑闻的系列报道被人们铭记。

- 如果没有记者冒险的调查,则不会被报道的故事;
- 由各个细节拼接在一起的故事,来源常常不明;
- 也许和官方的版本相反,官方常会掩盖真相。

例如:

《费城每日新闻》(*Philadelphia Daily News*)的芭芭拉·莱克(Barbara Laker)和温迪·鲁德尔曼(Wendy Ruderman)揭露了一个流氓警察缉毒队,导致数百件犯罪案件的重新审查。

ProPublica公司的谢里·芬克(Sheri Fink)报道了卡特里娜飓风引发的洪水后,筋疲力尽的医生做出的生死抉择。

《纽约时报》的戴维·巴斯托(David Barstow)揭发美国国防部动员一些退伍军方将领当传媒分析员,为美国在伊拉克的政策护航。他同时揭发了美国一些军方官员和公司勾结从战争中获利的丑闻。

《伯明翰新闻报》的布雷特·布莱基(Brett Blackledge),揭发了阿拉巴马两年制大学系统中的裙带关系和腐败,使得校长被开除、学校改革。

美国公共电视网(PBS)记者迈克尔·柯克(Michael Kirk)披露,美国商品交易期货委员会(CFTC)主席布鲁克斯利·伯恩(Brooksley Born)发出经济危机即将到来的警告,但美国政府却对这一警示置之不理。

卡尔·伯恩斯坦和鲍勃·伍德沃德

8.8.5 软新闻

和调查性报道的硬新闻相对的,便是软新闻。这类新闻包括生活消费类报道,时尚建议,娱乐新闻和引起人们兴趣、非同寻常的奇趣新闻。侧重于名人报道的《国家询问报》(*National Enquirer*)发行量在20世纪60年代猛增,该报便是软新闻的先驱。《时代生活》发行了《任务》杂志。严肃的《纽约时报》也推出了类似杂志。新闻搜索发现,读者很喜欢软新闻。很快,许多日报都增加了"人物"专栏。电视节目TMZ重点报道娱乐新闻,常常是许多当地晚间新闻前的一档节目。这一电视节目很快超越其前身TMZ.com,该网站有关名人八卦。传统主义者谴责软新闻占据了许多新闻生产的空间,但硬新闻仍然是传统媒体的一部分。

一些网站、Twitter和用于智能手机的应用满足了一些公众对软新闻的需求。但数字资源下的软新闻会不会给予传统媒体报道软新闻的压力,或会不会使之放弃软新闻报道,转向传统硬新闻,这便不得而知了。

思考

- 媒体公司财政紧张会怎样影响新闻?
- 全天候新闻报道已经确立。它对人们理解新闻故事真相的方法有什么影响?

- 所有的报道都源自质疑。但调查性报道有什么特别之处？
- 根据软新闻的比例，对6家媒体进行排序。看看它们是怎样吸引广告商眼球的。

本章小结

新闻的概念
新闻是对记者认为值得引起观众注意的变化的报道。在美国，不带感情色彩的中立报道很受推崇，记者要尽可能地将其角色隐藏在幕后。尽管记者在寻找和组织新闻的过程中，需要调动其判断力，这一能力是主观的，且带有个人价值观，但一般来讲，报道的重点在于故事本身，而不是讲故事的人。

贝内特新闻模式
1835年，詹姆斯·戈登·贝内特创办了《纽约先驱报》。现代新闻工作的许多操作都源自贝内特提出的方法。贝内特意识到，消息是个生命周期较短的商品，当贝内特抢先获取信息时，他的竞争对手手中便只剩下过期的商品了。同时，贝内特还建立了负责专项报道的记者网络。这一体系被称作"beat system"，可以保证全面的报道。尽管贝内特的观点主导了新闻概念长达一个多世纪，但这一模式的缺点也渐渐显露。

哈钦斯新闻模式
哈钦斯委员会由一群特别的学者组成。该委员会在1947年指出，当新闻不再局限于仅有事实性报道的贝内特模式时，报道才更为民主。结果便是在事实和真相之间做出了明确的区别。仅仅堆砌事实是不够的。哈钦斯委员会表示，事实需要在给予其意义的情境中展示。哈钦斯委员会的提议渐渐在新闻业中得到承认，并重新定义新闻行为。

重思新闻模式
有线电视和网络的发展催生了众多新闻媒体。在这个新形势下，不需要新闻学历，几乎人人都能发布博客。主流新闻机构在努力适应新变化，CNN曾以其传统直接式报道主导有线新闻，然而凭借新的策略，福克斯新闻成功打败了CNN。网络上充满了意识形态倾斜的报道。为了维持商业运转，《纽约时报》和其他传统新闻努力创造了一种新的新闻模式——混合式新闻模式。

新闻中的个人价值观
既然新闻不能做到不包含任何价值观因素，那么记者会将怎样的价值观带到其工作中去？这些价值观包括社会上盛行的价值取向。在美国，人们常对这些价值观习以为常，如家庭、教育和健康等。研究还发现，美国记者还青睐其他价值取向，如民族中心主义、支持民主和资本主义、对小城市或乡村生活方式的浪漫主义化、支持适度的个人主义、支持社会秩序。

影响新闻的变量
现实生活中的因素很大程度上影响新闻的内容。一版有多少空间呢？一般来说永远容纳不下记者想讲的内容。新闻播报的事件呢？同样也是不够的。同样，观众对报道的所有内容也不是都感兴趣的。除此之外，有价值的故事实在太多，一个机构也没有那么多的人员和资源去报道这些新闻。

新闻的质量

许多新闻学教授在课程开始时都会告诉学生,他们需要掌握的是"精确,精确,再精确"。事实上来讲,教授的观点有些过于强调精确。的确,新闻作为纪实类问题,精确的确是其核心内容。与新闻中的重要因素判断性相比,对精确性的衡量较为容易。从记者,到播报员,到观众,新闻由很多人经手。而新闻判断的复杂性,最好地体现在了新闻把关过程中。新闻判断也是决定什么样的内容最值得报道的因素。

新闻潮流

新闻正在向许多方向发展。电视纪录片是典型的长新闻,通常需要投入很多人力参与制作,但往往会带来重大的突破。另一个极端,便是在广播中出现的一小段,有时是几行文字的新闻。电视上和网络上全天候新闻的出现,使许多新闻工作室的新闻资源出现紧张。有限的记者被要求去报道多种类型的新闻,使得记者倾向于报道能更快呈现在观众面前的新闻。这样的结果便是:新闻编辑室要花费大量时间和资源的、重要的探索性报道减少了。

批判性思考

1. 记者对于某天什么新闻值得报道看法不一,这为什么不可避免?
2. 詹姆斯·戈登·贝内特影响深远的新闻概念和新闻工作方式包括什么?
3. 哈钦斯模式为什么能被视作推翻了贝内特模式呢?还是说哈钦斯模式只是一种改良?
4. 《纽约时报》采用的混合新闻模式对读者来说是否太复杂?有哪些模式可以替代它吗?
5. 记者是怎样把个人观点带入其工作中的呢?
6. 新闻采集和出品过程中,有哪些变量是记者和编辑无法控制,却影响着读者的倾听、阅读和观看的呢?
7. 对某些一直坚持"以事实为中心,没有任何判断"的新闻模式的人,你怎样解释判断性作为新闻重要内容的必要性呢?
8. 从长远来看,怎样最好地评价新闻的不同趋势呢?

媒介术语

aggregation sites 聚合网站
bilines 报道署名
consensible nature of news 新闻共同性的本质
editorializing 社论
ethnocentrism 民族中心主义
gatekeepers 把关人
Hutchins Commission 哈钦斯委员会
Investigative reporting 调查性报道
lightning news 电报新闻
muckracking 扒粪运动

news 新闻
news alerts 新闻提醒
news flow 新闻流
news hole 新闻窗口
newsworthiness 新闻价值
objectivity 客观性
staffing 新闻人员
soft news 软新闻
watchdog function 监督作用
Watergate 水门事件
yellow journalism 黄色新闻

■ 媒体资源

→Jodi Enda. "Retreating from the World," *American Journalism Review* (December-January, 2011), Enda 是一位资深记者,她记录了美国新闻机构减少了在报道海外新闻方面的资源这个事实。

→John Marshall. *The Investigative Impulse:Watergate's Legacy and the Press*. Northwestern University Press, 2011. 学者 Marshall 曾是一名记者,他目睹了"水门事件"摧毁了尼克松的总统生涯,也见证了这一事件使得调查性报道不断推广,以及政治领导人和公众是如何回应记者的。

→Kimberly Meltzer. *TV News Anchors and Journalistic Traditions:How Journalists Adapt to Technology*. Peter Lang, 2010. Meltzer 是一位新闻网资深记者,探索了电视对传统新闻标准和操作的影响。

→Bonnie Brenen and Hanno Hardt. *American Journalism History Reader*. Routledge, 2010. Brenen 和 Hardt 搜集了美国历史上媒体史学家和评论家的原著、新闻文章和主要作品。

→Sean Tunney and Garrett Monaghan, editors. *Web Journalism:A New Form of Citizenship?* Sussex Academic, 2010. 作者大量搜集了有关全球互联网增加政治参与度、造成社会分化、缺乏有效意见呼声的文章。

→Robert W. McChesney and John Nichols. *The Death and Life of American Journalism:The Media Revolution that Will Begin the World Again*. National Books, 2010. McChesney 和 Nichols 都是历史学家。他们解释道,20 世纪的美国新闻传统和操作是为个人利益服务的,为了保护自身业务不受政府干涉。他们两人呼吁,重新定位新闻传统,将其转为向公众提供商品,而非使媒体所有者发家致富。

→Geoffrey Baym. *From Cronkite to Colbert:The Evolution of Broadcast News*. Paradigm, 2010. 学者 Baym 认为,科尔伯特(Colbert)这样的假新闻,可以视作促进公民对重要问题的健康对话的新方式。

→Mike Conway. *The Origins of Television News in America:The Visualizers of CBS in the 1940s*. Peter Lang, 2009. Conway 是一位传媒学者,他用轶闻和细节的方式,展示了电视新闻网络出现多年前的媒体先驱。

→William David Salon, editor. *The Media in America*, seventh edition. Vision Press, 2009. 这本书是美国媒体历史的标准教科书。

→David Wallis, editor. *Killed:Great Journalism Too Hot to Print*. Nation, 2004. Wallis 整合了许多没能发表的杂志文章,大多是因为避免诉讼、惹怒广告商和编辑自身的敏感才未能得以展现给公众。之中最为震撼的是贝蒂·弗里丹(Betty Friedan)、乔治·奥威尔(George Orwell)和特里·索泽恩(Terry Southern)的文章。

→Bob Woodward and Carl Bernstein. *All the President's Men*. Simon& Schuster, 1974. 两位记者按时间顺序记述了他们对尼克松"水门事件"的经典调查性报道中遇到的许多困难。

▶ 本章主题性总结

新 闻

为了更好地巩固你的媒介知识，此处用贯穿本书的几个主题来展现本章内容。

媒介技术

詹姆斯·戈登·贝内特和其他便士报出版商利用了新技术。

直到 19 世纪 30、40 年代之前，我们今天所知的新闻才诞生。印刷机发明后，一个小时便可以生产数千份报纸。问题是：什么样的内容才能卖出这些产品？对当下事件的报道很快替代了早期的充满观点和意见的报纸。20 世纪 20 年代广播诞生后，新闻变得更加简练。如今，互联网再次重塑了规则。重塑信息的过程中，主流新闻媒体的行为准则被忽略。这些变化是否仅是业余博客写手打破以前的规则，他们自己也不清楚。一些改变也许会有深远的影响。

传媒经济学

怎样吸引读者？报道查理·辛（Charlie Sheen）的滑稽轶事吗？还是报道制定公共政策的过程？还是全球变暖？

没有观众，新闻公司就无法生存。报道吸引观众的内容的要求从未停止，且极富竞争性。近年来，媒体对名人新闻的报道逐渐增多，这些内容大多无足轻重，但受到热烈追捧。这便是新闻追逐金钱的实例。经济还在另一个方面塑造着新闻。在不同程度上，新闻公司非常谨慎，避免报道的事件惹怒其广告商。这一事件反映的问题便是，新闻机构首先要服务的是广告商还是观众。对一些新闻编辑室来说，这是个很好做出的选择，而另外一些新闻编辑室则将广告商放在首位。

媒体与民主

新闻的一项职能，便是"诚实展现做恶之人"。

美国媒体上新闻独立的倾向要回溯到本·哈里斯时期。1690 年，《公共事件》出版了第一期后，便遭政府封杀。尽管本·哈里斯的报纸远远没有影响到国家政策的制定，但新闻媒体自由却成了美国民主持久且重要的内容。新闻媒体传递信息、思想和意见，使公众参与到国家政策的制定过程中去。这种参与机制并不平等，但没有这样的机制，人们便缺乏了参与国家管理时所需要了解的重要内容。民主需要独立的媒体。

媒体的影响

理查德·尼克松是作茧自缚，但新闻媒体却是催化剂。

新闻媒体可以起到强大的影响作用。2007 年美国司法部部长阿尔伯托·冈萨雷斯（Alberto Gonzales）宣布辞职。冈萨雷斯的辞职受媒体报道影响，他一直宣称媒体十分荒谬。2008 年，《纽约时报》揭露纽约州州长招妓丑闻后，州长艾略特·斯皮策（Eliot Spitzer）宣布辞职。1972 年，新闻报道了尼克松和其手下肮脏的行径和欺骗行为，"水门事件"使得理查德·尼克松辞职。如今，关于全球变暖灾难的报道正在引起公众的主意，进而促进国家政策的改革。

精英主义与民粹主义

本杰明·戴创办的《纽约太阳报》以"照耀所有人"为口号,称其报纸服务所有人。这意味着新闻中出现了新内容——使人们高呼新奇的内容,甚至包括理查德·洛克"月球骗局"这样的欺骗性报道。

共和国早期的新闻出版制品对大多数人来说都价格高昂。文章内容也非常局限,那时的出版物是思想家和理论家分享思考的论坛。这种有着政治、经济和不常见的哲学倾向的人群便是精英。19世纪30年代,报纸开始走向商业化,促使报纸内容开始专为面向社会各阶层的群体服务。本杰明·戴1833年创办的《纽约太阳报》以"照耀所有人"为口号。报业的营销开始依赖广告,使得报纸的金融基础从订阅转变为广告商。这在经济上要求新闻要尽可能多地吸引和保持读者。广告商总会追随发行量最大的报纸。

媒体的未来

MSNBC 的瑞秋·麦道从新闻播报转向新闻评论。

即便是媒体行家也不能预测未来新闻媒体会走向何方。媒体的走向有多个方向。快速的生活节奏和不同的休闲方式,使得人们不再有足够时间追踪新闻。一大后果便是新闻变得简短而肤浅。同时,新闻垃圾随处可见。长新闻在地区新闻并不多见,但关于国家和特殊主题的长新闻日益增多。一大重要变化是,24小时全天候新闻出现,特别是在 CNN、互联网和其他有线频道。争先报道的竞争改变了报道方式。在此之前,记者有时间在报道之前思考和判断其报道内容。如今,越来越多的报道都是现场直播。

第9章

娱 乐

谁对名人进行报道?

只要是名人,就有人对他们进行报道。这项工作在过去主要是明星杂志在做。但今天的媒体更为多样,包括电视、有线电视、纸制版或电子版的报纸及社交媒体,竞争非常激烈。单纯报道真实的故事和照片,代价高昂。

悲哀的是,一些媒体掌握的名人的新闻有限,解决方法就是造谣生非。报道是虚假的会怎么样呢?"那么我们收回之前的话就行了,没事儿。"很不幸,这就是小报的思维方式。

另外一种报道的方式是暗中监视。过去,有可能是爬到树上,偷拍明星在家里的照片。现在,有可能是窃听电话,以满足对于明星报道的需求。

讽刺的是,传媒大亨鲁珀特·默多克发财靠的是小报丑闻,自己却成为电话窃听最出名的受害者。在2011年,默多克被迫关停了有168年历史的《世界新闻报》(News of the World),英国最畅销小报,因为该报记者长期监听语音邮件,已成例行公事。很多人声称他们被监听了。在一些案例中,斯嘉丽·约翰逊(Scarlett Johansson)和米拉·库尼斯(Mila Kunis)等女星手机里的照片和短信被人窃取。

通常明星对于过分的报道不满,并默默忍受。但是有时他们也会说出来,比如库尼斯,"报道说我订婚了,可能已经结婚了,肯定还有人说我生孩子了。但不是的,我没有结婚,没有订婚,也没有生孩子。有时候可以说他们把消息搞错了,但更多的时候,他

明星也不是那么光鲜。狂热的追星族不会对于明星及其生活的报道感到厌倦,追逐利益的八卦媒体也知道什么新闻好卖。在一个新电影的首映式上,米拉·库尼斯对一位记者发火,记者问联袂出演的贾斯汀·汀布莱克,为什么演戏多了,音乐创作少了,库尼斯直接打断:"这算是什么问题?你来干什么的?"

们只是在炒作"。

如果我们的社会没有对于明星报道的饥渴,那么小报式电视节目会播出吗?狗仔队和窃听电话者会出现吗?这是个先有蛋还是先有鸡的问题。皮尤研究中心(Pew Research Center)的一次投票表明,大多数人认为对于明星绯闻的报道过分了,并对报道此类消息的媒体进行谴责。很多人认为,媒体很少报道这世上正面的事情。

这个问题的另外一方面是,媒体也在谴责大众。事实上,报道绯闻有市场。有些媒体声称,它们只报道公众想要的新闻,很多人都喜欢这种新闻,并乐此不疲,是他们直接或间接地支持了媒体的报道。

在莫斯科的一次记者招待会上,与贾斯汀·汀布莱克一同出席,宣传浪漫喜剧《朋友也上床》时,米拉·库尼斯受够了八卦媒体的不实报道。一名记者想知道为什么汀布莱克出演这部喜剧,而非进行更多的音乐创作。来自乌克兰的库尼斯用俄语激烈还击:"为什么演这部戏?为什么不能演呢?这算是什么问题?你来干什么的?"也许这话有些激烈,但确实:媒体为什么问这些问题?

本章要点

- 大众传媒技术增加了观看讲故事和娱乐节目的观众。
- 现场表演与媒介表演有所不同。
- 大众传媒有力地促进了文学的传播。
- 技术加速了音乐的发展,让社会更为团结。
- 大众传媒满足了体育报道的大量需求。
- 电子游戏成为大众传媒的一种,广告商借此吸引玩家。
- 大众传媒让成年人得以浏览黄色内容。
- 大众传媒的娱乐的质量因工厂式制作大打折扣。
- 大众传媒不能增强文化敏感性。

9.1 娱乐的历史

▲ **本节概述**

大众传媒,在其550年的历史中,吸引了很多娱乐节目的观众。技术带来了很多改进,但是媒体娱乐的主要类别还是讲故事和音乐。

9.1.1 大众传媒的起源

在人类有文字记载的历史出现前,娱乐就出现了。远古时期,人们围坐篝火前,产生了音乐。其依据是,考古学家挖掘出了新石器时代兽皮制成的鼓。当然,住在山洞里的人肯定会讲故事,这要追溯到在岩洞上的绘画,谁知道这种视觉的艺术形式什么时候出现的呢?千万年来,娱乐向越来越高的艺术形式发展。考古学家知道,古代文明的上层人士享受豪华的筵席,有杂技演员、乐师和舞者进行表演。在古希腊的奥运会上,体育成为约定俗成的娱乐项目。古罗马的大竞技场可以容纳17万名观众观看战车竞赛和角斗士比赛。

能经受住时间考验的娱乐活动包括音乐、文学、体育和性。对此还有其他的分类,比如行为艺术和视觉艺术。有些人把娱乐和艺术区分开来,认为娱乐要低一等。但若仔细研究,二者难以区分。情人眼里出西施,艺术是个性的、主观的。

9.1.2 技术带动的娱乐

大众传播的时代始于15世纪40年代,古腾堡发明了活字印刷术,使信息可以大量印刷供人阅读,规模前所未有。后古腾堡时代的媒体让文学得以越来越广泛地传播。比如,甚至在古腾堡逝世200年后,约翰·弥尔顿(John Milton)的《失乐园》(*Paradise Lost*)的读者在当时算是很多了,但是和《纽约时报》(*New York Times*)刊登的畅销书相比,则微不足道。今天,文学的形式更为多样,不完全是纸制版,还包括学术巨著、粗制滥造的言情小说和美国西部文学。

9.1.3 娱乐的类型

大众传媒的娱乐的**类型**①(genres)多样,不断发展,为了更好地理解它,人们进行了分类,并把讲故事和音乐进行了细分。

讲故事。小说、短篇故事、电视剧和电影都可以归为这一类。流行的类别包括悬疑、浪漫、恐怖、西部、幻想、历史和传记。还可以再细分,比如侦探小说。有的小分类覆盖了两种或多种类别,比如科幻西部片。还记得2011年的电影《牛仔和外星人》吗?有些分类就比较短命了,在20世纪60年代,出现了一类电影叫作"黑人剥削电影"(blaxploitation),无论怎样,它涉及对黑人的歧视,对黑人观众有感染力。《神探沙夫特》系列(*Shaft*)为此类电影画上了句号,尽管在2003年出了新版,但它随着社会的种族融合而湮没。

音乐。很多风格的融合让音乐分类有了难度。乐迷为了阐明他们的品味,就不断地给音乐风格分类。细分起来,眼花缭乱。酸性摇滚、硬摇滚、前卫摇滚、另类摇滚、动力金属摇滚和金属摇滚有什么区别?别这么问,分类可没有那么简单、客观。

体育。体育的分类最为清楚,因为有公认的规则,尽管规则不是一成不变,但修改它也是有程序的。没有人会把足球和篮球、铅球和F1赛车搞混。

老生常谈的警匪剧。 警匪剧经久不衰,时而人气十足。哥伦比亚广播公司在黄金时段播出的《犯罪现场调查》及其衍生剧是警匪剧的最新作品。确实,正如其名,由特德·丹森(Ted Danson)和玛格·海根伯格(Marg Helgenberger)扮演的角色正在进行犯罪现场调查。

---

① 类型:媒体报道内容的众多分类。

把几种运动混合起来的尝试并不成功,比如文斯·麦克马洪(Vince McMahon)受到了摔跤的启发,于2001年创办了X-Treme足球联赛,但并不成功,只踢了一个赛季,且乏善可称。

思考

- 在娱乐活动中,媒介技术发挥了怎样的作用?
- 媒体传播的娱乐有哪些类型?

媒体人物

艺术如其人

在18岁时,嘎嘎小姐(Lady Gaga)就告诉所有人,她要成为大明星。她的同学嘲笑她,认为她很自大,但是嘎嘎小姐取得了很大的成功,入选了《时代周刊》封面评选出的世界上最具影响力的100人,其中包括贝拉克·奥巴马(Barack Obama)、索尼亚·索托马约尔(Sonia Sotomayor)。在一线艺人里,她高居榜首。《福布斯》(Forbes)评选出的全球最具影响力明星排行榜中,嘎嘎小姐的排名超过了奥普拉·温弗瑞(Oprah Winfrey)、贾斯汀·比伯(Justin Bieber)、泰格·伍兹(Tiger Woods)和勒布朗·詹姆斯(LeBron James)。她在《福布斯》杂志100位最具影响力女性的排行中位列第11,是取得这一名次最年轻的女性。

嘎嘎小姐。 嘎嘎小姐怪诞有趣,在媒体面前的形象难以捉摸。她成功地利用其才华和名气,相信可以让世界变得更好,其中就包括她为反对欺压做出的努力。

嘎嘎小组擅长用社交媒体与粉丝互动,她称呼他们为"怪物"。她的Twitter有1200万粉丝,前所未有。到2011年,她在Facebook有了超过3300万粉丝。在2010年,她的收入为9000万美元,由她代言的唇膏和唇彩筹集了2.02亿美元,这笔钱用于抗击艾滋病。她还坚定地支持同性恋的权利。

到2011年,她得到了5项格莱美奖及12项提名,卖出了1500万张专辑,这些都是在她26岁生日前完成的。

嘎嘎小组的表演不拘一格,风格独特。有些艺人挣钱买豪宅,或者其他配得上他们大名的东西,但她把所有的钱都花在演出中。她出席格莱美颁奖典礼时,藏在一个半透明的茧里,由四男一女抬上场。直到她唱新歌《生而如此》(Born This Way)时,才破茧而出。

在一次音乐会上,身材娇小的嘎嘎小组身着特制演出服,表演了"火焰双胸"。其露骨的演出服已经在摇滚名人堂进行展览。在《时代周刊》的一篇赞颂她的文章中,女演员、作曲家辛迪·劳帕(Cyndi Lauper)说道:"她不是流行歌手,而是表演家,她就是艺术。"

嘎嘎小姐原名斯蒂芬妮·乔安妮·安吉丽娜·杰尔马诺塔（Stefani Joanne Angelina Germanotta），于1986年出生在曼哈顿。她4岁开始自学钢琴，不看乐谱就能弹，14岁时就能在夜总会演奏了。

她一直都知道她与其他的同学不同——异乎寻常、健谈、大胆、富有表现力——还有，被人欺负。14岁时，她被男孩子扔进过垃圾箱，这让她觉得难堪，一无是处，"我在学校的柜子被人写满了脏话，在走廊里，有人掐我，骂我是荡妇"。作为回应，她写下了这首单曲《生而如此》。她动用了很多的资源，开展项目，消除欺压。《生而如此》被称为对美国受欺压的人们的颂歌。这首歌创造了历史——5天时间里销售100万张，成为销售最快的单曲。

17岁时，她被纽约大学提斯克艺术学院（Tisch School of the Arts）录取了，这里只招收20人。但是她没能坚持下来，辍学了。她离开了父母，找到了自己的住所，并自力更生。"我做音乐，从人生的低谷走出来。我当时也没有贵人相助。"

她从来不允许任何人改变她的作风，"我坚信我向世界表现自己的独特方式。我爱刺激、疯狂、独特的东西。多年来，我其实已经破产，但我爱面子，衣着光鲜"。

嘎嘎小姐说她不希望在舞台上看着光鲜靓丽，唱别人都唱的内容。她更愿意写关于背叛、原谅和误会的歌曲。正如辛迪·劳帕所说的，"嘎嘎小姐的歌词非常有文采"。嘎嘎小姐说她希望自己的歌词能够与听众对话，找到这个社会需要的是什么，"如果你问我想做什么，我并不想做明星，我只是想与众不同"。

> **你怎么看？**
>
> 嘎嘎小姐的坏名声会帮助还是阻挠其所做的努力呢？她的行为是否会让她难以被人认真对待？
>
> 她在提升人们对文化的悟性，还是在无意中破除了人们对文化的不敏感？

9.2 媒介表演

▲ 本节概述

媒体娱乐的内容是表演，但这并不完全是演员向观众的表演，媒体让表演发生了变化。真实的表演是现场的，与观众面对面的。媒介表演则是面对看不到的、遥远的观众。

9.2.1 现场表演

在艾尔·弗兰肯（Al Franken）进入美国的参议院之前，他是一位不拘一格的电台播音员，此前他还当过单口相声演员。在舞台上现场演出时，他非常滑稽可笑，有时候他的笑话触及了意识形态的要害，所以保守的人不去看他的演出。但是在2004年，当弗兰肯把他的幽默带到广播里、在新成立的自由派广播网（Air America network）主持脱口秀时，他的幽默和感染力并没有为人赏识。在广播里，他显得平庸，媒体让表演发生了改变，原因如下。

听众。演出中，无论是在百老汇还是高中的礼堂，听众来到这里只为一个目的，亲临**现**

场观看表演①(authentic performance)。每个人都在认真地观赏演出,不放过任何一个细节。

反馈。观众的反馈会影响舞台上的演员,演员会做出回应,有相互影响。而同样的表演如果是通过大众传媒进行的,演员只能靠猜。有些人做得比其他人好。事实是,拿电视举例,这一户人喜欢的电视节目不见得其他人也会喜欢看。演员可能在舞台上表演得很好,但是面对大型的、分散的、多样的大众传媒,便需要迎合大众,投其所好,这增加了表演的难度。

技术。大众传媒的诞生把人际传播和群体传播区分开来。技术满足了表演的必备条件。在最好的音乐厅,歌剧的原声之美是不能被家庭立体声音响替代的,无论有多少个扬声器。在安德鲁·劳埃德·韦伯(Andrew Lloyd Webber)的舞台音乐剧《星光列车》(Starlight Express)中,在观众面前、身后和头顶的坡道上,都有歌手在滑旱冰,这在电影或电视中是感受不到的。媒体让表演发生了改变,或多或少地,表演成为了**媒介表演**②(mediated performance)。

纯粹主义者,顾名思义,喜欢完全无媒介的表演。肯定有人喜欢百老汇、现场的音乐会和围坐篝火旁讲鬼故事。

9.2.2 媒介表演

媒体的技术悄无声息地影响和改变着其传播的信息,这些改变若足以产生**媒介信息**③(mediated message),就可以算作技术的一项功能,即覆盖大量的观众。

音乐。爱迪生的录音技术是通过巨大的号(horn)捕捉声波,但无法捕捉到细节。录音效果最好的是铜管乐器,以及大音量的演奏,轻柔的音符会被背景噪音掩盖。所以不足为奇,19世纪末20世纪初,军歌和军乐团最为流行。音调很高的声音效果好,这也塑造了当时的流行音乐。

快闪族。路边电影也让快闪族有了新的含义。如果用媒体行业的词形容他们,快闪族既有现场表演,又有媒介表演。快闪族主要通过社交媒体秘密得到指示,在一个公开场所突然集结,进行短暂的随意表演。然后,他们立即分开、消失。在世界枕头大战日(Worldwide Pillow Fight Day),大约5000人参与了24个城市的快闪,短暂的表演让不明情况的路人惊讶、疑惑,但最终是愉悦。

当约瑟夫·麦克斯菲尔德(Joseph Maxfield)的电子技术于20世纪20年代改进时,轻柔的声音也可以录下来,录音成了一种时尚。随后,鲁迪·瓦利(Rudy Vallee)和平·克劳斯贝(Bing Crosby)加入这一行列,约翰·菲利浦·索萨(John Philip Sousa)则退出。20世纪50年代,录音精准度开始提升,这意味着音量可以放得很大而无须降噪——很多摇滚乐人也用更大音量演奏,有些音量很大。

电影。电影技术很大程度上影响了艺术。当声音和电影技术能结合成有声电影时,创作者讲故事就多了很多创意。电影院里宽屏幕替

---

① 现场观看表演:有现场观众的实地表演。
② 媒介表演:为了适应听众,经过大众传媒修饰和调整的表演。
③ 媒介信息:经过调整,通过大众传媒传播,更具吸引力。

代方形屏幕时,导演有了更多的选择。技术改变了创作者的工作,也改变了观众的体验。

体育。传媒技术让体育迷大饱眼福。电视中的回放技术首先在20世纪60年代早期应用在了陆军对阵海军的足球比赛中,这是现场的观众无法领略的。然后又有了微型相机,裁判在场上看到的,电视观众都能看到。教练和队员把麦克风放在裁判身上,利用传媒技术,把观众和场外队员听不到的东西偷听到——除非他们使用这种设备是为了,很讽刺地,更好地观看比赛。

一些有线数字电视频道,在一场比赛中,让观众选择多个固定的相机角度。实际上,观众参与了媒体报道的制作,这是巨大的进步。看电视,曾在很大程度上是被动的,现在至少在某种程度上,让观众参与其中。

- 看媒介表演比看现场表演好在哪里?
- 相反,看现场表演比看媒介表演好在哪里?

9.3 讲故事

▲ **本节概述**

媒体是强大的工具,让文学传播的范围越来越大。最经久不衰的类别包括浪漫和悬疑,但许多变化和混合的种类也很受欢迎。

9.3.1 文学的类别

一些文学作品的讲故事的类型几百年经久不衰。莎士比亚并不是第一个创作浪漫和悬疑作品的,也不是最后一个。类别帮助我们理解文学,提供了比较和对比的基础。文学可以按多种方式分类,可以分成小说和纪实,可以分成散文和诗歌。文学经历了这些阶段:中世纪、南北战争前、后现代。按照地域、民族和文化传统的分类,包括俄罗斯、西班牙裔和天主教。意识形态也划分了文学类型,有马克思主义、法西斯主义和自由论。书店主要用专题分类整理库存,如悬疑、浪漫、体育、自传和业余爱好。

9.3.2 媒体分类节目的风潮

随着人气的涨落,各个节目的类别历经兴衰。早期的电视节目类别多样,包括喜剧、歌曲、舞蹈和其他类别。20世纪50年代兴起了智力游戏节目,然后是西部电影,接着是警匪剧。进入21世纪,流行的分别是:脱口秀节目,以菲尔·多纳休和之后的奥普拉·温弗瑞为先锋;真人秀,以哥伦比亚广播公司不会完结的《幸存者》(*Survivor*)系列为典范;之后又是一波侦探剧的风潮;现在流行的是法医科学。

有的分类则未能持久,如在1969年,《虎豹小霸王》(*Butch Cassidy and the Sundance Kid*)引领了伙伴电影和《末路狂花》(*Thelma and Louise*)带动的关于女朋友的电影。

节目类别的风潮是由观众带动的。人们为了某一本书、一首歌、一部电影或电视剧蜂拥而上,然后看续集,直到对其厌倦。尽管很多艺术形式的内容并非原本的艺术,而是衍生的,但是其改编与精炼也反映了作家、编剧和其他人对艺术的改良。弗朗西斯·福特·科波拉(Francis Ford Coppola)的电影《教父》(Godfather)和《教父2》(Godfather Part Ⅱ)哪个更好,人们也许会有争议,但几乎每个人,包括吹毛求疵者,都会认同这两部电影都很伟大。同时,认真对待创造性媒体内容的人,是不会期待西尔维斯特·史泰龙(Sylvester Stallone)的电影《洛奇》(Rocky)有续集的。有时候,在一个主题下进行新创作的可能性很小。

思考

- 除了上面提到的媒体内容的类别,你还能想到哪些?
- 你曾见证过哪些类型媒体内容的兴盛和衰落?

9.4 音乐

▲ **本节概述**

声音技术让音乐发挥了更大的作用,促进了社会融合。最好的例子就是传统黑人音乐和白人乡土音乐融合成了摇滚乐,成为让美国社会种族融合的先锋。音乐在其他媒体形式上,包括电影和电视,发挥了更大的作用,其潜力随之提升。

9.4.1 乡村摇滚乐革命

大多数的音乐史学工作者将现代流行乐的根基追溯到两种截然不同的美国民间音乐。一种是黑人音乐,发源于黑奴文化;另一种是白人的乡土音乐,同样源于南方,但是在阿巴拉契亚的农村。

黑人音乐。非洲人被带到了殖民地当奴隶,他们用音乐舒缓其艰难的生活。多数的音乐都反映了他们遭受的压迫和无可挽救的贫穷。之所以称为**黑人音乐**①(black music),其独特性在于它既带有非洲风格,又反映了美国黑人的经历。黑人音乐还带有很强的宗教旋律,表现了奴隶对于光荣转世的坚定信仰。黑人音乐是最传统的民间音乐,流过人的心间和灵魂。

内战后,在游船、酒吧和其他地方,黑人音乐家的演出都有白人观赏,这让黑人音乐有了商业因素,也让其产生了变种,包括爵士乐。即使后来白人音乐家更多了,但对于黑人音乐现代形式的创新几乎都是由美国黑人音乐家完成的。黑人音乐越来越流行,选择了它的白人音乐家很大程度地依赖黑人歌词作者。比如,本尼·古德曼(Benny Goodman)很多的摇摆乐都是由弗莱彻·亨德森(Fletcher Henderson)改编的。

在20世纪30年代和40年代,全新的黑人音乐形式,**节奏布鲁斯**②(rhythm and blues)出现了。美国各地都有人喜欢这种音乐,白人黑人都包括。主流的美国音乐中,有了非裔美国人的强势的存在。

---

① 黑人音乐:民间音乐的一种,源于美国黑奴的历史。
② 节奏布鲁斯:20世纪30年代出现的、全新的黑人音乐形式。

乡村音乐。另外一种美国纯正的民间音乐叫作**乡村音乐**①(hillbilly music),流传于阿巴拉契亚和南部白人中。早期的乡村音乐是殖民地时期的英国民谣和小调的传承,但后来,乡村音乐形成了自己的风格。小提琴和弦音与歌词反映了乡下人的贫穷和绝望,他们管自己叫"乡巴佬"。和黑人音乐一样,乡村音乐反映了愉悦、苦恼、爱情的悲伤和家庭。但是,乡村音乐并没有突破地域的限制——直至20世纪50年代,黑人音乐和乡村音乐结合的浪潮出现。起初,这种新的美国音乐形式叫作**乡村摇滚乐**②(rockabilly),后来叫摇滚乐。

9.4.2 摇滚乐

如果**摇滚乐**③(rock'n' roll)这种音乐形式只有一位创始人,他便是孟菲斯的流行音乐节目主持人和摇滚乐的发起者**萨姆·菲利普斯**④(Sam Phillips)。1951年,菲利普斯录制了为一款汽车所写的歌《火箭88》(*Rocket 88*)。歌曲献给奥兹莫比尔汽车(Oldsmobile)发布的新款车型。技术上讲,录制有瑕疵。威利·齐扎特(Willie Kizart)的吉他安上了损坏的扬声器,但与之配合的是布吉乐钢琴、布鲁斯萨克斯管和杰克·布莱斯顿(Jack Breston)唱的节奏布鲁斯。音色失真的吉他似乎与它们很匹配。很快,《火箭88》荣登流行唱片排行榜首位。

摇滚乐比较随意,《火箭88》由4个人创作,伊克·特纳(Ike Turner)和 His Kings of Rhythm 乐队。他们对于新款奥兹莫比尔痴迷,赶到孟菲斯进行了录音,匆匆写下了奥兹莫比尔的曲子。报废的轮胎,一阵暴风雨,一个在监狱的晚上,这些都可以在萨姆·菲利普斯的录音棚和即兴演奏中感受到。特纳在钢琴上弹奏布吉曲,雷蒙德·希尔(Raymond Hill)吹奏蓝调萨克斯管,威利·齐扎特(Willie Kizart)用他失真的吉他弹奏模糊的和弦,杰克·布莱斯顿(Jack Breston)则吟唱着旅途中飞奔的歌词。

萨姆·菲利普斯对于《火箭88》很满意,它由黑人创作,白人和黑人青年都很喜欢,但是菲利普斯意识到这种新兴的混合音乐形式需要有白人参与才能在主流流行乐中做得长久。1954年,白人低吟歌手"猫王"埃尔维斯·普雷斯利(Elvis Presley)参与录制了民歌,休息的时候,普雷斯利放声歌唱了黑人作曲家阿瑟·克鲁达(Arthur Crudup)的《好极了》(*That's All Right*)。菲利普斯知道他找到了,至少是虚构出来的,被他称为"唱歌有黑人感觉的白人小伙"。

摇滚乐的诞生。动力强劲的奥兹莫比尔汽车发布了新款车型,献给这款汽车的两分钟歌曲《火箭88》鼓点强劲,于1951年奠定了摇滚乐这种音乐形式。其他的名曲还有:路易斯·乔丹的(Louis Jordan)的《加勒多尼亚》(*Caledonia*)、法兹·多米诺(Fats Domino)的《肥男人》(*Fat Man*)和劳埃德·普莱斯(Lloyd Price)的《克劳迪小姐》(*Lawdy Miss Clawdy*)。

---

① 乡村音乐:民间音乐的一种,源于阿巴拉契亚和美国南部的白人。
② 乡村摇滚:摇滚乐和乡村乐的结合,形容早期的摇滚乐。
③ 摇滚乐:一种流行的舞曲,特点是鼓点强劲,旋律简单。乐器有吉他、贝司、鼓,结构通常是12小节。
④ 萨姆·菲利普斯:一位孟菲斯的音乐制作人,录制并带动了早期的摇滚乐。

埃尔维斯并不是第一个摇滚乐手,但他使白人参与其中,以前所未有的程度打破了种族文化的壁垒。20世纪60年代的民权运动深刻地改变了美国社会,可以说,音乐的民族融合为该运动铺平了道路。

9.4.3 有争议的音乐

娱乐可以与政治有关,而且可以关系密切。民间音乐的再度流行就是20世纪60年代至70年代反对越战的重要事件。当时也有支持越战的歌手,卖出了很多唱片。《绿色贝雷帽》(The Ballad of the Green Berets)把士兵描写得充满英雄气概。《马斯科吉的俄克拉荷马人》(An Okie from Muskogee)则将盲目的爱国主义美化。

这并不新奇。1863年,斯蒂芬·福斯特(Stephen Foster)的《只是一个普通的老兵》(Nothing but a Plain Old Soldier)延续了乔治·华盛顿的传奇。《共和国战歌》(The Battle Hymn of the Republic)至今仍让人们感动。美国内战掀起了爱国音乐的浪潮。第一次世界大战后,悦耳上口的《那里》(Over There)也开始流行。

一句漫不经心的评论,而非针对他们的音乐,让出言不逊的南方小鸡(Dixie Chicks)站在了乔治·布什支持者的对立面。2003

愤怒人生。 扎克·德·拉·罗察(Zack de la Rocha)是愤怒反抗机器乐队成员,该乐队组了又散,扎克很少在歌词和非舞台场合发表过激言论。他反对正统流派的观点十分激烈,从不妥协。他将美国总统称为"战犯",引用乔姆斯基的话称,二战后纽伦堡审判中,美国的准则应该革新了。谁说反抗音乐已经死亡了呢?

年,在公众为伊拉克战争群情激奋时,来自德克萨斯州的主唱娜塔丽·麦恩斯(Natalie Maines)告诉伦敦的观众,发动战争的美国总统来自德州,她以此为耻。尽管该乐队的音乐很有人气,但他们还是被很多电台封杀,这受到了听众的强烈批评。但是,南方小鸡乐队事件随后出现逆转。在2006年,公众对于伊拉克战争的看法转变,该乐队推出了新歌《不想重归于好》(Not Ready to Make Nice),以驳斥当初愤怒的观众。这首歌曲在《公告牌》(Billboard)百强单曲榜中排第28位。

经典摇滚乐队珍珠酱(Pearl Jam)推出了包含单曲《全球性自杀》(World Wide Suicide)的新专辑,加剧了反战情绪,也促使新闻开始对伊拉克战争中的阵亡士兵进行报道。反对伊拉克战争最为强烈的艺人要数尼尔·杨(Neil Young)了,他推出《让我们来弹劾总统》(Let's Impeach the President)的单曲,杨唱着"flip""flop"的歌词,讽刺了总统布什的政策。和杨一样,保罗·西蒙(Paul Simon)的流行可以追溯到越南战争时期。2006年,保罗·西蒙推出极富政治色彩的专辑《惊喜》(Surprise),加入了反战潮流。

政治领袖深知将流行音乐融入其竞选形象的重要力量。你能想象关于富兰克林·罗斯福的纪录片没有杰克·叶伦(Jake Yellen)和米尔顿·艾格(Milton Ager)的歌曲《幸福的日子又来了》吗？老布什曾在竞选中运用尘土乐队(Nitty Gritty Dirt Band)的歌曲，之后还曾借用保罗·西蒙的歌曲《泡泡里的男孩》(The Boy in the Bubble)，来说明经济情况："这一奇迹的年代教会我们，如果我们能改变世界，我们便能改变美国。"

简言之，音乐对人类有巨大的影响，而录音技术更加扩大了这种影响。第二次世界大战时期，小号手是演奏经典歌曲《B公司》(Company B)的必备，如今，起床号已经被录制用来叫醒军队。虽然妈妈们还是会哼唱勃拉姆斯的摇篮曲，但越来越多的宝宝都是在MP3下载好的摇篮曲音乐中安然入睡。如今，恋人也依靠录制的音乐传达爱意，而非靠自己的吟唱。声音录制技术使得作曲家、作词家和表演家拥有了比现场表演更多的观众。

9.4.4 说唱乐

在摇滚乐诞生400年之后出现的**说唱乐**①(rap)，和摇滚一样，影响深远。说唱乐诞生于纽约贫困区布朗克斯。这一新兴音乐形式的鼓点强劲，动感十足，节奏感强，常常带有强烈的情感。渐渐地，说唱音乐传播到其他城市黑人区域。《跑吧！D.M.C》(Run-D.M.C)和《摇滚之王》(King of Rock)都来自独立小型音乐室，成为成功打入美国主流音乐的黑人说唱专辑。主要唱片公司很快和说唱歌手签约。人民公敌乐队(Public Enemy)和W.M.A都是极具争议的乐队组合，他们的歌词充斥着关于暴力和种族主义的内容，使得说唱乐成为20世纪90年代一个正义的话题，然而也更加煽动了公众对说唱乐的热情。

"我爱大学"。从事说唱的白人音乐者很少，但亚什·罗斯(Asher Roth)却引领了白人郊区说唱音乐之风。他在费城郊区的莫里斯维尔长大，而他的节奏和旋律并没有反映其成长环境。有人批评他的风格不协调、很业余，但他的音乐反映了其在游戏、汽车和大麻沉醉中逐渐成熟的经历。罗斯将其称为"水果上的瑜伽和酸奶"。它拥有了众多大学生听众。

和摇滚乐一样，主要的分类遗漏了早期的说唱乐，只是在其朗朗上口的歌词挤掉老牌流行乐后，才开始对其进行争先恐后的报道。媒体研究发现，很多大型传媒企业都是因为不愿冒险创新，最终在守旧中没落。

9.4.5 音乐和多媒体

尽管人们常在唱片行业的前提下研究音乐，但是音乐很难被视作单一的媒体信息。甚至在大众传媒诞生之前，在史前时期，音乐就常常和舞蹈、戏剧相结合。电影诞生后，音乐更成为重要的组成部分。而在电影原声使用之前，很多电影工作室会雇用钢琴演奏家，一边看着屏幕，一边弹出音符。1915年，D.W.格里菲斯在电影《一个国家的诞生》中运用了70多个交响乐团的音乐片段。

---

① 说唱乐：节奏快、鼓点强烈的舞曲音乐，歌词中常带有对正统观点的蔑视。

有些电影成为流行表演家的音乐舞台,宾·克劳斯贝(Bing Crosby)、"猫王"埃尔维斯·普雷斯利和披头士(Beatles)都是如此。现代电影很少没有音乐因素的。数数当下电影结尾的音乐版权说明就可以了解这点。

早期的电台便意识到了音乐的价值。给乐队起一个响亮的名字也格外重要。如今,许多词曲作家,因为他们的音乐成为电视、广播和网络上的广告背景乐而收益颇丰。想想英特尔和NBC的广告乐,或是全美互惠保险公司的广告乐便可明白这点。

思考

- 美国哪些有特点的音乐类别融入了摇滚乐?
- "猫王"埃尔维斯·普雷斯利是怎样代表了传统音乐和摇滚乐的融合的?
- 反抗音乐的历史地位是怎样的?
- 为什么像摇滚和说唱这样重要的音乐创新形式很难被主要媒体公司接纳?
- 音乐难以和其他娱乐形式相分离,原因有哪些?

9.5 体育和媒体

▲ **本节概述**

早些时候,媒体从业者意识到体育在吸引读者方面有巨大潜力。于是便从报纸、杂志、广播和电视上陆续开始对体育的报道。人们对更多体育项目的报道需求似乎没有止境,媒体便满足了这点要求。为什么这么多公众对体育如此着迷?一位专家表示,这是体育中心悬念、英雄、坏人、盛大场面和仪式等元素共同作用的结果。

9.5.1 体育的大量观众

19世纪30年代,杰出的出版商**詹姆斯·戈登·贝内特**①(James Gordon Bennett)意识到,公众对体育的兴趣可以增加《纽约先驱报》的发行量。于是,贝内特安排了记者定期报道体育新闻。50年后,公众对赛马、职业拳击、赛艇和棒球的热情越来越高,**约瑟夫·普利策**②(Joseph Pulitzer)在他的《纽约世界报》组织了第一个独立的体育部门。体育记者开始专门负责报道不同的体育项目。

观众对体育的热情永无止境。1897年,科贝特-菲茨西蒙斯重量级冠军争夺战在遥远的内华达州举行,数十名记者现身报道。《纽约时报》在1910年开始了名人报道板块,并聘用退役拳皇约翰·L.沙利文(John L. Sullivan)对杰弗里斯和约翰逊在瑞诺举行的争夺战进行解说。

体育历史学家将20世纪20年代称作体育的黄金时代,这一时期,报纸大幅报道运动员的光荣事迹。长期享有盛名的英雄包括拳击手杰克·登普西(Jack Dempsey)、橄榄球运动员克努特·罗克尼(Knute Rockne)和吉姆·索普(Jim Thorpe),以及棒球手贝比·鲁斯

---

① 詹姆斯·戈登·贝内特:19世纪30年代纽约报纸出版商。第一个安排记者规律性地报道体育赛事的人。
② 约瑟夫·普利策:19世纪80年代,纽约报纸出版商。第一个建立了报社体育部门。

（Babe Ruth）。这一时期，广播也是报道体育赛事的媒体。1921年，美国匹兹堡KDKA①电台第一次为观众报道了棒球比赛戴维斯杯的过程，并非常详尽地报道了约翰尼·雷（Johnny Ray）和约翰·邓迪（John Dundee）之间的比赛。格兰特兰德·赖斯（Grantland Rice）是当时的著名体育记者，在1921年的纽约，为KDKA电台报道了拳击世界系列赛全程。

《美国赛马纪事》（American Turf Register）创刊于1829年的巴尔的摩，它开创了体育杂志的先河。《美国自行车杂志》从1877年至1879年对自行车赛进行了大量报道。1954年，**亨利·鲁斯**②（Henry Luce）创办了《运动周刊》，它的广度和深度无人能及。该杂志最初便有350万订阅者，如今，每周发行量达到320万。

电视在很早便对体育赛事进行播报。1961年，运动节目《体育大世界》的诞生向人们证明，电视为体育而造，体育为电视而设。该节目的创办者为ABC新闻执行主管**鲁尼·阿利奇**③（Roone Arledge），从乒乓球到滑雪，这一节目报道了各种各样的体育项目。在此期间，专业体育联队同意为适应电视上的商业广告而更改比赛规则。最终，对观看比赛的电视观众来说，体育竞赛变得更加精彩了。

电视评论员莱斯·布朗（Les Brown）认为体育是最适合电视播报的内容，他解释道："体育节目重点突出，具有娱乐效果。作为现场表演，没有剧本，充满悬念。体育中有英雄有坏蛋，动作感强，具有趣味。除此之外还有庞大的阵容。"

ESPN是一个24小时专门播放体育节目的美国有线电视联播网。它的诞生促使数百万家庭订阅有线电视。ESPN催生了大量姐妹电视网络。地区体育网络也纷纷成立，包括以福克斯为代表的主要节目。

9.5.2 观众和广告商的融合

电视体育节目拥有庞大的观众群体，电视网络和广告商开心地发现了利益融合点。这一趋势最早可追溯到20世纪50年代吉列剃须刀赞助的"周五夜拳击"和贝斯特啤酒赞助的"周三夜拳击"栏目。如今，体育和电视几乎是同义词。超级碗不仅吸引了整个体育馆的观众，在2011年，1.11亿美国家庭破纪录地在电视前观看了超级碗比赛。而世界杯足球赛则是世界上最吸引电视观众的赛事。

有些公司为了使自己的品牌名称出现在电视上，买下了体育场的冠名权。位于明尼阿波利斯的塔吉特体育中心，位于凤凰城的第一银行球场和丹佛的库尔斯球场，都是将品牌作为场馆名称，给品牌带来了不可估量的价值。

广告商对体育赛事的兴趣有起有落，观众也是如此。20世纪50年代，观众对"周三夜拳击"的兴趣有了变化。在"9·11"恐怖袭击事件后，世界摔跤联盟的欢迎度也遭遇滑坡。观众似乎已厌倦这一节目。WWF的主席文斯·麦克马洪（Vince McMahon）曾在2001年发起过一个名为XFL的美式足球联盟。尽管采用了全新的规则，NBC进行了大量的宣传工作，这一赛事旨在为电视观众增加刺激，但似乎美式足球的观众早已对这样的赛事不感兴趣。

---

① KDKA：匹兹堡电台，在20世纪20年代率先开始对体育的广播播报。
② 亨利·鲁斯：《时代》《生活周刊》《运动周刊》和众多杂志的出品人。
③ 鲁尼·阿利奇：ABC电视台1961年《体育大世界》节目的负责人。

9.5.3 体育赛事播报的花费

体育赛事为电视吸引了数量庞大的观众。2010 年温哥华冬奥会持续了 17 天。NBC 黄金时段的平均收视率达到 2440 万。广告商要花费数百万美元的商业广告费用才能获得这样多的观众。2010 年,AT&T 公司和安海斯-布希公司(Anheuser-Busch)在体育广告上分别投入了 3.66 亿美元。

2008 年北京奥运会期间,NBC 的报道预算为 10 亿美元。除此之外,有线电视很难获得足够的收益抵消体育联盟提出的转播价钱。CBS 和福克斯为了获得国家橄榄球联盟(National Football League,NFL)的转播权,一共付出了 13 亿美元。为了转播美国大学男子篮球联赛(NCAA),CBS 和特纳电视网(Turner Network Television,TNT)一共花费了 7.71 亿美元。ESPN、福克斯和 TNT 转播纳斯卡(NASCAR)全球赛车比赛一年的费用超过了 5.7 亿美元。

考虑到经济因素,电视网有时会退出疯狂的转播权竞争。2003 年,NBC 因播报 NBA 比赛亏损了 1 亿美元,因此它退出了花费 16 亿美元的新一轮转播权竞争。后来发生了什么呢? ESPN 以 24 亿美元的价格买下了这一转播权。

人们会不会说这太疯狂了?也许不会。CBS 就是一例,1994 年,它是体育播报的领头羊。CBS 一直试图保持播报国家橄榄球联盟的报道时,被福克斯超越。六家隶属 CBS 的地方机构转投福克斯门下。在所有电视网络男性收视排名中,CBS 降至第四位,而这一群体是广告商最看重的。饱受落后的痛苦,CBS 不甘被超越。1998 年,CBS 再次获得国家橄榄球联盟的转播权时,它在总收视率和 18 岁及以上男性的收视群中的收视率再次领先。CBS 和福克斯以 80 亿美元的价格竞争国家橄榄球联盟 2007 年至 2010 年的转播权,这比前一届比赛的费用上涨了 25%。2013 年,CBS、福克斯和 NBC 最终同意,各自承担播报国家橄榄球联盟 6.03 亿至 7.2 亿美元的价格。

电视网也转变经营方式,不再将体育赛事视作盈利中心。体育赛事反而成为**削价销售的产品**①(loss leader)。电视网的目标已转为用体育节目来宣传电视台其他节目、强化电视网品牌、争夺其他竞争电视台播报权和获得足够的广告。某些时候还为了获得一些收益,减少损失。CBS 的首席执行官列斯·蒙维斯(Les Moonves)是这样解释这种新型经营理念的:"电视网必须将体育节目视作整个大迷宫中的一部分,而不是某个利益产生部门或是赔钱的部门。"

文化上来讲,蒙维斯的这种理念有负面影响。对体育的热情下降使得 CBS 和其他电视网络公司转而开展一些成本较低的节目,如真人秀。目的在于,看完比赛后,告诉观众什么值得继续观看。还有一些批评的声音也值得引起注意,巨额的转播费用也可能造成顶尖运动员高额的收入。

- 媒体体育播报逐渐成为娱乐大众的方式的过程中,有哪些里程碑事件?

---

① 削价销售的产品:为了吸引顾客,低价销售的商品。

- 为什么体育能吸引广告商？
- 播放体育节目会赔钱，为什么还有公司竞争体育播报权？

9.6 色情内容和媒体

▲ **本节概述**

尽管可能会冒犯到一些人群，但色情的内容早已渗入媒体之中。不可否认，色情内容有一定的市场。媒体一直在美国法院争取公开报道色情内容的权利和使成人获得这一内容的权利。

9.6.1 成人娱乐

在美国，很久以来，大众传媒因色情类型的内容而被妖魔化。显然，色情内容是有市场需求的。法院驳回了政府的限令后，禁书的销量猛增。1930 年，詹姆斯·乔伊斯（James Joyce）的经典书籍《**尤利西斯**》①（*Ulysses*）便是最好的例证。色情内容的收益很难估计，一部分原因在于，色情的内容很难界定。例如，对于大多数人来说，《尤利西斯》很难被称作是一本色情书籍。但它的色情内容却一度招致联邦法院的禁令。正是因为这种难以界定，才使党派能够夸大对媒体色情内容尺度的估计。

尽管如此，人们依然无法否认，色情内容确实销量很好。虽然无法精确估算其收益，但大多数人都估计，美国整个色情业年收入在 80 亿至 100 亿美元之间，而很大一部分都是媒体内容。每年，成人电影的产量为 8000 部。卫星电视和有线电视收费观看的成人电影，每年的收益近 6 亿美元。

最先引进《尤利西斯》的并不是低俗的出版社，而是受人尊敬的兰登书屋。如今，成人内容的主要提供者是时代华纳公司旗下的 HBO 电视网和 Cinemax 电视网。它们通过包括时代华纳在内的多系统电视网，在深夜播放成人内容。卫星电视供应商 DirectTV 和 Dish Network 向其订阅观众提供色情影片。知名连锁酒店在房间中向其顾客提供色情电影。道德说教者时不时会抨击巴诺书店（Barnes & Noble）和其他主流书店，抗议其色情类藏书和杂志。网上还有"纯净酒店"的名单，专门为不愿住在可以观看色情电影的房间中的顾客提供选择。

9.6.2 得体要求

美国法院将可接受的色情内容转变为言论自由的一种情况，这使大多数媒体公司都非常高兴。如今，美国法院对**淫秽内容**②（obscenity）和**色情内容**③（pornography）做出明确区分。淫秽内容是被禁止的，但色情内容则被视作受美国宪法第一修正案的保护。这一修正案不仅保证言论自由，还保障成人获取他人言论的权利。

淫秽和色情有什么区别？联邦最高法院在 1973 年米勒诉加利福尼亚州案件（Miller v.

---

① 《尤利西斯》：詹姆斯·乔伊斯的小说，在美国被禁，直到 1930 年法庭决议通过之后方解禁。
② 淫秽内容：明显的色情描写，可能遭到政府的禁止。
③ 色情内容：明显的色情描写，不会遭到政府的禁止。

California)后,便遵循了**米勒标准**①(Miller standard)。如果色情材料不能通过以下三条测试标准,将遭到政府禁止:

- 作品放在本地当前的社会环境中判断,主题总体上能否唤起普通人的淫欲?
- 作品从整体上看,是否缺乏真正的文学、艺术、政治或科学价值?
- 作品对性行为的描写,会否明显引起人们的反感,而且违反了各州相关法律?

米勒标准保护了大量的色情内容,只有对以上三条测试判断全为肯定的内容才会遭到政府机构的审查。

尽管施行了米勒标准,但美国联邦通信委员会还是因为珍妮·杰克逊在超级碗半场休息时的"露乳"事件,对CBS处以55万美元的罚款。当时节目出品公司MTV将之称为"穿衣失误"。当时大约有8900万人观看了节目,有些人对此抱怨。

9.6.3 色情内容和儿童

尽管从20世纪后期起,政府逐渐放宽了对色情内容的限制,但为儿童提供的媒体内容却有着严格的限制。1968年,美国最高法院审理一个案件时为涉及儿童的色情内容做出另外规定。这一案件中,位于纽约贝尔莫尔的**萨姆·金斯伯格**②(Sam Ginsberg)开了一家三明治店,他被指控向一位16岁的少年出售《小妞》(*Girlie*)杂志。公诉人运用该州法律中不得向17岁以下的儿童出售带有裸体内容的刊物的条款对其进行起诉。美国最高法院坚持了纽约州法律。

《脏话》。纽约太平洋电台WBAI播出了乔治·卡林录制的12分钟单口相声后,美国最高法院规定,电台播报低俗内容时,要避开儿童可能收听的时段。

在播报中,美国最高法院也坚持了保护儿童的限令。WBAI广播电台曾播放由**乔治·卡林**③(George Carlin)出演的相声,剧中带有低俗辱骂的词语。联邦通信委员会可以吊销电台的广播执照,委员会便对电台的所有者太平洋电台发起诉讼。这一案件被称作**太平洋电台案**④(Percifica Case)。美国最高法院依然坚持了联邦通信委员会的限令,禁止在儿童可能听广播的时段播放不合适的内容。乔治·卡林的单口相声《脏话》,在下午2点播放。作为回应,电台只能小心地将带有粗俗内容的节目放在深夜播放。

法院还坚持不允许描绘童妓性行为的法律条款。即便拥有类似的物品,也会被许多公诉人予以重击。儿童色情是社会最终的禁忌之一。

---

① 米勒标准:美国最高法院当前对明显的色情描写的定义,受第一修正案保护,不会遭到政府的禁止。
② 萨姆·金斯伯格:促使美国最高法院做出禁止向儿童出售色情内容规定的人物。
③ 乔治·卡林:喜剧家,其对低俗言论的讽刺促使政府做出了禁止广播节目向儿童播放的相关决定。
④ 太平洋电台案:在此案中,美国最高法院决定,禁止在儿童可能收听广播或观看电视的时间段播放低俗的内容。

📁 思考

- 为什么政府对媒体上的色情内容进行监管很困难?
- 米勒标准是怎样帮助区分色情和淫秽内容的?
- 政府对媒体色情内容建立儿童和成人双重标准,请描述政府有哪些努力?

9.7 游戏和媒体

▲ 本节概述

游戏已发展为一种大众娱乐的形式。有些游戏超越了电视。游戏作为新型媒体内容,被视作社会痼疾,急需限制。然而法院并未找到可以对其进行限制的很好的理由。

9.7.1 发展的娱乐形式

2001年后,电子游戏作为媒体形式的重要性无人可以否认。在美国,游戏的销售首次超越了电影。热门游戏发行时,零售商会在发售当天的午夜开门销售。这一现象首次发生在2004年,当时微软发布了《光晕2》(Halo 2),一时成为新闻事件。成百上千的玩家等在全国6800个门店,排队长达14小时。24小时内销量超越1.25亿美元。而当年票房大片《超人总动员》周末首映票房才为7000万美元。

同年,《疯狂橄榄球》(Madden NFL)的玩家平均花费100个小时在这一游戏上。而该游戏有400万玩家,这便是4亿个小时。《黑道家族》全季在盛行之时,声称有1.43亿小时的浏览量。计算一下,当年《黑道家族》13集的平均收视量为1100万。

为了吸引花更多时间在电子游戏而非电视上的顾客,广告商将其预算转而投入在了游戏上。这一潜力十分巨大。在美国,6岁及以上的人群中,有一半玩游戏。而16岁及以上的男性,占到游戏玩家的26%,是广告商的目标。

9.7.2 审查和游戏

和其他娱乐形式相同,游戏中公开的暴力、色情的因素,对儿童的影响引起了公众的关注。美国游戏业自主制定了一个分级制度,从EC(适合3岁和3岁以上的学龄前儿童),到AO(仅适合成年人,严禁向未成年人销售或出借)。然而,批评人士指出,这个分级制度在零售商那里其实得不到执行。有三位美国议员甚至提议,将违反这一规定、向17岁以下儿童出售游戏的零售商每次罚款5000美金。

2011年美国高院否决了加利福尼亚州禁止向儿童出售暴力游戏的法律。作为回应,法院认定,游戏行业自身的分级系统已经足够。大法官安东宁·斯卡利亚(Antonin Scalia)写道,加州法律删除了第一修正案中对青少年的权利的规定,取而代之用来自父母亲人的意见来决定暴力游戏是有害的休闲方式。

📁 思考

- 游戏为何能在媒体中占有一席之地?
- 游戏公司是怎样回应外界对暴力和色情内容进行审查的呼声的?

明日传媒

游戏的未来

花丛景深？次表面散射？听起来很像某种数据分析吧。事实上，这些都是程序员和艺术家运用的新科技，将会把电子游戏推向新的高度。

运用花丛景深这一技术，你可以看到焦点之外的亮点，并将之替换为其他图像。而次表面散射的效果，则可以让照射在人类脸部的光线穿透皮肤表层，使皮肤散发光彩。

电脑桌面的终结？正如应配游戏展示的那样，电子游戏图像的清晰度越来越高，视觉效果非常震撼。让人称奇的不仅如此，更在于这代表了个人电脑的未来。为平板电脑和手机设计的这项技术，或将取代个人电脑25年之久的结构。

2011年游戏开发者大会上，英佩游戏在一个视频片段中展示了这些技术，该公司的3D图像技术代表了逼真度上的新高度。片段中对抗坚固城市的打斗场景，运用了发光喷灯、细致脸部特写和皮肤变形等特技。游戏中的图像均为实时电脑图像，并不是当时盛行的预制视频图像。这段展示片段历时三个月，由12位程序员和艺术家制作而成。

未来，和其他软件一样，实时计算机图形也需要硬件上的飞跃。受智能手机和平板电脑需求的驱动，工程师正在为移动计算设计芯片，这样或将改变个人电脑的设计和性能，更好地适应新移动设备上游戏的功能。英伟达公司设计图像处理器，带动电子游戏中的电脑图像。目前，该公司正在增加单个芯片中的内核数量。该公司预计，其移动计算芯片"图睿"，将从2011年的单个芯片的8个内核，升级至2015年的100个。

该公司的"丹佛计划"将能够运用移动芯片支持Windows系统。英伟达公司首席执行官黄仁勋表示，个人电脑花了25年的时间才超越迷你电脑和大型电脑的业务。他认为，移动计算以更快的速度改变着世界，并将在更短的时间内打破个人电脑和服务商的市场。"移动计算是个地震性的大变革。"

游戏的未来还有哪些可能呢？一些游戏开发者做出了这样的预测：

- 游戏的设计将适应"微交易"。游戏生产者将可能以几美分或几美元的价格出售服装等虚拟商品。
- 不断变化的控制方法将演变为整个家庭娱乐系统。如果你需要，一个控制台可以解决一切。
- 游戏和社交媒体及玩家自己设计的内容的互动性将更强，"合作共游"将扮演中心角色。
- 游戏玩家将不断增加，游戏将成为主流。
- 联机和多玩家游戏将持续发展。将会出现更多用浏览器完成的小游戏。
- 电视真人秀将实现观赏和游戏的无缝结合。

第 9 章 娱 乐

专家都认为,未来,游戏将更广泛地和各种娱乐形式相结合。或许游戏不再像今天这样,作为一个独立媒体内容出现。和其他娱乐方式一样,不管何时何地,游戏将可以在各种设备上使用。Bizarre Creations 游戏制作公司项目经理克里斯·皮克福德(Chris Pickford)表示,电子游戏将成为所有视觉娱乐的一个重要衍生物。他说:"未来,媒体形式会有越来越多的交叉,如电影、游戏、网站甚至主题公园都是如此。"皮克福德认为,游戏将变为更有包容性的一种体验,"从世界范围来看,电子游戏将和好莱坞齐头并进,甚至会超越好莱坞"。

> **你怎么看?**
> 游戏的未来依靠移动计算的发展吗?
> 好莱坞和游戏开发者会展开一场战争还是会携手共进?
> 你认为,游戏的未来还有哪些可能?

9.8 艺术价值

▲ **本节概述**

大众传媒和文化不可避免地联系在一起。正是通过媒体,有创意的人才得以发挥其最强的影响力。尽管媒体有巨大潜力来传播人类最有创意的工作,但一些人批评媒体过于执着于流行,甚至常常是愚蠢的事物。这些人对于媒体对流行文化的关注颇为不满,称其挤占了重要事件的地位。

媒介争论

当媒体激怒极权主义

51 岁的伊朗电影导演贾法·潘纳希正处于事业巅峰,但他却被软禁在家中。尽管潘纳希的大部分电影在国际上受到很大认可,但却成为伊朗的禁片。他曾被关押在德黑兰的牢房中,好在如今他身处自己家中。潘纳希的电影《白气球》获得戛纳电影节金摄影机奖。他还赢得了威尼斯电影节金狮奖。但在伊朗这一伊斯兰国家,潘纳希以自己的观点对伊朗的生活进行嘲讽是不被允许的。该国一直试图让他闭嘴。

2009 年,潘纳希因支持在伊朗总统选举中被杀的抗议者而被捕。他很快被释放。但在 2010 年,他再次被捕,同时遭到拘捕的还有他的家人和同事,都被关押在德黑兰的伊文监狱。他犯了什么"罪"? 未经当局许可,在自己家中制作反政府电影;在总统选举后,煽动反对派抗议。这部充满争议的电影名为《手风琴》,基于《世界人权宣言》第 18 条:"人人有思想、良心和宗教自由的权利。"

潘纳希被判 6 年监禁,并禁止在 20 年内拍摄电影、出国旅行和接受媒体采访。在监狱期间,潘纳希发起绝食,以抗议其侮辱性待遇,包括裸体在寒冷的户外罚站。在交过 20 万美元罚款后,他得到释放,但被软禁在家中。

289

伊朗电影制作者。贾法·潘纳希（Jafar Panahi）来自德黑兰。在遭受两个多月的拘役、交付20万美元的罚款后，他被软禁在家中。敏感的伊朗政府领导并不喜欢他的电影。然而，在世界著名电影节上，潘纳希的电影因不同的故事和主题受到极大尊重，这也使他遭受了牢狱之灾。

他的纪录片《这不是一部电影》在戛纳电影节放映，讲述了他被软禁于家中的一天，等待上诉。这部电影被复制在一个优盘里，藏在蛋糕中才得以偷偷带出伊朗。潘纳希获得了戛纳电影节金马车奖，这是一个导演终身成就奖，之前克林特·伊斯特伍德（Clint Eastwood）和阿涅斯·瓦尔达（Agnes Varda）曾获此殊荣。电影节的一份声明表示，该奖项为了向潘纳希和所有不论是被流放，还是坚持在伊朗拍摄电影的伊朗导演致敬。潘纳希被邀请作为戛纳电影节的评委，但他被软禁在伊朗。于是，电影委员会在电影节期间，在舞台上放置了一把空座椅来证明他的缺席。

潘纳希不是唯一一个在伊朗面临审查的娱乐界艺术家。2011年，伊朗法庭判处女演员瓦法梅尔（Marzieh Vafamehr）1年监禁和90下鞭刑。因为她参演了电影《我卖德黑兰》，讲述了艺术家在伊朗无法自由表达其思想的故事。而非常讽刺，电影讲述了一个伊朗女演员因不庄重的表演而被捕入狱并遭到毒打。

导演穆罕默德·拉索罗夫（Mohammad Rasoulof）也在2010年，和潘纳希同一时期被捕。他被判处6年监禁，但最后减少为1年。潘纳希的同事，导演墨塔巴·米塔玛斯博（Mojtaba Mirtahmasb）在2011年被逮捕，并被指控在为BBC工作时犯有间谍罪。其他三名伊朗工作者也因为间谍罪被捕，他们的命运不得而知。在伊朗无法预测的艺术氛围下，两名先前被捕的导演被释放。潘纳希最近的上诉遭到驳回。潘纳希的律师从媒体中得知了法庭的判决，发誓将向伊朗高级法院申诉。

与此同时，美国剧作家协会（Writers Guild of America）要求伊朗政府铭记，艺术家和其他自由民众一样，有权持有和表达意见。"我们要求伊朗政府铭记，他们的工作，是做伊朗人民和世界人民相互理解的重要使者。"

9.8.1 媒体内容中的阳春白雪

大众传媒可能会成为艺术上的阳春白雪，这一点在早期导演 D. W. 格里菲斯（D. W. Griffith）的作品中体现得非常明显。20世纪第一个十年，格里菲斯便证明了他是一个电影导演天才。他对文化的贡献，不论如何，在规模、内容和风格上都是原创的。当格里菲斯想表达什么的时候，电影这一大众传媒变成了他的信息载体。

20世纪50年代，法国新浪潮导演带来了许多独特的故事情节。电影评论家**安德烈·巴赞**①（Andre Bazin）发明了词汇"**主创导演**"②（auteur），用来指代具有重要独特贡献的电影导

---

① 安德烈·巴赞：电影评论家，发明了主创导演一词，用来指代前卫的电影导演。
② "主创导演"：具有独特且重要风格的电影导演。

演。欧洲的主创导演包括执导了《筋疲力尽》的让·吕克·戈达尔(Jean Luc Godard)和《四百击》的导演弗朗索瓦·特吕弗。他们的作品都运用独特的电影拍摄技巧——停顿、手持相机和新颖镜头,这些都是如今常用的拍摄技术。或许,最著名、最高雅并引起了全球追捧的电影制作者是瑞典导演英格玛·伯格曼(Ingmar Bergman)。他指导了两部《第七封印》和其他黑暗、阴郁的自传体电影。

美国导演也为独特风格运动做出了贡献。最早的主创导演是在片厂制度限制下工作的好莱坞导演,他们依然将自己独特的艺术视角体现在其作品上。约翰·福特(John Ford)、约翰·休斯顿(John Huston)、霍华德·霍克斯(Howard Hawks)和伊利亚·卡赞(Elia Kazan)都在好莱坞电影千篇一律的时代,留下了独特的作品。近期的主创导演包括斯坦利·库布里克(Stanley Kubrick),他执导了《2001太空漫游》;马丁·斯科西斯(Martin Scorsese),执导了《出租车司机》和《好家伙》;戴维·林奇(David Lynch),执导了《蓝丝绒》;斯派克·李(Spike Lee),他比较关注非裔美国人的生活。

在电影中,文化上重要的媒体元素不可或缺。较老的媒体形式,如电影和短故事,都是有创意的人发挥的舞台,他们给我们的生活中加入深刻的观点,深化了我们的认识和理解。

在大众传媒兴盛之前的作曲家的影响,被音乐录制、电影和电视大大拓展。印刷技术大大拓展了宗教读物的读者,而这些内容都要追溯到其史前时期。

▶ 媒介时间线

	媒体娱乐里程碑	
史前—18世纪	**印刷乐谱** 首个印刷乐谱是 Harmonice Musices Odhecaton(1501) **美国杂志** 殖民地出版商安德鲁·布拉德福德出版了《美国杂志》(1729) **重大事件** • 故事和音乐成为人类交流的一部分(史前至今) • 希腊奥林匹克运动(公元前776年) • 古腾堡活字印刷(1446) • 莎士比亚《维罗纳的二位绅士》(1589) • 美利坚合众国成立(1776)	 大众传媒之前的讲故事方式
19世纪	**媒体娱乐里程碑** **体育新闻** 杂志 American Turf Register(1829—1844) **歌曲集** 斯蒂芬·福斯特(Stephen Foster)发表歌曲集 Ethiopian Melodies(1849) **最佳畅销书** 哈里特·比彻·斯托的作品《汤姆叔叔的小屋》(1852)	 《汤姆叔叔的小屋》在10个月之内销售了20万本

	名人体育 约翰·L.沙利文负责报道职业拳击,开始名人体育(1910) **重大事件** • 美国内战(1861—1865) • 托马斯·爱迪生发明留声机(1877) • 新闻报道职业拳击和自行车比赛(19世纪80年代) • 首次陆军海军足球赛(1890) • 托马斯·爱迪生展示了10个短的电影片段(1894)	
1900— 1949	**媒体娱乐里程碑** **电影史诗** D. W. 格里菲斯的电影《一个国家的诞生》(1915) **性爱描写** 詹姆斯·乔伊斯《尤利西斯》(1930) **广播体育** 广播对世界职业棒球大赛详尽报道(1921) **重大事件** • 首次世界职业棒球大赛(1903) • 第一次世界大战(1914—1918) • 男低音,舞蹈音乐(20世纪20年代至今) • 约瑟夫·马克斯菲尔德发明电子录声技术(1925) • 大萧条(1929—20世纪40年代) • 第一届足球世界杯(1930) • 联邦通过无线电法案(1927) • 节奏布鲁斯(20世纪40年代至今) • 第二次世界大战(1941—1945)	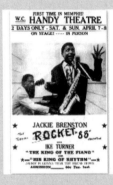 摇滚乐来自黑人和乡村
1950— 1999	**媒体娱乐里程碑** **放宽的道德准则** 休·海夫纳(Hugh Hefner)创办《花花公子》杂志(1953) **浮夸体育** 亨利·鲁斯创办《运动周刊》(1954) **电视体育** ABC创办栏目《体育大世界》(1961) **电子游戏** 约翰·麦登(John Madden)的橄榄球电子游戏(1988) **重大事件** • 摇滚(20世纪50年代至今) • 北部湾事件激化越南战争(1964)	 对低俗文化越来越包容

20世纪	- 抗议歌曲（20世纪60年代后期至今） - 第一届美式足球超级碗比赛（1967） - 针对广播不良内容的太平洋电台事件（1968） - 关于公开描写性爱内容的米勒标准（1973） - 饶舌音乐（20世纪90年代至今） **媒体娱乐里程碑** **色情制品** 美国带有明显色情内容的视频的销量为33亿美元（2006） **3D** 詹姆斯·卡梅隆的电影《阿凡达》是电脑三维动画和3D技术的史诗（2009） **平板电脑** 苹果公司开发了多媒体设备iPad（2010） **重大事件** - 下载音乐的销量无法和下降的CD销量持平（2001） - 电子游戏成为一个产业（2001） - 伊拉克战争（2003—2011） - 经济萧条（2007—2009） - 奥巴马担任总统（2009—2017） - 英国石油漏油事故（2010） - 博德斯连锁书店关门（2011） - 法院裁决允许电子游戏中存在暴力元素（2011）

体育成为媒体娱乐和消遣的重要内容

9.8.2 较为低阶的艺术

当然，不是所有的媒体内容都那么高雅。

娱乐生产线。不论一部电视剧多么有娱乐价值，它始终缺乏莎士比亚经典《罗密欧与茱丽叶》那般的创意。为什么不是所有的媒体内容都能成为高雅的艺术呢？除了最为明显的原因——不是每个人都天生像莎士比亚那样，另一个原因在于，大众传媒是商业产业，必须生产数量庞大的产品。例如，20世纪20年代，观众对电影庞大的需求催生了好莱坞**片厂制度**①（studio system）。事实上，这样一来，电影制作成了工厂化的生产。生产指标促进了电影生产，制片厂攥着大把钞票，雇用了包括弗朗西斯·斯科特·基·菲茨杰拉德和威廉·福克纳等当时最有名的作者来编写故事和剧本。但无止境的残酷需求让他们筋疲力尽。据说，好莱坞拥有当时最有才华的作家，但创作的作品却是他们创作生涯中最差的。

这种工厂模式是工业时代的产物，扩展到整个媒体业。加拿大图书出版商**禾林**②（Har-

---

① 片厂制度：20世纪20年代好莱坞设计的生产线电影制度。
② 禾林：加拿大出版商，以出版言情小说闻名，特点是角色、场景和主题陈旧；常用于指低俗言情小说。

lequin),以"胸衣撕裂"般的情欲封面突出浪漫小说。没人认为禾林是高雅艺术。同时,电视台黄金时段必须播出每周42个30分钟的节目。尽管每季开播前电视台总会做出大量宣传,但所有的节目不可能都是精品。而且,巨大观众群中的很多人都不喜欢高雅艺术。

抄袭内容。很大一部分媒体内容都是互相抄袭的。在音乐行业,抄袭现象非常多。在电视网络,2001年,ABC的节目《谁想成为百万富翁》突然大火,催生了许多类似节目,尽管如此,这一节目也非原创,它的创意来自英国早已播放的一档节目。

跨媒体改编。巨大的媒体需求促使媒体从其他媒体形式汲取原料。电影制片厂很大程度上依赖于文学,从热销书籍到《蜘蛛侠》《X战警》之类的漫画书籍。反之,新的电影也会被改编为书籍。

跨媒体改编并不常常成功。书籍的电影版常常让读者失望。场景变了,人物也变了。一些因素不可避免地被遗漏。有些批评并不可取,因为人们没有意识到,电影是直觉媒介。例如,剧本作者怎么能把10万字的小说全部浓缩到100分钟的电影剧本中?这是两种不同的媒介。出色的文字内容,如杂志或短故事,如果被改编为视觉感强的媒介,可能会变得非常平庸。反之,由顶级演员表现出的细微差别,如梅丽尔·斯特里普(Meryl Streep)或杰克·尼科尔森(Jack Nicholson)这样的演员的表现或许要用书本上的几页纸,甚至几页纸都无法将其描述。同时,电影制作者常常需要尽可能多地吸引最广大的观众,因此会改变剧情、情景和人物,有时,甚至会反转故事情节中的高潮事件。

一些跨媒体改编成为商业灾难。有限的成果使得电影制片厂盯上了热门游戏。尽管人们寄予厚望,但1993年的《超级马里奥兄弟》还是失败了。为什么呢?有批评声指出,游戏改编遇到了和书籍改编同样的困难。在电子游戏中,玩家扮演积极角色,通过施加控制来影响剧情进程。但看电影就较为被动了。

9.8.3 朴实无华的媒体内容

尽管有人将媒体内容严厉地批评为无价值的内容,但事实上,一些普通的艺术有许多的观众,有时甚至是大量观众,在大众传媒的传播中占有稳固的一席之地。在**低俗小说**①(pulp fiction)中,艺术都是朴实无华的。禾林的爱情小说和其电视版本也是如此。不做作的内容反而有独特的魅力。

▶ **案例研究:极端主义打败娱乐**

也许,塔利班激进组织控制强的地区,是世界上娱乐最遭怀疑、最受厌烦的地区。通过恫吓,激进组织关闭了巴基斯坦西北部的电影工业。《时代周刊》杂志记者艾琳·贝克(Aryn Baker),讲述了位于巴基斯坦前线城市白沙瓦的一位商店老板阿齐兹·乌·哈克(Aziz ul-Haq)的故事。一天,塔利班追随者来到他家店铺,指控他销售色情制品。那位塔利班成员指着一个描绘男女接吻的DVD封面说:"这样的电影正在摧毁我们的孩子。"哈克辩驳道:"这是一个描绘家庭的剧集,是浪漫故事,仅此而已。"

接着,哈克的商店在一天破晓前被火焰炸弹摧毁。几个月里,治安警察还用炸弹袭击了其他店铺,传递了他们的态度。这些店主不仅担忧自己的生意更担心自己的生命。店主一

---

① 低俗小说:创作快速、价格便宜、简单易读的短篇小说。

个接一个停止销售视频,和哈克一样,他们都不再从事这行。

白沙瓦曾经有一个小的却欣欣向荣的电影业。尽管这里的制片厂没有什么知名的电影,但它们制作的电影描绘了巴基斯坦西北部和阿富汗东南部说普什图语人的价值观念。如今,普什图语的电影业只能转入地下,偷偷拍摄。DVD只能通过匿名的渠道发行。一些普什图语电影导演只能前往更安全的城市,躲避塔利班。

白沙瓦的音乐行业也被大量迫害。没有发行渠道就没有市场。一位白沙瓦的教授解释道:"这些娱乐行业从业者正在将毛拉的追随者偷走,所以音乐家成了毛拉的敌人。"

幸存的电影院。普什图语电影并没有什么知名代表作,但多年来,普什图语电影在巴基斯坦与阿富汗之间,遥远的开伯尔山口地区赢得了许多观众。今天,治安警察的火焰炸弹和宗教激进主义者的恫吓,使得普什图语电影大幅衰退。Shabistan 电影院是白沙瓦少数几个幸存的电影院。去那里看电影危险重重。

9.8.4 精英价值观和民粹价值观

大众传媒传播优秀的文学、音乐和艺术等人类最有创意的内容,丰富了整个社会。媒体也传播一些对反映文化不那么重要的事物,但或多或少对其产生了贡献。随着时间的流逝,一种连续体被创造,用以覆盖这一巨大的艺术创造。一方面是需要有深度有教养的品味才能欣赏的艺术内容,这被称作"**高艺术**"①(high art);另一方面是"**低艺术**"②(low art),不需要太多深度便可欣赏。

一种传统媒体批评者认为,媒体弱化了优秀艺术,过于关注"低艺术"。**精英阶层**③(elitist)认为大众传媒给社会带来负面影响,进而抨击"低艺术"。精英阶层有时用一个德语词汇"**kitsch**④"来形容"低艺术"。这个词大致可以翻译为"艳俗的"和"无价值的"。这个词体现了精英阶层的鄙视。相反,在**民粹主义者**⑤(populist)看来,大众传媒迎合一个民主资本主义社会中各种不同的品味,没有任何不妥。

1960年的一篇论文仍被广泛引用——《"大众文化"和"中产文化"》。社会评论家**多维特·麦克唐纳**⑥(Dwight Macdonald)举了一个极端的例子,称所有流行艺术都是低俗艺术。获取广大观众是大众传媒的经济基础,很难达到麦克唐纳结构中的高端位置。

这种精英分析在1976年范围更广,社会学家**赫伯特·甘斯**⑦(Herbert Gans)将文化工作和社会经济及智力一同分类。甘斯表示,例如古典音乐,受学术上和专业上有成就的高收入

---

① "高艺术":需要有深度的品味才能欣赏。
② "低艺术":几乎所有人都能欣赏。
③ 精英阶层:认为大众传媒应该面向有深度的观众。
④ kitsch:对流行、低俗艺术的蔑称。
⑤ 民粹主义者:认为大众传媒应该迎合最多数的观众。
⑥ 多维特·麦克唐纳:声称所有流行艺术都是艳俗艺术。
⑦ 赫伯特·甘斯:声称社会、经济和观众的智力程度相关。

人士欢迎。他们是"**上流文化**"的观众①,欣赏艺术和娱乐中复杂和微妙元素。甘斯的分类中,下一类是**中等文化的观众**。这些观众在兴趣上不那么抽象,喜欢诺曼·洛克威尔(Norman Rockwell)的绘画和黄金时段电视节目。甘斯认为,**通俗文化的观众**是工厂和服务行业的工人,兴趣更为基础。他们的受教育水平、成就和收入都比较低。他们的媒体兴趣倾向于功夫电影、漫画书和超市小报。

甘斯用他当下的观察充实了盛行了几个世纪的艺术批评分类——高雅艺术和低俗艺术。

高文化修养。受精英阶层喜欢的高雅艺术一般都具有以下特点:技术上和主题上有深度,具有原创性。高雅艺术常常具有高度个人主义色彩,因为这些小说家、电视出品人或者创作者是用全新的不同的方法探索问题。即便是一个团体合作的作品,一件艺术品也是具有独特性的。高雅艺术需要有教养的观众才能完全欣赏。这些艺术往往有长久的价值,经得住时间的考验,具有极大的重要性和价值。

歌剧迷欣赏作曲家的乐谱、词作家的诗句和表演者的精湛演出,这种修养有时被称作"**高文化修养**"②。这一标签来自一种观点,即一个人必须有很高的智力能力才能拥有高雅的品味。高文化修养成为必需。一般来讲,这个词被那些鄙视没有高文化修养的人所用,如无法欣赏费里尼电影、马蒂斯雕塑或者毕加索画作的人。甘斯指出,高文化修养的人常常对社会定位好的问题感兴趣,并在文学和剧集中找到人类与生俱来的,及个人和社会之间的冲突。

一般文化修养。这一类品味的人可以欣赏一定的艺术,但并不特别有深度。比起抽象,他们对具体的动态更感兴趣。例如,他们对柯克舰长登上星际战舰更感兴趣,而不是英格玛·伯格曼在电影中描绘的挣扎的童年。在社会经济层面,一般文化修养的人,热爱倾向于支持其生活和价值现状的内容。

低文化修养。有人曾多次重复三种修养间的区别:高文化修养讨论思想;**一般文化修养**讨论事物;**低文化修养**讨论人。从《国家询问报》和名人花边新闻的成功便可看出,当代生活中有很多低文化修养的人。不需要什么特别的品味便可理解《第一滴血》之中的男子气概、达斯·维达的黑暗恶毒、超人的英勇和《古墓丽影》中劳拉·克劳馥的性感。

9.8.5 抵制流行艺术

当下,流行艺术正火。它包括人体穿孔艺术、嘻哈装束和时尚媒体盛会。甚至精英也会享受流行艺术,但若是有人误解了他们严肃的艺术趣味,这些精英立马会划清界限。流行艺术尽管大多只有昙花一现的流行度,却影响巨大。

精英将流行艺术视为做作而刻意的艺术。在他们看来,创造流行艺术的人都是深谙市场成功要素,进而按需生产的。在这一观点下,流行艺术是狡猾的人发明的。紧身长裤曾是时尚热品,它的成功并不是因为特别舒适实用或特别美,只是因为宣传者捕捉到,如果将它通过大众媒体包装成新鲜事物,可以轻易赢得大众审美的支持,有利可图。宠物石头、搔痒娃娃还有无数风靡一时的产品与此同理。

---

① "上流文化"/中等文化/通俗文化/的观众:赫伯特·甘斯提出的一套体系。
② "高文化/一般文化/低文化修养":媒体内容高深程度,与观众的品味相关。

批评人士指出，大众传媒对流行艺术非常关注。一部分原因在于，媒体是制造流行追随者的宣传阵地；另一部分原因在于，媒体内部的竞争要求媒体必须得第一，必须争先。精英说，这样的结果便是，不那么好的事物超越了高质量的物品。

对流行艺术的这种批评很值得讨论。例如，CBS 在 20 世纪 60 年代推出了怪诞情景喜剧《贝弗利山人》，赢得了大量观众。如果没有它，这些观众很可能会把时间花费在阅读斯坦贝克的《愤怒的葡萄》上。对《贝弗利山人》中难以置信的老土和琐碎情节，精英可能会哑然失笑。这部剧集自有其魅力，但精英可能担心的则是低俗艺术在市场上取代高雅艺术的地位，社会会因此变得更加贫乏。

9.8.6 流行艺术修正主义

在知识分子群体中，**流行艺术**①(popular art) 很少受到欢迎。**流行艺术修正主义**②(pop art revisionism) 的呼声总是被轻蔑的精英淹没。然而在 1965 年，作家**苏珊·桑塔格**③(Susan Sontag) 撰写了一篇具有影响力的文章《文化和新感受力》，这一文章促使许多精英重新审视流行艺术。

苏珊·桑塔格。她对非高雅艺术的辩护使其获得"流行艺术女祭司"的称号。桑塔格是文化问题的思考者，称有广泛流传度的绘画、音乐和其他艺术新书，可以引起一些人对重要问题的思考和感受。

流行艺术唤起共鸣。桑塔格指出，和高雅艺术一样，流行艺术可以涉及严肃的问题。她写道："劳森伯格的画作给人的感觉也许和至上合唱团差不多。"很快，桑塔格被称作流行艺术的"女祭司"。更重要的是，这一歌曲被人们更为严肃地对待，桑塔格很多前卫、晦涩的流行艺术朋友也是如此。

流行艺术是社会黏合剂。事实上，桑塔格鼓励人们不用传统分割的、阶级明显且精英的观点来看待艺术。她说，艺术价值无处不在。20 世纪 60 年代，在受桑塔格影响的精英阶层里，"阵营"这一词汇广泛流传。这些品味高雅的人开始发现流行艺术的深度，安迪沃·霍尔的作品和 ABC 红极一时的《蝙蝠侠》一样有多样的艺术深度。

高雅艺术的流行。尽管在媒体节目中，通俗艺术的内容占到多数，但是这些节目仍具有实质性的内容。例如 1991 年，肯·伯恩斯(Ken Burns) 指导了公共电视纪录片《内战》，一连 5 晚战胜了 ABC、CBS、NBC 的黄金时段通俗艺术节目。这是一个明显的实例，证明了高雅艺术可以穿越整个社会经济层次，吸引所有人群，并不一定会被通俗艺术超越。伯恩斯的纪录片并不是唯一例证。另一个例证也是在 1991 年，弗朗科·齐菲雷利(Franco Zeffirelli) 拍摄了《哈姆雷特》，主演是流行影星梅尔·吉布森。这一电影赢得了众多观众，很难被精英称作"低俗作品"。以高雅艺术节目为标志的广播、公共播音站已经成为竞争收视率的主要参与者。

---

① 流行艺术：试图在市场取得成功的艺术。
② 流行艺术修正主义：认为流行艺术具有与生俱来的价值。
③ 苏珊·桑塔格：看到了流行艺术中的文化和社会价值。

思考

- 什么样的媒体内容很容易被视作有意义的艺术?
- 什么样的大众传媒反对一直播放高质量的内容?
- 什么样的标准可以用来评判创意内容?
- 流行艺术修正主义是如何保卫流行艺术的?

本章小结

娱乐的历史

娱乐现已成为耀眼的大众传媒行业,但娱乐的历史远不止如此。人类一直就有爱情故事和音乐。以印刷术为开端的媒介技术极大地改变了娱乐。例如,优秀的故事讲述者和音乐家可以拥有巨大的观众群,数量之大是早些时候他们无法预想的。高水平的娱乐内容可以广泛获得。人们逐渐不在自我创造娱乐,而成为娱乐行业的消费者。

媒介表演

大众传媒影响着表演。例如,一个舞台节目要转变为电视节目,需要适应摄像机的需求,如特写等。和观众的关系也发生了很大变化。镜头切换也可以控制额外的场景。声音技术也给音乐带来巨大变化。早期的声音技术较为粗糙,重视音高。扩声技术又带来了低音歌手。然而,一系列的变化并不全靠技术。经济也影响着表演。例如,国家橄榄球联盟曾改变比赛规则,只为适应电视中商业广告的需求。

讲故事

大众传媒公司将故事讲述转变为各种形式的商品。各个公司总在寻求竞争优势,宣传不同类型的文学项目。一本书或一个节目如果受到公众欢迎,很快会有模仿者。公众不可避免地对此类型产生厌倦。这一趋势下,各种类型都会被最新最热门的类型所取代。

音乐

音乐的影响无法估计。想一下葬礼上的苏格兰风笛、浪漫悲剧里的爱情歌曲或庆祝国庆节时的爱国游行便知,接着便是传统歌曲《新娘来了》(Here Comes the Bride)。宏观上来说,音乐可以帮助社会调整其态度,特别是大众传媒将表演扩展到数百万的观众时更是如此。才华横溢的独立唱片制作人山姆·菲利普斯在20世纪50年代大放异彩,他挖掘了"猫王",并称:"这个白人小伙子能唱出有色人种的歌曲。"结果便是,美国音乐中的种族分割被打破。而这引起了20世纪60年代的民权运动,新的法律终结了种族隔离。

体育和媒体

大众传媒将体育带出了竞技场,极大地增加了观众。众多的体育迷使得大众传媒成为广告商的目标,特别是因为男性消费者是非常难企及的一个群体。但男人们会因为体育聚在一起,成千上万的男人会坐在电视机前观看比赛。体育改变媒体的方法常常不为人知。你每天读的报纸有多少是体育新闻?人们很容易说,关于体育的报道与人们对体育的狂热是不成比例的。媒体也改变了体育。为了适应播报和广告商的要求,比赛的暂停和时长都被改变。

色情内容和媒体

大众传媒中,与性相关的比重已在很大程度上被美国最高法院规定。法院规定,依据宪法,成人有接触性描写的权利。但这并不是原本就有的规定。联邦法院曾通过进口规定禁止詹姆斯·乔伊斯的《尤利西斯》。邮政规定也被用来阻止某些文学作品,或具有模糊文学价值作品的发行。法院也对这一问题做出定论,指出政府不应决定人们得到或不能得到某些制品。近年来,公开色情制品的支持者包括控制 DirecTV 的通用汽车公司,以及在房间中提供付费观看色情节目的希尔顿酒店。色情内容管控的最后一个堡垒,是广播。联邦通信委员会对公共频段的内容进行法律管控,确保其符合要求。但关于要求的规定却仍有争议。

游戏和媒体

广告商并没有忽视网络游戏中不断增长的大量男性玩家。广告融入了游戏场景中的背景、有标记的插件,广告商也成为游戏的赞助商。游戏大受欢迎,游戏的批评者也接踵而至,指责游戏中的暴力和色情内容。为了平息指责,游戏制作商跟随了音乐唱片和电影行业的规则,对产品进行分级。

艺术价值

大众传媒中有重要的创意内容。在电影中有新锐导演。在文学中有厄内斯特·海明威、赛珍珠和托妮·莫里森(Toni Morrison)。然而,在浩如烟海的媒体内容中,杰作也有例外。现代大众传媒的经济压力迫使公司生产大量产品满足巨大的需求,就像动物园工作人员需要喂狮子那样。制作电视剧、浪漫小说和最近大热的各种类型文化产品的生产线,都生产出大量满足低门槛观众的需求的产品。

批判性思考

1. 哪些原初的娱乐形式现在通过大众传媒被观众接受?
2. 你喜欢现场还是媒体形式的表演?为什么?哪一种你参与的更多?
3. 在对大众传媒内容进行严肃讨论时,不同类型是如何将其清晰辨别和模糊化的?
4. 录制音乐是怎样剧烈改变美国社会局面的?
5. 你如何解释体育作为一种娱乐形式的急速发展呢?
6. 什么使得游戏成为大众传媒的一种载体?
7. 反对媒体中色情内容的人面对怎样的法律阻碍?
8. 什么阻碍了大众传媒中重要的艺术和创意的出现?
9. 大众传媒怎样提升了文化敏感度?请解释说明。

媒介术语

auteur 主创导演
genre 类型
highbrow 高文化修养
kitsch 艳俗艺术
mediated performance 媒介表演

popular art 流行艺术
pornography 色情内容
rhythm and blues 节奏布鲁斯
rockabilly 乡村摇滚乐
studio system 片厂制度

媒体资源

→Dorian Lynskey. *33 Revolutions per Minute：A History of Protest Songs, From Billie Holiday to Green Day*. HarperCollins, 2011. Lynskey 是一位音乐专栏作家,从 20 世纪 30 年代起,他记录了激进的音乐创作和表演,主要包括左翼运动的民乐和爵士乐。他担心这些传统已被归入流行乐中,不再有《给和平一个机会》这样尖锐的歌曲了。

→Sigrid Nunez. *Sempre Susan*. Atlas, 2011. Nunez 是一位小说家,撰写了一部简短回忆录,结论为,尽管桑塔格是一位杰出的社会评论家,但是她的智慧遗产却功亏一篑。

→Jane McGonigal. *Reality Is Broken：Why Games Make Us Better and How They Can Change the World*. Penguin, 2011. McGonigal 是一位游戏设计师,她认为,玩游戏可以培养某些有价值的技术,并能运用到实际生活中,解决现实问题。她为世界银行设计了一款名为"紧急呼唤"的游戏,鼓励玩家解决现实的全球问题,如粮食安全和可持续能源等。

→Chris Salter. *Entangled：Technology and the Transformation of Performance*. MIT, 2010. Salter 是一位加拿大学者,他检验了在创作和表演体验中的"机械缠绕"效应,包括剧院透视画法、观众的空间感、即兴发挥,以及网络交互游戏。

→David Myers. *Play Redux：The Form of Computer Games*. University of Michigan Library, 2010. Myers 是一位大众传播教授,认为将公共政策施加于电脑游戏会危害自由。

→Nicole LaPorte. *The Men Who Would Be King*. Houghton Mifflin Harcourt, 2010. LaPorte 是一位娱乐行业记者,他认为,梦工厂的衰落在于它互相矛盾的目标:一方面宣传艺术表现,另一方面又要追求大投资收支平衡。

→Tom Chatfield. *Fun Inc.：Why Gaming Will Dominate the 21st Century*. Pegasus, 2010. Chatfield 是《远景》杂志艺术和书籍编辑,对游戏行业 1972 年的发端进行研究,认为其成为发展迅速的艺术形式。

→Alex Ross. *Listen to This*. Straus and Giroux, 2010. Ross 是《纽约客》的音乐评论家,他在撰写的文章中表示,音乐是了解不同文化的载体。

→Howard Good and Sandra L. Borden, editors. *Ethics and Entertainment：Essays on Media Culture and Media Morality*. McFarland, 2010. 对娱乐媒体道德的学术著作和观点进行了大范围的收集。

→Gail Dines. *Pornland：How Porn Has Hijacked Our Sexuality*. Beacon, 2010. Dines 是一位反对色情内容的运动者,他将色情文字和视频内容视作非人性化的结果。但是,她的论证并没有大量社会科学的调查做支撑,只是建立在一些术语层面,因此批评人士指出,她的论证简单、武断。

→Barbara Ching and Jennifer A. Wagner-Lawlor, editors. *The Scandal of Susan Sontag*. Columbia University, 2009. 学者对桑塔格在多个方面的贡献做出评估,包括她在高雅、中端和低层艺术间建立起了桥梁。

→Jonathan Pieslak. *Sound Targets：American Soldiers and Music in the Iraq War*. Indiana University Press, 2009. Pieslak 是一位学者也是一位作曲家,他探索了音乐对心理的影响,特别是在战争中鼓舞战士的作用。

→Elijah Wald. *How the Beatles Destroyed Rock 'n' Roll: An Alternative History of American Popular Music*. Oxford University Press, 2009. 音乐历史学家 Wald 认为,披头士是流行音乐的分界。他认为,是披头士逐步成熟的风格,促成了节奏性、适合舞蹈的音乐品质,使其和早期摇滚划清界限。

→Steven Johnson. *Everything Bad Is Good for You*. Riverhead, 2005. Johnson 是一位思想家和作家,他运用神经学、经济学和媒体的理论,展现了一种相反的观点。他认为,一些常被归为中或低的艺术,却对智力非常有益。

→Glenn C. Altschuler. *All Shook Up: How Rock 'n' Roll Changed America*. Oxford University Press, 2004. Altschuler 是媒体专门作家,他研究了 20 世纪 50 年代以来摇滚的社会影响,包括种族融合。

→Guthrie P. Ramsey Jr. *Race Music: Black Cultures from Bebop to Hip-Hop*. University of California Press, 2003. Ramsey 是一位学者,他认为,美国 20 世纪 40 年代到 90 年代的流行音乐,是一扇展示美国黑人文化、社会和政治的窗口。

→Steven L. Kent. *The Ultimate History of Video Games: From Pong to Pokemon—The Story Behind the Craze That Touched Our Lives and Changed the World*. Random House, 2001. Kent 研究了数百个采访,全面展示了从弹球机开始后的电子游戏的历史。

→Dolf Zillmann and Peter Voderer. *Media Entertainment: The Psychology of Its Appeal*. Erlbaum, 2000.

本章主题性总结

娱 乐

为了更好地巩固你的媒介知识,此处用贯穿本书的几个主题来展现本章内容。

媒介技术

全球体育产业建立在媒体的报导和关注之上。很难想象没有大众传媒后,世界杯或全国橄榄球联盟赛会变成怎样。那奥运会呢?的确,古代雅典人就有奥运会,但是和今天四年一度相继举行的冬季和夏季奥运会相比,古代的奥运会一定很枯燥。对于电视,体育是很大的吸引力。绝大多数的日报中,体育是第二大的版块。

娱乐在人类社会中的作用被媒介技术所放大。无论何时何地,人们都可以得到娱乐和消遣。想想背景音乐也是如此。那么全天候的体育频道呢?随后,手持设备也可以浏览新闻和视频网站 YouTube。科技也改变着娱乐。从前,演员需要穿透整个剧院的高亢声音。如今,观众可以听到带着话筒的演员的轻声细语。对于电影,银幕测试是试镜的过程之一。同样,出版商也要通过对话访谈栏目了解一位作者作品的风评如何。

精英主义与民粹主义

你能很快说出热门影视剧《犯罪现场调查》的衍生剧和类似黄金时段的剧集吗？和所有娱乐形式一样，这样大热的剧集也会由盛转衰，被另一个受到观众和广告商热捧的剧集所替代。

大众传媒的内容和公众品味间的关系也许永远难以完全理解。媒体能反映公众的品味和价值吗？不可否认，大众传媒有能力使各种价值接受严酷检验。几百年来，伟大的作家都是这样做的，用虚构的场景检验一个问题。非虚构的内容也很有影响力。但很多媒体内容并未帮助观众寻找理解。媒体的目的在于，吸引足够数量和类型的观众，为广告商寻找潜在客户搭建平台。对于书籍、杂志、广播、电视、网络还有很多的媒体来说都是如此。

媒体与文化

尽管很多大众传媒的内容容易被归为二流类型，但是苏珊·桑塔格认为，人们应当注意不要过快下结论。她有一句常被引用的话是："劳森伯格的画作给人的感觉也许至上合唱团差不多。"不仅如此，桑塔格还指出，流行艺术的社会价值之一，是扩展社会共同的体验。

精英和大众的对立在对艺术价值的评判上尤为显著。高级艺术需要复杂深邃的品味才能欣赏。谢尔盖·拉赫玛尼诺夫不是乡村摇滚乐作曲家。但这不意味着乡村摇滚没有价值，它属于流行音乐和民俗艺术。不管是中等还是低等品位的人，都很容易去欣赏乡村摇滚乐。每个人都能理解它传达的信息。当一种艺术可以拉近不同观众的欣赏能力，一派思想者就会为低端人群的欣赏能力进行辩护。迪士尼的幻想曲对于一些人来说就像进入交响乐厅的体验一样。理查德·施特劳斯或魏格纳在科幻电影配乐中的作用也是如此。

传媒经济学

对于电视上低投资的真人秀已经忍无可忍了吗？就像《减肥达人》那样吗？这的确会发生。

工厂式的制作线是大众媒体公司用来保持低成本的技术之一。工厂模式在模仿类且吸引观众的节目中非常有效，使其获益颇丰，这也解释了一些媒体内容兴起的原因。模仿类节目逐渐发展，直到成为一个独立类型。电视上，西部片在20世纪60年代风靡一时（例如《篷车》）。警匪类（《美国警花》）、黄金时段肥皂剧（《达拉斯》）、脱口秀（《多纳秀》）、真人秀（《生还者》）也是如此。但观众喜好多变，对于老一套的节目不感兴趣。长剧集的情景喜剧已经过时。如果没人吃这一套，无论效率如何，进一步的创作生产都毫无意义。媒体公司要么创造新的热门类型，要么被其他公司的热门栏目盖过风头。

受众细分

20世纪中期的节目《不可思议》放在今天也许是小儿科文化。流行音乐、小面包车都是如此。流行媒体的内容反映了不同时代,或同时代社会中不同人群的分化。

娱乐很容易分出类别,但是大众传媒的巨大观众规模创造了许多小的分类,这些也在经济上行得通。想想半个世纪前广播中的音乐形式。之前的乡村音乐现在已经分化成乡村摇滚、蓝草音乐、城市乡村乐和许许多多其他的种类。摇滚曾经一度称霸广播,如今也分为很多种类。

媒体与民主

耳光乐队(Slaps)从成立之日起就在美国人的生活中扮演了历史性争议角色。在越战期间,抗议音乐获得了很高的人气,之后随着南方小鸡和暴力反抗机器的表演也逐步延续生机。

媒体化的娱乐为观点提供灵感,使其有了发声渠道,也产生压力促使社会和政治变革。例如,近年来小说、电影和电视中对精神疾病的强烈同情成为公共政策改革的强烈压力。厄普顿·辛克莱1906年的著名小说《屠场》使得政府为肉制品工业设立了健康标准。《教父》的流行也使组织犯罪受到打压。关于公共政策被娱乐逼迫而生的争议在梅尔·哈格德的《来自马斯科吉的农民》中体现得最为明显,它激起了盲目的爱国主义和越战期间此起彼伏的反战音乐。

第10章

公共关系

■ 蓝色牛仔服革命

叛逆的时尚宣言。 20世纪50年代,电影导演发现用蓝色牛仔裤、紧身皮夹克和靴子这身行头,就可以轻松塑造出青少年电影中叛逆的人物形象。家长严肃地表明:"我们家不允许穿牛仔服。"这种刻板印象严重打击了牛仔服的销量。这之后的牛仔行业的公关活动成了一个成功的典型案例。

蓝色牛仔服起初绝对不是一个时尚的代名词。这种粗糙得几乎像帆布一样的布料非常廉价,也非常耐穿。好几代农民和工厂工人都喜欢牛仔布的实用性。在二战时期,美国海军用牛仔布做工作服的裤子。从战场上回来后,上百万的水手依然爱穿牛仔裤。他们保留了穿牛仔裤的习惯。牛仔服的销量持续激增,这股浪潮延续到了1953年。

后来出现了一部叫《飞车党》(The Wild One)的电影,片中马龙·白兰度(Marlon Brando)统领着一个恐怖分子摩托党。牛仔服霎时间被赋予了危险、反社会的含义。1955年,电影《无因的反叛》(Rebel Without A Cause)中詹姆斯·迪恩(James Dean)扮演的性格怪异阴沉的角色,总是不羁地穿着牛仔服,使牛仔服的叛逆形象更深入人心。同年,好莱坞电影《黑板丛林》(Blackboard Jungle)进一步增加了大众对牛仔服的排斥感,这部电影改编自伊文·亨特(Evan Hunter)一本关于市中心青少年罪犯的书。牛仔服自此被视为年轻人反抗成人权威的一种象征。

难怪1957年水牛城和纽约的地方教育董事会禁止学生穿牛仔服。同样禁止牛仔服的还有一些餐厅和剧院。接着又有了詹姆斯·利奥·哈利海(James Leo Herihy)的百老汇戏剧——《蓝色牛仔服》(*Blue Denim*),这部剧是关于青少年怀孕和堕胎的,后来被21世纪福克斯公司改编成电影。当时更糟糕的情况是,牛仔服成了歇斯底里的右翼分子攻击的目标,他们说牛仔服是共产主义试图腐蚀年轻人的阴谋,尽管现在看来这或许荒谬,甚至可笑。

当时的牛仔服装产业可就笑不出来了。该怎么办呢?制造商共享资源,建立了一个叫牛仔理事会(Denim Council)的机构,他们雇用了公共关系顾问,并在1956年发起了一场"让学生重新穿上牛仔服"的运动。这场把青少年作为目标受众的运动,并没有成功地刺激牛仔销量。牛仔理事会突然明白,问题并不在于孩子,而在于他们的家长。

牛仔理事会又采取了一次行动,这次则针对家长。一个间接的策略是鼓动时尚行业在新一季的女子运动服饰中采用牛仔布料,牛仔服还在时髦的男装店主的存货清单中夺得了一席之地。时尚和商业杂志的编辑收到了纷至沓来的新闻通稿和图片,都在兜售"耐穿的牛仔服新款式"。在《君子》(*Esquire*)杂志中,牛仔服突然变成男子气概的代名词。零售促销也在兜售一种更休闲的牛仔裙。这个行业同样关注青少年市场,进行了一些类似牛仔皇后比赛的营销活动。制造商也在牛仔服中注入了一些新的时尚气息。

对牛仔行业来说,1961年是神奇的一年。新上任的约翰·肯尼迪总统组建的和平队得到广泛的赞扬。队中大多数的志愿者都是大学生年纪。他们到全世界去帮助贫穷的人们学习阅读等基本技能,为他们搭建一些简单的基础设施,比如水井。牛仔理事会给早期的志愿者配备了蓝色的牛仔服,并给这些干净整洁、富有理想主义情怀、充满活力地做好事的美国年轻人拍照记录。新出炉的这些媒体素材被发往各家杂志和报纸。牛仔服过去一直和青少年罪犯、反社会态度和龌龊行为联系在一起,为了摆脱这种恶劣形象,牛仔行业进行了长期的公关项目,其中和平队起了决定性作用。到1963年,牛仔服的销量猛增。

牛仔理事会采用的都是经典的公关技巧,利用大众传媒来引导舆论。尽管这场运动一开始犯了错,走进了一些死胡同,用了5年才让牛仔服被美国社会接纳,但它成功了!牛仔服不仅作为一种服装被接纳,而且成为一个有趣的时尚宣言,完全没有沾上詹姆斯·迪恩身上的那些污点。

牛仔行业的另一个公关胜利是在1996年。牛仔经销商巨头Lee找到了一个方法来证明自己是在做一个有价值的事业和有社会责任感的企业。十月正好是国家乳腺癌宣传月,它鼓励人们在十月的指定一天穿着牛仔服工作,同时为抗击乳腺癌捐款5美元。第一年Lee的目标金额是100万美元,但最后一共筹得了160万美元。这个事件创造了美国单日筹资的最高纪录。到了2010年,有3000家公司报名鼓励自己的员工参加,筹资总额达到500万美元。

牛仔理事会持续多年的运动,是有效说服(effective persuasion)的一个经典案例。它主要依靠大众传媒来达到其战略目标。

本章要点

- 好的公关活动中,对话和道德说服是必不可少的元素。
- 公关需要较长的时间来获得成效,但广告寻求的则是立竿见影的效果。
- 从公共关系史中可以看出,获得民粹主义者的支持是很有价值的。
- 类似战略沟通和整合营销这样的标签,使广告和公共关系之间的界限变得模糊。

- 有效的公关需要与大众媒体保持开诚布公、积极主动的关系。
- 公关公司的目标是提升某个对象的形象。

10.1 公共关系的规模

▲ 本节概述

公关关系是大众媒体一个高产的信息源。公关行业很庞大,并且在不断地成长。虽然这个行业规模很大,但大多数时候公关是在幕后工作的。公关成功有助于社会意见的统一。虽然有时公关会和广告或新闻混淆,但是公关在本质上是不一样的。

10.1.1 公关行业

除了媒介素养极高的消费者,绝大多数人都是意识不到公关活动的。即便如此,这个行业还是很庞大的。政府数据显示,美国现在有 7000 多家公关公司,雇用的员工达到 6.4 万人。这些数据还不包括在家庭办公室、政府、企业和其他机构的公关部门工作的人员,也不包括跨国公关公司的海外雇员。

给公关公司排名很困难,因为有些是大型广告公司的公关部门,它们的收入不会被单独分离出来。以下是对美国大型的独立公关公司按其全球收入进行的排序。

爱德曼(纽约)	4.48 亿美元	3143 名员工
爱德曼(芝加哥)	3.49 亿美元	2300 名员工
福莱公关(圣路易斯)	3.35 亿美元	1400 名员工
万卓环球(贝佛市)	9400 万美元	628 名员工
罗德公关(纽约)	7500 万美元	257 名员工
安可顾问(华盛顿)	1 亿美元	507 名员工
罗德公关(纽约)	8900 万美元	564 名员工
科闻一百(旧金山)	4900 万美元	454 名员工
Schwartz comm'ns(马萨诸塞)	2500 万美元	177 名员工

另外,一些美国公关公司是一些大型国际集团的子公司。全球最大的 WPP 集团旗下有伟达公关、博雅公关和奥美公关,其在全球的总收入将近 14 亿美元。第二大的是奥姆尼康集团,全球总收入达 11 亿美元。

Veronis 调查公司的数据显示,2014 年美国在公关上的花销将达到 44 亿美元。根据 Veronis 的调查数据,其年增长率为 5.6%。

10.1.2 公共关系的工作内容

公共关系到底是做什么的?这个领域的复杂性让人难以很快地下一个定义。简单来说,如果做得好的话,公共关系就是通过建立共识而有利于社会的一种诚实的说服术。公关的主要手段就是沟通交流,大多数情况下是利用大众媒体进行的。这种沟通是为了代表某些机构,去和它们的目标群体,也就是公众,建立互利共赢的关系,所以称之为**公共关系**①(public relations)。这种沟通也可以代表个人,诸如政坛候选人或者名人。

对话理论。换一种说法,公共关系就是要让人们赞成某种观点或形成某种积极的印象。这就是通过对话这种双向沟通做到的。和多数的大众沟通不同,对话是指和人们交流,而不是对他们说话。学者把这称为**对话理论**②(dialogic theory),这个理论认为通过真正的对话能达成真正的共识。对话理论深深地植根于哲学、心理学和修辞学,该理论把说服的过程看作一条双向通道,是一种真正的交换,而非操纵。这是没有捷径的,也不能用花言巧语或者精巧唬人的图表来耍花招,必须要承认对答案和解决方案的寻求是共同的目标,也要真正地互相迁就、谅解。这个理论就是要避免操纵性或阴险狡诈的诡计。

学者迈克尔·肯特(Michael Kent)和莫林·泰勒(Maureen Taylor)总结出了对话理论在操作中的5个特点:

- **相互性**(mutuality)。进行公关的公司或其他机构一定要意识到在平等的基础上沟通的责任。这意味着不能依仗财政上的强权就高高在上地讲话,或没有倾听就把自己的观点强加给别人。
- **接近性**(propinquity)。要达到真诚的沟通,和公众的互动就必须自发、主动。
- **感同身受**(empathy)。公关活动中的组织一定要对公众的目标和利益表现出真诚的支持和共鸣。
- **风险性**(risk)。只有在公关活动中的组织愿意根据个人和公众的意愿进行互动的情况下,对话理论才有用。
- **资源花费**(commitment)。组织必须愿意努力理解其自身与公众的互动。这就意味着重要的资源不仅要用于进行对话,而且要用于理解对话。

对话理论为高度符合伦理的公关行为提供了一个框架,但其中也有很多困难。正如肯特和泰勒说的那样,进行公关活动的组织往往有很多不同的受众,这让对话变成一个复杂的过程。对话式的公共关系里,参与者都处于危险中。当公众和组织对话时,他们披露的事实可能反被用来利用或操纵他们。

尽管如此,关于对话理论的讨论还是让公关行业的很多人意识到诚实和开放的重要性。让所有人都有发言权,这也符合民主的传统。对话理论是建立在这几个原则之上:诚实、信任、为他人考虑,而不仅仅把公众作为达成目的的一种途径。

公共关系和公众利益③(commonweal)。通过鼓励关于公共问题的信息和观点的交换,公共关系可以让一个民主社会更加稳定而充满生机。公共关系领域早期的理论家爱德华·伯内斯(Edward Bernays)说过,要通过寻求社会不同群体间的相互理解来解决问题和做出决定。更具体来说,最好的公关人员在工作时会做以下这几件事以追求共同的利益。

- 与公众交流该机构的利益,这也拓展、丰富了公共对话的内容。
- 通过对话在社会不同机构群体间寻求相互适应,这样将有利于公众。
- 通过协助社会不同群体在相互冲突的利益间寻求平衡、减少胁迫行为或武断举动产

---

① 公共关系:建立互利关系的一种管理工具。
② 对话理论:一种以对话为基础协调关系的方法。
③ 公众利益:大众的福利或共同利益。

生的可能性,为社会构建一个安全阀。
- 激发、调动组织工作中的社会良心。

当然,有些公关活动在公共利益的问题上的作用还很微不足道,对共同利益的追求还远远不够。尽管如此,这个行业还是很热衷于衡量自己能在多大程度上对社会做出改善。

📁 思考

- 公共关系中受众的角色和在其他大多数大众媒体中有什么不一样?
- 对话理论以怎样的方式改善公关行为?

10.2 语境中的公共关系

▲ **本节概述**

公关信息主要依靠大众媒体来触及受众。这就意味着这些信息要对记者有意义,因为是记者决定是否把这些信息纳入他们的新闻产品中。公共关系和广告相关,但是又不同。其中一点不同就是公共关系想要赢得的是人的思想,以此达到真诚的共识,而广告想要赢得的是销售量。

10.2.1 公共关系与广告

公共关系对所有大众传媒形式都很熟悉,不论是纸媒、广播电视还是数字媒体。说服的效果和平台并不是关键,重要的是传递的信息。当然,能够触及目标受众并引发对话是必须的要求。

公关通常被认为和广告很相似,两者异曲同工。然而从本质上看,公共关系和广告是两种截然不同的与大众沟通的形式。虽然在实践中两者的不同有时会被蒙蔽,但是不了解两者的本质不同就不能真正地理解广告和公共关系。

二者目标不同。 公共关系的目标是要赢得赞同和好感,通常需要一段时间。广告的目标是要尽可能快地促进销售。广告是否成功能相对较快地通过金钱来衡量。然而,公共关系的成功需要建立起善意,这很难衡量但却很重要。

二者采用的方式不同。 做得好的话,公关是一种运用对话的传统的说服活动。广告的话语模式却不是对话式的。举例来说,没有人期望看到一个产品广告会指出产品的缺点,并将此作为一个有说服力的点来推动销售。也不会有人期待广告商寻求与受众对话式的交流。广告的目标是商业利益,而非对话。所以,广告传递的信息意在鼓动受众做出决定,促进买卖交易,广告信息通常是强制性的。与之相比,公共关系追求在全面的检验下仍具有说服力。对话交流为双方实现了高标准的信息共享,这些信息既包括坏的也包括好的,在这样的基础上再发展双方的共性和共同利益。

管理角色不同。 在很多经营有方的机构中,公共关系是一种协助高层管理的工作。公关人员的职责是让机构与各个不同群体或公众保持一致性,并寻求他们的帮助,来为共同利益开辟道路。机构的高层决策者会向公关人员咨询意见。与之相比,广告则完全不会影响机构的政策决定。相反,通常是机构的市场营销阶层或更高的管理层已经做出政策决定以后,广告人员才开始工作。

二者对媒体时段和版面的使用不同。公共关系和广告都依靠主流的大众媒体来传递信息,但它们对媒体的运用不尽相同。广告在已购买的媒体时段或空间中出现,广告人员掌控着他们投放的广告。毕竟,媒体时段和空间是他们花钱买下的。而大多数公关信息则被发给新闻编辑室或个人博主这样的大众传媒主体,信息要依靠其本身的价值才能被大众媒体选中,传播给大众。是否要传递这些信息是由媒体决定的。对于这些信息最终以什么样的形式接触大众,公关人员的影响力也十分有限,有时甚至完全不能干预。

公共关系和广告之间的不同之处也有例外。没人说广告不能是对话式的。但是在现实的广告中,长篇大论的辩论和探索还是很少见的,因为促进销售有比这更快捷的方式。另一个例外是公关领域出现的机构内部的信息发布,比如大学校友杂志。对于这些机构内部的信息发布和发行物,例如小手册、Facebook 主页,公关人员还是可以完全掌控呈现给受众的信息。尽管如此,这些例外更突出强调了公共关系和广告之间的核心不同。

10.2.2 新闻中的公共关系

公关与媒体的关系中一个重要的部分就是**新闻通稿**①(news release)。这些稿件是已经写好的,然后发给新闻编辑室用于刊发、上线或播出。目的可能是传递信息,或者宣传某一立场、产品或特殊利益。公关人员会把新闻通稿发给所有可能对此感兴趣的新闻单位。新闻编辑室的编辑通常会把这些通稿再改写一遍,以避免和同行"撞文"。日常的例行事件通知也是新闻通稿的一种。新闻通稿还被用来吸引记者的关注,以期在他们的新闻稿中注入某些观点。

公关人员给记者提供的新闻通稿通常是一整套**媒体资料包**②(media kits),里面不仅有新闻稿件,还有信息一览表,供媒体发布的照片、视频和图表。

新闻通稿的重要性。虽然公关人员对公关信息是否能被媒体呈现、将如何被呈现的控制有限,但是却不能低估新闻通稿的重要性。研究显示,50%—90%的新闻都在一定程度上依赖新闻通稿提供的信息。

道德与新闻通稿。随着电视和互联网作为新闻媒体日渐成熟,公关人员又创造出了**视频新闻通稿**③(video news release,VNR)。虽然不是真正的新闻,但视频新闻通稿和电视新闻很相似,它由一个演员来扮演记者进行报道。这些演员其实是服务于其客户的需要,但在视频中却要掩藏他们的真实身份,这对于观众来说是具有欺骗性的。观众不知道这个报道是由公关公司制作的,而非真正的新闻机构。有的电视新闻机构把 VNR 直接放入播出的新闻节目中,让观众误以为这也是他们自己编辑制作的新闻报道。伦理学家指责这种行为的欺骗性,这也导致了联邦通信委员会对此展开调查。作为监管机构,联邦通信委员会可以禁止电视台继续播放这些伪装成新闻的宣传信息,但是这种电视上的欺骗行为依然后来居上,已经堪比报纸杂志上存在甚久的类似现象。报纸杂志中的惯例做法是常常一字不差地使用公关人员提供的新闻通稿,且对读者只字不提他们的信息来源。

---

① 新闻通稿:公共关系中用来在新闻媒体中提供信息或宣传的一种工具。
② 媒体资料包:为了以一种有利于自身的方式被报道而向新闻记者提供的整套资料。
③ 视频新闻通稿:由公关人员制作的类似电视新闻的视频。

> **思考**
>
> ● 找出一些大众传媒上的信息,证明公共关系和广告是如何用不同方式、以不同目的煽动人们的。你观察到了什么相同和不同之处?评判两者的有效性,并谈谈你认为哪种方式更能有效地赢得受众。
>
> ● 把视频新闻通稿当作普通新闻使用会带来什么伦理问题?媒体从业者应该如何改善这些做法?

10.3 公共关系的根基

▲ **本节概述**

在19世纪末期,很多大公司发现它们因为追求利润而忽视公共利益,而将自己处于不利地位。一些行业巨头感到自己被公众误解,于是向现代公共关系之父艾维·李(Ivy Lee)咨询如何才能获得公众的支持。

10.3.1 社会达尔文主义

没有人会觉得**威廉·亨利·范德比尔特**①(William Henry Vanderbilt)是一个公共关系能手。1882年,范德比尔特是当时纽约中央铁路的总经理,当被问到改变火车时刻表对人们会有什么影响时,他回答道:"公众该死。"范德比尔特的言论激怒了人们,在19世纪后期民粹主义者反对强盗式资本家和商业巨头的运动中,这句话就变成了一个标语。在民粹主义者的压力下,州政府设立了相关机构监管铁路系统。然后联邦政府又设立了美国政府州际商务委员会来控制货运和客运费用。政府开始坚决主张安全标准。在恶劣的工作环境、安全记录和薪资水平下,各个行业里都成立了各自的工会。记者的揭黑报道也给行业大亨施加了一定压力,这些报道主要是关于铁路、煤炭、石油信托方面的违规行为,肉类包装业的欺诈行为和专利药品方面。

行业巨头们很久之后才意识到民粹主义者对他们的抗议行为的影响。这些行业巨头对**社会达尔文主义**②(Social Darwinism)深信不疑,该理论源自**查尔斯·达尔文**③(Charles Darwin)"物竞天择,适者生存"的学说。实际上,商业巨头们认为自己把达尔文的理论运用于商业和社会问题是富有远

查尔斯·达尔文(Charles Darwin)。他的适者生存理论衍生出了很多他本人也没有预想到的运用,比如社会达尔文主义。

---

① 威廉·亨利·范德比尔特:19世纪80年代邪恶集团形象的代表,在19世纪90年代曾有"公众该死"的言论。
② 社会达尔文主义:关于达尔文"适者生存"理论在社会领域的运用。
③ 查尔斯·达尔文:适者生存理论的提出者。

见的,达尔文在《物种起源》一书中提出自己的这一生物学说,只是距当时只有几十年的1859年发生的事。将社会达尔文主义委婉一点解释,就是许多大亨认为,对那些"能力"还不足以给其自身带来财富和权利的人们,应当由大亨们实行家长作风。然而不论措辞多么小心谨慎,对于那些所谓的"能力不足"的人来说,家长作风都显得太骄傲自大了。

一位叫乔治·巴尔(George Baer)的铁路网总经理曾经这样评论过一次工人罢工:"这些工人的权利和利益不由那些罢工煽动者管,而是由那些虔诚富有的基督徒管,上帝运用他至高无上的智慧把这个国家财产利益的控制权交给了他们。"巴尔的这番言论流传很广,进一步燃起了人们对大财团的忿恨。或许巴尔是真诚的,但是他的社会地位让他被当作那些自视高人一等的商业巨头的掩护者。

同时,因为一些间接的原因社会达尔文主义受到了攻击。不正当行为带来的经济利益成为更多不正当行为出现的理由,因为这些行为可以带来更多的经济利益。社会达尔文主义是一种人咬人、狗咬狗式的世界观,不符合民主的理想,尤其不符合美国宪法的追求。美国宪法序言中写道要为所有人"促进普遍福利,保障神赋的自由",而不仅仅为那些被选择出来的"强者"。在这个世纪之交各种紧张关系愈发突显之时,公共关系的先锋艾维·李出现了。

10.3.2 艾维·李

在20世纪初期,煤矿主和铁路大亨一样受到大众的蔑视。沉迷于利益追逐的煤矿主不太关心公众的怨气,甚至不太关心自己员工的生存状况。在愈演愈烈的民粹主义政治运动中,煤矿主更容易成为众矢之的。煤矿工人形成了组织,1902年宾夕法尼亚州15万工人参与罢工,使无烟煤产业倒闭,也影响了很多依赖煤矿的其他产业,包括铁路。煤矿主们对记者不屑一顾,这一定程度上导致很多新闻报道明显偏向支持工会活动,让煤矿主的公众形象更加恶化。罢工活动上演了6个月,西奥多·罗斯福(Theodore Roosevelt)总统威胁说将让美国军队接管煤矿,煤矿主们这才冷静下来。

煤矿主们被罗斯福的威胁震动,也意识到罗斯福总统对舆论的反应,他们开始重新思考应该如何经营他们的产业。1906年,又一场罢工开始酝酿,这时一名煤矿主得知了一个叫**艾维·李**①(Ivy Lee)的纽约年轻人,据说他有新方法能赢得公众的支持。艾维·李被雇用了。艾维·李发布了一篇新闻通稿宣布:"无烟煤矿主已经意识到了煤矿业中普通大众利益的现状,我们将尽可能地把所有信息都提供给媒体发布,"这成为煤矿业与媒体关系的转折点。紧接着,一系列署有煤矿主签名的信息被发布出来。就在不久之前,这些人还选择匿名发布信息,并拒绝了所有采访请求。整治罢工策略的会议不再秘密召开,每当煤矿主计划召开会议,报道临近罢工事件的记者就会被告知。虽然记者不能参加会议,但是会议记录和结论会在会议结束后立马发给记者。这种相对开放的态度让对煤矿主长期存在的敌意情绪有所缓解。一场罢工活动被抑制住了。

艾维·李帮煤矿主打的胜仗开启了一个事业,改变了企业对待各种各样公众的方式。他的做法中主要有如下几点。

机构的开放性。众所周知,铁路网不仅对他们的商业行为甚至对事故都采取保密政策。当宾夕法尼亚铁路公司向艾维·李咨询意见的时候,他建议不要压制新闻报道,尤其是那

---

① 艾维·李:提出了公共关系的基础学说。

些最终不可避免会曝光的消息。当时在宾夕法尼亚州的峡谷附近,一列火车脱轨了。艾维·李马上安排了一辆专车送记者去现场,甚至让他们拍照。媒体大肆赞扬了宾州铁路的公开态度。多年来新闻对铁路系统的报道都是负面的,但从那时起开始改变了。对于那些仍然坚持保密习惯的其他铁路,"负面新闻"则继续困扰着它们。

寻找积极向上的角度。当美国参议院准备调查国际收割机公司垄断行为时,艾维·李建议这个农具制造商巨头不要蓄意阻挠或者保持沉默。于是该公司发出了一纸声明,宣布对自己的商业行为问心无愧,不仅欢迎调查,而且将积极配合。后来又发起了一场活动,展现公司员工所享有的福利及公司的其他积极信息。

用具体人物使机构形象人性化。1914 年,科罗拉多的煤矿工人大罢工,公司保安开枪杀死了几个人。后来发生了更多的暴乱,2 个女人和 11 个孩子丧命。这次暴乱被称作"**勒德罗大屠杀**"①(Ludlow Massacre),煤矿的主要负责人**小约翰·D. 洛克菲勒**②(John D. Rockefeller Jr.)遭到了公开批评。洛克菲勒很容易就成为众矢之的。老洛克菲勒因为美孚石油的垄断行为而广遭诟病,和他父亲的反应一样,小洛克菲勒在遭到批评、攻击后,尽量避免抛头露面。但突然之间愤怒的民众开始在他纽约的公寓前抗议,并高呼:"把他像狗一样地枪毙。"洛克菲勒问艾维·李他应该怎么办。艾维·李急匆匆地开始写文章,主要关于洛克菲勒有人情味的一面:他的家庭和他的慷慨。然后,在艾维·李的建议下,洛克菲勒宣布他将亲自去科罗拉多州视察情况。他花了两个星期与工作中以及赋闲在家的矿工谈话,还拜访了他们的家人。对于记者来说,这无疑是一个大新闻。并且在这个新闻中,洛克菲勒是一个有血有肉的人,而不是一个遥不可及、冷酷无情的行业大亨。一天晚上,在洛克菲勒对矿工和他们的妻子简短地说话之后,发生了让人惊诧的一幕:他建议把场地清空来跳一场舞。舞会结束前,小洛克菲勒几乎和每一位矿工的妻子都共舞了。关于那晚的新闻报道在很大程度上缓解了对洛克菲勒的敌意和不信任。回到纽约后,洛克菲勒在艾维·李的帮助下提出建立一个投诉程序,并寻求科罗拉多州的矿工的意见。这个提议得到了压倒性的支持并获得了正式批准。

艾维·李

坦率真诚的对话。曾经很多公司对自身和其产品的宣传都夸大其辞,而正是那时艾维·李出现了。早在 19 世纪 40 年代,马戏团推广者 **P. T. 巴尔纳**③(P. T. Barnum)就把这种**夸张广告**④(puffery)做成了一种艺术,后来有很多人都模仿他。那是一个广告夸大其辞、言辞浮夸的时代。然而,艾维·李发觉人们很快就识破了这些夸张虚假的吹嘘,并对这些广告主失去了信任。在 1906 年成立公关公司时,艾维·李保证他说的每一句话都是真实的,对任何人提出的任何核实要求都会满足。这变成了好的公关行为的信念之一,直到今天也是如此。

---

① "勒德罗大屠杀":艾维·李把这场科罗拉多州的悲剧转换成一场公共关系的胜利。
② 小约翰·D. 洛克菲勒:艾维·李的委托人,也是当时公众愤怒的对象。
③ P. T. 巴尔纳:19 世纪 40 年代以夸张和欺诈性的媒体宣传出名。
④ 夸张广告:夸大其辞的宣传。

勒德罗大屠杀。一家煤矿招进了一些科罗拉多民兵以增加安保力量。这些民兵在 1914 年的一场煤矿劳工冲突中开枪杀死了一些妇女和儿童。因为洛克菲勒集团的一家企业是该煤矿的拥有者,一夜之间小洛克菲勒就成了众矢之的。就连洛克菲勒在纽约的住处也有大量的群众聚集抗议,扬言要他的脑袋。公关先锋艾维·李建议洛克菲勒等民情稍微冷静下来就立刻前往勒德罗地区查看,以显示他真诚的关切,并尽快拟出劳动协议,满足矿工们的需求。

▶ 媒介时间线

19 世纪	**公共关系的里程碑** **第一个报纸评论版** 霍勒斯·格里利(Horace Greeley)的《纽约论坛报》,成立于 1841 年 **过度夸张的推销** P. T. 巴尔纳把上门推销变成一门艺术(19 世纪 70 年代) **"公众该死"** 没错,很难以置信,说出这句话的正是铁路巨头威廉·亨利·范德比尔特(1882) **重大事件** • 公共教育作为一种社会价值观生根发芽(19 世纪 20 年代) • 查尔斯·达尔文写就《物种起源》(1859) • 美国内战(1861—1865) • 银行和大型企业兴起(19 世纪 70 年代起) • 民粹主义者对垄断企业发起政治运动(19 世纪 80 年代起) • 塞缪尔·冈珀斯(Samuel Gompers)建立了美国劳工联合会的前身(1881) • 社会达尔文主义成为企业放纵行为的理论支持(19 世纪 90 年代)	 在社会达尔文主义中达尔文主义产生了很大的变化

公共关系的里程碑

艾维·李
第一家公共关系公司的创始人(1906)

乔治·克里尔(George Creel)
第一家政府公关机构的负责人(1917)

爱德华·伯内斯
写了《舆论的形成》(Crystallizing Public Opinion)(1923)

亚瑟·佩吉(Arthur Page)
第一位企业公共关系副总裁(1927)

保罗·加勒特(Paul Garrett)
提出了"有远见的利己"(enlightened self-interest)(20世纪30年代)

战时新闻处
由埃梅尔·戴维斯(Elmer Davis)统领的联邦机构,为战争提供支持(1942)

重大事件
- 煤矿业的劳工危机(1902)
- 勒德罗大屠杀(1914)
- 女性获得投票权(1920)
- 大萧条(20世纪30年代)
- 第二次世界大战(1941—1945)

1900—1949

通用汽车率先提出"有远见的利己"

公共关系的里程碑

伦理问题
美国公共关系协会的伦理准则(1951)

认可体系
美国公共关系协会认可体系(1965)

泰诺危机公关
帮助泰诺从产品贿赂危机中恢复的一次经典公关活动(1982)

整合营销
试图将公共关系归入营销范畴(20世纪90年代)

重大事件
- 朝鲜战争(1950—1953)
- 越南战争(1964—1973)
- 人类登月(1969)
- 第一次伊拉克战争(1991)

1950—1999

泰诺危机,一个经典的个案研究

公共关系的里程碑

21世纪

兼并
广告公司收购了很多公关公司,以拓宽服务范围(2002)

对话
学者把对话理论应用于公共关系领域(2002)

形象改造
英国石油公司的墨西哥湾海上钻井平台漏油事件的公关失败(2010)

宾夕法尼亚州
性虐待丑闻给公共关系和大学体育运动提出的问题(2011)

重大事件
- "9·11"恐怖袭击(2001)
- 第二次伊拉克战争(2003—2011)
- 卡特里娜飓风(2005)
- 金融危机(2007—2009)
- 奥巴马出任美国总统(2009—2017)
- 英国石油公司在墨西哥湾的漏油事件(2010)
- 美国最高法院允许放宽企业为政治运动筹款(2010)
- 国会加大医疗保险的覆盖面(2011)
- 日本海啸与核泄漏灾难(2011)
- 世界总人口超过70亿(2011)

"坏男孩"说客杰克·阿博拉莫夫(Jack Abramoff)获罪入狱

10.3.3 大规模的公共关系

在两次世界大战中,公共关系展现出了为某项事业争取群众支持的巨大潜力。

克里尔委员会。1917年,伍德罗·威尔逊(Woodrow Wilson)总统为广泛的反战情绪感到担忧,派乔治·克里尔①(George Creel)成立了一个新的政府机构,让战争变得更受欢迎。公共信息委员会,也就是被熟知的克里尔委员会机械化地制作出了大量的新闻通稿、杂志文章、海报,甚至电影。7.5万位本土演说家被集中起来,到全国各地的校园、宗教团体和市政机构中发表演讲,倡导要为了民主让这个世界更安全。委员会一共刊发了超过1.5万篇文章。以前从来没有人尝试过这么大规模的公关活动,而且成功了。一战变成了一个备受支持的事业,人们甚至纷纷购买爱国公债,在通常的税收以外,用他们自己的钱去支持战争。

战时新闻处。二战开始后,一个类似于克里尔委员会的机构成立了。资深记者埃梅尔·戴维斯②(Elmer Davis)被委派负责该机构。这个新的战时新闻处所进行的公关活动,规模之大,前所未有。克里尔和戴维斯的战时工作机构都雇用了上百名员工。戴维斯手下仅是负责新闻通稿的就有250名雇员。这些员工大部分都很年轻,在战争结束后,他们把这些公共关系的新经验引入了私人领域。正是这些人为我们今天所知道的企业公关奠定了基础。

---

① 乔治·克里尔:他在一战中证明了大规模的公关活动是可以达到效果的。
② 埃梅尔·戴维斯:在二战期间总领战时新闻处。

乔治·克里尔

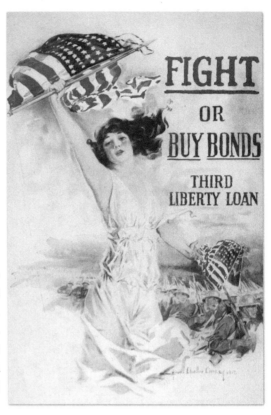

战争债券海报。一战一开始并不受到美国人民的欢迎。很多城市都爆发了反征兵的暴乱。这致使伍德罗·威尔逊总统让乔治·克里尔发起一场浩大的运动,来说服美国人民:这场战争对维护世界民主和平是十分重要的。几个月之内,美国人就自愿购买政府国债对战争进行经济上的支持了。这张海报只是克里尔工作的一个方面,这也说明了公关原则可以规模运用。

10.3.4 企业公共关系

1927 年美国大型电信公司 AT&T 需要找人接管公关事务,公司总裁找到了杂志编辑**亚瑟·佩吉**①(Arthur Page),让他来出任副总裁。佩吉提出了几个条件后才接受了这个职位。其中一个就是他要参与 AT&T 的政策决定。佩吉并不是狂妄自大,只是他见了太多的企业把公关活动仅仅当作政策规定来机械执行。佩吉认为公共关系本身具有管理的功能。佩吉知道他必须参与企业高层的政策决策和执行,这样效果才会更好。

今天很多公共关系的专家赞同亚瑟·佩吉的观念:当企业制定政策时,一定要考虑政策对涉及的各种公众群体带来的影响。最好的办法就是让主管公共关系的人密切参与政策制定,这个人最好是在副总裁这个层级的。关于公众的看法和政策对公众看法的影响,公关负责人要对机构其他的领导提出建议。同样,因为参与了政策制定,公关副总裁能更好地贯彻机构的政策。

每个机构的组织方式都是不同的。通用汽车的公关部门有 200 个雇员。在小一点的公司,公共关系可能只是某个身兼多职的人负责的一项工作。除了特别小型的机构,公关部门通常有三项职能。

对外公关。公共关系帮助机构与机构外的组织和个人打交道。具体包括客户、经销商、供应商、社区领导和政策制定者。

---

① 亚瑟·佩吉:奠定了公共关系作为高层管理工具的角色。

对内公关。为了营造员工、经理、工会、股东和其他内部成员间的最佳关系,企业需要内部沟通。内部发行的业务沟通信件、杂志和手册都是对内公关中常见的元素。

媒体公关。与大型群体之间的沟通,企业在很大程度上需要依靠大众媒体。负责媒体公关的人要处理媒体的质询、安排新闻发布会、向新闻媒体发表声明,他们通常也是企业的新闻发言人。

思考

- 为什么公共关系出现在社会达尔文主义盛行在美国工业社会的时候?
- 艾维·李早期关于企业应该如何对待不同公众的原则,给商业运作带来了什么影响?
- 在20世纪主要战争中的媒体作为是如何演变出企业公关的?
- 为什么在企业的决策层面上公共关系非常重要?

10.4 作为战略的公共关系

▲ 本节概述

公共关系这个词往往带着一定的偏见,但其他替代名称又都不能够准确地概括这项工作的本质。类似于战略沟通、整合营销这样的概念,让公共关系和广告的界限变得模糊,而且忽视了好的公关中对话的本质。

10.4.1 战略沟通① (strategic communication)

作为一个领域,公共关系经过令人头晕目眩的多次演变逐渐成熟。这些变化都试图把公共关系和推销术等其他形象不佳的行为区别开来。"PR"(Pubil Relation,公共关系)这个词被谈起时常常都带有一些质疑和嘲弄,我们都听到过这样的话:"PR就是这样的啦。"为了改变这个行业备受困扰的形象,公关行业使用过无数个替代名称。其中包括"公共信息"和"公共事务"。还有一些更具体的名称曾被使用,诸如"企业沟通""组织沟通"或"政治传播",但经过或长或短的时间后又被抛弃。最后,"公共关系"这个传统名称被保留了下来。因为"公共关系"和其他名称不一样,这个名称抓住了公众之间关系的多样性。

最近"战略沟通"这个词开始流行起来,是指利用策划运动和信息来达到组织的长远目标,通常要通过大众传媒。"战略沟通"是否有持续性的效果还有待考察。这个名称的一个缺陷是它不能表现传统公共关系中双向对话的目标。"战略沟通"这个名称地位不稳还有一个原因,就是它同样适用于广告。和公共关系不同,广告大多数时候都是一种单向沟通。

10.4.2 整合营销

在很多煽动性的运动中,机构会同时使用公共关系和广告。渐渐地,公关人员和广告人

---

① 战略沟通:设定了长期目标的公关活动及其信息传递通常是通过大众传媒来实现的。

员发觉他们常常在一起工作,尤其是在采取整合营销沟通的公司中。这些公司会把广告作为一种营销工具和促销、媒体宣传这类公关手段结合起来。在意识到客户正转向整合营销时,一些大型广告公司收购或建立起了公关子公司,拓宽自己的业务范畴。

正是这种业务的重合让一些广告公司更多地转向公共关系。伦敦 WWP 集团(The WWP Group of London)是一个国际广告公司,收购了 Young & Rubicam 广告公司和其三个公关子公司——Burson-Marsteller,Cohn & Wolf 和 Creswell, Munsell, Fultz & Zirbel。这些大公司的兼并反映了广告和公关的一体化和全球化。

思考

- 公关人员应该如何应对公共关系这个词被赋予的偏见?
- 在整合营销沟通的概念中,公共关系扮演什么样的突出角色?

10.5 公共关系的战术

▲ **本节概述**

公共关系可以被拆分开,或者说可以被分成长期公关运动中的三种活动,这就是推销、形象管理和倡议。

10.5.1 推销

大多数的机构都需要推销,包括媒体宣传。这就意味着和记者长期保持联络,维系融洽的关系,确保记者的忠实可靠,因为这些记者将决定要在媒体上报道什么和如何报道。这些活动就叫作**媒体公关**①(media relations),包括及时回应记者的质疑、安排见面和采访活动。媒体公关还包括召开新闻发布会,处理各种问题。发布新产品、宣布空缺岗位的候选人、向公众公布企业详细的扩张计划,这都是新闻发布会上会有的内容。

令人遗憾的是,19 世纪 40 年代的企业经纪人 P. T. 巴尔纳使推销活动开始变得恶名昭著。巴尔纳的宣传方式包括公然的欺骗行为。据说"每一分钟都有一个傻瓜降生"这句话就是出自他口。巴尔纳荒诞的推销活动中包括著名的假斐济美人鱼,他把一个猴子的头和一条鱼的尾巴拼在一起。最终,在大众的质疑中他的推销听上去越来越空洞。直到现在,巴尔纳带来的公众质疑还是公关行业声誉的一个负担。

虽然噱头和夸张手法仍是推销中常用的工具,但总体来说这种夺人眼球的事物已经逐渐演变,被包装得更加体面,通常被称作**媒介事件**②(media opportunities)和媒体拍照机会③。

推销战术中还包括活动策划,即从策划部署到鼓励公众参与和媒体报道。

---

① 媒体公关:关注的是与记者的关系,以促进对其有利的报道。
② 媒介事件:为了吸引媒体关注而有意策划的事件。
③ 媒体拍照机会:指政府刻意给媒体安排的拍到某政客、名人或重大事件的机会,该术语带有一定的贬义,因为这种安排往往是为了人为制造新闻。(译者注)

媒体人物

有远见的利己

大萧条时期是美国历史上最动荡不安的时期之一。在那个时候,保罗·加勒特引领公共关系走向一个新的方向,赢得了公众的支持。当时所有的人都感到苦恼,还有很多人食不果腹。很多大公司担心人们会把它们看作替罪羊,甚至可能推翻资本主义。作为通用汽车的公关主管,保罗·加勒特面临着前所未有的挑战。当时的局势有多危急呢?在通用的工厂里已发生了数次静坐罢工,不满情绪正在整个国家内蔓延。

加勒特属于第一代公关人,他们主要从政府在一战期间建立的克里尔委员会中学习公关技巧。当时,通用汽车作为行业巨头,给人的印象既庞大,又高高在上,很容易成为憎恨的目标。加勒特立马开始想办法改变公司的形象。为了避免很多问题,加勒特提出了一个公关策略:有远见的利己(enlightened self-interest)。他认为改善人们的个人生活其实是有利于公司利益的,比如给当地的学校捐钱或给员工子女提供奖学金。当然,通用汽车通过其所做的这些好事也吸引了媒体的关注。

加勒特这样总结道:"我们面临的挑战是要重振势头,并通过公关活动让美国工业在未来可以继续下去。如果这个行业的贡献不能表现在给消费者带来的个人利益上,这个行业就很难战胜盛行的谬论和非议。"加勒特同时致力于在宏观层面上改善通用汽车的形象,目的是让大众消费者对公司持有好感。

1936年,一辆叫作"进步大游行"(Parade of Progress)的活动房车横跨东西海岸,传递这样的信息:新科技可以带来进步和社会变革。怀着同样的意图,著名电台主播洛威尔·托马斯(Lowell Thomas)解说了一部故事片——《科学预演》(Previews of Science)。这部电影把公司企业,尤其是大公司塑造成了一个非常正面的形象。总而言之,企业科技和活动的要旨就是要为大众创造一个更好的未来。

美国全国制造商协会看中了加勒特的想法。加勒特和全国制造商协会合作,把公众对大公司的印象和温暖的美国梦联系起来,虽然这个概念还很模糊。在1939年的一次会议上,该协会的公关部门表示,把"公众眼中的企业的自由与言论自由、出版自由、宗教自由联系在一起,成为民主的一部分"是他们的责任。加勒特也是这个协会公关部门的一员。

公共关系作为改变大众观点的一种方式,受到广泛的欢迎。

保罗·加勒特(Paul Garrett)。大萧条时期很多公司都遭到诋毁,当时加勒特是通用汽车公司的一名经理。他建议公司的经营活动既要代表公司的利益,又要代表员工和其他公众的利益。加勒特认为同时为不同的群体服务是有可能的。他将这种公共关系手段称为"有远见的利己"。他策划的运动之一就是1936年的"进步房车"(Caravan of Progress)。设计极其新潮的车辆在全国范围内巡展,显示出通用汽车致力于不断改善生活,也激起了人们的兴奋之情。

通用汽车的未来列车

> **你怎么看？**
>
> 为什么保罗·加勒特提出的"有远见的利己"会被保留在公关词汇中？
>
> 对公共关系来说，为什么行为、行动和语言一样重要？

10.5.2 形象管理

形象是很重要的。公共关系的功能之一就是创造、维护和拯救其所服务的主体的形象。有的公关公司就是专门为要接受电视采访的客户整理形象、做好准备的。不论是摇滚明星、公司总裁还是政坛候选人，忽视这些服务都是一种冒险行为。形象经理同时也为企业、行业贸易组织和其他机构提供服务。

▶ **案例研究：英国石油公司**

2005年，英国石油公司（British Petroleum）设在得克萨斯城的一家停工的炼油厂发生爆炸，导致15名工人死亡，170人受伤。政府调查员在工厂中发现了700多处不符合安全规定的地方，可谓是史无前例的，这让英国石油公司颜面尽失。政府开出了8700万美元的罚单，这个数额也是史无前例的。对于英国石油公司的形象来说，让它损失更大的是幸存者及其家人在新闻媒体和法庭上所讲述的故事。英国石油公司一共赔偿了16亿美元，同时，英国石油公司急功近利的生产计划和利益先于安全的公司印象已经臭名昭著，公司决定要改变自己的形象。

因此，英国石油公司花了大手笔，精心策划了一次形象大改造，但最终失败了。在一场全方位的公关运动中，英国石油公司试图表现自己在全球工厂的安全问题上有巨大进步。那时形象管理已经成为公共关系的一部分，这场运动也采用了**形象管理**①（image management）的一些方法。其中有一项决定就是给公司换了一个名称，不叫英国石油公司，而就叫BP。这两个字母不代表"British Petroleum"（英国石油），而代表的是"Beyond Petroleum"（超越石油）。与这一消息同时出现的还有很多广告，以电视广告为主。这些信息要传达的印象就是BP正从石油转向太阳能、风能和生物燃料。这些能源不仅更环保，而且更安全。

---

① 形象管理：公共关系的职能之一，主要是为客户创造、维护和培养好的形象。

事实上,公司的本质并没有变,还是将石油作为核心产品,对其长期投入。

形象的崩塌。一个石油钻塔爆炸后的87天里,油井失控地向墨西哥湾源源不断地注入污染物。这次环境灾难让人们对英国石油公司之前所做的公关活动的诚意产生了质疑。之前BP公司的公关活动在人们心目中树立的形象是"超越石油"(Beyond Petroleum),并且关注环境。几个月之内,BP公司就跌出了宏盟集团的年度全球100强企业排行榜。

形象管理对塑造公众形象影响很大。在20世纪20年代,公关先锋**爱德华·伯内斯**①(Edward Bernays)曾让一群年轻的女模特参加一次纽约的游行活动,不管是否能称之为好事,此后女人不能抽烟的禁忌开始松动。作为一种信号,女人们纷纷点燃她们的"自由火炬"。摄影师们无法抵挡这种噱头,拍摄了很多照片,几乎每家报纸都对这种现象进行了报道。伯内斯将吸烟塑造成一种时髦、崇尚自由的行为。当然,50年后关于吸烟有害健康的运动又摧毁了这一形象。所以说,大众是很容易受影响的。但也有些形象改造效果很持久,比如在60年代牛仔委员会让牛仔服变得受人尊重。在80年代,反酒驾母亲协会(Mothers Against Drunk Driving)让酒精失去了所有的光环。

事实上,并非所有的形象塑造活动都是成功的。BP公司"超越石油"的公关活动以崇高的环保理想为目标,但却违反了形象塑造的一条基本规则。BP公司并没有真的把重点项目从石油上转移,BP公司后继发生的石油相关事故,让其目标的虚伪性变得更显而易见。更糟糕的是,BP公司一直想要摆脱2005年得克萨斯城爆炸事件带来的恶劣影响,但新闻中却每每报道出新发生的事故,这让公司改变形象的目标难以实现。2006年,也就是得克萨斯城爆炸事件发生一年后,又有新闻爆出BP在阿拉斯加的石油管道泄漏。联邦调查员将此归咎于资金的缩减和企业的疏忽。然后在2007年,同样也是阿拉斯加州的普拉德霍冻原发生有毒物质外溢。2010年,得克萨斯城发生泄漏。没错,又是得克萨斯城,这次泄漏导致265吨有毒化学物质进入大气层。仅仅两周后,史上最严重的海洋环境灾难发生了。BP公司在距离路易斯安那海岸40英里处的一个深海钻油塔发生爆炸,导致11人死亡,其后的87天内

---

① 爱德华·伯内斯:早期的公共关系实践者,他的公关实践和学术理论对公关领域贡献很大。

490万桶原油不受控制地涌入墨西哥湾。这次石油泄漏严重损害了海洋环境和野生动物，给渔业和旅游业也带来了极大的损失。

爱德华·伯内斯（Edward Bernays）

好彩香烟女孩（Lucky Strike Girls）。1929年在纽约的一次游行中，一组女模特组成的游行队伍掏出香烟并点燃，摄影记者争相拍照报道。这种吸引媒体关注的噱头在当时看来荒诞骇人，却传递了这样的信息：女人抽烟是极富魅力的。想出这个噱头的就是公关先锋爱德华·伯内斯。对伯内斯的声誉来说，不幸的是这次表演让他所做的其他更有价值的贡献变得黯然失色。他在公共关系领域最重大的成就包括1923年写的《舆论的形成》（Crystallizing Public Opinion）和1955年写的《说服工程学》（The Engineering of Consent）。

为了维护其苦心经营的"超越石油"的形象，BP采取了**危机管理**①（crisis management）。BP公司又投入了一亿美元来进行信息发布，承认了那些无可否认的安全疏忽。BP新发布的信息也承诺公司将清理好这个残局，并为海湾沿岸靠渔业和旅游业为生的居民提供赔偿。但是"超越石油"这个形象早已被公众牢记，现在他们只看到宣传形象与现实之间的差距。曾经人们轻蔑地说"PR就是这样的啦"。敬业的公关人为了改变这种观点，努力地做好他们的工作。但现在这困扰了公共关系数十年的抱怨又情景重现。超越石油运动的一位发起人——约翰·肯尼（John Kenney）感慨他以前太天真了。肯尼说，他们从来就没有真正地想要让公众参与对话，或者改变公司的经营活动。他将此称为"纯粹的市场营销"。换一种有点悲哀的说法，这个短语带给人最坏的感受就是"PR就是这样的"。

▶ 案例研究：泰诺

强生公司最出名的产品就是邦迪和泰诺。早在20世纪40年代，传奇人物伍迪·约翰逊（Woody Johnson）执掌公司，强生的高质量就在商界有口皆碑。约翰逊的信条就是强生公司首先是对顾客负责，其次是对员工负责，然后是对管理者、社区和股东负责。1976年詹姆士·伯克（James Burke）出任公司总裁，他再次强调了顾客至上的信条："只要我们能给予顾

---

① 危机管理：公共关系的一种功能，事先制订出最合适的计划来应对可能发生的危机。

客一种深层次的精神关怀,赢利从来不是问题。"强生公司花了数百万美元让顾客对他们的产品放心,这些产品中也包括止痛药泰诺。到了1982年,泰诺的市场份额达到36%,成为浩如烟海的头痛药领域中的领头羊。

这时灾难降临了。芝加哥有7人在服用了掺有氰化物的泰诺胶囊后死亡。强生的总裁詹姆士·伯克和负责公关的副总裁劳伦斯·福斯特(Lawrence Foster)马上采取行动。在几个小时之内,强生就做出了如下反应:

- 停止泰诺的生产和配送;
- 将所有零售中的泰诺下架;
- 发起大型广告活动,告知人们将泰诺胶囊换成其他安全的替代药品;
- 从强生内部及其子公司中调来50名公关人员,成立了一个临时新闻中心,直接迅速地回答媒体和消费者的提问;
- 下令进行关于泰诺生产和派送过程的公司内部调查;
- 承诺全力配合政府调查员;
- 在毒害问题解决以后,立即下令为泰诺的回归研制防污染的包装。

产品污染危机。 掺有氰化物的泰诺胶囊导致芝加哥7人死亡后,厂家强生很快做出了反应。公司总裁詹姆士·伯克立即让所有零售商下架该药品,并派公司公关人员组成新闻中心来尽可能充分地答复新闻媒体的质询。伯克的反应和坦率让人们对泰诺动摇的信心逐渐恢复。这次危机过去后,泰诺又重新占有了大量的市场份额。调查结果显示是强生生产和配送系统以外的人往胶囊中掺入了有毒物质,而并非强生自身的生产纰漏。

在几天之内,调查员就确定是城市恐怖分子在胶囊中下了毒。虽然已证明不是公司自身的事故,但强生还面临着一个大问题:怎么重建公众对泰诺的信心。很多泰诺的老顾客不太愿意再冒险,泰诺在止痛药的市场份额跌至6%。

为了解决这一问题,强生召来了博雅公关公司。博雅公司建议发起一次媒体运动,充分利用在这次危机中新闻媒体对强生公开态度的高度赞扬。他们给记者发电报,邀请他们参加一场跨30个城市的视频电话会议,詹姆士·伯克在会议上宣布泰诺的回归。有600名记者参加了这次会议,强生官员现场接受他们的提问。

为了引起更广泛的关注,在电话会议的前一天他们向新闻机构发出了7500份媒体资料包。资料包内有一篇新闻通稿和许多辅佐材料,包括照片、图表和背景信息。

这次会议带来了广泛、大量的新闻报道。报纸关于泰诺回归的通报平均占到32栏。全国和地方的电视广播也对此进行了大量的报道。同时,强生的执行官们参加了一个关于如何构建积极电视形象的工作坊,他们作为全国电视网早间节目和脱口秀节目的嘉宾接受访问。另外,强生还派发了8000万张免费优惠券来鼓励大家再次购买泰诺。

这次以媒体为大本营的大型公关运动成功了。在一年之内,泰诺就重新获得了从前市场份额的80%。

泰诺事件变成了危机管理的一个成功案例。当丰田汽车在2009年因安全问题受到谴责时，它就借鉴了泰诺的经验。还有其他很多公司也是一样，它们表明顾客是第一位的，甚至优先于利益。好政策带来的好行为可能在短期内会影响盈利目标，但这样做是正确的，因为它能构建或者重新构建消费者的长期信心。

明日传媒

对付坏新闻——BP 式做法

和许多公司一样，英国石油公司多年来一直在尝试**搜索引擎广告**①（search advertising）。BP 每年要付给搜索引擎公司谷歌 57,000 美元，相比较而言这笔钱并不多。只要有人搜索太阳能或者环境这样的关键词，BP 的广告就会出现在屏幕上。2010 年 4 月 BP 的墨西哥湾漏油事件发生后，公司成了大量负面新闻的主角。BP 付给谷歌的搜索引擎广告费用涨至每月 360 万美元，比原来翻了 700 倍。只要在谷歌搜索石油溢出、泄漏和最高死亡人数这样的关键词，就会看到 BP 出钱打的广告，这些广告都链接到该公司自己的信息。这是 BP 公司在互联网上的一次大规模的尝试，他们要和新闻报道竞争点击量。那些新闻报道都是关于沾满石油、奄奄一息的鸟类和海洋生物，还有对重创后的渔业、旅游业相关人员的采访。当然，还有那些声称可以帮助起诉 BP 的原告律师们。

BP 在几个月之内总共花了 1 亿美元在灾后信息上，以对付负面新闻的影响。虽然搜索引擎广告的开销只占了总开销的一小部分，但 BP 投入的资金表现了他们希望通过吸引更多人在网上关注企业方面的信息，来改变公众舆论。搜索引擎广告并不是一个新事物，但 BP 在危机管理中利用它确实开拓了一个新的疆域。2010 年某一个月内，谷歌最大的几个搜索引擎广告客户中，只有 BP 是用其来进行公关说服，而其他公司广告一般是为了促进销售。

- Expedia，590 万美元
- 亚马逊，580 万美元
- eBay，420 万美元
- 英国石油公司，369 万美元

损失控制（Damage-Control）。在墨西哥湾漏油事件发生后，面对大量的负面新闻，英国石油公司购买了大量全国电视联播的时段。更重要的是，它在谷歌和其他搜索引擎的搜索广告，以及诸如 Facebook、YouTube 和 Twitter 这样的社交媒体上也投入了大量资金。忽然之间，BP 从谷歌的一个小客户变成了它的第四大客户。

实际上，为了自身的形象管理，BP 每年在谷歌搜索引擎广告中投入的资金正逐步和在全国电视网、有线电视、地方电视台上的投入持平。

除了搜索引擎广告，BP 也开始在 Facebook、YouTube、Twitter 和其他网站上出现。社交网络和视频分享网站已经变成了舆论战的重要战场。数字营销公司

---

① 搜索引擎广告：只要你点击了一个广告商选择的搜索关键词，广告就会出现在你的屏幕上。

互动创新(Innovation Interactive)的首席执行官威尔·玛格罗夫(Will Margiloff)在接受贸易杂志《广告时代》(Advertising Age)采访时说,网络媒体之所以有影响力是因为它们可以积极地调动人们的参与度。他说:"比其他媒体更胜一筹的是,网络媒体传递的信息是有需求的。人们主动地寻求 BP 公司的回答,而不是被动地等待有人来告知他们。"

像谷歌这样的公司依靠搜索引擎广告和以 cookie 文件为依据定点投放的广告来挣钱,并采用网络点击量机制来计价。网络点击量机制和印刷媒体或广播电视媒体不同,不管有多少人对信息做出反应,那些传统媒体都会对空间或者时间收费。而互联网公司则是按实际点击链接的人来收费。对出钱发布信息的人来说,这就更好地保证了信息能被对内容感兴趣的人看到。

> **你怎么看?**
>
> 搜索引擎广告是否让竞争环境更公平?是否为激发公众讨论提供了更多的信息、主意和观点?又或者提供了一种以公司自产的宣传来对抗负面新闻的媒介?
>
> 你认为宣传公关人员在未来会如何利用搜索引擎广告?

10.5.3 倡议

公共关系从最开始作为一种推销工具,逐渐演变成了一种倡议工具,包括就公共政策与政府领导展开的游说活动,以及动员公众舆论。

游说活动。游说活动①(lobbying)是能影响公共政策的一种倡议活动。关于它的起源,历史学家们莫衷一是。但游说活动(lobbying)这一词语的由来是可以确定的。1869 年到 1877 年尤利西斯·格兰特总统当政时,想要找他的人知道他常常会在离白宫两个街区的威拉德酒店大厅抽雪茄、喝白兰地。这些到酒店大厅找总统的说客是一些很乐意阿谀奉承立法者和政府官员的人。

在某种程度上,这种传统的游说活动现在还存在,我们偶尔会在丑闻或违法案件中看到这种行为。然而,游说活动已经逐渐演变成美国政治体系中一个必不可少的、值得尊敬的部分。今天的说客会提供信息和逻辑依据来帮助政府决策者做出最好的选择。现代的说客喜欢把这种行为称作**政府公关**②(government relations),包括提供分析、起草意见书、代写演讲稿、代表委托人向委员会做证。说客都有个人人脉关系,并了解政府的工作机制。对于委托人来说,这些都是非常有价值且必要的资产。在某种意义上,说客就是稽查员。

无可否认,游说活动是一个欣欣向荣的行业。每个州的首府都有上百个公关人员,他们的专长就是代表委托人去立法机构和政府机关游说。北达科他州并不算一个人口很多的州,但它的首府俾斯麦(Bismarck)就有 300 多个注册说客。今天华盛顿的注册说客超过了 1 万人。另外,据估计首都华盛顿还有 2 万多人没有注册,但依然忙碌在各个政府部门间,为他们的委托人的利益奔走。

---

① 游说活动:可以影响公共政策,通常是针对法律或者规定。
② 政府公关:游说活动。

尽管许多说客都遵循着高标准,但权钱交易(influence-peddling)这个贬义词还是常常被提起。只要看看有多少国会议员因贪污受贿入了狱,就不难理解这种贬义了。有一个极端恶劣的例子,加州议员杜克·康宁翰(Duke Cunningham)因为受贿 2400 万美元被判监禁 8 年,这些贿赂绝大多数都来自一个国防承包商。

无处不在的说客。 公关人员挤满了国会大厅和每个州的议会大厦,希望立法者能听从他们的游说。北达科他州人口很少,但该州的注册说客和立法者的人数比达到了 30∶1。

说客也会遭到逮捕。"坏男孩"杰克·阿布拉莫夫当时是游说界的一颗新星。直到 2003 年,在华盛顿所有的说客中,他拥有最多客户。为了制造一个良好的游说氛围,得到更多帮助,同时也便于表达感谢,阿布拉莫夫在国会大厦附近的街上开了两家豪华餐厅。他还购买了一支赌场船队,租下了 4 个斗兽场和体育场贵宾包厢。他还赞助到苏格兰的圣安德鲁斯和南太平洋的私家场地进行高尔夫短途旅游。

《华盛顿邮报》的苏珊·施密特是第一个报道揭露这些奢靡派对的记者。施密特追踪到印第安人部落行贿 4500 万美元用来进行游说活动,让他们的赌博收入免收征税。大量的违法行为被曝光,包括数额巨大的超额计费。举个例子,阿布拉莫夫告诉他的助手一定要想方设法向一个乔克托族①乐队开出每个月 15 万美元的账单。他说:"要记住我们至少要 15 万每个月。如果你需要让我加时间,就告诉我。"助手回答:"你只买了两个小时。"阿布拉莫夫下令:"给我加 60 个小时。"

这之后其他揭黑报道雪崩般出现,这成了史上最大的国会腐败丑闻。在 2006 年的大选中,这个丑闻是辩论的一个中心问题。阿布拉莫夫被判监禁。很多国会议员及其助手因为接受过阿布拉莫夫的贿赂,担心收到法院的传票。对其他正直的说客来说,这个丑闻则玷污了他们所从事的工作。

媒介争论

诚实倡议扮演的角色

对现代公关之父艾维·李来说,他晚年的最后几个月处在备受煎熬的地狱中。1934 年,

---

① 乔克托族:一个印第安部族。(译者注)

李被美国的众议院非美活动调查委员会(House Un-American Activities Committee)召到华盛顿。国会的盘问者说李是德国新纳粹政权的宣传员。李回应说他只是为德国染料信托公司(German Dye Trust)提供咨询服务,并不是为希特勒政府。李说信托公司想要得到一些商业建议,来提升在美国的企业形象。出于一个公共关系顾问的职业信念,李提供了真诚的咨询服务。

虽然指控被撤销了,但是纳粹宣传员却成了一个毁灭性的诽谤。从调查中脱身后,艾维·李的声誉还是受到了很大影响。几个月之内,他就去世了,终年57岁。

罪犯的辩护律师常常会被问到这个问题:为罪犯辩护,良心是否会不安?实际上,一些批评者说:"就应该直接放毒气毒死连环杀手。"这种本能的反感是可以理解的。然而,律师的职业反应植根于美国人人平等的传统。简单来说,当政府进行犯罪指控时,每个人都有权请辩护人让审判结果对自己尽可能有利。

当公关人员接受有争议的委托人时,他们也面临着同样的问题。有些委托人可能备受争议或者受人鄙视。代表不受欢迎的委托人辩护的律师要冒风险,公共关系的工作也要冒同样的风险。

许多外国利益主体,既包括政府层面的也有企业层面的,都希望其自身在美国人心中能有受欢迎的形象,这就需要聘请美国文化方面的专家作为顾问,以指导如何讨得美国人欢心。艾维·李在20世纪30年代所做的就是这样的工作。如今,一些公关公司不再仅仅作为顾问接受咨询,还提供发起倡议的服务。

1990年,伊拉克入侵科威特后,科威特政府通过驻美大使馆雇用伟达公关公司在美国获取同情。这是一笔1000万美元的业务。伟达公关用邮件轰炸美国的新闻媒体,安排了上百个情况通报会,派嘉宾去脱口秀做访谈。科威特大使馆悄悄地买了20万本《科威特大屠杀》(The Rape of Kuwait),这本书被推上了美国畅销书排行榜。

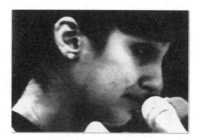

为战争倡议。一个15岁的科威特女孩强忍住眼泪,告诉一个国会委员会她目睹了入侵的伊拉克士兵从医院的恒温箱中取出早产的婴儿,让他们慢慢死去。这个女孩的证词是假的,是伟达公关公司为科威特政府做的战争倡议的一部分。女孩的证词推动了美国发动战争,迫使伊拉克撤离科威特。

在调查这次入侵的一场国会听证会上,伟达公关安排了一个年轻的科威特医院志愿者去做证,说她看见了入侵的伊拉克士兵把早产的婴儿从保温箱中拉出来,然后放在冰冷的地上,让婴儿死去。她的眼泪让人无法不相信她。这个残忍的故事作为一个关键点,促使美国军队进军,赶走了伊拉克侵略者。伟达公关没有公开指出或者说有意隐瞒的是,这个眼含热泪的证人是科威特驻美国大使15岁的女儿,而非她自己所说的那样,只是医院一个默默无闻的志愿者。还有,她的故事也是假的。但是当真相大白的时候,已经入侵的美国不可能召回增派的军队。战争就来临了。

正方

公共关系为与公共政策的有重大相关利益的任何主体提供制定战略和生产公关信息的专业意见,从而帮助民主更好地运作。公共关系的工作包括尽可能专业和强烈地表达委托人的要求。政治辩论中的自由表达和各种观点交锋的确很激烈、混乱,但是好的公共政策就是从这样激烈的辩论中产生的。

> **反方**
>
> 在法庭上,律师要对事实负责。律师一旦说谎就会被法官制裁,还会被取消律师资格。在公共问题上为委托人奔走游说的公关人也应该遵守一样的准确性和真实性标准。伟达公关说服美国为科威特发动战争的例子,就足以证明公共关系行业需要有规则来制裁故意误导的行为。

深化你的媒介素养

探索问题:从约翰·司道波(John Stauber)和谢尔顿·然普顿(Sheldon Rampton)的书《毒泥对你有好处》(*Toxic Sludge Is Good for You*)和其他资料中,阅读伟达公关公司帮助科威特政府说服美国进行军事援助的相关描述。

深入挖掘:分析美国公共关系协会的道德准则,并评估伟达作为代表委托人的积极倡导者的表现如何。

你怎么看?如果公共关系的倡议是有利于公共利益的,它是否应该受到监管?滥用是否应该受到制裁?如果不应该,为什么不应该?如果你赞成监管,那么谁来充当监管者?

政治传播。每个州的首府都有政治咨询师,他们的工作就是为竞争公职的候选人提供**政治传播**①(political communication)的建议。他们的服务包括竞选活动管理、调查研究、宣传、媒体公关和形象咨询。政治咨询师也为选举、公投、产品召回和其他公共政策问题提供服务。

政治传播的技巧变得越来越宽泛,包括运作所谓的前线组织。这些组织伪装成草根团体,但实际上代表了大财团的特殊利益。虽然它们表现得像是真正的市民运动,但这些组织更精确地被赋予了富人和穷人的特征。它们假装代表了大批的支持者,在大众媒体的各种平台上表达它们的热忱,包括给报纸评论版写文章,在全国电视网投放昂贵的广告。随着它们对企业利用价值的变化,这些前线组织出现然后又退出历史舞台。有如下一些例子。

- **消费者自由中心**:烟草、餐饮和酒精饮料行业的一个前线组织,为消费者争取自由选择食物、饮料和香烟的权利。
- **60加协会**:制药商辉瑞出资成立,反对处方药立法。
- **沃尔玛工作家庭**:由零售商巨头沃尔玛组织成立。该组织倡议人们不能仅仅通过组织的公开信息来了解组织的真实情况,应该看得更深一些。
- **电信选择消费者协会**:该协会由威瑞森通信和AT&T公司秘密出资赞助。
- **全国吸烟者联盟**:由菲利普·莫里斯的烟草公司出资赞助,反对禁烟立法。
- **能源市民联盟**:由埃克森美孚、康菲、BP和其他一些石油公司赞助,通过集结群众反对减缓气候变化的立法。

前议员劳埃德·本特森(Llyod Bentsen)嘲笑这种假草根组织是一种**草根营销**②(astro-

---

① 政治传播:为候选人和团队就公共政策问题提建议,通常是选举活动中。
② 草根营销:一种假草根运动,通常是政治运动;"astroturfing"本来是一个人造草产品的品牌名称。

turfing），这里他借用了一种著名人造草的名称，这种草不是真正的草。这个名称原意是要贬低这种行为。虽然这个蔑称广为流传，但是这种行为并没有因此减少。华盛顿有一家专门做草根营销的公司叫 Bonner & Associates。公司有一间电话推销室，配有 300 条电话线和接线员。在机器搜索的帮助下，接线员没日没夜地给全国各地的人打电话，鼓励他们就待决的立法项目给国会写信，发表各种意见。是谁在给这些人发工资呢？Bonner 公司的客户有制药商协会、埃克森美孚、陶氏化学、花旗公司、Ohio Bell、米勒啤酒公司、美国烟草公司和化学制造商协会。该公司花在游说活动上的金额巨大，有多少呢？《纽约时报》的记者斯蒂芬·恩格尔伯格发现一家贸易组织在一个月之内支付了 Bonner 公司 300 万美元，用于号召人们为一个备受争议的提案给国会议员打电话、写信。

对于 Bonner 和其他一些当今游说机构，有人质疑它们是否会颠覆民主。杰克·邦纳（Jack Bonner）称他的公司的行为正是"民主的胜利"。他说，当更多人参与公共问题的对话讨论，政府系统才能更好地运作。邦纳称，他所做的一切只是为人们提供信息。如果他们认同公司客户的观点，他们知道应该给谁打电话或写信。

资金筹集。数十年来，资金筹集都是非营利组织和慈善组织的一项重要活动。在政治传播中，尤其是互联网出现后，资金筹集也变得越来越重要。2004 年一位总统候选人——霍华德·迪恩将资金筹集活动大众化，在初选中就筹集了 2540 万美元，其中大部分都是通过普通方式吸引人们捐助的。迪恩获得的平均捐助金额是 80 美元，远远低于其他候选人的均值。其他候选人主要依靠十分有钱的捐助者出资赞助。然而，每个人不多的捐助加在一起代表了广泛的支持。

互联网也成为慈善机构的新工具，比如红十字和美国癌症协会。它们在网上进行呼吁，成功地吸引了捐助者。虽然每人的捐款金额比较小，但是捐助者数量巨大。

政治筹资。霍华德·迪恩（Howard Dean）通过网络拉票来竞选总统。迪恩在利用普通百姓的愿望以获取支持这件事上是一个先行者。这些普通人大多数能做的贡献很小，但加起来力量是惊人的。

思考

- P.T. 巴尔纳创造了很多宣传事件的稀奇古怪的方法。现在的公关运动中运用了巴尔纳的什么策略？
- 运用艾维·李的准则来衡量 BP 公司的超越石油运动。在墨西哥湾石油泄漏事件前，可以怎么做来改善公司形象？在石油泄漏事件发生后，李的公关原则能拯救 BP 的企业形象吗？
- 杰克·邦纳认为基于特殊利益出资成立的前线组织可以提高民主程度，你如何评价他的观点？

10.6 公共关系的专业化

▲ **本节概述**

支持与公众进行公开、诚实对话的理论家对公关中的伦理问题非常敏感。道德讨论和建立认证体系是为了改善公关实践。

10.6.1 受损的形象

公共关系历史遗留的坏元素直到现在还是一个沉重的负担。P. T. 巴尔纳用宣传噱头和表演吸引人群,在 19 世纪中叶伊始引领了言过其实的宣传承诺的盛行。巴尔纳的名字也变成了不实宣传的代名词。不幸的是,现在仍有一些宣传者在沿用巴尔纳的策略。巴尔纳时代所谓灵丹妙药的宣传,仍然存在于今天的止痛药和感冒药的广告中。在艾维·李出现之前,早期巨头们对揭黑报道的反应就是**洗白**①(whitewashing),不断掩盖批评声,但不做任何改进。这些原则更近期的运用就是**绿色外衣**②(greenwashing),也就是公司隐藏自己危害环境的行为,而宣传自己的环保行为。难怪 PR 这个词有时会被嘲弄地使用。说什么东西"全是 PR"就是说它缺乏实质内容。如果有些人明显的积极品质只是虚假表象的话,我们就会说他们"PR 做得好"。

10.6.2 伦理:标准和认证

美国公共关系协会现在有 114 个地方分会,2.8 万个成员。该协会有一个独特的目标:不论已被贴上什么样的标签,都要不断提高公关工作的质量。1951 年,公关协会采用了一套专业标准。随后美国公共关系协会建立了一套认证程序,更进一步提高专业化程度。只有满足标准并通过考试的机构才能在它们的名字后面加上"APR",这个标准包括专业经验。APR 的意思是"认证合格的公共关系机构"(accredited in public relations)。美国公共关系协会中大约有 5000 个成员拥有 APR 认证。

从 1998 年开始,APR 项目由全球认证理事会(Universal Accreditation Board)进行认证。这个理事会是专门为此设立的,设立者是美国公共关系协会和一个由九家其他的公关组织组成的财团。

本章小结

公共关系的规模

在社会被媒体控制的时代,公共关系是一个朝阳产业,每年的收入达到 40 亿美元。在公共利益方面,公关具有促进广泛对话的巨大潜力,可以催生社会共识。越多公众参与对话,共识就越强,社会的凝聚力也就越强。在这个意义上来说,公共关系有助于民主更好地运作。

---

① 洗白:粉饰、掩饰。
② 绿色外衣:掩盖环境危害同时声称环保的行为。

语境中的公共关系

为了机构和客户能接触大批受众,公关组织制造公关信息并通过大众媒体进行传播。说服新闻记者和新闻编辑室的主管传播这些信息要付出很多努力。虽然公共关系和广告常常被混为一谈,但两者之间还是有着根本的不同。其中一个不同就是公共关系要赢得的是人们的思想。最理想的状态,是引发真诚的共鸣。然而广告只是为了促进销售。

公共关系的根基

现代的公共关系是艾维·李提出来的概念。他在1906年开始为公司客户提供咨询服务,这些公司因为各种恶劣行为遭到公众的围攻。这些行为包括剥削劳动者、对消费者和竞争者不公的垄断政策。李督促企业减少它们的自我封闭和傲慢行为。当问题出现时不要试图掩盖,而要公开地、真诚地、开放地面对问题。李鄙视P.T.巴尔纳那种误导性的、像马戏团一样的过度宣传行为。这种行为不仅是不真诚的,而且会逐渐失去公众的信任。这个行业不断成长,公关活动被看作是外部沟通或内部沟通。所谓外部沟通就是针对外界公众,而所谓内部沟通就是针对雇用员工、股东和其他机构内部的成员。

作为战略的公共关系

哄骗和误导性的宣传让公共关系背负了不好的口碑。这是非常不幸的,因为公关行为可以是正当的,也确实是正当的。然而,公关人员一直在与这个负面形象做斗争,多年来他们为自己的工作编造了很多代替性的名字。诸如战略沟通和整合营销这样的词语,让公共关系和广告的界线变得模糊,也没有抓住良性公关对话的本质。关于怎么称呼自己的这种讨论,让公关人员更加清楚地了解了他们的工作和道德准则。

公共关系的战术

对于一个民主的社会来说,公共关系很重要,因为它可以通过为对话提供信息、观点和逻辑论证,从而让讨论更富智慧。公共关系扮演的不仅是一个信息提供者的角色,它还能提供清晰的立场来影响公众和公共政策。这个倡议者的角色有时会越过诚实说服的原则。这就引发了一个道德问题:一个有价值的目标是否就可以成为不择手段的正当理由?在公共关系中有关政治传播的这一块中,这些道德问题更加凸显。公共关系中关于形象的建构也常常会出现问题。

公共关系的专业化

对说服活动中伦理问题的敏感度不断增长,促使了道德准则和认证标准的出现。试图影响公共政策的公关行为要受到法律约束,这样的法律已经出台,其规定说客要在政府注册。

> **批判性思考**
>
> 1. 现代社会中的什么现象促使了公共关系行业的发展?
> 2. 为什么公关运动的策划者要擅长替他们的信息确定媒体平台?
> 3. 在19世纪末和20世纪初,关于人类本性和社会的理论学说是如何帮助公关这个领域发展的?
> 4. 把公共关系归为战略沟通,这对传统公关中的对话本质有什么影响?
> 5. 为什么在倡议中运用对话理论很难?
> 6. 你认为应该采取什么样的自律措施来消除公共关系中的不道德行为?

媒介术语

astroturfing 草根营销
commonweal 公众利益
crisis management 危机管理
dialogic theory 对话理论
government relations 政府公关
greenwashing 绿色外衣
image management 形象管理
lobbying 游说活动
media kit 媒体资料包
media opportunities 媒介事件
media relations 媒体公关
news release 新闻通稿
political communication 政治传播
public relations 公共关系
search advertising 搜索引擎广告
social Darwinism 社会达尔文主义
video news release 视频新闻通稿
whitewashing 洗白

媒体资源

→公关业的主流行业期刊 *PRWeek*.

→Clarke L. Cayward, editor. *Handbook of Strategic Public Relations and Integrated Marketing Communications*, second edition. McGraw-Hill, 2012. 68位公共关系从业者和学者为企业家提供建议,告诉他们如何应对越来越"残酷无情"的媒体。

→Shannon A. Bowen, Brad Rawlins, and Thomas Martin. *An Overview of the Public Relations Function*. Business Expert Press, 2010. 作者描绘了各种各样的公共关系经验,为经理提供了一个启蒙读本。

→Kathleen Fearn-Banks. *Crisis Communications: A Casebook Approach*, fourth edition. Routledge, 2010. Fearn-Banks曾经是一名记者,现在是一名学者。这本书提供了很多关于新媒体、员工和消费者危机管理的个案研究。

→Naomi Oreskes and Erik M. Conway. *Merchants of Doubt: How a Handful of Scientists Obscured the Truth on Issues from Tobacco Smoke to Global Warming*. Bloomsbury, 2010. Oreskes是一位历史学家,Conway是一位科学作家。他们认为出于政治和经济利益,利用科学家和运用公关技巧的行为,让科学不断地被滥用。

→Kathryn Allamong Jacob. *King of the Lobby: The Life and Times of Sam Ward, Man-About-Washington in the Gilded Age*. Johns Hopkins, 2009. Jacob是后内战时期的一位文化历史学家,这本书描写了一位公关从业者,他的游说技术炉火纯青,曾代表银行、铁路和其他委托人在国会上所向披靡。

→Lawrence G. Foster. *Robert Wood Johnson and His Credo: A Living Legacy*. Lillian, 2008. Foster是强生公司的一名公关执行官,这本书赞扬了强生创始人的商业道德。

→Edward J. Lordan. "Defining Public Relations and Press Roles in the 21st Century," *Public Relations Quarterly* (Summer 2005), pp. 41-43. Lordan是一名公共关系方面的学者,他探究了新闻和公共关系之间的微妙关系。

→Michael L. Kent and Maureen Taylor. "Toward a Dialogic Theory of Public Relations," *Public Relations Review* (February 2002), pp. 21-27. Kent和Taylor都是学者,他们运用多个学科的理论证明了真正的对话是有道德的公关行为的基础。

→Noel L. Griese. *Arthur W. Page: Publisher, Public Relations Pioneer, Patriot.* Anvil, 2001. Griese 是一名学者,同时也是一名公关执行官。在整理了80箱Page的个人文件并对Page的同事进行采访后,写出了一本极具权威性的人物传记。

→John Stauber and Sheldon Rampton. *Toxic Sludge Is Good for You: Lies, Damn Lies and the Public Relations Industry.* Common Courage, 1995. Stauber 和 Rampton 是两位关注公共关系的媒体评论员,他们在书中探索了如何代表客户制造不同寻常的事件。

→William Greider. *Who Will Tell the People: The Betrayal of American Democracy.* Touchstone, 1992. 《国家杂志》的 Grieder 记录了草根营销的兴起。他尤其关注一家叫 Bonner & Associates 的华盛顿游说事务所,这家事务所专门为客户运营前线组织,这些组织为客户的倡议提供草根支持。

→George S. McGovern and Leonard F. Guttridge. *The Great Coalfield War.* Houghton Mifflin, 1972. 这本书记录了勒德罗大屠杀事件,其中提到艾维·李提议的运动成功地拯救了洛克菲勒的名誉。但该书对艾维·李采用以企业立场为导向的视角及其事实收集方面存在的漏失表示批评。

→Ray Eldon Hiebert. *Courtier to the Crowd: The Story of Ivy Lee and the Development of Public Relations.* Iowa State University Press, 1966. Hiebert 教授写的这本传记对艾维·李赞赏有加。他侧重于关注艾维·李所创的公关原则,这些原则也是艾维·李在实际中经常运用的。

→Commission on the Freedom of the Press. *A Free and Responsible Press.* University of Chicago, 1946. Robert Hutchins 组织了一群知识分子向新闻界提出了一个里程碑式的要求。他们要求新闻界成为一个交换评论的平台、一种社会各群体之间表达意见和态度的渠道,一种把新闻媒体提供的最新信息、想法和感受传达给社会所有成员的途径。该委员会也呼吁新闻界要对当前发生的事件进行真实全面的记录,并且要结合赋予这些事件意义的语境。

→Ivy Ledbetter Lee. *Human Nature and the Railroads.* E. S. Nash, 1915. 李是公共关系领域的先驱,其早期的客户中有一些是铁路公司。

本章主题性总结

公共关系

为了更好地巩固你的媒介知识,此处用贯穿本书的几个主题来展现本章内容。

传媒经济学

公关先锋艾维·李强调了坦率和真诚的重要性。

资本主义的黑暗面是彻底的贪婪,这让企业公司在19世纪后期开始拥有史无前例的财富和权利。腐败行为通常来自垄断,而且垄断行为中不乏完全置社会责任于不顾而追求利益的做法。由底层农民和劳动者掀起的民粹主义运动得到了政府的重视。公共政策开始改革,勒令工商业要找到新的运作方法。公共关系的工作模式1906年由艾维·李所创造。在公共关系的指导下,企业既追求自身的利益,也照顾到社会其他群体的需要和利益。

媒体与民主

说客为他们的工作辩白，声称好的游说活动是真诚的倡议。

公共关系通过让组织清晰、明确地发表意见，确保了公共对话的多样性。最好的公关寻求的是双赢的问题解决方法，这么做不但是为了公关公司所代表的机构，也是为了这些问题所涉及的其他民众。如果做得好的话，公共关系就是社会上众多意见中的一个真诚的倡议。游说活动属于公关活动之一。当制定一项政策时，游说活动通过向立法者提供信息和论据，直接触及公共政策的核心。说客也和政策的实施者打交道。违反伦理和法律的游说活动有时会成为热点新闻，这样的行为玷污了公关的名誉。本来，正直的公关行为是可以辅佐民主更好地运作的。

精英主义与民粹主义

查尔斯·达尔文可能没有想到他的适者生存理论会被用来解释财富和特权。

在美国内战结束后的几十年内，工业革命改变了美国社会，形成了一个极端两级分化的社会——有钱人和穷人。上层社会的很多人多少对自己前所未有的财富感到有些愧疚。达尔文的适者生存学说在当时成为一种新的风潮，上层社会的人利用它为自己的特殊地位辩解。他们称之为社会达尔文主义，意思是他们之所以能获得高人一等的强势地位，是因为他们是最有能力适应环境的。这种学说被蒙上了一层宗教色彩，大致意思是：造物主让这些人拥有特殊的天赋去积累财富，并过上奢华的生活。这并不是那些有钱人的错。这种观点对劳动者、农民和其他普通人来说，是带有侮辱性的。一场新的政治运动——民粹主义运动兴起了。这场运动给予那些处于社会底层的"劣者"发言权。根据社会达尔文主义，这些人是被剩下来的。民粹主义运动促使公共政策发生改变，并撼动了工业社会。在这样的环境下公共关系出现了，它提供了一种方式，让工商业巨头倾听社会其他群体的声音并与之交流。

媒体的未来

有效公关的下一步不仅是讲述，而是更多的倾听。

在很多时候公共关系都受到了不公正的评价。举个例子，用"PR就是这样的"这个带有蔑视的短语来形容虚假的事物。职业的公关人一直致力于修复公关行业受损的形象，并鼓励符合道德伦理和认证标准的公关活动，他们需要做的还有很多。学者正努力以更多的理论学说来指导公关行为。其中包括对话理论，该理论强调在对问题表态之前应该真正地去倾听。

受众细分

公共关系从业者,包括那些从事政治传播的人,都知道如何针对那些有特定对象的信息去细分广大受众。

公众也就是社会中可以被区分出来并对其传递信息的群体。随着特殊利益群体越来越多,这个概念也越来越复杂。曾经,人们大多把自己归属为某一大型群体的成员,比如说属于某一政党、宗教派别、民族或地区。这些旧有的分类之下如今又有了新的小类别。这些小类别中都有明确的领导和各自的沟通方式。这给公关人员带来了更多挑战。他们要去倾听更多样的声音并策划公关活动,以使双赢互利的目标得到更多人的支持。

媒介技术

在恐怖分子用致命物质污染药品后,泰诺采取了很多方法来让人们确信其药品是安全的。

公共关系本身不是大众传媒,但要依靠媒体去传递信息。对公共关系来说,没有什么特别的科技。但其他媒体中出现的科技,尤其是互联网,为公共关系打开了一片新天地。其中包括在网上发布新闻通稿,并附上链接,可以链接到各种博客和相关网站。社交媒体上发布新闻通稿,这种创新鼓励了持续互动的沟通。它让公共关系比以往更好地实现了双向交流。

第11章

广　告

▪ 盒子外的广告

如果说存在一个广告大师的话,那应该非鲍勃·格林伯格(Bob Greenberg)莫属。他是第一个提出把手机当作广告媒介的人。他将手机称为继电视和电影之后的"第三块屏幕"。在日新月异的媒介环境中,产生这样的洞见已经是好久之前的事了,至少是好几年前了。

现在格林伯格专注于数据可视化。他提倡广告要吸引人们关注其自身的个人数据,并和他人比较。例如,将自己的车每加仑汽油能跑多少公里与其他上班族比较,可以变成一个游戏,这个游戏有趣又能让大家参与其中,而且任一汽车制造商都能实现。格林伯格说:"看见自己和他人数据的比较后所产生的强烈反应很有启示性。"广告商为什么要重视数据可视化? 格林伯格说,因为数据可视化成为消费者购买和使用产品过程中的主要经验的一部分。他称之为"根本动机"。格林伯格的经验是:广告就是关于如何鼓动消费者的。

格林伯格自由地分享了他的观察和看法。但他并非只是一个纸上谈兵的评论员,他在纽约的 R/GA 公司负责大众传媒广告。该公司是跨国公司 Interpublic 的一部分。Nike+的网站就是由 R/GA 公司设计的,这个网站中就运用了数据可视化。经常使用的跑步者可以追踪他们跑步的距离、步伐、时间和消耗的卡

鲍勃·格林伯格(Bob Greenberg)。他的水晶球预见了广告不是被包装进娱乐和新闻节目中间,而是被整合进我们现在所生活的数字时代里。

路里,也可以和其他跑步者交流。他说,顾客可以与他人进行比较,也可以和他人分享经验。这样可以构建顾客忠诚度,促进产品的销售。

格林伯格说,通过娱乐内容把大众引向广告信息的时代正在快速衰退,现在是时候跳到框外思考了。

有些广告公司经理仍然在为客户定制 30 秒电视广告,格林伯格为他们感到惋惜,因为他只知道这些了。并不是说电视、广播、杂志、报纸已经死了,但它们的全盛期已经过去了。它们作为广告载体的近乎垄断的位置也在迅速衰落。用格林伯格的话来说,广告公司如果不能找到触及消费者的新模式的话,无异于自取灭亡。

格林伯格对这个问题的回答是:与其把广告夹在娱乐产品中间,还不如让广告自身就变成一种娱乐消遣。格林伯格被称作媒体未来主义者,但事实证明未来就是当下。三星和威瑞森在互联网上的预算增长了三倍。美国运通公司已经不在全国电视网上投放广告。在 R/GA 公司里,格林伯格把信息工程师、数据分析师和他所谓的"经历设计师"组合成他的团队。他一定在做一件正确的事。他的员工数量翻了 5 倍,现在已达到 400 人。

本章要点

- 在消费者经济、民主和大众媒体中,广告是必不可少的。
- 大众传媒让广告成为可能。
- 广告公司和它们投放广告的媒体关系密切。
- 媒体中的广告投放是由它们的媒体影响力决定的。
- 作为一种广告战略,品牌构建包含围绕某个特定的产品或服务建立庞大的生产线。
- 广告战术包括迎合大众趣味、定位、堆叠和证言。
- 新科技包括病毒式广告、口碑推荐或者说"人际"广告和隐秘广告。

11.1 广告的重要性

▲ 本节概述

在消费者经济中,广告是至关重要的。如果没有广告,人们甚至很难知道有什么产品或服务可供选择。实际上,对一个繁荣的社会来说,广告是必不可少的。广告也是重要的现代大众传媒的经济基础。

11.1.1 消费者经济

广告是现代经济的一个主要的组成部分。在美国,广告商在推销产品上的费用占了国内生产总值的 2.4% 到 2.9%。当一个国家生产的产品或提供的服务越多,广告花费也会越多。但当商品生产衰退时,正如 2007 年到 2009 年的经济危机期间,很多制造商、分销商和零售商也撤回了它们的广告。

只要想一想人们是如何做决定买东西的,就可以明显感觉到广告在现代消费者经济中所扮演的必不可少的角色。如果汽车制造商不能在大众传媒上打广告,宣扬该公司汽车的优势,人们将很难了解这个产品,更不可能知道这是否是他们想要的产品。

11.1.2 广告与经济繁荣

广告业惊人的持续增长是一个富足社会带来的结果。在一个商品短缺的贫困社会,人们要排队来获得生活必需品,例如食物或衣服。当生存问题还是主要困扰时,广告就没有任何意义和必要。然而,当社会繁荣时,人们不仅拥有可自由支配的收入,而且有很多花钱的选择。广告就可以提供信息和逻辑理由,帮助人们决定要如何享受他们的财富。

广告不仅是经济繁荣的产物,也为经济的繁荣做出了贡献。通过在大众传媒上呈现各种吸引人的商品和服务,广告可以激励人们提高个人生产效率,这样人们就可以有更高的收入来买广告中宣传的东西。

广告让人们在购物时不用亲自去查看所有的同类商品就可以做出比较,这也提高了经济效率。广告对效率的贡献还包括让消费者淘汰过时、低效的商品和服务,而转向选择那些更高级、低廉的商品和服务。

一个充满选择的社会。 广告业通过为消费者提供选择的方式,折射了民主的理想——每个人都能从不同的方案中理智地做出选择。重点就在于所有个体都是独立完成决策的,是投票给民主党还是共和党?买耐克还是锐步?买斯巴鲁还是福特汽车?

霍华德·摩根斯(Howard Morgens)出任宝洁的总裁时曾说过:"广告是向消费者进行推销最有用也最高效的方法。如果我们能找到其他更好的方法来推销我们的商品,我们就会抛弃广告而转向其他方法。"麦克劳-希尔(McGraw-Hill)公司发行过数本贸易杂志,该公司的研究显示一个推销员的一次经典推销要花费 178 美元,一封信要花费 6.63 美元,而一通电话需要 6.35 美元。麦克劳-希尔公司认为一个广告商通过打广告每花 17 美分就可以接触到一个潜在买主。虽然广告不能促成所有商品的销售,但它可以介绍商品,让推销员的工作更简单、快捷。

下面是一些主要广告主在美国大众传媒上的估计花销:

宝洁	52 亿美元
AT & T	32 亿美元
威瑞森	30 亿美元
通用汽车	30 亿美元
时代华纳	30 亿美元
福特	25 亿美元
葛兰素史克	25 亿美元
强生	24 亿美元
迪士尼	23 亿美元
联合利华	22 亿美元

11.1.3 广告与民主

广告作为一种现代现象在美国兴起,主张广告和民主相互关联的理论也出现了。这种理论认为美国早期的历史就是民主的历史,美国人已经学会带有个人观点去参与政治。他们会主动获取信息,并以此评估他们的领导人,为公共政策投票。这种对个人主义和人的理性的强调,让广告应运而生。正如美国人会在大众传媒上获取政治事务的相关信息,他们在做出购物决定时也会在媒体上搜寻信息。

相较而言,在一些极权专制的国家,人们更倾向于从强势的个人领袖那儿获得意见,而不是通过逻辑推理。根据那个理论的说法,在这些非民主国家里就没有对信息的需求,包括广告提供的那些信息。

在大多数民主社会中,广告还有一个重要的作用,那就是为报纸、杂志、电视和广播提供主要的运营经费。在美国,人们依靠这些媒体来获取信息、娱乐,并就公共问题交换意见。如果没有了广告,这些媒体也就不复存在了。

思考

- 为什么说广告是现代消费者经济中必不可少的元素?
- 这是一个鸡和蛋的问题:广告和社会繁荣,哪个是因?哪个是果?
- 在民主社会中,广告是如何赋予人权利的?

11.2 广告的起源

▲ **本节概述**

广告是那些改变社会的强大推动力的产物。从古腾堡发明活字印刷术开始,大批量的信息生产变成可能。如果没有大众媒体,就没有把广告传递给大众的载体。广告是民主经验的产物;也是工业革命及其衍生物的产物,包括巨大的交通网络和广大市场;广告还是经济持续增长的产物。

11.2.1 科技的继子

广告本身不是一种大众传媒,但是它要依靠媒体去传递信息。**约翰内斯·古腾堡**①发明的活字印刷术使得印刷物可以批量生产,也让广告的批量生产变得可能。最开始是传单,然后报纸广告和杂志广告也出现了。19世纪,高速印刷的技术出现,可以为更多的受众提供印刷物。广告商就用这些媒介来扩大市场。广播出现后,广告商又学会了如何使用电子通信。然后又有了电视。

传单是印刷广告的第一种形式。英国印刷商**威廉·卡克斯顿**②(William Caxton)在1468

---

① 约翰内斯·古腾堡:广告媒体的创始人。
② 威廉·卡克斯顿:印刷了世界上第一则广告。

年印刷了世界上第一则广告来推销他的书。在美国,《波士顿信札》的出版人**约翰·坎贝尔**①(John Campbell)在1704年刊发了第一则广告。这则广告的内容是有个人想出售长岛的地产。殖民地报纸列出了从欧洲来的货物,并邀请读者前来选购。

11.2.2　工业革命

本杰明·戴②在1833年创办的《纽约太阳报》是第一张便士报,这份报纸的天才之处在于它承认和利用了工业革命带来的许多改变。蒸汽驱动的印刷术让大型印刷成为可能。工厂吸引了大量的人到小城市工作,于是报纸在这些城市能够很快地分派。这些工作也吸引了很多外来移民,他们急切地渴望从报纸或者其他资源中更多地了解这个接纳他们的国家。工业化和伴随而来的工会运动带来了前所未有的财富,劳动者也分得一杯羹。虽然以现在的标准来看还很原始,但是那时消费者经济已经开始出现了。

戴的《纽约太阳报》成功的一个关键之处就是每份报纸只要一便士,几乎每个人都买得起。当然,戴的每份报纸生产成本不只一便士。和现在所有的商业媒体的做法一样,戴当时就是通过广告商的赞助来补上这笔损失。正如戴在第一期报纸中写的那样:"这份报纸的目标就是要以每个人都买得起的价格呈现在大家面前,为公众报道一天的新闻。同时为广告提供一个有利的媒介。"戴和其他模仿他的便士报的出版商追求越来越大的发行量,他们知道商人会看到其中的价值,然后出钱购买版面以接触到巨大的购买力。

全国广告兴起于19世纪40年代,在工业革命的又一创造——铁路出现以后。铁路为制造业商品的流通创造了一个新的网络。全国性品牌出现了,这些品牌的制造商利用杂志广告来促进销售,而这些杂志也是通过铁路来运输分配的。到了1869年,铁路网连接了大西洋和太平洋海岸。

思考

- 广告是如何有效促进产品和服务销售的?
- 在广告的出现过程中,对比约翰内斯·古腾堡、威廉·卡克斯顿和本杰明·戴这三个人所扮演的角色。
- 在全国广告的现象中,铁路起到了怎样的重要作用?

▶ 媒介时间线

	广告里程碑	
15—17世纪	**第一则广告** 威廉·卡克斯顿用第一则印刷广告来推销一本书(1468) **重大事件** ● 古腾堡发明活字印刷术(15世纪40年代)	

---

① 约翰·坎贝尔:在英属殖民地刊发了第一则广告。
② 本杰明·戴:他的便士报将广告带入了一个新层次。

	• 第一份殖民地报纸(1690) • 马丁·路德(Martin Luther, 1483—1546) **商业新时代** 荷兰东印度公司成立(1602) 钦定版《圣经》(1611) 朝圣者到达移民石(1620) 咖啡馆在波士顿的重商主义者中受到欢迎,他们在此交流商业新闻(17世纪40年代) 勒内·笛卡儿(René Descartes)写出《沉思录》(1641)	 古腾堡从未想过广告的巨大潜力
18世纪	**广告里程碑** **殖民地广告** 约翰·坎贝尔在他的《波士顿信札》中引入广告(1704) **玮致活(Wedgwood)** 英国陶瓷品牌,也是第一个消费品牌(1765) **重大事件** • 本杰明·富兰克林(1706—1790) • 英国在殖民地征收印花税(1765) • 美国独立战争(1775—1783)	 玮致活陶瓷是品牌的先驱
19世纪	**广告里程碑** **便士报** 本杰明·戴创立的《纽约太阳报》融合了新闻和广告载体(1833) **杂志** 《古蒂女士读物》(Godey's Lady's Book)成为领头的广告载体(1840—1878) **广告公司** 韦兰·艾尔(Wayland Ayer)在费城开设了第一家广告公司(1869) **读者之争** 为了争夺广告商,赫斯特和普利策开始了新闻发行量之争(1896) **重大事件** • 便士报时期(1833年起) • 亨利·贝塞麦(Henry Bessemer)发明了大型的可炼出优质钢铁的转炉炼钢法(1858) • 南北战争(1861—1865) • 跨大陆铁路(1869)	 本杰明·戴只需一便士的《纽约太阳报》依靠的是广告

1900—1949	**广告里程碑** **道德伦理** 爱德华·伯克(Edward Bok)的《妇女家庭杂志》(*Ladies' Home Journal*)制定了一套广告规范(1919) **规章制度** 国会成立了联邦贸易委员会来打击不正当广告(1914) **广告准则** 全国广播公司建立了一套判断广告是否可接受的准则(1929) **美国公益广告协会** 媒体行业建立了美国公益广告协会的前身(1942) **重大事件** • 女权运动争取到了女性投票权(1920) • 大萧条(20世纪30年代) • 第二次世界大战(1941—1945)	 消费者经济在20世纪达到全盛期
1950—1999	**广告里程碑** **品牌** 戴维·奥格威(David Ogilvy)提出了品牌形象理论(20世纪50年代) **电视广告** 全国电视网超越杂志成为全国广告媒介(20世纪60年代) **独特的销售主张(USP)** 罗瑟·瑞夫斯(Rosser Reeves)创立了"独特的销售主张"(20世纪60年代) **政府规范** 联邦政府对不实广告进行打击(20世纪80年代) **重大事件** • 朝鲜战争(1950—1953) • 越南战争(1964—1973) • 人类登月(1969) • 卡特当选总统(1977—1981)	 戴维·奥格威:名牌产品要有一流的形象
21世纪	**广告里程碑** **零售商品牌** 零售商品牌的出现对品牌名称造成巨大挑战(21世纪) **病毒式** 持续性的故事常常会带来轰动效果(21世纪) **口碑传播** BzzAgency作为一家口碑营销公司出现(2001)	 口碑广告

超级碗

全国广播公司为最大的广告商播出 30 秒广告,收费 400 万美元(2012)

重大事件

- 乔治·W. 布什当选总统(2001—2009)
- "9·11"恐怖袭击(2001)
- 伊拉克战争(2003—2011)
- 卡特里娜飓风(2005)
- 金融危机(2007—2009)
- 奥巴马出任总统(2009—2017)

11.3 广告公司

▲ **本节概述**

现代广告的中心就是那些代表客户设计和投放广告的广告公司。通常是由登载广告的媒体出资给广告公司。实际上,这就相当于广告公司免费为广告商提供服务。其他的补偿模式也正在出现。

11.3.1 广告公司的先驱

到了 1869 年,大多数商人都看到了广告的价值,但他们抱怨这占用了他们用来做其他工作的时间。在这样的抱怨声中,一个来自费城的年轻人嗅出了商机。年仅 20 岁的**韦兰·艾尔**①(Wayland Ayer)猜测,商人们甚至包括全国的制造商都会欢迎有服务公司来帮助他们制作广告,并进行投放。但是艾尔又害怕他的潜在客户不会认真考虑他的主意,因为他还很年轻,又缺少经验。所以当韦兰·艾尔开设公司时,他借用了他父亲的名字做招牌。他父亲从来没有参与过经营,但是公司的名字 N. W. 艾尔父子公司,让年轻的艾尔有机会接触到潜在客户。这样,世界上第一家广告公司诞生了。艾尔的公司不仅制作广告,还提供一系列的服务,和今天公司向客户提供的服务类似。

- 关于商品或服务销售的咨询。
- 设计服务,实际上也就是设计广告和宣传活动。
- 在有利的媒体上投放广告的专业建议。

提供全套服务的广告公司为它们的客户和设计方案会进行市场调研。

广告业集中在一些国际公司上,下面是按照全球收入进行的排行。

WWP 集团(伦敦)	137 亿美元	14.1 万名员工
奥姆尼康(纽约)	134 亿美元	6.8 万名员工
Interpublic(纽约)	69 亿美元	4 万名员工
阳狮集团(巴黎)	45 亿美元	4.5 万名员工

---

① 韦兰·艾尔:成立了世界上第一家广告公司。

11.3.2 广告佣金

广告公司曾经有一个标准的盈利方式——广告客户花在媒体空间或时段上开支的15%付给广告公司。像宝洁这样的大客户,能让广告公司大赚一笔。

佣金。20世纪90年代,为了提高全球范围内的竞争力,美国的商家纷纷减少成本开销,就是在这时15%的佣金合同机制瓦解了。根据贸易杂志《广告时代》的估计,现在只有10%到12%的广告合同会使用标准的百分比。通常是通过协商来确定给广告公司的补偿。一般认为像宝洁这样的大广告主平均会支付13%的佣金,但是宝洁公司旗下的不同品牌由不同的广告公司负责,它们有各自不同的合同。出于竞争原因,对于合同的实际条款各方都会保密。

在某种意义上,在佣金系统下打广告对于广告主来说相当于是免费的。大多数媒体公司会支付15%的佣金给负责广告投放的广告公司。事实上,是媒体公司让广告公司来负责策划设计客户要投放在该媒体上的信息。然而,媒体公司和广告公司更愿意说这些佣金是客户大宗购买时间段和空间的补偿。

绩效。佣金合同很大程度上已经被绩效合同所取代。根据这样的合同,广告主向广告公司支付基本开销和经协调同意的利润金额。宝洁公司就率先使用了这种合同。另外,如果广告活动特别成功,广告公司也会获得额外的薪酬。

可口可乐公司2010年的广告合同有一个变化就是:如果广告活动失败了,他们就只支付给广告公司基本开销成本,但如果广告活动达到了所有的预期目标,就另外再支付30%的费用。广告公司对这个合同很不满意。它们的一个担忧就是可口可乐公司把大胆创意所带来的全部风险都转移给了广告公司。但是可口可乐每年在全球范围内的广告费用达到30亿美元,在协商新合同时占据了上风。可口可乐的执行官莎拉·阿姆斯特朗(Sarah Armstrong)说:"我们希望我们的广告公司努力争取它们的利润。"

R/GA广告公司的首席执行官鲍勃·格林伯格(Bob Greenberg)在2010年《广告周》(*Ad Week*)的一篇文章中预测了广告中数据可视化的运用,他说:"在未来广告公司的盈利多少将基于它们的绩效数据,而不是它们每小时的收费。这个柱状图我们可以拭目以待。"

股份。在20世纪90年代的互联网热潮中,绩效合同的一个变化就是用公司股份来支付给广告公司的费用。股份合同对广告公司来说具有风险,因为广告主的成功要取决于很多元素,而不仅仅是广告。但是如果一个客户飞黄腾达,给广告公司带来的回报是极高的。

思考

- 把广告制作的任务从商家转移到韦兰·艾尔的广告公司,这会给商家带来什么影响?对消费者又有什么影响呢?
- 如果你是广告公司的客户,你更倾向于哪种补偿模式?为什么?

11.4 广告投放

▲ **本节概述**

广告投放是一件复杂的事情。不同媒体在接触潜在消费者上有其与生俱来的优势和劣势。个人出版物、广播电视节目、网站和社交媒体也是一样。

11.4.1 媒体计划

广告公司会制订**媒体计划**①(media plans)来确保广告可以触及正确的目标受众。制订一个媒体计划可不是一件小事。考虑一下可供选择的媒体平台就有很多：单单美国就有1400种日报、8000种周报、1200种普通杂志、1.3万家电台和1700家电视台。其他可以选择的广告形式还包括直邮、网站条幅广告、公告板、飞艇广告、空中文字，甚至还可以在铅笔上印刷公司名称。

媒体客户会用公式来决定哪种媒体能最好地触及潜在消费者，有些公式非常复杂。大多数公式最开始都有一个叫CPM②的元素，意思是每千人花销(cost per thousand)。如果电台广告的广播时间每一千人收听要花费7.2分，这很可能就比杂志7.3分的CPM要划得来，因为两者触及的受众数量是一样的。CPM本身只是选择媒体的一个起点。**媒体覆盖率**③(media reach)能够估计通过一个特定媒体有多少受众可以接触到广告。媒体客户考虑的其他因素还包括在特定媒体上信息是否会起作用。举个例子，一个Facebook页面可以帮助服装零售商在网上拓展销售量，但是广播就不适合这样的产品推广，因为这些产品更适合视觉推销。

媒体客户有大量的数据来源，帮助它们决定哪里投放广告效果最好。**发行量审计局**④(Audit Bureau of Circulations)1914年由报纸行业创办，它根据大多数日报和主要杂志的独立审计提供可靠的信息。尼尔森(Nielsen)是一个主要追踪电视观众的调查机构。最近开展的尼尔森线上运动排名调查，较简便地衡量了电视、网络和移动广告的联合覆盖率。阿比创(Arbitron)市场研究公司进行了电台听众调查。Standard Rate和Data Service公司发布了关于媒体受众、发行量和广告费用的信息。

全球营销。中国啤酒品牌燕京的分销商十分了解休斯顿火箭队球星姚明在其家乡中国所拥有的粉丝之众，于是花了600万美元在火箭队的运动场竖起了中文广告牌。当火箭队的比赛在中国转播时，上百万的观众看见了燕京的标识。同时，进口的燕京啤酒在休斯顿也吸引了很多消费者。姚明在2011年退役，燕京现在又将做什么呢？

---

① 媒体计划：列出将要在什么地方投放广告。
② CPM(cost per thousand)：用来判定不同媒体的成本效益。
③ 媒体覆盖率：通过某种特定媒体接触广告的受众数量。
④ 发行量审计局：审核发行量。

11.4.2 传统投放选择

下面是对主要广告载体的优劣分析。

报纸。媒介理论家马歇尔·麦克卢汉（Marshall McLuhan）描述报纸及其受众之间的关系是热关系，广告商也赞成这个观点。正在阅读的人已经进入状态，因而顺带会对广告信息也认真阅读，因为阅读这个行为需要人集中精神。另外，研究表明当人们想要购物时，他们会更倾向于查阅印刷媒体，而不是其他媒体。因为报纸是有形的，读者只需再次拿起报纸就可以翻回广告。对于电视、广播这样转瞬即逝的媒体，这是不可能做到的。在印刷媒体中，还可以印刷优惠券。报纸读者通常比电视广播的受众更年长、教育程度更高，收入也更高。同时，在一些媒体中，打广告必须提前几周，甚至几个月预约，比如说电视广告。买报纸版面打广告最晚可以只提前48小时预约，11小时之内可以修改广告。

然而，要触及后婴儿潮的那一代人，报纸就显得越来越没有价值了。让报纸出版商惊讶的是，年轻一代的读者数量急剧降低。和他们的父母不同，这一批年轻人成熟以后，并没有读报纸的习惯。

报纸的另一个缺点就是要在新闻纸上印刷。新闻纸是一种比较便宜的纸张，它会像一张缓慢的吸墨纸一样逐渐吸收墨水。这导致的结果就是报纸广告看上去不像在光滑的杂志页面或者高解析度的电脑、平板和手机屏幕上那么好看。光滑的独立印刷广告插页在一定程度上抵消了报纸的这一缺点，但是很多读者一打开报纸就会立刻扯出广告插页，弃置一旁。纸张是一种有限的自然资源，对纸张的使用也是一个因素。

媒介争论

军队把目标瞄准了孩子？

当美国军队数年来首次没有达到8万的征兵目标时，五角大楼的警钟敲响了。在短缺了7000人的情况下，军队开展了多种项目来重塑实力。新的财政补贴政策出台了；文凭要求降低了；有犯罪记录的申请人也被接受了；对于物质和医疗缺陷发出弃权声明。这些方法都奏效了。后来几年均达到了征兵目标数量。

但长期来看怎么办呢？

军队改变了营销策略，在下一代人中留下了一个更强壮、积极的印象，士兵们就是带着这种印象加入军队。有如下一些策略。

- 网络游戏《美国部队》已经有超过900万的注册玩家，升级了一个新版本，并增加了一个图像小说。
- 通过一个军队认证的许可证发放中介，零售商西尔斯的一个服装系列被允许使用史上第一个步兵阵营——铁血军营的徽章。这系列服装甚至有小男孩可以穿的尺码。价格从开始的11.99美元一跃到120美元。
- 在《美国部队》的网站上，可以免费阅览图像小说。这些小说描绘了一些军事人物，他们非常英勇，在压力下表现出了正义和正直。

这些新的营销行动让人们有些不快。军队是否正在试图影响青少年市场，甚至是那些青春期前的孩子?那些孩子的批判性判断能力还在形成阶段,军队如此美化自身是否正确?几十年来早餐燕麦制造商也面临着同样的质问。玩具制造商的广告也遭受过相似的质疑。这些推销手段是否在利用孩子们?他们还不成熟的思想并不能很好地判断产品的真正价值。

广告警示协会(Commercial Alert)的罗伯特·韦斯曼(Robert Weissman)也批评了军队的新作为,他认为这种行为是"在孩子们的文化中注入了军事迷思"。

铁血军营(Big Red One)。当孩子们成了宣传的目标,军队的招募是否做得太过?

美国军方已经为应对批评做好了准备。《美国部队》游戏的评级为T,也就是说青少年可以购买,但是前青春期的孩子却不能。军队市场营销发言人保罗·博伊斯(Paul Boyce)告诉贸易杂志《广告时代》,费城商城展出的直升机模拟装置是为13岁以上的孩子设置的。博伊斯说,他们的目标受众是18岁到25岁的年轻人。同时,他还说"铁血军营"系列服装并没有公开的战争元素。这个系列没有迷彩服、铁头靴或凯夫拉尔头盔,只有T恤、运动衫、牛仔服和夹克。

正方
孩子,甚至青少年的思考能力还在发展阶段,应该保护孩子们,不能让广告和营销活动利用他们的脆弱性。

反方
为了保护孩子而设定各种限制是不可行的,因为这些限制会妨碍成年人和成熟的青少年获取信息和观点。无论如何,谁可以压制像兵役这样爱国而高贵的行为?

深化你的媒介素养

探索问题:搜索出贩卖网络游戏《美国部队》的零售商,阅读免费的图像小说。

深入挖掘:在这些美国军方的营销活动中,你是否发现了直接或间接吸引儿童的元素?如果没有,在其他的营销活动中是否有这样的现象?

你怎么看? 广告警示协会的罗伯特·韦斯曼批评军方针对儿童的营销手段:"你们可以看到他们对军队的美化和浪漫主义色彩,设置这种语境就是针对那些对军事事务的复杂性没有足够理解能力的儿童。"你会怎么回应这番话?

杂志。作为另一种印刷媒体，与报纸相比，杂志有许多优势，包括更长的**货架期**①（shelf life）。货架期是一个广告术语，指的是广告可以接触读者的时间长度。杂志在家庭中的停留时间有数星期，有时甚至有几个月，这就让人们有更多的机会看到广告。人们会共享杂志，这就让杂志有了较高的**传阅量**②（pass-along circulation）。杂志有光滑的纸张和更引人注目的图表，比报纸更能为广告提供一个好的语境。杂志有清晰的色彩区分和上了蜡的纸张，杂志广告的美是报纸广告达不到的。与符合普遍兴趣的报纸相比，杂志针对的是更小众的目标受众。

另一方面，杂志需要广告主提前三个月预约广告版面。临时修改的机会非常有限，通常是不可能的。

广播。广播电台较窄的节目模式，让它的目标受众一目了然。电台的广告时段可以在很短的时间内预约，而几乎在节目播出之前都可以进行修改。相对来说，电台广告也比较便宜。广播适合重复地播出广告，让驾车回家的人可以一路收听到广告信息，而如果使用电视这样的媒介的话就会昂贵很多。广播也很适合制造能让人印象深刻的广告词。

但是，广播不能提供视觉展示的机会，除非通过电脑、平板或者手机上的电台网站。广播是人们可以随身携带的移动媒体，随时随地都可以收听。但同时人们也可以随身打开或关闭广播。广播的另一个缺点就是很多听众在收听时都是不专心的。另外，广播没有货架期。

电视。作为一种移动的视听媒体，电视可以为广告信息带来特殊的效果。从20世纪50年代电视的历史开始到现在，电视作为一种广告载体比其他媒体发展得都要快。今天互联网的发展非常迅猛，但和全国电视网、有线电视、地方电视相比，仍只是一个小光点。

在电视上投放广告的缺点包括制作成本。因为成本太高，很多广告商的广告越来越短。从历史角度看，在电视上投放广告的广告主一直有个问题就是时间是有限的。举个例子，全国电视网在节目间的广告时段只有这么多，但是对时段的需求却超过了供给。有些时段已经提前几个月，甚至几个季度就被锁定了。电视网一直以来就是利用短缺的时段供给来不断提高广告价格，以至于每年似乎都提高到了一个惊人的水平。然而，由于电视观众的不断细分和新媒体的发展，对电视广告时段的需求在减少。

因为电视观众具有多样性，尤其是本地电视台和主要电视网的观众，所以想要精确地针对潜在客户投放广告很难。受众群较窄而集中的有线电视例外，比如养生、运动和健身频道。

网络。的确有上千家网站是针对小众群体的，这就增加了接触对某种产品感兴趣的人群概率。对广告主来说，选对了网站，就比在传统大众传媒上投广告要划得来。比如说电视网，这样的传统大众媒体迎合的是各种各样的受众。有些网站收集了消费者的大量数据，这就让广告主可以针对潜在客户选择相应的广告信息。

可以通过互联网上的广告直接订购商品和服务，让购物变成一个几键之遥的事情。消费者可以通过网上的广告直接下单订购邮购产品。在其他媒体上，广告只能刺激消费者的购买欲。电话咨询或者参观展示间很有必要，但很多这样做的消费者通常不会有下一步行动。

---

① 货架期：一本期刊的使用期限。
② 传阅量：阅读一本期刊的所有人数。

互联网广告的另一个优势就是成本。除了一些供不应求的网站，网络空间相对来说是比较便宜的。

一些广告商在赞助的博客上尝试过让消费者自己编辑内容。这些博客的优势之一就是人们发上去的稀奇古怪的东西可以引起消费者的兴趣。这些网站也很可信，因为它们是完全免费的。但是这也有很大的风险。举个例子，通用汽车曾鼓励人们自己制作上传关于雪佛兰塔荷汽车的视频，雪佛兰塔荷是通用旗下的一款大型运动车。这个网站最后却招来了批评者指责塔荷耗油量太大，会加重全球变暖。广告商如果对负面的内容进行编辑或删除，又可能会使自己的可信度降低。

Facebook 和 YouTube 这样的社交网络的流量巨大，这吸引了广告商。但这些网站也有一定的风险，因为人们几乎可以在它们的页面上上传任何东西，包括对某种商品的负面评价，这不利于付费广告的效果。

根据2010年的调查，下面的表格显示了在这5种主要的媒体中，美国广告业的投入大概是怎么分布的，既包括全国性的广告也包括地方性的广告。要注意的是网络广告支出从2005年起翻了两倍多，现在位居第二。电视广告仍然位列第一，但在同样的时间内广告支出只上升了1%。

GEICO 公司的反问。 演员 Mike McClone 走进一个空房间问道："Geico 的汽车保险真的可以帮你节省15%以上的费用吗？"McClone 接着又提出了一个反问："一袋10磅重的面粉难道做不出一块大饼干吗？"这是一个吸引人的广告策略，紧随其后的是一个荒诞可笑的场景。这个15秒的电视广告是针对不同群体的多方面营销活动的一部分。Geico 公司的广告里还有爱聊天的吉祥物壁虎、没人理解的沮丧洞穴人和娘娘腔、爱自嘲的小理查德。五年之内，在竞争激烈的美国保险市场中，Geico 的市场份额上升到了7.6%。

电视	639 亿美元
网络	254 亿美元
报纸	234 亿美元
广播	160 亿美元
杂志	92 亿美元

11.4.3 搜索引擎广告投放

互联网搜索引擎谷歌、AOL、雅虎和微软的 MSN 利用自身超快的追踪技术，进军长期由广告公司控制的传统广告投放服务。这些搜索引擎在上千个网站上安排广告空间，并为它们的客户投放广告，这些网站多数都有较为集中的受众群体，比如博客。博客的访客只要点击一次搜索引擎提供商放置的**赞助商链接**①(sponsored link),就可以看到一个更完整的广告。

谷歌向广告主收取**点击量费用**②(click-through fee),并向投放广告的网站支付每次点击的费用。谷歌会将合适的网站和广告商配对,所以当人们搜索新的保时捷车时,绝对不会出现消音器商店的广告。

谷歌也会在搜索页面上放置它们所说的"广告商链接"。例如,当读者在《纽约时报》主页上进行搜索时,《纽约时报》使用的就是有授权的谷歌搜索技术。一旦《纽约时报》网站的读者进行站内搜索,这个授权就会允许谷歌展示读者可能感兴趣的广告。举个例子,当读者搜索《纽约时报》关于牙买加的新闻报道,他们不但会看到《纽约时报》关于牙买加的新闻链接,还会看到网上其他关于加勒比旅游的广告。如果有一个读者点击了一个广告链接,谷歌就会支付给《纽约时报》一次点击量费用,这笔钱就出自广告主支付给谷歌投放广告的费用。

在网络广告中,谷歌是一个重要的角色。据估计2009年广告主在网络广告上的花销中,230亿美元都收入谷歌囊中,占到了谷歌整个公司收入的99%。

11.4.4 游戏广告

为了吸引那些很少看电视但常常玩电脑游戏的消费者,广告商把它们的大笔预算转移到了游戏广告中。这里的潜力是惊人的。6岁以上的美国人有一半都会玩电脑游戏。对于广告商来说最难抓住的群体就是18岁以上的男性,而游戏玩家中26%的人群就属于这个群体。

为了一条掺入游戏中间在屏幕上插播的广告,广告商要支付2万美元到10万美元。在网络游戏刚兴起的时候,游戏制作方和产品市场直接进行合作,但现在很多广告公司有了分管游戏的部门,作为两者的中间人。

游戏平台。吉普车把电脑游戏作为一个新的广告平台。当游戏《托尼·霍克职业滑板2》发行新的DVD版本或者玩家进行联网游戏下载时,吉普的背景广告都可以同时更新,显示新的产品。

游戏广告有它的优势,尤其是网络游戏。信息可以随时改变——一个百事可乐的背景广告牌可以变成一个雪佛兰车的广告,或者一个电影预告片。Massive 和 Incorporated 这样的公司可以用看不见的交互编码来辨认游戏玩家,并调整插入广告。举例来说,可以列出距离某个玩家很近的商店,并对显示地图和其他广告内容进行调整。尼尔森公司主要以电视数据为人所知,尼

---

① **赞助商链接:**屏幕上出现的可以链接到线上广告的热点。
② **点击量费用:**当广告的网络链接被激活时向广告主收取的费用;同时,这笔费用也要支付给放置这些链接的网站。

尔森公司和游戏发行商动视暴雪有一个内部交互系统,可以追踪有多少游戏玩家对广告有印象。他们不但可以知道有多少玩家看见了广告,甚至可以知道有多少玩家能够再次回忆起一则广告。

虽然对广告商来说总体的性价比较高,但是网络游戏也有缺点,网络游戏广告也存在一些问题。游戏的开发需要好几个月的时间,所需的研制周期通常比广告商推出一个综合多媒体营销活动的时间要长。但是,对于简单的广告牌信息,游戏广告的优势是可以随时更改。

知名度高的品牌在官方网站上会有自己的游戏,这被称为**广告游戏**①(advergame)。在广告游戏诞生早期,鞋子制造商耐克在Nikefootball.com上制作了一个足球游戏;卡夫食品在Candyland.com上有一个赛跑类的广告游戏。一个缺点就是:因为广告游戏只能通过上品牌官网玩,对于刚出现的新品牌来说没有意义。

思考

- 当广告商决定投放广告的媒介时会采取什么措施?这些信息来自哪里?
- 如果你只能选择一个媒体平台来为一款新的口香糖打广告,你的第一选择是什么?最不可能选择什么?为什么做出这样的决定?
- 你预计网络广告平台在多长时间内会超越电视平台成为首要广告平台?什么市场条件会影响你的回答?
- 你认为数字状态生成器对网络广告的性质会有什么影响?

11.5 品牌战略

▲ **本节概述**

品牌战略通过在消费者中建立起一个有辨识度的品牌,把自身和其他竞争产品相区分。这是一种长期的广告战略。品牌在近年来已经超越了某一种商品,而可以是多个不相关商品的集合。"Special K"不再仅仅是一种早餐麦片,现在它延展成一系列的低脂食品。品牌战略还包括利用名人形象构建产品形象。

11.5.1 品牌名称

约书亚·玮致活(Josiah Wedgwood)是一个富裕的英国陶工。1765年,他发明了一种控制窑内温度的新方法,并制造出了一种难以置信的新瓷器。英国的夏洛特女王非常喜欢这种瓷器,允许玮致活以"女王的瓷器"为这款产品命名。"玮致活"就变成了第一个真正的消费品牌。两个半世纪以后,这个名字仍然存在于婚礼礼品登记处。

延续玮致活的传统,有些品牌名称如今仍然发挥着标识高级或特殊的产品的作用,但有时候品牌只是一堆废话。现代社会的一个现实情况就是:绝大多数为广大市场批量生产的产品都是基本类似的,牙膏就是牙膏。如果一个产品和它的竞争对手完全一样,那么牙膏制

---

① 广告游戏:商家赞助的网络游戏,通常出现在知名品牌的官方网站上。

造商要怎样才能卖出更多的牙膏呢?

经过多次的试验和失败的经历,基于玮致活模式的品牌策略产生于19世纪末,这些策略可以让某种商品从相似的产品中脱颖而出。其中一个策略就是要让**品牌**①(brand)名称成为一个家喻户晓的名称。一旦成功了,这个品牌名称就几乎会成为某类产品通行的识别码和代名词,比如可乐中的可口可乐和纸巾中的舒洁。

11.5.2 品牌形象

奥美集团的总经理戴维·奥格威②(David Ogilvy)在20世纪50年代提出了**品牌形象**③(brand image)。奥格威的建议是:"给你的产品一张生活的头等舱车票。"

奥格威曾请雷格尔(Wrangell)男爵代言衬衫广告。雷格尔男爵确实是一位欧洲贵族,广告中他带着黑色眼罩,穿着一件哈撒韦(Hathaway)衬衫。雷格尔男爵周围的摆设更加深了这种高级时髦的品牌形象,他周围放着精美的帆船模型、古董兵器和银质餐具。有些人看着雷格尔周围的布置,会觉得他的眼罩也充满了异国情调和神秘气息。也许他是在一场浪漫的决斗或者一次运动意外中失去了一只眼睛。

约书亚·玮致活
(Josiah Wedgwood)

奥格威曾经这样解释形象的重要性:"拿威士忌来举个例子。为什么有的人会选择杰克丹尼,而有的人会选择老祖父或老泰勒?这些人三种酒都品尝过并比较过味道吗?别开玩笑了。事实是这三个牌子有各自不同的品牌形象,吸引不同的人。顾客们选的不是威士忌,而是品牌形象。酿酒公司卖的90%都是品牌形象。让人们尝一口老乌鸦,告诉他们这是老乌鸦,然后再给他们尝一口老乌鸦,但告诉他们这是杰克丹尼,问问他们更喜欢哪种。他们会觉得这两口酒真的味道很不一样,他们尝到的其实是品牌形象。"

第一个品牌名称。1765年,当夏洛特女王选择了陶工约书亚·玮致活新研制的玻璃陶瓷餐具,玮致活大肆宣传了皇室对他的产品的认可。于是,前来购买的人激增。很快,玮致活就变成了一个品牌,并紧接着推出了其他产品,包括一个废奴主义者的奖章形垂饰。这个垂饰后来在英国时尚界掀起了一阵热潮。

---

① 品牌:一个特殊的产品名称,用来将某种产品与其他的竞争产品区分开。
② 戴维·奥格威:品牌形象的先驱和大师。
③ 品牌形象:赋予品牌名称的一种有倾向性的描述。

11.5.3 品牌路在何方？

商品品牌和品牌广告将死的预言正在出现，或许这个说法言之过早，或许有一定的道理。

零售商品牌。零售商正在不断推出**零售商品牌**①(store brands)，这一般可以为它们赢得高出 10%的利润。每当有人购买沃尔玛的 Ol' Roy 狗粮，普瑞纳和其他品牌生产商就会损失一些销售额。沃尔玛只需花点包装的钱，为 Ol' Roy 在商场内打广告，就可以击败最畅销的狗粮品牌普瑞纳。零售商品牌的来袭影响了很多老字号品牌：家乐氏、卡夫、宝洁和联合利华。佛瑞斯特是一所追踪消费者趋势的研究公司，佛瑞斯特公司预测："沃尔玛将成为新的宝洁。"

有的品牌依然很坚挺，比如汽车品牌。但是很多快消产品制造商不得不削减广告支出，这些广告已经是电视网、杂志、报纸和广播电台的主要收入来源。宝洁曾经花了 1390 万美元来为它的第一款洗衣液 Era 打广告，但几年之后，这个数额就下降到了 540 万美元。一些制造商已经放弃了品牌经营。在 20 世纪 90 年代，联合利华曾经拥有 1600 个品牌，现在只剩下了 200 个。

以沃尔玛为代表，零售连锁商店拥有巨大的营销渠道，它们不用耗费广告支出，就可以卖出大量的商品。有的零售商甚至有自己的工厂。克罗格连锁就拥有 41 家工厂，为它的超市货架生产 4300 种零售商品牌产品。

戴维·奥格威

头等舱车票。在奥格威最著名的一场营销活动中，这个广告天才成功地把瓶装怡思塑造成高档的产品。奥格威知道广告是如何营造消费者心中的印象的。

在大型零售商出现之前，品牌通过电视网和全国杂志的宣传，让产品拥有了一种优势。那时 ABC、CBS 和 NBC 这样的主要电视网向上百万的消费者传递广告信息，效果比小零售

---

① 零售商品牌：产品通常由零售商生产，并冠以商店品牌贩卖，也叫作工厂标号或自有品牌。

商能达到的效果要好。现在不仅小零售商正在消失,这些电视网也不再能达到过去的效果了。拥有500个频道和高度多样化网络的电视系统,将观众不断细分,再细分。广告公司 Doremus 绝望地发现"要让你的名字出现在足够多的频道里,并形成真正的知名度几乎是不可能的"。威拉德·夏普顾问公司在一次针对电视网的研究中也得出了相似的结论。研究结果显示,在1995年3个广告就能覆盖18—49周岁女性这一目标受众的80%。仅仅5年之后,如果要达到同样的渗透程度,则需要97个广告。

《财富》杂志作家麦克·博勒(Michael Boyle)在对这种现象的分析中指出,大型超市可以直接与消费者建立联系,它正在取代品牌广告。他说,新型的大众传播渠道就是超市。

山姆·沃尔顿(Sam Walton)

零售商品牌。 零售商店向一站式超级市场的转变削弱了传统品牌的价值。同时,连锁商场创建了自己的品牌。沃尔玛的 Ol' Roy 牌宠物食品和相关产品,以沃尔玛创始人山姆·沃尔顿最喜欢的狗命名。

品牌建构。 品牌有了一个新的维度。今天的**品牌建构**①(branding)概念包括给一批不相关的商品赋予一个有知名度的名称。卡戴珊姐妹就是一个很好的例子。她们利用一档低俗、低成本的电视真人秀节目进军模特界,并获得了很多商品的代言。你能相信吗?这些商品包括 Quicktrim 减肥药和 Sugar Factory 的棒棒糖,更不用说数不胜数的时尚产品、一个汉堡连锁店、珠宝和美黑产品。原来品牌名称只属于某一个特定公司的产品,但现在这个概念涵盖了毫无联系的很多产品,这些产品唯一的联系就是一个名字。愿意让自己的形象出现在具体商品上的名人会代言很多商品,让这些商品在市场上更有声望。

---

① 品牌建构:利用名人或者知名度较高的品牌名称来提升某种商品的形象,不管商品和这个形象之间是否有本质的联系。

> **思考**
> - 从约书亚·玮致活的时代起,品牌在多大程度上已经变成了徒有虚名?
> - 你会如何描绘戴维·奥格威的贡献?
> - 沃尔玛式的零售商品牌的出现会对广告行业的未来带来怎样的影响?对广告收入所支持的大众媒体又会有什么影响?

11.6 广告策略

▲ **本节概述**

随着批量生产和大宗商品市场时代的到来,广告界普遍认同广告应面向尽可能多的潜在消费者。这种广告叫大众趣味型广告,通常很通俗简单,每个人都能理解。目标受众更窄的广告针对的是大众中的小群体,会更精巧、微妙,有更多想像空间。

11.6.1 迎合大众趣味

早期的品牌运动针对的是最广大的受众,有时被称作 LCD,或者说是**最小公分母**①(lowest common denominator)法,LCD 这个词来自数学。要想覆盖智商 100 以上的所有受众,广告就不能超过他们所有人的理解范畴,即使其中有些受众的智商在 150 以上。精妙的小把戏或小聪明也不能使用太多,因为这可能让广告失去一些潜在顾客。

独特销售主题。LCD 广告最好的体现就是当代的 USP 理论指导下的广告。USP 是**独特销售主题**②(unique selling proposition)的简称,这个术语是由达彼思广告公司的**罗瑟·瑞夫斯**③(Rosser Reeves)在 20 世纪 60 年代创造的。瑞夫斯的方法很简单:为产品找一个优势,哪怕是凭空捏造的。然后以权威的口吻不断地兜售这个优势,让人觉得其他的竞争产品都没有这个优势。然而,独特销售主题不能空洞,也不能带有侮辱性。李奥·贝

声望。虽然卡戴珊姐妹科勒、金和考特尼三人的才华值得质疑,但是一档关于她们私生活的电视真人秀节目让她们一举成名。各种噱头和滑稽举动让她们获得了更多关注,然后她们就变成了名人。除了与香水和时尚界的合作,三姐妹都成了名人代言人。提到卡乐星汉堡连锁店的沙拉,总是会与金·卡戴珊联系在一起。金在床上妩媚地品尝新鲜多汁的沙拉,而特写镜头一直对准她的嘴唇和乳沟。金小口地吃着沙拉,然后沉入泡泡浴缸中。

---

① 最小公分母:尽可能针对最广泛受众的信息。
② 独特销售主题:强调某一个特征。
③ 罗瑟·瑞夫斯:创造了独特销售主题(USP)理论。

纳公司的创始人李奥·贝纳(Leo Burnett)对独特销售主题进行了改进,坚持这个独特的优势一定要是真实的。为美泰克公司做广告时,贝纳选择了美泰克公司可靠性上的微弱优势,并将其夸张放大。美泰克孤独的维修工形象成了电视史上存在最久的广告人物形象。

定位。广告总监**杰克·特劳特**①(Jack Trout)不愿意迎合大众趣味,他提出了**定位**②(positioning)理论。特劳特构建的产品形象会对某些特定受众产生吸引,而不是全部受众。举个例子,从1958年开始,万宝路香烟的牛仔形象充满着男子气概。后来,维珍妮女士香烟也用同样的方法,将女性作为自己的目标受众。

定位帮助商品从纷繁的LCD广告宣传中脱颖而出。定位理论的支持者认为广告越来越多,也越来越嘈杂。所谓**广告噪音**③(ad clutter),会盖过单个广告的声音。运用定位理论,商品广告的卖点变得集中,也符合特定群体的需求,而且无须大费周章就可以做到。

以下为基于定位理论的广告活动。

- 强生的婴儿润肤油和婴儿洗发露的定位是成人的洗护用品,广告以运动员为主角。
- Alka-Seltzer曾经是一种治疗宿醉和头痛的药品,后来被定位为一种高端的舒缓压力的药品,针对关注健康、追求成功的人士。

11.6.2 堆叠法(redundancy)

很早之前广告人就知道重复的重要性。要想广告信息有效果就必须重复,也许是上千次。然而,堆叠的代价是很昂贵的。要想以最低的成本提高效果,广告商会使用以下几个技巧。

- **成串**。安排一连串广告密集播放叫作**齐发式广告**④(flights or waves)。
- **成捆**。在某个特定时间段里推销产品,比如在8月末和9月播放学习用品广告。
- **追踪跟随**。在广告片放完之后接着播放浓缩版本广告。汽车制造商在推出新车时就会这么做,先在杂志的好几页介绍新车型,然后把全部车型放置在一页纸上。
- **多媒体追踪**。用较便宜的媒体广告紧随其后,来加强昂贵媒体的效果。为了宣传超级碗这样的重大活动,在昂贵的电视广告之后,最经常用来配合加强效果的就是相对较便宜的交通高峰时段的电台广告。

重复会惹人厌烦,尤其是重复简单、笨拙的信息。不管是否惹人讨厌,冗长的广告是有作用的。华纳-兰伯特制药公司有一款罗来滋(Rolaids)抗酸药,兰伯特的董事长曾经开玩笑说公司应该向美国人道歉,因为他们冗长的广告词"R-O-L-A-I-D-S 念作解脱"侮辱了观众的智商。然而,兰伯特公司绝不会对股东感到抱歉,因为罗来滋(Rolaids)一直保持着市场的主导地位。

20世纪60年代最著名的媒介理论家马歇尔·麦克卢汉曾说过售后的广告很重要,可以

---

① 杰克·特劳特:提出了定位观念。
② 定位:把某类特定的消费者群体作为广告目标受众。
③ 广告噪音:竞争的广告太多,以至于失去了影响力。
④ 齐发式广告:密集重复播放广告。

告诉购买者他们做了一个明智的选择。追求回头客的广告商现在仍然很赞同麦克卢汉的观点。

11.6.3 代言

明星代言一直以来都是广告的主要部分,然而证言可能没那么时髦。橄榄球四分卫乔·蒙大拿(Joe Montana)曾经为一个治疗腹股沟真菌感染的药剂做过代言;总统候选人鲍勃·杜尔(Bob Dole)曾为一个勃起功能障碍处方药做过代言;前卫生局局长埃弗雷特·库普(Everett Koop)曾为一个应急电话装置做过代言。专业的资金筹集是一个发展中的行业,会有明星志愿者帮忙发出筹款的请求。但是对于商业产品,只有给钱才有人为它做代言。

20世纪70年代吉米·卡特任总统期间,联邦贸易委员会是众多参与打击过度商业行为的机构之一。联邦贸易委员会目睹了失控的广告代言,要求广告的代言人必须使用过该产品。贸易委员会也严厉打击暗示性的专家认可代言,比如演员穿着像医生一样的白大褂赞美推销非处方药。因此,在联邦贸易委员会的要求下出现了一个可笑的免责说明,后来成为一个喜剧里常有的笑料。为了充分披露事实,一个穿着白大褂的肥皂剧明星在一则广告的开头说:"我不是真的医生,但是我曾在电视剧里演过一个医生。"然后他就开始夸夸其谈。

一遍一遍又一遍。粗俗的商业广告片让保暖长内衣成了流行文化的一部分。喜剧演员讲关于长内衣的笑话,YouTube的搞笑视频模仿它的广告,snuggiesightings.com这样的网站上满是关于长内衣的粉丝留言。冗长的广告轰炸让消费者记住了这个商品。不论这有多讨人厌,冗长的广告经证明的确可以促进商品销售并将其保持下去。

思考

- 最近哪个迎合大众趣味型的广告活动最让你讨厌?你为什么觉得这些广告是有用的?你会因为广告而购买一件商品吗?或因为广告而拒绝某种商品吗?
- 在为牙膏或者腋下清新剂这样的实物打广告时,定位的概念会增加怎样的维度?
- 如果广告的冗长会让人讨厌,为什么我们还经常会看到这样的广告?
- 你认为对广告中的代言需要更进一步的规范吗?

11.7 当代广告技巧

▲ **本节概述**

历史轮回,原始的前媒体时代广告——口头传播如今有了新的运用。这种技巧叫作"人际传播"。目标就是制造关于某种商品的讨论。很多这类活动都是在互联网上开始的,希望造成病毒式传播。"病毒式广告"这个词开始流行起来。

11.7.1 广告噪音

美国报纸广告局的里奥·博加特(Leo Bogart)发现 20 世纪 60 年代到 70 年代间,广告数量翻了一倍。除了大萧条时期,这样的趋势一直持续着。广告的激增带来了一个问题:广告太多了。从早期的 60 秒电视广告,到今天广泛使用的 15 秒广告模式。广告长度的缩短进一步加剧了这个问题。

曾经美国国家广播协会有一套限制广告数量的规定。美国联邦通信委员会也支持这些规定。但是在 1981 年,作为里根政府撤销管制的一部分,联邦通信委员会放松了所有的限制。1983 年,联邦法庭将国家广播协会的这条限制规定作为垄断行为废除了。

在印刷媒体上,广告噪音的问题没有那么严重。很多人会专门购买杂志、报纸去看其中的广告,来帮助自己在购物时比较商品。尽管如此,一些广告商还是担心在一些内容多的印刷物中它们的广告会被忽视,比如在一本 700 页的婚礼杂志中。这些广告商正在寻找接触潜在顾客的其他方式,在一个广告噪音不那么多的环境投放广告。

今天电视和广播充满各种广告噪音的现状随着媒体进一步细分可能会有所缓解。媒体分众化不仅会带来很多专业性输出频道,比如受众面较窄的有线电视服务,而且会带来新的媒体。这就会导致广告将针对更窄的目标受众群体。

一个衡量电视网广告噪音的指标就是每个广告时段中广告信息的平均数量。下面的数据包括电视网自身节目的推广。

名人广告。当流行巨星迈克尔·杰克逊在 1984 年的百事可乐广告中出现后,明星们纷纷抛下对于名人代言的历史鄙视。百事可乐和杰克逊、麦当娜、迈克尔·J.福克斯、雷·查尔斯、辛迪·克馥劳还有布兰妮·斯皮尔斯续签了 500 万美元的合约。很快,几乎每个名人都在代言广告。总统候选人、堪萨斯州议员鲍勃·杜尔(Bob Dole)在广告中称赞伟哥的功效。

ABC	7.1
CBS	6.3
NBC	6.2
Fox	6.0

明日传媒

自动化名人代言

你可能从未看到过这么多的名人证言广告。现在数字技术让广告公司可以上网来为它们客户的产品寻找名人代言。只要点击几下,广告公司就可以签下明星代言。随时可用的名人形象服务来自一个好莱坞公司——Brand Affinity Techonologies。这个公司的数据库里有3800名运动员和名人。有些是一线明星,有些是本地名人。这些名人按照很多元素排序,包括他们的受欢迎程度、粉丝基础和媒体曝光率。广告公司会为客户选择最相配的名人代言,比如说客户如果是旧金山汽车代理商 Royal Motor,它们可能就会从 BAT 公司的数据库中选择旧金山巨人队的投手马特·凯恩(Matt Cain)。

明星代言。纽约巨人队的哈吉姆·尼克斯(Hakeem Nicks)用像这样的通用形象来帮很多产品在电视上代言。只要给了代言费,广告商就可以使用他的形象,然后叠加一些文字或音效来推销它们的产品。这样的结果就是一个本土产品会有一个巨星代言人,通过 Brand Affinity Techonologies(BAT)这家广告公司就可以很方便快捷地实现。

再点击几个链接,就可以发一封邮件提议给凯恩。他有 96 个小时做出决定,同意或者不同意。如果凯恩同意了,广告公司在做广告时就可以使用凯恩为 BAT 拍摄的所有通用的图片。很快凯恩的形象就会被电子合成到产品的形象里。实际上确实如此,凯恩出现在了整个旧金山的 Royal Motor 广告牌上。

名人链接可以用在各种商品上,比如汽车代理商、汉堡店或者税务准备服务。互联网广告的价格从每月 1.5 万美元起。

BAT 系统为名人代言带来了一个新的数字驱动收入模式。BAT 系统内储存的视频和相片可以被包装和再包装,不需要经纪人。这种方式告别了长时间的采访,也告别了对明星的长期金钱投入,比如高尔夫球手泰格·伍兹,找他代言广告常常会遭到拒绝。

如果某个名人陷入丑闻,可能影响广告商的产品形象,也可以相对较迅速且方便地从 BAT 系统中更换一个代言人。与之相比,传统的做法是在一个明星身上投巨资,开展广告活动。比如耐克与伍兹的五年合约高达 1.05 亿美元,但后来这位高尔夫球手的性丑闻让他为耐克做的代言受到了负面影响。

BAT的视频图像数据库中有很多一线的巨星,其中包括艾丽西亚·凯斯(Alicia Keys)和莱昂国王(Kings of Leon)。BAT系统也让一些名气稍小的明星使他们的形象变成第二收入来源,有些可能是只是本土名人。但这些名人的收入远不及泰格·伍兹。最多的时候,伍兹一年可以凭广告收入1.2亿美元。

在大众传媒的广告市场中,BAT的数字技术让大众传播更民主。更多人有成为代言人的机会,包括二线甚至是三线的明星。

> **你怎么看?**
>
> 谁代言的产品对你的吸引力更大?一个一流歌星还是一个为本土庆典制作音乐的当地歌手?
>
> 你认为泰格·伍兹在产品代言上未来会怎样?

11.7.2 口碑广告

除了过多的广告噪音,广告行业还要应付长期存在的可信度问题。消费者不是吸墨纸,不会对大众媒体上所有信息照单全收。来自朋友或熟人的评价则可信得多,不论是关于好产品的推荐还是关于坏产品的抱怨。

口碑证言也就是朋友对朋友说的话,是一种很有力的广告。但口头的**人际广告**是如何让这种人际传播产生的呢?这种人际传播又是怎么持续的呢?近些年来广告业急切地想要寻找宣传的新途径,人际传播变成了一门艺术。有些公司专门会找到一些人脉广泛的个人,然后把产品介绍给这些人。这些中间人会试用这些产品,然后通常会向他们的家人、同事和其他任何可能听到的人谈到这个产品。这些中间人偶尔也会发布使用报告,因为这样他们才有资格获得奖励。

广告商也越来越关注用社交媒体制造人际传播,比如Facebook和YouTube。人际传播如何能胜过传统的广告媒体呢?没有人知道,但是人际传播成本很低,广告商认为这值得一试。

媒体人物

口碑(word of mouth),也简称为 WOM

戴夫·巴尔特(Dave Balter)毕业于斯基德莫尔学院,获得心理学学位。毕业之后他立志当一名言情作家,但是后来他的事业发生了转移,他做起了广告周边的工作——指导市场营销和推广活动。在看到传统广告的效果越来越弱后,巴尔特想到用口碑传播来推销商品。现在在他波士顿的营销公司里,他被办公室的人称作"口碑中介戴夫"(buzzagent Dave)。

他的口碑经纪公司(BzzAgent)是口碑营销的先锋,口碑营销也就是WOM,是广告行业中蓬勃发展的一部分。口碑经纪公司同时可以开展大约300个营销活动。他的客户包括唐恩都乐、倩碧和斯通尼菲尔德(Stonyfield Organic)。

巴尔特是人际传播绝对的信仰者,在他40岁的时候成立了口碑营销协会,并担任协会伦理委员会的主席。巴尔特一直致力于为他在口碑经纪公司创造的人际传播方案申请专利。2005年,他写了一本名为《小道消息》(*Grapevine*)的书,奠定了他在广告发展中的地位。后来他又引进了博客联盟团队(Blogger Network)和蛙塘(Frogpond)数字清单服务,进一步利用互联网口碑传播。

巴尔特的体系建构在一个广受认同的事实之上,那就是无论人们如何浸泡在传统广告信息中,他们还是更容易被周围的人影响。口碑经纪公司会和符合他们所说的"有影响力"条件的志愿者签约,然后把这些志愿者与客户的产品搭配。产品包括拿铁咖啡、香水、芝士食品等。志愿者会试用这些产品,然后和他们的家人、朋友、熟人等谈论这些产品。这种人际传播没有事先准备好的剧本,大多数都是日常谈话,尽管很多传播中介会使用互联网来传播。这些传播中介会发表他们的传播报告来赢得传播分数,这些分数可以用来兑换奖励。iPad在这个过程中受到了热烈追捧,还有相机和书籍。巴尔特的中介组成了一支军队,不论何时都有多达11.7万人可以展开工作。

口碑营销有用吗?很难进行测量,但比起购买传统媒体的时段和空间,WOM实在是太便宜了。对于广告商来说,试一试又有什么损失呢?

戴夫·巴尔特。 戴夫·巴尔特被称作人际营销之父。他的口碑经纪公司通过人组成的网络来为商品制造口碑推广,他把这些人称作"有影响力的人"。他会让这些人免费试用产品,然后跟他们的朋友、熟人谈论产品。

关于口碑营销的效果的例证比比皆是。例如,《出版者周刊》是一本极富影响力的零售书贸易杂志,在收到了巴尔特的《小道消息》这本书后,《出版者周刊》发表了一篇负面的书评说:"巴尔特哗众取宠而自恋的写作手法不会让他赢得任何信仰者。"但是巴尔特同时也将2000本书发到了传播中介手里,后来这本书成了一本畅销书。

> **你怎么看?**
>
> 哪些商品适合人际营销?哪些商品不适合?
>
> 如果你是汽车制造公司的一位执行官,你会在人际营销上花多少广告预算?解释你的理由。
>
> 如果要推销的商品是一个新款牙膏要怎么做?如果是iPhone的竞争产品呢?产品本身会怎么影响你的营销计划和预算?

11.7.3 病毒式广告

病毒式广告①(viraladvertising)与人际传播相互关联。病毒式广告一旦成功,会像传染

---

① 病毒式广告:媒体消费者把信息像传染病毒一样互相传递,通常存在于互联网。

病毒一样在人群中扩散。广告商制造出精明的视频片段,期望看到的人会将这个片段转发给朋友。人们打开朋友发来的信息,这无形中以很低的成本提高了广告的触达率。病毒式广告在互联网上格外有效。首先尝试使用病毒式广播技巧的是汽车制造商。福特公司在欧洲推销 SportKa 汽车时用了讲故事的方法,这些故事就是为了激起人们的讨论,从而吸引人们关注其他信息。宝马公司预计有 5510 万人看了他们的"出租"(For Hire)系列短片。本田公司对它的小短片《齿轮》(Cog)带来的反响也非常满意。本田的一位执行官说:"我从没有见过像《齿轮》这样在两个星期内就传遍全世界的广告片。"

然而,不好的一点是广告商无法删除病毒式广告。病毒式广告有它自己的生命周期,会在互联网上流传数月,甚至数年。关于贝鲁特的海边度假广告在 2005 年可能很好,但是一年之后以色列空袭该城市的真主党目标群体,造成大量人从贝鲁特撤离,上百人死亡,这个度假广告就显得非常荒唐了。

病毒式广告。 汽车制造商尝试了所谓的"病毒式广告",在网上制造了让人难以抗拒的动作故事片。看到的人会像感染了病毒一样,把这个片子发送给朋友。蕴含在这些故事里的是商品信息,比如福特公司为 SportKa 汽车在欧洲制作的短片《邪恶双胞胎》(Evil Twin)。

11.7.4 隐身的广告

每个星期电视网上有超过 6000 条广告,众多的广告让很多人应接不暇,开始对广告充耳不闻。有的人直接用遥控器跳过广告。广告人担心像电视这样的传统广告模式正在逐渐失效。人们被广告淹没了。举个例子,这就像一个大型杂货商场里摆着 3000 种商品,每种商品的包装上都写着"买我"。广告信息已经超出了一个人可以接受的范围。这个问题就是广告噪音。广告商努力用各种方法解决这个问题,包括隐秘广告、新型网站广告、寻找新的媒体等。虽然隐秘广告不是隐藏的或者隐性广告,但它非常微妙,甚至隐蔽。你不会发觉你正在接受广告信息,除非你很警惕,非常非常警惕。

隐秘广告①(stealth ads)可以很好地融入环境,人们不会发觉他们正在接受广告。竹子女士内衣公司(Bamboo lingerie company)就曾用过这样的广告,他们在曼哈顿的行人道上印

---

① 隐秘广告:出现在非传统和意想不到的地方的广告,通常比较巧妙。

上这样的标语:"从现在起,你似乎可以穿一些新内衣了。"

像华盛顿外的联邦快递球场这样的运动场将广告信息融入了日常对话,潜移默化地加强了产品的身份。

但并非所有的隐秘广告都是无害的。在2007年初,波士顿的一些驾车者发现一些可疑的黑箱子被夹在了靠近繁忙车道的桥墩上,箱子上缠着灯泡和电线。后来道路被封锁了,并请了防爆小组来清除这些黑箱子。但最后发现这些箱子只是用电池的LED展示牌,用来为卡通网络(Cartoon Network)的一场演出做广告。这是"游击营销"运动的一部分,这场营销活动是由Interference市场营销公司策划的。两位艺术家彼得·贝多夫斯基(Peter Berdovsky)和肖恩·史蒂文斯(Sean Stevens)因制造恐慌被逮捕并起诉,这项指控最高可被判处5年监禁。虽然后来指控被撤销了,但是民众对这次恶作剧感到怒不可遏,卡通网络的总经理不得不引咎辞职。卡通网络的母公司美国透纳广播公司向波士顿赔偿了200万美元。

11.7.5 植入式广告

在20世纪80年代,广告商开始把带有商标的产品放入电影中,为电影制片人创造了一项额外收入,虽然并不是很多。这种植入式广告引起了很多关于艺术完整性的批评,但是这种行为却获得了动力。植入式广告的费用飞涨。2005年《青蜂侠》决定开拍的时候,米拉麦克斯公司曾征集愿意至少出3500万美元来植入广告的汽车厂商。这个数额超过了福特公司的1500万美元。福特为了让其2003年的雷鸟、捷豹和阿斯顿马丁新车出现在电影《007之择日而亡》中,曾支付1500万美元广告费。

后来,随着1999年**TiVo**①和其他设备的出现,人们可以把电视节目录制下来,然后在他们方便时重播没有广告的节目。在电视节目中植入广告变得更重要了。到2011年,一共有1700万人在使用TiVo。另外,有线和卫星电视公司也向2400万的订阅观众提供类似的设备。这让电视界的人感到担忧,他们的商业模式要依靠广告商的投资,并且他们要保证广告有受众。有了这项回放设备以后,观众不再必须收看广告了。30秒的电视广告会就此终结吗?

电视和广告行业对此做出的反应之一就是签了比以前多得多的植入广告。支付了广告费以后,产品不仅作为道具出现在电视节目中,而且会有意无意地得到节目的认可和推销。福克斯公司的动作惊悚类连续剧《24小时》在2010年第一次播出的时候,苹果公司投入29.2万美元为12个产品进行广告植入,庞蒂亚克投入25.6万美元为8款产品进行广告植入。2010年,广告商们花了大约9.41亿美元在电视节目中植入广告。

植入广告的效果如何呢?阿比创市场研究公司对刚离开影院的观影者做了调查,80%的人都能记得电影一开始出现的广告。其他媒体广告远达不到这样的效果,这导致最近电影广告的收入激增37%,现在一年的电影广告收入达到了3.56亿美元。另外,阿比创的调查结果显示,认为大多数人痛恨广告的想法可能也不是真的。12岁到24岁的观众中,70%的人表示并不为广告所烦恼。

---

① TiVo:一种电视录像和重播设备,可以让观众编辑去除其中的广告。另一个与其类似的竞争产品是Replay TV。

剧本广告植入。 植入广告成了电视业的一项重要收入来源,一年总收入高达9.41万美元。植入广告最多的电视节目当属《超级减肥王》,在2008年这档节目中出现了6248个植入广告,《美国偶像》中出现了4636个,《彻底改变之家庭再造》出现了3371个。

11.7.6 资讯型广告

资讯型广告①(infomercial)是一种更巧妙的广告。这是一种乔装打扮起来的电视广告,时长和一期电视节目一样,看起来就像一档新闻节目、一个有现场观众参与的表演或者一场气氛热烈的脱口秀。随着24小时电视服务和有线频道的增多,某些播出时段变得非常便宜,一些稀奇古怪的产品的广告主也买得起。不是所有人都会被资讯型广告愚弄,但有些植入式的媒体广告确实伪装得非常巧妙。

这种广告在印刷媒体上的体现就是**广告杂志**②('zine)。广告杂志是由制造商出版的一种杂志,在不同程度的巧妙掩饰中插入一些产品信息。广告杂志的出版商包括像沃尔玛和索尼这样的中坚分子,它们会厚颜无耻地将这些充满广告的读物放在书报摊售卖。这种杂志一个典型的代表就是引人注目的《色彩》杂志,4.5美元一本。只要一打开,你就会发现这是一本掩饰不深的贝纳通休闲服装广告册。贝纳通新的合作网站叫作"色彩实验室:关于世界其他部分的互动平台",在互联网上贝纳通延续了这个概念,它仍然掩饰出版物的广告本质。

玛丽·孔茨(Mary Kuntz)、约瑟夫·韦伯(Joseph Weber)和海蒂·道利(Heidi Dawley)在《商业周刊》中写道,隐秘广告想要"化身进它所宣传的那种娱乐中",而目标就是"制造有娱乐性的、吸引人的信息,或许有时这些广告信息伪装得很深。这样,入迷的观众就会把所有信息统统接受,显然这样就会促进销售"。

思考

- 为什么广告噪音的问题在广播电视上会比在印刷媒体上严重?
- 你认为媒体去众化是否缓解了广告噪音的问题?

---

① 资讯型广告:与节目时长一样的广播电视广告。
② 广告杂志:这种杂志的所有内容,包括文章和广告,都是为了推销某一种产品或者系列产品。

- 你的朋友中谁会是一个好的人际传播中介？为什么？你自己呢？
- 从广告商的角度来看，病毒式广告的优势和劣势分别是什么？雷达式广告呢？

本章小结

广告的重要性

现代消费者经济受需求驱动，而商品广告会刺激消费者需求。消费需求对经济增长和社会繁荣都有一定贡献。另外，由于广告让消费者的选择得到重视，人们可以根据自己的利益独立地做出决定，这也符合民主的观念。问题是广告是否在消费者的抉择中起了负面作用，因为广告的目标是推销产品而不是促进共同利益。尽管存在一些批评，但广告的作用是不可否认的。广告在美国国民生产总值中的比例高达 2.9%。

广告的起源

古腾堡发明了活字印刷术后，印刷技术让广告信息的批量生产成为可能。刚开始广告发展得非常缓慢，但是 400 多年以后工业革命全面展开，广告融入了初期的美国消费者经济。为广大市场批量生产的产品通过全国广告进行推广，这些广告出现在全国杂志和上百份地方报纸上。后来，广播和电视也成为制造商、分销商和零售商在全国和地方推销产品的广告媒介，而且在全球范围内越来越重要。

广告公司

在 19 世纪 70 年代，零售商和其他广告商致力于在不断增长的美国消费者经济中管理自己的推销信息。逐渐地，它们把广告这部分工作转移给一些新的公司处理，这些公司专门负责制作广告。它们也负责选择合适的媒体平台，来最高效地接触潜在客户。广告公司的服务需要收费，通常占广告主购买媒体时段或空间所出费用的一部分。这种所谓的佣金机制在近些年有了更多的变种。

广告投放

广告并不是奇迹般地就出现在大众媒体上。媒体公司要依靠广告收入，它们会积极地向广告公司和广告主献殷勤。同样，广告公司和广告主在购买媒体空间和时段前，也会做大量的调查以更好地触及目标受众。每种媒体都有自己的优势。

品牌战略

在 19 世纪末期，品牌成为一种将产品与其他竞争对象相区分的介质。品牌长期作为一种广告策略存在。实体产品大多数都是一模一样的，广告商会把品牌和一些无关的气质联系在一起，比如说道奇车和刺激、哈撒韦 T 恤和爱冒险、老祖父威士忌和高档典雅。今天似乎所有东西都被冠上了品牌之名。帕丽斯·希尔顿的手表就一定比天美时的准吗？在媒体领域，CNN 被当作一个品牌来推销，福克斯新闻也是同样。每种品牌都有各自的声望。推销产品时，强行推销的广告宣传不如品牌策略那样光彩照人，尤其是那些迎合大众趣味的广告，只差没给每个人洗脑。使用堆叠手法的广告中那些强行推销的信息让人厌烦，但是依然很有用。

广告策略

和所有面向大众传播的信息一样，广告迎合了最广大受众的趣味时，才有可能接触到最广大的受众。这些策略包括使用通常是刺耳粗暴的信息，并且需要重复。

当代广告技巧

现代生活中充满了广告。在电视网的黄金时段,许多15秒的广告片彼此淹没。观众被众多的广告围困,开始不看广告了。这个问题叫作广告噪音,对于需要传递信息的广告商来说,这是一个关键的困难。在前媒体时期的原始广告——口头传播又回来了。现在它被称为人际传播。人际传播的目标就是让人们谈论某种产品。很多人际传播策划都是从互联网上开始的,希望能够形成病毒式的传播。病毒式广告这个词语开始流行起来。

批判性思考

1. 广告在资本主义社会中扮演了什么样的角色?在民主中呢?在大众媒体中呢?
2. 从古腾堡时代开始,广告是如何演进发展的?
3. 在今天的社会中,广告公司扮演了什么样的角色?
4. 为什么有些广告出现在特定媒体而非另外的媒体中?
5. 品牌广告多少有些受到围攻。一个产品是否会失去品牌声望的影响因素是什么?
6. 现在出现了什么新的广告策略?这些策略如何提高商品的出镜率?
7. 你认为解决广告噪音问题有什么有效的对策?

媒介术语

ad clutter 广告噪音
advergame 广告游戏
Audit Bureau of Circulations 发行量审计局
branding 品牌建构
click-through fee 点击量费用
flights 齐发式广告
infomercial 资讯型广告
lowest common denominator 最小公分母法/大众趣味法

media plans 媒体计划
media reach 媒体覆盖率
pass-along circulation 传阅量
positioning 定位
product placement 植入式广告
shelf life 货架期
sponsored link 赞助商链接
stealth ads 隐秘广告
viral advertising 病毒式广告
'zine 广告杂志

媒体资源

→James Othmer. *Adland*: *Searching for the Meaning of Life on a Brand Planet*. Doubleday, 2009. Othmer 作为一位广告文案作者和创意总监,经历了广告界向数字营销的转型,写了一本回忆录。其中一个主题就是广告行业对文化的影响。

→Kit Yarrow and Jayne O'Donnell. *Gen Buy*: *How Tweens, Teens, and 20-Somethings Are Revolutionizing Retail*. Wiley, 2009. Yarrow 是一名消费者调查学者,O'Donnell 是一名专注于消费者事务的记者。他们对生于1978年到2000年间的人进行了营销调查。

→Tom Reichert and Jacqueline Lamblase, editors. *Sex in Consumer Culture*: *The Erotic Content of Media and Advertising*. Erlbaum, 2006. Reichert 和 Lamblase 都是教授,收集了很多关于性别差异及其在大众媒体上的体现的定量和定性研究的文章。

→Helen Katz. *Media Handbook*: *A Complete Guide to Advertising*, *Media Selection*,

Planning, *Research and Buying*, third edition. Erlbaum, 2006. Katz 是一位媒体购买执行官,她为广告投放的选择评估了媒体分类。

→Dave Balter and John Butman. *Grapevine*: *The New Art of Word-of-Mouth Marketing*. Portfolio, 2005. Balter 和 Butman 带着极大的热情赞颂了人际营销的成本效益和有趣之处,他们认为这是广告业的下一个热潮。

→Brian Dolan. *The First Tycoon*. Viking, 2004. 这是一本约书亚·玮致活的传记,这位 18 世纪中期的英国陶工所制造的陶瓷,成为世界上第一个消费者品牌。

▶ 本章主题性总结

广　告

为了更好地巩固你的媒介知识,此处用贯穿本书的几个主题来展现本章内容。

媒介技术

不论怎样,大众媒体让消费者市场为批量生产的商品做好准备。

广告作为一种媒体信息,并没有在古腾堡发明活字印刷术后很快地兴起。但 400 年后工业革命改变了经济体制,广告成为吸引顾客购买批量生产商品的关键因素。那时,也就是 19 世纪后期,印刷技术更先进了,一条信息可以印刷上千份进行分发。广电媒体尤其是电视网让观众多起来了。

传媒经济学

广告刺激了经济的增长,同时也鼓励了物质主义消费。

在所有利用大众媒体来覆盖广大观众的信息中,广告是最明显的。它就在你的眼前,有时甚至像是对你喊话:"看看我吧!买这个吧!"广告的核心信息有点像马戏团穿插节目中招徕顾客的人,但是媒体的放大功效所带来的效力是马戏团揽客人做梦都想不到的。在美国,估计国民生产总值的 2% 都要归功于广告。当广告成功地刺激了消费者的需求和消费时,它就为社会经济繁荣做出了贡献。同样重要的是,广告还是报纸、杂志、广播和电视行业的经济来源,对互联网的经济支持作用也越来越明显。广告商就是从这些媒体平台购买时段和空间来宣传其产品的。

媒体与民主

和民主相似,广告的目标就是让人们做出选择。

当民主运作得好时,人们会在充分知情的情况下做出决策,选择他们的共同路线。这在概念上和广告的社会角色非常吻合。广告通过向消费者提供信息,帮助他们做出消费选择。这强调的是个人通过自己的判断来决定什么是最好的。然而,在某种意义上,广告还没有达到标准。广告很少是在进行公正、睿智的论述,而通常是用一种煽情的、片面的吸引力,以求尽快地推销某种产品。

受众的碎片化

一家保险公司——盖可（Geico）的发展势头颇为强劲，因为该公司打造了多套不同的广告活动，瞄准不同的受众群体。

对于广告商而言，在无法覆盖其核心潜在消费者群的媒体渠道购买广告时间和广告版面是无意义的。例如美国退休者联合会（The American Association of Retired Persons）是不可能将其招募成员的信息发布在《十七岁》杂志上的。而为了能触及广告商所期待的受众群，媒体公司会缩小它们所生产的媒体内容的范围，以便更集中地契合广告商设定的目标。在媒体公司和广告商这种相互需求的影响下，广大的受众群体变成了无数的小的群类。即使是那些坚守传统、以巨大的受众规模为目标、下功夫想生产能吸引所有人的内容的媒体，也在广告商和广告代理商的影响之下发展出了相互稍有不同的自身特点。人口统计学分析中，同样是在黄金时间档，CBS电视台和福克斯电视台的观众就是不同的。同样地，MSN和雅虎的主页哪一个更能吸引自己的目标消费者，广告商会做到心知肚明。

媒体的未来

让我们期待具有革新意义的、能够解决广告紊乱问题的方法出现。

报纸和杂志出版商很乐意广告在它们的出版物中占据70%的比重，美国邮政局为这些出版商提供出版物的邮递费用折扣，条件是广告比重以上述的70%为最高限度。在电视领域，电视网络至多能在黄金时间档节目的一个空隙插入6—7条连续的广告。但此时，被广告包围得心烦意乱的观众会选择调台。这样的情形被称为广告紊乱，而这是广告行业亟待解决的主要问题，因为在紊乱中没有被观众看到的广告信息，就是一种资源浪费。一种解决办法是，找到替代性的、能够更好地吸引观众的媒体平台、更为新鲜的策略还有口头广告宣传。另外，还有一种叫病毒式广告的方法，即用一系列的广告，在其中加入吸引人的、连续的故事情节。隐匿广告则是在人们最意想不到的地方设置广告，例如飞机喷雾在天空写字，以及用粉笔在人行道上写广告信息等方式。

精英主义与民粹主义

堆叠冗赘的信息可能会在流行文化中掀起潮流、捧红品牌，比如"毛毯袍"，或者人人熟知的广告语，比如"钻石恒久远，一颗永流传"。

广告信息通常是简洁的。广告牌设计领域的一条不成文的铁律是，广告语不能超过七个字。如果超过七个字，一个以60迈速度驾车而过的人就不会注意到这块牌子上的这则信息了。对简洁性做出如此的要求可能是明智的，但也可能会变成类似"买我吧"这样的单薄口号，既显得不明智，也明显惹人厌烦。更糟糕的做法可能是千篇一律、不分情况的"买我吧"口号，即那些只会用醒目的粗斜体字和多次重复的呼告式的广告。这些似乎迎合的是消费者的共同品味中最通俗的水平。从精英主义与平民主义的二分而言，这些屏幕上出现的、不断重复直至令人厌烦的广告手法，是一种极端的平民主义。

第四部分
大众传媒相关问题

第12章

受 众

▪ 透过不同的滤镜看民调

从2008年起,选举季变得不同往常。以前人们认为精确预测选举结果不可能实现,媒体也持此观点。但是内特·西尔弗(Nate Silver)改变了这一切。

西尔弗在芝加哥大学取得了经济学学士学位,随后从事经济顾问工作,同时利用业余时间创建他自己称为PECOTA的预测工具,全称是"经验观察式球员评比及优化测试方法"(Player Empirical Comparison and Optimization Test Algorithm)。PECOTA是一个可以用于预估棒球选手赛场表现和赛事生涯的系统,它的出现强烈撼动了棒球界。西尔弗的这个发明后来被迈克尔·刘易斯(Michael Lewis)写进了小说《点球成金》(Moneyball),而这本小说2011年被好莱坞拍成了同名的卖座电影。而那时西尔弗已经成为一家梦幻棒球(Fantasy Baseball)预测公司里的执事股东。

2008年美国大选前,西尔弗的预测范围不再局限于体育赛事,他开设了一个名为"五三八"(FiveThirtyEight)的博客,这个名字取自美国大选的选举人票数。当时西尔弗的博客每天有800次的访问量,并不算多,但在西尔弗令人吃惊地成功预测了全国初选结果后,访问量显著提升。

其他的权威专家往往只根据选举票数进行分析,这是考察竞选者当选可能性的传统方式。而西尔弗采用了一种全新的方式——不仅跟踪票数的走势,也做出预判。这是具有开创性的。因为迄今为止,民

内特·西尔弗。 他以数据为支撑预测棒球赛和选举结果,并因此成为广受信赖的"预言家"。西尔弗的这项技术今后将会进一步用于媒体,帮助它们做出正确决策以使自己的内容赢得更多受众,例如选择拍摄哪一部情景剧、推出怎样的试播集、对其采用哪一份手稿、选用哪一个脚本,等等。

意测验者都竭力避免预测,他们深知手中的数据实时变化,票数与最终的选举结果之间存在极大的变动空间。

但是西尔弗创造了一种预测模型,该模型可以从过去的初选中总结模式,将它们运用于预测以后的选举角逐。他还找到了一种根据民意测验者过去的预测成功率来预知他们未来的预测准确率的方法。他分析了1952年起至今的所有选举数据,并以历史数据和实时票数为基础进行每日1万个计算机模拟实验。

随着博客蒸蒸日上,西尔弗成为广受信赖的权威专家。他成功预测了美国议会选举的所有获胜者和总统选举中49个州的选举结果。纽约杂志称他为"统计表灵媒"(spreadsheet psychic)和"数据天才"(number-crunching prodigy),《时代周刊》将他列为2009年度世界100位最具影响力人物之一。

西尔弗称分析历史数据是最重要的,无论分析棒球赛事还是政治选举,他都会专注于过往的数据记录。他表示,数据是不会被任何名人效应或意识形态所篡改的。作为一个数据狂人,他并不在意自己的预测是否令人惊讶或错愕,也无意迎合或支撑任何一方观点。

2010年西尔弗成为《纽约时报》的专栏作家,他的博客也被吸纳进《纽约时报》的官方网站,他开始发布自己对于政治、文化、体育等多领域的看法。在2012年美国大选逐步拉开帷幕时,他的网站每天有60万访问量。

本章要点

- 复杂精密的方法正在被用于测算和评估媒体受众。
- 数据是受众调查的基础。
- 受众的规模是通过单次印刷量、销售量和民意调查来测算的。
- 受众调查公司已经走向数字化以追踪用户的媒介接触习惯。
- 考察受众反馈是媒体内容生产决策的一部分。
- 受众分析涉及人口统计、地理人口统计和消费心态统计。

12.1 发现受众

▲ **本节概述**

最早的大众传媒调查形式十分简陋,就是通过旁听人群的谈话来决定报纸需要刊登何种内容。如今的调查要复杂得多,且调查结果的影响力大到诸如可以决定一档电视节目的存废。媒介研究中的方法可能与现代生活中的很多领域有重叠,包括市场营销、政治和公共管理。

12.1.1 受众调查的演化

关于约瑟夫·普利策(Joseph Pulitzer)如何行走纽约街头、从背后偷看人们在阅读什么的轶事颇多,而且据说他还会偷听人们的谈话。这就是19世纪80年代的受众调查。而普利策的这些调查也的确是他成功地将《纽约世界报》(New York World)打造成报业先锋的重要原因。那么今天的受众调查是什么样的呢?那些从乡村来到城市的地方电视台新主播对普利策的受众研究做出了自己的改进,他们会流连于理发店或商场小餐厅,偷听人们的谈话。因为假如一位电视台新主播刚刚到密尔沃基(Milwaukee)工作却不知喷水式饮水口被当地人称呼为"bubbler",或者到新奥尔良工作却不明白在当地"po'boy"一词指的是人们常吃的法式三明治,那实在是很可悲的。

如今的媒体人有着众多了解受众的渠道,尽管这些渠道并不如去当地餐馆偷听市民谈话那样趣味盎然。调查得来的数据经过分析处理,便产出有关受众的有用信息。其中不少调查类似于人口普查,会涵盖收入水平、受教育程度、宗教信仰和其他社会关系等;其他一些调查则以获取被调查者的态度、习惯、兴趣、对某些新事物的反响为目标。

普利策那种非正式的受众调查仍然存在,但如今发展出的这一整个产业所能获取的受众信息,其规模之巨,是普利策哪怕穷尽一生在街头偷听也无法企及的。若能恰当利用这些从大规模调查中获取的海量数据,将对电视节目设计中的科学决策、广告活动的有效性之提升,以及正确选择新闻报道的角度提供直接的帮助。

12.1.2 调查产业

舆论调查是一个年赚数十亿的产业,它服务的客户包括大型公司、政治候选人和大众媒体等。如今,1935年由**乔治·盖洛普**①(George Gallup)创立的**美国舆论研究所**②(Institute of American Public Opinion)仍然继续着它自诞生以来所从事的工作——为客户完成各种常规的意见调查。主要的新闻机构也会雇用这些调查公司来探知公众对特定议题所持的态度。

美国的调查产业约有1000家公司和机构,其中大多数为私人客户进行与广告、产品有关的意见调查,而在选举活动期间,政治候选人则成为主要的客户。此外,还有数十家调查公司为媒体进行与媒体自身相关的保密性的调查。它们的调查结果至关重要,因为这些结果会决定发布何种广告、制作何种节目、在何处播放,以及哪些节目应该被取消。一些电视台甚至利用这种调查的结果来选任新闻节目的主播。

以下列出的是以舆论调查和媒体受众意见调查为业务的主要公司。

尼尔森(Nielsen)。尼尔森媒介调查公司主要因其进行的电视网收视率评估而为人所知,但事实上它在零售市场调查方面的表现也相当卓著。

阿比创(Arbitron)。阿比创公司主要研究人类性情、人类行为,并专注于管理、经济、心理学和社会学。

皮尤(Pew)。皮尤研究中心是一家独立民意调查研究组织,主要进行有关媒体、政治和公共政策方面的舆论研究。

哈里斯(Harris)。哈里斯互动调查股份有限公司是一家市场调查公司。该公司为人所知的最重要原因或许是它进行的哈里斯民意测验以及它在创立互联网调查方法方面的先锋地位。

尼尔森、哈里斯和阿比创跻身最大的调查公司之列,三者每年的收入共可达73亿美元。而整个行业的总收入难以获知,因为一些公司是非公开运营的,不会公布自己的收入。皮尤

---

① 乔治·盖洛普:概率抽样方法的提出者。
② 美国舆论研究所:盖洛普创立的调查机构。

和昆尼皮亚克(Quinnipiac)等机构作为公益性和教育性组织,也不会公开它们财务方面的具体信息。

思考

- 受众调查自普利策时代以来发生了怎样的变化?
- 民意调查公司向谁提供它们掌握的信息?

12.2 受众评估的原理

▲ 本节概述

大众媒体信息传播的有效性是由社会科学领域和商业领域通行的调查方法来评测的。其中就包括舆论调查,而调查又是基于**统计学推测**①(statistical extrapolation)来完成的,这种推测可能准得惊人。不过令人悲哀的是,很多调查使用的方法并不科学,而正是这些不正规的方法导致严肃的抽样调查的声誉受损。

媒体人物

乔治·盖洛普

得知岳母奥拉·巴布科克·米勒(Ola Babcock Miller)决定竞选州政府秘书长,盖洛普非常兴奋。如果米勒成功当选,她不仅将成为爱荷华州历史上第一位当选的民主党人士,还会是执掌州政府的第一位女性。然而使盖洛普兴奋的并不只是岳母参选这件事的新鲜劲儿,而是这场竞选活动同时涵盖了调查、舆论和政治三个令他感兴趣的领域,这无疑极大地

乔治·盖洛普

调动了他的热情。在这场1932年的选举中,盖洛普实施了史上首次有关政治参选者的正规民意调查,其调查结果有效指引了其岳母米勒的竞选活动,使她能切中要害,抓住选民最关心的问题。米勒最终成功当选,且之后两次以很高的支持率再度当选。

1932年的选举过去四年后,盖洛普尝试将他的调查方法用于总统选举,成功预测了富兰克林·罗斯福(Franklin Roosevelt)击败阿尔夫·兰登(Alf Landon)的结果。在成功预测罗斯福当选之后,盖洛普开始有了一些客户。

他潜心提升预测的准确率并在1936年选举中再次成功预测了富兰克林的连任。不过,盖洛

---

① 统计学推测:根据整体中一个部分的情况得出关于整体的结论。

普也为自己预测的可靠程度无法提升感到苦恼,因为他采用的定额抽样方法无法在双向竞争中将预测结果的误差缩小到四个百分点以下。所谓定额抽样法,就是通过性别、民主党与共和党、东部地区和西部地区、基督徒与犹太人等维度来划分人群,根据每一类人群的人数多少,依人数比例抽取所要进行调查的样本。

1948年,盖洛普正确地预测出候选人托马斯·杜威(Thomas Dewey)胜算不大,但他在选举前调查的结果与最终结果还是有5.3%的误差。为此,他决定采取一种更严谨的方法,那就是概率抽样法。这种方法使得总体中的每一个个体被抽取为样本的机会是均等的。有了概率抽样法,定额便没有存在的必要了,其原因正如盖洛普以其美国中西部人特有的语言方式所解释的那样——就像厨师煲汤:厨师只要用一根勺子在锅中搅一搅,再盛出一小勺尝一尝,就能知道汤的味道是否适宜,只要这一勺就足以判断各种配料是否配比正确。通过使用这种方法,盖洛普得以将其对总体的统计学推断的误差缩小至两个百分点以内。

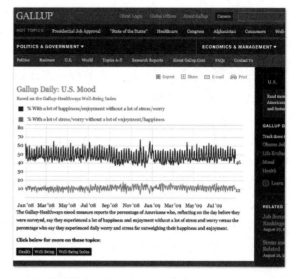

概率抽样。从乔治·盖洛普在20世纪30年代展开民意调查开始至今,数据收集已经发展成一项十分复杂的工作。如今,只要将多年积累的数据进行整合,我们便可通过分析去获取公众在几十年间的态度变化。

尽管有盖洛普做出的种种改进,但舆论调查仍然面临不少指责。有批评家指出,这些调查会对心意未决的选民产生影响,使之受从众心理影响,倾向于领先者;还有一些批评家则称这些调查使得那些参选的官员把心思都花在取悦选民上,从而忽视了真正的领导者职责。乔治·盖洛普死于1984年,终其一生,他都在捍卫民意调查的合理性,宣称好的调查能够让"沉默的少数派"的声音被立法者听到。

在盖洛普看来,舆论调查帮助民主制度正常运转。

你怎么看?

你如何评价盖洛普的民意调查方法在改善人们生活质量方面的作用?你可以往美国民主政治中的草根理念上思考。但同时,你也应该思索到除了政治之外,商品市场营销领域的情形。然后再进一步想想,他的调查方法对于诸如艺术、文学等社会文化领域的意义又是怎样的?

你是否理解盖洛普为何一再强调他是在为公共舆论"拍快照"?为什么盖洛普在评价自己的调查结果的预测准确性时是谨慎而保守的?

有些人认为内特·西尔弗的方法使盖洛普的成就相形见绌,你怎么看这一观点?你对内特·西尔弗的调查工作中有关预测的这一部分如何评价?

12.2.1 概率抽样法

尽管调查已经成了一个高利润的行业,但许多人始终不能理解为什么通过对数百人的提问便可了解三亿美国人的意见。在乔治·盖洛普于20世纪40年代提出的**概率抽样法**①(probability sampling)中,有四项因素来保证调查的准确性。

样本容量。如果你想知道莱恩学院(Layne Collage)的学生对于死刑的看法,首先你应该找一名学生问问。又因仅仅询问一个学生并不能使你了解全部2000名在校学生的意见,你会问另一名学生。如果两人都支持保留死刑,那么你就会开始对莱恩学院学生对死刑的看法形成一个初步的假设,不过你难以充分相信从一个如此小的样本中得到的结果,你又会找第三名学生进行询问,接着第四个、第五个……不用问遍2000名在校生,只要你问过了他们中足够多的人,你就可以得到大致可信的结论了。

那么你到底应该选择多大的**样本容量**②(sample size)呢?统计学家发现**384**③对于很多调查而言是一个神奇的数字。简言之,不论考察范围内的人数**总体**④(population)是多少,如果使每个人都有同等的机会被抽取接受调查,那么只需调查被考察人口范围内的384人,就能确保调查结果与现实的误差在5个百分点以内,而对于大多数调查而言,这样的精准度已经足够了。以下分列的是统计学家数十年来沿用的能够实现95%准确率的样本容量值。

考察人数总体	样本的容量
50万人及以上	384人
10万人	383人
5万人	381人
1万人	370人
5000人	357人
3000人	341人
2000人	322人
1000人	278人

莱恩学院共有2000名在校生,所以样本容量应为322人。

样本抽取。样本抽取⑤(sample selection)指选择被采访调查对象的过程,对于概率抽样法非常重要。好的抽取指的是给予考察范围内的每一个个体同等的被调查采访的概率。例如,你若想了解堪萨斯州选民的选举意向,就不能简单地到威奇托市的某个街角,访问从你面前经过的384个路人。正确的做法是,查阅该州的1,701,520名注册选民的名单,然后除以"神奇数"384:

1,701,520÷384=4459

基于这个计算结果,你需要采访名单中每隔4459位的那个选民。又如在莱恩学院,

---

① 概率抽样法:使被考察人群中的每一个个体都有同等概率被抽取的调查方法。
② 样本容量:被抽取受访的个体数量。
③ 384:经过恰当抽取后,能够保证95%的准确率,达到五个百分点以内的误差幅度的样本的数量。
④ 总体:考察范围内的人的总数。
⑤ 样本抽取:抽取要采访调查的个体的过程。

2000除以322等于6.2,则应该每隔6位抽取一名受访者。

除了合理的样本容量和恰当的抽取间隔区间,还有两个十分重要的影响因素:误差幅度(margin of error)和置信度(confidence level)。

误差幅度。在追求绝对精确的情况下,考察范围内的每一个人都应该被访问,但是如此精确度往往并无必要,而且达到这样的精确度的过程成本过高,难以实现。因此调查人员在每一次调查中必须设定一个可以接受的**误差幅度**①(margin of error)。这是一件非常复杂的事,但简化而言,你可以充分相信一个有着384个样本容量且设计合理的调查是可以达到超过95%的精确度的。不过对于双方竞争过于激烈的情形,比如对两位州长竞选者所获支持率的调查结果分别是51%和49%,则调查无法精确预测结果。但是如果两人的支持率调查结果分别是56%和44%,不那么接近,则即使有5%的误差,领先者至少有51%的支持率(调查结果56%减去5%的最大误差值),落后者至多有49%的支持率(调查结果44%加上5%的最大误差值),我们仍然完全可以相信调查结果中的领先者会获胜。

如下表所示,增加样本容量会减少误差幅度:

考察人数总体	样本的容量	误差幅度
无限大	384	5%
无限大	600	4%
无限大	1067	3%
无限大	2401	2%
无限大	9605	1%

专业的调查机构在从全美选民中抽样时,往往使用1500至3000之间的样本容量以提升准确度。另外,应在总人口中对特定人群进行分别考察,例如男性人群和女性人群、天主教徒和非天主教徒、南方人和北方人等,应当尽可能使384个受访者能够代表所有这些群体。

置信度。调查者可以通过384的样本容量达到95%的**置信度**②(confidence level),这确保了调查结果与实际情况的误差控制在5%的范围内。对于多数调查,这个可靠度已经足够。但如果置信度需要更高,或者误差范围需要更小,那么受访人数就应该增加。简而言之,置信度和误差幅度呈反相关关系,更大的样本容量既可以提高置信度,也可以缩小误差幅度。

12.2.2 定额抽样法

除了概率抽样法,调查者也会考察总体的"横切面"。这样的方法就是使盖洛普历史性地成功预测了罗斯福与兰登竞争结果的**定额抽样**③(quota sampling)法。通过定额抽样法,关注选举活动的调查者根据选民中男性与女性的比例,以同样比例来抽取男性和女性受访者进行调查。同样地,他们也会考虑到民主党人、共和党人和无党派人士,穷人、中产阶层和富人,穆斯林、犹太人和新教徒,南部人、中西部人和新英格兰地区人,有职业者与失业者,以

---

① 误差幅度:调查结果与现实之间可能的误差范围。
② 置信度:认定一个调查结果为精确的确定程度。
③ 定额抽样:依照总体中各人群所占比例来抽取同样比例结构的样本。

及其他重要的人口统计划分维度。这样就能确保受访者中各种人群都占据合适的比例。

12.2.3 对调查进行评估

街头采访是难以反映总体人群意见的，因为接受采访的往往是由于处于特定地点、特定时间而恰好愿意接受采访的人，也就是说，整体人群由于其内部个体具有不同特征，天然、非人为地进行了筛选。这样得到的结果与通过接听 800—900 个主动打入的电话来调查民意一样不可靠，因为这样的调查所听到的意见仅限于那些恰好知道这次调查且由于很想参与才不怕麻烦地拨通了电话的人。

当一些利益群体联系记者，建议记者根据该群体自己完成的调查来完成新闻稿件的时候，记者很有可能受骗，因为一些机构会选择性地提供有利于自己利益的调查结论。

为了防止受骗，审慎的新闻机构会坚持在刊出新闻稿件之前弄清此类调查所采用的方法及其操作细节。记者往往被要求核实以下问题。

- **有多少受访者？这些受访者是如何选择出来的？** 如果一项调查在样本容量的标准上低于从总体中随机抽取 384 个受访者，那么这项调查的误差幅度就超过了通常可接受的范围。
- **调查是何时进行的？** 公众意见是变动的。在竞选活动期间，可能一夜之间民意就转向了。
- **调查由谁提供资金？** 记者应当对调查由谁委托执行的问题保持警惕，应当询问是否已经提供了全部的调查结果，因为提供受政治利益影响之调查结果的情况时有发生。
- **调查的误差幅度有多大？** 所有的调查都存在误差范围，除非总体中的每一个个体都已受访。
- **调查是如何执行的？** 弄清调查是通过电话、网络还是面访进行非常重要。在数据统计的意义上街头采访或是在购物广场进行的调查没有多少价值，此外电子邮件采访的结果也难以采信，除非调查者对那些没有对原始问卷的问题进行回答的受访者进行追访。
- **问题是如何措辞的以及问题的顺序是什么？** 设计问卷草稿是一门艺术。草率设计的问题只会得到草率的回答。诱导性问题和信息量过大的问题会导致偏激的结果。问题的顺序也很有讲究。

调查机构对于歪曲误用其调查结果的行为的态度是严厉的。盖洛普公司曾经公开警告烟草产业，不允许它们继续宣称"根据盖洛普 1954 年的一项调查，90%的美国人认识到了吸烟和癌症的关联"。盖洛普称，事实并非如此。盖洛普所调查的问题是"你最近是否看到或听到有关抽烟会导致癌症的言论"，虽然 90%的人回答他们知道存在这一争论，但并不代表他们相信或同意其中提到的烟草与癌症的关联。盖洛普警告称如果任何一家被诉过失致死的烟草公司再次以这一被歪曲的调查结果作为抗辩理由，它将提起诉讼。盖洛普公司的莉迪亚·萨德（Lydia Saad）称，盖洛普已经对有关其调查结果的解读给予了很大的容忍空间，但如此行为实在超出了限度。

调查公司的客户歪曲使用调查结果是风险极大的。为了保护自身声誉，大多数调查公司在与客户的合同中纳入了赋予调查方公布真实调查结果之权利的条款。这一条款通常如下："当调查结果被错误解读,我们将在不违背我们对客户其他方面信息的保密义务的前提下,公布纠正这一误读所需要的事实。"

12.2.4 当今的非正式调查

传言称,ABC 和 CNN 两家媒体机构已经开始涉足有关公共事务的电话民意调查。这些**非正式调查**①(Straw Polls)是通过网络或电话设备进行的。尽管它们可能十分有趣,但在数据统计意义上,这些调查是没有价值的。

同样不具采信价值的还有在一些周报上相当流行的"快照相机式特稿"(candid-camera features),它们通过向街头路人提问来进行调查。如此访及的六七个路人会随同他们发表的观点一起见报,往往在社论版。这样的版块通常是一些小型出版商增加发行量的法宝,因为它们通常只要在当期报纸刊出尽可能多的当地人的名字和他们的大头照就能大卖。但是这些采访获得的零星意见反映整个民意而成为可靠调查结果的可能性微乎其微。

有时受访者没有花足够时间构思一个经过考虑的答案,则这些**流动照相机**②(roving photographer)式的特稿文章质量会更低。这样一来,制造出的东西就只能是舆论泡沫,而不是公众理解(public understanding),这是一种不负责任的虚假新闻。

> **思考**
> - 为什么说我们很难准确预测一场双方实力差异较小的竞选活动的结果?
> - 概率抽样法在什么样的调查中使用效果最好?而何种调查使用定额抽样法就够了?
> - 为什么非正式调查从数据统计的角度来说是不可信的?

▶ 媒介时间线

	媒介调查里程碑	
	听凭直觉的研究 舆论研究曾经在很大程度上依赖直观感受来完成,且议题往往缺乏时代性,直到自由主义与民主思想勃兴,这一状况才发生改变。	 英王詹姆士一世逆历史潮流为君主政体辩护的著作
18 世纪	**卡托信函集(Cato's Papes)** 约翰·特伦查德(John Trenchard)和托马斯·戈登(Thomas Gordon)创作的被广泛阅读的批判君主制的文章,为兴起的民主思潮添加了力量(1720)	
	民主实践 美国建立民主政权(1776)	
	托马斯·潘恩 写作《常识》(1776)和《人的权利》(1792)	

---

① 非正式调查:路人通过自愿参与、选择性地成为受访者,是一种不可靠的公众意见调查方法。
② 流动照相机:从数据统计的角度看是一种不可靠的公共意见调查方法。

	重大事件 ● 美国独立战争（1775—1783） ● 法国大革命（1789—1799）	
1800— 1849	**媒介调查里程碑** **政治报刊** 主流报刊都由政治资助支持，没有显著的广告收益（直到1833年） **便士报** 本杰明·戴（Ben Day）创立《纽约太阳报》，吸引了大量读者和广告商（1833） **重大事件** ● 杰克逊（Jackson）总统执政（1833—1841） ● 摩尔斯（Morse）发出第一封电报（1844） ● 美墨战争（1846—1848）	
1850— 1899	**媒介调查里程碑** **全国市场** 大批量生产的商品开始拓展覆盖全国的市场（19世纪80年代） **广告代理商** 作为一个产业的广告业开始形成（19世纪80年代） **受众调查** 约瑟夫·普利策通过偷听的方法，使街头的报纸读者的意见成为媒体的新闻判断的依据（19世纪80年代） **争夺广告商的战争** 报纸发行量大战在普利策和赫斯特之间展开（1895） **重大事件** ● 美国内战（1861—1865） ● 横跨大陆的铁路修建完成（1869）	 凭直觉考察受众兴趣
1900— 1949	**媒介调查里程碑** **印刷量** 设立发行量审计部门以核实报纸、杂志所宣称的发行量（1914） **广播** 阿奇博尔德·克罗斯利（Archibald Crossley）进行了第一次听众调查（1929） **盖洛普民意调查** 乔治·盖洛普在爱荷华州的选举分析中使用了定额抽样法（1932）	

人口统计式调查
尼尔森调研公司完成第一次人口统计式听众调查(20世纪40年代)

概率抽样
盖洛普在总统选举分析中使用概率抽样法(1948)

重大事件
- 无线电广播成为一种商业媒体(20世纪20年代后期)
- 经济大萧条(20世纪30年代)
- 第二次世界大战(1941—1945)
- 苏联与西方冷战(1945—1989)

1950—1999

媒介调查里程碑

价值观及生活方式调查
价值观及生活方式调查被创立(20世纪70年代)

地理人口统计
乔纳森·罗宾(Jonathan Robbin)引入PRIZM地理人口统计分析方法(1974)

重大事件
- 电视作为一种商业媒体出现(20世纪50年代早期)
- 越南战争(1964—1973)
- 人类首次登月(1969)
- 网络作为一种商业媒体出现(20世纪90年代后期)

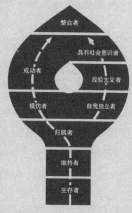

受众分析的新方法

21世纪

媒介调查里程碑

更多的媒体种类
尼尔森调研公司拓展到了对于网络、iPod播放器和手机等设备的考察(2006)

公告牌
尼尔森创立了基于手机的统计计量方法(Go Meters)(2008)

记录视线移动轨迹
盖兹霍克公司(GazeHawk)能记录视线在屏幕页面的运动(2011)

记录选民意见
《纽约时报》雇用内特·西尔弗通过他的新方法来跟踪选民意见动向(2010)

重大事件
- "9·11"恐怖袭击(2001)
- 伊拉克战争(2003—2011)
- 卡特里娜飓风(2005)
- 日本地震和海啸(2011)

本能的新闻判断

12.3 评估受众规模

▶ **本节概述**

为了吸引广告商,大众媒体需要掌握关于其受众数量、受众为何类人群的信息。对于纸质媒体而言,这一信息通过审计来获得;对于广播媒体而言,可通过受众调查来获取;对于网络媒体而言,则可使用热点图这一新兴的技术。尽管调查是人们普遍认可的获取数据的方法,但仍然存在着另一些更为可靠的方法。

12.3.1 报刊审计

报纸和杂志的售出数量被称为**发行量**①(circulation)。发行量统计起来十分简便,只需要对单次印刷量、订阅量和零售商未售退回的数量进行简单计算即可。许多报刊出版者在这一过程中遵循严格的审计程序,且该程序受独立第三方审议机构(例如发行量审计局)监督。这是为了向广告商确保整个体系是诚实可信的,且各大报刊对外宣称的发行量也是可以作为比较、选择的依据的。

发行量审计局②(Audit Bureau of Circulations,ABC)建立于1914年,其创立旨在杜绝出版商通过虚报发行量的方式吸引广告商从而增加收入的企图。虚报发行量的做法曾在一些城市颇为盛行,这对于那些恪守诚信的出版商来说十分不公。而今,大多数日报和杂志都已经纳入了发行量审计局管辖,这就意味着它们将遵从审计局设定的标准上报发行量,并接受其审计。

12.3.2 收听、收视率评估

广播和电视的受众更难评估,但广告商对于受众数据的需求却十分强烈,它们需要通过这些信息决定在何处投放广告以及了解划算的价格。为了有效统计广播电视的受众信息,**收听、收视率**③(ratings)评估逐渐发展为一项产业,该产业如今已经壮大到包括200家公司的规模。**尼尔森传媒研究中心**④(Nielsen Media Research)会跟踪获取有关网络电视观众、广播听众和电影院线消费者的信息。

收听、收视率评估始于1929年,当时广告商聘请了一家名叫**阿奇博尔德·克罗斯利**⑤(Archibald Crossley)的调查公司,要求它调查各个节目的收听、收视率。于是该公司选取了一些家庭作为样本进行了调查,然后据此推测总体情况,并形成了全国范围内的收听、收视率评估结果。今天的无线电广播和电视受众调查公司仍然在使用这一方法,只不过进行了改良。

20世纪40年代,**A. C. 尼尔森**⑥(A. C. Nielsen)在收听、收视率评估领域崭露头角。他提供给广告商的数据描述的是广播节目分别在男性、女性和儿童中的受欢迎程度。尼尔森

---

① 发行量:出版物的读者数量。
② 发行量审计局:旨在对报纸和杂志宣称的发行量进行核查。
③ 收听、收视率:对广播电视受众规模的评估结果。
④ 尼尔森传媒研究中心:旨在调查电视收视率。
⑤ 阿奇博尔德·克罗斯利:其完成了对广播电视受众的第一次调查。
⑥ A. C. 尼尔森:创立了与之同名的广播电视调查公司。

还将听众划分成不同的年龄段:18 岁至 34 岁一组,35 岁至 49 岁一组,50 岁以上一组。这些划分被称为**人口统计分类**①(demographic breakdown)。1950 年尼尔森公司迈入电视受众调查领域,并且将受众数据的范围扩展到包含更加细分的受众群。如今,受众群划分已经发展到包括收入水平、教育水平、宗教、职业、社区甚至消费品使用偏好等多个维度。

在阿奇博尔德·克罗斯利公司的年代,调查是由广告商付费支持的,而今广播电视网、独立电台和电视台也会委托调查公司进行收听、收视率评估。电视网络获取调查数据结果后会立即提供给广告商。地方台往往会将数据改编制成小册子,并将数据解读、呈现为有利于该电视台的信息。这些小册子会由电视台的市场代理分发到广告商手中。虽然广告商会从电视台和电视网那里获取到数据,但大的广告代理商还是会与尼尔森、阿比创等市场调查公司签订合同以满足它们对受众数据信息更为具体的需求。

对电视黄金档的测评。尼尔森公司的周报会对每一个电视网在黄金档播出的节目进行受欢迎程度的排名。尼尔森媒介调查表中这个周的榜首是《海军罪案调查处》(NCIS),成绩为 14.1,这个数值被称为收视率。收视率显示的是全国范围内调至该节目所在频道的电视机占电视机总数的百分比。因此在例子中,《海军罪案调查处》被 14.1%的电视机收看了。另一个电视收视情况衡量标准是收视份额,本周《海军罪案调查处》的收视份额为 22,也就是说在所有当时处于工作状态的电视上,22%在播放该节目。

12.3.3 对于收听、收视率评估的批判

尽管收听、收视率调查技术已十分严谨、周详,但仍有批评之声存在。比如,当电视网发现某档节目的收视率数据不理想而将其撤掉时,就会有不少粉丝来质疑评估结果的准确性。粉丝们说,通过几千家用户的收视情况来推断整个国家观众的意见是不合适的。然而,诸如尼尔森等大型调查公司进行评估时所选取的样本数量的确是没有争议的,是被认为足可用来准确推测全美 1.16 亿台电视机节目播放情况的,尽管对于一些不太了解数据统计意义上的概率的人来说,这有些不可思议。

但评估也并非一直可靠。对于它的质疑在 20 世纪 40 年代和 50 年代达至高潮,当时人们得知一些公司谎报样本数量,或样本选取数量科学性不足。1963 年一次集体性的清查迫使广播电视网络开始建立收听、收视率评议会(Broadcast Rating Council),评议会向收听、收视率评估公司授信,并审查其出具的报告。

收听、收视率评估的确存在弊病,一些是方法上固有的缺陷,一些则来自人为的错误甚至编造。

评估结果矛盾。若不同的评估服务针对同一市场给出了迥异的调查结论,广告商会开始怀疑。小的差异可以解释为抽样方法有别,但大的分歧就有可能意味着错误的方法或操作过程。正是这样的质疑催生了收听、收视率评议会。

偏颇的结果。一些地方台的销售推广人员为了向广告商展示自己的电视台有大量观众,往往选择性地摘录部分调查数据加以呈现,这就需要老练的广告商来认清这些信息中的偏颇和编造成分。

---

① 人口统计分类:人口统计中会根据一些性质来区分人群,从区分出的不同的人群中依比例抽取个体,构成统计的样本,这些性质包括年龄、性别和社会关系。

尼尔森媒介调查

2011.10.31—2011.10.31（周一）

时间	ABC	CBS	NBC	FOX	UNIVISION	TELEMUNDO	CW
8:00	《史瑞克的万圣游戏》7.4/13	《老爸老妈的浪漫史》8.1/13	《消唱团》3.1/5	《史前新纪元》5.9/10	《幸运家庭》2.0/3	《我心永恒》0.6/1	《替身姐妹》0.5/1
8:30		《破产姐妹》8.1/13					
9:00	《与星共舞》11.5/18	《好汉两个半》10.6/16		《豪斯医生》6.2/9	《命运的神力》2.3/4	《狂花》0.6/1	《替身姐妹2》0.4/1
9:30		《麦克和莫莉》8.3/13					
10:00	《城堡》9.9/16	《天堂执法者》8.9/15	《洛克菲勒中心》3.0/5		《圣弗朗西斯科脱口秀》1.3/2	《地狱来的芳邻》0.8/1	
10:30							

2011.11.01—2011.11.01（周二）

时间	ABC	CBS	NBC	FOX	UNIVISION	TELEMUNDO	CW
8:00	《最后的男人》6.8/11	《海军罪案调查处》14.1/22	《超级减肥王》12 4.5/7	《欢乐合唱团》6.5/10	《幸运家庭》2.2/3	《我心永恒》0.7/1	《90210》1.3/2
8:30	《男人雄起》4.4/7						
9:00	《与星共舞决赛夜》10.9/16	《海军罪案调查处：洛杉矶》11.5/17	《为人父母》4.8/8	《杰西驾到》6.2/9	《命运的神力》2.5/4	《狂花》0.7/1	《替身姐妹》1.6/2
9:30					《主人公》1.3/2		
10:00	《逝者之证》8.5/14	《记忆神探》9.1/15		《家有喜旺》4.0/6	《此时此地》1.3/2	《地狱来的芳邻》0.9/1	
10:30							

2011.11.02—2011.11.02（周三）

时间	ABC	CBS	NBC	FOX	UNIVISION	TELEMUNDO	CW
8:00	《中产家庭》6.5/10	《幸存者：南太平洋》7.8/12	《整夜难眠》4.1/7	《X音素》7.7/12	《幸运家庭》2.1/3	《我心永恒》0.7/1	《替身姐妹-ENC》0.8/1
8:30	《郊区故事》6.1/9		《整夜难眠》重播 2.4/4				
9:00	《摩登家庭》10.9/17	《犯罪心理》10.1/15	《律政俏师大》6.2/9		《命运的神力》2.5/4	《狂花》0.7/1	《全美超模大赛-11》1.8/3
9:30	《幸福终点站》5.3/8						
10:00	《复仇》7.6/12	《犯罪现场调查》8.7/14	《法律与秩序：特殊受害者》6.3/10		《主人公》1.0/2	《地狱来的芳邻》0.9/2	
10:30							

续表

2011.11.03—2011.11.03（周四）

时间	ABC	CBS	NBC	FOX	UNIVISION	TELEMUNDO	CW
8:00	《霹雳娇娃》3.9/6	《生活大爆炸》11.2/18	《废柴联盟》3.0/5	《X音素》7.4/12	《幸运家庭》2.1/3	《我心永恒》0.7/1	《吸血鬼日记》2.7/4
8:30		《约会规则》7.8/12	《公园与游憩》3.2/5				
9:00	《实习医生格蕾》8.8/13	《疑犯追踪》9.2/14	《办公室》5.0/8	《识骨寻踪》7.8/12	《命运的神力》2.5/4	《狂花》0.7/1	《秘社》1.9/3
9:30			《惠特尼》3.6/5				
10:00	《私人诊所》6.4/11	《超感警探》10.7/18	《头号嫌疑犯》4.2/7		《主人公》1.1/2	《地狱来的芳邻》1.0/2	
10:30							

2011.11.04—2011.11.04（周五）

时间	ABC	CBS	NBC	FOX	UNIVISION	TELEMUNDO	CW
8:00	《真人秀：彻底改变之家庭再造》3.3/6	《天赋异禀》6.1/11	《超市特工》2.5/4	《地狱厨房》2.7/5	《幸运家庭》2.0/3	《我心永恒》0.7/1	《尼基塔》1.5/3
8:30							
9:00	《真人秀：彻底改变之家庭再造》—9P 3.8/6	《犯罪现场调查：纽约》7.2/12	《格林》5.1/8	《危机边缘》3.0/5	《命运的神力》2.4/4	《狂花》0.6/1	《邪恶力量》1.5/3
9:30							
10:00	《20/20》3.4/6	《警察世家》9.3/16	《日界线》周五 3.1/5		《主人公》1.2/2	《地狱来的芳邻》0.9/2	
10:30							

2011.11.05—2011.11.05（周六）

时间	ABC	CBS	NBC	FOX	UNIVISION	TELEMUNDO	CW
8:00	周六足球夜 1.9/3	《家得宝黄金档大学足球》1.5/20	《律政俏师太》2.4/4	《警察》2.2/4			
8:30				《警察 2》2.4/4			
9:00			《头号嫌疑犯》2.9/5	《史前新纪元》—加演 1.3/2	《大周六》1.4/2		
9:30							
10:00			《法律与秩序：特殊受害者》3.3/6			《足球要闻 2》0.4/1	
10:30							

续表

	ABC	CBS	NBC	FOX	UNIVISION	TELEMUNDO	CW
7:00	《往事》SP-11/(SR) 2.7/4	《60分时事杂志》 8.6/13			《瓜达卢佩玫瑰》1.1/2		
7:30			《美国足球之夜》第二场 3.4/5	《FOX橄榄球赛后访谈》9.1/14		《与克里斯蒂娜同行》0.5/1	
8:00	《往事》8.2/12	《极速前进19》6.6/10		《辛普森一家》5.3/8			
8:30			《美国足球之夜》第三场 7.7/12	《人小鬼大》2.9/4			
9:00	《绝望主妇》7.1/10	《傲骨贤妻》7.2/11		《恶搞之家》2.9/4	《瞧！谁在跳舞》2.2/3		
9:30				《美国老爹》3.5/5			
10:00	《泛美之旅》4.7/8	《犯罪现场调查：迈阿密》7.1/12	《周日晚橄榄球赛》13.3/21		《盐与胡椒》1.5/3	《迪士尼神奇世界》0.4/1	
10:30							

2011.11.06—2011.11.06(周日)

样本选择。有些调查者会非常小心地选取调查样本,使整个市场上所有的人都有同等概率被选取。但有些调查公司则在选取样本上犯有严重的错误。试想,一个摇滚音乐台将其某位音乐节目主持人的照片贴满全城的宣传栏,然后让该名主持人到一个青少年舞蹈俱乐部去调查听众偏好,这样获得的反馈能有多可靠呢?

夸大宣传。那些迫切希望获得更好评估结果的电视台和电台已经学会了如何在二月、五月、七月和十一月的主要的收听、收视率考评执行期间吸引更多观众以推高收视率。以下是它们的一些夸大宣传的做法。

- 将社交媒体的作用也整合到规划之中——例如哥伦比亚广播公司的体育主持人和情景喜剧明星在考评期内会发布 Twitter 种子或在 Facebook 上保持在线状态。
- 电台的有奖猜谜节目往往也在考评期内播放。
- 新闻节目会在考评期内连续报道煽动性、爆炸性的消息,在考评期结束后又恢复正常的报道。
- 除了考评期,还有另一个被称为黯淡期(black weeks)的时间段,也就是不进行评估的时期。在这些时间段内一些台会播放各种不搭调的、无聊的节目,而这些节目在考评期内是无论如何不会出现的。

反馈的准确性。在书面填答的调查中,受访者常常隐去真实情况。比如,有些受访者会填写他们观看的是 PBS 的《经典剧场》节目,尽管实际上他们看的根本不是这类高雅的节目。正因为如此,**震撼电台节目**①(Shock Radio)和垃圾电视节目很可能比它们在评估中所显示的更受欢迎。

通过一个旨在使调查方法更严谨的项目,尼尔森逐步开始淘汰地方电视市场中记日记簿的方法。在 10 个最大的市场中,尼尔森重新设计了受众衡量方式,不仅考察观众在收看什么节目,还考察是谁在观看。逐渐地,尼尔森力求在小一些的市场也摈弃日志式报告的方法。2009 年,尼尔森进一步优化了它的受众衡量体系,使之不仅能调查电视收看情况,还能覆盖网络受众。

绕避广告②(zipping)、**剔除广告**③(zapping)**与冲水现象**。收听、收视率评估服务会考察不同电视节目的受众,还能区分一天中不同时段的变化,但是它们无法调查广告的收视情况。广告商自然会在意被插播广告的电视节目是否受欢迎,但事实上它们最关心的还是插播的广告是否有人在看。

在 20 世纪 60 年代,这一受众调查的空白领域被填补。当时一位颇有幽默感的人将芝加哥水压骤降与该现象发生时电视中播出的足球赛恰好在中场休息这一事实联系了起来,水压下降的现象也由此得名"**冲水因素**"④(flush factor)。原因就在于,中场休息时间正是数千球迷从沙发上站起来去洗手间的时间。同理,广告商因此类现象损失了很多观众,许多人虽然调至了某一频道,但在广告时段并未收看。

---

① 震撼电台节目:20 世纪 70 年代起在美国渐趋流行的一种追求幽默效果的电台节目,其特点是用极粗俗的语言挑动听众做强烈反应,不惜得罪大多数听众,以提升其节目的受关注度。(译者注)
② 绕避广告:电视观众通过切换频道跳过广告时间。
③ 剔除广告:指电视观众录下电视节目然后删去广告部分。
④ "冲水因素":指电视观众在广告时段离开电视机,走向冰箱或厕所。

这一收视的损失随着电视遥控器和诸如具有回放功能的数字录像机(TiVo)等设备的发明进一步恶化。观众可以遥控换台以跳过广告时间,而且他们能在收看前录下电视节目,观看时广告部分已经被删除了。

12.3.4 收听、收视专注率

一些广告商为了使广告投资实现最佳效益,开始青睐**收听、收视专注率**①(engagement ratings)的评估。此类评估试图测定人们收听、收看某一节目及广告时的专注程度。诚然,专注率评估是不精确的,它是数据调查与直觉推断的结合。

电视收视专注率。 举例来说,福特公司决定将它新推出的 F 系列无顶轻型货车的广告投放在探索频道迈克·罗斯(Mike Rowes)的《苦差事》(Dirty Jobs)节目中。这样做的理由并非该节目收视率居冠,事实上它的观众并不多。但是对该节目的收视专注率的评估显示,观众在观看该节目时十分专注,且他们往往是 18 岁至 45 岁的男性。这样的受众群体中存在很多轻型卡车消费者。到 2009 年,美国电视网的 100 位主要广告客户中的半数都要求其提供收视专注率评估数据。

调查公司 IAG 在 2004 年采用使观众回忆节目、广告内容的方法而成为专注率评估领域的领头羊。一年之内,丰田公司就采纳了它提供的数据,将之用于与电视网进行议价。随着专注率评估的流行,尼尔森于 2008 年花 2.25 亿美元收购了 IAG 公司,这次收购使尼尔森的业务不仅包括弄清有多少台电视正在播放某一节目,还包括调查电视机前观众的专注率,即他们在观看中投入了多少注意力。

收听、收视专注率也可以用来评估广告本身的有效性。广告代理商克里斯平·波特(Crispin Porter)与博古斯基(Bogusky)发现如果大众捷达和途观汽车的广告中出现老款大众甲壳虫车,注意到该则广告的观众会增加 75%。

互联网专注率评估。 事实上尼尔森公司早已尝试过互联网用户的专注率调查。2007年,尼尔森公司已经完成了通过网页浏览数量的统计来进行的网站排名。但是人们找到自己需要的信息之前对网页往往只是匆匆一扫,因此这种方法缺乏对受众专注程度的考察。为了了解哪些网站既有高点击量,又能将用户吸引住,尼尔森在 2007 年转而开始考察网站吸引用户逗留的时长。评估互联网上的受众,无论采用什么方法,都会有一定的不精确性,不过至少广告商能对于其网页有多少人浏览有更确信的掌握。

那么尼尔森公司采用这种逗留时长统计方法到底带来了怎样的改变?一家名叫"电子艺术"的游戏公司网站在新的排名方法中突然跃居前十,因为游戏玩家玩游戏会产生较长的停留时间。此外苹果 iTunes 网站由于其提供 90 秒的音乐试听,排名也上升了。

- 电视台、电台和广告商是如何利用收视、收听率数据的?
- 收视、收听专注率考察的是什么?如何考察?

---

① 收听、收视专注率:指受众注意力在媒体产品和广告上停留的时间长度。

12.4 受众调查方法

▲ **本节概述**

传统的调查方法包括访问调查和抽样记录调查,但是和专业测量仪器设备相比,它们显得很逊色。有的设备可以调查出人们经过某一广告设施的频率,更新的设备还可以监测一些新形式的媒体,包含互联网以及远远超出了用于客厅观看范畴的现代升级版电视,例如智能手机和具有重放、回放类似功能的数字录像设备(TiVo)等。

12.4.1 基本方法

受众测量最初是采用访问、记录和设备或三者相结合的方法。

访问调查。早在1929年,阿奇博尔德·克罗斯利就倡导使用随机抽取的方式对听众进行电话访问来进行收听率调查。尽管很多调查公司特定地采用电话**访问调查**[1](interviews),但是这种方法如今在电视、广播领域中的使用已不多见。面对面调查访问在电台广播中也已经很罕见。虽然这样可以获取更全面的信息,但是这种调查方式需要更密集的劳动力和成本投入。

抽样记录调查。20世纪50年代,尼尔森开始采用**抽样记录调查**[2](diaries)方法。尼尔森会给主要市场的选定的对象发送邮件,让他们列出节目名单、时段、频道及观看者。这项调查在主要的收视率调查考评期内完成,也就是二月、五月、七月和十一月。虽然抽样调查经济高效,但是许多观众会忘记做记录,等到几天后才努力回忆自己观看了什么。尽管抽样记录调查得到的数据总比没有数据好,但是由于太过于模糊、笼统,所以这种方式也逐渐被淘汰了。

仪器测量。20世纪70年代,测量仪器设备被用来作为抽样记录调查的补充以获取更准确的信息。尼尔森在选定的用户的电视机上安装测量器以便追踪哪个频道正在被接收。还有一些家庭被发放了可供点击的仪器,这样公司可以据观众点击得知男人、女人、小孩、老人分别喜爱哪类节目。一些机顶盒设备甚至可以通过传感装置追踪到谁在观看节目。

个体测量仪。1987年尼尔森公司发明**个体测量仪**[3](People Meters)。这个仪器由两个不同功能的独立部分组成,其中一个设置在电视机上,每隔2.7秒记录被观看的频道,另一个手持遥控设备可以知晓谁在观看节目。每晚这个数据都会传入尼尔森的中央电脑,这样公司就可以得出第二天的数据统计报告,提供给电视网络和广告商,叫作"**前夜汇报**"[4](overnights)。

便携式测量仪。2001年,尼尔森公司和阿比创公司联合测试了便携式测量仪器,人们可以随身携带。寻呼机大小的测量仪器可以接收节目传输的无声信号。这个便携式测量仪器的目的在于,即使观众不在家,在健身俱乐部、办公室、机场、车内等也可以追踪他们接触到的电视节目。这种所谓的便携式测量仪现在主要用于调查上班族的广播收听习惯。

---

[1] 访问调查:通过面访、邮件或电话的方式进行访问的方法。
[2] 抽样记录调查:一种由受访者自己进行记录的抽样调查方法。
[3] 个体测量仪:用于追踪个体受众的测量仪器。
[4] "前夜汇报":隔天早晨生成的对于电视网络收视情况的报告。

12.4.2 网络受众测量

媒体矩阵①(Media Metrix),是一个在网络观众测量领域占据领先地位的公司,其使用双监测系统来确定有多少人浏览了网络站点。媒体矩阵从4万台由其主人许可接受监视的私人电脑收集数据。一些电脑被设置程序以追踪网络使用情况并将数据以邮件方式传回。此外,媒体测量还召集了另外一些电脑使用者,让他们定期邮寄追踪记录网络使用情况的磁盘给公司。尼尔森调研公司已经开发出一套类似的调查方法。其他公司也在致力于网络受众测量。

网络受众测量到底具有多高的精确度呢?CNN、ESPN和时代华纳(Times Warner)等一些大的媒体内容生产者,就认为这样的测算低估了自己的受众规模。它们这样说并不是在为自己鼓吹,事实上,各个公司的测量方法存在很大差异。问题在于为什么这些测量公司不能得出准确数据呢?部分原因在于,不同的方法得出了相互分歧的数据。而数据是需要根据获得这些数据所使用的方法来评价的。网络受众测评行业存在的方法漏洞无疑亟待发现和纠正。

12.4.3 多媒体测量

尼尔森发现电视观众越来越处于移动状态,所以在2006年,他开始重建他的测量系统,以便能考察个人电脑、电子游戏、iPod播放器、手机和其他移动设备。尼尔森将这个新测量系统称为"**随时随地测量系统**"②(Anytime Anywhere Media Measurement),简称为"A2/M2",该计划设定的目标是实现对无论在任何平台上播放的视频节目的追踪。尼尔森公司的首席研究者——保罗·多纳托(Paul Donato)称,"这是一个全面覆盖的计划"。

尼尔森首先划定了由400个iPod使用者构成的小组,记录他们下载和观看的节目。尼尔森同时还把电视监测数据和网络监测数据融合起来,监测分析传统电视收视与网络收视之间的关联。

12.4.4 移动受众测量

2006年,无线网络试图将收视率缺失问题归因于DVD和TiVo类设备,与此同时,尼尔森开创了"直播加七日"测算法。这个新的测量方法测量直播观看数据外加7天内任意的观看数据。网络于是可以利用这一延长的考察期来达到向广告商保证的收视率。网站还认为DVD、TiVo的观众群比较富裕,因此对广告商更有价值。但是广告商不这么认为,他们认为事后观看广告的价值是被减损的,而且TiVo可以跳过广告,这个新测量方法并不会考虑那些被跳过的广告。

广告商相对更偏好"直播加当日"的测量方法,并包括进截止到第二天早晨的DVD的收看量。尽管如此,尼尔森还是继续安装它们已经研制好的新型测量设备,到2007年,约18%的美国家庭已被覆盖。

---

① 媒体矩阵:一项测算互联网受众规模的服务。
② 随时随地测量系统(A2/M2):指尼尔森试图将多个视讯媒介平台的受众测量统一起来的计划。

第 12 章 受众

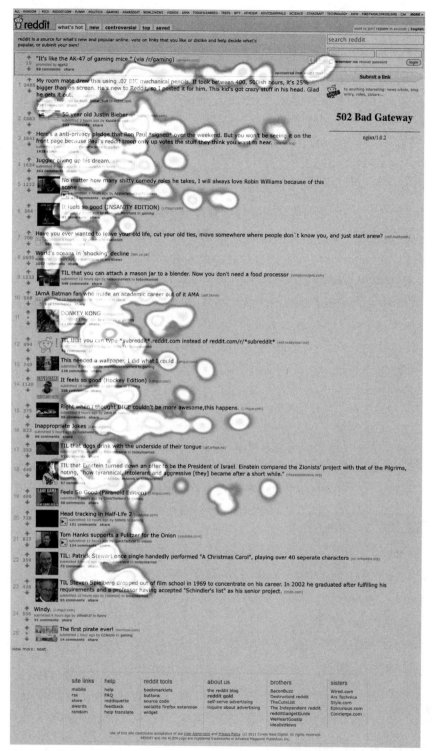

视线追踪。通过视线追踪公司（Gazehawk）的新技术，一个安装于计算机的网络摄像头可以跟踪记录用户的视线落在网页的什么位置。上图为对社交新闻网站红迪网（Reddit）的一个页面所做的记录结果，如图所示，一种 F 形模式显现出来。这样的 F 形阅读方式与人们在阅读报纸和杂志时的习惯不同。这种视线追踪类的研究为我们有效生产适于网络阅读的内容提供了很多有价值的信息。

思考

- 收听、收视率调查公司使用何种工具调查电视、广播受众?
- 网站访问量调查结果可信度如何?
- 你认为在这个广播电视内容按需定制生产的时代,尼尔森的"直播加七日"的测算方法对广告商是否有吸引力?

媒介争论

对社交媒体作为调查工具的探索

宝洁公司(Procter & Gamble)每年花费 400 万美元用于市场调查,比任何其他公司都多。这些资金大多用于对市场和用户偏好进行访问调查。但是这家大型家庭用品公司的市场负责人琼·里维斯(Joan Lewis)却看到了有别于捣鼓数据的传统市场调查的新方法。里维斯估计,到 2020 年人们会更多地借助社交媒体进行调查。

里维斯认为对于已近乎完备的数据模型的探索已经很难再有什么进步了。她更倾向用户与公司之间的双向沟通,而社交媒体的出现使其成为可能。的确如此,里维斯说:"越多人注意到这种双向沟通并且实现和世界各地的人的交流,我想他们就越会倾向于放弃那些需要刻意安排的调查。"

里维斯在大学读的是文学而非数据统计,考虑到这一点,她会倾向这样的方法似乎也就不难理解了。尽管里维斯一直在传统市场调查领域执业,并且其主要工作还是定量数据收集,但是她预料未来定性研究会越来越重要,尤其是与社交媒体相关的研究。

"而今如果某人有意见想对公司表达,他除了等待被抽取成为公司市场调查样本,还有很多途径,"里维斯说,"而且,社交媒体对于处于快速变动中的消费者行为和喜好,也有更快的反应能力"。

"关键在于,"里维斯说,"要找到能从社交媒体反馈与对话中挖掘信息的足够快捷的方法"。里维斯认为宝洁公司的市场调查部门所雇用的员工不具备这样的素质,她说,"我们需要灵敏和善于学习的头脑"。她认为,未来并不掌握在仅仅懂一些传统调查方法的人手中。

展望未来,里维斯表示,"我们需要多种方法的竞合"。因为把任何一种单一方法,尤其是数据调查方法,轻信为解决问题的唯一途径,都是错误的。

里维斯认为,调查者过分专注于调查过程以及有关核验及操作的细节。似乎调查方法成了一种要求盲目教条式遵循的意识形态。她列举了过多的精力被投入于选择有代表性样本的例子。里维斯承认选取具有代表性的样本是重要的,但是无论是否具有代表性,社交媒体中的样本都有值得挖掘的信息。

里维斯也承认,社交媒体及反馈分析需要更加精

琼·里维斯。宝洁公司全球消费者及市场负责人。

密,包括执行标准和衡量尺度。她警示,作为数据调查的对立面,对社交媒体的定性研究不能成为进行伪劣、模糊研究的借口。她说:"人们很容易将世界处于持续变化之中这一事实作为低质量工作的借口。"

虽然存在里维斯以及其他推崇新理念的人对市场调查发出的呼吁,传统调查方法仍然在该行业占据主流。

里维斯称,旧的方法在新的媒体形式中无法奏效,目前大多数市场研究都建立在广泛普及的媒体上,比如电视,而与社交媒体相比,电视媒体是静止不变的。"再也没有媒体会同电视一样了,"里维斯说,"社交媒体尤其抛出了挑战。挑战就在于,我们需要测量的是本身就处于持续变动中的东西,它无法被确定、清晰地测量"。

正方
通过积累大量数据来进行市场调查、广告投放在社交媒体环境下已无法奏效。

反方
不论信息如何积累,不论它们取自调查还是社交媒体,传统的定量研究方法在整理和消化信息方面都还是有价值的。

深化你的媒介素养:

探索问题:列出本周或上周的电视网络黄金时段的节目名称。你可以到 zap2it.com 或其他任何网站查询。

深入挖掘:列出最受欢迎的节目的广告商。

你怎么看?如果你是某个黄金时段节目的广告商,你是否会选择另一个节目的广告时段,或者考虑选择其他的媒体平台?

明日传媒

一种受众调查方法——网络热点图

美术编辑们以为他们对于自己的工作已然得心应手。经过了一个世纪的杂志设计经验积累,美编们已经知道如何使页面上的一张图片夺人眼球。他们也掌握了要领——主要赞助商的名字和标志应该伴随着一张抢眼的图片。研究还显示了一条规律,报纸阅读者出于尚未查明的原因,阅读头版时会先注意到版面的右上方,而阅读内页时则会先注意版面左上方。

就在美编们洋洋得意时,通过网络向大众传递信息的时代来了。

旧的规则似乎不再有效。在一个点缀着头条、照片、移动图示、地址链接和广告的以文字为中心的网页上,人们会先注意到什么呢?大的色块是否还有效?反向的文字呢?人们在以文字为中心的页面上的视线移动习惯是不同的吗?手机用户的视线移动模式是不是与电脑用户不同?没有一系列原则的指导,设计者们在制作网页时茫然不知所措。

视线追踪公司的两位创始人。乔·葛申森和布莱恩·克劳斯。

渐渐地,新的规律诞生了,而这些规律很多都是通过热点图得出的。一个摄像头通过记录视线移动,可以知道眼睛正在被那个区域吸引,以及视线之后又会移向哪里。对于分析人员来说,这样的记录就好比在原网页上叠加了一块屏幕,上面有染色区域来标出视线的移动。

可惜,早期的专业且笨拙的热点图仪过于昂贵,无法被设计师用来检验他们设计的有效性,这样的仪器每套要4万美元。2011年,一家硅谷的开发公司——视线追踪,推出了一款廉价的替代品,这是一个安装在电脑上的摄像头,可以记录视线的移动。

视线追踪公司的两位共同出资人,乔·葛申森(Joe Gershenson)和布莱恩·克劳斯(Brain Krausz),发表了大量有关他们的发现的博客文章。他们证明了由人机互动学者雅各布·尼尔森(Jakob Nielsen)提出的模式:在以文字为中心的网页上,人们首先看顶部左端,然后读第一行,然后浏览第二行,之后他们看左侧栏,每行读一点,并且越向页面下方,每行读的字越少。如葛申森和克劳斯描述的那样:"视网膜的敏锐度会迅速减弱。"热点图上浮现这种散乱的F形,几乎是非常普遍的现象。"这是很有价值的信息,"葛申森和克劳斯补充道:"因为如此我们可以得知大多数互联网用户只读每页的头几句话。""那这头几句话就必须起到效果,"他们说。不过争夺注意力的图片也是一个因素,这就使得要弄清整个问题变得更加复杂。因为热点图会将视线在页面上的一切活动都记录下来。

当杂志出版商纷纷开始致力于电子版本,热点图发挥了作用,在订阅、设计、内容生产和广告方面提供了协助。旗下拥有《名利场》《魅力》《纽约客》《连线》的康泰纳仕(Conde Nast)集团已经向广告商许诺将提供有关iPad刊物的新数据来作为广告商购买广告版面的依据,这些数据包括例如电子版本中一则广告出现的次数,又例如读者视线在含有某则广告的页面上停留的时长。

传统的网络受众调查,例如页面浏览量和点击量,是通过缓存记录等工具来完成的,而这会涉及隐私问题。而热点图只会对知晓调查正在进行的受访者实施,也就不存在隐私问题。热点图的使用必须有授权,因为网络摄像机很难在用户不知情的情况下进行校准。

> **你怎么看?**
> 如果你是一名媒体设计领域的学生,你会怎样利用热点图技术?
> 你认为热点图技术有可能演化到在不经用户同意的情况下实施吗?这样的情形会不会使你觉得受到侵犯?

12.5 测量受众反馈

▲ 本节概述

电视收视率测评机构,已经从仅测量受众规模发展到测量受众的反馈意见。测量人员通过多种方式达到这一目的,包括焦点小组(focus groups)、皮电测试(galvanic skin checks)及原型调查(prototypes)。

12.5.1 焦点小组

电视咨询公司通过**焦点小组**①(focus groups)的方法测量观众反应。通常,采访人员会去购物中心,依据性别、年龄选择十来个受访者,并提供给他们每人饼干、饮料、50美金,让他们坐下观看一段当地新闻节目。主持人接下来会访问他们的反应,有时会用一些哄骗性的、引导性的问题去使受访者打开话匣。这是一种狡猾的调查方式,它很大程度上依赖于主持人的技巧。在一个审判案例中,一位新闻主播由于焦点小组的反应而丢了工作,她抱怨是对焦点小组进行访问的主持者带有偏见的主张和问题"污染"了整个采访过程。

- "除掉你们不愿在新闻节目上看到的东西吧,这是你们的机会!"
- "来吧!将你们的负担推给这些一年挣10万美金的混蛋吧。"
- "这次你们能做的不仅仅是对着电视大叫。大声说出来,说'我讨厌这个家伙'或者'我爱那个主播'。"
- "让我们用30秒淘汰掉这名主播。她是个笨蛋对吗?你们要诚实回答!"

即便被更有技巧地引导,焦点小组这一方法仍然具有倾向于只反映最强烈的民意的缺陷。

12.5.2 静坐采访

调查需要转向更加私密化的方式。越来越多的人拒绝参加电话调查。他们时间宝贵,讨厌被打扰。有时调查不总是搜集信息和意见,而是演变为狡猾的营销或者操纵意见的工具,对于这种现象的批评之声也越来越多。这些不信任不只是针对电话采访,而是已然延伸到了网络和邮件投票。

如何能缓和这种对参与调查的排斥呢?一个名叫雅各布斯传媒(Jacobs Media)的调查公司建议这样引入调查:承诺调查将会是简单迅速的,有一个正当、值得的原因,并且还会为参与者所花的时间提供报酬。

12.5.3 皮电测试

被电视台雇用的咨询公司对判定观众反应做了很多研究。当地创作新节目的电视台会向咨询顾问寻求关于节目设定、故事选择甚至最受欢迎(而不是最优秀)主播、记者人选的建议。调查之外,这些咨询顾问有时候还会使用**皮电测试**②(galvanic skin checks)。皮电传感

---

① 焦点小组:以结构松散的采访方式被问及反馈意见的小范围受访群体。
② 皮电测试:监视脉搏、皮肤对于刺激的反应。

器被附在节目观看者样本人群上用以测试脉搏和皮肤的反应,例如流汗。这项测试的提倡者认为这能够揭示新闻广播节目到底能唤起人们多大的兴趣以及这种兴趣是积极的还是消极的。

这项测试最早被用于测试观众对广告的反应,但是今天一些电视台依靠它来决定更多更广的问题,有一些相对琐碎,比如是否改造演播室。另一个用法是使用皮电测试决定选取哪种题材的新闻进行报道并且是否要寻找新的主播和记者,新闻工作者对这样的做法抱有一定程度的怀疑。这个皮电测试往往会对简短、上镜的新闻故事,例如火灾和意外事故,呈现比较积极的反应;而对那些意义深刻却没有酷炫视频的更长的故事,则往往反应消极。同理,该测试还会支持好看的、温柔的新闻主播和记者,而不管新闻工作者的能力。有这样一句俗语说得没错,"新闻工作也爱玩激情和心跳"!

卧室项目

通过吸引人的新颖调查让你聆听18—28岁人群的想法、意见。

自然环境下采访。在研究年轻人如何使用媒体和科技的过程中,雅各布斯传媒意识到了传统调查的缺陷。焦点小组法也被排除在外了,取而代之的是小团队的同龄采访员,他们都经过了专门的训练,会去年轻人经常接触媒体的地方访问这些年轻人,常常是去到宿舍或者卧室。采访员会将这种在自然环境下的交谈录制下来,交谈平均持续两个小时。

12.5.4 原型调查

在做大型投资前,媒体主管们会寻找尽可能多的信息来决定如何提高一个项目的成功概率或者判断到底有无成功的可能。这就是**原型调查**①(prototype research)。

试映。电影制片厂从无声电影时代开始就会试映电影。今天,试映筛选领域领头的承包商是尼尔森公司和 OTX 公司。典型的做法是,精心选择300人,这300人的样本要符合人口统计中的人口群体结构比例,然后让他们观赏影片并填写评论表。比如,他们对影片有疑惑吗?是否喜欢结局?他们最喜欢的场景是什么?他们会向朋友推荐这个电影吗?观众看电影的场景通常会被录下来,制片人和制片厂的执行者在电影播放的同时在一个分离的荧屏上观察观众的反应。通常在试映结束后会留下20个左右的测试者,由演播室人员收集他们的意见。

试映作用重大。宣传和推广一部电影的策略可能就是通过观众的反馈形成的。还有更显著的例子,尼尔森公司在一次试映中得出的建议被采纳,导致恐怖片《致命诱惑》中格伦·克洛斯饰演的角色从自杀改成了他杀。

---

① 原型调查:指的是对于仍在创作阶段的产品进行受众反馈收集的实验。

很多导演都不喜欢他们对于电影创意的控制权被试映所干涉。事实上，一些导演是有影响力去拒绝试映的。史蒂文·斯皮尔伯格就有过广为人知的拒绝试映。导演们通常抵触的原因是他们不想放弃对电影的创意控制。换句话说，一些导演认为试映就是制片厂管理者们声称自己是监察人并对导演加以控制，如此一来，即使电影表现不佳，这些人也可以尽其所能去保证制片厂的成功。

近年来，试映由于越来越紧的生产时间安排而被取消，特别是在电脑成像技术在电影制作中成为重要角色的情况下。《达·芬奇密码》和《加勒比海盗：聚魂棺》都是暑期强档，都没有进行试映测试。没有时间去让预览的观众排队，更不可能因为这一过程中浮现的问题去做任何改变。

流血事件总是新闻头条。研究人员发现如果电视台新闻广播不断播放画面丰富的视频，其收视率便会上升。这导致许多电视台都热衷于火灾这样的新闻。甚至，只要有画面可以播放，即使火灾并不严重也易于被报道。收视率的需求也导致这些电视台更喜欢犯罪事件和事故而不是那些更加有实质意义的新闻，比如政府预算，因为这些新闻都无法产生图像。

一些制片厂执行者同样取消了试映，因为消极信息若被泄露，会让宣传计划脱离控制范围。例如，在 2006 年，一个博主在参加奥利弗·斯通（Oliver Stone）的《世贸中心》在明尼阿波里斯市的试映的数小时内写出了一篇评论博文。还有一个叫囧新闻的网站，致力于潜入试映活动中。该网站当时的编辑德鲁·麦克斯威尼（Drew Mcsweeney）辩称，其网站的行为是为了抵制制片方管理人对电影的干预，将权利归还给电影导演。

出版物试刊。1982 年，甘尼特报业（Gannett）决定创办一份新的报纸——《今日美国》。《今日美国》就发行了试刊，其每版有不同的设计，用来测试读者的反馈意见。许多新的杂志也提前发行至少一期试刊以测试市场反馈，并将反馈呈现给潜在的广告商。

广告代理商也会在对广告进行最终的精细调整前进行试播。

电视试播。在电视网络中，一个原型甚至得以用**试播集**①（pilot）的形式公开播放。它们通常在黄金时段播出一集或数集，并且大肆宣传，来看观众是否喜欢这个节目噱头。很多专为电视播放制作的电影，事实上是用来测试以便决定是否将其扩展成一个系列剧集。

思考

- 你认为静坐采访方式在观众调查领域会被越来越多地使用吗？
- 为什么对焦点小组进行的非数据统计调查进行分析很重要？
- 如果你是电视节目的执行者，你会以皮电测试结果为基础做决定吗？
- 一个观众在决定大众传媒的内容中应扮演的角色是什么？

---

① 试播集：被用于公开播放测试的电视节目原型。

12.6 受众分析

▲ **本节概述**

传统的人口统计调查方法将人群按照性别、年龄和其他浅显的人口特征标准划分。而今,媒体行业中的人们采用更为复杂的以生活方式和习惯为标准进行的分类,例如地理人口统计和一些消费心理学方法,目的是使他们的出版物、广播电视节目或广告的内容能够真正触及他们的目标受众。

12.6.1 人口统计

在舆论调查发展的早期,调查者就意识到宽泛的人群划分标准的效果是欠佳的。例如阿奇博尔德·克罗斯利公司在业内领先的广播受众调查,虽然能了解到收听人数这一对于广播网和广告商非常有价值的信息,但却不能调查到听众中男女各占多少、城市听众和乡村听众各有多少、年轻人和老年人各有多少这样的信息。上述这些在数据调查中比较宏观的划分,被称为人口统计划分,它们是20世纪30年代盖洛普和克罗斯利两家公司对它们的业务进行提升优化时发明出来的。

今天,当人口统计划分数据显示一个总统候选人在中西部地区支持率偏低时,智囊团就会据此调整竞选人在竞选活动中需要传达的信息,使这些信息能迎合中西部地区选民关心的问题。通过人口统计数据,以年轻女性为目标受众的广告商能够选择出这些女性会阅读的杂志以便投放它们的广告;如果广告商的目标受众是老年人,则它们也可以利用人口统计数据选择出合适投放它们广告的电视节目。

人口统计数据在今天仍然很有价值,而新的人口划分方式已经呈现出了更强的效用。这些新方法根据生活方式划分人群,例如代群划分、地理人口统计划分、消费心理学划分。

12.6.2 人口代群分析

市场调查人员发明出了一种更为专门化的人口统计划分,即**人口代群分析**①(cohort analysis),该方法旨在将人群划分成不同的代,以便设计和生产对于某一整代人有吸引力的产品。广告从业者也因此可以调整媒体内容中的信息,使之符合目标中的某一代人关于图像、音乐、幽默方式和其他方面的共同品味。主要的代群划分如下。

- Y世代(或称为千禧年一代),也就是20世纪90年代出生的一代人。
- X世代,也就是20世纪80年代出生的人。
- 婴儿潮一代,也就是在20世纪60年代后期和70年代出生的人。
- 战后一代,也就是20世纪50年代出生的人。
- 二战老兵一代,也就是20世纪40年代出生的人。

一个传统的观念认为当人们年龄增长,他们理所当然会开始继受他们父母一代的价值观。这个观念被人口代群分析颠覆了。举个例子,20世纪50年代后出生、伴随着可口可乐

---

① 人口代群分析:通过人口中普遍呈现的特征对人口加以划分来确定目标市场的人口统计方法。

和百事可乐成长的一代人,也许会持续偏爱喝着可乐开始新的一天,他们真的不会像他们的父母一样开始逐渐爱好咖啡,这个事实可能会使咖啡种植者失望。

克莱斯勒汽车公司早先就发现了这样的事实,那就是婴儿潮一代人,尽管他们已经积累了足够的财富可以购买到凯迪拉克式的奢华轿车,但他们不会有购买的欲望。克莱斯勒判断这些头发开始花白的婴儿潮一代人其实更偏好购买高档吉普,而不是对战后一代颇有吸引力的卢克索驳船汽车。

广告行业中使用代群分析的人们得知尽管婴儿潮一代已经年过六十,但还是会为披萨和滚石乐队的音乐欣悦不已。简言之,一代人年轻时的习惯会在年龄渐长中持存。早十年的三十多岁的人喜好的东西并不会对如今步入三十岁的人有吸引力。克莱斯勒公司的市场研究主管戴维·博斯特威克(David Bostwick)这样描述:"没有人想成为自己的父母。"

当伊拉克游击战使美国军队征新兵陷入困难,五角大楼开始想尽办法调整其所释放的信息,希望这些信息能触动那些最有可能应征入伍的男女。基于其掌握的数据,运用分析工具,五角大楼根据种族、地理位置、收入将人口进行划分,识别出了最有可能融入军队的群体。这样的分析同时也找到了能够影响这些群体的媒体。例如,潜在的征兵对象可能比一般人更多地爱听西班牙语广播节目,喜欢《钓鱼大师》杂志的风格的读者更有可能加入空军,喜欢《汽车工艺》《枪弹》《户外生存》等杂志的人更可能加入海军。

以下是五角大楼为其纳新识别的五个目标代群。

目标代群	城/乡	种族	收入
外环风潮一代(Beltway Boomers)	城郊	白人/亚裔	中上层
孩子与死胡同一代(Kids and Cul de Sacs)	城郊	白人/亚裔/拉美裔	中上层
广阔蓝天家庭一代(Big Sky Families)	乡镇	白人	中层
低迷蓝筹股一代(Blue-Chip Blues)	城郊	白人/黑人/拉美裔	中层
霰弹枪与卡车一代(Shotguns and Pickups)	乡镇	白人	中下层
城郊先锋一代(Suburban Pioneers)	城郊	白人/黑人/拉美裔	中下层
基石美国一代(Bedrock America)	乡镇	白人/黑人/拉美裔	下层

12.6.3 地理人口统计

尽管人口统计,包括人口代群分析,在今天仍然很有价值,但目前已经有新的方法可以将人口进行更有意义的分类。这种包含了**地理人口学**①(geodemography)的新方法根据生活方式对人口进行划分。

计算机专家**乔纳森·罗宾**②(Jonathan Robbin)1974年开始创建地理人口学的**PRIZM 系统**③("按邮政区划分为基础的潜力等级指数"的简称),为更加复杂的人口划分奠定了基石。根据人口统计数据,他将每一个邮政编码根据种族、家庭生活范围、房屋风格、汽车和社会地位分成了组。然后他寻找使不同的家庭在数据统计意义上相互区别的66个因素。这些信

---

① 地理人口学:根据地理差异形成的人口特征。
② 乔纳森·罗宾:PRIZM 地理人口分析系统的开创者。
③ PRIZM 系统:通过邮政编码来识别人口特征。

息都来自由罗宾编程的电脑,这台电脑将每一个邮政编码划到不同的 40 个组中。以下是 PRIZM 系统划分的组中最为常见的,罗宾为它们进行了命名。

- 低迷蓝筹股组(Blue-Chip Blues):该组中的这些家庭是最富有的蓝领郊区居民,占据美国总户数的 6%,大学毕业人口占该组人口总数的 13%。
- 年轻郊区居民组(Young Suburbia):指住所远离市区的正在抚养孩子的人,5.3% 的美国人口属于该组,大学毕业人口占 24%。
- 金色池塘组(Golden Ponds):在山村、海滨地区、湖边地区的小屋中生活的人,占美国人口的 5.2%,该组中大学毕业人口占 13%。
- 蓝血阶层组(Blue-Blood Estates):最富有的小区居民,大学毕业人口占 51%。
- 金钱与头脑组(Money and Brains):在城市包围之中拥有精致的联排别墅或公寓房,大学毕业人口占 46%。

12.6.4 消费心理学

消费心理学①(psychographics)的精细的生活方式分类方法将人口划分成拥有不同生活方式的群体。在这一领域最前端的研究来自"生活方式与价值观计划",为人所知的简称是 VALS②,它通过一篇长达 85 页的调查得出了人口的总体分类。

- 归属者:这类人占据了美国人口的 38%,他们是满足于主流价值观的循规蹈矩者,他们在满足中对于改变自己的状态持不情愿的态度。归属者不怎么具有冒险精神,符合美国中产阶级的刻板形象。他们通常会看电视和去教堂做礼拜。
- 成功者:他们占美国人口的 20%。这些是包含在重视己见的消费者这个大群体中的生活成功的一群人。他们为能够自己做决定感到骄傲。他们是广告商重点吸引的高消费群体。这个群体并不经常看电视。
- 具有社会意识者:他们占美国人口的 11%,这些人对于社会问题有觉悟,倾向于在政治议题上表现活跃。这个群体也有高消费和主见强的特征,比起看电视,他们更喜欢阅读。
- 模仿者:他们占美国人口的 10%。他们渴望更好的生活,但却不太掌握得到这种生活条件的方法。成功的诱惑很容易吸引他们。他们是地位的追逐者,喜欢接受关于如何赢得更好生活的建议。
- 经验主义者:他们占美国人口的 5%。这个群体富有冒险精神,很愿意尝试新事物以全面地体验生活。他们是不少广告商瞄准的目标受众。
- 自我独立者:他们占美国人口的 3%。这些人努力使自己区别于其他人,如果广告信息声称可以使他们与众不同,他们就比较容易受感染。这能让他们感觉归属于某种亚文化。SRI 国际公司,即 VALS 方法的开创者,描述该群体为"弹吉他的朋克摇滚歌手,他们画着眼影,炫耀着耳环"。愤怒的、与环境格格不入的叛逆青年就符合这个分类。

---

① 消费心理学:指将人口根据生活方式特征进行划分。
② VALS:根据价值观、生活方式和生活状态进行的消费心理学分析。

- 生存者：这是一个人数较少、消费能力低的群体，包括那些拿着抚恤金、捉襟见肘的人。
- 维持者：这些群体勉强维持最基本的生活条件。虽然他们偶尔也会铺张奢侈，但他们并不对改善生活抱太大希望。维持者是消费力较低的群体，通常不会成为广告商的目标受众。
- 整合者：他们占总人口的2%，这些人既有创造力，又生活优渥，愿意尝试不同的产品和生活方式，且他们也拥有这样做的资金。

整合者 VALS的研究者描述这些人是将各种类型糅合在一起的。这类人可以看到问题的很多面，根据事实因素既可以做领导者也可以做被领导的副手。

受外在因素引导者 这类人易受外在事物的激励行事，比如挣钱、渴望与邻居的生活水平保持一致并融入他们。

成功者：这类人是追逐成功的、勤奋并且物质的。

模仿者：这类人是争取社会地位的一群人，拥有象征成功的种种标志对于他们来说很重要。

归属者：这类人遵从主流，倾向于保守和传统。他们具有怀旧的伤感主义和拘谨倾向。

受需求引导者 基本的人类生存需求，例如食物和住所，是受需求引导者生活的中心。

维持者：这类人被每月的吃穿用度所驱迫，尽管他们偶尔也会铺张奢侈，但是他们对于改变自己缺少期待。

生存者：这类人缺少能满足基本生活需求的物质条件。这个群体带着贫穷、低教育水平、缺少上升空间和老龄化的标签。

受自身意志引导者 这类人是自我激励的。他们追求自我提升。

具有社会意识者：这类人认为自己负有改变社会的责任，倾向于在社会和政治方面表现活跃。

经验主义者：这些人渴望新的经历，有冒险精神。追求自我提升。

自我独立者：这些人努力置身事外。有时候他们因为过分希望人们注意到他们的与众不同而有些招人厌恶。

VALS 阶层划分。 发展心理学家一直声称人会随着年龄增长改变价值观。如今，许多广告商依赖于从发展心理学衍生出来的价值观和生活方式模型（简称VALS），目的是识别潜在受众并设计有传播效果的信息。相对而言，很少有针对生存者与维持者群体的广告，这些群体很少有可以自由支配的金钱。归属者与其他属于外在引导和内在引导两个相互分歧的群体中的人，则往往对于广告商是有诱惑力的目标受众。

应用消费心理学方法并非易事。这些人群类型会随着社会和生活方式的变迁而改变。SRI国际公司制表记录了自我独立者、经验主义者和具有社会意识者所占人口的百分比，表格显示这些群体很快将增加到总人口的三分之一，归属者人数正在减少。

另一个麻烦在于没有任何人会完全符合某一个分类的模型，即便某人相对于其他分类更符合某一分类，也没有某一个媒介能完全瞄准他。根据VALS的理论，也许成功者人群是抗组胺药的最大消费者群，但归属者感冒鼻塞时也会买药。

- 调查研究中常见的人口统计划分是哪些？

- 选一位你祖父母年龄的人,根据他(她)的现状分析其可以归入 VALS 分类中的哪一个,说明你是如何得出结论的。

本章小结

发现受众

大众传媒研究可以追溯到办报人走上街头偷听人们的观点以便在下一期报纸中迎合这些观点的做法。如今的传媒研究要复杂得多。对于大众传媒公司,其在理解受众的过程中是冒着极大风险的。最基本的方法包括民意调查,而这会涉及许多在市场调查、政治以及行政管理中用到的方法。

受众评估的原理

意见调查在社会公众生活中发挥着越来越重要的作用,它被应用于公共政策制定、广告和其他媒体内容的决策。调查技巧变得越来越复杂且在数据统计的层面越来越具有可靠性。总体而言,最好的调查是运用概率抽样法进行的,该方法所选取的受访者的意见能代表整个调查对象群体的意见,不过任何调查都是有局限性的。一些调查只是没有数据可靠性的骗术,比如 800 个打入电话反馈的意见和街头采访。

评估受众规模

广告商一直被报纸和杂志虚假宣称的发行量所欺骗,这些报纸杂志靠着不实的读者规模数据招徕广告。1914 年起发行量统计局开始扫除发行量造假行为,对纸质出版物发行量进行核查。广播、电视的受众那时还难以调查。1929 年阿奇博尔德·克罗斯利使用从少数样本进行推论的方法调查广播节目有多少听众。广播网络显然需要这样的信息来帮助节目决策。如今尼尔森公司是电视收视率测评领域的领导者。

受众调查方法

传统的民意调查方法包括采访和记录。测量方法在最近几年增加了精确度,一些新的设备甚至能记录视线在屏幕上的运动轨迹以判断观看者的兴趣所在。

测量受众反馈

特殊的技术被开发出来用于衡量受众对媒体信息的反馈。其中包括使焦点小组对电视节目、出版物改版、广告等媒体内容进行反馈。受众对于被展示的信息的内心感受可以通过心跳、脑活动以及其他生理特征的测量来了解。一个电视节目试播集的命运可能就由这些反应的情况来定夺,或者一个广告策划的命运也是依此决定。一些电影在最终完成制作前会根据观众的反馈进行调整。成本高昂的竞选活动的参选者,其智囊团凭借这样的方法来调整参选者需要向选民中各种各样的群体传达的信息。

受众分析

使媒体信息达及目标受众的迫切性催生了新的分析方法。过去人口统计中的分类方法(比如年龄、性别、社会关系)已经发展成更为复杂的分类。一些分析方法通过考察高度精细划分的地域中观众的媒介习惯来测评如何生产媒体信息,尤其是在广告和政治领域。被称为地理人口统计的方法将人口依据收入、教育和地域划分成了不同群组。消费心理学划分则关注生活方式和生活目标,由此划分出了成功者、跟随者和挑战传统者等群体。

批判性思考

1. 在调查大众媒体受众的过程中谁是冒着巨大的风险的?
2. 什么因素决定了基于概率抽样的调查是否可靠?
3. 报纸、广播、电视的受众规模分别是如何测量的?
4. 什么样的生活方式和媒体变化使得调查公司改进了它们的技术?是哪些技术?
5. 如何测量受众对大众媒体内容的反馈?这些测量会带来怎样的后果?
6. 受众分析的方法有哪些?在这些分析中获得的数据是如何被加以利用的?

媒介术语

384
black weeks 黯淡期
cohort analysis 人口代群分析
confidence level 置信度
demographic 人口统计分类
diaries 记录调查法
engagement ratings 收听、收视专注率
flush factor 冲水因素
focus groups 焦点小组
galvanic skin checks 皮电测试
geodemography 地理人口学
heatmapping 热点图
hyping 夸大宣传
interviews 访问调查

margin of error 误差幅度
overnights 前夜汇报
pilot 试播集
probability sampling 概率抽样法
prototypes research 原型调查
psychographics 消费心理学
quota sampling 定额抽样
ratings 收听、收视率
sample selection 样本抽取
sample size 样本容量
statistical extrapolation 统计学推测
straw polls 非正式调查
sweeps 考评期
VALS

媒体资源

→Jakob Nielsen. *Eyetraking Web Usability*. New Riders Press, 2009. Nielsen 是一位人机交互领域的学者,他提出了有关互联网页面四大内容组成元素的理论,即文字、图形、动态图像和声音。

→Ken Auletta. *Googled: The End of the World as We Know It*. Penguin, 2009. Auletta 是《纽约客》杂志的一名媒体评论员,他记述了谷歌如何从不起眼的小公司变成互联网巨头并取代传统媒体地位的过程,并进一步关注到谷歌如何在利益的驱动下进行传媒领域的探索并成为主要广告媒介。

→James Webster, Patricia Phalen and Lawrence W. Lichty. *Ratings Analysis: The Theory and Practice of Audience Research*, third edition. Erlbaum, 2006. 上述作者均为教授,他们在书中讨论了如何进行受众调查以及如何利用调查发现的信息。

→Kenneth F. Warren. *In Defense of Public Opinion Polling*. Westview, 2001. Warren 是一位

民意调查员,他承认低质量的调查确实存在,但他也坚持表示有质量可靠的调查,并且认为这些调查在民主进程中发挥着越来越重要的作用。

→Dan Fleming, editor. *Formations: 21st Century Media Studies*. Manchester University Press, 2001. 在该文集中,Fleming 为感兴趣的学生讲解了最前沿的媒体研究中的基本理论。

本章主题性总结

受　众

为了更好地巩固你的媒介知识,此处用贯穿本书的几个主题来展现本章内容。

媒介技术

受众调查的方法已经走向高科技化,电话采访和记录调查越来越少。

传统的媒体受众调查方法是基于广告商出资支持的报纸、杂志、无线电广播、电视等大众媒体的。对于广播电视媒体,这些技术随着时间的推移不再能完全满足需求。电视的延展物可以追随人们走出家门,走进牙科诊所候诊室,走进披萨售卖点……这使得大量的现实存在的观看时间被排除在了受众调查之外。磁带录像机和 DVD 的使用使受众调查变得更加复杂,更何况还有网页浏览。广告商希望更全面的、更高质量的调查方法以帮助他们抉择通过哪个媒体发布信息,并在竞争激烈的广告费议价中进行权衡。调查公司进行了更多发明创造以便提供更细致的媒介使用数据,包括"随时随地测量系统",简称 A2/M2,这是一种跨越所有平台的电视收视调查,涵盖了电视台、有线电视网、卫星信号,甚至网络。

传媒经济学

广告商迫切地想要了解这样一个信息,那就是它们支付广告费所覆盖的受众当中,有多少对它们的产品并无兴趣。

100 年前的百货公司巨头约翰·沃纳梅克(John Wanamaker)曾说,他发觉自己广告投入的一半都用来覆盖那些对到他的商店购物毫无兴趣的人,可惜他不知道哪一半是白花的。如今,已经存在一整个行业服务于帮助广告商做出有关在何处投放广告的正确选择。只要支付费用,这些调查公司可以提供各种数据,包括受众规模和基于人口统计、生活方式进行的人口划分。传媒公司使用这些数据来生产可以吸引到广告公司潜在消费者的媒体内容。

媒体与民主

尼尔森对每一个电视节目进行的收视率调查帮助了广告商判断他们的资金是否得到了有效利用。

媒体受众调查的方法经过乔治·盖洛普 19 世纪 30 年代的政治民意调查而有了很大开拓和提升。他的最主要贡献是概率抽样法,这是如今支撑调查领域的核心方法。调查所得的数据对于政治候选人设计竞选活动方针和技巧十分重要。经济顾问内特·西尔弗则发现了运用人口统计方法，根据调查者过去调查的表现来预测其未来调查结果质量的方法，至此，可以做的不再仅仅是记录分析，还能够预测。

受众细分

使用人口统计学、消费心理学及心理人口统计学理论对受众进行群体划分，谁知道下一个被加以利用的理论会是什么呢？

调查行业近来发生了方法革新，借助改良后的方法所得到的数据，广告商掌握了媒体内容设计的关键和正确选择购买最能吸引目标消费者的广告时段及版面的不二法宝。比如说，军队通过以生活方式的城市化程度、种族、社会经济地位等标准来划分不同的人群，由此来购买合适的媒体版面以使其征兵广告能触及最有可能参军的受众。这与传统的人口统计学提供的诸如性别、年龄等宽泛的标准相比，又进了一步。通过地理人口统计学和消费心理学的方法，来使这些数据得以被利用，已经促使传媒公司改变它们的媒体产品，目的是使广告商找到对应的受众群。以上事实已经为媒体的发展奠定了分众化（demassification）的基调——举例来说，儿童早餐麦片会找卡通片电视台，而家得宝的广告则会在HGTV台播出。

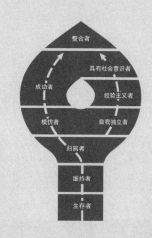

媒体的影响

为何媒体节目内容如此偏爱暴力与血腥？因为广告商深知这些内容能吸引住观众，而这些人正是潜在的消费者。

追求受众规模最大化的媒体公司，包括无线广播电视台，都在进行研究以弄清什么样的媒体内容最能吸引观众。这种现象的结果就是，节目内容变得越来越粗糙，新闻和节目所提供的信息在增进公众理解、促进公众对重大事件的参与上的作用越来越小。例如，一项研究发现，燃着熊熊大火的房屋及其内部景象比一则报道市政预算危机的新闻更有吸引眼球的能力。俗语对电视节目有这样的调侃："流血的新闻一定火。"许多媒体热衷于报道名人，这正是媒体以吸引尽可能多的观众为目标这一趋势的一种体现。名人轶事由此取代了真正重要的新闻。电影、电视中暴力内容的增加正印证了调查数据所显示的受众偏好。

媒体的未来

内特·西尔弗以数据为支撑的预测方法彻底颠覆了政治民意调查领域。

数据分析被运用到了前所未有的程度，而实现这一点的行业新秀就是内特·西尔弗。他对数据加以利用，从而告诉棒球俱乐部如何挑选球员和制胜。他随后将他开创的方法运用到了政治活动中，取得了民意调查从未达及的成功，因为他还会预测。问题在于，西尔弗的方法能否应用于帮助媒体的决策者策划节目和其他媒体内容呢？广告商像玩俄罗斯轮盘一样高风险地投资它们广告经费的时代是否可以结束了呢？

第13章

大众传媒的效果

奥逊·威尔斯

《世界大战》。年轻的奥逊·威尔斯由于播放了1938年的这期广播剧《世界大战》,将数以千计的听众吓得灵魂出窍,尽管大多数的恐惧很快便平息下去。除了那些最无知的听众,所有人都很快意识到,火星人实在很难在直播广播剧的一小时内攻破新泽西军队,并继续沿途淌过哈德逊河摧毁纽约。

天才男孩**奥逊·威尔斯**[①](Orson Welles)成就不断。1938年时,他刚满23岁,而他的戏剧天赋已为他赢得了一部CBS周日夜黄金时段的广播剧《广播版水银剧场》(*Mercury Theater on the Air*)。该节目主打知名文学作品的改编版。在节目10月30日的档期,威尔斯和他的同事决定播出一则1898年的英国恐怖小说,赫伯特·乔治·威尔斯(H. G. Wells)的**《世界大战》**[②](*War of the Worlds*)。

奥逊·威尔斯以一个来自未来的历史记录者枯槁的声音开场,吟诵了一段令人不安的独白。紧接着播送了一段平淡无味的天气预报,然后是一家酒店里正在播放舞曲的声音。突然,舞曲被一则新闻公告打断。一个宇航员报告了火星上的一系列爆炸,这些爆炸产生的冲击力正在将某物体以极快的速度推向地球。新闻公告结束时,听众又被转回到酒店管弦乐队的音乐中。鼓掌声响起后,管弦乐队又开始了演奏,但刚开始就被一则特别公告打断:

地质学家已在新泽西探测到了一次疑似地震的震动。然后,新闻公告便一个接一个地到来。

---

① 奥逊·威尔斯:他的广播剧使强效果理论遭到质疑。
② 《世界大战》:这本小说给了一则广播剧以灵感,而这则广播剧成为测试媒体引发恐慌的能力的试验场。

事件的发展开始加速。巨人般的火星人在乡间扫荡,口中喷涌着致命的毒气。偏远地区的记者一个接一个地凭空消失。火星人屠杀了军队,并淌过了哈德逊河。在一片警笛声和其他紧急声响中,一个记者在曼哈顿一个楼顶上描述了怪物们在街道上行进的场景。他从有优势的高处观察并描述着怪物们,说它们正向他靠近,毒气在第六大道上蔓延,接着到了第五大道、100码外、50码外。之后便是一片寂静。

令奥逊·威尔士和他的团队惊讶的是,该剧引起了广泛的骚乱。全国各地的人都在街道上聚集,脸上蒙着打湿的毛巾来减少毒气的影响。在纽华克、新泽西等地,许多人甚至还来不及穿衣服,就逃离了他们的住所。纽约一位妇女说:"我从来没有把我的收音机抱得这么紧过……我手中拿着十字架祈祷,同时看向我的窗外,我想在嗅到轻微的毒气时赶紧关上我的窗户,并把我的房间用防水混凝土或任何我能拿到手的东西密封起来。"

研究者估计,总共有超过100万人放弃了质疑而做了最坏的打算,人数占节目听众的1/6。

在考虑到以下几点的前提下,这一效果就显得更加惊人了。

- 一位公告者总共4次表明该节目是虚构的。
- 有十倍于这一人数的听众当时在收听另一个台颇受欢迎的喜剧节目。
- 该节目仅持续了一小时,这对于从火星上的爆炸开始,到新泽西的一次大规模战争,最后以纽约的毁灭而结束的一些列事件而言,实在是太短了。

奥逊·威尔斯和他的团队愚蠢地制造了这个臭名昭著的夜晚,并再一次使得媒体效果受到激烈的质疑。在这章中,你将了解媒体对于个人和社会的效果和学者对这一问题的看法。

本章要点

- 学者当下认为大众传播效果一般会随时间而累积。
- 大众传播中的信息在帮助儿童习得社会期望时显得十分重要。
- 大多数的大众传播效果难以度量和预测。
- 大众传播将广大的受众通过文化紧密相连,但同时也会加重文化的碎片化程度。
- 一些用来形容大众传播效果(包括一些潜意识信息)的概念是夸大的。
- 学者对媒体所展现的暴力是否能引起攻击性行为持不同观点。

13.1 效果理论

▲ 本节概述

早期的大众传播学者认为大众媒体的力量非常强大,他们认为,理念甚至是对投票选举的方向性指引都会在大众媒体的影响下像皮下注射一样潜入到政治的肌体中。这被称为魔弹理论(bullet theory)。20世纪40年代,开始有人怀疑媒体的影响力,学者开始在媒体效果相对温和的假设之上重塑他们的研究问题。大多数的学者现在都将眼光集中在了长期的、累积性的媒体效果上。

13.1.1 魔弹论

第一代大众传播学者认为大众媒体对人们有着深刻和直接的影响。他们的理念被称为**强效果论**①(powerful effects theory),很大程度上受社会评论家**沃尔特·李普曼**②(Walter Lippmann)1922年影响甚广的《舆论》一书的启示。李普曼认为我们看到的世界并非是其本来的面貌,而是我们头脑中的图像。而这些我们并未亲身经历的"图像"是由大众媒体所塑造的。李普曼将这种强大的影响力归结于媒体,这成了接下来几年在学者中不断演进的强效果论的先驱。

研究二战宣传活动的耶鲁心理学家**哈罗德·拉斯韦尔**③(Harold Lasswell)在他著名的大众传播模型中体现了效果理论:

谁说了什么,
用什么渠道,
对象是谁,
产生了什么效果。

强大效果理论最忠诚的信徒极端地认为,媒体可以向公共意识注入信息、观点甚至政治宣传。这个理论被称为皮下注射论或**魔弹论**④(bullet model)。早期的强效果派学者认为新闻报道和政坛候选人的选举承诺决定了选举结果。

早期学者并没有意识到皮下注射这一比喻是一种无可救药的简化。他们错误地以为个人会将从媒体流出的信息不加批判和筛选地全盘接受。而事实是,人们会读到、听到或看到同一件事物的不同方面。即便没有,他们也会接触到许许多多的媒体,而这些媒体并非是一个单一而牢不可破的声音。另外,媒体消费者中还存在着怀疑倾向,这一倾向极大程度地表现在这句俗话中:"报纸上读到的东西一样也不能信。"人们并不是毫无思维,不懂批判的纯粹被动的接收者。

而媒体具有强大效果这一新近遭到质疑的观点还有一些残余,它被称作**第三人效果**⑤(third-person effect)。简单来说,该理论认为人们会夸大媒体在他人身上的作用。学者**戴维森**⑥(W. P. Davison)提出了这一概念,并讲到这样一个故事:一个社区电影委员会由于认为某些电影会对观影者造成伤害,便审查禁播了一些影片,但同时,他们又否认自己受到了这些电影的伤害。这个理论可以被简化为这样一句话:"无法接收和应对的是别人,不是我。"

戴维森的创见孕育了许多研究,其中大多数的研究结论可以归结如下:

- 对消极影响的恐惧往往是不合理的;
- 对负面消息的封锁往往是不正当的。

---

① 强效果论:认为媒体具有即刻、直接影响的理论。
② 沃尔特·李普曼:他的《舆论》在20世纪20年代提出了强效果论。
③ 哈罗德·拉斯韦尔:他的大众传播模型包含了强大效果。
④ 魔弹论:被过分强调的强效果理论的另一个名字。
⑤ 第三人效果:指人们倾向于夸大媒体对自己以外的他人的影响。
⑥ 戴维森:提出第三人效果理论的学者。

13.1.2 有限效果论

在两次大型的投票者研究后，人们对皮下注射理论的学术热情便减弱了。这两次学术研究分别发生在1940年俄亥俄州的伊利镇和1948年纽约州的埃尔迈拉市。这两次由哥伦比亚大学社会学家**保罗·拉扎斯菲尔德**①（Paul Lazarsfeld）指导的学术研究是首次对媒体如何影响选举的严格研究。拉扎斯菲尔德的研究人员对600名研究对象如何建立其关于候选人的选择偏好进行了追踪式调查。研究对象主要提到了朋友和熟人，而非如研究者预期的一样提到特定的报纸、杂志或广播电台，媒体几乎没有什么直接的影响。很显然，皮下注射理论并不可靠，强效果理论值得反思。而有限效果理论正是这种反思的结果，它的内容包括以下内容。

两级传播模型。有限效果理论的学者提出了**两级传播**②（two step flow model）模型，这一理论认为，人们更多地受他们熟识或尊敬的人而非大众媒体的影响。这些人被称为**意见领袖**③（opinionl leaders），包括神职人员、教师和周边商户，想穷尽所有类型的意见领袖似乎是不可能的。举例来说，并不是所有神职人员都深具影响力；另外，意见领袖也并不一定是权威人士。有限效果理论的学者想强调的是，人际影响比媒体影响要重要。代替皮下注射模型的两级传播模型说明，媒体对大多数人的任何影响都是通过意见领袖实现的。后来，随着大众传播研究变得越来越精密，两级传播模型被扩展为**多级传播**④（multistep flow）模型，用以研究影响个人的复杂的社会关系网络。

地位赋予。有限效果理论的学者承认媒体通过报道为某些人物和事件带来了关注。相反地，媒体也将次要人物和事件挤出了人们的视野。与**地位赋予**⑤（status conferral）现象相关的是**议程设置**⑥（agenda-Setting）。**马克斯韦尔·麦库姆斯和唐·肖**⑦（Maxwell McCombs and Don Shaw）于1972年描述了议程设置现象，他们认为，媒体不是在告诉人们应当思考什么内容，而是设置人们思考的主题。这是一个重要的区别。他们解释说，在对一次政治宣传的报道中，媒体会选择性强调事件和主题，以此来设置这次宣传的议程。麦库姆斯和肖说："这种引起个人认知变化的能力正是大众媒体力量的重要方面之一。"

机能麻痹。一些有限效果理论的学者认为，媒体很少触发人们的行为，比如让他们出门为候选人投票。不仅如此，他们认为媒体使人们变得消极了。这种被称为**机能麻痹**⑧（narcoticizing dysfunction）的效果得到了一些研究的证实，这些研究发现很多人由于被海量的新闻和信息所淹没，倾向于不再关注公共事务。机能麻痹现象还会在人们从媒体上获取了有关某一具体问题（比如贫困）的大量信息时出现，他们相信他们已经针对这一问题采取了行动，而事实上他们只是对这一问题所知甚多。对问题的知晓取代了处理问题的行动。

---

① 保罗·拉扎斯菲尔德：此人发现选民受他人的影响比受媒体的影响更多。
② 两级传播：媒体通过意见领袖影响个人。
③ 意见领袖：有影响力的朋友、熟人。
④ 多级传播：媒体通过复杂的人际网络影响个人。
⑤ 地位赋予：媒体对某人、某事或某话题的关注会吸引人们的注意力。
⑥ 议程设置：媒体设置人们思考的主题，而非告知人们应当思考的内容。
⑦ 马克斯韦尔·麦库姆斯（Maxwell McCombs）和唐·肖（Don Shaw）：完善了议程设置理论。
⑧ 机能麻痹：人们错误地以为自己有所行动，而事实上他们只是有所知晓。

13.1.3 累积效果论

近来,一些大众传播学者已经放弃了有限效果理论而重建了强效果理论,但这种重建摒弃了过于简化的皮下注射模型。德国学者**伊丽莎白·诺艾尔-诺依曼**①(Elisabeth Noelle-Neumann)是这一学派的领头羊,她承认媒体并没有强大和直接的影响力,但她认为媒体的长期效果是深远的。她的累积效果理论提到没有人可以活在媒体之外,媒体无处不在,而其信息的冗余也无处不在。为了支撑她的观点,诺艾尔-诺依曼提到了那些不断重复同一条信息的多媒体广告,人们只能被迫接受这一信息。即便是在新闻报道中也存在冗余,因为媒体都聚焦于同样的事件。

伊丽莎白·诺艾尔-诺依曼。她的沉默螺旋理论洞见了少数派观点受到多数派观点压制而消失的现象。这些多数派观点有时借助媒体的放大而获得统治性,而越具统治性,这些观点便越难被挑战和重估。

诺艾尔-诺依曼的累积效果理论有着令人不安的推论。她认为,媒体在其多样化表面的掩饰下,对人们关于公共事务多样而有活力的思考起着负面的作用。诺艾尔-诺依曼的观察对象是人类心理,她认为,人类心理鼓励持主流观点者自信地表达。而无论这些观点是否处于统治地位,一旦受到媒体传播,便会增加其可信度。诺艾尔-诺依曼同时表示,那些持非主流观点的人则很少甚至从不愿意发声。结果便是统治观点在没有受到充分质疑的情况下,通过媒体的滚雪球效果而成为共识。

为了说明她的观点,诺艾尔-诺依曼提出了令人感到压抑的"沉默的螺旋"模型,在该模型中,少数派的观点由于受到压制而消失于无形。诺艾尔-诺依曼的模型对自由派的观点提出了质疑,自由派认为媒体提供了一个冲突观点可以公平竞争并收获同等听众的市场。

📁 思考

- 在我们的日常文化中,魔弹理论仍十分常见。从你最近的经历中找出并分析一个体现魔弹理论的事例。
- 在我们所熟知的大众传播效果中,保罗·拉扎斯菲尔德加入了哪些层面的复杂性?
- 从你自身的经历中搜寻一个体现沉默螺旋模型的事例,并说明理由。

13.2 大众媒体对生活方式的影响

▲ **本节概述**

大众媒体扮演着将儿童领进社会的重要角色。社会化过程对于传承文化价值来说显得尤其重要,无论好坏,大众媒体都加速了社会化进程,它们帮助儿童获得那些前辈不愿告诉

---

① 伊丽莎白·诺艾尔-诺依曼:积累效果论的代表性理论家。

他们的信息。大众媒体虽然影响着人们的生活方式,但它也同时反映着那些与大众媒体毫无关系的生活方式的变迁。

13.2.1 社会化

没有人生来就知道如何适应社会。这是一个开始于家门内的过程。儿童模仿他们的父母和兄弟姐妹。通过听和观察,儿童习得了价值标准。一些行为得到表扬,另一些则受到批评。渐渐地,这样的**社会化**①(socialization)和文化习得过程慢慢扩展,会囊括朋友、邻里、学校的影响,到了一定阶段,也会受到大众媒体的影响。

早期,大众媒体很晚才进入儿童的社会化过程,因为书籍、杂志和报纸都需要从学校获得的阅读能力。可见,媒体当时只是儿童早期社会化中很不起眼的一个因素。

然而现在,电视和网络却从婴儿还在摇篮开始便无处不在。一个刚满十八岁的年轻人看电视的时间只会少于睡觉的时间。从前由父母产生的社会化影响大多数被电视和网络代替。《芝麻街》所教授的营养学知识远远超过了母亲"要吃菠菜"的劝诫。

从定义上看,社会化应该是**亲社会性**②(prosocial)的,美国儿童从小便知道应当重视母亲、棒球和苹果派,朋友会对告密感到不高兴,诚实是美德,努力工作会得到奖励。社会的稳定就是靠着这样的价值观代际传承而实现的。

▶ 媒介时间线

	大众传媒效果里程碑
1950 年以前	**发泄理论(Cathartic Theory)** 亚里士多德驳斥了描述暴力会引起暴力这一观点(公元前 350 年) **强效果理论** 媒体塑造我们头脑中的图像(1922) **有限效果理论** 保罗·拉扎斯菲尔德检验了媒体效应对选举的影响(20 世纪 40 年代) **重大事件** • 希腊化时代 • 女性选举权(1920) • 广播以商业媒体的形式出现(20 世纪 20 年代) • 大萧条(20 世纪 30 年代) • 第二次世界大战(1941—1945)

亚里士多德以积极的观点看待对于暴力行为的描述

---

① 社会化:学习适应社会。
② 亲社会性:社会化使得积极的价值观得以传承。

时期	内容	图示
1950—1969	**大众传媒效果里程碑** **波波玩偶实验（Bobo Doll Studies）** 阿尔波特·班杜拉（Albert Bandura）得出媒体导致暴力的结论（1960） **认知不协调（cognitive dissonance）** 媒体的报道使得公然的种族主义声势渐弱（20世纪60年代） **文化帝国主义（cultural imperialism）** 赫伯特·席勒研究了媒体对本地文化的影响（1969） **重大事件** • 电视以商业媒体的形式出现（20世纪50年代早期） • 越南战争（1964—1975） • 人类到达月球（1969）	 大众传媒会摧毁整个文化吗？
1970—1979	**大众传媒效果里程碑** **议程设置** 马克斯韦尔·麦库姆斯和唐·肖发现，媒体并不直接影响舆论，而是影响设置议程（1972） **累积效果理论** 伊丽莎白·诺艾尔-诺依曼将媒体效应理论化（1973） **重大事件** • "隐形炸弹"特德·卡钦斯基（Ted Kaczynski）寄出了他持续了17年疯狂行动的第一枚炸弹（1978）	 媒体宣传影响人的行为，吸烟变得不易被接受
1980—1989	**大众传媒效果里程碑** **跨代偷听** 乔舒亚·梅洛维茨注意到电视正在侵蚀童真（1985） **逻辑关联是什么？** 学者威廉·麦奎尔对暴力产生的诸种原因展开研究（1986） **重大事件** • 里根履职美国总统（1981—1989） • 美国入侵格林纳达（1983） • 密斯委员会①（Meese Commission）宣称色情内容会产生有害的效果，但这一调查结果因表述夸张和证据薄弱而广受质疑 • 美国入侵巴拿马（1989） • 老布什履职美国总统（1989—1993）	 对于连环杀人犯泰德·邦迪这样精神不稳定的人来说，其暴力行为是媒体诱发的吗？

---

① 密斯委员会：里根下令设立的对色情业进行调查的委员会。（译者注）

大众传媒效果里程碑

重大事件

1990—1999
- 互联网成为商业媒体（20世纪90年代晚期）
- 红宝石山脊（Ruby Ridge）惨案（1992）
- 克林顿履职美国总统（1993—2001）
- 美国联邦调查局制造韦科惨案（1993）
- 俄克拉荷马城爆炸案（1995）
- 克隆羊多莉（Dolly）出世（1997）
- 电影《泰坦尼克号》上映（1997）
- 哥伦拜恩（Columbine）校园枪击事件（1997）

需要证据来证明受众喜欢观看暴力画面吗？不妨仔细观察某一晚的黄金时段电视节目

大众传媒效果里程碑

关于有侵犯性意味的吉祥物的讨论

内布拉斯加州《每日星报》禁登有侵犯性意味的体育赛事吉祥物（2005）

重大事件

21世纪
- 乔治·W.布什履职美国总统（2001—2009）
- "9·11"恐怖袭击（2001）
- 伊拉克战争（2003—2011）
- 卡特里娜飓风（2005）
- 经济衰退（2007—2009）
- 奥巴马出任美国总统（2009—2017）
- 英国石油公司墨西哥湾漏油事件（2010）

清除媒体刻板印象的诉求包括禁止使用有种族歧视色彩的运动会吉祥物

13.2.2 生活方式

大众媒体既会反映又会塑造生活方式。比如，20世纪50年代中期出现的电视机使得人们在客厅中度过他们的夜晚。兄弟会会员数急剧下降。周三晚的晚祷成为不合时宜的旧习惯。乡村地区用来社交和获知时事的路口小酒馆也被电视机所取代。

媒体和生活方式是相互交织的。为了吸引目标受众的注意力，媒体公司根据媒体与生活方式之间一系列的连锁反应来调整自己的产品。出现于19世纪80年代的百货商场使得购物成为家庭主妇的日常活动之一，同时，登载商场广告的晚间报纸开始兴盛，妇女得以提前规划她们翌日的购物活动。在此之前，报纸几乎全是早间出版的。

13.2.3 跨代偷听

以电视为主的大众媒体模糊了代际、性别间和社会体制间的界线，这些界线曾被人们所崇尚。大人在小孩在场时，通过相互耳语讨论诸如"性"一类的话题。而今，孩子们可以"偷听"电视、电影和网络上所呈现的各种成人话题。下面这句话虽是笑话，却被当今许多不安的家长深信不疑：

父亲对他的朋友讲:我昨天和我儿子来了场关于"小鸟和蜜蜂"①的父子对话。

朋友说:你学到什么新知识了吗?

新罕布什尔大学传播学学者**乔舒亚·梅洛维茨**②(Joshua Meyrowitz)1985年的《消失的地域》一书使代际偷听的社会化效果获得了广泛关注。在现实中,曾有一种得到社会认可的童年模式,这种模式可以防止儿童接触到诸如金钱、离婚和性一类的"成人话题",而它现在却消失了。儿童从电视上的情景喜剧中看到大人们打架、犯错,甚至有时无比愚蠢。这些孩子借助夸张的电视节目和无用的真人秀毫无保留地观看了成人的世界。

电视节目还消解了其他的社会体制,比如"男人的世界"。女人通过电视进入了从前只属于男人的世界:体育馆更衣室、外出钓鱼和工作场所。包括书在内的传统大众媒体虽然也包含了广泛的议题,使得人们可以窥探到其他人群的"秘密",但无处不在和触手可及的电视和网络加速了传统体制壁垒的破除。

香烟盒上的警示。烟盒包装上的纯文字烟草警告被政府强制实行25年之后,美国食品药品管理局决定开始实施图片警示。这一开始于2013年的方案计划在香烟包装上印制恐怖场景来吓走想要吸烟的年轻人。"吸烟可致命"(Smoking Can Kill You)这一宣传活动所设计的标语是基于媒体宣传可以塑造人的行为这一理念的。然而,烟草工业对此的反应是在2011年将这些标语告上法庭。它们声称,在烟盒上印制这些标语是逼它们讲它们并不愿意讲的话,而这是对它们言论自由的侵犯。

思考

- 为什么大众传播在儿童成长领域成为一个越来越受到重视的话题?
- 你可以为大众传播反映生活方式举出什么例子吗?或者反过来,举出生活方式反映大众传播的例子?
- 现代媒体如何侵蚀了童年的纯真?

13.3 大众媒体对公众态度的影响

▲ **本节概述**

当媒体报道将人们的关注点固定在一处时,舆论几乎是一瞬间便可以转变。这种快速发生的因果关系是容易度量的。较难追踪的是媒体对意见和态度的长期影响,比如媒体如何长期影响了习俗和社会传统。对模范和刻板印象变迁的研究试图解释这些更难把握的长期效果,并研究媒体如何被利用来影响意见和态度。

---

① "小鸟和蜜蜂":美国儿童性教育主题故事,用小鸟下蛋等自然界现象来对儿童进行性知识科普。(译者注)

② 乔舒亚·梅洛维茨:发现媒体打破了代际和性别之间的壁垒。

13.3.1 对意见的影响

意见具有多大程度上的可塑性？事实上，人们总是改变自己的想法。在政治领域，执政党也总是在易位的。民意调查发现，在2008年和2012年的总统选举中，人们对民主党和共和党的不满都在增加。更多的人开始声称自己独立。而对某个产品的热情也可以在一夜间达到巅峰，又以同样的速度跌至谷底。我们知道，人们或逐渐或突然地调整着他们的意见。同时我们也知道，媒体在这一过程中扮演着重要的角色。

一些因果关系是容易考察的。一个骇人听闻的事件的发生可以瞬间转变舆论，如1941年日本突袭珍珠港美军基地，美国的舆论立马转变。在突袭之前，人们尚对武力抵抗日德的扩张有所顾忌。突然之间，绝大多数的人支持开战。又如，联邦政府的公信力由于2005年对新奥尔良和墨西哥湾沿岸所受的台风袭击处置不力而跌至谷底。再如，英国石油公司以生态友好著称的形象和环保主题的"超越石油"宣传也由于2010年的墨西哥湾石油泄漏事件而不再获得人们的关注。大众媒体所传达的信息，包括意见领袖的声明，造成了这种急剧的转变。

对于意见逐渐转变的一般解释则往往显得模棱两可，但大众传播的确是一个因素。是什么将一家公司推向榜首？是什么让美国其他州的人对加利福尼亚持某种特定的看法？以及纽约？还有新泽西？包括州级旅行社在内的很多机构都在投入数百万美元的资金来打造一个它们希望可以逐渐深入人心的地域形象。用于描述公司某些特征的节目在每个周日早晨的访谈节目播出。

学者们数十年来都对如何测量媒体对意见的影响感到困惑。抛开那些引起突发性转变的大事件，媒体对意见的影响是渐进性的。

13.3.2 模范

媒体对个人的影响程度或许永远没有办法被精确测量，这一部分是由于个体的独特性及他们以不同的方式接触媒体。然而，媒体的影响是不可否认的。考虑一下娱乐界的偶像通过媒体所施展的影响。以年轻人为主的许多人都在探索一种身份，并让自己拜倒在最新的大众情人跟前。这种模仿行为被称为**模范效应**①（role modeling），它包括模仿任何一个受欢迎的人的语言习惯。请不要忘记出自《宋飞正传》（Seinfeld）的"yadda-yadda-yadda"。

愤怒的小鸟无所不在。 至2011年，全世界有1200万游戏玩家从苹果应用商店购买了手机游戏《愤怒的小鸟》。该游戏的开发者，芬兰游戏公司Roxio正在向安卓平台进军。比游戏本身卖得更快的是各种衍生产品——玩具、T恤衫以及其他同主题商品，销量高达1100万项，这还没有计算万圣节服装（通常是当季销量最高的商品）。而且，圣诞购物季才刚刚开始。接下来是不是该推出电视剧了？或者拍部电影？Roxio正在全线出击。

---

① 模范效果：使人在行为上进行模仿。

不管对时尚的狂热有多么善变,它们并不会造成什么严重的后果,但模范效果是否会引起行为变化则有待考察。许多产出媒体信息的人认识到了他们的模范责任。在20世纪60年代的一部"坎普风"的电视节目中,蝙蝠侠和罗宾汉每次跳上他们的蝙蝠车时,镜头总是能捕捉到他们系上安全带的画面。许多报纸都立下规定,要在事故报道中强调安全带是否得到了使用。20世纪80年代,对于艾滋病的担心越来越多,于是电影人不遗余力地在社交场景中凸显安全套的保护作用。再到如今,对于校园恶霸的形象刻画,也更少会带着"还只是孩子"的观点。

如果模范效果能造成积极的影响,比如提升安全意识或预防疾病,那么其似乎也可以带来消极的后果。一些人将科罗拉多州的里特尔顿市哥伦拜恩高中大屠杀案归结于莱昂纳多·迪卡普里奥(Leonardo DiCaprio)的一部叫作《篮球日记》(*The Basketball Diaries*)的电影。这部电影中有一幕是一名身着防水短军装的学生杀死了他的同学。另一场突然爆发的枪击案也是紧跟着20世纪90年代的一系列为黑帮添彩的电影而发生的,包括《纽约黑街》(*New Jack City*)、《果汁》(*Juice*)和《街区男孩》(*Boyz N the Hood*)。

13.3.3 刻板印象

请闭上眼睛,想象一个"教授"。你的脑中出现了一幅什么样的图像?1973年前,大多数人的脑子里会出现一个温顺的、沉思中的不合群者。而今,电影《疯狂教授》(*The Nutty Professor*)中的教授形象似乎更有代表性。无论是沉思者还是疯教授,都被称为刻板印象。他们都来自大众媒体,却没有一个是教授这一形象的精准概括。另外,它们都具有长期的影响。

刻板印象是有助于交流的一条捷径。电影导演可以通过给一个牛仔戴上一顶黑帽子而跳过复杂的角色塑造,直接进入故事讲述,因为观影者对戴黑色帽子的牛仔有着这样一种概括:他们都是坏人。这就是一种刻板印象。

报纸编辑也借助读者所持的刻板印象来为新闻标题注入大量信息。试想一下隐藏在"南方佳丽"(Southern belle)或"大学运动员"(college jock)这些标题后面的含义。刻板印象通过简化的描述帮助大众媒体传递信息,但它们终究存在弊病。一个概括,无论多么有用也是不精确的。不是所有苏格兰人都很吝啬,也不是所有华尔街经纪人都很邪恶,更不是所有大学运动员都很纯洁——这连用来概括他们中的大多数都不准确。

大众媒体在使用刻板印象的同时,也在使它们深入人心。如果是正向的刻板印象,可能问题不大。但媒体可能通过刻板印象加剧社会不公。美国民权委员会发现在20世纪70年代的电视节目中,黑人被不成比例地刻画得不成熟、身份低下或以滑稽角色出演。通过对刻板印象的使用,电视节目不仅固化了错误的概括,还体现出了种族歧视。更糟糕的是,电视节目这种不周全的考虑使得黑人群体失去了在电视上接触有影响力的模范的机会。

批评家呼吁媒体成为重新审视污蔑性刻板印象的践行者。然而,这种呼吁虽常常是出于正义的考虑,却也影响了媒体对角色准确的把握。举例来说,意大利裔美国人群体就成功说服媒体不再将黑手党都描绘成意大利人。当然也有例外,HBO电视台的索普兰诺家族(Soprano family)就保持了其令人不安的地位。总的来说,反对刻板印象的倡导者获得了成功。刻板印象已经能够轻松触拨人们的敏感神经。

13.3.4 议程设置和地位赋予

那些受到媒体关注的事件、个人和议题往往也由于这种关注而获得了一种合理性,而那些没有得到报道的事件则不具有这一特性。媒体以议程设置者的角色进行地位赋予。这个过程使所有人处在同一个或至少是相似的语境中,它通过将我们的集体注意力集中在我们可以共同探讨的问题上而增强了社会的凝聚力。否则,我们可能各自走向不同的方向,而集体行动将会变得很困难,甚至不可能。

媒体将注意力集中在某些议题上的例子有很多。一个令人倍感伤痛的案例发生在1998年,一个怀俄明大学名叫马修·谢巴德(Matthew Shepherd)的同性恋学生惨遭暴打,并被绑在城外的栅栏上直至死去。这是一场悲剧,它不只是反同性恋事件,更是公然谋杀。对这一事件的报道,使得同性恋权益的议题被提上了国家议程。而对其死亡恐怖画面的曝光则是媒体进行议程设置和地位赋予的例证。

思考

- 大众传播在何种频率上引起舆论的急剧转变?请举例。
- 从你的经验出发,举出除时尚领域和粉丝现象之外的体现模范效果的例子。
- 虽然被媒体固化的刻板印象可能是错误的、有误导性的以及有破坏力的,但它们在大众传播中还是不可或缺。为什么?
- 大众传播如何通过对某些主题进行地位赋予并忽略其他主题,从而施展其能力?

媒体人物

运动场上的刻板印象

对于那些批评媒体呈现误导性刻板印象、认为其行为不当的人来说,凯思琳·罗莱杰(Kathleen Rutledge)是他们的英雄。当她还作为编辑供职于内布拉斯加州林肯市《每日星报》(*Journal Star*)时,罗莱杰禁止使用了许多美洲印第安人认为无礼的体育运动吉祥物和昵称。这份发行量达到76,300份的报纸的读者再也没有读到过"华盛顿红皮"(Washington Redskins)而只是"华盛顿"。克利夫兰的印第安吉祥物瓦胡队长(Chief Wahoo)脸上奇怪的笑容也曾惹恼许多印第安人,它也不再出现在报纸当中。

凯思琳·罗莱杰

罗莱杰的策略惹怒了一群读者。在500多封来信和电邮中,读者们批评报纸丢弃了传统,并屈从于左派政治正确的主张。左派?罗莱杰并不这样认为,她提到,《每日星报》在2000年的总统选举中支持了自称为"有同情心的保守主义者"的乔治·布什。最重要的是,这些批评者的政治色彩其实描绘了他们自己对传统的盲目依恋。

学校中的昵称或吉祥物会产生负面影响吗?印第安纳大学教授杰西·斯坦费尔特(Jesse Steinfeldt)曾研究过这一问题,她表示,"一个种族敌对的教育环境"会影响美洲土著儿童的自尊心。

美国全国大学运动协会(National Collegiate Athletic Association,NCAA)于2005年向各大学施压,要求它们取消印第安昵称。18个学校因使用NCAA认为"敌对或不敬"的昵称或图像被记名。北达科他大学则被NCAA列入了黑名单。这所大学反抗了多年,最后终于在高等教育州委会的命令下放弃了其"战斗苏人"(Fighting Sioux)的昵称和标识。

在威斯康辛州的基沃尼,退休教师玛莎·博格斯·布朗(Marsha Beggs Brown)成为推动变革的人。一项清除有民族元素的昵称、标示和吉祥物的州法案于2010年生效。而眼见法案在当地被忽略,布朗投诉了基沃尼高中沿用印第安元素的行为。在这个仅有2700人的小镇上,一些人向布朗寄去了匿名信,或打去了难听的电话。她遭到了大家的排挤。一件颇为流行的T恤上印着这样一句话:"一朝印第安,永远印第安。"而布朗则是站在为所有人考虑的角度上认为"这些名字对孩子们的伤害是无可否认的"。

基沃尼高中董事会向社区征询新的昵称,收到了近200个参选昵称。社区范围内的人们参加到投票活动中,他们向"河流强盗"(River Bandits)和"风暴"(Storm)投出1400张选票,来决定这两者中的哪一个最终胜出。

最后一舞。 在伊利诺伊大学吉祥物伊利尼维克队长(Chief Illiniwek)最后一次为比赛中场表演完后,名叫凯尔比·蓝宁和艾莉森·佩里的两名学生无法再隐藏他们对于一个时代过去的悲伤。学校已决定让存在了71年的伊利尼维克队长退出历史舞台,因为学校认为这个以美洲印第安人为元素设计的吉祥物是个不敬的刻板印象。

然而,并非所有印第安相关物都被清除。密歇根州的米西考特(Mishicot)印第安人给予了汉纳维尔·波塔瓦托米高中其名字的使用权,因为这一城市就是以该部落的一位首领命名的。

美国印第安文化保护组织(American Indian Cultural Support)2011年在威斯康辛州举报了45个仍在使用其认为不敬的吉祥物的学校。最靠近基沃尼的部落奥奈达印第安属国(Oneida Nation)的委员布兰登·史蒂文斯(Brandon Stevens)看到了曙光:"只要有争论,就会有一条教化的通途"。

在现在的基沃尼高中,啦啦队喊的是:"加油风暴。乘风而行!"(Go Storm.Ride the Wind!)

你怎么看?

在体育活动中,为了不显得不敬,各队应该选择更有礼貌和更温和的吉祥物和昵称吗?

媒体禁用有争议的吉祥物名称是否可以有效减少刻板印象?

13.4 大众媒体对文化的影响

▲ **本节概述**

大众媒体所传播的信息对于很大一部分受众来说具有文化联结的效果,而媒体分众化(media demassification)所传播的针对小群体受众的信息则助推着社会的碎片化。从全球范围看,媒体将美国和西方价值观强加到了其他文化的传统价值观上。即便是在那些传媒业不断发展的国家,本地媒体也持续被占统治地位的文化所生产的媒体内容影响。

13.4.1 价值观

大众媒体为塑造和反映当代社会价值观提供了大量素材。有一点常常被人们忽略,即媒体使得历代的人可以分享他们的经历、想法以及价值观。

历史传承。人类总想要将自己积累的智慧传递给后代,当然我们也总借鉴历史。在古时候,人们聚集在火堆边或寺庙前听人讲故事。这是当时的惯例,人们通过这种方式了解当时社会的价值观。这是**历史传承**①(historical transmission)的一种形式。

五千年前,中东人设计出了一套字母用来记录存货、交易以及汇率,这种口头传播的方式得到了更广泛的应用。泥版文献先被卷轴而后被书本替代,纸成为最初的传播故事的工具。宗教在圣书之中传递着,军事史展现着战争的教训,文学著作则通过探寻人类社会的角落与缝隙为我们提供智识。

书籍一直是文化的首要贮藏地。几个世纪以来,记录着祖先们经历、教训与智慧的书籍一直是被硬壳包装,用黑色墨水写在纸上。其他的媒体现在也承担着文化的保存与传递功能。请看以下文献资料。

- 佩利媒体中心(Paley Center for Media),位于纽约,拥有12万档电视及电台演出、节目、首秀以及电视剧。
- 传播及图像艺术图书馆(Library for Communication and Graphic Arts),位于俄亥俄州立大学,有包括社论、漫画在内的收藏。
- 范德比尔特电视新闻档案馆(Vanderbilt Television News Archive),位于田纳西州的纳什维尔,拥有90万份来自网络夜间新闻节目的资料,以及诸如政治会议与太空拍摄资料等特别收藏。

当代传播。大众传媒同样传递着当代社会群体的价值观,有时会造成一些本不会发生的变化,这就是**当代传播**②(contemporary transmission)。人类学家已经证明传媒可以改变社会。当埃德蒙德·卡朋特(Edmond Carpenter)将电影引进新几内亚一个与世隔绝的小村庄时,他使得当地的服装风格变成了西式,他甚至改变了村庄的房屋建筑。学者们称这种现象为**创新扩散**③(diffusion of innovations),人们的观念会跟随媒体变化从而导致该现象的出现。请看以下例子。

---

① 历史传承:对后代进行的文化价值传播。
② 当代传播:对异文化进行的文化价值传播。
③ 创新扩散:新闻、创意、价值和信息的扩散过程。

- 美国革命：在《独立宣言》颁布之前的十年之中，大西洋沿岸上上下下的殖民者都从报纸报道的激进运动（大部分发生于波士顿）中学习到了如何思考及行动。这些报道包括反对1765年印花税法的煽动性文章以及对1773年波士顿倾茶事件的记录。
- 音乐、时尚和流行文化：在当今的流行文化中，这些风向指标主要来自纽约、好莱坞和纳什维尔的媒体。
- 第三世界的革新：美国制作教学影片和广播节目以推进发展中国家与地区的农业改革。人口过剩地区开始控制生育。
- 中心街的衰落：随着乡村居民注意到区域性购物中心的广告，镇上的小生意逐渐关门。那些购物中心虽然距离较远，但它们比中心街有更多样的商品及更低廉的价格。

学者注意到创新扩散可能过多地被归功于大众媒体。扩散总是需要人际沟通来予以加强的。而且，这种扩散也不是一针见血的皮下注射，而是一个需要长时间的过量信息浸淫的过程。典型的创新扩散包括以大众媒体为核心的三个首要步骤：

- 意识：个人和团体意识到替代品、新选择和可能性；
- 兴趣：一旦人们有了意识，他们就需要更深地挖掘自己的兴趣；
- 评估：通过考虑在大众媒体上接触到的他人的经验，个人可以评估自己是否也要进入这个创新的过程。

进入创新的过程还有两个步骤，媒体在其中没有太大的作用：首先是尝试阶段，在这个阶段，人们会尝试该创新；接下来是完成阶段，创新要么被采纳，要么被放弃。

13.4.2　文化帝国主义

几乎没有人可以像赫伯特·席勒（Herbert Schiller）那样引起争论，无论是在他的大学学生中还是在整个社会。他在收集了大量证据后，于1969年出版了其重要著作《大众传播与美利坚帝国》。他的论点是：美国媒体公司正在着手统治国外的文化生活。这种现象被他称为**文化帝国主义**①（Cultural Imperialism）。

席勒使他的读者更为敏锐地察觉到出口电影和其他美国文化产品背后的含义。他同时也使行业领先的媒体公司意识到，无论米老鼠多么可爱，将之放在婆罗洲（Borneo）都有着令人不安的暗示。他认为，美国公司的贪念正在毁坏发展中国家的本地文化，他还用了"阴险"一词来形容这一行为。发展中国家的人们被美国媒体糖衣炮弹般精巧制作和包装的产品所吸引，他们无法自拔，完全不在意这些产品给当地逐渐消逝的传统和价值观带来的损害。

席勒的理论得到了许多证据的支持。在南非，抢劫犯开始

赫伯特·席勒。 席勒警告道：以好莱坞为代表的西方文化正在席卷全球，其结果就是美国之外的文化传统与文化价值正在日渐衰微。这一被称为"文化帝国主义"的现象正在发生逆转，主要是因为美国之外的国家的媒体内容正在对美国和其他西方受众展开传播。

---

① 文化帝国主义：一种文化对另一种文化的统治。

大喊"站住"(freeze),这个词在斐语①或其他当地语言中根本找不到出处。这些抢劫犯显然看了太多的美国电视节目。一群印度时尚青年开始像《海滩游侠》中的人物那样穿着打扮,但这种打扮很难在印度传统中见到。而印度的电视脱口秀也开始像美国的那样打探私人生活。媒体观察家莎依勒哈·巴杰帕(Shailja Bajpai)称:"美国电视对我们的道德只字不提。"

席勒的观察是民粹主义与精英主义之争在全球范围内的一次重演。以"让人民选择"为纲的民粹主义者认为席勒过于歇斯底里。他们强调,好莱坞和其他西方文化产品没有被强加给任何人。人们想要这些产品。而一些精英主义者则反驳道,那些上百年的传统价值观就如同濒危动物一样需要保护,西方的资本主义习性正粗暴地扼杀着这些传统。精英主义者同时强调,在国外最受欢迎的西方媒体产品很少有较高质量。就在席勒的书大卖之时,《第一滴血》(*Rambo*)恰好成为这种质量低下产品的一个实例。

后席勒修正主义(Post-Schiller Revisionism)。在20世纪90年代,随着美国和欧洲的媒体公司延伸了它们的触角,席勒的观点更加深入人心。MTV音乐台和ESPN文体频道将自己打造成全球品牌;默多克王国凭借其覆盖几乎整个亚洲的星空卫星电视和其在欧洲及拉美的类似业务,正展翅高飞;好莱坞也依旧保持着其国际标杆的形象;美国最大的报纸《今日美国》(*USA Today*)在亚洲和欧洲也有了当地版本。

但与此同时,席勒的模型也开始出现问题。像巴西的TV Globo公司和墨西哥的Televisa公司这样于当地成长起来的电视公司开始向美国出口节目;在亚洲和中东,西方的节目制作经验被应用到本地文化中;中东不断出现的独立公司将无数《美国偶像》的翻版推上阿拉伯国家的荧幕;口袋妖怪(Pokemon)和凯蒂猫(Hello Kitty)都不是在美国发明的;日本漫画在美国的销售额迅速扩张至1.8亿美元,几乎是美国整个漫画销售额的1/3。

西方的文化产品也受到了当地文化的调适。出口至马来西亚的电影中去掉了污言秽语;在印度,蜘蛛侠脱下了紧贴胯部的紧身衣,换上了宽大的印度腰带,他还穿了头部尖尖的凉鞋。

到了21世纪的第一个十年,单一西方文化代替世界其他所有文化这一说法已亟待重审。尽管好莱坞还是具有全球性的影响力,但它的对手也开始发力了。

跨文化增殖(Transcultural Enrichment)。彻底颠覆文化帝国主义模型的是英国的维珍漫画公司(Virgin Comics),一个漫画界的后来者。随着伦敦资金和孟加拉工作室的结合,以印度宗教和神话为线索的故事开始在美国播出。其他的主题也被不断从梵文

占领华尔街。这场运动99%的参与者都处于松散组织的状态,当他们在2011年开始游行示威以反抗美国财富的日益集中时,有意识地使用了最新的媒介通信工具。比如,一旦被捕,他们就会把一条预先编辑好的信息发给朋友、家人甚至自己的律师。这条信息可以在警察关闭其手机之前在被捕的地点发出。

---

① 斐语:从17世纪荷兰语演变而来的语言,为南非的官方语言。(译者注)

史诗《罗摩衍那》中提炼出来。这是否可以被称为文化逆帝国主义？

冒险家兼企业家理查德·布兰森（Richard Branson）曾是维珍漫画的"大脑"之一，他创造了流体漫画（Liquid Comics），其设定的目标已不再是杂志书架。他意识到，诸如"超人""蝙蝠侠""蜘蛛侠""X战警"等系列电影的故事源头已被取之殆尽，他转而将印度教神话视为新宠。喜剧《萨杜》（*Sudhu*），讲述了一个发现自己前世是印度教神明的英国人。该剧后来被拍成了电影，由维珍公司出品。执导了《剑雨》（*Reign of Assassin*）的吴宇森，与维珍合作制作了一部中国主题的故事《七兄弟》（*Seven Brothers*）。当前，流体漫画作为一家数字娱乐公司也开始利用各种媒体平台来提供电影和漫画产品。

流体漫画现象并非个例。试想2006年走红全球的半岛电视台和中国电影走向世界的政策。这些都可以被视为增殖。学者乔治·斯泰纳（George Steiner）说明了这样一个观点：持存2000多年的希腊神话丰富了美国和欧洲的文化，而非践踏了它们。社会学家迈克尔·特雷西（Michael Tracey）也指出，默片演员卓别林的幽默演绎在世界各地广受欢迎："难道不是卓别林的天赋才能触动了人性中那些共通的因素吗？"

思考

- 大众传播如何将我们与过去联系起来？它又如何帮助我们融合多元化的当代价值观？
- 跨文化交流可以同时是增殖的又是帝国主义的吗？为什么？

媒介争论

移民问题辩论中的媒体

当亚利桑那州州长简·布鲁尔（Jan Brewer）会见奥巴马总统并讨论其州内极具争议的新移民强制法案时，白宫外的一位抗议者抓拍了一张照片并发布到了Twitter上。几分钟之内，伊利诺伊移民和难民联盟转发了这条消息。美国移民改革运动建立的短信系统也是传播这一信息的有效媒介，它尤其有效地覆盖了那些无法上网的人群。

社交媒体还起到了连结未登记青年移民的作用。他们在Facebook上分享自己的经验、恐惧和希望。在位于富勒敦的加州州立大学，学生们成立了一个抗议亚利桑那移民强制法案的Facebook主页。该主页上登载了举牌的抗议者，牌上写着："我看起来像非法移民吗？"（Do I Look Illegal?）该主页开始时只有5张照片，但现在已有1600名会员。

反抗者称，社交媒体帮助了他们重塑移民辩论的讨论框架，并将人性注入其中——人们在照片或视频中见到移民的面容，可以增加他们对移民的认同。

然而，媒体却在美国的移民辩论中扮演了次要且有争议的角色。

华盛顿最早的智库之一布鲁金斯学会一项报告表明，媒体使得华盛顿在移民问题上很难寻求让步。该报告探究了传统媒体和社交媒体如何将始于20世纪80年代到现在的移民问题的报道集中到对其衍生政策的讨论。这些讨论都以失败告终。原因何在？

这份布鲁金斯学会的报告分析了媒体报道的以下三点趋势。

- 移民问题是一个长时间内逐渐形成的问题。相反的是,媒体对移民问题的报道则总是短暂事件性的。集中报道使得公众和政策制定者将移民问题认定为带有危机性的突发事件。
- 尽管非法移民从来没有占到美国外籍人数的1/3以上,新闻报道还是集中在了政府控制非法移民的努力上。这导致公众和政策制定者将外籍人士的流入和违法活动、社会准则的丧失以及政府的失败联系了起来。
- 移民、政策制定者和活动家占据了所有版面,使得公众无法再接触到关于劳动力市场、雇主与消费者以及移民数量和特点的报道,其还导致了对政府角色的过分强调。对于那些本身就对移民持负面态度的受众来说,他们无法从这些角度观察移民,更容易将移民视作恶人而将自己视为受害者。而这将导致对政府的不信任。

Twitter 的力量。 用手机拍摄的白宫附近拉法耶特广场上抗议者的照片迅速在 Twitter 上得到大量转发。打同样标语——"我看起来像非法移民吗?"的不同抗议活动迅速在全国各地爆发。

布鲁金斯学会的这份报告得出结论认为,媒体突击某话题而营造一种危机感,是对受众的分众化和市场份额竞争的一种反应,这些反应都是为了扩大自己的观众数量。他们对政治程序和政治手腕而非话题实质的关注,增加了公众的紧张感,也阻碍了共识的达成。媒体的叙事使得该话题的话语权落入了辩论双方中均存在的极端主义者的手中。

正方

移民政策问题所涉及的各方,只要他们提出的意见是强烈的、阐释充分的,媒体都给予了了这些意见同等的发声机会。

反方

媒体在报道移民问题时倾向于强调犯罪、危机或争论。但这是对这一大规模的、已经持续发展数十年的人口事件的误解,并且大多数移民是合法的。

深化你的媒介素养

探索问题: 你能找到一篇探讨移民话题本身而非只是报道犯罪、危机或争论的媒体文章吗?

深入挖掘: 你认为媒体对移民问题的报道缺少了对哪些话题的探讨?

你怎么看? 你愿意读到什么样的移民问题报道?你认为批评家对美国移民问题的讨论有贡献吗?为什么在报道美国移民问题辩论的过程中,新媒体没有超越传统媒体?

13.5 大众媒体对公众行为的影响

▲ **本节概述**

关于媒体如何影响其受众的魔弹理论是言过其实的,并且被广告行业所固化。这些广告总是敦促人们当即或迅速"买吧""试试吧"。具有操纵性的广告往往的确能影响人们的行为,不过有的手段,如潜意识信息,则并不像人们想象的那样效果显著,并且是值得怀疑的。

13.5.1 动机信息

20世纪40年代是人们对大众传播效果感到不知所措的时期的开端,这些效果至今还存在于我们的生活中。早期的魔弹理论遭到了拉扎斯菲尔德和其他人的挑战,已分崩离析。但即便如此,随着二战的推进,人们还是因媒体对人的影响而感到不安。看看纳粹德国国民教育与宣传部部长约瑟夫·戈培尔(Joseph Goebbeis)的所作所为,媒体的负面影响就显而易见了。他利用媒体的信条是:只要谎言说得够多、够响亮,它们总会被人所相信。日本人在太平洋战场通过臭名昭著的东京玫瑰电台向美军士兵广播以降低美军的士气。之后20世纪50年代早期的朝鲜战争期间,又有一种所谓洗脑术被用于美军战俘,制造了一种恐怖的迷惑。同一时期,奥地利心理学家**西格蒙德·弗洛伊德**①(Sigmund Freud)的研究强调了隐藏的行为动机和被压抑的性冲动,他的这些研究当时得到了无数书籍和文章推崇。

20世纪50年代的广告人在这种知识背景下选择向社会科学寻求吸引消费者的方法也就合情合理了。在个时期的广告界先驱中,**欧内斯特·迪希特**②(Ernest Ditcher)接受了弗洛伊德关于人的行为基于其自身无法意识的动机的说法。迪希特认为,深度访谈可以挖掘出这些动机并使其为广告所用。

迪希特为他的汽车行业客户使用了被他称作**动机研究**③(motivational research)的访谈。他不论对错地断定美国男性忠于他们的妻子,但也同时幻想有一位情妇。他提到,男性往往是购买汽车的决定者。然后,经过一步似乎颇大的跳跃,迪希特将多数人驾驶的轿车比作妻子。轿车是熟悉的、可靠的。而对大多数人来说并不实际也负担不起的敞篷车,则被比作情妇——浪漫、敢于冒险、光彩照人。带着这些结论,迪希特为一种新发明的没有中央门柱的轿车设计了广告。这种轿车被称为金属顶盖式轿车(hardtop),在车窗放下时呈现出敞篷车的效果。溢满性暗示的广告语清楚地反映了迪希特的思考:"每次驾驶,你都能找到新欢。"(You'll find something new to love every time you drive it.)尽管它们并没有轿车坚固,也常常漏风漏水,金属顶盖式轿车在接下来的25年中一直是市场的宠儿。

迪希特的动机研究带动了无数广告对性画面的利用。如兰森(Ranson)打火机将火焰做成男性生殖器的模样,并放大多倍。另一个产品阿贾克斯(Ajax)清洁剂的广告,则表现了一位目无法纪的白衣骑士手持男性生殖器形状的长矛走街串巷。消费者是否为性画面所动很难明断,但使用这种动机研究手法的广告却都收效甚好。

---

① 西格蒙德·弗洛伊德:奥地利心理学家,他将人的心理无意识地接受信息这一现象进行了理论化。
② 欧内斯特·迪希特:开创了动机研究。
③ 动机研究:旨在寻找潜意识中可以被广告利用的欲望。

某种程度上,大众传播可以促使人们行动,至少是去试用某种产品。这当然算不上洗脑,并且其效果是不稳定的,并不是每个人都会购买。如果产品无法达到购买者的预期,其效果也只会是暂时的,比如金属顶盖式轿车便遭到了抛弃。

13.5.2 潜意识信息

一些将大众传播视为隐藏的游说者的担心显得很奇怪。1957 年,市场调查员**吉姆·维卡瑞**①(Jim Vicary)声称他将"喝可口可乐"和"吃爆米花"植入到了电影之中。这些信息稍闪即逝,肉眼根本无法捕捉到,但维卡瑞声称,它们被大脑捕捉到了。他说,人们由于受到**潜意识信息**②(subliminal message)的驱动,都在电影中场时成群结对冲到零食吧。维卡瑞的实验有着说服人的数字,该实验据称完成于新泽西的一家

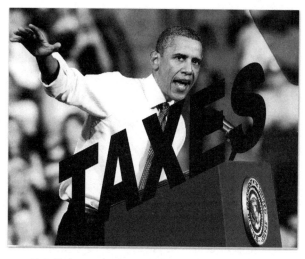

快闪信息。 政治谋略大师卡尔·罗夫(Karl Rove)知道为了使自己想要传达的信息得到注意要采取什么方法。在一则反对奥巴马总统的网络广告中,他让"赋税"(TAXES)字样在奥巴马的脸上闪烁,闪动的字符出现的时间相加仅一秒。罗夫很清楚潜意识信息能诱使人采取行动的说法缺少根据,但他也知道,仅仅是采用这一受质疑的手法本身,就已经可以促使博客写手们注意到这则广告,而他想要传递的反奥巴马信息就可以借此传播。

影院,可乐销售量上升了 18%,而爆米花销售量上升了 60%。维卡瑞的报告激起了人们极大的兴趣,也拉响了警报,尝试复制他的实验的研究人员没有一个人得出了支持他说法的结论。

抛开对维卡瑞实验的怀疑,心理学家发现了一种被他们称为**阈下知觉**③(subception)的现象,该现象表明某些行为是由潜意识所知觉的信息触发。然而不确定的是,这种效果是否存在于非实验环境中,以及其是否强大到可以激发人的购买欲。无论如何,还是有很大一部分人相信针对潜意识做广告的效果,而那些声称可以控制个人行为并兜售各式设备和系统的人则获利颇丰。一个例子就是商店语音广播中的隐藏信息:偷窃是不好的。

Ogilvy & Mather 公司的创始人戴维·奥格尔维(David Ogilvy),曾嘲笑潜意识效果的荒谬:"数以万计听话的消费者从他们的扶手椅上站起,然后如同僵尸一般冲过拥挤的大街,到最近的商店去买广告中的商品。"NBC 晚间新闻中一闪而过的"冲啊塔利班(Go Taliban)"这样的标语很难带来什么危险,说它能有任何行为影响效果就更值得怀疑了。

- 美国 20 世纪中期的什么历史经验佐证了大众传播可能引发行为的彻底转变这一说法?

---

① 吉姆·维卡瑞:自称做了潜意识广告,但结果令人怀疑。
② 潜意识信息:无法被有意识地感知到。
③ 阈下知觉:指接收那些触发行动的潜意识信息的知觉行为。

- 为什么吉姆·维卡瑞具有欺骗性的研究一直作为城市传奇而存在?

13.6 媒体呈现的暴力

▲ **本节概述**

有的人模仿他们在媒体中见到的攻击性行为,但那些事件往往是个案。一些专家主张,媒体展现的暴力事实上起到了减少现实生活中的攻击性行为的作用。

13.6.1 认识暴力

大众媒体通过展现主流行为和准则而有助于将年轻人领入主流社会。这一被称为**观察性学习**①(observational learning)的融入社会过程,会在儿童从媒体习得恶性行为时产生负面效果。在加州曼特卡市,包括一名13岁儿童在内的两名青年在一名朋友家中等待并袭击了其父亲。他们用壁炉的火钳暴打他、踢他并捅他,最后用一条狗链将他勒死。之后,他们在他的伤口上撒上了盐。为什么会有最后在伤口上撒盐的这一动作?那名13岁少年解释说,他曾在电视上看到这一做法。尽管人们可以从媒体习得暴力行为这一点毫无疑问,但对于我们这个年代来说,更重要的是大众媒体是否是恶性行为的肇因。

法庭上被指控犯罪的被告常常辩解道:"是媒体教我做的。"这是加州1974年4名青年用啤酒瓶强暴了两名在沙滩上玩耍的小女孩一案的被告的辩护词。这些强奸犯告诉警察,他们是在四天前看的一部电影中得到的这个念头。该电影中,一名年轻女子被人用扫把头进行了强暴,法庭上,这些青年的律师将他们的行为归咎于这部电影。而庭上法官同审理这类案件的大多数法官一样,不接受以媒体展现的暴力作为替罪羊的辩护,而裁定这些做恶的青年有罪。

尽管法庭从未将责任转移视为合理辩护,但媒体呈现的暴力行为的确是可能被模仿的。然而,一部分专家却称,媒体展现的暴力的负面作用太过频繁地被夸大,并且媒体暴力其实是有积极的一面的。

13.6.2 媒体暴力的积极方面

认为媒体上的血腥暴力画面并无大碍的人往往提到**发泄效果**②(cathartic effect)。该理论可以回溯至古希腊的**亚里士多德**③(Aristotle),他认为,观看暴力的人通过感同身受而发泄了日常积蓄在内心的烦闷,这些烦闷如果不得到发泄,很可能以危险的形式爆发。根据该理论,人们通过观看暴力而放松。多数发泄效果的支持者都声称,暴力活动的观看者被刺激从而进入一种想象暴力情境中,而这种情境会将人现实生活中的暴力倾向消耗殆尽。

近来,学者**西摩·费什巴赫**④(Seymour Feshbach)得出了支持发泄效果的研究结论。在他的一项研究中,他召集了加州七所寄宿学校的625名初中男学生并对他们中的一半播放为期六周的暴力电视节目。另一半学生则观看了非暴力的节目。研究过程中的每一天,教

---

① 观察性学习:认为人们通过观察日常生活中或描写中的行为来指导自己的行为。
② 发泄效果:人们通过观看暴力而发泄自身的暴力倾向。
③ 亚里士多德:为媒体展示的暴力进行了辩护。
④ 西摩·费什巴赫:为媒体暴力的释放作用找到了证据。

师和监督员都会报告每个男孩课内外的行为。费什巴赫发现两组间的侵略性行为没有任何差别。另外,那些在性格测试中被判定为有侵略行为倾向的男孩的侵略性有所下降。

发泄效果理论的反对者,其中包括权威的研究人员和媒体批评家,很快指出了费什巴赫研究方法中的问题。然而,其研究对象的庞大——625名学生,使得其还是产生了很大的影响力。并且,该实验是在现实生活中进行的,而非在实验室,研究的结果也有着逻辑连贯性。

13.6.3 诱发对社会有利的行为

除发泄效果理论外,另一个为媒体展现暴力辩护的论点是其可以促使人们参与到对社会有利的行动中。NBC电视台播出了一部叫作《燃烧的床》(*The Burning Bed*)的电影,该片讲述了一位对丈夫的虐待忍无可忍的妻子将她沉睡中的丈夫活活烧死的故事。影片播放当晚,全国的家暴受害者中心都收到了接不完的来电,它们来自那些一直忍着没有逃离虐待自己的丈夫的妇女。

这部影片也带来了负面的效果,一位丈夫向与他分居的妻子放火,并解释说他的点子来自《燃烧的床》。另一个将他老婆打得人事不省的人也做了同样的解释。

13.6.4 媒体暴力的负面影响

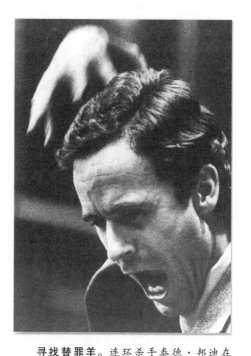

寻找替罪羊。连环杀手泰德·邦迪在被执行死刑前夕将自己的暴力行为归咎于女子色情装束杂志。无论他的说法是否真实,学者们对媒体展现暴力的态度是有所分别的。一个极端是认为媒体暴力是有暴力倾向者的安全阀,而另一个极端则是认为媒体暴力引起现实生活暴力的侵略性刺激理论。可借1961年的一句关于儿童与电视研究的结论来表达最被广泛接受的观点:在某些情形下,某些对暴力的展示可能诱发某些人的暴力行为。

更多的证据表明,媒体展现的暴力有可能引起现实生活中的暴力。不过,**侵略性刺激**①(aggressive stimulation)理论还是常常被夸大。事实是,很少有人在现实生活中重现媒体暴力。比如,你知道谁在电影中目击一场谋杀后很快去杀人吗?其实你认识更多看到谋杀后不会去杀人的人。

我们在谈论侵略性刺激时需要格外注意。比如,请注意学者维恩·丹尼尔森(Wayne Danielson)在总结1995—1997年全国电视暴力研究的结论时所用的修饰语:在电视上观看暴力倾向于诱发观看者的暴力行为,在不同情况下诱发的可能性不同。暴力行为的增加只发生在某种正好的情况下,并伴随内心抵制暴力情绪的消失。

该研究还得出结论,儿童比成人更容易模仿媒体暴力,不过该结论也完全缺乏一个普适的因果联系。

那么,为什么那么多人相信媒体暴力可以招致现实生活中的暴力呢?早期研究指出了

---

① 侵略性刺激:关于人们被媒体暴力所刺激的理论。

一种因果联系。这些研究包括阿尔波特·班杜拉（Albert Bandura）的波波玩偶实验（Bobo Doll Studies），他在实验中向儿童播放了一部暴力电影，然后鼓励他们与超大号的充气玩偶玩耍。班杜拉得出结论认为，观看了影片的孩子更倾向于对玩偶实施暴力行为。批评者质疑了班杜拉的方法，认为他把孩童的顽皮当成了侵略性。简单来说，班杜拉和其他侵略性刺激学者没能向其他学者成功证明他们的理论。

当侵略性刺激学者受到质疑时，他们往往指出他们所知的特定事件。被提及最多的就是声称自己受到《花花公子》杂志刺激而尾随、杀死女性的连环杀手泰德·邦迪（Ted Bundy）。邦迪讲的是真话吗？我们永远无法确证。他在临死前才讲出了这个借口，这说明他可能还有其他动机。邦迪案只是个案，而个案是不具普遍有效性的。

侵略性刺激理论的另一种版本，是认为那些自身感受和世界观本就倾向于侵略性和暴力的人更容易被影视和其他媒介所展现的暴力所吸引。该理论认为施暴者本身就是有暴力倾向的，也就是说并非是媒体诱发了他们的暴力行为。这就引出了催化理论（catalytic theory），该理论将媒体展现的暴力视为暴力行为的一个因素，而非充分条件。

13.6.5 催化理论

对发泄效果和侵略性刺激效果研究的简单理解可能使我们得出极端的结论。而仔细解读，我们则会发现媒体仅是现实生活暴力的一个因素而非充分条件，且其影响也只在其他非媒体因素的共同作用下才会偶尔产生。例如，证据表明包括卡通片在内的影视暴力是具有激发性的，它们可能诱发儿童的暴力行为，特别是那些好动和易激动的儿童。这些儿童和那些情绪多变的成人一样，心理被这些暴力画面所控制以致引发其极端行为。不过，这只在其他因素也存在的情况下发生。这些因素有以下内容。

- 媒体中所呈现的暴力是否得到了奖赏。1984年，加州大学圣地亚哥分校的戴维·菲利普斯（David Phillips）发现，职业拳击赛赛况公布后，谋杀率上升，这种情形中，暴力得到了奖赏；审判和死刑结果公布后，谋杀率下降，这种情形中，暴力受到了惩罚。
- 是否被媒体长期浸淫。研究人员门罗·勒夫考维茨（Monroe Lefkowitz）研究了纽约州北部长期观看媒体暴力的三年级学生。10年后，勒夫考维茨发现这批人被他们的同辈评价为有暴力倾向。这指向了累积的长期媒体效果。
- 有暴力倾向者是否具有其他特征。研究发现，除观看暴力以外，侵略性行为还与其他许多因素相关。这些因素包括收入、教育、智商及父母抚养子女的方式。这并不是说以上这些因素可以导致暴力，只是指出暴力行为很难被单一因素所解释。

许多研究人员也强调，以下这些情况会增加影视诱发暴力的可能性。

- 暴力行为真实而刺激，比如不断激发肾上腺素分泌的一场追逐或连环悬疑案件。
- 暴力行为扬善除恶，比如帮助一个被欺负的角色复仇。
- 暴力包含观众熟悉的场景或特征。

这些都会让一位科学家将媒体暴力视为一种催化剂。就如同某些元素的存在可以在维持自身不受影响的情况下让其他元素剧烈反应一样，媒体暴力可能是现实生活暴力的一个催化因素但绝非是直接肇因。该催化理论得到了学者威尔伯·施拉姆（Wilbur Schramm）、杰克·莱尔（Jack Lyle）和埃德温·帕克（Edwin Parker）的清楚阐述，他们研究了电视对儿童的影响,并在他们1961年的《电视对儿童生活的影响》(Television in the Lives of Our Children)一书中得出了上述结论。本书成为研究媒体暴力对个人影响的经典范例:"对于某些情境中的某些儿童,某些电视节目是有害的。对在同样情境中的其他儿童,或者对其他情境中的同一批儿童而言,那些电视节目又可能是有益的。对于大多数情境中的大多数儿童来说,大多数电视节目可能既无害也无益。"

13.6.6　社会削弱效果(Societally Debilitating Effects)

媒体展现的暴力更多的是恐吓人们而非诱发人们的暴力倾向,据媒体暴力研究领导者**乔治·格伯纳**①(George Gerbner)称,这会使得人们对现实世界的危险程度有过分的估计。格伯纳计算出,每周都会有1/10的电视节目角色有暴力行为,而现实生活中,这个比例一年才约1/100。格伯纳还发现,经常观看电视的人,倾向于认为自己卷入暴力的机会和电视上出现暴力的频率差不多,但从当地的犯罪数据甚至那些人自己的经验来看却远非如此。媒体暴力似乎使人们夸大了自己真实生活的危险性。

格伯纳的研究发现值得一个自由和民主社会的警惕。格伯纳认为,人们由于过分担忧自身安危,可能要求增强警力来保护自己。他们也更倾向于臣服于权威,甚至接受警察暴力以换取自身的安全。

13.6.7　青年和媒体暴力

没人会否认杰瑞·斯普林格(Jerry Springer)的电视脱口秀代表了良好品味和持重。然而,这种节目传统上却被认为是有害的。真的有害吗?宾夕法尼亚大学的两位学者史黛西·戴维斯(Stacy Davis)和玛丽-路易·马尔斯(Marie-Louise Mares)对北卡罗来纳州的292名高中生进行了研究,他们有的来自城市,有的来自乡村。两位学者从数据中得出结论认为,某些脱口秀的确会冒犯到人们,但没有证据显示这些节目会助长青年人越轨或庸俗的行为。

一个问题是观看脱口秀是否会导致青年产生劣俗行为。一些呼吁电视改革的政客所持的传统观点认为,脱口秀上那些反社会、越轨以及叛逆的人物将青少年变得麻木了。而戴维斯和马尔斯认为并非如此:"观看较多和较少脱口秀的人都认为反社会行为的受害者受到了不公正待遇,他们都认为受害者的遭遇是不幸的而反社会行为是不道德的。"

脱口秀会贬低社会价值吗?戴维斯和马尔斯总结认为,脱口秀其实是保守的。现场观众会嘲笑无视社会准则的嘉宾,并欢迎那些拥护主流价值和行为的嘉宾。戴维斯和马尔斯说,这些脱口秀事实上是一种"忠告"。结果实际上是青年人从脱口秀中更清楚地认识到一些行为的来源和一些社会话题的严肃性。

13.6.8　对暴力的容忍

人们对媒体展现的暴力很大的一个担心便是其是否使人麻木。被广泛接受的**脱敏理论**②(desensitizing theory)认为不仅人们因媒体暴力变得冷漠,而且社会对反社会行为的容忍

---

① 乔治·格伯纳:认为媒体暴力对民主产生威胁。
② 脱敏理论:媒体对暴力的呈现使得人们对生活中真实暴力行为的宽容度升高。

度也在提高。

媒介批评家认为媒体造成了这种脱敏,不过包括影视导演在内的媒体人回应说,正是脱敏现象的存在使得他们不得不将暴力场面做得更有视觉冲击力。他们解释说,他们为了将故事表达到位,已经没有其他的选择了。

某些媒介批评者认为这样的解释似乎对某些喜爱暴力画面的导演太有利了。不过,即便是那些不那么喜欢暴力画面的导演也觉得他们刺激观众感官的手段越来越少了。批评家则回应称这是一个蛋生鸡、鸡生蛋的问题,而媒体如果对脱敏现象负有责任的话,便不应将其当作展示暴力内容的借口。所以,应当归咎于谁的争论一直持续。

新闻中的脱敏现象也很显著。一向注意控制血腥画面的《纽约时报》在 2004 年的一篇报道中登出了一张伊拉克战后悬吊在桥上的受害者尸体照片。就在几年前,在报纸和电视新闻中呈现犯罪、事故和战争受害者尸体的做法还是被广泛禁止的。美国军队折磨伊拉克战俘的照片突破了这种限制,成为讲述一个可怕但重要故事的关键。没有主流媒体播放美国商人尼克·博格(Nick Berg)被伊拉克恐怖主义者砍头的视频,但数以百万计的人在网上找到了这段可怕的视频记录。脱敏并非紧随伊拉克战争和其后果而来,但战争的确突破了很多限制。

无可否认的是媒体中的暴力愈来愈多,这一点深刻说明我们还需要更了解媒体暴力。我们现在所知道的是什么呢?很多理论被用来解释某些现象,但这些理论自己却不合逻辑。比如,脱敏理论解释了观众对更多暴力画面的接受,但它不能解释观看更多暴力画面的人更担心自己的人身安全这一研究发现。担心自身安危的人又怎么会是脱敏的呢?

13.6.9 暴力研究

大众媒体,特别是以虚构故事为主题的电视电影中展示了许多暴力画面。有研究发现黄金时段的电视节目中,每小时就有多达六次的暴力场景。这样的频率似乎太高了,但加州大学洛杉矶分校的一项基于暴力发生场景而非次数的研究得出了令人宽慰一些的结论:闹剧式的打闹或一场剧烈的风暴不应和谋杀场景一样都被当作暴力场景。

该项被称为**暴力评估监控项目**①(Violence Assessment Monitoring Project)的研究得出结论认为早期研究夸大了媒体中的人为暴力场景数量。在 121 部黄金时间电视节目中,只有 10 部有高频的暴力场景,8 部有偶尔的暴力场景。该数字是去除喜剧性暴力和如暴风一类的非人为暴力之后计算出来的。1996 年,即研究结束后的那年,只有 5 部发现了暴力场景,是上年数字的一半。很多节目本季没有播完就被终止,到 1998 年时,只有两部节目尚有暴力场景。

加州大学洛杉矶分校的这项研究将格伯纳计算媒体暴力的方法进一步细化了,但其还是没有评估这些暴力场景对人的影响。1986 年,学者**威廉·麦奎尔**②(William McQuire)阅读了研究媒体暴力的文献,并发现几乎没有一项研究的数据是具有统计意义的。唯一例外的是控制实验,但这些实验也没有得出可靠的因果性结论。

---

① 暴力评估监控项目:进行了结合情境的非暴力研究,并发现暴力场景的数量被之前的研究夸大了。
② 威廉·麦奎尔:发现了许多媒体暴力研究的不足。

思考

- 为什么法庭拒绝接受暴力犯罪者将自己的犯罪行为归咎于媒体展现的暴力?
- 在观看媒体暴力后,哪些变量会影响一个人的暴力倾向?
- 从你自身的经验中,找到一个由于媒体暴力而担忧自身安危的人。应如何应对这种情况?
- 如何阐述媒体展示暴力能预防现实生活中暴力行为的发生这种观点的合理性?
- 在测量媒体暴力的过程中,研究人员遇到了哪些困难?

本章小结

效果理论

早期大众传播学者认为媒体信息对人有强大而直接的影响。极端的魔弹理论认为媒体可以即刻影响人的行为。而后来的学者意识到了魔弹理论的浅薄和其对大众传播效果的夸大。这并不是说媒体是没有影响力的,不过其效用的显现是一个逐步的过程。

大众媒体对生活方式的影响

在多数地方,大众媒体都与人们的生活紧密相连。事实上,大众媒体通过向儿童注入文化价值观而引领他们进入社会。而考虑媒体对儿童的影响是好是坏,或是否有影响则是很有价值的。答案是不确定的。只能说,媒体反映了既存的文化价值观。但价值观又是一种不断融合的过程,这一融合中既葆有传统,又包含了反传统的因素。

大众媒体对公众态度的影响

大众媒体将信息传递给公众,同时事实上设置了议程并对话题进行了地位赋予。被媒体所忽略的信息一般很难进入公众视野。但媒体对态度和意见的影响到底何在呢?学者研究了刻板印象的效果,一旦重复,刻板印象可以产生一种积聚效果。另外,对于时尚这类肤浅话题来说,还有一种模仿者效果。比如,哪个明星的发型明天会流行。而对于更为深层次的严肃话题,态度和意见的改变则往往是循序渐进的。

大众媒体对文化的影响

媒体所展现的主流社会文化价值观对社会发展产生了不可忽视的影响。所谓文化帝国主义的范畴是值得商榷的,其效果的正负性也是如此。强势文化价值观的出口已经被发展中国家本地文化的崛起所削弱了,但通过模仿他国的文化形式或直接进口文化产品,跨文化的影响依旧存在。

大众媒体对公众行为的影响

广告业已经发展出各种掌握消费者心理的手段,有的手段甚至诡秘到人们无法识别其本来面目。然而,通过隐藏信息而对人们进行精确控制是不可能的。观众数量越多,影响力越呈指数级下降。即便如此,隐藏信息的神奇效果又确实存在。潜意识传播触发行为的效力从来没有得到明证,但这并不是说媒体无法影响行为。媒体对负面行为的呈现,尤其是当大规模对公众投放时,可以对相应行为起到抑制作用。另外,一些鼓励具体行为的媒体宣传是可以造成影响的,例如广告委员会(Ad Council)的公共服务公告,尽管这种影响的强度难以测量。

媒体呈现的暴力

媒体展现的暴力一直都存在。最近读过莎士比亚吗？除开那些怪罪于媒体的轶事和罪犯证词,学者们没有发现证据证实媒体暴力可以诱发心理健康人士的暴力行为。而事实上,从亚里士多德开始便有观看暴力使人们远离暴力这一条推理存在。但也有包括精神失常者在内的人群会受到侵略性刺激的影响。对于儿童是否受到观看暴力的影响的研究则持两种观点。最经典的研究结论是,某些儿童在某些情境下偶尔受到影响。这很难说是一个有着可预测因果性的结论。

批判性思考

1. 为什么大众传播效果中的魔弹理论失去了支持？它被什么所替代？
2. 大众媒体在儿童早期发展中的角色在如何变化？
3. 大众媒体影响态度和意见的例子有哪些？
4. 广告如何神化了大众传播的效果？
5. 魔弹理论相信媒体具有强大而即刻的影响效果,包括潜意识信息对人的影响,是什么一直在为这种观点提供依据？
6. 讨论关于媒体暴力的不同观点。

媒介术语

agenda-setting 议程设置
aggressive stimulation 侵略性刺激
Bobo doll studies 波波玩偶实验
bullet model 魔弹论
catalytic theory 催化理论
cathartic effect 发泄效果
contemporary transmission 当代传播
cultural imperialism 文化帝国主义
cumulative effects theory 累积效果理论
desensitizing theory 脱敏理论
diffusion of innovations 创新扩散
historical transmission 历史传承
minimal effects theory 有限效果理论
motivational research 动机研究

multistep flow 多级传播
narcoticizing dysfunction 机能麻痹
observational learning 观察性学习
opinion leaders 意见领袖
powerful effects theory 强效果理论
prosocial 亲社会性
role modeling 模范效果
socialization 社会化
spiral of silence 沉默的螺旋
stereotyping 刻板印象
subception 阈下知觉
subliminal messages 潜意识信息
third person effect 第三人效果
two-step flow 两级传播

媒体资源

→Steven J. Kirsh. *Children, Adolescents, and Media Violence: A Critical Look at the Research*, 2nd edition. Sage, 2011. Kirsh 是一位儿童发展心理学学者,他对关于媒体暴力内容对儿童的影响的研究做了回顾和总结,这些内容指的是包括网络侵犯、有暴力色彩的音乐和儿童自杀报道等在内的媒体内容。

→Catherine A. Luther, Carolyn Ringer Lepre, and Naeemah Clark. *Diversity in U. S. Media*. Wiley-Blackwell, 2011. 上述作者均系学者,他们研究了我们对于社会群体的认识和识别是

如何从最开始逐步发展而来的。

→Dorothy G. Singer and Jerome L. Singer. *Handbook of Children and the Media*, 2nd edition. Sage, 2011. 作者为心理学调查者，他们研究了儿童对包括智能手机 iPod、iPad、电子阅读器、社交网站和 Skype 语音聊天工具等媒介的使用情况，并研究了网络欺凌行为、性爱短信和暴力电子游戏的影响。

→John Gosling. *Waging the War of the Worlds*: *A History of the 1938 Radio Broadcast and Resulting Panic*. McFarland, 2009. 包括一份手稿。Gosling 对广播几乎保持了一生的兴趣，这使他对广播节目背后的工作者以及广播节目在异国的译制和变化都有了全面、深入的洞察。

→Cass R. Sunstein. *On Rumors*: *How Falsehoods Spread*, *Why We Believe Them*, *What Can Be Done*. Farrar, Straus & Giroux, 2009. Sunstein 是一名哈佛大学的法学学者，他声称互联网沟通使谣言破坏政府公信力的危险力量增强了，从而不利于民主的运行。Sunstein 是奥巴马总统的一名顾问，他在论证他的观点时举了很多政治领域的例子。

→Brenda R. Weber. *Makeover TV*: *Selfhood*, *Citizenship and Celebrity*. Duke University, 2009. Weber 是一名性别学者，她为有关文化渴望和文化恐惧的课程研究了 2000 个有关自我重构议题的电视节目。

→Lisa Blackman and Valerie Walkerdine. *Mass Hysteria*: *Critical Psychology and Media Studies*. Palgrave, 2001. Blackman 和 Walkerdine 通过大量的心理学理论来考察心理学与大众媒体的关系。

▶ 本章主题性总结

大众传媒的效果

为了更好地巩固你的媒介知识，此处用贯穿本书的几个主题来展现本章内容。

媒介效果

伊丽莎白·诺艾尔-诺依曼的沉默螺旋理论为媒体效果提供了精密的模型。

学者们知道大众传播并非像子弹一样对人的行为造成即时性的影响，但认为媒体有强大和迅速的影响成为我们文化中挥之不去的一个观点。对媒体暴力的担忧则是来自魔弹理论。学者们达成了共识，即大众传播的影响是逐步建立的累积效果，而非如同瞬间穿孔的子弹。

媒体与民主

无论拉票喊话多么具有说服力，选民还是会向身边受尊敬的人寻求投票意见。

社会学家保罗·拉扎斯菲尔德 20 世纪 40 年代的研究表明，选民不会根据拉票演讲、新闻专题或竞选广告来做决定。对选民最具影响力的是他们长期接触的意见领袖，这些人可能是受尊敬的邻居、老师或有智慧的亲戚。他发现，媒体影响受众最有效的方法，是通过影响那些意见领袖。而这些可以塑造其周边选民的意见领袖们对自己的影响力往往并不自觉。

媒体与文化

大众传播既可以强化也可以拆解刻板印象,这些刻板印象包括对移民合法或不合法特征的不严谨描述。

媒体信息几乎不可能是完全正确认知的产物。它们从其自身文化而来,是自身文化的产物。为了找到受众,媒体必须诉诸本文化的基本价值观。大众媒体由此固化了现存的价值观,但也存有挑战传统的因素。但是,大众文化不能超限到没有一个受众。这一过程被称为文化传播。

媒介全球化

赫伯特·席勒曾提醒道,西方文化通过媒体被输出到其他国家,这些文化将冲垮别国固有的文化价值观。

当不同文化相遇,媒介内容影响力巨大。学者席勒将世界上主导国家的传播媒介内容输入到欠发达地区的现象称为"文化殖民主义",这里的主导国家指如美国一样在经济、政治或军事上首屈一指的地区。文化殖民会使主导价值观逐渐取代固有价值观,这些价值观一旦丢失,便可能是永久性的。风格、潮流、习语等大量可被感知事物的变迁是文化殖民主义正在发挥作用的有力证明。然而对文化殖民理论持反对意见的人认为席勒可能有些危言耸听了。至少以西方视角来看,不是所有被取代的固有文化都值得被保存,比如奴隶制,比如对女性的压迫以及对自由表达的压制。

精英主义与民粹主义

当大众传媒正在将世界文化同质化时,固有的文化与价值观将何去何从?

精英主义与民粹主义的理论既能用来解释一些大众传播效果,也解释了一些全球化的现象。学者赫伯特·席勒将发展中地区的人们视为未受过媒介素养培养的乌合之众。席勒认为这些人尤其容易受到由媒介从外界发达地区输入到本地的文化价值观影响。他将这种现象称为"文化殖民主义"。虽然他的这一理论近年来遭到批判,但席勒的这一理论的确解释了许多价值观在全球范围内逐渐同质化的现象。

传媒经济学

名人明星与其他文化偶像刺激人们购买其代言产品。

广告成功地将产品与名人明星以及其追随者联系到了一起。棒球击手德瑞克·基特(Derek Jeter)亲笔签名的福特车,老年演员威廉·夏特纳(William Shatner)代言的旅游服务网站,金·卡戴珊(Kim Kardashian)登上 DUJOUR 杂志封面,名人的这些行为创造了上百万的价值。虽然明星效应由来已久,但文化偶像参与这些非主流行为仍然使因循守旧的人感到不安。无论你喜不喜欢,饶舌歌手 50 分(50 cents)与他的粉丝共同创办了零售服装品牌。

第14章

政府管理与大众传媒

■ 电视广告与选举

世界摔跤比赛 *Smackdown* 节目的女皇琳达·麦克马洪（Linda McMahon）为了竞选美国参议院议员，对自己进行重新打造。她为自己的竞选自费投资5000万美元。琳达曾与丈夫文斯·麦克马洪（Vince McMahon）创办了世界摔跤娱乐公司（World Wrestling Entertainment，WWE），这家营业额上亿的公司使其拥有雄厚的家底。琳达虽然没有像胡克·霍根（Hulk Hogan）及约翰·塞纳（John Cena）一样声名鹊起，但她从1999年起，开始出现在擂台内外，并呈现出一种滑稽、卑鄙的形象。作为WWE的董事长，琳达将摔跤从一项运动转变为像肥皂剧一样有着俗套情节、给人逃避现实虚假幻想的节目，她也因此被公认为富有商业头脑。为了扩大收视群体，琳达将节目中一些不适宜儿童观看的低俗镜头删去，使节目从TV-14级（适宜14岁以上人群观看）变成PG级，家长的担忧也少了很多。然而，当琳达决定竞选美国康涅狄格州（Connecticut）议员时，人们仍无法抹去她在 *Smackdown* 节目中的形象。

5000万美元大部分花在了购买电视广告时间上，这笔投资可以抹杀掉琳达之前低级趣味的荧幕形象吗？在一个电视主导的政治时代，琳达可以将自己重新塑造成与高级公职人员相符的

琳达的摔跤女皇形象。 当琳达·麦克马洪宣布她成为美国参议院议员候选人时，她计划将自己的5000万美元资产投入到竞选活动中。其中大部分用来购买电视广告时间。选举结果是钱说了算的吗？在琳达的事例中，答案是否定的。她输掉了选举。相比于受惠于财力雄厚的赞助商，候选人花自己的钱运筹竞选是否更好一些？现如今，电视竞选耗资巨大，有没有其他方法替代电视竞选，使无法花费重金寻求高级公职的人不被排除在竞选门外呢？

形象吗？显然不能。她竞选失败了。但她的确花了大手笔进行尝试。美国历史上能超越琳达·麦克马洪议员竞选费用的只有乔恩·科尔辛（Jon Corzine）。在2000年的参议院竞选活动中，乔恩将6000万美元竞选费用几乎全部用在电视广告上。他最终赢得了选举。在2012年的总统大选中，民主党与共和党各自打出了十亿美元的竞选预算，创造了新的历史纪录。

问题是，竞选结果可以通过重金购买电视广告买来吗？伊利诺伊州的布莱尔·赫尔（Blair Hull）在2004年选举当中花费2900万美元，这是历史上第三高的参议员竞选经费，然而这却没能阻止他在竞选中失利。加利福尼亚州的迈克尔·赫芬顿1994年耗费2800万美元，却同样在竞选中失利。从中我们可以得到的教训是，仅仅凭借金钱无法赢得选举。但如果没有钱做电视广告，也无法取得竞选的胜利。

历史上，政治与大众传媒之间的联系大多局限于社论支持。例如，自亚伯拉罕·林肯总统选举以来，每个参选人都希望能得到来自具有影响力的《纽约时报》的社论支持，即使在报纸新闻版当中他们只能得到态度中立或不偏不倚的竞选报道。媒体和参选人之间唯一的利益关联在于参选人为获得广告空间和时间所花费的选举费用。传统新闻业坚持，在决定报道内容的新闻编辑室和社论支持的运作这两者之间应该存在严格的壁垒，同样，新闻编辑室和获取竞选广告收益的公司会计之间也不应该存在任何利益联系。这一商业模式向观众保证新闻的可信度，让他们相信新闻是公正的，不为金钱所左右。

另一个同样使人感到不安的新趋势，也许在新闻集团（News Corporation）这个资产涵盖福克斯新闻的传媒帝国开始向政治投资时可见一斑。2010年，新闻集团向共和党州长联合会（Republican Governors Association）捐赠了120万美元。新闻集团首席执行官鲁珀特·默多克面对需要对此巨额捐款做出解释的压力时，提及共和党倾向于支持有益于他的公司的税收政策。新闻集团还向有相同政治倾向的美国商会（U. S. Chamber of Commerce）捐赠了100万美元，此商会的政治资助几乎全部流向了共和党竞选。

如此明目张胆地逾越新闻编辑室和政治之间，以及新闻媒体和政治之间的古老壁垒是前所未有的。的确，新闻企业以往一直没有停止过政治资助，但资助的金额通常要小得多，而且是作为促进美国政治系统运作的公民贡献，大多金额在政党之间平分。

由此可以得出结论，大众传媒集团也许开始将自身仅仅视为一个特殊利益集团，就像石油、银行和医疗行业一样，也会以资助的途径对参选人施加影响，并当参选人选举成功之后，期待参选人做出对其有益的政治决策。参加竞选的花销越来越高，包括购买电视广告时间的巨额费用，使得参选者只能不问出处地集资。

在康涅狄格州，琳达·麦克马洪能够证明她并不是为捐助者服务。她为参议员选举所花费的5000万美元全部是自己的资产。她宣称自己是个不受腐败动摇的纯粹主义者，并声明自己只为康涅狄格州的人民服务，而不是富有的特殊利益集团。这就涉及了另一个问题：公职只能提供给那些足够有钱购买电视广告时间的富人吗？

摔跤女皇竞选所提出的问题是这一章大众传媒与政府管理，以及与其相关的美国竞选过程的主题讨论的一部分。

本章要点

- 1787年，英国政治家埃德蒙·伯克（Edmund Burke）第一次提出了"第四等级"（Fourth

Estate)的说法,体现了媒体在一个民主政治国家中的重要作用。
- 媒体通过对政治议题进行议程设置来影响国家管理。
- 美国政府利用大众传媒的策略由来已久,其历史悠久程度堪比共和党。
- 美国大众媒体的党派偏向性影响着其在政治竞选中的报道内容。
- 企业的资助使电视在美国政治竞选中发挥至关重要的作用。

14.1 媒体在政府管理中扮演的角色

▲ **本节概述**

新闻媒体有时被称为政府的第四等级(the fourth estate)或第四分支(the fourth branch)。这些称呼表明媒体在报道政府行为时具有独立的角色。媒体发挥代表公民利益的监督作用。

14.1.1 第四等级

中世纪的英国和法国社会曾是等级森严的社会。第一等级为神职人员,第二等级为贵族,第三等级为平民。古腾堡发明印刷机之后,大量印刷出来的文字开始成为权力结构当中的另一成员,但它不能被归为三个等级中的任何一个。没过多久,新闻出版开始被称为**第四等级**①(fourth estate)。这一称呼的来源不明,但英国议会的成员**埃德蒙·伯克**②(Edmund Burke)在18世纪中期使用了这个称呼。他指着议会旁听席当中的记者向议会成员们说道,"那里坐着一个第四等级,它的重要性远大于这些记者的总和"。今天这个称呼被应用于所有的新闻活动。新闻媒体对其他等级进行报道,理想当中的新闻界独立于其他等级,并且只为事实服务。

美国建国时,第四等级这个概念被加以改造。起草于1787年的新合众国宪法建立了一个平衡的由三个分支组成的政府结构:立法机关、行政机关和司法机关。当合众国的建立者在宪法第一修正案当中指出政府不应该干涉媒体时,他们同时也暗示了媒体在新的政权机构当中的角色。然而,媒体不是结构当中正式的一部分。这使得媒体被非正式地称为政府的**第四分支**③(fourth branch)。它的作用是代表人民的利益从外部监督其他分支。这是媒体的**看门狗角色**④(watchdog role)。可以打趣说,美国的建国者认为媒体应该监督那些掌权的混蛋,以使他们保持诚实。

埃德蒙·伯克。 英国政治哲学家埃德蒙·伯克最先把新闻界称为第四等级。他指着旁听席当中的记者向议会成员们说道:"那里坐着一个第四等级,它的重要性远大于这些记者的总和。"伯克为公认的三个等级——神职人员、贵族和平民又添了一个等级。

---

① 第四等级:中世纪权力结构当中,新闻界被当作除神职人员、贵族和平民之外的另一个组成部分。
② 埃德蒙·伯克:英国议会成员,通常人们认为他最先使用了第四等级这个称呼。
③ 第四分支:媒体作为美国政府的非正式分支之一,来监督立法、行政和司法分支。
④ 看门狗角色:媒体作为怀疑和批评政府的监督者的角色。

14.1.2 政府—媒体关系

虽然第一修正案声称政府不应该对媒体施加控制,但现实当中我们可以看到各种例外。

广电规制。在商业广播发展初期,各个广播电台的频段互相干扰。电台的所有者们无法达成统一的广播规则来使这个新的媒体实现其潜能,于是转向政府寻求帮助。因此国会在 1927 年成立了联邦无线电委员会(Federal Radio Commission)。该委员会的职责是限制广播电台的数量和它们的发射功率来避免信号交叠。委员会通过要求广播电台获得政府颁发的指定技术限制的执照来实现此职责。因为当时正在广播的电台的数量超出了可颁发的执照的数量,委员会以每个申请者为公共利益做出贡献的潜力为基础,来决定颁发和拒绝颁发执照。这一标准导致出现更多针对无线电电台和后来出现的电视台的要求,来让它们在节目当中涉及公共问题。

国会试图通过**对等时间规则**①(equal time rule)来保证政治内容的公平公正。如果一个电台播放一位参选者的竞选广告,它也必须允许其竞争对手在同等条件下播放广告,包括相同的时段和价格。联邦无线电委员会成立之时颁布的法律,以及 1934 年建立的其接替者——联邦通信委员会(Federal Communications Commission)颁布的法律当中均包括对等时间要求。此后,这一规则被扩展为要求电台在播放例如总统发表的国情咨文演说等政治性内容之后,立刻播放反对党对此做出的回应。

从 1949 年到 1987 年,联邦通信委员会同样要求广播电台广播公共议题中相争执的各方的声音。这一要求被称为**公平原则**②(fairness doctrine),后来被废除,因为委员会认为技术发展所带来的电台数量的逐渐增长意味着公众可以获得大量不同的观点。此外,联邦通信委员会还认为公众对不公正的厌恶会导致观点有所偏倚的电台逐渐流失听众。实际上,委员会承认了市场可以作为保持公正的有效途径之一,因此进一步的政府规章便不再必要。

对公正原则的抛弃是商业去规则化这一趋势中的一部分。这一转变缓解了第一修正案中广播电视联邦规制方面的固有困境。尽管如此,联邦通信委员会还是坚定地反对内容不平衡的政治报道。例如,1975 年委员会在得知**唐·博登**③(Don Burden)利用广播电台为其政治友人谋利益时,拒绝为他的电台更新执照。博登曾在华盛顿州温哥华市的 KISN 电台命令新闻职员只发布对某美国参议员有利的消息,以及对其对手有害的消息。在印第安纳波利斯的 WIFE 电台,他命令电台"频繁地提及"对一美国议员"有利的"信息。联邦通信委员会声明它不能容忍"利用广播的便利来破坏政治进程的行为"。虽然博登案已经过去将近四分之一个世纪,联邦通信委员会并没有发出信号表明其对新闻报道公然偏袒的行为改变立场。

印刷监管。美国最高法院在 1975 年的**托尼罗意见**④(Tornillo opinion)当中为政府监管广播提供了合法性,尽管这有悖于宪法第一修正案当中的条款。帕特·托尼罗(Pat Tornillo)是佛罗里达州立法机关的一名候选人,他因《迈阿密先驱报》拒绝刊登他对一篇为他的对手

---

① 对等时间规则:政府要求电台为互相竞争的政治候选人提供同一时段的、同一价格的广告机会。
② 公平原则:政府曾经对电台应该播报有关政治议题的各种不同观点的要求。
③ 唐·博登:因偏向某些政治候选人而被吊销执照的电台所有者。
④ 托尼罗意见:美国最高法院支持宪法第一修正案对印刷媒体的保护,不论其内容是否存在各方观点的失调或不公正。

拉票的社论文章的回应而起诉了该报纸。此案的关键在于联邦通信委员会的公平原则能否适用于印刷媒体——最高法院的答案是不能。最高法院认为，比起广播媒体而言，宪法第一修正案更直接地适用于印刷媒体。

然而，这并不意味着宪法第一修正案总是会保护印刷媒体免于政府干预。联邦军队曾在内战期间关闭了芝加哥和俄亥俄州持不同政见的报纸。这些事件虽然从来没有被搬上法庭，但美国最高法院一贯声称在某些情况下，政府审查制度可以得到实行。话虽如此，但最高法院为政府干预设立了诸多前提条件，使审查制度的可能性似乎微乎其微。

网络监管。网络及其包括聊天室和网站在内的所有表现形式，就政治内容而言几乎完全不受监管。网络上大量的内容、不断发生的变化，以及网络的国际化使得政府监管几乎完全不可能。甚至国会1996年和1999年两次试图禁止互联网不良信息的举措最终都要接受司法审查。对于网络政治内容唯一的限制是针对例如诽谤和侵犯隐私等问题的个人之间的民事诉讼，而不是通过政府限制——除了2005年后对候选人、政党和相关组织购买网络广告的限制。

思考

- 媒体所有权合并对于公众能平衡地获得有关公共议题的不同意见这一设想有什么影响？
- 你认为在今天的美国，埃德蒙·伯克第四等级的对应物有哪些？
- 新闻报道对公共决策更具推动作用吗？为何如此？

14.2 媒体对政府管理的影响

▲ 本节概述

媒体报道塑造了我们思考的内容和方式。这意味着媒体是政府和人们眼中的政府形象之间有力的桥梁。而消极的一面是媒体倾向于迎合公众暂时的兴趣，报道一些缺乏实质内容的题材，例如丑闻、失态和负面新闻。

14.2.1 议程设置

很多人认为新闻媒体具有强大的力量，可以如同神一般地影响事件的进程。媒体确实有很大作用，但是早在20世纪40年代的社会学家保罗·拉扎斯菲尔德，甚至20世纪20年代的学者罗伯特·帕克就得出结论认为媒体并不能直接地影响决策过程。媒体学者**麦克斯韦尔·麦考姆斯和唐·肖**①对媒体的力量进行了简明的总结，他们认为媒体不会向人们提供现成的观点，而是需要思考的问题。这一过程被称为**议程设置**②。

公民权利。内战之后的一个世纪，美国黑人的公民权利被严重地无视。后来20世纪60年代出现了对逐渐发展的改革运动的新闻报道。对马丁·路德·金和其他人领导的游行和

---

① 麦克斯韦尔·麦考姆斯和唐·肖：学者，其对议程设置的观点替代了权力效应理论。
② 议程设置：大众媒体通过选择报道内容来设置哪些议题能够进入公众视野的过程。

设置议程。 当美国拒绝武力入侵巴基斯坦时，大众传媒将这幅美国无人机碎片的照片拉入国内公众的视野。媒体设置了一个议题，推动了公众讨论美国应不应该越过国境发起阿富汗战争来追捕基地组织恐怖主义者，以及美国国务院和国防部有没有对公民撒谎。议题的根本争论点在于：在民主制度当中，政府可不可以对公民撒谎，如果可以，在何种情况下撒谎是合理的？

示威的报道当中包括有关警察对和平的黑人示威者采取不公待遇的影像资料，这使更多的公众开始思考种族歧视问题。1964年，国会通过了《民权法案》，明确禁止在旅馆和餐馆的歧视行为，并对黑人开始采取政府援助和就业政策。如果没有新闻报道，公民权利不会在公众议程上占据足够重要的位置，也不会早在1964年就推动了政策改变。

水门事件。 如果《华盛顿邮报》没有坚持跟踪报道1972年在民主党全国总部发生的破门而入事件，公众就永远不会得知共和党总统理查德·尼克松（Richard Nixon）身边的人是幕后的主使。《华盛顿邮报》设立了国家议程。

性丑闻。 如果戴维·布罗克（David Brock）1993年没有在《美国观察家》上撰文报道保拉·琼斯（Paula Jones）的指控，就没有人会花费多少时间思考比尔·克林顿（Bill Clinton）是否有性方面的不检点行为。而且如果没有马特·德拉吉（Matt Drudge）1997年在网上发布的有关莫妮卡·莱温斯基（Monica Lewinsky）的《德拉吉报告》，这个议题也不会得到公众的狂热关注。最近，纽约州州长艾略特·斯皮策（Eliot Spitzer）被《纽约时报》曝出他是皇家俱乐部VIP性服务顾客时，不得不辞去职务。

总的来说，新闻报道不会要求人们采取某种立场，但人们在报道内容的基础上，确实会采取立场。这是一种推动作用。新闻报道不会直接推动改变的发生，但可以作为改变的催化剂。

14.2.2　CNN效应

电视设置议程的力量尤其强大。很多年来，外界从来没有关心过埃塞俄比亚遭受的严重饥荒。甚至在《纽约时报》发表了四篇有关埃塞俄比亚饥荒的文章之后，公众依旧无动于衷。《华盛顿邮报》发表的三篇有关报道、美联社的228条信息还是没能得到多少回应。然而，第二年，BBC播放的触目惊心的视频得到了公众的关注，并且引发了一系列缓解饥荒的救援活动。虽然2010年发布的一项研究发现，也许高达95%的大量救援基金最终被挪用于为叛军购置武器，但募捐活动本身可以体现电视与其他媒体相比所具有的非凡的激发行动的效应。研究电视比其他媒体发挥的更大议程设置效应的学者把目光集中于CNN，因为它的报道范围十分广泛。于是，电视将远离公众的议题拉入国内观众视野的能力被

称为 **CNN 效应**①。

14.2.3 框架建构

与议程设置和 CNN 效应相关的是一个叫作**框架建构**②（framing）的过程，在这个过程当中，媒体报道会影响人们对议题的看法。由于五角大楼允许新闻记者跟随作战部队参与伊拉克和阿富汗战争，有人担心战争报道可能会脱离实际。评论者事先就预料到战争报道会集中于作战部队的战术交战，而忽略更重要的战略上的消息。换言之，来自作战部队的高度戏剧化且易于拍摄的故事有可能会从战争细枝末节的角度来建构战争报道的框架。五角大楼战争决策者也意识到与作战部队生活在一起的记者会自然而然地从战士的角度出发报道战争。事实上，五角大楼曾经仔细研究过 1982 年的英国与阿根廷之间的战争，在那场战争中，随军英国记者不仅依靠军队进入战区，甚至在像食物这样的必需品上也完全依靠于军方。记者与军方的友谊使报道集中于正面新闻。后来，分析伊拉克战争新闻报道的学者得出结论，战区报道的框架建构虽然没有完全实现五角大楼的意图，却大体上如此。报道的口吻偏向于军队和个人作战部队。然而，伊拉克和阿富汗战争的随军记者同样也从更广泛的视角报道了有关欧洲众多战争抗议者和分裂的外交前线的内容。

党派框架最容易被发现。广播播报员拉什·林堡（Rush Limbaugh）和格林·贝克（Glenn Beck）在其节目中有明显的党派框架建构。很多博客作者也是如此。新闻报道虽然语气通常不偏不倚，同样也可能含有框架建构。媒体框架建构是无法被避免的。不是每个事件或者议题都可以被压缩成为一个 30 秒的电视新闻条目，一篇 300 字的博客文章，甚至是一篇 3000 字的杂志文章。记者必须在材料之间有所取舍。不管记者采取怎样的选择，结果都会为观众看待事实的角度进行框架建构。

媒介争论

当准确的报道不符合事实时

我们可以将雪莉·谢罗德（Shirley Sherrod）置于 20 世纪美国种族历史的十字路口上。1965 年，谢罗德 17 岁时，她的父亲，一位黑人农民，在一场有关几头奶牛的争执中被击毙。一个全部由白人组成的大陪审团拒绝为此案的白人嫌疑人定罪。谢罗德意识到想为父亲的死伸冤几乎不可能，但却打算为更为广泛的社会改革奉献她的一生。

谢罗德从大学毕业之后就成为一名为黑人农民谋利益的活动家，试图为他们要回被抵押出去的农场。1986 年的一天，一名白人农民来到谢罗德的南方农业合作会（Federation of Southern Cooperatives）向其求助，这是第一个向她求助的白人。谢罗德这时可以为她的父亲复仇，虽然这位农民不是杀死父亲的凶手，却也是一位白人——她可以做一名种族主义者，拒绝提供完全的帮助，以此来复仇。谢罗德抵制住了诱惑，并为这名想要留住农场的白人农民提供了指导。

---

① CNN 效应：电视通过播放具有感染力的画面将外国议题引入国内观众视野。
② 框架建构：大众媒体在选择其报道重点的过程中，依据其自身所认为的事实而择取全部信息中的一部分形成报道，从而建构观众看待事实的角度。

谢罗德时不时就会讲述自己战胜种族主义的故事,以此来鼓励其他黑人也做出正确的选择。这个故事是一则经典的伦理寓言,并帮助谢罗德在农业领域取得了盛名。2009年她被任命为联邦农村发展主管人。

谢罗德具有戏剧性效果的对种族主义的抛弃一度不为公众所知,直到一名白人博客作者,安德鲁·布莱巴特(Andrew Breitbart)将一些她演讲的片段上传到网上。布莱巴特擅长挑起白人对黑人的恐惧,于是就选择了那些讲述谢罗德有机会对白人进行种族歧视的视频片段。

这些视频很快就得到了反响。布莱巴特上午9点发布了这些脱离语境的视频片段。此视频从他的博客biggovernment.com上面被复制到了YouTube。下午1:43福克斯新闻网站就将此带有误导性的视频以"奥巴马官员歧视白人农民"的题目发布出来。下午5:50,主持人比尔·欧雷利(Bill O'Reilly)在录制他受到广泛关注的节目《福克斯谈话》时,将谢罗德描述成一名种族主义者,并要求她立刻卸任。所有的这一切都是在没有任何人证实布莱巴特报道的真实性的情况下发生的。

同时,美国农业部的要员强迫谢罗德辞职。谢罗德得知,她正在被迅速地从农业部除名,以防福克斯进而在下一个新闻周期当中指责农业部有种族主义倾向。

第二天,完整的谢罗德演讲被公之于众。最终其他新闻媒体看到了故事的全貌,并驳斥了其种族主义意涵。农业部部长撤销了对谢罗德的免职。奥巴马总统做出了道歉,并批评他的下属在证实真相之前就过度反应。福克斯首先含糊地说它操之过急,并把矛头指向了美国农业部对谢罗德的不公。最终福克斯也道了歉。

谢罗德冤案。一段发布在某博客上的视频显示雪莉·谢罗德在联邦政府农业部任职时有种族主义倾向。这段从一次谢罗德演讲当中截取的视频没错,但却将谢罗德的意图进行了180度曲解。

正方

布莱巴特是奥巴马政府的强烈反对者,他说他发布这些片段是想还击来自黑人团体的指控,这些黑人团体指控成立初期的茶党是种族主义的,而他本人是茶党的支持者。布莱巴特说他实际上为双方的对话增添了平衡。布莱巴特认为,平衡要比细节的准确性更为重要。

反方

尽管从字面来看是准确的,但布莱巴特的视频片段是不负责任、具有误导性的。谢罗德的生活受到了冲击,她的职业生涯受到了损害。农业部部长汤姆·维尔萨克(Tom Vilsack)以及奥巴马总统的注意力直到事件水落石出之前都受到了转移。

深化你的媒介素养

探索问题：作为一名政治博客作者，布莱巴特此前的作风如何？BigGovernment 或任一博客有什么资格将自身作为新闻和分析的来源？

深入挖掘：布莱巴特的记者凭证能够让新闻机构在没有证实真实性的情况下就采用他的材料吗？

你怎么看？ 哪些限制可以阻止不负责任的博客以及没有事实依据的博客内容在其他媒体上爆炸性地传播？只要记者需要像医师、律师和会计师一样获得职业证书，良好的职业准则就能得到践行吗？

明日传媒

追踪媒体偏见的风险

一个尚未定论的有关大众媒体的问题是，如何衡量新闻报道的政治偏见。经过数不清的量化偏见的尝试，人们还是不能在此问题上达成共识。难道学者们应该放弃努力吗？不。他们应该继续尝试。毋庸置疑的是，我们面临的一项持续的挑战，即如何得出一项能够得到普遍认可的衡量媒体偏见的标准。

即便从最好的角度来看，对偏见进行客观的分析也是十分冒险的。就像思想和价值一样，偏见不能被准确地进行分类。

左翼	右翼
《华尔街日报》	ABC《早安美国》
《纽约时报》	CNN《晚间新闻》
CBS《晚间新闻》	PBS《新闻一小时》
《德拉吉报道》	

新奇的发现。格罗斯克洛斯-米利欧研究（Groseclose-Milyo）将媒体产品进行了违反常理的分类。

表现这一危害的一个经典例证是政治学者蒂姆·格罗斯克洛斯（Tim Groseclose）和经济学家杰夫·米利欧（Jeff Milyo）发起的一个雄心勃勃的项目。他们设计了一个详细的研究，将新闻机构按照自由和保守程度进行排名。他们的研究方法包括以下几步。

格罗斯克洛斯和米利欧首先采用了一个政策倡导机构：美国民主行动（Americans for Democratic Action）为国会成员进行的政治倾向排名，并认为该排名合理准确。2010 年美国民主行动的排名给了 15 名共和党议员、所有的民主党成员和一名独立党成员最高的自由程度得分，而 17 名均为共和党的议员得到了最高的保守程度得分。

政治智囊团和倡导组织也被按照它们出现在国会成员演讲中的频率进行政治倾向排名。被自由主义者引用最多的团体包括布鲁金斯学会（Brookings Institution）、美国公民自由联盟（American Civil Liberties Union）和全国有色人种协进会（National Association of Colored People）。被保守主义者引用最多的团体包括曼哈顿研究所（Manhattan Institute）、美国保守派联盟（American Conservative Union）和尼克松中心（Nixon Center）。

之后 21 名助理研究员追踪了 20 家新闻机构超过 10 年的报道，来看它们在报道中引用政治智囊团和倡导团体的频率。自由主义智囊团和倡导组织在报道中出现得越多，那么这个新闻机构的自由程度就越高。

虽然该研究结构严谨，其结果却相悖于传统观念。20 家新闻机构中的 18 家均被归为左翼。《华尔街日报》的左翼倾向十分强，而这使大多数媒体观察者感到奇怪，因为《华尔街日报》以往一直发表保守的社论。同样与传统观念相冲突的是,经常被右翼人士批评为左倾的PBS的黄金时段新闻,统计结果显示为政治中间派。同样位于中间派的还有福克斯新闻的晚间黄金时段新闻,此广播网络被广泛地认为有着右翼视角。一个以右倾闻名的网站——《德拉吉报道》,同样也被列为中间派。

这项研究是怎样得出这项结论的呢?为了对把《华尔街日报》令人惊奇地列为自由主义派别这个结果进行辩护,格罗斯克洛斯和米利欧解释道,他们只是对新闻报道进行了研究,而非观点和社论版面。而对于《德拉吉报道》,他们说马特·德拉吉自己偏向右翼的报道和解说被大量其他内容中和了。

然而这项研究还面临着更复杂的问题。当其他学者和评论家仔细研究这项研究的细节时,就开始对其研究方法中的基本假设产生了怀疑。例如,记者们为了追求观点平衡的报道,总是会引用各种智囊团和倡导组织的言论。这并不像格罗斯克洛斯和米利欧设想的那样,仅涉及同意或反对的问题。事实上,记者与新闻来源之间的关联这个假设并不符合其他一些认为记者经常过度追求观点平衡的研究。例如,在全球变暖这个议题上,许多记者给了一些持过时,甚至有时不足信观点的科学家过多的关注,来证明全球变暖并没有发生,或者并不是由人类活动导致——而这些都是以囊括各方观点为名的。

同样,将国会成员和智囊团、倡导团体之间的关联仅仅理解为国会成员在发言中提及这些团体也并不合理。国会成员在不提及自己的政治对手团体的情况下,将如何揭穿它们呢?

没人挑战过格罗斯克洛斯和米利欧研究当中的谬误,但是将偏见这类与性质有关的概念进行量化是有风险的。这其中的变量包括数不清的可以引发争议的评价和假设。尽管如此,学者们还是需要继续进行偏见研究,并改善研究的现状。

> **你怎么看?**
>
> 想一想你会用什么标准来判断一个新闻机构的政治倾向。再看看新闻报道中是否有这样的左翼或右翼倾向。如果报纸中有观点栏目,那么你能发现偏见从这些应当表达立场的文章延伸到新闻报道文章中吗?新闻受众可以期待政治中立的报道吗?

14.2.4 媒体炒作

虽然批评者认为媒体带有政治偏见,相关研究却不支持这一看法。记者们都认为自己在政治上走中间道路,而且他们渐渐地会学会压制个人偏见。尽管如此,记者们还是倾向于被一些故事所吸引,而忽略另一些故事,这会让报道更有滋有味。

总统报道。新闻记者和编辑早就意识到人们喜欢有关人的故事,于是任何一个议题都是越人格化越好。一则有关华盛顿的报道意味着要把重点放在总统作为解决问题的媒介上。一项有关《CBS晚间新闻》的研究发现60%的开篇新闻都以总统作为报道的对象。就算是非总统大选年,媒体还是会短视地将注意力集中于白宫。这会取代对其他重要部门的报道,例如国会、法院、州政府和地方政府。

冲突。记者在他们的职业生涯初期学到了有关冲突的两点。第一,观众喜欢冲突。第二,冲突通常都会说明一些社会正在确立和重新确定其价值观的重大问题。例如死刑、堕胎或者同性恋婚姻。人们为这些问题感到兴奋,因为其中涉及了一些基本价值观。

记者对冲突的喜爱还因为冲突预示着变化——要不要做点不同的事——的发生。所有的新闻都涉及变化,而冲突几乎从来都标志了最值得报道的那种变化。冲突一般来说是报道价值的一个指向标。

总统与记者。 在大众化政体中,人民的声音被政治领袖听到最好的方式就是通过大众媒体。新闻记者就是公众代言人。记者的工作就是报道公民需要或想要知道的信息。

丑闻。 记者同样知道他们的观众喜欢丑闻故事——这会使政治报道显得无足轻重。政治学家莫里斯·菲奥里纳(Morris Fiorina)和保罗·彼得森(Paul Peterson)谈及比尔·克林顿担任总统初期时的报道时说道:"公众一直被一些有关白水事件、文斯·福斯特(Vince Foster)自杀案、理发花了200美元、与莎朗·斯通(Sharon Stone)一同参加宴会、白宫旅行社、希拉里·克林顿的投资,以及其他很多读者读过之后不会记得的报道轰炸着。你不会记住的原因是,不管这些问题对当事人的重要性有多大,它们对于政府的整体运作来说并不重要。因此,它们就会被遗忘。"

不管丑闻或失态的新闻价值持续得多么短暂,它们还是会建立起一个观众群,这对此类报道数量的不断增加给出了解释。华盛顿新闻报道的观察员罗伯特·里希特(Robert Lichter)和丹尼尔·阿蒙森(Daniel Amundson)发现,1972年有关政策的报道与丑闻报道之间的比例是13∶1,而到了1992年,比例变成了3∶1。在这些年间,新闻媒体变得越来越擅长迎合观众口味,对报道重要议题的兴趣越来越低。这使得报道中充斥了更多的负面新闻。里希特和阿蒙森发现有关国会的负面新闻与正面新闻的比例在1972年是3∶1,而到了1992年,则变成了9∶1。

赛马。 在报道政治选举的时候,新闻媒体热衷于报道民意测验。评论家认为这种把选举当作**赛马**①(horse races)一样看待的报道方式导致实质性的议题被轻描淡写。

---

① 赛马:选举被记者当作赛马一样看待——谁在跑道上领先,谁落后,谁追赶了上来。

简短。为媒体进行包装设计的人,例如在新闻报纸或广播领域,创造出了偏爱短篇新闻的形式风格。这一趋势在某种程度上是受播报严格的时间限制所迫。新闻播报员多年来都在抱怨他们必须把世界新闻在晚间新闻节目当中压缩到23分钟之内。结果使得很多新闻都被缩短,而且进行了肤浅的处理。短篇新闻的模式被挪用到很多报纸和杂志上,以1982年《今日美国》的发行为始。《今日美国》当中的新闻条目数量极高,它通过刊登短篇新闻来报道大量事件——许多报道只有几句话。这对政治新闻报道的影响是深远的。

竞选新闻中的**原声摘要播出**①(sound bites)即播报中竞选人的真实声音,从1968年的47秒减少到了1988年的10秒,之后一直不长。评论家认为报道中需要进行长篇幅挖掘的议题会被放弃。珍惜上节目时间的候选人们因此学会用精心设计而引人注意的简述来博得观众的关注,而不是发表深刻而具说服力的演说。这一趋势在《今日美国》式的简短报道当中也十分明显。

有人为简短风格进行辩护,认为这是新闻引起人们注意唯一的办法,因为人们日渐忙碌的生活让他们没有太多时间来关注政治和政府。概括地说,简短新闻的辩护者察觉到注意力跨度短的MTV新生代不能接受长于10秒的原声摘要播出。美国大学(American University)传播学院院长斯坦福·昂加尔(Stanford Ungar)称赞这种压缩复杂议题的写作和播报风格,认为这有利于大众的理解。昂加尔将肤浅和简练区别开来,并认为前者对新闻有害,而简练地传达信息毫无问题。

很多新闻机构都选择采用更简洁、新潮的方式进行政府和政治新闻报道,但我们也不能一概而论。《纽约时报》《华盛顿邮报》和《洛杉矶时报》(Los Angeles Times)抵制住了这一削减报道篇幅的趋势,尽管这增加了它们的财务压力,迫使报社裁员。甚至《今日美国》都开始刊登篇幅更长的政府和政治报道。沉迷于原声摘要播出的电视广播公司也会在新闻播报之外提供新闻深度解读——例如周日上午的节目。

参选者在压缩和打包他们的话语和观点之外,也找到了其他的选择。参选者们越来越频繁地出现在奥普拉·温弗瑞(Oprah Winfrey)、杰·雷诺(Jay Leno)、戴维·莱特曼(David Letterman)的脱口秀栏目上,甚至是乔恩·斯图尔特(Jon Stewart)的《每日秀》(Daily Show)上。

思考

- 在你学校的校园新闻媒体上可以找到哪些CNN效应的例子?
- 哪些因素使期待全面的新闻报道显得不切实际?
- 观众如何受到了原声摘要播出和其他用于简化新闻的媒体工具的薄待?

14.3 政府操纵

▲ **本节概述**

许多政治领袖都很重视新闻报道,因为他们知道新闻的力量。他们逐渐发展了一些机制来使报道为他们的利益服务。

---

① 原声摘要播出:播报员报道过程中插入的当事人真实的声音。

14.3.1 影响报道

许多政治领袖日日夜夜都在研究影响媒体报道的方式。詹姆斯·法洛斯（James Fallows）在他的书《泄露消息》（*Breaking the News*）中引用了一句克林顿白宫官员的话："当我在白宫时，除了研究新闻会报道什么，没有什么别的更重要的事……根本不存在对问题实质性的讨论，所有的讨论都被媒体将会如何报道新闻所影响或主导。"

想要用计谋打败新闻媒体的游戏不是什么新鲜事。罗斯福在20世纪初选择在星期天发布公告。罗斯福发现出版星期一报纸的编辑通常会缺乏新闻资源，因为政府和商业部门在周末都会关门，不会提供有意义的新闻。因此，罗斯福的星期天公告在星期一的报纸上会受到更为突出的处理。罗斯福以其典型的乐观心态宣称自己"发现了星期一"。与今天政府领袖在操纵媒体报道时老道的手法相比，罗斯福的方法并不算什么。

14.3.2 试探气球和信息泄露

为了检测天气状况，气象学家会放飞气球到大气当中。为了事先试探公众的反应，政治领袖会放飞**试探气球**①（trial ballon）。当理查德·尼克松在1973年能源危机时考虑在晚间关闭广播电视台来节省电力时，这一想法首先被他的下属放飞给媒体。他迅速地得到了舆论的负面反应，因此这一想法就被搁置了。如果舆论没有显示负面的反应，或者反应是正面的，总统就会自己来出台这一计划。

试探气球不是利用媒体唯一的方法。党派和持不同政见者利用**信息泄露**②（leak）来引起人们对他们的对手和他们厌恶的人的关注。在泄露消息的过程中，有人会把消息吐露给记者，条件是记者不会公布信息泄露者的身份。虽然记者对很多泄露者感到警惕，但一些信息的重要性和其可靠来源使他们难以放弃对这些信息的报道。

重要的一点是，记者应该明白信息来源者泄露信息的意图如何。同样重要的是，信息来源者需要对泄露给记者的内容加以控制。

即使如此，记者与消息来源之间的关系本身就会导致政府官员对这一关系的滥用。更糟的是，这些关系中的权力结构可以使官员控制公众得到的信息。正如政治学家凯伦·奥康那（Karen O'Connor）和拉里·萨巴托（Larry Sabato）所言："公务人员知道记者必须要保证信息的机密性，因此游戏规则有时会被利用，来为官员的利益服务。"这样的操纵是收集新闻过程当中令人遗憾但却不可避免的部分。

14.3.3 阻碍议程

当尼克松因掩盖水门事件真相而受到严重批评时，他连续几个月都没有举行新闻发布会。他的助手为他安排行程以避免甚至是非正式的记者发问。他在白宫里藏身，这是**阻碍议程**的一个经典案例。公共关系的一个分支——政治传播的专家通常建议阻碍议程应该被避免，因为公众会从中推断出罪行或有所隐瞒的事情。尽管如此，这是对付难以回答的媒体问题的一种方式。

---

① 试探气球：通常通过一个分散注意力的来源泄露未上台的可能政策，来测试公众反应。
② 信息泄露：对机密的信息进行故意揭发，以此来引起公众兴趣、使某官僚对手或上级感到尴尬、揭发失职或骗局。

阻碍议程一个略有变化的形式叫作**新闻封锁**。美军入侵格林纳达时，五角大楼禁止媒体参与报道。租汽艇想要上岛的记者遭到了海上封锁的拦截。虽然手段很严厉，但对媒体报道的这种限制会在一段时间内让政府有机会从自身利益出发来控制新闻报道。

佩林的控制策略。阿拉斯加州州长佩林作为2008年副总统参选者制造了众多采访灾难，她经常在议题、事件进程甚至是事实上显示出自己的肤浅。但是她民粹主义的主张为她赢得了跟随者。他们邀请她在选举之后参加许多大型演讲。在竞选过程中对媒体产生了恐惧之后，佩林要求活动组织者为她避开记者。她基本上成功地控制了媒体报道，使得报道内容只囊括她面对热烈群众的演讲的视频，并对记者实行了议程阻碍。

阻碍议程的另一个变化形式是一方面鼓励媒体的关注，另一方面却避免做出解释。萨拉·佩林（Sarah Palin）在这方面是个高手，她是2008年大选中约翰·麦凯恩（John McCain）的竞选伙伴。竞选之后，佩林"为了国家的最大利益"，并可以"更好地去倡导重要的议题"以阿拉斯加州州长的身份辞职。佩林变身刚刚起步的茶党运动的新宠，并在右翼活动中成了一个受欢迎的演讲者。她善于讨公众欢心，但在演讲中时常表现出巨大的逻辑跳跃性，以及历史和公民知识方面的错误。在一些活动上，佩林坚持记者不要出现。在其他的活动上，她坚持避开记者提问，甚至是观众提问。这一不回答问题的策略避免了她在2008年大选时在采访当中显示出的弱点。

思考

- 政治领袖如何利用信息流通来为自己谋利益？这些途径如何适得其反？
- 记者在传播有关新闻来源者政敌的负面消息时发挥了什么作用？
- 网络媒体是如何影响了政府泄露信息的能力？
- 在近期的新闻当中寻找记者在请求采访时被拒或被告知"不做评论"的例子。你的例子可以被称为阻碍议程吗？

媒体人物

同心协力

奥巴马演讲时可以自如地引用《圣经》当中的内容。但他就职演讲中有关是时候结束党派之争，引自《保罗福音》的"告别小儿科"的那句话是由乔恩·法夫罗（Jon Favreau）写进去

第14章 政府管理与大众传媒

的。谁？在担任麻省议员约翰·克里（John Kerry）的新闻助理后，27岁的乔恩·法夫罗作为首席讲稿撰写人加入了奥巴马白宫工作人员的行列。

法夫罗，朋友口中的"最爱"，23岁时开始撰写演讲稿。刚从大学毕业，他就自愿为2004年约翰·克里总统的竞选撰稿。为了民主党全国大会（Democratic National Convention）的召开，法夫罗在克里的允许下被指派给鲜为人知的伊利诺伊州议员奥巴马，来检查他写的主题发言稿，避免冗余的出现。法夫罗帮助奥巴马修改了一个冗余的句子。

奥巴马2007年开始他的总统选举时，在参议院咖啡厅中又见了法夫罗。奥巴马并没有对法夫罗的简历进行发问，尽管他的简历确实令人赞叹——大学致告别辞的优秀毕业生、许多的公民及政治实践、克里竞选。奥巴马想要知道法夫罗的演讲稿撰写理论。法夫罗回想起他的回应："一个好演讲会使更多的人关注演讲涉及的问题。怎样可以让伤痕累累的普通人听到'我理解你的感受，我也经历过'呢？"

乔恩·法夫罗。奥巴马的27岁的演讲稿撰写人法夫罗成了美国历史上继詹姆斯·法洛斯之后第二年轻的总统撰稿人。法洛斯在20世纪70年代为吉米·卡特（Jimmy Carter）服务了两年。

在法夫罗看来，一个在大众媒体上引起强烈反响的演说并不会在语言上耍花招，而是会包含有价值的信息。法夫罗赞扬了奥巴马2004年的民主党主题演讲，认为他的演讲没有脱离大众受众。"当我在大会上看你演讲时，你基本上就讲述了你的人生故事，而这个故事就是广大美国人自己的故事。人们为你鼓掌不是因为你在演讲当中写了一句精彩之词，而是因为你触动了民主党和国家事务中之前没人触及过的东西。"

没有人会怀疑奥巴马的演讲能力，但是即使是一名出色的演讲者在面对每周数十个演讲时也需要帮助。并不是所有的演讲稿都可以带来精彩的演讲。但是对于美国总统来说，每一句话都至关重要——甚至是五分钟的仪式发言、葬礼上的吊唁、新闻发布会的开场白，以及对重大新闻的回应。

作为奥巴马的撰稿人，法夫罗并不孤单。他还有两个助手。他们的任务，像任何演讲撰稿人一样，不是将演讲稿放入领导的口中，而是深入地了解领导，帮忙写出令总统感到舒适并使众多观众感到信服的演讲。法夫罗加入了奥巴马竞选团队之后，把当时奥巴马说的每一个字都记了下来，并且努力吸收他的用词、思想和节奏。法夫罗说他在富兰克林·罗斯福、约翰·肯尼迪和博比·肯尼迪（Bobby Kennedy）以及马丁·路德·金的演讲当中找到了灵感。他还咨询了里根的演讲撰稿人，大名鼎鼎的佩吉·诺南（Peggy Noonan）。

法夫罗和奥巴马每天都进行密切的合作，法夫罗这样解释道："我会和他一起坐下工作半个小时。他口述演讲的内容，我把他的话全部打下来，再修改。我写一份稿子。他也写一份。我再进行修改。这是我们写完一份稿子的过程。"

有时法夫罗的工作压力很大。在重要活动举办之前,法夫罗时常要每天花16个小时来钻研奥巴马的政策声明、演讲、新闻报道、评论和历史。正是在这种背景研究的基础上,法夫罗有了灵感,将一句奥巴马过去的竞选宣言,"是的,我们可以,"改造成了2008年的总统竞选口号。他也是这样把《保罗福音》当中的"告别小儿科"写入奥巴马就职演讲的。

为了集中注意力,法夫罗有时要逃离白宫紧张的工作环境,拿着手提电脑来到旁边一家咖啡馆找个安静的角落。咖啡因是他食谱当中的核心:他饮用红牛、双份特浓咖啡和健怡可乐。他想不起来自己何时睡眠超过六个小时。有紧急任务的时候,他工作到凌晨3点钟,凌晨5点就起床。

> **你怎么看?**
> 一个成功的演讲撰稿人需要怎样的素养?
> 一个公众人物有代笔者能被称作不诚实吗?
> 你从乔恩·法夫罗身上学到了什么职业发展方面的知识?

14.4 竞选活动

▲ **本节概述**

选举是民主政治中至关重要的环节,因此新闻媒体对选举的报道会受到密切的关注。此外,竞选当中的党派竞争也会使任何媒体的过失被迅速发现。一些对媒体的批评针对新闻报道,另一些针对媒体收费投放的广告。

14.4.1 竞选报道

评论家认为媒体在报道政治竞选活动时没有达到标准。以下是常见的批评。

议题。记者不会针对立场追问更多的细节,也不会在主要议题上提出尖锐的问题,而是接受笼统的看法。他们需要在参选者的立场之间实现对话,创造一个充满智慧的讨论平台,来让选举者做出知情选择。

议程。记者需要在设置竞选议程的过程中扮演一定的角色。当记者允许参选者控制报道议程时,记者就会仅仅沦为参选者为一己之私发布新闻、打造形象的桥梁。参选者的**假新闻**①(pseudo-event),例如参选人拜访很上镜的制旗工厂,就缺少实质性内容。还有**拍照机会**②(photo op)也是如此。记者需要防范这些容易报道的事件占用实质性报道的空间。

阐释。竞选的过程冗长而复杂,而记者需要持续为观众提供整合的信息。每日最新新闻是不够的,还需要解释、阐释和分析以帮助选举人看清大局。

内部报道。记者需要报道竞选活动的运作机制——幕后的运作者是谁,是怎样运作的。

---

① 假新闻:用来吸引媒体注意而制造出来的虚假事件,一般缺少实质内容。
② 拍照机会:一个制造出来的事件,一般易于上镜,用来吸引媒体注意力。

随着竞选顾问的作用越来越大,这一点也变得愈加重要。这些人是谁?他们会怎样影响一次竞选?会设置怎样的议程?

民意调查。民意调查的结果易于报道,但是这些结果很微妙,而且不稳定,因为民意调查的调查方法,甚至是问题都经常变化。新闻采编过程中应该报道多种意见不同的民意调查,而不只是自家的调查。在跟踪民意调查时,每次都问一样的问题,因为保持前后一致非常重要。

深度。随着参选者开始直接与选举人进行辩论,或上脱口秀节目和出现在博客上,记者需要在选民自己可以得到的信息之外提供更多的内容。深度分析会带来一个新的、与观众已知信息不重复的维度。

即时反馈。电视新闻播报室以观众的即时手机短信及邮件反馈来补充报道和评论的内容。几分钟之内观众就可以在屏幕上看到被选中的信息。在一些节目当中,记者需要分析收到的信息,并说明观众反馈所表现的趋势。非正式民意调查通过收集手机短信进行。虽然这一切都为电视的形象加分,但对于这些调查能否代表公众意见,数据显示的结果并不乐观。对这些调查可以有各种各样的理解。

▶ 媒介时间线

1950年之前	**政府管理和大众传媒里程碑** **第四等级** 埃德蒙·伯克创造了"第四等级"这个术语用来形容媒体(1787) **议程设置** 学者将议程设置归结为媒体的一项功能(20世纪20年代) **联邦通信委员会** 联邦通信委员会是为了监管广播行业而成立的一个监管机构(1935)	 埃德蒙·伯克将媒体视为监督者
1950—1969	**政府管理和大众传媒里程碑** **竞选广告** 第一条政治电视广告播出,该广告是为了德怀特·艾森豪威尔(Dwight Eisenhower)打造的(1952) **电视治理** 肯尼迪总统开启了电视新闻发布会的先河(1961) **重大事件** • 电视行业成为媒体业主导(20世纪60年代) • 肯尼迪总统任期(1961—1963) • 越南战争电视现场转播(1964—1973) • 尼克松总统任期(1969—1974)	 电视因肯尼迪这样上镜的公众人物获得了高收视率

1970—1979	**政府管理和大众传媒里程碑** **水门事件** 水门丑闻导致尼克松总统卸任,事件显示了媒体的监督作用(1974) **最高法庭决定** 波士顿银行在公民投票反对的情况下,赢得了投资广告的法庭批准(1977)	 尼克松的辞职是媒体导致的,还是自己导致的?
1980—1989	**政府管理和大众传媒里程碑** **看门狗** 当新闻记者发现总统候选人加里·哈特(Gary Hart)行为不检点之后,他退出了竞选(1988) **重大事件** • CNN成立了实时不间断新闻频道(1980) • 里根总统任期(1981—1989) • 第一个试管婴儿出生(1981) • 神秘的艾滋病被报道(1982) • 乔治·布什总统任期(1989—1993)	 NBC的理查德·恩格尔在今天继续保持着中东动乱现场直播的传统
1990—1999	**政府管理和大众传媒里程碑** **战争直播** CNN的彼得·阿内特(Peter Arnett)、约翰·霍利曼(John Holliman)和萧伯纳(Bernard Shaw)直播巴格达空袭(1991) **博客空间** 马特·德拉吉推出《德拉吉报道》网站(1994) **更多的有线新闻** 鲁珀特·默多克推出了政治偏向保守的福克斯新闻频道;MSNBC频道面世(1996) **重大事件** • 互联网作为一个有力的网络工具出现(20世纪90年代) • 布鲁斯·埃布尔森(Bruce Ableson)的《公开日记》(*Open Diary*)是现代博客的一个代表(1998) • 第一次伊拉克战争(1991) • 新闻曝出白宫实习生莫妮卡·莱温斯基与克林顿总统之间的性关系(1998)	

政府管理和大众传媒里程碑

2000年至今

攻击性广告
强度前所未有的政治攻击性广告:快船式攻击(2004)

广告竞选经费
奥巴马和约翰·麦凯恩的总统竞选经费达10亿美元以上(2008)

电视竞选经费
政治竞选的电视经费总额达30亿美元(2008)

媒体博客
媒体进行议程设置的潜能在谢罗德被解雇事件当中显示出来(2010)

重大事件
- 世贸中心和其他美国境内的恐怖袭击(2001)
- 阿富汗战争(2001年至今)
- 伊拉克战争(2003—2011)
- 法庭允许企业无限制地进行政治选举捐赠(2010)

自由开放的博客的受害者

14.4.2 攻击性广告

2004年总统竞选中充斥着前所未有的大量**负面广告**①(negative ads)。与布什竞选集团松散连结的共和党人在几乎不顾事实真相的情况下,打着"快艇老兵寻求真相组织"(Swift Boat Veterans for Truth)的旗帜,攻击民主党竞选人约翰·克里作为战争英雄的历史。之后在竞选广告比拼当中,布什被比作希特勒,这一广告在一个反布什团体的网站moveon.org上刊登了数日。

政治当中的消极行为并不新鲜。1884年的一首提及格罗夫·克利夫兰(Grover Cleveland)私生子的小曲依然在民谣歌手中间广为流传。1952年共和党抨击正在出台的杜鲁门对韩政策,就是在那时消极行为达到了顶峰。两个由演员饰演的士兵蹲在地上抱怨武器装备的匮乏。之后其中一个士兵被杀死,另一个勇猛地冲向了敌军的炮火。**攻击性广告**②(attack ads)展示了政治广告在电视这一新媒介中的力量。

527融资。2004年的攻击性广告热潮大多来自与竞选者或党派没有直接关联的隐蔽组织。这些组织以联邦竞选法律中的**527身份**③(527 status)运行,这一身份使它们成为美国的免税机构。不像党派和竞选者,527组织可以不加限制地进行独立筹资。这些组织在选举日的当月内不可思议地筹集了2.4亿美元。虽然下流的527广告遭到了广泛的嫌弃,但跟踪民意调查的专家得出结论说这些广告有着重大影响。当国会在2005年重新集合时,有呼声要求实行改革来限制527组织的影响力。但什么都没有发生。最近,2010年7月国会就《披露法案》(Disclose Act)进行表决,该法案要求外部组织和公司的政治新闻必须透明,但并未获得通过。

---

① 负面广告:通常为电视竞选广告,在广告中竞选人批评其对手,而不是强调自己的主张。
② 攻击性广告:负面广告的一个子分类,在批评对手时尤其残酷,许多攻击性广告都不太注意语境和事实。
③ 527身份:独立制作和投资竞选广告的政治支援团。

轻描淡写。2004年竞选除了负面广告之外,威斯康辛州议员拉斯·范戈尔德(Russ Feingold)采取了另一个策略——幽默。正如商业广告依赖于引观众发笑,范戈尔德的广告也是如此,这帮助他赢得了连任竞选。轻松的自贬和灵巧的嘲弄会不会替代攻击性广告,或者至少减轻其作用,也许要取决于未来的竞选人以及他们的顾问有没有良好的幽默感,以及体面的表达和上乘的品味。

- 按照你的看法,将常见的对政治新闻报道的批评按其攻击性的高低进行排列。你如何证明你的排名?
- 政府最近采取了什么行动来对付负面政治广告?这些尝试有多大效用?

14.5 媒体与竞选融资

▲ **本节概述**

大众传媒,尤其是电视和网络,在为政府选择领导的美国选举当中发挥着重要的作用。广播法试图为竞选人创造一个公平的竞技场,但是竞选人面对着为昂贵的电视广告集资的压力,这使竞争变得越来越不平等。特殊利益集团,包括公司、工会和意识形态拥护者自愿地参与到融资中。

14.5.1 购买电视广告时段

除非你要参加捕狗队员竞选,否则参加公职竞选需要很大的花销。奥巴马和约翰·麦凯恩在2008年的总统竞选中一共花费了不止十亿美元,创历史新高。竞选预算资金的大部分都被花在购买电视广告时间上了。2012年总统竞选中,竞选人花费的总金额预计达到二十亿美元,这只是保守估计。

电视广告为竞选提供的推动力是不容否定的,虽然也并不是毫无风险。有一些广告会适得其反。一个考虑不周的广告策略,尤其在竞选紧张的最后几天,将会破坏整个选举进程。尽管如此,问题是如果一些竞选人的竞选资金大大超过他们的对手的话,公平竞争还能否被保证。一个解决办法是挪威的做法。在那里政治广告被禁止。法国对政治广告有严格的限制。

14.5.2 广播法律条款

实际上在电视出现之前,国会就意识到了广播影响选举的潜力。联邦法律之前就有两个部分涉及了这个问题,为后来电视在政治选举中发挥的不可或缺的作用搭建了法律规制框架。

第312章。商业广播和电视台必须允许总统竞选和参议院、众议院竞选的竞选人购买广告时间来向选民推销自己。《美国法典》(U. S. Code)中第47条**第312章**[①](Section 312)

---

① 第312章:规定广播电视为联邦竞选人提供播放广告的机会。

中的这条法律本身就很模糊,要求"合理使用""合理的时间量"。由于如果不服从法律,播出执照就会受到威胁,广播电视台并不希望此处"合理"一词的定义被严格限制。

第 315 章。广播电视台不能以拒绝竞选人购买广告时间的方式在竞选人之间有所偏好。第 315 章①(Section 315)中详细地规定,一个为某竞选人提供播报时间的广播电视台必须给其竞争对手提供同等机会。第 312 章和第 315 章的条款基本上是说对待不同竞选人,电台需要在同等价格的情况下在同一时段提供同等时长的广告时间。此外,广播电视台不得编辑或审查竞选人广告。要明确的是,广播电视台并没有被要求仅仅因为某竞选人购买了广告时间,就要为其竞争对手免费提供广告时间。

值得注意的是,法律明确地将新闻排除在外。国会不想通过将政府规定强加于新闻判断的方式,来使政府监管广播的机构联邦通信委员会在第一修正案问题上纠缠不清。对于新闻播报、现场报道或新闻采访,法律并没有规定媒体为竞选人提供同等机会。新闻纪录片也被排除在外,只要竞选人在其中担任次要角色。然而,法律还要求广播电视台应该为公共利益服务,并"为讨论有重大公共意义的议题和交换不同意见提供机会"。

虽然政治广告在选举期间主导了电视播报,但它并不总能为电视台带来利益和好处。因为电视台按要求必须为联邦竞选人播放广告,节目中可利用的插播广告的时段将会被全部占用,从而将固定的当地广告客户挤出去。电视台经理知道一些当地广告客户在这种情况下将会转向其他媒体。这些广告客户在其他媒体上获得了未曾预料到的成功,因此在选举日之后不会再回到原来的电视台做广告,或者开始将它们的广告预算分配给相互竞争的媒体。

梅格·惠特曼(Meg Whitman)。这位 eBay 富有的 CEO 离职后,发起了美国历史上花费最高昂的州长竞选。惠特曼从自己的财产中投入了 1 亿美元,从其他来源中又筹集了大约 1 亿美元。主要花费在电视广告上的竞选资金会不会阻碍不那么富有的人在美国民主制度中谋求领导角色呢?

---

① 第 315 章:规定广播电视台为互相竞争的竞选人销售同等的广告时间。

14.5.3 网络法规

联邦选举委员会(Federal Elections Commission)一开始错误地限制网上的选举广告,但最终从实际出发也对网络选举广告应用了与其他媒体一样的规定。广告限制适用于竞选人、政党,以及与竞选人、政党协同进行广告宣传的团体。然而,对于网上的竞选新闻,网络新闻服务、博客作者或者按照自己意愿发表言论的评论,法律并没有任何限制。

竞选融资。在媒体—政治关系当中,另一个要素是联邦法律和州法律对竞选捐款的限额。法律还要求参选人向公众宣布除去小额捐赠者之外的所有捐赠者,以及他们捐赠的金额。这一有价值的信息每季度公开一次,从而使选民了解竞选人可能受惠于哪些特殊利益集团。

竞选人所面对的筹款购买电视广告时间的压力导致了一个充满漏洞而且不透明的环境。限额只是个玩笑。想要将国家政策打造得对其有利的特殊利益公司以非正式的形式鼓励公司主管自己进行捐赠,甚至会让他们带上配偶、孩子及其他人一起以个人名义捐赠。实际上,2400美元的捐赠上限会通过这种类似于非法**稻草捐款人**①(straw donor)的计谋,被超出一倍、两倍、三倍……天知道到底多少倍。

将捐款注入竞选的众多渠道中包括**政治行动委员会**②(Political Action Committee)。这些简称PAC的委员会数量超过4000个。联邦法律禁止企业和工会直接向竞选人进行捐款之后,这些委员会逐渐地出现了。PAC可以从有亲近关系的团体那里筹款,例如企业主管、经理和股东,之后再把资金转手给竞选人。工会也会创立政治行动委员会。最大的政治行动委员会是美国州、郡、市联合工会(American Federation of State, County and Municipal Employees),它是一个工会组织,在一个选举年之内就把高达900万美元的资金几乎全部捐给了民主党。电信公司AT&T有代表性地将300万美元捐款平分给民主党和共和党。政治行动委员会的捐款大约占国会选举支出的30%。

政治行动委员会的一个更少受到管制的形式是527团体,这些团体不受联邦选举委员会的控制,因为它们不向竞选人捐款,而是利用经费来对选举产生影响。只要它们不与竞选人或政党合作,这一行为就是合法的。这些免税团体的名字来自联邦税法中的第527条,它们已经成为攻击性广告的传播媒介。竞选人可以声称自己并不知情,通过这种貌似合理的借口,来与这些有时甚至稀奇古怪的527广告撇清实际存在的关系。这些527组织在2004年为了向民主党总统候选人约翰·克里的可信度和爱国主义发难,成立了"快艇老兵寻求真相组织",该组织登台后,得到了空前的注意。**快艇**③(swiftboating)这个词成了诽谤活动的代名词。克里在对攻击做出回应时反应有些慢,分析人士认为这是导致他竞选失败的因素之一。从中可以得出的教训是,面对攻击性广告,竞选人需要迅速地做出反驳,反驳的攻势甚至要更强,这意味着购买更昂贵的电视广告时段。

527组织中也有左翼团体。527组织MoveOn在2004年成了一个主要的527团体,在电视广告上花费了超过1000万美元的资金。之后,MoveOn又变成了一家政治行动委员会,并接受联邦选举委员会的规制。这发生在奥巴马为了协调他的2008年竞选而打击运作自由的527组织之后。

---

① 稻草捐款人:利用他人钱财进行政治捐款的人。
② 政治行动委员会:企业、工会和意识形态拥护组织成立的用来筹资并支持竞选人的委员会。
③ 快艇:诽谤活动,通常实施者为527团体。

14.5.4 企业支出

对企业政治支出的限制也有例外。例如,一些政治机构不会受到限制。鲁珀特·默多克的新闻集团在2010年为共和党州长联合会捐赠100万美元就是这种情况。这一捐赠没有附加条件,并不是新闻集团为需要资金的竞选人提供捐赠。这从某种程度上来说可以被称为政治洗钱,但是并不受联邦选举委员会的控制。

企业资助竞选的活动空间通过法院判决得到了扩大。1977年**波士顿第一国民银行**①(First National Bank of Boston)在法庭上胜诉,可以通过购买广告的方式支持马萨诸塞全民公决。美国最高法院肯定了之前的判决,认为企业像个人一样也拥有自由言论权,而这包括在全民投票时为企业利益进行资助。这一判决引起了人们的关注,人们担心这会使财力雄厚的企业在竞争中占据优势,压倒在公决当中持不同观点的财力薄弱的利益团体。

最高法院在2010年更进了一步。在判决**"公民联合会"**②(Citizens United)一案时,法院认为企业可以直接购买电视广告时间来支持或反对竞选人。法院在做出判决之后,有迹象表明企业纷纷提高了它们的政治资助活动的预算,有一些开始进行直接捐赠。

其他企业坚持隐蔽的政治活动,通过美国商会(U. S. Chamber of Commerce)这样不会公布捐赠人的机构来进行资助。商会为2010年选举筹集了7500万美元,大多数都捐赠给了亲企业的共和党竞选人。由共和党策略家卡尔·罗夫(Karl Rove)和艾德·吉莱斯皮(Ed Gillespie)成立的"美国十字路口"(American Crossroads)为支持共和党、反对民主党筹集了4.5亿美元。由石油王国继承人、纯粹自由意志主义者戴维·科赫(David Koch)创建的繁荣美国人协会(Americans for Prosperity)为联邦经济刺激立法的反对者和反对刺激的法案支持者提供了2600万美元的资助。

> **思考**
> - 如果挪威禁止政治广告的模式在美国实行,美国选举将会发生怎样的改变?
> - 如果将对广播领域施行的竞选广告规定适用到所有的媒体,美国政治选举过程将会变成什么样呢?
> - 请说明攻击性广告能否帮助选民做出更好的决定。

本章小结

媒体在政府管理中扮演的角色

大众传媒作为外部监督促使美国民主系统对人民负责。这一概念有许多名称,包括将媒体称为政府的第四分支。一个相似的名称"第四等级"来自欧洲中世纪。一个更为现代的称呼是将媒体叫作政府的监察人(看门狗)。这一概念导致媒体有这样一个目标,用不太正

---

① 波士顿第一国民银行:美国最高法庭裁决,企业可以进行广告以支持或反对全民公决,波士顿第一国民银行为该裁决中的诉讼人。(波士顿第一国民银行诉拜洛迪,1977年)

② 公民联合会:美国最高法院决定允许企业直接为支持或反对政治竞选人购买广告时间。(公民联合会诉联邦选举委员会,2010年)

式的话来说就是"让他们保持诚实"。宪法第一修正案确立了媒体的独立地位,虽然政府规范仍以某种例外的形式而存在,尤其是对广播的规范。

媒体对政府管理的影响

由于时间和空间的限制,媒体在报道的过程中有所取舍。最终得以被媒体报道的内容成了公众的议程,其他内容则不可避免地被忽略。有许多术语来描述这一现实,其中包括"议程设置""CNN 效应"和"框架建构"。这意味着我们需要依赖于媒体人发挥他们的才智和善意在新闻选择当中做出良好的判断。媒体人可能会错误地把注意力放在表面性的事物和事件容易报道的一面,结果漏掉了有报道价值的新闻。新闻来源之间的竞争有利于最严重的缺点得到改正。

政府操纵

政治领袖迅速地学会了如何影响,甚至是操纵媒体报道,使其报道对他们有利的内容。有时来源不明的试探信息被用来测试媒体和公众对一个议题的回应。这被称为"试探气球"。向媒体泄露爆炸性的信息,其目的有时是损害他人名誉,是另一个别有用心的利用新闻媒体的方式。

竞选活动

导致政府新闻报道公式化、表面化的因素也会出现在竞选报道中。最新的民意调查会盖过对议题的报道,把竞选简化成了像赛马一样的讽刺漫画。民意调查很重要,但是同等重要的是公民需要全面地了解竞选人的品格和立场。除了新闻报道,大众传媒还会传递竞选人及其支持者购买的广告,有时也会有来自对手的攻击性广告,这些广告有些十分无耻,而且并没有准确性和真实性的保障。如何应对最恶劣的负面新闻是一个未得到解决的问题。每个人都在讨论这个问题,但是其解决并没有多少实质性进展。

媒体与竞选融资

电视广告经证实是广泛宣传政治竞选人的有力工具,同时它也很昂贵。事实上,竞选人需要越来越高的预算来购得电视广告时间,这给了特殊利益团体进行捐款并影响竞选人的立场留下了可乘之机。这些捐款者包括企业,甚至是整个行业、大型公会,以及拥护某一意识形态的机构。规范竞选融资、使竞选人不论贫富都有同等机会,为这个目标进行的尝试遇到了种种问题。

批判性思考

1. 如果政治新闻不再收费,媒体在政府管理中的角色将会发生怎样的改变?
2. 媒体对国家政策进行议程设置将会对美国的新闻报道产生什么影响?
3. 大众传媒可以怎样应对政府对媒体内容的操控?
4. 媒体在选举报道中的缺陷怎样可以得到修正?
5. 限制电视上的竞选广告,甚至对其进行完全禁止,会改善美国的治理系统吗?

媒介术语

527 status 527 身份　　　　　　　　　attack ads 攻击性广告
agenda-setting 议程设置　　　　　　　CNN Effect CNN 效应

equal time rule 对等时间规则	员会
fairness doctrine 公平原则	Section 312 第312章
forth branch 第四分支	Section 315 第315章
forth estate 第四等级	swiftboating 快艇
framing 框架建构	Tornillo opinion 托尼罗意见
political action committees 政治行动委	watchdog role 看门狗角色

媒介术语

→Kate Kenski, Bruce W. Hardy, and Kathleen Hall Jamieson. *The Obama Victory: How Media, Money and Messages Shaped the 2008 Election*. Oxford, 2010. 这三位学者提供了一个全面的基于经验的分析，书中还包含对奥巴马和麦凯恩竞选的内部人士的采访。

→Kate Kaye. *Campaign' 08: A Turning Point for Digital Media*. Kate Kaye, 2009. Kaye 是一名营销新闻记者，她以轻松愉快的文风讲述了麦凯恩和奥巴马的媒体策略。

→Paul S. Ryan. "527s in 2008: The Past, Present and Future of 527 Organizational Political Activity Regulation," *Harvard Journal on Legislation* (Summer 2008), pp. 461-506.

→Costas Panagopoulos, editor. *Politicking Online: The Transformation of Election Campaign Communications*. Rutgers University Press, 2009. Panagopoulos 从政治学家同事那里收集了新媒体在选举活动中的应用，以及它们对民主所起的作用。

→Alex S. Jones. *Losing the News: The Future of the News that Feeds Democracy*. Oxford, 2009. Jones 是一名普利策奖获得者，他认为娱乐会抢占媒体中新闻的空间，并腐蚀民主制度中媒体的作用。

→Craig Crawford. *Attack the Messenger: How Politicians Turn You Against the Messenger*. Littlefield, 2005. Crawford 是《国会季刊》的专栏作者，他分析了布什政府在白宫实行的削弱主流新闻媒体力量的政策。

本章主题性总结

政府管理与大众传媒

为了更好地巩固你的媒介知识，此处用贯穿本书的几个主题来展现本章内容。

媒介技术

电视为肯尼迪这样上镜的公众人物打造了一个绝佳的展示平台。而在电视出现之前很久的 1912 年当选的、体重达 312 磅的威廉·霍华德·塔夫脱(William Howard Taft)在今天会有怎样的遭遇呢？

电视和其他视觉媒体在政治中起到的作用是不可否认的。在电视出现之前的 1912 年当选总统的身材肥胖的威廉·霍华德·塔夫脱今天能够当选总统吗？塔夫脱体重 312 磅。1960 年，在一场电视辩论当中，沉着冷静的肯尼迪战胜了他的对手尼克松，尼克松明显在演播室的灯光之下甚感不适。肯尼迪赢得了辩论。美国成立最初期，政治候选人

和领袖就已经利用领先的媒介技术来寻求公众的支持。报纸是当时政客们选择的媒介。到了20世纪30年代，广播也加入到了这个行列中，当时罗斯福总统将广播这个刚刚出现的新媒介与公众对战胜大萧条的愿望结合了起来。作为一个政治工具，广播在罗斯福的四个任期之内得到了充分的发展。1960年，参议院议员肯尼迪在电视上表现出了他的自信，也有人说他展露的是领导才能，他当选了总统。

传媒与经济

国家级职位以及州长的候选人需要在电视广告时间上花费大量的资金，与牙膏和手机公司一同推销自己。这些资金来自何处？越来越多地来自网络。

前任佛蒙特州州长霍华德·迪恩依靠网络为其2004年总统竞选筹资并做宣传。迪恩在随后的初选当中被淘汰。但是，他向其他竞选人展示了最新的大众媒介和博客的潜力。在2010年的加利福尼亚州州长竞选当中，前eBay高管梅格·惠特曼花费了将近2000万美元。据估计，2012年总统选举花费了将近20亿美元。

精英主义与民粹主义

在自由主义出现之前的英国，埃德蒙·伯克将媒体视作与贵族、神职人员和普通大众一样强大——媒体是第四等级。

英国政治哲学家埃德蒙·伯克为新闻媒体在民主社会当中发挥的作用起了一个名字，他把媒体称为第四等级，认为媒体与贵族、神职人员和普通大众一起，是影响历史进程的公共机构。美国的创建者将媒体视为在人民和选举出来的领袖之间来回传递信息和思想的渠道。在美国，媒体被称为行政、立法和司法之外的政府的第四分支，但是其在前三个宪法设立的分支之外独立运作。

媒体与民主

当"快艇"被视为竞选工具时，大众传媒的监督作用受到了损害吗？总统候选人约翰·克里被他的对手捏造了他在海军当中的一次快艇交火记录，结果克里输掉了选举。

大众传媒在民主制度中起着至关重要的作用，其中包括监督作用。媒体在理论上受宪法的保护，免于政府的控制，并像一名外部审计员一样督促政府对人民负责。然而，媒体的问责系统缺乏像审计一样清晰的准确性，其运作也不平衡。对媒体问责系统造成不利影响的是，政治领袖已经使媒体报道成了为其利益服务的工具。此外，媒体有时也不会称职地发挥其监督作用。

媒体的未来

当一个参议院竞选花费5000万美元，甚至更多，就像琳达·麦克马洪的竞选那样，竞选支出的上限规定是否遭到了践踏？总统候选人约翰·克里在对手捏造了他在一次海军快艇交火时的记录之后，输掉了竞选。奥巴马 2012 年总统选举预算高达 10 亿美元,而共和党的预算也处于同一水准,这些预算大多被用在电视广告上面,由此可见现在竞选支出改革的重要性大大超过以往。竞选支出迫使候选人必须依赖于财力强大的捐款人,而这些捐款人许多都有服务于自身利益的公共政策议程。现有的竞选捐款上限被设置得过高,以致资金雄厚的捐款人不会受到实质性的限制。例如,主要广告的投资来源于支持某些候选人的隐秘政党组织,但这些组织与候选人没有直接的联系。如何解决这个问题?一个办法是给候选人安排免费的时间,在电视这个利用率最高的媒介上提供免费的广告时间。

媒体与文化

打造明星的技巧也同样可以用在政治领袖身上吗?

由大众传媒技术带来的生活方式的转变不会轻易被所有人接受。在政治生活中,嗓音尖厉的候选人和领袖往往不能有效地传达他们的信息。一些候选人对新媒介技术保持着警惕的态度。当 CNN 第一次试图在一次总统辩论现场使用 YouTube 提问时,候选人米特·罗姆尼(Mitt Romney)拒绝参加。他说他更能接受来自专业记者的提问,并称 YouTube 上的提问者"无礼"。罗姆尼几天之后服从了新技术,同意回答 YouTube 上选民的现场提问。

第15章

大众传媒的全球化

■ 喀布尔路边的一出戏

阿富汗最杰出的媒体大亨萨阿德·穆赫辛尼(Saad Mohseni)结束了国际商务之旅乘飞机回家,在途中得知他的托罗电视台(Tolo TV)总部遭到警方突袭搜查。三名托罗电视台的工作人员被拖走,其余人员遭受殴打。穆赫辛尼逃脱了抓捕,但是当警方获悉他的飞机即将降落,便立刻赶往喀布尔机场。警察全副武装,各就各位站在柏油路边,他们已做好准备,随时进行抓捕。

是什么引发了此次骚动?阿富汗总检察长阿卜杜勒·贾巴尔·萨贝特(Abdul Jabar Sabet)是一位有信仰的传统主义者,他对托罗电视台非常不满。简单地说,他不喜欢电视台上播报的新闻。更让萨贝特感到厌恶的是那些从国外引进的肥皂剧,有些女演员竟然不戴头巾。总检察长曾向议会发表长达四小时的演讲,而电视台报道此事的篇幅却十分有限,这是导致托罗电视台总部遭到搜查的最直接原因。有人回忆说,萨贝特暴怒不已。他传唤托罗电视台报道此次演讲的记者,要求其道歉。记者无视他的指令。这使得萨贝特愈发愤怒,于是派遣50名警察到托罗电视台总部逮捕首席执行官穆赫辛尼。然而,警方未能抓捕穆赫辛尼,因为他的飞机已经飞至迪拜和喀布尔之间的某个地方。

穆赫辛尼在飞机上向他的朋友,也就是阿富汗的副总统汇报了自己的困境。副总统派遣20名保镖去机场保护穆赫辛尼。这是平局——副总统的保镖对抗总检察长的武装力量。最终,警察全部撤退。总检察长也撤退了,他显然意识到自己出于本能的威吓行为可能会逆火伤到自己。首先,托罗电视台虽是一个刚刚起步的企业,却有大批追随者。其次,萨贝特作为总检察长,是国家执法部门的首席官员。他一定是多多少少意识到突袭托罗电视台办公大楼的行为会导致政府在干预大众传媒的时候失去阿富汗宪法保护。

对于包括萨贝特在内的阿富汗高层领导人来说,从封建军阀传统向民主制度的转变困难重重。就连总统哈米德·卡尔扎伊(Hamid Karzai)也对托罗电视台感到不满。穆赫辛尼的新闻理念是毫不遮掩的真相调查,以及通过对不受欢迎的塔利班头目的实地采访来进行事实陈述。卡尔扎伊曾经告诫穆赫辛尼:"你最好管管你的电视台吧。"穆赫辛尼回击道:

"等你管好你的内阁,我就管理我的电视台。"卡尔扎伊承受着来自阿富汗毛拉以及顾问中信仰宗教的传统主义者的压力,这些都指向穆赫辛尼,话语变得极其令人尴尬。卡尔扎伊缓和下来,他意识到托罗电视台越来越受到追捧,同时,穆赫辛尼也提醒他,自2003年以来,不管是阿富汗的传统还是当下的探索,以及现在的国家政体,都保护媒体自由。

穆赫辛尼的托罗电视事业面临多重可能性。这个地区被封建军阀统治数百年。人民贫困潦倒,几乎还停留在部落聚拢型模式,经济实力远达不到可以为大众传媒吸引投资的现代化国家的水平。唯一能够给予阿富汗身份认同的就是伊斯兰信仰。不过,阿富汗的伊斯兰教是非宗教习俗与宗教教条交织而成的。1996年,当塔利班掌管国家政权的时候,日渐衰落的电台节目只能永无休止地在宗教赞美诗中穿插播放祷告。

美国于2001年入侵阿富汗,将塔利班驱逐出境,推动了痛苦的现代化进程。在家国极端混乱的状态下,萨阿德·穆赫辛尼,一位住在澳大利亚的侨民,看到了回归故土和影响世人的机会。他在澳大利亚和欧洲的时候就已经有了远见,要建立阿富汗从未有过的健全而自由的媒体。穆赫辛尼想把传统而古老的故乡推向21世纪。他的远见也同样为了赚钱。

十年之后,穆赫辛尼已经启程,除了还没有赚到钱。赚钱仍旧艰难。那些有权力的毛拉几百年来崇尚专制,倡导端庄得体,强调道德规范,对陈旧方式的固守与他们的利益息息相关。

喀布尔政治。 图中的阿富汗警察正在一起自杀式袭击的现场拦截一名新闻记者。警察是阿富汗政治力量斗争中强有力的武装工具。有事例为证:阿富汗的总检察长是一位宗教传统主义者,因为对托罗电视台的节目不满而派遣50名警察逮捕正在乘坐飞机从国外回来的电视台台长。阿富汗的副总统,也就是这位媒体大亨的朋友,派遣20名保镖赶往机场。在这场激动人心的戏剧中,媒体大亨扮演了第三位主演的角色。最后,副总统的一队保镖获胜。所有人都回家了。

本章要点

- 可以从哲学出发点的不同来解释媒体自由国家与媒体不自由国家之间的差异。
- 战争危机中很难坚持自由的大众传媒。
- 网络媒介发现了新方法,可以从根本上改变人的管理和贸易方式。
- 政府可以通过大众传媒触及其他国家的人民。
- 阿拉伯传媒总体来说危险重重。

15.1 大众传媒与民族国家

▲ **本节概述**

当今世界,不同国家及其各自的传媒业可以被划分为相互竞争、哲学层面难以调和的阵营。独裁主义赋予政治极大的信心,有时给政权披上神权的外衣。与此相反,自由主义则认为人可以用自己的方式得出正确的结论,因此相信人们有自我管理的能力。民主与自由的大众传媒就存在于自由主义传统中。

15.1.1 威权主义

纵观大众传媒的历史,实行**威权主义**①(authoritarianism)的政治系统是最常见的。那些强有力的君主都是独裁主义者。1529年,英国**亨利八世**②(Henry Ⅷ)判定从国外引进的出版物不合法,因为有些出版社生产的内容涉及煽动叛逆罪和叛国罪。同样奉行独裁主义的还有纳粹德国以及20世纪初佛朗哥统治下的西班牙。今天,独裁统治和神权政治延续了过去的传统。独裁主义体系的逻辑前提是政府绝对可靠,政府的方针政策不容置疑。媒体在一个独裁主义社会所充当的角色屈从于政府。

审查制度。独裁主义政体已经找到许多手段控制大众传媒,这些手段或明显或微妙。审查制度就是其中之一。最彻底的审查制度要求在正式印刷或播出之前将稿件交由政府部门通读。**预审制度**③(pre-publication censorship)需要政府部门深入每一个新闻编辑室以及其他所有生产大众传媒信息的地方。虽然政府会在战时成立审查机构来保护敏感的军事信息,消灭不利于政府的信息,但是如此缜密的审查制度几乎是不可行的。为了抵抗不同政见,大多数政权选择预审而非出版后行动。发出不良言论的媒体人会受到判决,这使得与他怀有相同想法的人心生恐惧。

君权神授。詹姆士一世称自己是学者,他在1598年撰写文章论证,由于他拥有连接神的通道,因此君主具有合法性。他的理论被称作君权神授论,是对威权主义政治和传媒机制最经典的辩护。

威权主义的效力。威权主义措施可以产生短期效益,但是真相很难被长期隐瞒。佛朗哥统治的西班牙曾在二战期间与德国结为联盟,对于纳粹向犹太人施加的暴行,新闻媒体多年来缄口不言。尽管媒体封锁消息,西班牙人民对于大屠杀还是会有所耳闻。人们并非只能通过大众传媒来获取信息,尤其是当人们不信任独裁主义媒介的准确性与全面性的时候,他们便会特别关注其他渠道。他们与旅行者交谈,阅读走私进来的出版物,偷偷收听外界的新闻广播,接触网络。

威权主义的逻辑前提。假如政府,不管是君主制还是独裁专制,它的任何言论和行为都是正确的,那么威权主义传媒机制

---

① 威权主义:自上而下的统治,例如君主制或独裁统治。
② 亨利八世:一位英国国王,他的审查制度是早期威权主义的代表。
③ 预审制度:在传播消息之前由政府部门审查材料的制度。

就可以行得通。在当今民主世界,大部分人都会对这样的假设感到厌恶,但就在 400 年之前,这却是西方主流思想。苏格兰国王詹姆士六世,也就是后来的英国国王**詹姆士一世**①,曾在 1598 年发表关于**君权神授**②(divine right of kings)的雄辩演说。他认为,正统君主是被全能之神所选中的继承人,因此,君主比任何人都更有能力阐释正义与真理。在此前提下,与君主意见相左的人都是满口谬论,也有可能是异教徒。

威权主义对于压制思想与信息流通的合理性所给出的理由基于以下几点。

- 真理掌握在国家手中。普通群众只能通过统治者了解真理,詹姆士国王拥有通往全能之神的唯一通道。威权主义者几乎不相信个人。
- 挑战政府的言论都是谬论。由于统治者绝对可靠这一大前提的存在,政府不会出错。
- 缺少强有力的政府,社会运转的稳定性将不复存在。因为挑战政府的言论会在暗中破坏国家的稳固,这些言论在一开始就是错误的,必须压制这些言论。

在威权主义者看来,支持政府的媒体人是在传播真理并应当得到奖励。那些不忠分子、那些批评政府的人都在散布谬论并且应当被开除。然而只有詹姆士一世关于君权神授的理论是正确的,这一切才合理。

威权主义国家的死刑。威权主义政府用多种手段,包括死刑,来压制大众传媒对政府政策的批评。在威权主义时期的英国,国王下令公开执行死刑。图为 1619 年民众聚在一起看约翰·德·巴纳维尔德(John de Barneveld)被执行死刑,这对于试图挑战国王的人起到了警醒的作用。

15.1.2 自由主义

与威权主义者不同,自由主义者相信人类有能力凭借理性获得伟大的真理。这是自由主义与威权主义价值观最根本的不同。

---

① 詹姆斯一世:提出君权神授论。
② 君权神授论:君主之意与万能之神相连,可做出正确的决策。

观点的自由市场。 英国作家**约翰·弥尔顿**①（John Milton）是推崇自由主义的先锋人士。他于1644年撰写《论出版自由》（*Areopagitica*），论证言论自由的合理性，理由是在条件允许的情况下，人类有能力发现真理。弥尔顿主张进行自由开放的信息与思想交流——建立**观点的自由市场**②（marketplace of ideas）。人们可以在农民经营的菜场任意挑选、检查，最终买到最好的蔬菜，同样，人们也可以从多重选择中挑选出最正确的思想。弥尔顿所说的场所是一种概念，并不是真正意义上的场所。只要人们交换思想，这样的场所就会出现，不管是以对话的形式、通信的形式，或是打印出版的形式。

弥尔顿利用充足的论据呼吁言论自由。他觉得对待任何思想都没有必要感到畏惧，不管这些思想多么具有颠覆性，因为人类必然会选择最好的思想和价值。他是这样写的："让真理与谬论自由较量：知晓真理的人也愿意与谬论打交道。"在人类思想史上的**启蒙运动**③（Enlightenment）时期，弥尔顿的思想或许最具洞察力。弥尔顿分析说，不断地用别人的观点进行检验，就会对自己的思想和价值观更有信心。这是对审查制度的反击。不管是挑选蔬菜还是选择思想，若想将最好的带回家，人们就需要有充足的机会去选择。同样，思想争鸣的场所也应该允许不好的思想存在，不管它多么令人厌恶，也是获取真理的必经之路。

弥尔顿与其他自由主义追随者承认人们会在做选择的时候犯错误，但是当人们在思想争鸣的场所持续不断地将自己的价值观与他人的进行对比时，这些错误便会得到修正。自由主义者们将这样对于真理的探索看作一种永无止境的、终生的人类探索。久而久之，人们便会抛弃错误思想，留下真理。这叫作**自我修正过程**④（self-righting process）。

第一修正案（First Amendment）。 英国于18世纪占领北美殖民地，在这些区域自由主义者拥有很强的势力。作家**托马斯·潘恩**⑤（Thomas Paine）激发人们对抗英国威权主义，并且煽动人民投入革命。由自由主义思想家**托马斯·杰斐逊**⑥（Thomas Jefferson）起草的美国独立宣言（the Declaration of Independence）中的启蒙思想显然具有感染力。他起草的文件宣扬人们拥有**天赋人权**⑦（natural rights），并且有能力决定自己的命运。世界不需要国王。他强调自由与个人权利。自由主义力量

观点的自由市场。 通过一次与妻子的争吵以及一次与国王的交锋，约翰·弥尔顿得到启发，于1644年撰写了《论出版自由》。这本小册子在知识和道德方面挑战皇家权威，并为自由主义铺平了道路。弥尔顿论证说，人们为了他人考虑，应该自由地表达观点，不管这观点有多么叛国，多么亵渎神灵，多么有害，或者有多么愚蠢。这对于限制言论自由是一次强有力的反击。

---

① 约翰·弥尔顿：早期自由主义思想家。
② 观点的自由市场：无拘无束的论坛，人们可以自由探索、畅所欲言。
③ 启蒙运动：强调理性与个性的思想运动。
④ 自我修正过程：人们在寻求真理的过程中难免会犯错，但最终可以发现问题并改正错误。
⑤ 托马斯·潘恩：美国独立战争期间的作家，帮助普通读者理解自由主义。
⑥ 托马斯·杰斐逊：独立宣言的自由主义起草者之一。
⑦ 天赋人权：人类与生俱来的权利，包括自我决定的权利。

迅速扩张,结成联盟,在独立战争期间对抗英国统治。

并非所有向往独立的人士都是坚定的自由主义者。当新成立的共和国需要一份宪法的时候,人们曾在自由主义和威权主义之间徘徊。尽管自由主义者的影响力更大,但是占有重要地位的是亚历山大·汉密尔顿以及一群要求严格控制平民自由的人。最终的宪法是妥协后的结果。纵观整部宪法,对人民绝对信任的条款与绝对不信任的条款并存。即便如此,新成立的政府是第一个受到自由主义影响的政府,开始了人们所说的"对于民主的试验"。

美国宪法第一修正案①得到了批准,禁止政府妨碍思想交流。第一修正案声明:"国会不得制定关于下列事项的法律……剥夺言论自由或出版自由。"

合众国成立伊始,在实际操作中,言论自由和表达自由的界限还存在疑问。法律学家探讨该如何区分第一修正案中所涉及的权利与其他公民权利,比如公民获得公正审判的权利。尽管存在问题,但接下来的200年时间里,第一修正案体现了启蒙运动的思想。美国明显奉行自由主义传统,其他西方民主国家纷纷效仿美国。

全球自由现状。自由之家组织在全球范围内评定自由现状,划定自由与不自由的等级。该组织指出,在欧洲西部和中东部、美国,以及亚洲—太平洋地区的越来越多的国家,民主与自由已经成为主流趋势。

思考

- 自由主义传媒面临怎样的困难?
- 威权主义传媒机制是怎样辅助威权主义政治体系的?
- 自由主义传媒必须与政治体系挂钩吗?有没有例外?

 明日传媒

创新势不可当

积极的公众政策。印度是一个示范。政府率先通过无线技术将偏远村落与世界各地连接起来。以前,村里的农民为了缴纳电费需要走好几里路,而现在,他们只需要去一趟"信息中心",那里提供可以联网的台式电脑。村民现在都上网缴费。印度23.7万个村庄都设有"信息中心",可以形成一个足够大的管理体系。

印度的经验为非洲等地偏远的贫困地区提供了一个模式,帮助它们建立大众传媒网络。农民可以了解玉米的市场价格,把握最佳销售时机。远方的医生可以通过远程医学或其他系统诊治病人。印度政府还希望每个人都买得起手提电脑。国家人力资源开发部部长开普尔·西巴(Kapil Sibal)设定了一个目标,让每台新式手提电脑的售价不超过35美元。装有Linux操作系统的电脑包括网络浏览器、多媒体播放器和PDF阅读器,同时还具备视频会议功能。从2011年开始,印度大学生拥有了第一批手提电脑。

领导人博客。熟练运用媒体工具的政府领导人开通博客,与选区居民进行双向沟通。比如俄罗斯前总统德米特里·梅德韦杰夫(Dmitry Medvedev)开通博客,邀请公众参与讨论,

---

① 美国宪法第一修正案:美国宪法关于言论自由的部分。

所有人都买得起电脑。 印度设定了一个目标，规定每台电脑售价不超过35美元，这是人人都可承受的价格。国家人力资源开发部部长开普尔·西巴表示，装有Linux操作系统的电脑包括网络浏览器、多媒体播放器和PDF阅读器，同时还具备视频会议功能。从2011年开始，印度大学生拥有了第一批手提电脑。

并亲自维护博客。梅德韦杰夫后来又注册了Twitter账号，建立兼容英语和俄语的微型博客。但是，并非所有领导人都愿意挤出时间，处理博客和Twitter上的事务。

政府职务候选人已经发现博客和Twitter对于竞选运动至关重要。这一点在美国尤其重要，美国的博主们经常看到主流媒体挖掘政客的网络言论，扩大自己的听众群。当然，负面风险在于政客在博客上的言论比较随意，这样很难达到政治目标，还会陷入难堪的境地。几乎找不出比阿拉斯加州政府官员莎拉·佩林（Sarah Palin）荒唐的用词错误更可笑的例子了。她用词混乱，言语幼稚，最出名的例子可能是2010年，她在谈及在纽约世贸遗址附近修建清真寺时呼吁网民"反驳批判"。

传媒势不可当。 并不是所有的政府都具有前瞻性，或者重视传媒事业。历史一次又一次告诉我们，传媒事业的创新可能会放缓，但绝不会停止。16世纪的亨利八世统治英国，20世纪的弗朗西斯科·佛郎哥统治西班牙，他们是信仰各异的威权主义者，都试图进行传媒审查和控制，最终他们都失败了。尽管如此，仍旧有国家错过了传媒事业创新的机遇，并且压制其发展。

非洲近年来取得了一些进步，但自由的社区和民主的电子平台仍然少见。中东地区在自由方面已取得进步，不过整体来讲还是有很多国家被自由之家组织评定为部分自由或不自由。

> **你怎么看？**
> 假如你是一位政府职务候选人，你将选择怎样的形象开展网络活动？

15.2 战争可检验自由的程度

▲ 本节概述

透过战争的浓雾，我们仍可清晰地看到威权主义与自由主义之间不可调和的分歧。面对战争的考验，国家存亡仍未可知，即使对于最民主的国家来说，也是一次关于自由主义的思想检验。只顾眼前的利益会将国家引向完全不同的政治道路——比如设立审查制度以及镇压反对意见。

15.2.1 战争报道

战争的苦难是一场极大的考验，不仅考验个人意志，也考验民主国家对于国家信念的坚持。在充满危机的情况下，国家存亡尚未可知，政府能否容忍自由的新闻报道？这种斗争在美国历史上随处可见。

美国内战。 美国内战期间，大批记者随同军队来到前线，随行记者大约500人，这是有史以来的第一次。关于如何对待记者,美国进行了一系列的探索,美国战争部部长**埃德温·斯坦顿**①(Edwin Stanton)要求审查所有新闻报道,删去军事敏感词。在斯坦顿看来,审查机制总体来说很奏效。战争临近尾声,威廉·舍曼(William Sherman)将军带领士兵从美国田纳西州东南部城市查塔努加,穿越敌方占领的佐治亚州,来到临海的萨凡纳市,这是一场历时九个月的运动,南部联邦却未能从新闻报道中获取任何相关信息。

第二次世界大战。第二次世界大战期间,记者与军官一起身穿制服,通常还配有一名司机和一辆吉普车。记者写出了大量的战地报道,但是当时的这些报道,正如记者们的军事化穿着所反映的那样,都带着那个时期强烈的爱国主义精神,它们不够客观公正,有时甚至带有政治宣传色彩。

越南战争。在20世纪60年代和70年代,记者们报道越南战争的时候有很大的自由。记者可随时联络越南南方民族解放阵线和美国部队,并且可以进行巡查。越南战争的报道成果被称为**水稻根报道**②(rice-roots reporting),里面有很多负面新闻。事实上,越南战争是一场失败的军事运动,遭到许多士兵的厌恶和越来越多的美国人的反对。战争报道第一次在电视上播出,全国各地的民众坐在客厅里通过晚间新闻了解到那些令人毛骨悚然的行径,于是更加反对战争。

指挥官不喜欢负面报道,这些报道让他们失去民众对于战争的支持。最终,美国士气低落,从越南撤兵——这是美国有史以来第一次败仗。

格林纳达战争。在接下来的战争当中,美国采取快速袭击,美国国防部制定了新的规则。1983年,美国占领位于加勒比海的格林纳达,进行海军封锁,拒绝记者靠近。这场秘密策划的战争令新闻媒体震惊。记者们竞相报道最新消息,却被禁止靠近事发地点,勇敢的记者们租用小艇试图越过封锁线,但是遭到了拦截。

最后一支美国部队。美国斯特瑞克装甲车装载最后一支美国部队撤离伊拉克,美国全国广播公司(NBC)驻外记者理查德·恩格尔担任随军记者。随行记者往往冒着生命危险报道战地新闻,好在连夜撤离的装甲车没有遭遇战火,也没有遇到在伊拉克战争中常见的地雷区。

理查德·恩格尔

---

① 埃德温·斯坦顿:美国战争部部长,在美国内战期间组织军事新闻敏感词审查。
② 水稻根报道:越南战争期间未经审查的战地新闻报道。

主流报纸、广播电视公司和新闻机构对于美国封锁格林纳达新闻通道表示强烈抗议,它们谴责美国政府的残暴政策,认为这有悖于被视为美国建国之本的民主原则。美国国防部同意派出知情代表,与新闻媒体机构的领导坐下来商讨新的规则。商讨的结果是采取**联营机制**①(pool system),一队记者随时待命,等美国发动下一次快速袭击的时候轮流进入战区,作短暂停留。

15.2.2　卷入战争的记者

2003年,伊拉克战争爆发,记者对此次战争进行了特别报道。过去50年,美国政府不断改变战争新闻报道的政策,似乎已经意识到,试图在数字时代控制信息没有意义。在发动进攻的几个月之前,美国国防部新闻发言人**维多利亚·克拉克**②(Victora Clarke)邀请新闻机构选派记者参加军事简易课程,提高速度,增强体魄,做好准备与军队一同奔赴战争前线。政府规定记者可以去任何地方进行拍摄,军队指挥官不得干涉。

记者随行机制随着战争的发展进行了精细的调整。但是,这个机制还是存在问题。随行记者的加入使得军队必须派遣额外的士兵进行安全保护。如果记者受伤了,部队就只能放弃任务,帮助记者撤离。这在伊拉克战争期间变成一个越来越棘手的问题。一百多名记者遭受重伤。美国驻巴格达新闻中心的官员们让记者自行决定是否继续随部队前进。

> **思考**
> - 战时新闻报道该如何向政府反抗,让大众传媒摆脱政府管辖?
> - 随行新闻记者的加入给部队带来了怎样的影响?

15.3　互联网领域的全球变革

▲ **本节概述**

全球网络通信发展是如此迅速,以至于其开始向人类社会业已建立的强大结构或体系发起挑战。这些体系包括民族国家、特大型企业,以及包括它们的保密制度在内的传统运行模式。一些像维基解密这样的独立组织以网络为依托,破坏政府与企业中那些与民意相悖的秘密。

15.3.1　民族国家何去何从

全球数字通信的发展提出了一个问题:人类社会已经在许多个世纪的时间里采用民族国家作为组织形式,现在这种形式是否已经注定在媒体的主导下走向衰退?网络是一个无须任何政府颁发执照的媒介。在网络上,几乎任何人都可以不受审查地发表言论,这使得网络运行更加超出了政府的监管能力。从无数源头汹涌而来的信息,已经使许多传统民族国家的治理陷入困境。可以肯定的是,有些政府已经通过封锁的方式进行网络审查,但是收效甚微。

---

① 联营机制:轮流选派记者进行新闻报道,但是停留时间受到限制。
② 维多利亚·克拉克:提出随军战地记者策略。

第 15 章 大众传媒的全球化

维基解密①(WikiLeaks)最能体现网络带领人类建立全新管理结构的潜力,该组织不设立总部,对外声称实行"多边司法管辖"。换句话说,维基解密不受任何单一政府的管辖。该网站由社会活动家**朱利安·阿桑奇**②(Julian Assange)创建,鼓励人们在发现政府部门做出了错误决策或者犯下更严重的罪行之后,提交内部文件,证明政府有违反民意,或者有未将重大事件付诸公众讨论的行为。阿桑奇将揭露政府机密称为**有原则的解密**③(principled leaking)。维基解密揭露的内幕包括以下一些内容。

- 2007 年肯尼亚全国大选之前,维基解密的文件显示政府贪污数额达到 30 亿美元。阿桑奇表示,此次揭秘动摇了 10% 的选票,这个数字影响深远,"这促使宪法发生了很大改变,促进建立一个更加开放的政府"。
- 维基解密发布了一段视频,揭露 2007 年发生在巴格达的一次袭击事件。美国的直升机部队开枪射杀 13 名群众,其中包括一名路透社新闻摄影记者和一名司机。接下来的三年时间里,美国军方拒绝发布关于该段错杀无辜百姓的恐怖视频。但是一位能够接触到该视频的人士将视频传给了维基解密。
- 维基解密接收到大约 10.9 万份揭露阿富汗战争的机密文件,都是来自军方或其他情报源的战地报道,这些文件被同时放在网络上,几个星期之后又发布了 39.2 万份关于伊拉克战争的文件。文件证实塔利班与美国部队作战,受到了来自可能是巴基斯坦亲美派内部的资助,还证实发战争财的行为相当猖獗。还有其他一些被美国政府掩藏或轻描淡写的肮脏的战争内幕细节也被揭露出来。

从历史上看,保护机密对于民族国家来说是一项重要的治国方略。几百年来,文件泄露事件鲜有发生,而且在国际关系中属于非常严重的问题。与以维基解密为代表的新时期相比,之前因泄密带来的烦恼都成了小问题。利用先进的密码技术和对解密者身份的隐藏程序,维基解密已经成为政府永远拔不掉的一根刺。自 2006 年成立以来,维基解密每年发布的政府机密文件达到上千件。维基解密的专家会分析、整理泄密者的信息,检查其可信度。有些时候,技术专家会隐去一些信息,保护牵连到的个人,比如一些士兵和间谍组织告密者的家人。

问题是,面对越来越多的政府泄密,我们所熟知的民族国家还能否继续生存?

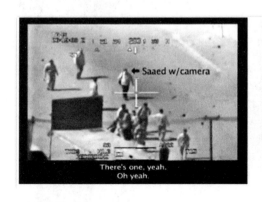

---

① 维基解密:发布政府和企业机密文件的独立网站,旨在纠正滥用职权的行为,保护公众享有话语权并参与国家大事。
② 朱利安·阿桑奇:维基解密创始人。
③ 有原则的解密:政府职员和企业员工更适合检举腐败、欺诈和暗箱操作。

战争的恐怖。 在巴格达广场上一次混乱的直升飞机袭击事件中,包括两名新闻记者在内的无辜群众遇害,美国军方拒绝发布相关视频。能够接触到该视频的人员将其发送给维基解密,视频被公开到网上。一旦上传到网上,文件便无法被审查或召回,政府也很难再控制信息以赢得支持。

▶ 媒介时间线

16 世纪	**全球大众传媒里程碑** **审查制度** 亨利八世限制出版物进口;后采用执照制度(1529) **确立威权主义** 詹姆斯一世宣称君权神授(1598) **重大事件** • 欧洲范围内出现印刷厂(1500 年至今) • 马丁·路德(Martin Luther)发起宗教改革(1517)	 国王詹姆士一世看到神的旨意
17 世纪	**全球大众传媒里程碑** **《论出版自由》** 约翰·弥尔顿主张为寻求真理进行完整推理(1644) **重大事件** • 科学的时代,理性的时代,启蒙运动	 弥尔顿让真理与谬论较量

18世纪	**全球大众传媒里程碑** **约翰·彼得·曾格（John Peter Zenger）** 纽约陪审团判定曾格诽谤罪名不成立（1735） **第一修正案** 美国宪法禁止政府干涉出版（1791） **重大事件** • 本杰明·富兰克林（1705—1790） • 向殖民地征收印花税（1765） • 华盛顿担任美国总统（1787—1797） • 美国独立战争（1776—1781） • 法国大革命（1789—1799） • 关于制止外国人反美及制止煽动言论的法律（1789）	
19世纪	**全球大众传媒里程碑** **美国内战** 美国政府限制战争报道（1862） **重大事件** • 摩尔斯（Morse）发明电报（1844） • 美国内战爆发（1861—1865） • 林肯担任美国总统（1861—1865） • 摄影师马修·布雷迪（Mathew Brady）报道内战（1861—1865） • 西班牙—美国战争（1898）	 主战派新闻工作者向西班牙显示实力
20世纪	**全球大众传媒里程碑** **全球广播事业发展** 英国广播公司成立（1927） **穿制服的记者** 专门服务于美国政府的记者（1942） **广播宣传** 美国之音（VOA）成立（1942） **卫星广播** 美国有线电视新闻网（CNN）开设全天候新闻频道，随后覆盖全球（1976） **记者联营** 政府允许记者联营报道美国入侵巴拿马事件（1989） **随军采访** 记者跟随部队进行采访（1993）	 VOA（美国之音），冷战时期的外宣工具

	半岛电视台 卡塔尔酋长成立半岛电视台(1996) **重大事件** • 第二次世界大战(1941—1945) • 苏联与西方国家对抗,冷战(1945) • 越南战争(1964—1973) • 苏联解体(1989) • 海湾战争(1991)
21世纪	**全球大众传媒里程碑** **泛阿拉伯传媒** 迪拜创立了面向多国受众的传媒企业(2003) **维基解密** 揭露政府和企业机密的网站(2005) **重大事件** • "9·11"恐怖袭击事件(2001) • 阿富汗战争(2001年至今) • 伊拉克战争(2003—2011) • 数以千计的与阿富汗战争有关的机密文件被传到网上(2010) • 英国石油公司墨西哥湾漏油事件(2010)

朱利安·阿桑奇:
是否"开放"得过了头?

媒体人物

维基解密:开放的新时代?

朱利安·阿桑奇把全世界的政府和企业都逼疯了。阿桑奇来自澳大利亚,他编写了前所未有的密码,保护网络信息不被破解——有点像银行和零售商在其交易中用来防止不法分子窃取的那种密码。但是阿桑奇的密码比它们写得更好。密码与计算机程序和协议相配合,收集机密文件并对其进行评估,使得维基解密网站这一阿桑奇的脑力劳动成果,可以发布关于政府和企业的数以千计的机密文件,同时还能保护那些提供机密文件的告密者。

维基解密于2010年泄露了50.1万篇战地报道和其他机密文件,内容涉及阿富汗战争和伊拉克战争,这是规模最大的一次泄密。美国白宫谴责此次泄密事件。白宫发言人罗伯特·吉布斯(Robert Gibbs)指责维基解密危害美国人民、联盟士兵以及情报人员的生命安全。吉布斯表示,敌方组织塔利班可以通过这些文件,找寻并追杀那些与美国及其他国家合作的人士。吉布斯深切表示美国政府很无助:"我们能做的只是恳请掌握机密文件的人士不要再泄露任何消息了。"阿桑奇在伦敦表示维基解密网站还有1.5万份文件有待揭秘,但他们正在处理可能会导致暗杀的人名和信息。维基解密网站延续以往的文件发布检查办法,多数时候为保证信息真实性而采取匿名方式。阿桑奇引以为豪的地方在于,虚假信息从来都不能通过维基解密的过滤器。

阿桑奇有着怎样的信念？他相信强大的组织，特别是政府和企业，应该公开、透明。他说，机密为欺诈和滥用职权提供了保护。他将维基解密视为一种问责手段："有了公众审查，那些不择手段、不负责任的秘密组织就要考虑其行为可能引发的道德谴责。"

少年阿桑奇居住在澳大利亚，熟练掌握黑客技术，他侵入加拿大北电网络有限公司的终端，想测试安全漏洞，结果真的找到了。他因此被逮捕，并对24项与侵入计算机系统有关的指控认罪。

他有过辗转的求学经历，对医药、哲学、神经系统科学和人权表现出极大的兴趣。不过，大多数知识都是他自学的。

26岁的阿桑奇与他人共同发明了一款名为软磨硬泡攻击法（Rubberhose）的网络加密程序，供激进的人权主义者保护数据不被心怀不轨的机构利用。他将软磨硬泡攻击概念运用在维基解密当中。

阿桑奇因揭露肯尼亚政府的法外处决而得到大赦国际（Amnesty International）颁发的奖项。他也荣获《经济学人》的"言论自由奖"。类似的还有山姆·亚当斯奖，表彰他在揭露恶行时所表现出的正直品质与道德精神，该奖项的评委是一些从中央情报局退休的特工。

朱利安·阿桑奇。 在西班牙等地，群众联合起来游行示威，支持言论自由，反对政府对维基解密创始人朱利安·阿桑奇的控告。政府对此表示愤慨，发布经济压制令，要求银行拦截维基解密支持者给维基解密提供的捐助资金。政府部门采取了针对阿桑奇的多种法律措施，包括提出性侵犯这一与维基解密毫不相关的罪名。

毫无疑问，阿桑奇是一位改革斗士。同时，面对大集团的所作所为，他也表现出愤世嫉俗的一面。他向世人证明，大企业与糟糕的威权主义政府都滥用权力，它们是一丘之貉。对于一些企业，他是这样评价的：

- 职工、顾客与其他民众不具备选举权——只有股东，就像昔日的地主一样，按照所有资本的比例分配选举权。
- 由中央委员会进行权力分配。
- 不存在公平的权力分配。没有第四权。没有陪审团。可以假定的是，无人清白。
- 员工不听从指挥可能立刻被解雇，相当于在民族国家被放逐。
- 公司中有言论自由？有什么言论自由？！
- 结社自由？未经高层允许，连恋爱都谈不成。
- 企业的经济制度由核心领导决定。自上而下的游戏，草根别想沾边。
- 对行为举止和网络交流的监视是企业常态。
- 企业有严格的规章制度。阿桑奇说，企业规定员工每天去卫生间的时间、地点和次数。
- 内部反对派，比如工会，要么被禁止，要么只能在监视之下开展活动或者被尽可能地边缘化。

很显然，阿桑奇十分鄙视企业和政府隐藏的机密。他将维基解密设定为"有原则的解密"媒介,这一点不足为奇。

"维基解密意义重大,"阿桑奇说。他还说,"当今世界存在很多威权主义政府,民主国家的威权主义趋势也愈发严重,更糟糕的是,一些对人民群众毫无责任意识可言的企业却在国际事务当中发挥着越来越重要的作用"。"现在是最需要开放和透明的时代,"阿桑奇指出,维基解密不存在商业用途,不会瓜分国家利益,是"第一个为人民服务的情报机构"。

> **你怎么看?**
>
> 朱利安·阿桑奇在高科技和人权会议上发表演讲,为什么会有美国联邦机构出席?
>
> 维基解密泄露的机密是否会对美国国家安全产生影响,是怎样的影响? 这是否让管理变得困难?
>
> 政府和企业还有别的办法保存机密吗?

15.3.2 大型企业何去何从

国际公司强大的势力为其争取到巨大的经济实力,可它们却缺乏责任感,只以利益为导向。企业不择手段地追逐利益,不顾人类福祉和地球存亡,这样的行为愈演愈烈。举个例子,2010年墨西哥湾原油泄漏事件暴露出很多问题,不仅英国石油公司不顾安全标准,就连政府官员也未对公司声明的真实性进行核实,便在公司提交的报告上签字。结果是:环境遭到极大破坏,人类生活遭受打击,包括对墨西哥湾的渔业和服务业造成的伤害;更不用说那些在钻井平台上牺牲的英国石油公司员工,还有持续了100天的原油泄漏。讽刺之处在于,英国石油公司的这场灾难正是在美国,这个最具实力的国家的管辖范围内发生的。人们不禁要问,大型企业除了会对自身利益负责,还会对其他人负责吗?

大型跨国公司的权力之大令人担忧。英国石油公司每年收入超过2000亿美元,比许多国家的财政收入还要多。维基解密的朱利安·阿桑奇没有点名指出英国石油公司,他简单、严肃地描述了当下的形势:"政府腐败、政企合作或者司法系统的操控,滥用职权的企业就可以掌控政府部门——这个唯一可以施展强制力量的权力机构。"他说,实力弱的政府尤其容易受到影响。不过,并非只有无能政府领导下的小国家会出现这样的问题。从英国石油公司墨西哥湾漏油事件可以看出,美国石油工业管理部门存在任人唯亲和

企业不顾后果。 墨西哥湾原油泄漏事件之后浩大的清理工程表明,像英国石油公司这样的大型企业拥有大量的资源。这些公司秘密操作,直到有一天,它们不顾后果的行为被公之于众。像维基解密这样的网站认为公开那些揭露公司政策的内部文件可以促进改革。

腐化堕落的问题。大型企业对游说集团投入巨额资金，用来影响美国法律法规。仅英国石油公司一家企业每年资助华盛顿游说集团的金额就高达360万美元。

传统的大众媒体在揭露企业不法行为方面做得不够。由于媒体资源不足，没有足够的记者打入大企业内部追踪事件真相。大企业的保密措施也让调查工作变得更有难度，其强制措施也让员工保持沉默：说出去就被解雇。如果员工被卷入企业秘密和那些好莱坞电影式的阴谋，情况还可能更糟。

网络为有意向的企业知情人士泄密提供了通道。比如像维基解密这样的网站，可以接收企业内部文件，并研制了有效措施掩护泄密者的身份，保护他们不会受到报复。维基解密的阿桑奇看到了网站的净化作用："公众解密可以促进改革。"

思考

- 面对网络机密文件泄露的事实，政府和企业除了改革自身行为，还有什么应对措施？
- 面对维基解密等组织提出的信息全面公开的要求，民族国家的管理模式该如何生存，国际关系该如何维护？

15.4　跨国界软外交

▲ 本节概述

大众传媒是重要的治国方略。各国政府开设电台广播，其信号被跨国接收，可以避开一国政府，直接接触该国听众。美国政府的自由欧洲电台计划（the Radio Free Europe and Radio Liberty）可追溯到冷战时期。近年来的计划包括针对古巴听众的马蒂电台（Radio and Television Martí）以及针对阿拉伯听众的法尔达电台（Radio Farda）。此外，美国还会资助一国国内的传媒机构，以提高国家建设中的外交软实力。

15.4.1　阿富汗的媒体建设

阿富汗遭受入侵，其政府于2001年被推翻，在那之后，阿富汗收到几十亿美元的资助，为新的基础设施建设创建良好环境。其中几百万美元用于重新建立阿富汗大众传媒。**美国国际开发署**①（U.S.Agency for International Development）向已经回到阿富汗的穆赫辛尼家族提供22.8万美元，用来建立全国第一个私人电台。穆赫辛尼家族还另外投资30万美元作为必备资金。此后，国际开发署还资助了穆赫辛尼的企业，该企业名为莫比集团（Moby Group）。集团包括阿曼电台（Arman）和托罗国家电视台、媒体制作公司、一个广告公司、一个杂志社和一些网吧。处于被侵略后期的阿富汗出现了很多媒体公司，但是莫比集团仍占据首要地位。

美国在阿富汗发起的援外计划被称为**国家建设计划**②（nation building），包括一些对现代社会必要行业的援助，比如警察局、邮政运输、电力网络，当然，还有大众传媒。媒体资助

---

① 美国国际开发署（USAID）：政府设立的非军事援外机构。
② 国家建设计划：在发展中国家建立管理体系和基础设施系统。

也叫**软外交**①（soft diplomacy），拓宽了美国建设可持续发展社会的外交政策。大部分援助都是默默进行的，这样可以减少外界对美国政治宣传的指责。美国从不会在内容上进行明显的控制。对于莫比集团，美国国际开发署多年来就只资助了一档名为"在路上"的周六夜间节目。一位友好的年轻记者开着吉普车走访阿富汗各地，采访当地人对于生活和风俗的看法，在国际开发署看来，这里亟须建立国家意识。"在路上"只有半个小时的播出时间，与莫比集团托罗电视台每周112小时的节目时长相比，其比例不超过0.5%。

在之前塔利班政府的领导下，阿富汗不允许播出电视节目。电台主要播放祈祷文和宗教音乐。到了2011年，国家涌现出17个全新的电视台。一家名为萨拉姆·瓦谭达（Salam Watandar）的广播集团就是在国际开发署的资助下建立的，可以为42个电视台提供不同的节目。集团经理麦斯古德·法力瓦（Masgood Farivar）向《纽约客》杂志记者肯·奥利塔（Ken Auletta）描述国际开发署的软外交："传媒取得了巨大成功。这一切得益于国家建设计划和通过教育民众而获取的民主意识。就算塔利班政府卷土重来，他们也不能再禁止电视了。"

15.4.2 跨国界宣传

与美国在阿富汗实行的媒体软外交相反的操作形式是跨国直接广播。例如**法尔达电台**②（Radio Farda），它在伊朗以及对美国不友好的地区用波斯语进行24小时广播。法尔达电台在美国的严密控制下从捷克共和国传输信息，但是在新闻播报的时候却给人留下一种独立的印象。表面上看，这样做的目的是站在美国的立场上，解读已经被当地媒体曲解过的事件，这些媒体由波斯语地区的政府掌控。节目还以愉快的方式展示美国文化。批评家认为法尔达电视台在进行软性推销式宣传。美国国务院反驳说，人民被政府压抑，法尔达电台不过是一种抗衡。

法尔达电台模仿**马蒂广播电视台**③（Radio and Televisión Martí）等媒体建立而成，马蒂广播电视台是1975年由美国政府资助成立的跨国媒体，针对古巴观众。不管是法尔达电台还是马蒂广播电视台，都不是美国新发明的政治宣传武器。冷战时期的大部分时间里，美国中央情报局秘密建立**自由欧洲电台/自由电台**④（RFE/RL），在公民和侨民的资助下向欧洲中部和苏联传输信号。1972年，美国国会向自由欧洲电台/自由电台公开拨款，资金来源才变得透明。用一句间谍暗号来说，自由欧洲电台/自由电台最终"走出了冷战"。法尔达电台是自由欧洲电台/自由电台的一部分。

15.4.3 美国之音

包括美国在内的许多国家，都建设了有全球影响力的媒体，这些媒体并非是像法尔达电台、马蒂电台和自由欧洲电台/自由电台那样，而是制成电台节目，再向其他国家传播。美国之音广播电台创建于1942年，它为全球范围内的电台、电视台以及有线电视网提供丰富的

---

① 软外交：政府为创造一个对本国有利的外交环境而发起的低调行动，包括直接向民众传播消息。
② 法尔达电台：美国政府针对伊朗和伊拉克开设的波斯语电台。
③ 马蒂广播电视台：美国针对古巴开设的宣传机构。
④ 自由欧洲电台/自由电台：美国针对东欧、中亚和中东等不允许信息自由流通地区的宣传组织。

节目素材。全球兴起的美国爵士热潮就要归功于**美国之音**①(Voice of America)。现在,美国之音的节目通过卫星、FM 调频、AM 调幅以及短波的形式输出,同时通过瀑布流式的页面和可下载的格式在网络上呈现。

其他国家也有类似的国家电台,包括英国广播公司全球服务(BBC World Service)、中国国际广播电台(China Radio International)、德国之声(Deutsche Welle)、澳洲广播电台(Radio Australia)、加拿大国际广播电台(Radio Canada International)、法国国际广播电台(Radio France International)、印度尼西亚之声(Voice of Indonesia)以及俄罗斯之声(Voice of Russia)。美国的广播电台可以从上述电台获取节目,这些电台的海外服务全部由其母国资助,全部设有网站,部分开通电视台。

15.4.4 跨国信息封锁

威权主义政府看到对自己不利的信息,会对其进行不同程度的封锁。在伊朗,革命卫队(Revolutionary Guard)会干扰电台信号,英国广播公司驻波斯中心经常成为干扰的目标。伊朗文化与伊斯兰联络组织(the Iranian Administration for Culture and Islamic Guidance)通过机器、人力和拦截装置控制博客网站上的内容。此外,政府部门还雇用上百名工作人员在博客上发布政府信息。

古巴的卡斯特罗政府干涉马蒂电台,显然收到了很好的成效。一项调查显示,里根总统在任时期成立的马蒂广播电视台已经成立 20 年,现在只有不足 1% 的古巴人收看或收听该台节目。尽管电视节目质量过关,且美国政府在最初的 20 年时间里投资 5 亿美元,马蒂电视台还是被称作"世界上收视率最低的电视台"。

冷战时期,苏联以及相关集团拦截国外电台和电视信号。尽管如此,还是有很多人可以收听到自由欧洲电台/自由电台。如今一些倍受压制的国家已经发展起自己的传媒体系,在广播和电视技术方面与外来媒体竞争。

思考

- 美国政府为外国听众提供的广播和网络服务有什么特点?
- 何种类型的服务短时期内最有效?长时期呢?什么样的最无效?
- 何种类型的服务最值得政府投资?

媒介争论

跨境传媒输出的合法性

包括美国在内的大多数国家已经签订协议,同意在国内报道新闻的时候尊重彼此的主权。协议未包括短波广播。但传统的国际短波广播公司如英国广播公司全球服务和美国之

---

① 美国之音:美国政府资助的广播和网络节目制造商,可以将美国政策直接传播给民众。

音是按照协议规定运作的。

马蒂广播电视台成立于1983年，由美国政府在古巴兴办。从1985年开始，马蒂电台利用位于美国大陆且功能强大的无线电发射机将广播节目强制传入古巴，多数节目反对古巴铁腕独裁统治者菲德尔·卡斯特罗（Fidel Castro）。卡斯特罗政府向联合国的广播监管部门，也就是国际电信联盟（International Telecommunication Union）提出抗议。古巴称马蒂电台扰乱了本国秩序，更不用说国家主权问题了。美国方面的回应却是忽视古巴的抗议，继续输出广播。

到了1990年，马蒂电视台成立之后，侵入问题变得更加尖锐。由于电视信号的量程相对较短，马蒂电视台在佛罗里达礁岛群（Florida Keys）上方1万英尺的高空设置发射机防护气球，该地距离古巴首都哈瓦那只有100公里。另外，美国空军飞机装载二次发射机在空中低速绕圈飞行。同样，轨道卫星也载有马蒂电视台的发射机。这属于联合工作模式——因为防护气球需要在地面接受保养，遇到雷电天气，C130飞机一次只能飞行几个小时。还有，卫星也不能保证每周全天候进行播报。美国为了将马蒂电视台的信号传到古巴做出了很大努力，美国有预谋入侵古巴广播的事实不可否认。与马蒂电台将信号覆盖加勒比海周围的所有国家不同，马蒂电视台自称将信号辐射到古巴的事情纯属偶然，虽然这一点并不可信。

2007年，国际电信联盟判定马蒂电视台利用飞机传输信号是明显违反协议的行为。

空中传输信息。 充满氦气的保护气球被拴在佛罗里达礁岛群上方2英里的高空，是马蒂电视台用来将信号传至古巴的传输平台。评论家指出，这些信息可以煽动群众推翻卡斯特罗政府。马蒂电视台还通过C120飞机跨洋过海传输电视信号，或者通过轨道卫星传输信号。

正方

2007年国际电信联盟的代表在联盟的支持下清楚地表明他们的决议："通过飞机操作执行，未经他国政府允许擅自将信息传至他国的行为应视为违反电台通信要求。"

反方

马蒂电视台的支持者也有他们的观点。美国和联合国有关于保护人权的政策。伊莲娜·萝丝莱蒂娜（Ileana RosLehtinen）是一位出生于古巴的美国议员，她坚信马蒂电视台加速了"受审核阻挠的揭露独裁统治暴行和践踏人权行为的信息的流通"。

深化你的媒介素养

探索问题：自1959年菲德尔·卡斯特罗领导古巴革命之后，马蒂电台在美国—古巴关系史上发挥了怎样的作用？

深入挖掘：电视台如何判断什么样的事件会引起古巴人民的关注？你如何看待马蒂电台播报的新闻和评论？

你怎么看? 一个国家的协议契约应该具有怎样的约束力?有人说卡斯特罗领导下的古巴对于美国的国家安全造成威胁,你如何看待这一说法?如果说古巴对美国造成威胁,这是否可以成为违反包括国际广播管理条例在内的条约的理由?国际广播所肩负的鼓励和完善人权的道德使命在这一争议中又该如何理解呢?

15.5 阿拉伯国家的传媒系统

▲ 本节概述

伊斯兰国家的媒体并非遵循单一模式。这些媒体隶属于不同的政治系统,有些遵循相互矛盾的神学理论,有些实用主义的媒体试图建立泛阿拉伯观众群。最成功的例子是半岛电视台。

15.5.1 多样化传媒机制

伊斯兰教统治地区的各个国家相互迥异,它们的传媒体系也是各不相同。这些国家从北非一直延伸到东南亚。它们中的不少都实行传统的威权主义体系,还包括世界上最后一批由神职人员控制的政府。然而,它们彼此之间却差异显著。在伊斯兰教条广泛的统治之下,各个教派相互争夺统治地位。在被美国占领期间,伊拉克所陷入的内战,正是缘自不同伊斯兰派系和宗教传统之间已绵延了数个世纪的冲突。与此相对的是,迪拜酋长国实行君主制,经济的增长克服了诸多不可调和的难题,实现了泛阿拉伯计划,让多种多样的传统思想调和。

阿拉伯地区的传媒机制反映出专横傲慢的欧洲统治时期价值观与死而复生的传统价值观的交织。西方国家留下的影响可能在其统治结束之后相当长的时间内持续存在。比如,英国广播公司在阿拉伯地区有过国际广播的历史,它在 20 世纪 90 年代花费两年时间发展阿拉伯语服务。重重阻碍让英国广播公司于 1996 年放弃了这个计划。但是卡塔尔政府早就想将自身打造成区域传媒中心,这个占地面积很小的海湾国家由此看到了机会,模仿美国有线电视新闻网,由酋长**哈马德·本·哈利法**①(Hammad bin Khalifa)筹集资金,建立起 24 小时运营的电视新闻集团,

监控室。位于卡塔尔的半岛电视台,监控室里面既有前英国广播公司的员工也有阿拉伯记者。半岛电视台对于美国发动伊拉克战争的报道让美国总统布什感到不满,援引英国媒体的报道,布什曾建议英国首相托尼·布莱尔(Tony Blair)炸毁半岛电视台总部。

---

① 哈马德·本·哈利法:半岛电视台创始人。

半岛电视台由此诞生。如今,**半岛电视台**①(Al-Jazeera)已经成为世界排名第19的知名媒体品牌。

15.5.2 半岛电视台

半岛电视台的新闻理念很大程度上来自那些曾参与英国广播公司新闻计划的英国雇员。对中东地区来说,这些手段很新奇——主持人冷静地播报正在本土发生的新闻,尽可能做到全面彻底,而且不受约束。观众不由自主地盯着屏幕看。观众来电直播节目也不会遭到禁止。许多阿拉伯国家政府实行残暴统治,忽视群众需求,但突然间,阿拉伯人民有了向政府发泄的途径。

半岛电视台因传递民主与改革的思想而受到西方的赞扬。但是在2001年,阿拉伯恐怖分子在纽约和华盛顿杀害上千名群众,事情发生了改变。美国发动了伊拉克战争作为对此事件的回应,在这个关口半岛电视台保持了它固有的阿拉伯视角,包括它不受约束的报道方式,于是它的报道便时而与美国试图描绘的事实相冲突。各方面对此都发表评论,包括那些美国希望遏制其发声的党派。据报道,2004年美国总统乔治·布什会见英国首相,不顾美国的自由主义传统,趁无人注意向英国首相建议炸毁位于卡塔尔的半岛电视台总部。不管出于什么理由,炸毁一事并没有真正发生。

与此同时,半岛电视台依然遵循英国广播公司的报道传统,寻求多种视角,还原事实真相。由于偏执的集团声称各自掌握事情的真相,半岛电视台为此付出了很高的代价。半岛电视台遭受过两次轰炸,包括2001年美国空袭半岛电视台位于巴格达的办事处。许多阿拉伯国家政府下令关闭半岛电视台,不过收效甚微。半岛电视台的观众于2000年达到5000万,并且还在继续增长。

同时,半岛电视台的影响力也在增强。2003年,它与英国广播公司签订新闻共享协议。美国有线电视新闻网也为半岛电视台提供视频资源。此外,半岛电视台于2006年开通英语频道以增强国际影响力。2010年,移动网络平台开通,半岛电视台英文频道也在Facebook上开通主页。电视台的一些英文主播曾在美国有线电视新闻网、星空电视台(Sky News)或者英国广播公司工作过。

15.5.3 作为恐怖主义工具的媒体

包括恐怖集团基地组织(Al-Qaeda)在内的激进分子根据自身需要启用低成本的电子媒体。在美国占领伊拉克期间,激进分子学会了拍摄多机位、高分辨率的视频来宣扬针对美国军事力量的大规模袭击。视频的制作周期很短,一般带有激情的旁白或者射杀美国士兵的剪辑片段,全部配有宗教音乐或战争歌曲。这些视频旨在激发争取胜利的热情。视频被放在巴格达的市场上销售,为活动筹集资金。更厉害的是,他们让视频在手机上以极快的速度疯狂传播。在袭击发生后的几分钟内,视频可以不受控制,在手持终端上传播。

所谓高科技的运用只需一台笔记本电脑就能做到,视频内容通常与杀戮有关。有段视频非常残忍,画面上,逊尼派民兵用五英寸长的刀子锯掉什叶派成员的头颅,这段视频煽动了逊尼派的情绪。什叶派当然不具备信息传播和政治宣传的新工具。当伊拉克领导人萨达

---

① 半岛电视台:面向阿拉伯观众的卫星电视台,总部位于卡塔尔;现已面向全球。

姆·侯赛因(Saddam Hussein)被绞死的秘密视频流传到网上,近距离拍摄的画面显示萨达姆的脖子被绳索套住,于是被激怒的什叶派在安巴尔省煽起了一场暴乱。

新媒体可以给社会上的受害者提供一个平台,反抗传统意义上的高层领导。在位于巴格达西北方向的城市费卢杰,美国花费几百万美元开展运动,利用传统公关和**宣传**①(propaganda)工具收买民心。然而另一方却获胜了。为了纪念被美国罢黜的统治者萨达姆·侯赛因,当地人将一条主干道更名为"殉难者萨达姆·侯赛因路"。

15.5.4 迪拜传媒集团

作为一个国家,迪拜就像波斯湾上的一粒沙子——67.4万人口当中只有26.57万人居住在主要城市。然而沙子下面却埋藏着石油,为这个超小型帝国带来巨大财富。但是等到油井干涸的时候该怎么办呢?人类从地球获取的资源肯定会有用尽的一天。

政府做了精细的计划,着手后石油时代的经济基础设施建设。计划包括建设豪华酒店,将迪拜建设成旅游中心。海湾上有绵延数英里的沙滩,从欧洲、南亚,当然还有其他阿拉伯世界国家飞过来只需要一天的时间。

还有明媚的阳光。迪拜能不能成为阿拉伯的好莱坞?20世纪初期,正是加利福尼亚的阳光,吸引着正在起步的美国电影工业从美国东海岸转移到好莱坞发展。阳光越充足,就意味着可用于室外拍摄的日子越多。电影业有可能带动媒体业的发展——特别是在电视制作方面。

将迪拜建设成以旅游为导向的集成体,这一系列新想法应运而生。2003年,政府将信息部变更为**迪拜传媒集团**②(Dubai Media Incorporated),管理国家的电视系统。迪拜媒体公司是一个半政府机构,但是其运营模式却像一个私营企业。政府将970亿美元投入建设,其中大部分是借来的,这曾在2009年引起一场财政危机。超过1000家影视公司加盟,享受迪拜的阳光和政府的免税政策。

迪拜媒体中心的目标是吸引酋长国以外的观众,一共开设四个电视频道。其中一个是阿拉伯语大众娱乐频道。该频道成为收视率很高的泛阿拉伯卫星电视频道,仅次于沙特独资的、位于伦敦的MBC电视台。迪拜体育频道是唯一能够24小时经营的阿拉伯体育频道,享有转播迪拜赛马世界杯的特权。阿拉伯足球赛事转播特权也归它所有。英语频道主要播放电影和从国外引进的节目。另外,地方台主要针对包括迪拜在内的阿拉伯联合酋长国的观众。

阿拉伯地区各国文化和信仰大不相同,迪拜电视台及其竞争者们在选题方面的处境十分困难。迪拜电视台主管侯赛因·阿里·鲁塔(Hussein Ali Lootah)认为电视台最大的成就在于推广海湾地区制作的电视节目,不牵扯北非的阿拉伯国家。他说,创意来源于本地认同。关于新闻,迪拜电视台避免像半岛电视台那样的大胆深入的报道,而是以亲切友好的方式发布信息。关于杂志和访谈类节目,则是多一些分析,少一些争辩。

至于英语电视台选择播放节目和电影的标准,奈拉·阿尔阿瓦迪(Naila Al-awadhi)经理解释说是"它们是否贴近我们的文化"。一些演出节目配有字幕,在阿拉伯地区推广。

---

① 宣传:某些思想、教义的大范围推广,并不一定是真理,或者只是某个特定党派或宗教主张的推广。

② 迪拜传媒集团:将迪拜建设成中东地区娱乐制作中心的半政府机构。

迪拜电视台占据50%的市场份额,意味着在当地拥有一亿阿拉伯观众。2004年之前的计划给迪拜电视台带来了接近400万美元的收益。两年后的总收入达到了4000万美元。迪拜媒体公司表示,有7000万阿拉伯家庭收看英语频道的节目。

- 半岛电视台从恐怖组织头目奥萨马·本·拉登那里搜集政治宣传视频,对于这种行为的指责是否合理?
- 泛阿拉伯媒体公司在扩大观众群、宣传建立经济链、维持经营方面遇到了怎样的困难?这些公司前途如何?

本章小结

大众传媒与民族国家

媒体自由程度可以反映出国家与传媒的关系。一种极端的表现是自由主义,政府允许大众传媒高度自治与自由。自由主义强调人类各自具有推理能力,能够得出正确的结论,进而相信人类有能力实现自我管理。民主与自由的大众传媒均受自由主义牵引。另外一种极端的表现是威权主义,政府实行自上而下的领导,有的意图明显并动用大量人力,有的程度较轻。从哲学的角度讲,自由主义和威权主义是相互对立的系统,这也解释了为什么世界上存在许多分裂行为。

战争可检验自由的程度

美国最有魅力的地方在于它的自由主义传统,但这个概念却有着坎坷的历史。美国领导人并非总能回应人民群众的管理设想,或者正视被写入国家宪法当中的言论自由。在战争时期,即使是像格林纳达那样的小型战争,也一次又一次地反映出国家生存比表达自由、言论自由重要得多。即使在最民主的国家,战争的磨难对于自由主义理想来说也是一种检验。自相矛盾的政策会导致审查制度的出现和对不同意见的压制。

互联网领域的全球变革

保护机密是一项核心治国方式和企业政策,如今却受到新的网络攻击。在众多网站中,维基解密已经设计出运行机制,它能获取加密的内部文件,并将它们发布到网上。维基解密的目的是促进开放、透明和责任。政府与企业都找不到阻止泄密的办法,一来是因为网络全球化,二来是因为维基解密的运行机制可以帮助解密者隐藏身份。问题在于民族国家或者大企业还能否像以前那样运转。

跨国界软外交

美国资助刚刚起步的大众传媒,以此作为发展中国家建设项目的一部分。美国在对自身利益影响最大的国家花钱最多,比如阿富汗。国家建设的目标是一套可以自我维系的国家基础设施,包括具有实用性的广播和网络系统。历史上,美国和其他一些国家在国际广播事业上花费了很大的力气。它们在敌国开播跨境节目,试图煽动人民与政府为敌。这从20世纪40年代开始就成为一项冷战策略,直到20世纪90年代苏联解体。

阿拉伯国家的传媒系统

虽然大多数信仰伊斯兰教的国家都实行威权主义,但这些国家各不相同。有些是追求各种实用目的的神权政治国家,虽然伊斯兰教各宗派很难做到齐心协力。也有一些国家超越了宗教,试图跻身现代社会。总部设于卡塔尔的半岛电视台就是一个例子,它想要吸引泛阿拉伯甚至是全球的观众。一些媒体制作中心正在建立跨国界和跨文化的阿拉伯以及伊斯兰观众群,它们尤其集中于黎巴嫩和迪拜,也出现在其他地区。

批判性思考

1. 为什么战争时期国家的生存会与言论自由和自由传媒这样的民主思想扯上关系?
2. 泄密者可以通过网络媒介匿名发表信息,这样做有怎样的风险和益处?网上泄露政府和企业的内部信息对它们的职能会产生怎样的影响?
3. 在敌国资助媒体,开展软外交,开设像自由欧洲电台/自由电台和马蒂电视台那样可以进行政治宣传的跨国电台,可能会产生怎样的效益?
4. 你建议阿拉伯地区未来采用什么样的媒体模式,为什么?

媒介术语

authoritarianism 威权主义	natural rights 天赋人权
devine right of kings 君权神授论	pool system 联营机制
Energency Response Law 紧急应对法案	pre-publication censorship 预审制度
Enlightenment 启蒙运动	principled leaking 有原则的解密
First Amendment 美国宪法第一修正案	prior censorship 预先审查
marketplace of ideas 观点的自由市场	rice-roots reporting 水稻根报道
nation building 国家建设	self-righting process 自我修正过程
nation state 民族国家	soft diplomacy 软外交

■ 媒体资源

→包括《国际传播公报》(*International Communication Bulletin*)在内的介绍外国传媒体系和议题的学术期刊。

→Tal Samuel-Azran. *Al-Jazeera and U. S. War Coverage*. Peter Lang, 2010. Samuel-Azran是以色列记者兼学者,称美国政府诽谤半岛电视台,使其边缘化,并称此举中断了两国之间的交流和相互理解。

→Stephen Cushion and Justin Lewis, editors. *The Rise of 24-Hour News Television: Global Perspectives*. Peter Lang, 2010. Cushion和Lewis都是英国学者,本书收录了论述24小时新闻频道对于新闻和民主的影响的论文及随笔。

→Glenn Greenwald. "How Propaganda is Disseminated: WikiLeaks Edition," Salon. com (October 17, 2010). Greenwald是政治专栏作家,他提供了一个案例分析,说美国政府官员派遣虚假的,但是短时间内无法被发现的匿名人员向媒体泄露反对言论,他们知道泄密会吸引民众的注意,最终会被证实是虚假信息,但是这时政府已经达到既定目标。

→Charles Hirschkind. *The Ethical Soundscape: Cassette Sermons and Islamic Counterpublics*.

Columbia University Press, 2006. Hirschkind 是人类学家, 关注媒体和宗教, 分析磁带说教在中东地区穆斯林的日常生活中所起的作用。

→William A. Hachten and James F. Scotton. *World News Prism*: *Challenges of Digital Communication*, 8th edition. Wiley-Blackwell, 2011. 两位作者在国际新闻事件上的著作颇丰, 书中包括了中东地区传统媒体和社交媒体的最新情况。

→Michael S. Sweeney. *Secrets of Victory*: *The Office of Censorship and the American Press and Radio in World War II*. University of North Carolina Press, 2001. Sweeney 是学者, 研究美国政府在二战期间的审查计划, 解释其成功的原因。他也曾是一名记者, 查找了很多档案资料。

▶ 本章主题性总结

大众传媒的全球化

为了更好地巩固你的媒介知识, 此处用贯穿本书的几个主题来展现本章内容。

媒体的未来

朱利安·阿桑奇将政府和企业机密视为一种工具, 可用于对抗那些不顾群众利益、拒绝改革的当权机构。

全球网络通信让保密工作变得越发困难。民族国家失去了一种统治工具。维基解密等组织利用匿名邮箱和加密系统鼓励泄密者将机密文件上传至网络。大企业的内部文件也很有价值。这些泄密网站试图促进开放、透明, 增强社会责任感。这些文件一经泄露, 就不再被审查或召回。政府和企业需要寻找新的运营方式。另外一种办法是寻找管理和贸易的新方法。未来需要的是打破常规的思考。

传媒经济学

半岛电视台, 这一泛阿拉伯新闻频道已经成为世界第五大知名媒体品牌。

广告商向那些能为它们吸引到目标消费者的媒体支付费用来播出广告。这样的经济动因已经成为伊斯兰教统治地区萌芽中的广播事业发展的重要因素。例如 24 小时运作的阿拉伯电视新闻机构半岛电视台, 就以吸引、聚拢前所未有的泛阿拉伯观众群为目标。中东地区的其他传媒机构也有相同的目标, 有些甚至试图吸引全球观众。

媒介效果

尽管媒介效果难以测量, 但包括美国在内的世界各国政府均投入了大量的人力、财力用于支持本国传媒对他国受众施加直接影响, 以促进他国推行变革, 有时甚至是催生暴力叛乱。在第二次世界大战期间, 美国政府借助美国之音电台深度卷入了跨国广播宣传事务, 而该电台和其他类似媒体机构在冷战时期延续其使命, 对苏联和东欧国家展开宣传。如今, 类似的宣传则被施加于古巴、阿拉伯国家, 以及其他对美国的国家政策有影响的地区。而那些美国外宣攻势下的目标国家则往往十分敌视美国的这种行为, 并通过多种努力去抵制美国节目的入侵。

精英主义与民粹主义

威权主义者詹姆士一世和自由主义者约翰·弥尔顿。

如果英王詹姆士一世和约翰·弥尔顿之间能够展开一场对话,那场面一定令人惊叹。这位颇富学者气质的国王以君权神授之名捍卫君主制,反对他人对这一制度指手画脚。比他晚两代出生的弥尔顿则在《论出版自由》一书中宣扬自由主义观点。威权政府系统显然是精英主义的,因其指定一个君王或一小撮政治精英去治理国家,而普通老百姓必须要服从他们的指引。这种关于"什么是好的"的绝对化的标准涵盖了社会政策、文化事务,以及媒体内容等多个领域。与之相对,自由主义却对人类个体充满信心,认为有充足的时间,哪怕是那些最棘手的问题,作为个体和作为集体的"人"都能找到正确的解决之道。相应地,自由主义理念反对内容审查,要求大众传媒扮演"论坛"的角色,供所有人搜集信息、交换观点。

第 16 章

传 媒 法

▎震惊好莱坞

12岁时,乔恩·莱奇·约翰森就做出了自己的第一个电脑程序,这为他带来了各式各样的"神童"美誉。但是没人料想到,他会在青少年时期就开发出足以震颤好莱坞价值亿万美元的电影产业之核心的程序。而他的才能也同时让他成为世界各地无数电影爱好者心中的英雄。

就在乔恩·莱奇在自己所在的国家挪威被视为偶像的同时,他在不经意间陷入了泥潭。乔恩·莱奇喜欢电影。在15岁的时候,他就拥有了360张电影光碟。其中一些是他在挪威本地用比美国原版更高的价格购买的,因为好莱坞的地理编码防止欧洲的电脑用户观看在美国发售的电影光碟。剩下的光碟都是他从美国方面的渠道购得的。通过他发明的解码程序,他可以在自己的电脑上播放这些光碟。这样的行为在挪威没有任何法律问题。乔恩至今还难忘自己最初解码了《黑客帝国》和《第五元素》这两部电影时的狂喜之情。

"为什么不与其他人一起分享这样的好事呢?"他问自己。一周以后,他把自己的解码程序发布在网络上。

好莱坞对此大为震惊,并意识到乔恩·莱奇的解码程序可以被用来解除其置于光碟中的加密程序,从而使得光碟中的电影可以通

等待审判。乔恩·莱奇·约翰森在一家挪威法庭等待他的案件开庭。美国的电影行业对这位被称为"DVD乔恩"的少年提出了指控,理由是他发布了可以帮助他人复制磁盘的解码程序。最终他被无罪释放。

过文件共享被轻松地传输。这将导致灾难性的利益损失。美国电影协会向挪威当局施压，要求其采取行动。警方突袭了约翰森一家，没收了乔恩·莱奇的电脑并且让他接受了七个小时的审讯。因为相信自己并没有做错任何事，乔恩·莱奇甚至把电脑的密码告诉了警方。

就这样，乔恩·莱奇发现自己已经置身于一场权益博弈的漩涡之中，博弈的双方正是拥有创作素材的传媒巨头和那些想随意处理自己购买的产品的人。这些人想要的正是能够复制电影和音乐文件到自己的各种数码设备上去欣赏。

为了这次审判，好莱坞的高官们亲自飞到奥斯陆，并称乔恩·莱奇所发布的软件严重侵犯电影版权，并且可能会导致电影产业的灭亡。乔恩·莱奇回应道，自己并没有做错什么，更不用说侵犯版权。他认为自己拥有基本的自由表达权利，可以自由地分享自己的解码程序。实际上，他说："你们该去追查那些真正盗版了的人，而不是我。"他将自己设定为一个消费者权益的维护者，让人们可以自由地观看自己购买的光碟——无论是在家中用电脑，在路上用笔记本电脑，或是在任何其他地方用掌上设备进行观看。法庭对此表示认同。事实上，当原告上诉时，法庭的决议又一次表明了认同。

在这次审判前，乔恩·莱奇的支持者们在世界各地分发印有他的软件标志的 T 恤衫和领带。在奥斯陆的"五一"大游行上，支持者们手持"释放光碟-乔恩"的横幅。同时，在乔恩·莱奇的网站上，他所开发的破解光碟加密的软件获得了超过百万的下载量。

褒也好，贬也罢，事情的最终结局是，挪威在事后修改了其法律来禁止那些可以被用来破坏版权保护机制的软件。美国早在这之前就在媒介巨头们的要求下做出了相关修正。但是这个问题并未终结，而本章正是要对媒体法展开探讨，包括 21 世纪初最迫切需要解决的媒体法律困境——知识产权保护。

本章要点

- 版权法保护知识产权，同时面临新兴科技所带来的挑战。
- 美国大众媒体法律的核心是其宪法第一修正案所确保的表达自由。
- 多年以来，美国宪法第一修正案得到了更广泛的应用。
- 任何被大众媒体错误中伤的人都可以起诉其诽谤。
- 法院通过对"淫秽"和"色情"另作定义而将"下流"视为一个单独的问题。

16.1 知识产权

▲ **本节概述**

大众传媒公司的产品依法被赋予了知识产权。版权法保护对智力成果的所有权。其他权利，包括消费者权益和自由表达权，已经开始逐渐挑战版权长期以来的至高地位。大众传媒公司对此感到担忧。

16.1.1 版权

关于**版权**①（copyright）的说法早在共和制诞生初期就已有提及。创始人把版权法写入

---

① 版权：保护创造性作品的所有权，包括书籍、文章和歌词等。

宪法中。当国会在1790年最初召集起来时,其通过的第二项法律就是关于版权的。初衷就是为了鼓励更多人去创造,因为人们的创作被承认为财产了,创作者就可以通过向使用者收取费用来获得收入。比如,一个作家可以向出版其书籍的出版商索取费用。事实上,这其中的内容更复杂一些,但是大致上就是如此。其目的就是要确保那些有创造力的人有经济上的动力继续保持创新。为什么?最基本的道理就是,一个社会因为文学、音乐等创造性成果而变得更加富足。此外,还有由专利制度所保护的发明成果。专利是**知识产权**①(intellectual property)法当中的一个单独部分,但其概念与版权是相似的。

许可。版权法允许创作者控制自己的创作成果。他们可以把它卖出去,租出去,丢掉或者只是坐在上面。版权法就像是创造性人才谋生的工具,就像木匠通过木艺、房东通过出租房产赚钱一样。知识产权的创作者**许可**②(permission)他人使用自己的创作成果,通常要收取费用。比如自由摄影师向渴望使用其照片的杂志社索取费用,作曲家向想要出品其音乐的出版商索取费用。

转让。从实际的角度来看,大多数摄影师、作曲家、作家和其他知识产权的创作者都不具备足够的专业知识或手段来开发其作品的潜在商业价值。比如,西蒙与舒斯特国际出版公司能比最好的侦探小说作家本人更好地推广一个热门凶案悬疑故事。试想一下如果只有歌手Jay-Z而没有Def Jam唱片公司的存在,或者马克·博纳特的丛林冒险真人秀没有哥伦比亚广播公司的平台,将会是怎样的情形。虽然的确有些著名的独行侠,但是大型传媒集团以其丰富的资源还是能够吸引许多知识产权的创作者将其版权售卖或是**转让**③(assignment)给自己。而原始创作者往往能因此换得一笔巨款或是最终营收中的部分分红。

同时,传媒公司也会雇用创造性人才,这些人的创作成果则自动归公司所有。

对于传媒公司而言,这些产权都是宝贵财富,是它们的产品,也是它们直接要出售的东西。所以理所当然的是,传媒公司非常警惕自己的知识产权受到偷盗或是像它们所描述的那样,被"**非法翻印**"④(piracy)。好莱坞的影视工作室各自都有许多律师来监控其工作室的版权是否受到侵犯,音乐公司也一样。杂志和报纸也越来越多地积极投入到**侵权**⑤(infringement)认定中。因此,传媒公司将任何未经授权或付款就滥用其知识产权的人告上法庭的案例并不少见。

16.1.2 消费者权益

可以预想的是,大型传媒集团信任其经历市场检验的商业模式,一旦有对其构成威胁的事物出现,它们就会过度反应。这一点在传媒公司为保护其传统、舒适的生意套路而采取疯狂、极端的应对措施时得到了淋漓尽致的体现。这样的情形循环往复地出现,可是媒介公司总执着于过去,无法跳出框架思考并开发新的技术。事实上,自从美国无线电公司在戴维·萨诺夫(David Sarnoff)的领导下致力于探索与发展的那段光辉岁月结束,传统的媒介公司就再也没有占据过技术研发的前端。

---

① 知识产权:创造性作品。
② 许可:授权第二方使用受到版权保护的事物。
③ 转让:转让某一项知识产权的所有权。
④ 非法翻印:偷盗受到版权保护的材料。
⑤ 侵权:侵害版权利益。

近代的历史显示,媒介公司只是为了一定程度上提高效率而审慎地尝试应用技术。随后,天旋地转,它们发现自己被那些正在迎接新架构、挥别旧模式的创新者给颠覆了。想想被纳普斯特公司(Napster)与格洛克斯特公司(Grokster)颠覆的唱片业和被谷歌颠覆的图书行业,你就会明白那是怎样一种情形。

格洛克斯特。在20世纪90年代,音乐交换软件大幅侵蚀其利润的现实引起了传统商业模式根深蒂固的美国唱片业的狂躁。最初开始于纳普斯特公司,随后发展到其他的点对点音乐共享服务,人们绕过了传统的零售唱片。

下载之争。年轻人对于音乐的热情十分高涨。一个普遍的观点是,音乐应该是免费的。当美国最高法院正在审理格洛克斯特软件提供无版权授权的音乐下载一案时,抗议者们展示着自己对于唱片业企图关闭文件共享服务的鄙视之情。

纳普斯特最先遭受还击,它在2001年的一起联邦法院案件中败诉。之后便是针对另一家点对点服务公司**格洛克斯特**①(Grokster)的案件。格洛克斯特辩称自己的软件根据版权法所界定的正确与错误的范围来看处于中立的位置。其承认或许有人滥用其服务,但坚称唱片业的起诉对象应该是那些滥用者,而不是格洛克斯特。

在2005年最终判决该案时,最高法院指出,格洛克斯特曾明确推销其软件的潜在侵权功能,并且就将其置于公司自己的广告中。法院认为,这些广告本身就足以自我认罪。格洛克斯特最终停业。这个案例的教训就是,有能力侵犯版权的设备,只要其并不鼓励侵权就没有问题。

无论如何,整个唱片产业还是受到了纳普斯特和类似的诸如格洛克斯特的平台所带来的巨大震动。在法律大战结束后,最终的结果便是,唱片业终于不再固步自封,摒弃其几十年来栖身版权法保护之下的老路,开始拥抱新技术。甚至在格洛克斯特案宣判时,德国的媒介巨人贝塔斯曼公司就早已买下纳普斯特公司的残余部分并试图以此找寻在网络上推广其音乐的方法。同时,苹果公司于2002年开始运营的在线音乐商店iTunes,也瞬间取得成功。其他由唱片公司自己出资打造的线上音乐销售渠道也迅速出现,它们利用新技术,而不再反抗,不再否认这些已是既成事实的高科技数字下载方式。

谷歌。图书行业同样沉迷于旧模式,忽视数码技术所具备的潜力。就像在它之前的电影业和唱片业一样,除了在提高回炉生产效率和少量针对电子书的尝试外,出版商们仿佛是哭闹着、挣扎着被强行拖入21世纪的。而谷歌正是导致这一切的原因。

在21世纪初,得益于其极其成功的搜索引擎所带来的巨大收益,谷歌迅速拓展其他业务。2005年,谷歌的管理层说服了五家大型图书馆允许其将它们的所有藏书数字化,这包含1500万册英文书籍。谷歌此举的目的就在于建立唯一的网络索引系统,为全球网友提供免费浏览这些书籍的机会。这就是**谷歌图书馆计划**②。

---

① 格洛克斯特:其卷入美国最高法院关于认定推动非法翻录知识产权行为属于侵犯版权的案件中。
② 谷歌图书馆计划:谷歌将1500万册英文书籍数字化并提供在线索引服务。

出版商们最初震怒,随后就提起了诉讼。他们声称,谷歌针对那些既未公开发布又受到版权保护的书籍提供在线免费阅读窗口将会危害它们的知识产权利益。

谷歌最终在2009年与美国出版协会达成决议。但包括作家工会和其他国家的产业群体在内的其他组织几乎立刻对这一决议表示质疑并提出自己的反对意见。这些事件或许会给版权法所提供的权利保护内容带来变数。而无论最终的结果如何,该案例都说明了一个事实,即大型媒介公司相比那些专注于探索和思考技术革命的公司与个人而言,对正在重塑这个世界的技术的掌控力要逊色许多。

思考

- 消费者权益运动和拥有版权的团体产生了怎样的碰撞?
- 从对格洛克斯特案的审判中可以得出什么样的教训?
- 谷歌图书馆计划所涉及的版权问题有哪些?

媒介争论

免费音乐的代价

想象一下你自己打开一封来自美国唱片工业协会的紧急邮件,对方指责你非法下载了几百首歌曲到自己的电脑上,而你的确使用了在网上发现的文件共享软件来增加自己的音乐收藏。为此,这封邮件指控你违反了联邦版权法。该法律授予艺术家、出版商或经销商对于发布、生产、销售或分销其艺术作品的唯一权利。这封来自美国唱片工业协会的邮件发出警告:请缴纳几千美元的费用,否则我们法庭见。

恶作剧?对于已经收到了此类诉前邮件的几百名大学生来说,恐怕并不是的。这些学生大部分还是缴纳了罚款,尽管他们感觉到自己被挑中有点不公平。要知道,估计有超过半数的大学生都非法下载了受版权保护的音乐与电影。正如一位近期收到美国唱片工业协会邮件的20岁大学生所解释的:"我之前就知道这样是违法的,但是也没人为此惹上麻烦啊!"

版权侵害问题持续带给艺术机构巨额的损失。随着给创作者的奖励的减少,艺术家们的收入也减少了。而负责发行他们的艺术成果的公司由于回报的减少,对他们的作品的投资意愿也在降低。以下是一条被记录在美国宪法第1章第8节的论证:"国会应当有权利……通过确保作家和发明家在有限的时间内对各自的作品和发明有唯一所有权,来促进科学和有用的艺术的发展。"

另外一种反对侵犯版权的论据是,非法翻录会伤害诚实的人。因为非法翻录迫使创作者和版权利益所有方抬高艺术

非法翻录受指责。 由于受到音乐交换软件冲击而蒙受损失,唱片业已经开始追踪以大学生为主体的非法下载者。罚款数额甚至可达上万元。

商品的价格,比如音乐,以弥补非法翻录造成的损失。

> **正方**
> 只有傻子才会花钱在那些有免费供应的东西上。如果一项法律被广泛无视,那么它就是陈腐的。是时候废除版权法了。每个人都在这么干,或者说,几乎每个人。
>
> **反方**
> 窃取他人的劳动果实是没有正义可言的。就知识产权而言就更糟糕了,因为窃取的人打击了可以丰富每个人的文化与生活的创造性。

深化你的媒介素养

探索问题: 想想哪些网站是允许人们非法下载音乐和电影的。

深入挖掘: 你认为唱片业所发起的这些诉讼会解决非法下载的问题吗?有没有其他的办法?立法是否可行?或者在小学就开始有针对性的教育项目?

你怎么看? 下载音乐的个人或许不再是仅有的被起诉对象。传媒巨头维亚康姆就起诉了视频网站 YouTube,因为后者允许其用户非法上传维亚康姆公司的电影。而 YouTube 的用户在同样没有获得授权的情况下分享、转发了受到版权保护的媒介信息,你认为这些在 YouTube 上进行转发的个人用户受到起诉是不是也是迟早的事?

16.2 表达自由

▲ 本节概述

美国价值观的一项核心内容就是,政府不能妨碍言论自由,这当然可以延伸到大众传播领域。尽管美国宪法禁止政府的审查,但法庭还是允许一些例外。这些例外包括在战时可能破坏国家安全的言论等。总体上,最高法院在近些年扩大了禁止审查的范围。

16.2.1 对政府的不信任

在美利坚合众国形成前的殖民时期,针对英国当局的反感情绪蔓延,一批自由意志主义者进入领导层。这些人在独立战争结束后依然位居重要的领导岗位。这其中包括当时的许多杰出人物——托马斯·杰斐逊、本杰明·富兰克林、詹姆斯·麦迪逊和约翰·亚当斯。他们犀利地批判了当时自上而下实行独裁主义的英国政府体系。

在为新的共和国起草宪法时,创始人不能忘记自己作为大英帝国一部分时的经历,因此他们很确定对政府的权威不能信任。同时,他们赞扬了人民通过在未经调节的观点的自由市场展开自由探索与表达而具备的发现自己最佳行动步骤的能力,这里赞扬的不仅是个人,也指人类整体。毫不意外,他们创立的宪法禁止政府干涉表达自由。这项条款在宪法**第一修正案**①是这样表述的:"国会不得剥夺言论自由及出版自由。"该条仅由 45 个英文单词组

---

① 第一修正案:禁止政府干涉表达自由、宗教信仰以及个人和社会对政府政策的抗议。

成的修正案还禁止了政府干涉信教自由。除此之外,它保证人民有权抱怨政府并且要求政府改正错误。修正案中与媒体人关系最密切的就是言论和出版自由的条款,这些条款可以总括为**表达自由条款**①(free expression prorision)。

第一修正案中隐含了赋予大众媒体监督政府政策与行为之职责的意义。从这个角度,包括新闻和其他内容在内的媒体就构成了政府除了行政、立法和司法三大分支之外的**第四分支**②(fourth branch of government)。媒体在国家管理中实际上扮演了重要角色,即确保政府是对人民负责的。

16.2.2 第一修正案的再发现

的确就是这么讽刺,就在美国宪法及第一修正案通过仅仅7年之后,国会就通过了限制表达自由的法律。人们因为批评政府领导人和政策而锒铛入狱或遭遇罚款。在1798年颁布的**《客籍法和镇压叛乱法》**③(Alien and Sedition Acts)表面上是在一次法国入侵中出于对国家安全的担忧而制定。美国历史上的重大谜团之一就是,当时的国会,包括许多本身就参与过宪法制定的人,为何能够允许《客籍法和镇压叛乱法》的通过,因为后者完全违背了第一修正案中禁止审查的条款。

事实上,在此后超过百年的时间内,这个国家都没有人继续关注第一修正案。第一修正案成了一个美好但却复杂的想法。没有人想要碰这些棘手的问题,比如追问1798年通过相关法律时,到底有没有必要因为战争或潜在的战争威胁而对表达自由做出限制。

很多的联邦州在此期间都通过了明确限制表达自由的法律。这些法律的宪法合法性争议同样没有成为阻碍。

一直到1919年,美国最高法院才以第一修正案为根据判决一起案件。**查尔斯·申克和伊丽莎白·贝尔**④(Charles Schenck, Elizabeth Bear)这对同为社会主义者的夫妇因为分发反战手册而被联邦警察逮捕。他们指控政府侵犯了他们在第一修正案中所规定的自由表达权利。最高法院拒绝了他们的上诉,称在战争期间这样的审查是合理的。但是司法部门在这起通常被称作"申克诉美国"的案件中首次承认,免受政府限制的自由是每位公民的公民权利。

大量的其他的关于审查的案件也来源于第一次世界大战。1925年,最高法院宣布一项纽约州的法律无效,该法律的条款使得反战意识煽动者**本杰明·吉特洛**⑤(Benjamin Gitlow)被逮捕。虽然吉特洛败诉了,但是法院认定该项审查法律在总体上是违反宪法的。

16.2.3 事先约束

依据第一修正案,美国最高法院于1931年禁止政府在绝大多数情况下通过预先审查来限制他人发声。在**尼尔诉明尼苏达案**⑥(Near v. Minnesota)中,最高法院禁止了"事先约束"。该案的起源是,一个官员根据一项州法律关闭了明尼阿波利斯丑闻报,该法律旨在禁

---

① 表达自由条款:第一修正案禁止政府干涉言论自由和出版自由。
② 第四分支:大众媒体。
③ 《客籍法和镇压叛乱法》:1798年的法律,包含处罚自由表达行为的条款。
④ 查尔斯·申克(Charles Schenck)和伊丽莎白·贝尔(Elizabeth Baer):1919年案的两位原告,最高法院的判决以第一修正案为依据。
⑤ 本杰明·吉特洛:1924年案的主犯,最高法院在裁决中禁止了纽约州的审查制度法律。
⑥ 尼尔诉明尼苏达案:美国最高法院审理的一起禁止政府对表达自由进行预先限制的案件。

止含有"恶意、诽谤、中伤"内容的出版物。伟大的自由意志主义者、在1644年明确提出"观点的自由市场"概念的约翰·弥尔顿对于这项法律肯定会感到震颤,美国最高法院也是如此。在这项针对政府通过预先审查来对出版物进行**事先约束**①(prior restraint)的行为的里程碑式决议中,最高法院规定,任何级别的任何政府机构,如果因为出版物中包含的某些内容而对其进行出版限制,就是违反了宪法第一修正案。

没有人真的很想保护尼尔的《星期六新闻报》,事实上,这份报纸中的文章遍布各类对黑人、犹太人、东欧人等人群的蔑称词汇,但人们保护的是其自由表达的权利。然而,法院也为极端情况提供例外。在诸如生死攸关的战争时期等极其特殊的情况下,或许可以允许事先约束。

自尼尔案起,最高法院进一步让政府更加难以干涉表达自由。在表达自由支持者看来,**克拉伦斯·勃兰登堡**②(Clarence Brandenburg)案是相当重要的。勃兰登堡是一名白人种族主义者,他在参加了一次3K党在辛辛那提郊外丛林的集会后被捕入狱。最高法院在审理该案的过程中推翻了对他的定罪。虽然勃兰登堡的确说过带有仇恨性质的威胁性话语,但是最高法院在1969年的这次里程碑式的决议中,大幅扩大了第一修正案对表达自由的保护范围。根据这次决议,只要违法行为并没有立马发生的趋势或是不太可能发生,对类似行为的主张就是受到保护的。这被称作**煽动性标准**③(Incitement Standard)。最显著的一点是,直到违法行为真的发生前,对该行为的主张都受保护。根据煽动性标准,当局只有在以下情况下才可以限制发声。

- 言论支持违法行为。
- 言论旨在制造违法行为。
- 类似违法行为会在短时间内发生。
- 类似违法行为有可能发生。

除非某言论符合上述所有四项标准,否则政府不能对其进行限制。

16.2.4 允许的限制

精明的美国最高法院并没有死板地为允许限制表达自由的条款列出清单。因为无论想得多么周到,一份明确的清单都无法估计所有情况。因此,最高法院讨论出了可以偶尔允许审查的几种大环境。

国家安全。一战期间,联邦政府将数十名反战积极分子逮捕入狱。很多人呼吁美国最高法院应该考虑,是否在战争期间暂时搁置第一修正案禁止政府采取限制措施的条款。在申克案中,反战手册主要针对那些被征召入伍不久的男性。这些册子包含以下观点。

- 征兵行为违反了禁止奴役制的第十三修正案,而被应征入伍就像是被奴役。
- 征兵行为并不公平,因为神职人员和那些认为战争罪恶而拒服兵役的人,如贵格会教徒等,被免于兵役。
- 战争是为了那些冷血的资本家而打的。这些传单称,那些资本家控制着这个国家。
- 被征召入伍的人应该加入社会主义者的阵营来共同推翻征兵法。

---

① 事先约束:提前禁止某种表达。
② 克拉伦斯·勃兰登堡:3K党领袖,法院因其言论牵强而撤销其罪名。
③ 煽动性标准:一项由四条细则构成的标准来检验某主张的言论是否受到宪法保护。

就像政府检察官看到的那样,这些传单鼓励军队里的抗拒服从和不忠,甚至是叛乱。最高法院同意,政府在战争期间有采取特别措施的权利。申克和贝尔败诉。

自1919年的申克案以来,最高法院一直坚持这样的观点,即维护国家安全是政府有权采取限制措施的一种特殊情况。即便如此,最高法院的想法还是在细节方面有所发展。很多学者认为,如果放在今天来看,申克和贝尔会胜诉。这种对最高法修正想法的判断在1972年的一起重要案件中得到印证。当时是在越战期间,美国政府因为《纽约时报》从机密国防文件中提取的一系列文章而对其进行威胁。最高法院制止了该行为。在这起所谓的"五角大楼文件案"中,最高法院认定,人民对于政府国防政策的知情权比政府声称的《纽约时报》对国家安全的危害更加重要。

受迫害的政治犯。尤金·德布斯(Eugene Debs),社会党领袖,曾在1900、1904、1908及1912年四度竞选总统。1920年,他第五次参与竞选,而这一次,是在监狱里参选。在告知德布斯他获得提名后,社会党官员与其在监狱里合影。德布斯先前因为发表反战演说而被捕入狱。美国最高法院出于对战争期间国家安全的考虑同意了对他的定罪。这幅名为《受迫害的政治犯》的图片正是德布斯1920年的竞选照,照片中德布斯身穿囚衣站在铁栅栏前。他最终获得了近一百万张选票。一年以后,沃伦·哈定总统赦免了德布斯,而那时德布斯已经年老体衰了。

类似**五角大楼文件案**①(Pentagon Papers)中,在法院处理前就侵犯表达自由的行为,不仅政府的行政部门有,政府的立法部门有时也会创立法案,这些法案在法院受理前持续有效。例如,2001年的"9·11"事件中,恐怖分子袭击纽约和华盛顿之后,布什政府立刻起草了具备多种要素的法案赋予政府行政分支更多权利,以便追踪恐怖分子。国会同意并且以压倒性优势通过了**爱国者法案**②(Patriot Act)。公民自由主义者们反对其中关于联邦特工可以无视宪法规定的公民权利的条款,但是国会给出了很简单的解释:宁愿负疚于人,也要保证安全。

其中一项条款允许联邦特工在没有现场司法监督的情况下突查书店并且没收客户记录,以排查谁曾购买了可能被用来帮助或促进恐怖主义的书籍。该条款还允许特工进入图书馆检查谁在读什么书。这项条款受到了图书行业的联合抵制。对于图书出版商、作家、图书管理员以及所有的公民自由倡导者而言,该条款的含义是令人担忧的。他们展开了大量的游说工作,试图删除爱国者法案中部分影响公民探索与表达权利的内容。他们的观点是,该法律可能导致人们放弃阅读名列一份关于煽动性文学的机密列表内的作品。在后"9·11"的歇斯底里情绪缓和一些后,该条款被及时地撤销了。

---

① 五角大楼文件案:一起政府试图对《纽约时报》采取事先约束的案件。
② 爱国者法案:2001年的一部赋予联邦特工新的权利以对付恐怖主义的法律。

公共危害。申克案中善于雄辩的最高法院大法官**奥利弗·温德尔·霍姆斯**①(Oliver Wendell Holmes)写下了这句话:"最严格的言论自由保护条例都不会保护一个在拥挤的剧院里误喊'着火了'并引起恐慌的人。"他的意思是,第一修正案禁止政府干涉表达自由的表述不能任何时候都逐字地应用。他认为,理智的人都同意应该有一些例外。从那时以来,较低级别的法院也创立了"对允许的限制"。有一些获得了最高法院的支持。在其他情况中,最高法院保持缄默,默许更低级别法院的判决结果。

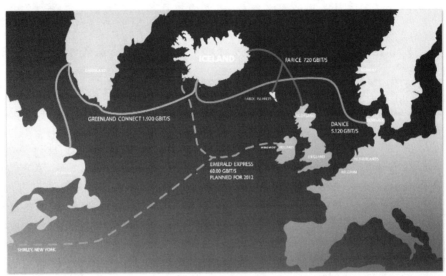

接通冰岛。连接欧洲和北美网络的海底光缆在地理上以冰岛为中心。随着这个国家的新兴法律环境禁止政府关闭电脑服务器,冰岛是否有可能成为全球大众传播的中心?

在1942年发生在新罕布什尔州的案件中,法院同意警方拘禁**瓦尔特·查普林斯基**②(Walter Chaplinsky)。后者在大街上讽刺那些与自己宗教信仰不同的人是受骗的人。于是有人报警。查普林斯基接着将矛头指向一位赶到现场的执法官,并无视信仰地咒骂他是"受上帝诅咒的骗子"和"可恶的法西斯主义者"。在此类案件中,"**挑衅言论法则**③"(Fighting Words Doctrine)形成了。最高法院称,若有人因为你的可能导致暴乱的挑衅言论而挥拳打你,这被视为正当行为。阻止暴乱是停止他人言论自由的正当理由。法律学者们对于今天的法庭是否会支持对查普林斯基的禁声也有争论。尽管如此,源自查普林斯基案的挑衅言论法则还是显示出最高法院这样的一种决议倾向,即有的时候,大众的安全应该被置于表达自由的权利之上。

根据**TPM标准**④(TPM Standard),法庭也接受政府对于特定表达在时间、地点和方式上的限制。比如,城市可以禁止在繁忙的人行道上摆放新闻报架,因为这些架子可能阻碍行人来往,带来安全隐患。但前提是,这样的限制不能与新闻的内容有关,这是决定该政府行为是否会被起诉的一个重要因素,不可以只限制一家发表社论批评市长的报纸,却又对支持市长的报纸开绿灯。

---

① 奥利弗·温德尔·霍姆斯:认为在拥挤的剧院里大喊"着火了"不属于言论自由范畴的大法官。
② 瓦尔特·查普林斯基:挑衅言论法则来源案件的主人公。
③ 挑衅言论法则:一种观点,认为面对容易导致暴力的煽动性言论时审查制度是正当的。
④ TPM标准:政府可以控制特定表达的时间、地点和方式,只要其限制与表达的内容无关。

思考

- 你如何解释在美国成立后的130年中,表达自由成为一个如此复杂棘手的问题,以至于美国最高法院不去触碰?难道仅仅是因为表达自由就是一个烫手山芋?
- 美国宪法第一修正案中关于禁止政府干涉表达自由的可允许特例是哪些?这些特例的基础是什么?
- 你是否支持美国的图书行业、图书管理员和公民自由主义者在"9·11"事件后对于爱国者法案215款的反对意见?
- 你能举出一个能够说明TPM标准允许政府禁止出版物传播的实例吗?

明日传媒

冰岛:新的透明模式?

冰岛人愤怒了。他们曾经对不断拓展国际市场的本国银行考普兴银行有强烈的民族自豪感。随后,考普兴帝国毫无征兆地崩塌了。这对冰岛经济的影响是极其可怕的,更不用说被粉碎的民族自豪感。冰岛全国因此背上了1280亿美元的债务,每个公民平均都背负了不可思议的40万美元。这次危机迅速渗透入冰岛的整个经济体系。失业率增加了两倍。愤怒的冰岛人想知道:"这一切是如何发生的?"

红极一时的银行业务对于普通百姓而言是个谜,这在事情变得如此糟糕时增加了民众的猜疑。10个月之后,当慈祥的电视新闻主播伯基·阿古斯特森在直播中表示,揭露考普兴银行垮台幕后的新闻不能播出时,这种怀疑进一步加重。考普兴银行、伦敦巴克莱银行及卢塞恩交易商托克赢得了一项法院禁令,以压制媒体报道从银行自己的账簿中提取的新闻。不过,阿古斯特森告诉观众,他们可以访问维基解密网站来浏览那些文件。

维基解密此前已经将这些令人震惊的材料发布在网上。根据这些文件,考普兴此前曾向部分银行领导个人及他们拥有的公司出借过超过60亿美元的高利润贷款。

维基解密将公民知悉消息的需求置于权贵之前而赢得了如盗侠罗宾汉一般的光环。维基解密的创始人朱利安·阿桑奇应邀在冰岛首都雷克雅未克举行的一场表达自由大会上做主题演讲。诗人比吉塔·约斯多蒂尔,也是一名公开的阿桑奇的支持者,被选入了议会。约斯多蒂尔促成了一份文件的通过,该文件旨在为维基解密揭发企业和政府的秘密提供法律保护,以使揭发者免受起诉。一项模仿诺贝尔奖的国际奖项也被设立起来,以表彰人们为表达自由所做出的贡献。

比吉塔·约斯多蒂尔(Birgitta Jónsdóttir)。在冰岛的银行崩溃事件后,诗人比吉塔·约斯多蒂尔积极促进银行业和政府及其他机构的信息透明化改革,她同时也入选了议会。她的当选给了她一个契机来促使冰岛这个北大西洋上仅有30万居民的小国成为基于信息透明化的"信息新秩序"的中心。

约斯多蒂尔见证了冰岛对媒介公司的巨大吸引力,包括像维基解密一样的揭发性公司,都在冰岛寻址设立其公司的电脑服务器,因为这里没有像其他地方一样的对信息自由流通进行干涉的法律。媒介公司甚至还将公司的总部和编辑人员迁移到冰岛以躲避其他国家反对信息透明的法律。约斯多蒂尔的愿景就是,证明其他地方的反透明法律是没有意义的。她相信冰岛可以引领全球都向信息透明化转变——不再有能让罪人逃脱公众监督的秘密存在。最终,约斯多蒂尔见证了传统上被层层保护、在大众监督与责问之外的公共事务有了全面的透明性——一个全新的信息秩序。

冰岛真的能够为维基解密和其他类似的机构,如 openleaks.org, saharareporters.org, transparency.org 及 thailinks.info 等提供避风港吗?要知道,这些机构正在跟世界上的许多国家当局玩着猫捉老鼠的游戏。

约斯多蒂尔的愿景一角就是托尔数据中心。2011 年,雷克雅未克郊外 10 英里处的一个废弃的铝厂被重新开放为一个电脑服务器的全球主机网点。这个可以启动 1000 个服务器的服务器群直接从冰岛的天然热水池和水坝获得价格低廉的能源。北冰洋海流将冰岛平均气温维持在 10 摄氏度,为会产生大量热量的高容量电脑服务器提供了至关重要的低成本冷却方式。除了吸引全球的客户之外,托尔服务器群的核心目的还是复兴考普兴银行崩塌后的冰岛经济。

> **你怎么看?**
>
> 冰岛对于无限制信息传播逐渐上升的容忍度也让人们对此产生质疑,因为这个国家成为那些肆无忌惮的诽谤信息的避风港,而这些信息在其他国家是面临限制的。试想一下,那些在全球范围内流通的诽谤信息都从冰岛的"免疫服务器"里发出的情形,还包括情色制品,以及令人厌恶的窥探隐私行为。你认为这会是一个问题吗?为什么?
>
> 如果你在运营一个大型的媒体机构,你会考虑将你的机构移至冰岛吗?想想信息流通免受法律限制的优势。你认为新闻机构在冰岛运营的现象会退热吗?

16.3 保护范围的扩大

▲ **本节概述**

美国最高法院最初关于第一修正案的决议是围绕着政治言论的。司法部门应当保护政治言论免受政府干预,这对民主而言是必要的。但真实情况很快变得显而易见,即人们很难轻松地将政治话语与非政治话语区分开来。于是,第一修正案的保护范围逐渐扩大。

16.3.1 政治表达

美国最高法院 20 世纪在表达自由方面的重大推进最初只是针对政治表达。司法部门认为,自由交换政治观点对一个有效的民主环境而言是必要的。娱乐业和广告业最初并未获得第一修正案的保护。它们对于民主的重要性被认为要低于政治表达。但是不断出现的新案例让人们很难明确地区分政治与非政治表达。

文学。1930年，美国政府以一部关税法律作为进口限制的依据，在港口拦截了詹姆斯·乔伊斯的作品《尤利西斯》，因为作品里充满了脏话和明显的性暗示等内容。于是，进口商**兰登书屋**①（Random House）将政府告上法庭，法官裁定政府行为不当。法官名叫**约翰·伍尔西**②（John Woolsey），承认《尤利西斯》这部作品有"不同寻常的直率"，但他认为不能在作品中"监测到好色之徒的气息"。这位并不缺乏幽默感的法官，促成了对文学表达自由而言非常重要的一次判决："那些被批评为污秽的词句是几乎所有男人都很熟悉的古代撒克逊语，并且我敢说，对很多女人而言也是的。我相信乔伊斯描写的人物是自然并习惯性地使用这些语言，至于人物头脑中一再出现的性的主题，我们必须记住，他选择的地点是爱尔兰，时间是春天。"

伍尔西的观点在被上诉之后依然获得支持。而《尤利西斯》，尽管仍被批判性地视作意识流写作的先锋作品，但持续出版至今。

由 D. H. 劳伦斯 1928 年撰写的英文小说《查泰莱夫人的情人》受到了邮政限制。这本书之前在美国一直只发售删减版，但 1959 年**格鲁夫出版社**③（Grove Press）出版了完整版。邮政官员拒绝对其开放邮政权限。格鲁夫出版社起诉并获得了胜利。

在某些方面，格鲁夫案基本就是《尤利西斯》案的重现。格鲁夫出版社辩护道，劳伦斯作为一名大作家，他的这部作品是文学珍品。书中对查泰莱夫人和守林人梅洛斯的性爱画面的直白描写，对于刻画他们之间野性但彼此相爱的人物关系是必要的，而这也正是故事的核心。而尤利西斯案和查泰莱夫人案的区别就是，前者针对海关服务，后者针对邮政大臣。

娱乐。法院曾经声称，电影审查不值得受到宪法保护。但是电影也可以被政治化。比如近些年来迈克尔·摩尔（Michael Moore）的一系列纪录片；尖锐的政治、社会题材影片，如 2011 年上映的克林特·伊斯特伍德（Clint Eastwood）导演的《埃德加·胡佛》、安德鲁·尼克尔（Andrew Niccol）导演的《时间规划局》及泰特·泰勒（Tate Taylor）指导的《帮助》等几部影片。

直到 1952 年，美国最高法院才将第一修正案的保护范围拓展到电影领域。在一部名为《奇迹》的电影中，一个单纯的女人声称使她怀孕的是圣·约瑟夫，这使这部电影饱受争议，一些基督徒认为这是亵渎神明的行为。于是当地对该电影实行禁播，而最高法院撤销了这一禁令。最高法院认为，宪法保障了民众免于政府控制的表达自由权利，当地政府不能妨碍这种思想的探索。

广告。广告在法律界被称作**商业言论**④（commercial speech），它同样很难轻易地被从"政治语言"范畴内区分出来。美国最高法院在处理一起阿拉巴马州的诽谤案时意识到了这一点。这起案件源自《纽约时报》刊发的一则为民权事业筹集资金的广告。这个广告的投放商在广告中涉及了对蒙哥马利、阿拉巴马州及警方的负面言论。这究竟应该被视作一个广告里的商业语言，还是一个公共政策问题下的政治语言？在这起 1964 年里程碑式的"《纽约时报》诉沙利文"案中，最高法院认定这则广告是政治语言。该案的判决尽管并未立刻实现对广告业的全面保护，但它为第一修正案保护广告用语敞开了大门。

---

① 兰登书屋：其抗议当局对詹姆斯·乔伊斯的作品《尤利西斯》所进行的审查。
② 约翰·伍尔西：禁止用进口相关法律审查《尤利西斯》的法官。
③ 格鲁夫出版社：其抗议当局对 D. H. 劳伦斯的作品《查泰莱夫人的情人》所进行的审查。
④ 商业言论："广告"的法律术语。

情绪化言论。一个讲礼貌的社会从来都对粗俗的事物没什么忍耐度,但是要是这种粗俗是以政治为目的呢?越战期间一青年男子表达反战诉求时就触及了这个问题。该男子身着一件特制夹克出现在洛杉矶法庭上,夹克背后印有"去他妈的草案"字样。这位名为保罗·罗伯特·科恩的男子被判入狱30天。但最高法院推翻了这一定罪。大法官约翰·哈兰写道,语言表达应该允许"难以言传的表达"(有时被称为"**情绪化言论**"①[emotive speech])。就像有人开玩笑说的那样,如果科恩是用以下方式来表达诉求他就不会被抓了,比如"去死吧征兵"或者"我真的不太喜欢这份草案"。相反,科恩选择使用语气重得多的表达方式——F开头的那个字。他的夹克传递出他对于这份草案态度的抵制程度。哈兰大法官说:"一个人的粗俗可以是另一个人的吟唱。人们在选择用词时不单考虑其体现的认知水平,还会考虑其承载的情感。"

仇恨言论。当某种表达令人讨厌甚至很肮脏,那人们对于第一修正案的保护问题就会有所争议。但最高法院认为,在一个自由的、民主的社会里,政府不能因为某人的观点与主流价值观不符就对其禁声。事实上,最高法院认为,这个社会的核心原则注重表达自由,因此人们需要容忍一定程度的不适感。

20世纪90年代的政治正确运动中衍生出了限制**仇恨言论**②(hate speech)的相关法律。在最高法院审理与此相关的案件时,之前提到的勃兰登堡案确立的观点被再次提及。尤其值得注意的是 R. A. V. 诉圣保罗市案。该案中,一群小愤青模仿3K党的风格,在明尼苏达州圣保罗市的一个黑人家庭的草坪上焚烧了一个十字架。这几个白人青年随后被捕,并且被按照明尼苏达州的一项禁止所谓"仇恨言论"的法令而定罪。这些人当中的一员,即在法庭记录中被称为 R. A. V. 的被捕者基于第一修正案向美国最高法院起诉称致其定罪的州法律条款违宪。最高法院发现,这项法令限制了表达内容的自由,远远超出了允许限制的时间、地点或形式的范畴。这个决议对于政治正确运动限制攻击性语言的尝试而言是一次打击。

16.3.2 广播业的规制

早期的商业广播是一场可怕的自由混战。政府许可根本无从谈起。广播电台可以在任意频率上进行任意时长的直播。随着电台数量的增加,它们开始互相打压。为了结束这种不和谐现象并且创建一个切实可行的国家广播系统,国会在1927年成立了联邦无线电委员会来促进新广播事业的有序发展。一个严格的营业许可系统被落实到位,营业许可证被发放到那些最能展示自己将致力于满足大众的利益、便利和需求的广播电台。

等等!政府根据电台表现来发放营业许可,这当然是一种政府调控了。第一修正案干吗去了?

为了避开第一修正案的问题,国会接受了这样一种看法,即承载无线电信号的无线电波是公共财产,就像公园,其应该为了公共事业的建设服从政府管理。这种"**公共电波**"③(public airwaves)概念对于政府在1927年管理广播业的混乱局面提供了合法性,但其本身依旧存在问题。一些失去营业执照的广播电台提出了基于第一修正案的反对意见,但法庭拒绝处理这种宪法内部的矛盾。广播业总体上对于这种新的联邦管理体系是欢迎的。今天,

---

① 情绪化言论:强调某种感情的强烈程度的过激表达。
② 仇恨言论:攻击性表达,尤其是针对种族、族群和性取向不同人群的表达。
③ 公共电波:一种概念,认为广播业应该接受政府调控,因为无线电波是公共财产。

在联邦通信委员会的管理下,这一体系被拓展到电视行业。

随着时间的流逝,很多早期的限制逐渐被放宽。比如,广播电台不再需要为了更新营业执照而被迫播放公共事务节目。尽管联邦通信委员会对于下流的广播节目依旧态度强硬,但旧时的许多禁令都与时俱进地放松下来。

乔伊·约翰逊(Joey Johnson)。焚烧国旗的抗议者,法院根据第一修正案撤销了对他的定罪。

思考

- 第一修正案保护脏话和相关的粗俗行为、焚烧旗帜以及仇恨言论,对此都有哪些支持和反对的声音?
- 政府对于印刷媒体的控制显然是违宪的,那么政府对于广播电视行业的管理又是如何被合法化的呢?

媒体人物

挑战广播业规制

约翰·布林克利①(John Brinkly)与自己的新婚太太于1917年来到只有200人的堪萨斯小镇米尔福德,他们在那儿以每月8美元的租金租下了一间老药店。布林克利太太在前屋卖成药,而布林克利先生自己在后屋做医患咨询。有一天,一位年老的绅士来让"布林克利医生"帮忙治疗性功能障碍问题。说着说着,两人就谈起了布林克利先生曾在奥马哈市的斯威夫特肉制品加工公司仅仅三周的工作经历。布林克利先生称自己曾在那里的医护间里处理过山羊。他说:"要是你能够有公山羊的一对腺体的话你就没问题了。"随后他们就在后屋执行了手术。流言也开始传开,很快,公山羊腺体手术要价飙升到750美元,然后是1000美元,并继续涨到1500美元。1918年,这个只有两张邮购的行医执照的医生布林克利开设了一个名为 KFKB 的广播电台来传播自己的治疗手段。

---

① 约翰·布林克利:对政府的广播业管理进行挑战的广播庸医。

每周有六天的晚上，布林克利通过广播大肆自夸其医院的神奇功效。"别让你的医生两块钱就要了你的命，"他说，"来找布林克利医生吧！"如果听众没法来米尔福德，布林克利就鼓励他们函购所需的复方。很快，邮购需求如此强烈以至于布林克利发布消息，自己将用大货车从阿肯色州购买山羊。"布林克利医生"于是成了家喻户晓的词。随后，《广播文摘》将象征全国最受欢迎广播电台荣誉的金话筒奖颁给了布林克利的 KFKB 电台。在这家杂志进行的读者自由提名信票选活动（Write-in Poll）中，KFKB 获得了 356,827 票。布林克利还在 1930 年成为州长候选人。他最终以 183,278 票输给了获得 217,171 票的哈利·伍德林（Harry Woodring）。但其实要不是因为拼写错误而导致几万张选票无效的话，布林克利本该获胜的。

同样在 1930 年，KFKB 广播电台需要到联邦无线电委员会更新营业执照，后者当时专门为管理广播业而设立。美国医疗协会希望吊销 KFKB 的营业执照。医学界专家对于布林克利的庸医行径感到愤怒，但也没能找到终结其火爆市场的方式。事实上，布林克利攻击美国医疗协会是"屠夫联盟"，这直击成千上万美国中部听众的心房。在营业执照听证会上，布林克利辩称，第一修正案保障他有权利自由阐释自己对于药品、山羊腺体和任何其他事物的看法。他指出，国会曾经特意明确禁止联邦无线电委员会展开审查工作。如果因为 KFKB 在节目中所说的内容就吊销其电台营业执照的话，这将是对第一修正案严重的公然侮辱。尽管如此，联邦无线电委员会还是拒绝更新 KFKB 的营业执照。

约翰·布林克利。 出于宣传目的，约翰·布林克利要求一个摄影师为他拍摄了这样一幅照片：他把自己的神医妙手放在他即将治愈的一个精神病人头上。布林克利通过自己在堪萨斯州的广播电台宣传自己的类似医疗案例，并由此赢得了广大的市场。由于这种庸医行径，他最终在围绕第一修正案的一起意义深远的案例中失去了他的电台。

布林克利将联邦无线电委员会的拒绝行为诉至联邦法院，而这起案件也成为认定第一修正案与美国广播业之间关系的一个里程碑。法院与联邦无线电委员会意见一致，称广播营业执照应该颁发给那些为"大众的利益、便利和需求"服务的广播电台。法庭认定，委员会通过监督广播电台的节目来决定允许更新其营业执照的做法是否是合适的。布林克利此后继续上诉到美国最高法院，但后者拒绝审理。于是，山羊腺体手术的说法不再出现在广播里。但这并未持续多久。1932 年，布林克利证明自己是难以击倒的。他买下了一个很有实力的电台来继续叫卖自己的药方，这个电台位于墨西哥一个名为维拉阿库纳的地方，就在得克萨斯州德尔里奥市境内的格兰德河对面。他在位于米尔福德的家中与电台进行电话连线，由此继续向美国大部分地区进行广播，直到 1942 年墨西哥政府将所有外国人拥有的财产国有化。

> **你怎么看？**
> 你如何解释法院早期对政府管控广播业行为做决议时绕过了第一修正案的问题？
> 你认为政府机构对广播电台获得营业许可设置限制有没有问题？
> 你怎么理解"大众的利益、便利和需求"这个广播业营业许可标准？

16.4 诽谤

▲ 本节概述

当大众媒体发布了对他人负面的描写与评论时,它们可能面临诽谤罪的起诉。如果这种负面内容是确切的,媒体会强力为自己辩解。但如果并不确切,那就会惹来大麻烦。诽谤是一个很严肃的罪名。当诽谤罪成立时,不单单是媒体的信誉会大受影响,败诉带来的巨额费用甚至可能会导致该出版社、电台或网络机构破产。

16.4.1 诽谤罪的概念

如果有人无缘无故挥拳打你的脸,打掉几颗牙齿,打歪鼻梁并且造成永久性的毁容的话,大多数法院都会判此人至少要付你的医药费。如果你的毁容或心理上的不适导致你丢掉工作,被家人、朋友排挤或嘲笑,或是逃避社交场合,法庭很可能会勒令袭击者再赔付额外的费用。与拳头一样,语言也会引发伤害。如果有人写了关于你的不实的有损你声誉的报道,你可以以**诽谤罪**①(libel)起诉他们。言论自由及出版自由并不意味着人们有绝对的权利随意谈论关于任何人的任何事。

如果某诽谤性说法并不真实,那么撰文者有可能要为其造成的伤害付出几百万美元的罚款。迄今为止,陪审团做出的最高赔偿金处罚来自1997年针对《华尔街日报》的案件,当时的赔偿金几乎是《华尔街日报》母公司当年收入的两倍。虽然之后《华尔街日报》上诉,赔偿金额获得大幅缩减,但是一个不争的事实就是,近年来,诽谤罪的赔偿金额大幅增长并足以重创一家媒介公司。

16.4.2 贸然不顾

被选举上任的官员如今很难赢得关于诽谤案的诉讼。最高法院认为,民主最好的实现方式就是大众对于公共事务可以随意讨论,而公职人员是国家政策不可分离的一部分,因此这些公众人物只有在极个别情况才可能赢得诽谤案的诉讼。最高法院同时指出,那些自愿站在聚光灯下的人相比普通人而言会少一些保护。

在形成今天美国诽谤罪标准的进程中,十分关键的一次最高法院的判决源自1960年《纽约时报》刊发的一则广告。一个民权运动组织通过在《纽约时报》上刊发全版广告来促进其反种族歧视事业。这则广告指责了南部的公职人员对民权运动采取暴力与非法手段。尽管该广告的内容总体上属实,但还是出现了很小的几处事实错误。阿拉巴马州蒙哥马利市的公安局长L. B.沙利文声称该指责使他的名誉受损并提起上诉。在阿拉巴马州的审判中,他被判获得50万美元的赔偿款。而之后《纽约时报》继续上诉到最高法院的**《纽约时报》诉沙利文案**②(*New York Times v. Sullivan*)成为诽谤法历史上的一个里程碑。最高法院认为,在一个民主社会中,"自由辩论"的重要性总体上要高于可能导致公职人员感到不安或名誉受损的事实错误。若要赢得一起诽谤罪起诉,公职人员需能证明,媒体在刊发、印刷这

---

① 诽谤罪:以文字形式诽谤他人。
② 《纽约时报》诉沙利文案:一起很大程度上导致公众人物很难再对诽谤进行起诉的诽谤案件。

些负面言论时已经知道它们并不属实。而沙利文案中的问题也就变成了,《纽约时报》是否有对已知的事实"**贸然不顾**"①(reckless disregard)的嫌疑。最高法院认为其并无这样的嫌疑,最终《纽约时报》胜诉。

在沙利文案后人们对于这样一个问题难以定夺:究竟如何界定"公职人员"的范围。较低级别的法院试图为其下个定义,而最高法院最终将说法从"公职人员"改成"公众人物"。此后的几年,最高法院在许多起类似案件中继续改善其对沙利文案中的诸多问题的观点。而一如既往的是,最高法院给了大众传播者在讨论政府官员、政府候选人和设法出名的人时极大的容错空间,甚至对有害性的错误也不例外。

- 政府官员。所有被选上的或接受任命的有高级别政治责任的官员因他们的工作内容而落入公众人物的范畴。比如,一个州长内阁的成员属于这一范畴,而州议会大厦里的一个咖啡厅工作人员则不属于该范畴。
- 政府候选人。任何试图进入政府工作的人都要接受公众的严密监督,在这个过程中法庭倾向于将事实错误的说法视作大众公开、开放讨论的一部分,不予追究。
- 设法出名的人。尽管法院判决结果有支持也有反对,但是通常,那些想出风头或者故意引发关注的人如果要提起诽谤诉讼的话,必须同时证明对方言论不实并的确存在对于事实"贸然不顾"的情节。

那么究竟大众传播者能在何种程度上发表蔑视性评论?佛蒙特州的一个法庭解释道,《阿古斯时报》在一篇社论中将一个政府候选人描述为"马屁股""混蛋""白痴"和"偏执狂",这都是可以的。法庭称,甚至这样的侮辱性、咒骂性的不良措辞在对公共事务的公开讨论中都是允许的。总体而言,法庭对于像该报中这种为了体现观点而使用的主观过激语言的容忍度要高于那些基于事实的文章内容。

16.4.3 评论与批评

人们蜂拥地去观看**彻里姐妹**②(Cherry Sisters)的表演。艾菲(Effie)、艾迪(Addie)、杰西(Jessie)、丽奇(Lizzie)和艾拉(Ella)进行全国巡演,用唱跳表演吸引了众多关注。她们其实很糟糕,既唱不好也跳不好,但是人们还是去看,因为这五姐妹太搞笑了。不过,五姐妹自己很郑重其事。1901年,极其渴望尊重的五姐妹发誓要把下一个给她们差评的评论家告上法庭。那个评论家就是比利·汉密尔顿(Billy Hamilton)。他在得梅因的《领袖报》上用了一连串象征马的比喻来描绘彻里姐妹:"艾菲是一匹50岁的老马,杰西是一匹40岁还活蹦乱跳的小母马,艾迪作为家族之花,是一匹35岁还在雀跃的畸形马。她们细长的手臂末梢装备着细爪,机械地挥舞着,不时又发狂地向痛苦不堪的观众挥舞。可怕的脸上,嘴巴张开得像山洞似的,而她们的声音就像是从哪儿放出来的被诅咒的灵魂的哀嚎。她们在舞台上跳着似乎是结合了肚皮舞和狐步舞的怪异动作——画着花脸、台风极差的一群怪物。艾菲是跛脚的,艾迪也一瘸一拐,而唯一穿了长筒袜的杰西,她的小腿的形状就像扫帚把的曲线那么经典。"

彻里姐妹起诉的最终结果给了她们又一个打击。她们败诉的这起案件确立了这样一个规则:演员和其他为公众表演的人必须要准备好接受他人对他们做出的积极或消极的评论。

---

① 贸然不顾:最高法院在描绘公众人物可以起诉诽谤罪的情况时使用的词语。
② 彻里姐妹:一起禁止表演者起诉他人批评的案件的原告。

但是，这一项"公平的评论与批评"①（fair comment and criticism）权利并没有将表演者生活中与其表演工作无关的方面开放为评论对象。比如，卡罗·贝内特（Carol Burnett）因一篇将她形容为一个在饭店里令人讨厌的醉鬼的报道而起诉《国家询问报》，该报很难为自己辩护。这篇报道是不实的，卡罗·贝内特戒酒了。问题的关键在于，虽然贝内特是个艺人，但她在饭店时并不扮演一个公众的或表演的角色。在其他涉及公职人员和政府候选人的类似案件中，公众人物的工作与私人生活的区别也受到了重视。

公平的评论与批评。 由于对爱荷华州的一个评论家对自己的演出所做的评价感到不满，彻里姐妹将其起诉。这场重要的1901年的庭审中，法院认定记者、批评家和任何其他人都有权对一个公开演出做出任何评价。其基本道理就是，如果有人进行公开演出是为了获得大众的认可的话，那么他也要承担不被认可的风险。

思考

- 《纽约时报》诉沙利文案提出了公众人物的概念，那么你能举出多少人是落在了这种"公众形象"和"私人形象"概念间的灰色地带的？讨论一下他们模棱两可的状态。
- 大众传播对个人的蔑视性评价部分情况下受到法律保护，部分情况下不受保护。试想就一个名人而言，什么是禁止涉及的？什么可以涉及？

▷ 媒介时间线

	大众传媒法里程碑	
	知识产权 国会通过首部版权法（1790）	
18世纪	**表达自由** 美国独立战争（1776—1781）	
	第一修正案 国家批准美国宪法第一修正案（1791）	
	重大事件 •《客籍法和镇压叛乱法》（1798）	

---

① 公平的评论与批评：一种允许批评表演者和表演的说法。

第16章 传媒法

19世纪	**大众传媒法里程碑** **审查制度** 战时报纸关闭（1864—1865） **重大事件** • 美国南北战争（1861—1865）	 林肯治下关闭了反对派报纸
1900—1949	**大众传媒法里程碑** **彻里姐妹** 爱荷华州最高法院规定表演者必须接受外界针对表演的批评（1901） **事先约束** 奥利弗·温德尔·霍姆斯将"在拥挤的剧院里大喊'着火了'"列为事先约束的一个典型例子（1919） **禁书** 法庭推翻了政府对《尤利西斯》的进口禁令（1930） **标志性案件** 美国最高法院在尼尔诉明尼苏达案中禁止事先约束（1931） **重大事件** • 第一次世界大战（1914—1918） • 妇女获得投票权（1920） • 美国经济大萧条（20世纪30年代） • 第二次世界大战（1941—1945）	 著名的被嘲讽的歌舞杂耍表演剧团  第一修正案保障的权利在战争时期有时遭遇回避
1950—1999	**大众传媒法里程碑** **沙利文案** 美国最高法院规定，公众人物只有在确认媒体贸然不顾真相时才可起诉诽谤（1964） **淫秽** 美国最高法院规定以地方标准定义"淫秽"（1968） **国家安全** 美国最高法院在"五角大楼文件案"中禁止事先约束（1971） **重大事件** • 民权运动（20世纪60年代） • 人类登月（1969） • 越南战争（1964—1973） • 尼克松总统辞职（1974）	

大众传媒法里程碑

21世纪

下载侵权

唱片业赢得了诉格洛克斯特和其他网络文件共享软件的案件（2005）

重大事件

- "9·11"恐怖袭击（2001）
- 伊拉克战争（2003—2011）
- 卡特里娜飓风（2005）
- 奥巴马执政（2009—2017）
- 最高法院取消针对企业进行政治捐款的额度限制（2010）

类似纳普斯特（Napster）的文件交换软件被宣布为非法

16.5 不雅内容

▲ 本节概述

尽管宪法第一修正案保障了表达自由，但美国政府在过去的100年里尝试了许多方法来管控淫秽与色情信息。

16.5.1 色情 vs. 淫秽

纵观美国历史，历届政府都尝试了各级司法机构的多种审查制度。但是自1930年，法庭宣布政府对詹姆斯·乔伊斯的经典小说《尤利西斯》的禁令无效以来，许多案例结果都呈现出不支持审查的趋势。

美国最高法院已经规定不能禁止**色情内容**①（pornography），这里的"色情内容"是指旨在触发性冲动的内容材料。但是，对于淫秽材料还是可以实施进口限制与邮政限制。那么，"淫秽"与"色情"的概念区别何在呢？法庭称，当带有明确性指向的大众传媒信息对以下问题的回答都为"是"时，政府可以对其进行限制。

- 一个普通人按照当地标准来看的话会不会因该材料的性刺激性而受其吸引？
- 该材料是否缺乏严格意义上的文学、艺术、政治或科学价值？
- 性活动的呈现方式是不是具有冒犯性，违反了明确定义了"冒犯"概念的州法律？

16.5.2 保护孩子

尽管最高法院根据第一修正案对色情信息提供保护，但其也在多个场合声明，必须保护孩子免受明确的色情信息的影响。正如1996年和1999年联邦政府两次运用"传播净化法案"突击管理媒体内容时的情形所显示的那样，这是一个复杂的双重标准。在没有展开听证会或正式辩论的情况下，国会直接创立了保护上网儿童免受污秽影响的法律。尽管没什么

---

① 色情内容：明确描绘性活动但受保护免受政府禁止的信息。

人会支持让儿童获得接触不雅内容的机会，但这些法律还是有两个缺陷：很难定义"不雅"①（indencency），以及不可能在完全不限制成人浏览自由的情况下保护儿童。

在费城的一家联邦上诉法院复审1996年的传播净化法案之前，司法部门就已经在工作中发现这项法律确实太过了。他们说，这项法律使他们需要对一些特定的艾滋病信息、博物馆展览、有奖游戏甚至是《名利场》杂志封面上的演员黛米·摩尔（Demi Moore）的怀孕裸照进行起诉。

接近权。 美国最高法院在1996年复审**传播净化法案**②（Communication Decency Act）时注意到，网络是最具民主性的媒介形式，它让几乎每个人都变成了街头公告员或是传单作者。法庭认为，强力推行这样的法律很可能会危害表达自由，而类似的权利早已根植在创立这个共和国的宪法第一修正案的革命行动中。最终以7∶2的结果决议废除了这项法案。

那么，为什么政府在禁止广播和电视上的下流信息时是可以的，单就网络而言却不行呢？撰写了大部分最高法庭观点的大法官约翰·史蒂文斯（John Stevens）形容因特网并不是"具有侵略性的媒介形式"。他说，人们在网络上遭遇色情信息的机会很少，除非他们自己进行了搜索。一个足以支撑法庭反对传播净化法案的事实就是，网络向所有愿意参与其中的个人提供了完全开放的讨论和交流的平台。而其他的媒体都被精心策划的信息所控制，它们的开放对象是那些很难，甚至几乎不可能参与到信息生产对话中的人。

固然政客和道德家对于下流信息咆哮不止，似乎大部分普通人并未受到这个问题的影响。1996年的一项法律曾经要求在每台电视机中都植入一种V芯片。这种芯片帮助家长自动屏蔽暴力、性裸露及粗俗信息。尽管这种V芯片在变成一种要求时获得广泛称赞，但几乎没有人真正使用。

2006年，当国会又一次陷入有关争议内容的苦恼时，电影业的说客杰克·瓦伦蒂（Jack Valenti）从退休中复出并领导了一项旨在推广V芯片的价值3亿美元的运动。瓦伦蒂称，媒介公司不应该因为下流信息而受到严厉处罚，因为人们已经有了屏蔽这些信息的工具，如果他们需要的话：关掉它。

思考

- "淫秽"与"色情"信息的区别是什么？
- 只针对儿童，不针对大人进行下流信息的限制，其实施的困难是什么？

本章小结

知识产权

版权法保护大众传播者和其他的创新人才不会在未授权情况下被他人盗用创造性成果。这是一个关于财产权利的问题。同时，版权法通过经济刺激鼓励社会的创新性，因为创新人才可以向使用其成果的人收费。大众媒体产业的金融框架就是围绕版权概念而建立的。而新兴技术常常挑战媒体对于其受版权保护内容的控制，最近的例子就是人们通过网

---

① 不雅：联邦通信委员会使用的一种说法，用来概括一系列不适宜在公共传播平台上传播的文本信息。
② 传播净化法案：1996年及1999年旨在禁止网络上的不雅内容的法律，后被废除。

络下载音乐和视频文件。

表达自由

美国宪法第一修正案保障公民和大众媒体免受政府对其言论的限制。这种保障在民主理论中有坚实的基础。即便如此,美国最高法院还是允许了一些特例。这些通常也是人们常识中的特例,包括可能在战时破坏国家安全的言论等。而总体看来,最高法院在近年来还是扩大了禁止审查的范围,这都符合约翰·弥尔顿在17世纪明确表达的自由意志主义精神。

保护范围的扩大

第一次世界大战后,美国最高法院第一次重新涉及第一修正案的问题并且宣布政府对于政治言论的限制是难以接受的,尽管还是给出了一些极端特例。然而事实证明,政治话语与文学、娱乐业和广告业有诸多交集。久而久之,最高法院也将其基于第一修正案的言论保护拓展到这些领域——尽管并不像对政治言论那么严苛。一个奇怪的特例是广播业。最高法院对于政府监管广播业的行为与第一修正案精神之间的矛盾从未正面回应。

诽谤

遭遇诽谤的人可以以诽谤罪起诉对方。这在总体上并不是一个宪法范围内的表达自由问题,而是一个民事问题。如果这种诽谤并不真实并且引起他人遭受社会的仇恨、鄙视或嘲讽,法庭可以判给受害人相应的补偿。这种判罚可能会很重,甚至达到过1亿美元。法庭也认为部分诽谤是可以谅解的。法庭对于1964年的"《纽约时报》诉沙利文案"的判决具有里程碑意义。该判决让公众人物很难在诽谤案中胜诉,除非他们能证明媒体贸然不顾已知的真相。同时,表演者不能因他人对其表演进行批评而提出诉讼,无论该批评有多苛刻。

不雅内容

下流信息让很多人反感,但是,对该问题挣扎已久的美国最高法院称,事实上,下流就像审美一样,见仁见智。最高法院认为,媒体有权自由创造色情信息,而公民的自由浏览权也受到保障。然而,过分性暴露的材料——淫秽材料,法庭认为是不能容忍的。但最高法院对于受保护的"色情信息"与其声称禁止的"淫秽信息"之间的差别从未有明确定性。不过,无论是哪种类别,对于向儿童提供性暴露材料的服务商,法庭都依法对其进行处罚。

批判性思考

1. 版权法的基本原理是什么?
2. 为什么在美国,第一修正案对于大众媒体而言十分重要?
3. 在20世纪,法庭对于第一修正案的阐述有何倾向?
4. 谁能起诉诽谤罪?对何种情形下何种人的起诉能够成立?
5. "淫秽"和"色情"有什么不同?

媒介术语

assignment 转让
commercial speech 商业言论
copyright 版权
emotive speech 情绪化言论
fair comment and criticism 公平的评论与批评
Fighting Words Doctrine 挑衅言论法则
First Amendment 第一修正案
free expression provision 表达自由条款
hate speech 仇恨言论

Incitement Standard 煽动性标准
indecency 不雅
infringement 侵权
intellectual property 知识产权
libel 诽谤罪
permission 许可

piracy 非法翻版/剽窃
pornography 色情内容
prior restraint 事先约束
public airwaves 公共电波
reckless disregard 贸然不顾
TPM standard TPM 标准

媒体资源

→Richard J. Peltz. *The Law of Access to Government.* Carolina Academic Press, 2011. 这本案例集关注联邦和各州的有关信息传播的法律及政策执行的自由度。

→John Denvir. *Freeing Speech：The Constitutional War over National Security.* New York University, 2010. Denvir 是一名宪法律师，他认为对于总统制的重新定义使得总统获得在不告知国会或公众的情况下发起进攻性军事行动的权利。他主张对那些故意或不顾后果地就国家安全问题发表错误声明的总统及总统代理人提起重罪起诉或弹劾。

→Roy L. Moore, Carmen Maye, and Erik L. Collins. *Advertising and Public Relations Law*, second edition. Routledge, 2010. 这些作者谈及了许多方面的问题，其中包括第一修正案对商业语言保护不断变化的保护力度问题。

→Lawrence Lessig. *Remix：Making Art and Commerce Thrive in a Hybrid Economy.* Penguin, 2008. Lessig 是知识产权领域的前沿理论家，主张放宽版权限制，因为这会妨碍创新。

→Uta Kohl. *Jurisdiction and the Internet：Regulatory Competence over Online Activity.* Cambridge, 2007. Kohl 是英国学者，通过以下几个方面研究跨国监管问题：诽谤罪、合同法、认定淫秽的标准、赌博、银行监管、医药业执照要求和仇恨言论。

→Robert J. Wagman. *The First Amendment Book.* Paros, 1991. 该书真实记载了第一修正案的历史，是有关该议题的内容详实的入门读本。

→Clark R. Mollenhoff. "25 Years of *Times v. Sullivan*," *Quill* (March 1989), pp. 27-31. 一名资深调查记者，认为记者们滥用了里程碑式的沙利文案的精神并不负责任地为难公众人物。

→Fred W. Friendly. *Minnesota Rag：The Dramatic Story of the Landmark Supreme Court Case That Gave New Meaning to the First Amendment.* Random House, 1981. 本书是对尼尔诉明尼苏达案这一关于事先约束的案例进行了详细描绘的读本。

本章主题性总结

传媒法

为了更好地巩固你的媒介知识，此处用贯穿本书的几个主题来展现本章内容。

媒介技术

唱片业和电影业要求法庭保护其经销权免受下载和文件交换软件的威胁，各界反应强烈。

新兴技术持续为大众媒体带来新的法律问题。20世纪70年代出现的第一台家用录像机——佰特麦克斯录像机(Betamax),带来了这样一个法律问题:人们是否有权翻录受版权保护的电影。尽管好莱坞强烈反对,但是最高法院给出的回复是"是"。一个多世纪以来,摄影创造了许多人们未曾想过的尖锐的隐私问题。版权法的问题在于,制定法律的人和普通人一样,无力预知未来的技术会带来什么。版权法在美国历史上经历了多次修订,最近的修订是因为跟互联网相关的问题,比如震动媒体行业的无授权下载等。

传媒经济学

乔恩·莱奇·约翰森因为破译了好莱坞的电影区域密码而成为它们在挪威的噩梦。

大众媒体架构的核心就是版权法,因为该法保障创新人才对其创新成果有唯一使用权并从中获利。网络破坏了媒介公司对于创造性成果进行分配的控制力。任何人,只要拥有一台价格低廉且使用方便的计算机,都能散布免费的下载信息,供地球上的任何一个人使用。最受威胁的行业就是唱片业和电影业,两者都极力要求法庭保护它们由版权法所确立的财产权益。两个产业都将这个问题的重要性放在经济生存的高度。

媒体与民主

埃德蒙·伯克的想法是对的:新闻界是第四权力。

草根族通过政治参与达到自治,这一民主理想形态的实现要求人们能够访问所有信息。这种理想同时要求人们拥有筛选、辨别事实的自由,从而最终达成可能的最好的国家政策。美国宪法第一修正案保障所有公民和大众媒体拥有质询和表达自由的权利。然而,这种保障仅限于禁止政府质询和干涉表达自由。有冤屈的公民可以向其他公民及包括媒介公司在内的实体公司索赔。另外,法庭也将包括国家安全问题在内的特定领域设为例外。在这些领域,政府有权限制信息的访问与共享。

媒体与文化

乔治·卡林在直播中说脏话没问题? 取决于一天中的什么时候。

近年来呈现两极分化趋势的文化战争分割着美国社会,而这些战争除却本身的尖锐强度外并不是什么新鲜事了。性暴露问题就是其中的一个敏感问题,且由来已久。美国最高法院禁止政府干涉成人浏览性暴露内容并称这是第一修正案保障的公民表达自由权的一部分。但同时也做出限制。有一些限制是毫无疑问的,比如保护儿童。有些就比较模糊,比如可以接受的"色情信息"与不能接受的"淫秽信息"究竟有何差别。简而言之,通过第一修正案的保护,大众媒体针对"性"话题的可操作空间持续增长。

精英主义与民粹主义

公众人物必须在接受赞扬的同时接受批评。

不管是被选举的还是被指派的政治精英,都在很大程度上被剥夺了起诉他人批评的权利。在1964年具有里程碑式意义的"《纽约时报》诉沙利文案"判决中,美国最高法院规定,民主就意味着公民对于国家政策问题有全面的随意话语权。法庭称,在类似话语中出现的诽谤问题可以被原谅,除非是太过分地故意扭曲事实。沙利文案的判决给了民众和媒体更多批评政治领导层的余地。它同时也扩大了针对其他类型的公众人物进行负面评价的范围。

媒体的未来

约翰·布林克利基于第一修正案提出的争议并没有结果。

我们对于第一修正案的理解在进化。这在美国最高法院在第一次世界大战后对第一修正案重新审视时就可以清晰地看出。当时最高法院做出的修正是:要真正做到民主就必须保护围绕政治问题展开的讨论。但是,还有大量同样获得最高法院认可的实践案例让许多矛盾无法解决。比如,美国政府在1927年时认定其自身有权决定谁可以开展广播业务而谁不能。政府对于向广播业颁发营业执照的判断标准仍然包括了对播出表现的预判,这是政府对节目内容的一种控制,而最高法院是永远都不可能允许政府对印刷媒体有类似的控制的。除此之外,对于政府关于广告业的大范围的限制,法庭到目前为止也还未正面回应。

第17章

媒介伦理

▪ 违法等于违背道德吗?

吉姆·德费德(Jim DeFede)是《迈阿密先锋报》的一名大胆深入的调查记者。一天下午他正坐在家里,电话响了。来电的是他的老友,前市政官员小亚瑟·提尔(Arthur Teele Jr.)。提尔忧心如焚,因为又有一家报纸报道了他和一名异装癖性工作者幽会的丑闻。"我到底做错了什么让这个小镇如此容不下我?"提尔问道。在这个关于异装癖性工作者的指控之前,提尔已经面临了26起造假与洗钱的指控。提尔说他是被检方诬陷的。他担心这则有关异装癖的新闻会引来"部长和教会"方面更大的麻烦。

出于对好友这种苦恼的担忧,德费德打开了电话录音机把提尔的痛苦录了下来。他还问提尔是否愿意把检方利用媒体诬陷他的事抖出去。提尔说不必了,但在之后的谈话中他又来来回回地提到了一些爆炸性的新闻,还说他有一些这方面的文件。几小时后,提尔打来电话说要把那些文件留给德费德。提尔放下电话,举起枪对准自己的脑袋,自杀了。

德费德跟他的编辑朱迪·米勒说了这件事,米勒让他写个头版新闻。与此同时,《迈阿密先锋报》的高层主管意识到德费德违犯了佛罗里达州关于禁止未获允许私自电话录音的法律。尽管米勒反对,但报社的发行

吉姆·德费德。《迈阿密先锋报》的专栏作家吉姆·德费德出于本能做了一件看起来合理却不合法的事情:他录下了一个要自杀的朋友的来电。在佛罗里达州,未经允许对电话录音是违法的。但是违法就一定能判定一个行为不当吗?这些事情让理解道德标准变得非常必要。

人小杰西·迪亚茨(Jesus Diaz Jr.)和公司律师罗伯特·比蒂(Robert Beatty)以及其他两位公司主管决定开除德费德——尽管《迈阿密先锋报》本身也曾经反对这项法律,尽管任何打电话给记者的行为本身就暗含同意被引用的意味,尽管录音只是一种更加具体的做笔记形式,尽管这次《迈阿密先锋报》的高管们依然决定采用德费德从录音中记下来的笔记去完成关于自杀的报道。

如果德费德的行为真的有违职业道德,那么《迈阿密先锋报》把他从电话录音中记下来的笔记用在报道中又该如何定论?这是不是让这件事变得更加阴暗了呢?州检察官最终判定德费德没有违反禁止录音的规定。此外,美国包括佛罗里达州在内只有12个州有这样的法律。如果德费德在佛罗里达州这么做是有违道德的,那么在其他38个没有这项禁令的州,他的行为是不是就不那么有违道德呢?

显然,法律和道德不是完全步调一致的,这也是媒体道德规范中的一个主要问题。这一章,你会学习到一些经过这几百年的发展而形成的分析手段来帮助你理清是非之间的复杂矛盾。

本章要点

- 大众媒体道德准则不能预先考虑到所有道德问题。
- 受众帮助媒体形成道德规范。
- 媒体人采用大量时而前后矛盾的道德原则。
- 一些媒体人将道德看作是基于过程的,另一些则认为是基于结果的。
- 波特的盒子是梳理道德问题很有用的工具。
- 一些媒体人混淆了道德、法律、谨慎思考和惯常做法这几个概念。
- 一些刻意的媒体实践破坏了人们建立普遍标准的努力。

17.1 道德的困境

▲ **本节概述**

大众媒体机构组合了多种形式的职业道德规范来规定从业者该如何开展自己的工作。尽管这些规范在很多方面是有用的,但是它们既不能对那些本身就有冲突的指示所导致的令人头痛的问题进行梳理,也不能在仅有的选择也不可取时帮上什么忙。

17.1.1 规范伦理

大众媒体有许多**道德规范**①(code of ethics)。最早的是1923年被采用的美国报纸编辑协会的**新闻规约**②(Canons of Journalism)。广告业、广播业和公关行业的从业者也有道德规范。很多大众媒体领域的新人有这样的错误设想,即工作中出现的所有道德决策都能在所谓的规范准则中找到答案。这种立场被称作**规范伦理**③(prescriptive ethics)。尽管这些准则可以很有用,但道德伦理并没有这么简单。

---

① 道德规范:定义可接受行为和不可接受行为的说明。
② 新闻规约:第一个媒体规范出现于1923年。
③ 规范伦理:遵守规则就能够做出正确决定。

当一个大众传播者面临不同概念下的道德责任之间的矛盾时,这种困难就变得很明显。请思考以下几种情况。

隐私。专业记者协会的准则规定,记者在"所有时候"都应该尊重人们的尊严、隐私、权利和幸福。该协会的这项准则听起来好极了,可是有时候,像尊严与隐私这样的道德优先权看上去不及其他优先权那么重要。比如1988年,《迈阿密先锋报》的记者在总统候选人加里·哈特位于华盛顿的官邸外彻夜蹲守与监视,因为他有一位女性朋友就在屋内,此时公共利益就凌驾于隐私之上了。另如2011年,有媒体披露,很有希望当选的总统候选人赫尔曼·凯恩曾多次对他的妻子不忠。

及时性。广播电视新闻协会的准则规定,记者应该"及时并且准确"。但是在实际操作过程中,当记者们赶着交稿时,准确性的要求就大打折扣。确认细节从而做到准确无误是需要时间的——而这显然会延迟交稿,与及时性相违背。

公平性。美国公共关系协会的准则规定,从业人员应该平等对待客户和普通大众。然而,为客户利益打造的用来打动人心的消息并不总是同时代表普通大众利益的。虽然劝说性沟通并没有必要撒谎,但是消息中的信息是如何整合的取决于公关从业人员的服务对象是谁。

17.1.2 责任的冲突

媒体的道德准则是出于好意的,经常也是很有用的指导意见,但是当碰到棘手的道德问题时,它们就显得太过简单了。如果你思考一下,大众传播者的不同职责之间可能存在多大的冲突,这些内在的问题就自然显现了。媒体伦理家克利福德·克里斯蒂安斯(Clifford Christians)和其他人调查了媒体从业人员对受众、雇主、社会、职业及其自身的责任间的冲突。

对自己的责任。自我保护是人的一种本能。但是,一个摄影记者逃避危险的战斗区域是不是在逃避对其用户的责任呢?

自我膨胀也可能成为问题。很多的大学报社编辑被邀请参加好莱坞的首映式,一切免费。出于对自己的责任,受邀人可能会想:这趟旅行将会很有趣。另外,这也是写一篇好报道的机会,而且作为一种免费的帮忙,报社不花一分钱。然而,作为编辑对读者的责任怎么办?读者有权期待撰文者提供不带偏袒的诚实的报道。当一个记者飞跃北美大陆接受了电影制作人的款待并且酒足饭饱时,他还能公平地撰写报道吗?电影方当然是希望记者能为一部烂片儿写点激情澎湃的文字。

即使记者能够做到不受影响并且对得起良心,他们还要考虑自己对雇主和这个职业的责任。要是读者怀疑记者被收买了,不管他们的怀疑是否有根据,这都将使报纸和这份职业蒙羞。

对受众的责任。呈现暴力画面的电视节目很受观众欢迎,但是这些节目让很多观众受到惊吓,以至于他们觉得街道比实际上危险。从这个角度来讲,这些节目是不是在帮倒忙呢?

《纽约时报》的汤姆·威克(Tom Wicker)讲述了他早年在北卡罗莱纳州当记者时的故事。当时他在报道一起离婚案,夫妻的一方拿着斧子追砍另一方。没人在身体上受伤,而法庭里每个听到这个故事的人都尽情地笑了,除了这对离婚的夫妻。这就是一个低俗的人间喜剧。法庭里的每个人都嘲笑了这件事的理由。在报道这件事的时候,威克对于阴暗的喜剧细节捕捉得如此精妙,以至于编辑把他的报道放在了头版。威克对自己的这篇报道很自豪,直到第二天一位妇女来拜访他。衣衫褴褛、憔悴、受伤并且很生气的她问道:"威克先生,你凭什么认为你有权利在你的报道中取笑我?"

在此后的职业生涯中,威克一直记得这个教训。他很轻率地伤害了一个人,理由仅仅是为了博得读者轻轻一笑,或是捧腹大笑。对威克而言,对受众负责的原则永远都不会再超越他对自己故事主人公的尊严所负有的道德责任。含有类似道德问题的情况还包括:在一个死亡讣告里指出死因是艾滋病、在强奸案报道中公开受害者身份、在青少年犯罪案件报道中暴露姓名等。

对雇主的责任。当一位记者发现自己所在的媒体公司卷入了一起可疑的交易时,他对于雇主的忠诚是否应该超越追求事实的新闻理想?在如今大众媒体越来越多地被整合为大型企业集团下的大公司的背景下,这样的事件也越来越多。

在一个经典案例中,美国全国广播公司(NBC)旗下《今日秀》栏目的执行制作人马蒂·瑞恩(Marty Ryan)下令将一则合作方提供的新闻报道中涉及美国通用电气公司的部分删除,该报道提到了通用电气生产的一批未经测试并且部分有缺陷的喷射发动机螺栓。而当时美国全国广播公司的老板就是通用电气。同样,作为迪士尼帝国的一部分,美国广播公司(ABC)对于迪士尼主题公园的负面新闻也只是轻描淡写。

对职业的责任。一个崇尚道德的广告公司员工会在什么情况下揭露另一名广告人员发布的误导性消息呢?

对社会的责任。对社会的责任永远高于对自己的责任吗?对受众的呢?对雇主的?对同事的?意识形态会影响一个媒体从业人员的社会责任感吗?试想一下,一个积极的共产主义者会如何报道约瑟夫·斯大林、阿道夫·希特勒和富兰克林·罗斯福?换作是一名法西斯主义的记者呢?或是一名自由主义的记者?

有没有什么情况下,对社会的责任与对观众的责任是有冲突的呢?比如,没人希望见证战争的可怕,但是记者可能会觉得他们的社会责任感要求他们去抓拍最可怕的战地照片来展示战争究竟有多恐怖,从而在即使是很小的程度上促进社会为达成停战或最终的和平施压。

思考

- 怎么解释道德规范在某些情况下反而不能帮助媒体从业人员做出正确的选择?
- 如果你是一名大学报社的编辑,你会接受好莱坞的邀请免费去参加电影首映礼吗?阐释一下你的决定有何利弊。

媒体人物

与执迷不悟的强奸案耻辱感斗争

与美国绝大多数的报纸不同,美国华盛顿州谢尔顿市的日报选择在报道强奸案件时公开受害人的姓名,甚至披露其中少儿不宜的细节内容。其前发行人查理·盖伊(Charlie Gay)深知这种做法是违反当下新闻行规的,但他说,这样才是好的、基础的新闻工作。

大多数新闻编辑部都会将强奸案受害者的名字隐去。这是因为,人们有时感到是受害者自己诱致了强奸的发生,尽管这种想法是错误的,但编辑部承认了这种联想的存在。这种耻辱感将强奸罪与其他罪行区分开来,或者说,至少从人们思考这个问题的角度来说是这样的。所以,是否公开姓名应该由受害者来决定,而不是记者。对此,查理·盖伊认为全是胡扯。他说,沉默和保密会让耻辱感永远留在受害者心中。在他看来,只有让这些信息曝光才能将这种耻辱感彻底清除。

盖伊说,记者的责任是全面、公正地报道新闻。只提到被起诉人的名字而不提起诉人的名字是不公平的。他认为,不同时给出双方的名字"会让一切不利因素都指向被起诉者"。

盖伊在给谢尔顿扶轮社(Shelton Rotary Club)做的一次演讲中,对自己的报纸报道犯罪和审讯的方式进行了这样的辩护:"我们不尝试保护任何一方,也不对任何一方自下定论。"他的理想状态是,进行没有偏见的全面、公平、深入细节的报道。

该日报的"署名受害者"政策令许多读者反感。每一起强奸案的报道都会在读者意见板块收到大量来信。报社遭遇围堵。批评家试图号召广告商对其进行联合抵制并呼吁读者取消对该报的订阅。

州立法机关一度对此做出回应。在针对是否应该将"署名受害者"行为视为非法的问题进行长时间辩论

查理·盖伊。作为编辑,查理·盖伊认为要实践好的新闻行为就必须在报道强奸案时公开受害人的姓名。

后,立法机关决定禁止记者在报道中公开儿童受害者的名字。这项决定随后被认定为违宪,因为它违反了第一修正案关于禁止政府干涉出版自由的规定。然而,这个过程还是展示了人们对于这件事情的强烈感受。

警方、检方和社会服务人员通常是希望受害者的名字被隐去的,因为有些受害人会因为害怕公开而拒绝上诉。盖伊对此很直白地进行了回击:媒体的工作是报道新闻,不是让政府的工作更容易。他说,说服受害人去提起上诉是政府机构,包括警方和社会服务人员的工作。

尽管盖伊主张的披露受害人姓名和报道性侵案件细节的观点,毫无疑问,只是少数人的观点,但他还是获得了一些人的支持。比如,心理学家罗伯特·赛登贝格(Robert Seidenberg)认为,强奸案的受害者在阅读关于其他受害者的报道时能够感同身受,因为细节描写会帮助她们将自己的情况梳理得更加清楚。而如此一来,她们更容易受到鼓励去报案。

你怎么看?

你怎么看待在报道包括强奸案在内的刑事案件时公开起诉人的姓名这样的行为?

你认为《谢尔顿日报》的政策有助于一些强奸案受害者消除其内心不该承受的那种迂腐顽固的耻辱感吗?

第一修正案是否应该保护那些公开受害者姓名的新闻媒体?

17.2 媒介伦理

▲ **本节概述**

媒介伦理因为大众媒体从业者自己给自己设立的不同的从业标准而显得十分复杂。如果再考虑到大众受众心理期待的范围之广的话,这个问题就更加复杂了,无法以一概全。

17.2.1 媒体的道德义务

在大众媒体领域不可能只适用一种道德标准。没有人会将史蒂文·科尔伯特和喜剧频道与《纽约时报》以同一标准衡量。为什么会有差别?媒体道德规范,在某种程度上源自一个媒体机构承诺向其受众传递什么样的信息。有些媒体承诺报道半开玩笑的新闻,有些显然倾向于播出好玩的游戏类节目。但与此同时,也有《纽约时报》这样的媒体将自己视作"资料记录报"。不同类别之间是很不一样的。

多年来,美国有线电视新闻网(CNN)在其宣传标语中这样强调其消息的精确性:"你可以信任的消息。"该网络公开承诺传递一天中所有事件的真实内容。此举正是在建立一种受众期待的标准。如果出现了误导性报道——尤其是当这种报道是故意的或是因马虎造成的——那将意味着承诺的失效并被视作道德问题。

17.2.2 受众的期待

受众对于不同的媒体来源有着不同的道德期待,这进一步打击了任何试图找到以一概全的媒体道德规范的人。读者对于一本科幻小说的期待会远远不同于他们对政客新闻网的期待,因为后者传达的信息,除了有明显标记的观点外,基本都是绝对的非小说类纪实报道。

大众媒体提供的多种不同的信息类型也显示出不同的道德期待。虚假信息很少会得到原谅,但即便是法庭也允许广告中的夸大成分。公关人员发布的新闻稿,从其本质上来讲通常是站在客户立场上的,这与人们所期待的新闻记者的立场并不总是相符。

若某一媒体信息一贯以小说风格传达,当该媒体以耸人听闻的方式对某一消息加以渲染时,人们并不会反感。但是如果是在一本严肃的传记里出现了大肆夸张的描写,那就是不可原谅的了。

📁 **思考**

- 一个媒体机构的自我定位是如何引导其在道德规范上做出选择的?
- 在媒体道德规范中,受众的期待扮演着怎样的角色?
- 为什么人们对不同的媒体机构有不同的道德期待?

17.3 道德法则

▲ **本节概述**

担心是否做得对是人类天性的一部分。几百年来,顶尖的思想家们发展出了一系列经久不衰的道德原则。大众媒体与其他的许多机构及个人一样,吸收了这些原则,但这并没有让道德抉择变得容易。这些原则并不是始终协调的,尤其是在梳理困境时。

17.3.1 中庸之道

亚里士多德。 古希腊思想家亚里士多德在2400年前告诉自己的学生,正确的行为准则应该是避免极端。他建议:保持适度。

古希腊哲学家**亚里士多德**①在2400年前创造了"**中庸之道**"②(Golden Mean),将其作为道德决策的基础。中庸之道听起来非常简洁明了:避免极端,寻求适度。在这条原则中可以找到现代新闻的平衡与公平。

然而,中庸之道的要义并不像听起来那么简单。就像所有的道德准则一样,运用中庸之道也会构成困难。想一想这样一项联邦法律,它要求无线广播公司给公职候选人同等机会。如果一名候选人用500美元购买了晚间7点档的30秒时间,那么这家广播电台就必须允许这个职位其他的候选人花同样的钱买下相同时间段的30秒广告。从表面来看,这项联邦法律中体现出来的中庸之道的运用似乎是合情合理的,公平并且不违背道德,但这个问题远不止这么简单。比如,这一对广告的平等要求令那些职权清晰、职责分明的候选人有了更大的优势。而对那些优秀的、有能力的,但其职位很难仅用几句话就说清楚的候选人而言,这就是劣势。当能力较差的候选人当选公职时,对社会就是一种伤害。

17.3.2 "己所不欲,勿施于人"

基督教和犹太教共有的一条原则"**己所不欲,勿施于人**"③(Do Unto Others)对大部分人都有吸引力。然而,即便是这一条原则也不是毫无问题的。想想这样一位摄影记者,她以能够为大众还原人类真实状况为荣。要做到这一点可能要记录情感非常剧烈的瞬间,比如悲痛。但是,如果这名记者自己刚刚知道她的孩子在一场事故中去世了,她会乐意别人记录她的悲痛瞬间吗?如果不是的话,她为了大众受众,通过摄影的方式追求真实的行为与"己所不欲,勿施于人"的信条是相违背的。

17.3.3 绝对命令

伊曼努尔·康德。 康德强调将良好的过程视作通往良好选择的道路。

大约200年前,德国哲学家**康德**④(Immanuel Kant)写道,道德决策应该依据经过全面思考的原则做出。就像他说的,"你应该按照那种你想让它变成通用法则的行为法则去行动"。他把他的准则称作**绝对命令**⑤(Categorical Imperatives)。一个经过深思熟虑

---

① 亚里士多德:中庸之道的提倡者。
② 中庸之道:适度即最好的选择。
③ 己所不欲,勿施于人:基督教和犹太教共有的道德行为原则。
④ 康德:绝对命令的提倡者。
⑤ 绝对命令:可应用于任何对道德有要求的场合的一种原则。

的绝对命令,应该是其设计者在遇到所有类似的道德决策问题时都愿意使用的原则。在某种程度上来说,康德重新解释了"己所不欲,勿施于人"的原则,但是少了些直白,多了些智慧。

康德提出的绝对命令并没有具体指示什么样的行为在道德上是正确的或是错误的。他说,道德选择是一个比瞬时事件所处的情境要更加深层次的问题。他鼓励人们用哲学的角度来看待道德决策问题。人们应该运用自己的智慧来甄别出那些他们个人觉得可以接受,而且如果广泛运用也是可以接受的原则。

康德不鼓励那种将专业守则所代表的道德规范进行标准化的行为。他强调的实际上是,仔细思考。学者帕特里夏·史密斯(Patricia Smith)在《大众媒体伦理学杂志》中这样解释这个观点:"从哲学角度看,道德伦理体现了一致性、明确性、对论据进行的有原则的权衡及追求事实真相的不懈毅力。"

17.3.4 功利主义伦理

英国思想家**约翰·斯图尔特·密尔**①(John Stuart Mill)在19世纪中叶时宣称,正确的道德决策是那些能够"为绝大多数人带来幸福"的决策。密尔将自己的想法称为**功利原则**②(principle of utility)。该原则在我们很多人听来都很好,因为它与民主的多数表决制主旨一致,其重点都是为尽可能多的人带来尽可能多的好处。

约翰·斯图尔特·密尔。他认为如果一个决定的可确定结果是好的,那么这个决定就是符合道德规范的。

约翰·杜威。杜威的实用主义以结果来衡量决定是否明智。

总体看来,今天的记者信奉密尔的功利主义,这在很多观念中都有体现,比如"人民有权知悉"。这个概念最初就是用来支持记者追踪政府信息、把公众利益置于政府利益之上的。然而,这条"有权知悉"咒语逐渐被记者反过来用来辩护其追逐他人私人信息的行为,不管他人会受到多大伤害。总之,功利主义是有它的问题的。

17.3.5 实用主义伦理

美国思想家**约翰·杜威**③(John Dewey)在19世纪末和20世纪初提出,道德决策的功效应该根据其最终结果进行判断。与其他的伦理学体系一样,杜威的**实用主义伦理**④(pragmatic ethics)也有问题。其中之一就是,不管人们思考得多么缜密,他们都没有水晶球来预知他们的行为是否会有好的结果。几乎最后总是会出现意想不到的结果。

---

① 约翰·斯图尔特·密尔:功利主义的提倡者。
② 功利原则:最好的路线应带给最多人最大的好处。
③ 约翰·杜威:实用主义的提倡者。
④ 实用主义伦理:以结果判断行为好坏。

17.3.6 平等主义伦理

约翰·罗尔斯。他主张不去考虑除了对与错之外的任何因素。他称之为"无知之幕"。

20世纪,哲学家**约翰·罗尔斯**①(John Rawls)将"**无知之幕**"②(veil of ignorance)引入到道德决策中。罗尔斯认为,要选择正确的行动方向就要求人们不去考虑社会地位或其他的有差别因素。这被称作**平等主义**③(egalitarianlism)。一次道德决策要求所有人的诉求都能被平等地倾听和公平地考虑。

对罗尔斯而言,发生在贫民区的残酷杀戮事件值得获得与类似的发生在高档郊区的杀戮事件同样的关注度。在做道德决策时,人们应该忘记人种、种族、性别和其他人群中的差异性因素,当然,除非这些因素本身是相关的。同理,所有其他的事情也应该是平等的。比如同样是财产犯罪,一起两万美元的银行盗窃案并不比一起两万美元的银行挪用公款案更有新闻价值。但是,像银行抢劫这样会给人们带来直接危险的案件就是其他的、很难类比的问题了。

17.3.7 社会责任

哈钦斯委员会④(Hutchins Commission)是一个由学者**罗伯特·哈钦斯**⑤(Robert Hutchins)领导的非常博学的团体。该团体在20世纪40年代研究美国大众媒体,他们建议记者和其他媒体从业人员在做决定时应该为整个社会服务并且尽职尽责。尽管有诸多合理之处,**社会责任**⑥(social responsibility)体系跟所有的道德体系一样也有困难。一方面,做决定的人不可能完美地预知其决定的效果。他们不可能有百分之百的信心去预测自己的每个决定最终都能做到对社会负责。另外,善意的人们老实说也可能在"究竟如何才是最好地服务了社会"这个问题上有不同的看法。

> 📁 **思考**
>
> - 亚里士多德的中庸之道的优点与缺点是什么?
> - 伊曼努尔·康德是不是只是把古老的"己所不欲,勿施于人"的准则重新解释了一下?解释一下你的想法。
> - 约翰·斯图尔特·密尔的功利主义为什么会对现代民主制度下的人们有吸引力?
> - 用结果来评判媒体道德行为有什么问题?
> - 用约翰·罗尔斯的平等主义来引导媒体行为有多少现实性?
> - 谁来判定什么样的媒体行为是如罗伯特·哈钦斯所说的对社会负责的行为?

---

① 约翰·罗尔斯:平等主义的提倡者。
② "无知之幕":在做决定时不考虑其他任何可能影响决定的外来因素。
③ 平等主义:对所有人一视同仁。
④ 哈钦斯委员会:主张媒体活动将社会责任作为目标与结果。
⑤ 罗伯特·哈钦斯:主张新兴媒体要重视其社会责任,而不仅是自由。
⑥ 社会责任:做出对社会负责的决定。

17.4 过程 vs. 结果

▲ 本节概述

关于道德伦理的不同理解方法大致可以归为以下两个大类：义务伦理学和目的伦理学。义务论者认为人们应该遵循好的规则。而目的论者不以规则，而以决定所造成的结果来判定道德伦理。

17.4.1 义务伦理学

希腊语中的 *deon* 一词的意思是"责任"，它也是构成**义务伦理学**①（deontological ethics）的核心。义务伦理学认为，人们如果遵循好的规则就会有符合道德伦理的行为。义务论者认为，人们应该义不容辞地去甄别这些规则。

义务论者包括那些相信《圣经》包含了所有正确行为答案的人。在媒体从业人员中有一些人与其类似，这些人完全依赖他们信任的机构所制定的道德规范准则。乍一看，道德伦理似乎就是遵守规则这么简单，但是并不是所有问题都是这么清晰明了的。在一些复杂的情况下，这些规则有时是互相矛盾的。有些令人进退两难的困境都不会有真正意义的正确选择——只能在不那么理想的选择中择其一。

当个人对于他人的规则并不满意进而试图找出自己的普适性道德原则时，义务伦理学就变得复杂，同时也需要更多智慧。

以下列举几种主要的义务论视角：

- **神明指示论**②（divine command theory）。这种理论认为，适当的道德决策来自对神的指示的服从，并且要毫无疑议地相信，相应的结果会是很好的。它的一个变种是君权神授论，即君主因是由神明指派的而值得拥有人民的忠诚。
- **世俗命令论**③（secular command theory）。这种理论是一种无宗教色彩的变种，它强调人们应该效忠于那些能指示他们进行道德决策的独裁者或是其他的政治领袖。
- **自由主义论**④（libertarian theory）。这种理论强调要用完全放任的方式处理道德伦理问题：给人们绝对的自由去思考问题，人们几乎总是能够做出正确的道德决策。
- **绝对命令论**。这种理论认为，当人们甄别并使用通用的原则时，就会有美德出现。

 明日传媒

新闻博客圈的真相

对于印度的新闻媒体而言，关于即将到来的美国总统奥巴马的访问，再琐碎的消息都值得报道。有一则报道说，奥马巴下榻的酒店对面的公园里有些淘气的猴子，为了保护奥巴

---

① 义务伦理学：好的行为来自好的过程。
② 神明指示论：合适的选择是遵循上帝的意志的。
③ 世俗命令论：从非宗教的角度认为当局自然合法拥有最高权威。
④ 自由主义论：只要有优质的信息与充足的时间，人们最终都会做出正确的选择。

米歇尔·巴赫曼（Michele Bachmann）。明尼苏达州的国会议员米歇尔·巴赫曼在自己2012年的总统竞选过程中因罔顾事实而出名。在一个又一个演讲台上，她把自己从博客及与他人闲聊的过程中得到的信息当作事实传递出去。其中一个典型事件就是，她声称为孩子接种的针对某些癌症的疫苗会引发智力障碍。在几千万的接种案例中并没有医学依据足以支撑她的这份声明。但巴赫曼还是在听取了一位母亲动人的故事后就在竞选更高职位时指出这一点——直到新闻记者向她施压以致她没有选择，只能放弃。

马，有关方面专门雇用了动物捕手。还有一则报道说工作人员爬到棕榈树上去把椰子给打下来，以防某一只突然砸到美国总统的头上。

在所有的报道中还有一则说，所有这些安排一天就将花费美国政府两亿美元——天文数字。阿富汗战争才花了1.9亿美元。这个令人惊愕的数字，其信源是印度的一个省级官员。报道中并没有提到他的名字，但将他描述成"参与了安排工作的人"。因为知道印度人对于奥巴马之行的每个细节都渴望了解，印度新闻信托社把这则报道发给了印度国内的450家媒体。本来这则报道可能就留在这些媒体了，但是美国的《德拉吉报道》官网在没有经过任何事实确认的情况下就贴出了涵盖这则报道的一个印度电视频道的链接。

任何负责华盛顿消息的记者对于两亿美元这个数字的荒诞性都是一目了然的。但是在难以控制的博客圈，主导新闻的往往不是事实，而是思想意识。总统印度之行的花费问题刚好符合右翼势力关于"政府开销失去理智"的博客圈设想。就像人们说的那样，这则报道随后像病毒一样传播。在博客圈里，随着更多人转发这些消息，假想的事实被一步步夸大。

到了反奥巴马的脱口秀主持人拉什·林博（Rush Limbaugh）看到这则报道时，内容已经说到这次出访派出了40架飞机。林博自己平时不做新闻的搜集工作，但他读了很多的博客文章。而同时，这些数据像匹诺曹的鼻子一样不断长大。林博曾提到，这次出访订了共计507个房间，但这个数据再回到博客圈时突然就变成了570个。奥巴马的随从数量也猛涨到3000个。

新的荒唐事不断叠加到旧的荒唐事上面。比如，林博说海军共出动了34艘军舰，包括一艘航空母舰来支持这次出访。这对在全球只有288艘军舰的海军而言可是一大壮举。不是天才也可以很容易算出，34艘军舰意味着海军12%的战力，更不用说很多战舰在特定时间是要在港内甚至驶进船坞的。

国会中一名经常批评奥巴马的议员，明尼苏达州的米歇尔·巴赫曼，以这两亿美元的数字为例批评政府的浪费行为。而这个时候，巴赫曼提到的奥巴马在泰姬陵酒店预订的房间数已经猛涨到"超过870间"了。事实上，泰姬陵酒店总共才565间房间。在采访巴赫曼时，美国有线电视新闻网的安德森·库伯就她的信息源给她施压。对此巴赫曼回答道："这些数字可是在新闻里出现的。"好吧，有点儿道理，不过要看"新闻"这个词究竟被定义得有多轻率了。

对此我们应该做些什么呢？似乎也没什么机制可以鼓励这些不顾后果的博客作者、准主流媒体的广播节目主持人，甚至是政府官员来加强自己的精确性。信息获取的便利似乎并未鼓励人们在引用之前做一些事实的检验。只要这些信息符合某一派人士的看法，这些人就可以倚赖这些不确定的信息并继续传递这些坏东西。循环往复，这些不准确的信息以指数级速度混合变异。这些人徘徊在准确信息周边，把自己的认识想象成事实，有时甚至故意离现实越来越远。

> **你怎么看？**
>
> 那些负责的博客作者是不是也应该像美国报纸编辑协会在1923年所做的那样组织并创立一种道德规范？这是否需要全球倡议？又该如何实施？

17.4.2 目的伦理学

与义务伦理学主要考虑正确的行为不同，目的伦理学主要考虑行为的结果。**目的论**①（teleology）这个词取自希腊语中的 *teleos* 一词，后者的意思是"结果"或"后果"。

目的论者认为义务论者所提倡的对规则的绝对服从有很多缺点，很多时候一些巨大的伤害都源自对规则的盲从。

拉什·林博（Rush Limbaugh）。不仅是一些政府候选人鲁莽地直接从博客获取信息，一些媒体人也一样。在2012年的总统大选中，这个问题变得更加紧急。事实是否重要？媒体人，包括博客作者和像拉什·林博这样的广播脱口秀主持人，是否需要为消息的准确性负责？政府官员呢？

---

① 目的论：好的决定是那些能够有好的结果的决定。

以下列举几种主要的目的论视角:

- **实用主义论**。这种理论鼓励人们通过观察人类历史来判断一种行为的可能后果,从而决定这种行为是否理想。
- **功利主义论**。这种理论支持那些带来利益多于伤害的决定——为尽可能多的人带来尽可能多的好处。
- **社会责任论**。这种理论通过某项行为的正面社会影响力来对其进行评判。

17.4.3 境遇伦理学

坚定的义务论者认为目的伦理学有这两方面主要的瑕疵:

- 对未来预知的不完美性。
- 缺乏指导原则。

尽管有这些问题,但是很多的媒体从业人员在遇到道德问题时选择运用目的伦理学的视角去评判,有时这种角度被称作**境遇伦理学**①(situational ethics)。他们收集关于某一情形的尽可能多的信息,然后不以原则,而是以该情形的相关事实为基础做出判断。境遇伦理学的批评者们担心,有时所处环境会控制人们的决策。他们辩论道,如果决策是来自那些经久不衰的价值原则将会好得多。在境遇伦理学中,同一个人可能在某一天这样做一件事,但在另一天的类似情形下选择另一个方向。

思考一下丹佛市《落基山新闻报》的这个案例。编辑们获悉,一家郊区报纸的主管在他18岁的时候曾经在另一个州杀害自己的父母和妹妹。在一家精神病院待了七年后,该名男子完成了大学学业并且搬到了科罗拉多州,过上正常的生活并且变成了这家郊区报纸的一名成功的主管。《落基山新闻报》最终决定不报道这一事件。报社的一名工作人员称,挖掘这个男人的过去除了能够"满足病态的好奇心"之外并没有什么意义,还会在另一方面恶意伤害到一名可靠的公民。

可是,当《落基山新闻报》的主要竞争对手《丹佛邮报》揭露了这个男人的过往经历后,《落基山新闻报》颠覆了自己之前的观点并就此事发布了一篇长篇报道。为什么?因为《丹佛邮报》在那则惊人的揭露文章中称《落基山新闻报》之前就知道了这个男人的过去并且由于对方是新闻界成员而对其进行保护。《落基山新闻报》的编辑否认当初不进行报道的动机是为了保护该男子。为了证明这一点,他们重新考虑了之前的决定并且报道了他的故事。对于决定的改变,《落基山新闻报》仅用"情况有变"作为解释。编辑们担心报纸的公信力受到挑战,并认为,让这则故事见诸报端就能解决这个问题。突然间,他们对于这则故事只会满足病态的好奇心并毁掉一个成功的公民这两点就不那么担忧了。这是一个经典的境遇伦理学案例。

就像《落基山新闻报》案例中发生的那样,对于一件事的道德评判变来变去引发了批评家对境遇伦理学的批评。他们说,决定的做出应该是建立在根深蒂固的道德原则的基础之上——而不是那些瞬间、短暂的事实或不断变化的外部环境。

---

① 境遇伦理学:根据所处环境来做出道德决策。

> 思考

- 作为一名媒体消费者，你更愿意媒体从业人员遵循义务伦理学还是目的伦理学？为什么？
- 境遇伦理学在解决困境时有哪些优势和劣势？

17.5 波特的盒子

▲ **本节概述**

大众媒体领域的道德问题可能会非常复杂，以至于很多看上去没法解决。尽管几乎不可能找到没有任何负面结果的理想答案，但存在一种处理过程可以甄别出理想的行动步骤：整合个人价值观和道德标准，随后衡量相关人员的忠诚度来检测结果。

17.5.1 四个象限

哈佛大学神学院的教授**拉尔夫·波特**①（Ralph Potter）设计了一种四象限模型来梳理道德问题。在这个被称为"**波特的盒子**"②（Potter's Box）的正方体模型中，每个象限指代一类问题。解决这几类问题能够帮助厘清问题并且引领人们到达一个在道德上比较正当的位置。以下是波特的盒子的几个象限。

情境。在第一象限确定问题的事实。想象一下，在一个新闻编辑室中有一系列关于强奸案的文章，于是就有这样的问题——是否要公开受害者姓名。情况是这样的：一位年轻母亲被绑架后遭到强奸。而她愿意在对袭击者的审判过程中详细描述案件细节并且以证人身份讨论这段经历。报社可以接触到这位女性，而她也愿意在报道中公开自己的姓名。

价值观。再来看第二象限。编辑和记者开始甄选所有可能选择的价值基础。这个过程主要包括列出源自良心的正面和负面的价值观。一名编辑可能会说，对社会问题完整、直白的讨论对于处理这些问题而言是必要的。另一名编辑可能就会有不同意见，认为在报道强奸案时公开姓名的行为可能会让其他人甚至不敢上报类似案件。其他的观点有如下几种：

- 公开姓名太低俗了；
- 报社有义务保护受害者，因为她允许使用其名字的决定可能是个人的错误判断；
- 强奸系列报道的目标可以在不公开姓名的情况下实现；
- 读者有权获得报社能够搜集到的所有相关信息。

一个在如此矛盾的想法之间煎熬的编辑正在朝着这样

拉尔夫·波特

---

① 拉尔夫·波特：设计了波特的盒子的伦理学家。
② 波特的盒子：梳理道德问题优缺点的工具。

的一个决定迈进,即至少考虑了所有可以想到的价值观。

原则。在波特的盒子的第三象限中,决策制定者寻找那些可以支撑在第二象限中甄选出来的价值观的道德原则。约翰·斯图尔特·密尔的功利原则支持多数人利益高于个人利益,会支持公开受害者的姓名,因为这样可以增加报道的激烈程度,从而增加公众提升敏感性的概率,甚至可能会改善公共政策。而密尔会说,这些东西都比对个人可能造成的伤害更重要。另一方面,那些采用伊曼努尔·康德的观点的人会遵循神圣的行为原则——绝对命令,他们会查阅规则教程:我们绝不会发布任何可能冒犯读者的信息。波特第三象限的一个功能是,让人们对于在第二象限里经过辩论后得出的价值观拥有更多信心。

波特的盒子。波特的盒子提供四个类别的问题来帮助找出在道德上比较正当的位置。拉尔夫·波特,设计出这些类别的神学院教授,认为首先要认识所处情境中的事实;其次要甄别出巩固这些观点的价值观,认识到有些价值观可能是彼此不相容的;再次要思考哪些道德原则是支持哪一种价值观的;最后要梳理对于所有相关利益方的忠诚情况。波特的盒子并不是什么万全之策,但是它为我们提供了一种全面梳理道德问题的框架。

忠诚。在第四象限中,决策制定者再处理另一层复杂但是必须梳理的内容:忠诚。最大的挑战是,建立一个各种忠诚的层级划分。最高的忠诚是对某种道德规范的忠诚吗?如果是的话,具体是哪种道德规范?或者,最高的忠诚是对读者的吗?如果是的话,是哪些读者呢?还是对社会的?对雇主的?对自己的?如果出于对自己负责的考虑,一些记者和编辑可能想让这次强奸案系列报道尽可能强有力,有尽可能多的细节,从而让他们能够获奖,给自己带来荣誉,获得涨薪、升职或者在更大的新闻编辑室得到一个职位。其他人可能会站在对雇主负责的立场:报道中有更多细节的话,报纸的销量就会更好。还有一些人可能将对社会负责视为首要准则:报纸有社会责任,要用一种尽可能强力的手段来展现事件,从而推进人们的总体态度,甚至是公共政策的改变。

17.5.2 心智的满足

波特的盒子不提供答案。它更多的还是提供一种进程来帮助人们梳理道德问题中的关键因素。

同时，波特的盒子只关注问题的道德方面，而实践方面则交给决策制定者去另外考量，比如审慎的思考是否会支持人们做出道德最优的选择。道德决策不应该在真空状态下做出。比如，如果90%的新闻受众都会受到在强奸案报道中公开受害者姓名行为的冒犯，以至于他们会发起对于你的报社发出的任何新闻的抵制，那么继续这么干还是明智的选择吗？

其他的实际问题还会涉及法律。如果从道德角度而言，公开姓名是最好的，但是法律禁止这么做，媒体是不是应该不顾一切地继续这么做呢？新闻道德是否可以凌驾于法律之上？如果公开姓名的行为可能引发关于第一修正案的问题，那么还值得这么做吗？会不会有什么法律后果，比如被捕入狱或是积累巨额的法律辩护费用？

打破人们的习惯来公开受害者姓名，这样做真的值得吗？决定一种违背传统，甚至违背某些道德规范的行为方向，可能就意味着被其他的媒体从业人员排挤。那些人在遇到类似的困境时可能有完全不同的选择。因此，做正确的事有时是孤独的。但是，波特的盒子能够给你一些安慰。因为这个工具知道，你是全面地考虑了事实、所有相互矛盾的价值观、道德原则和对不同利益方的忠诚的。你能获得心智的满足。

思考

- 假设你是个新闻记者。一位市长候选人告诉你，现任市长是一宗集团犯罪的同谋。多么劲爆的一条消息！请用波特的盒子来决定，是否要着急报道这个故事。

17.6 伦理、法律与实用性

▲ **本节概述**

道德和法律中都有对错的问题，但是这两者并不一样。遵守法律，甚至是遵从专业的道德准则，并不总是能引导人们做出道德正确的行为。有时候，现实问题也会成为道德决策的考虑因素。

17.6.1 道德与法律

道德是跟良心紧密联系的个人问题。因为良心是每个人独有的，没有任何的两个人拥有完全一样的道德框架。但是，也有些问题是一致的。比如，没有哪个正直的人会宽恕谋杀罪。当人们有一种共通的感觉时，道德就被编纂成法律，但是法律并不涵盖所有的道德问题。正是那些无法达成一致的对错问题使得道德伦理有许多困难：《今日美国》主动报道网球巨星阿瑟·阿什（Arthur Ashe）患艾滋病是道德正确的吗？阿什认为自己的疾病是私人问题，但是，因为预计《今日美国》会对此做出报道，他召开了一个新闻发布会并且声泪俱下地发表声明，称其是从一次输血中感染艾滋病的。

道德与法律虽然有关系但彼此是互相独立的。法律允许大众媒体从业者做很多他们从道德伦理角度来看并不愿意去做的事情。比如，从1964年的"《纽约时报》诉沙利文案"起，美国最高法院就允许大众媒体对政府官员造成巨大伤害，甚至是用虚假的信息也可以。然而，很少会有记者真的故意用类似沙利文案这么大的尺度来为难政府官员，把他们逼到极限。

一个大众媒体从业者个人所做出的道德决策往往比法律允许的范围要节制很多。当然,有时候记者也可能会站在道德的角度上破坏法律。比如,一个化学工厂发生了事故,那里可能会产生一片致命的云。这片云很可能会飘向一名广播记者的听众居住的地方。运用约翰·斯图尔特·密尔的"最大利益"原则,这个记者可能会选择打破法律限速以争取赶到这个化学工厂。"超速"作为一个例子可能看起来微不足道,但它向我们展示了这样一个道理:遵守法律和遵从一个人的良心并不总是一致的。

17.6.2 惯常做法

正如法律与道德之间没有可靠的关联一样,被广泛接受的媒体行为与道德之间也没有这种关联。在一家广告商看来可以接受的、把产品在照片里弄得好看点儿的行为,可能在另一家广告商那里就是不可接受的。甚至是人们普遍接受的**惯常做法**①(accepted practices)也不能拿来就用,因为只有在持续地检验、重新考量这些习惯做法之后,媒体从业者才能在工作中更多地依赖习惯,而不再依据原则。

17.6.3 审慎思考与道德

审慎思考②(prudence)指的是在实际情况中对智慧的运用。它可以成为道德问题中的校准因素。思考一下欧文·利伯曼(Irvin Lieberman)的例子。这个人将自己的《干线记事报》和费城郊区的其他几家周刊发展成了很有野心的、在新闻角度看来极其出色的报纸。在遭遇了九起诽谤案起诉,且每次辩护费用都不菲的情况下,利伯曼决定弱化其报纸的锋芒。他决定放弃打击力度巨大的调查性新闻。他说,比起击倒那些重大的法律草案,继续经营以维持生计是更重要的。

从实际的角度看,对崇高道德的勇敢追求可能是愚蠢的。欧文·利伯曼向可能面临更多诽谤起诉的可怕前景屈服,是不是一种道德软弱的表现呢?对于这些问题,人们可以永无休止地争论下去。关键是我们应该看到,审慎思考在道德决策中是不能被忽视的一个因素。

思考

- 法律和道德在引导媒体行为方面有什么区别?
- 如果把"我们一直都是这么干的"作为媒体正义行为的指导,有什么问题?
- "审慎思考"应该压过"道德"吗?

17.7 令人不安的媒介问题

▲ **本节概述**

很多标准的媒体实践都游走在对错之间,混淆了那些被普遍使用与认可的清晰标准。这种混淆还有更甚的情形,因为很多道德规范将不道德行为与一些看上去不道德但实际上

---

① 惯常做法:媒体视为例行公事,有时不须考虑道德结果的行为。
② 审慎思考:在面临道德选择时运用智慧,而不是原则。

未必的行为混淆了。

17.7.1 剽窃

媒体粉丝中最忠诚的可能就是那些看爱情小说并死忠于最喜欢的作家的人了。在一个网络聊天室里,爱情小说家珍妮特·戴利(Janet Dailey)被迫无奈地承认抄袭了竞争对手诺拉·罗伯茨(Nora Roberts)的一些东西。对于创造性人才来说,这种偷盗劳动果实的行为是极大的不尊重。罗伯茨"非常非常地生气"。哈珀柯林斯出版集团(HarperCollins)召回了戴利所有含有抄袭内容的书,而罗伯茨的粉丝们——很多长期以来一贯喜欢攻击戴利——开始搜寻其他的抄袭片段。他们确实也找到了。

剽窃①(plagiarism)是什么?总体上来说,就是在未获许可的情况之下,将他人的创造性成果据为己有。即便对原著做了微小改动也算作剽窃,比如戴利那样的很随意的改写。

事实上,戴利在20多年内的93本书,平均每本都卖出超过两百万册,这让这起丑闻更加刺激。最终,罗伯茨提议进行一项财务结算,而这笔收入被用来鼓励文学创作。

每个人都同意,剽窃作为一种偷盗行为是不道德的,但这个问题并不简单。事实上,很多的媒体人在很大程度上都吸收了他人的想法与作品。想想那些彼此模仿的情景喜剧的情节,或是电影业里,一些稀奇古怪的主题突然变成主流并取得意想不到的成功后,其他电影争相追赶潮流的现象。记者往往觉得自己跟其他媒体同行相比是特别纯朴的,但是记者的一些行业标准行为实际上是大量鼓励"借用"的。

一些能让记者感受到较大压力的与剽窃相关的问题要素有:

- 惯例性的新闻共享;
- 公共关系在生成新闻时扮演的角色;
- 监控竞争对手;
- 潜意识里的记忆和无意识的回想。

随着网络上流传的数字化信息促使人们形成"复制—粘贴"的心态,这些问题就变得更加复杂了。传统意义上来看,人们对于自己创造或拥有的知识产权的再使用有掌控权。但全新的一代人在一定程度上正对此失去敏感性。

一些创造性成果,比如学术性成果,要求注明信息和想法的来源。学者们让脚注成为一门高深的艺术。记者就没有这么严谨,就像美联社达成的"消息交换"机制所展现的那样。美联社从它的成员处获得报道,再把这些报道发布给其他成员,通常不对来源做任何标识。有些出版商和广播电台甚至都不提及美联社这个中间机构。

身处美联社超过150年的新闻模型之中,又处于快速搜集信息的重压之下,很多记者对于"借用"的容忍度非常高。比如,当《芝加哥论坛报》因为抄袭了《耶路撒冷邮报》的一篇报道而道歉时,作者的一名同事为其辩护道:"每个人都在改写《耶路撒冷邮报》的报道,这是驻外记者的基本工作方式。"

尽管听起来很难以置信,但是新闻业对于剽窃的包容之心甚至一度允许电台在新闻播报中直接窃取地方报纸的报道。有时,你甚至可以听到主持人翻报纸的声音。一个很可悲

---

① 剽窃:在未获许可或注明来源的情况下擅用他人的劳动成果。

的笑话承认了这种行为:有些电台花50美分买份报纸,比起雇记者来负责这片地区要便宜多了。新闻业对于"借用"的包容如此普遍,以至于几乎没什么报纸对于被剽窃的报道提出哪怕是最温和的抗议。

媒介争论

剽窃:我们需要注意吗?

就像克里斯·安德森(Chris Anderson)自己解释的那样,他的剽窃行为是几件事情凑在一起时的巧合,没人有意为之,包括他自己在内。在他的作品《自由》中,安德森从网络索引网站"维基百科"的条目里引用了一些片段。文学杂志《弗吉尼亚评论季刊》的一名书评家,经过反复核对,发现了这本书的部分内容跟维基百科的一些条目在措辞上有相似之处。

这是怎么发生的? 安德森作为《连线》杂志的总编辑,并不像是那种会轻易盗取他人成果的学术懒人。多年来,他一直都是信息问题方面备受尊重的思想家。他的著作《长尾理论》为人们现有的对于数字时代下的经济的认识绘制了新的版图。

克里斯·安德森。 很讽刺的是,虽然安德森在他的著作《自由》(Free)里说道,信息是不能永远被密封住的,但他还是传统脚注的践行者。实际上,他说的是,不管这种确定来源的行为惯例的出发点是什么,在数字时代,它是不可能维持的。而更加讽刺的是,就因为在书中疏忽漏掉了几处脚注,安德森之前确立的传统主义者权威形象被击碎了。

对于这起剽窃指控,安德森说:"我的错。"他解释道,他在自己的手稿中按照标准做法,添加了脚注。但这本书的编辑想要每个脚注里都标明安德森查阅这些资源的详细日期与时间。安德森觉得这些工作是"笨拙又古板的",而且没什么意义。为了逃避编辑关于时间说明的坚持,安德森决定往手稿里直接添加所属说明。他的目标是:无缝阅读。但是受迫于截止日期临近,他说他漏掉了本来想要添加的部分文内注释。

在这些未注明来源的片段被曝光后,安德森的出版商亥伯龙出版社很快在该书的在线版中添加了脚注。亥伯龙也承诺在这本书的再印版本中把注释加进去。

但是,伤害已经造成了。那些脚注纯粹主义者从安德森的这个疏忽中找到了可以大加批评的机会。

正方

传统主义者认为,学者或其他创造了新的知识产权的人只有在作品中注明他们参考过的作品来源才是正确的。对于传统主义者而言,这是一个道德问题,是一个对错选择的问题。他们称那种未经允许甚至未注明来源就使用他人成果的行为为盗窃。

> **反方**
>
> 为了抑制信息自由流通而人为设置的限制最终是会失败的。那么为什么还要跟不可避免的情况抗争呢?像脚注这种老旧的惯例应该被看成阻挠信息和思想自由交换的壁垒,是一种人为的阻挠。

深化你的媒介素养

探索问题:限制在自身成果中使用他人的知识产权是有道德基础的。直接使用,声称别人的成果是你自己的,这样不好——甚至仅仅被人这样猜测都很不好。

深入挖掘:美国宪法间接提到了剽窃问题。宪法保障知识产权的创造者,包括作家、诗人、作曲家和作词家,不会因被抄袭而丢失这些成果。请查阅宪法第1章第8节第8款,然后把其中体现的国家创始人的基本理念转换成当代语言。同时,解释宪法中所说的是什么意思。

你怎么看? 数字化技术背景下,传统道德律令对剽窃行为的反对是不是显得过时了?

17.7.2 歪曲事实

珍妮特·库克①(Janet Cooke)在《华盛顿邮报》的飞速蹿升势头在她接受普利策奖那天之后就开始迅速瓦解。她的编辑们最初对她的报道《吉米的世界》印象十分深刻。这则报道讲述了一个吸食海洛因成瘾的儿童的故事,并获得了普利策奖的提名。这个扣人心弦的故事如此开头:"吉米才八岁,但已经是第三代海洛因吸食者了。他是个早熟的男孩儿,长着一头亚麻色的头发和一双褐色的眼睛。然而孩子皮肤细嫩的褐色瘦胳膊上却斑斑点点布满针眼。"库克称,她是在获得了吉米的母亲和他母亲的情人——一个毒品贩子的信任后做的这则报道。她说,她能够接触吉米的前提是,承诺不会透露他们的真实姓名。

这则发表在头版的报道震动了华盛顿,人们要求把吉米从他妈妈身边带走并给他安排一个寄养家庭。《华盛顿邮报》拒绝为当局提供帮助,因为库克向自己的信源承诺会为其保密。于是,市长下令警方,不管是否能够获得《华盛顿邮报》的帮助都要找到吉米。几百万美元被花在警方挨家挨户的搜查工作中。17天以后警方放弃敲门寻找吉米。对于《华盛顿邮报》的这篇报道的一些质疑之声开始出现,但是报社还是坚定地支持他们的记者。

珍妮特·库克在25岁时以极其出色的资历被招进《华盛顿邮报》。她的简历显示,她以"优异成绩"从瓦萨学院毕业;之后在巴黎的索邦大学上学;从托莱多大学获得硕士学位;会说多国语言;在《托莱多刀锋报》有两年的新闻工作经验。《华盛顿邮报》的一名编辑本·布拉德利(Ben Brandlee)说:"她拥有一切。她很闪亮。她很善于辞令。她很漂亮。她东西写得也漂亮。"她还是个黑人,这对《华盛顿邮报》来说尤其具有吸引力,因为当时《华盛顿邮报》正在努力提升黑人员工的比例,以尽量靠近其报纸发行区域内黑人人口的比例。

在《吉米的世界》这篇报道问世六个月之后,普利策评奖委员会宣布了他们的决定,并发布了珍妮特·库克的生平信息表。美联社在试图验证这些信息时很快就发现了一些与实际不符的内容。事实证明,珍妮特·库克在瓦萨学院读了一年书,但并没有像她自己说的那样

---

① 珍妮特·库克:虚构事实的典型案例。

以优异的成绩毕业,托莱多大学也没有授予她硕士学位的记录。于是,突然之间,在《吉米的世界》刚刚发布之后就已经初步形成的那些质疑,强度立刻加大。《华盛顿邮报》的编辑们与库克进行了谈话,质询她那些证明她被录取的信息。不,她承认道,她并不会多国语言。瓦萨学院的读书经历是假的。更关键的是,编辑们质问她是不是真的有一个吉米存在。这次审问持续到了晚上,而最终,珍妮特·库克坦白了一切:根本没有需要保密的信源。没有吉米这个人。她捏造了这个故事。她最终辞职,而极其尴尬的《华盛顿邮报》也归还了普利策奖杯。

在类似《吉米的世界》这种纯粹虚假报道的案例中,人们很容易确定道德的缺失。当珍妮特·库克短暂地在公众面前出现并解释自己的行为时,她说她那么做是因为《华盛顿邮报》要求记者产出夺目的、轰动性的报道,这让她压力巨大。考虑到她曾经在自己的简历上作假的欺骗模式,大多数人对于这种解释并不满意。

然而,有一些歪曲事实的报道并不是如此不可接受的。以下是广受讨论的几种:

创造新闻。为了吸引更多外界的目光到其客户身上,公关人员会组织媒体活动。这种行为被称作**创造新闻**①(staging news)。这些活动被设计得令记者们难以拒绝。比如,针对热点问题的集会和游行总是有办法登上报纸的头版、杂志的封面和晚间新闻,因为它们容易上镜头的特点使它们相比于一些视觉效果差一点,但有时更有意义的活动而言,更占优势。对于这些公关人员而言,道德问题不那么重要,他们预先就清楚自己在做什么。道德问题对于记者而言才是个更严重的问题,因为他们虽然声称要准确、平衡地报道一日之事,但却频繁地过多报道那些公关人员设计的创造新闻,只因后者被设计得更上镜,也更容易报道。

再创造。一些根据真实故事编制的**社会写真节目**②(reality programs)中的**场景再现**③(Re-enactments)其实并不像节目标榜的那样。《哥伦比亚新闻观察》杂志的作家菲利普·维斯(Philip Weiss)提供了这样一长串例子:墙上的倒影显示一个女人拿着锤子走向她丈夫,一个没有被拍到面部的演员拿着一罐煤油要去把他儿子烧死,一个独轮手推车上有一具一只手垂下来的尸体,一个侦探打开一辆车的后备箱并且因为一具腐烂的尸体发出的恶臭而感到晕眩。尽管将再创造的画面与严格的新闻镜头结合的方式让很多批评家反感,但其他人觉得这样可以帮助人们了解新闻背景里的情境。纪录片也有同样的问题,这些影片将真实的事件与戏剧的再创造相结合。

选择性编辑。编辑的过程,就其本质而言,就是要记者做出决定,哪些信息是最需要重点强调的,而哪些信息又是最不重要甚至可以舍去的。从这个意义上说,所有的编辑工作都是选择性的。但是**选择性编辑**④(selective editing)这个术语指的是以歪曲事实为目的的选择,主要发生在作家、编辑和其他媒体人过度发挥文学造诣、故意歪曲事实的时候。选择性编辑也可能出现在戏剧中。

虚构手法。20 世纪 60 年代后期的许多关于媒体描写人和事件的试验总体上被称作**新新闻主义**⑤(new jouralism)。人们很难给这个术语下定义,因为它包含了太多方法。这其中最受争议的方法之一就是,将虚构手段运用到热点话题的报道中。这种手段在图书出版业

---

① 创造新闻:创造一个活动来吸引新闻媒体的关注与报道。
② 社会写真节目:完全基于真实故事的广播电视节目。
③ 场景再现:还原真实的事件。
④ 选择性编辑:通过遗漏和剪接部分信息来歪曲事实。
⑤ 新新闻主义:将虚构和非虚构技巧相结合。

是被普遍接受的,但是一出现在新闻媒体领域就引发了争议。性格描述变得比以前更重要,包括对描述对象的想法的假定推测等。作者的想法变成了此类报道的一个重要组成部分。对于这种新闻写作方法的辩护声主要是,传统的、仅以事实为根据的报道方式无法呈现那些值得新闻工作者深度探索的复杂事件。这种方法体现出的深刻的道德矛盾往往通过明白地告诉读者新闻作者的意图而得以化解。尽管如此,这种方法在当时是颇具争议的,后来也一直如此。不过,当这种虚构手法像《吉米的世界》一样完全将捏造的内容当作事实的时候,对其本身也就无可辩护了。

媒介时间线

早期

媒介伦理里程碑

亚里士多德
中庸之道(前400)

耶稣
"己所不欲,勿施于人"(20)

重大事件

- 希腊人在马拉松战役中击败波斯人(前490)
- 雅典民主(前430至今)
- 罗马人统治地中海地区(前300至250)

亚里士多德的中庸之道

18世纪

媒介伦理里程碑

康德
绝对命令(1785)

重大事件

- 约翰内斯·古腾堡的金属活字印刷术(15世纪40年代)
- 马丁·路德发起改革(1517)
- 科学时代、理性时代开启(17世纪至今)
- 艾萨克·牛顿的自然法则(1687)
- 工业革命(18世纪60年代至今)
- 美国独立战争(1776—1781)

康德,少一些直觉,多一些智慧

19世纪

媒介伦理里程碑

约翰·斯图尔特·密尔
功利主义(1865)

黄色报刊
追求轰动成为新闻业的一大要素(19世纪90年代)

重大事件

- 摩尔斯发明电报(1844)
- 达尔文关于人类进化的开创性成果(1859)
- 美国南北战争(1861—1865)
- 连接大西洋和太平洋海岸的铁路通车(1869)
- 韦兰·艾尔开设了第一家广告公司(1860)

缅因州爆炸符合赫斯特和普利策的侵略主义

20世纪	**媒介伦理里程碑** **约翰·杜威** 实用主义（1903） **新闻伦理学** 厄普顿·辛克莱在《贿赂》一书中揭露新闻业腐败现象（1919） **道德规范** 美国报纸编辑协会通过了第一套道德规范（1923） **社会责任** 哈钦斯委员会要求媒体要对社会负责（1947） **将道德决策视为过程** 拉尔夫·波特设计了用于处理道德困境的四象限模型（1965） **约翰·罗尔斯** 无知之幕（1971） **重大事件** ● 妇女获得投票权（1920） ● 经济大萧条（20世纪30年代） ● 网景浏览器推动网络成为大众传播工具（1997）	
21世纪	**媒介伦理里程碑** **政治广告** 不真实的、误导性的负面广告，包括乔治·W.布什的支持者们通过"快艇"事件对总统候选人约翰·克里发起的广告攻击（2004） **媒体代罪** 总统候选人里克·佩里、赫尔曼·凯恩、纽特·金里奇和罗恩·保罗支支吾吾地声称媒体报道存在歪曲（2011） **网络** 随着人们接触数字化媒体越来越容易，剽窃行为持续增加（21世纪） **重大事件** ● "9·11"事件（2001） ● 伊拉克战争（2003—2011） ● 卡特里娜飓风（2005） ● 乔治·W.布什总统任期（2001—2009） ● 经济大萧条（2007—2009） ● 奥巴马出任总统（2009—2017）	 *破坏网络发展潜力的意识形态和马虎态度*

17.7.3 送礼、公费旅游与请客吃饭

厄普顿·辛克莱①(Upton Sinclair)在他 1919 年出版的以新闻业道德水准为主题的先锋作品《贿赂》(*The Brass Check*)中描绘了新闻人是如何通过受贿来帮助他人发表报道的。今天，所有的媒体道德规范都谴责送礼和贿赂行为。尽管如此，还是有人通过送礼来拍大众媒体的马屁，比如，一名大学体育经纪人在圣诞节的时候给一位体育专栏作者送了一瓶威士忌来向其示好。类似的示好可以有很多种形式：媒体鉴赏午餐；免费的出国旅游，即所谓的"**公费旅游**"②(junket)，尤其是给旅行专栏作者的；为歌剧报道铺路的剧院季票；在特定商店的折扣；等等。

尽管始终都有反对送礼、拍马、免费游、特殊照顾以及特权的道德规范的告诫，但是如果这些东西不影响记者的报道并且送礼人对此表示理解的话，其实这中间也没什么本质上的错误。给人好处的行为与其说是道德问题，倒不如说是现实问题。接受好处或许好或许不好，但它至少看起来很不好。很多的道德规范对此并未做重要区分。有一种对此做了区分的是美联社总编辑的道德规范准则，它是这么表述的："记者必须避免不正当或**看上去不正当**的行为，以及任何有利益冲突或**看上去有利益冲突**的行为。他们永远都不应该接受任何东西，也不该追求那些可能危害或**看上去可能危害**他们的正直的活动。"美联社总编辑的忠告至少承认了这两者是有区别的：一种是本质上就是错的不合适行为，这是一个道德问题；另一种是感觉上可能是错的行为，这是一种不应该鼓励，但不一定就不道德的行为。

礼品和好处统称**免费赠品**③(freebies)。在道德规范一直禁止免费赠品的同时，很多新闻机构还是接受免费的电影票、喜剧票、演唱会票和其他入场券，以及唱片、书籍和其他用于审阅的材料。它们的理由通常是，它们的预算只允许它们审阅那些免费到手的材料。或者，如果这些材料都需要购买的话，它们的受众将不再能读到它们的媒体审阅点评。它们会说："现在新闻编辑室的预算都很紧，你懂的。"对此的一种反对意见是，如果一家新闻机构都付不起经营的费用，那它也不应该继续经营下去。很多新闻机构坚持为自己的记者购买那些需要入场费的场合的门票，比如选美大赛、体育比赛等。当然，有媒体席或是特殊媒体设备的情况是例外。有些媒体一旦收到了免费的唱片、书籍和样品就会把它们退回去或是捐给慈善机构，以避免给人留下被收买的印象。

有一些媒体机构通过为好处提供回报来应对"不正当性"的问题。很多智力竞赛节目坦言会为那些给了它们旅行、住宿赞助和其他奖品的公司提供"促销安排"。同样坦率的还有，那些出版商，它们声明正是有了季票和免费样品，它们才有能力在体验之后发布媒体点评。为好处提供回报并不能抛却道德问题，但至少它坦率面对了。

📁 思考

- 传统的媒体实践如何使对于剽窃行为的评价变得模糊？
- 创造，甚至是虚构有没有可能在新闻生产领域有一个正当的地位？在篇幅较长的新

---

① 厄普顿·辛克莱：《贿赂》的作者。
② 公费旅游：有人买单的旅游，但对方可能期待回报。
③ 免费赠品：赠送者免费送出，但可能以此期待回报的赠予物。

闻作品,比如人物传记中呢?
- 假设你是一名新闻编辑,国民警卫队向你提出这样的提议,即用警卫队的飞机运送一名记者到家乡部队的例行训练现场,你会怎么处理?这名警卫队的公共关系官员还说:"让记者带上一个平板电脑、一支笔和一个相机就可以了。我们会提供住宿、现场用餐、防弹衣和其他所有东西——甚至包括一件纪念T恤衫和一个警卫队棒球帽。"

本章小结

道德的困境

媒体人不缺职业道德规范,每个专业的机构都有类似章程。由于道德规范数量太多,人们便很容易将职业道德臆断为只需要学习规则并遵守它们的简单问题。但他们忽略了道德问题的复杂性。那些用广义的术语所表达出来的道德规范指令并不能替代一个聪明的大脑和人们对普遍意义上的通用原则所进行的实际运用。

媒介伦理

大众传播者尝试在总是令人混淆的义务组合方面做得更好。比如,一个基本的义务就是,为受众服务。但是由谁来定夺,什么内容能最好地服务受众呢?《纽约时报》和《国家询问报》的编辑们就这个问题可以无休止地辩论下去。试想一下那些有广告支持的媒体,当它们的广告客户的利益与受众利益并不一致时怎么办。这是许多关于广告道德问题辩论的关键,比如那些充满脂肪的、以孩子为主要消费者的甜品小吃。

道德法则

几个世纪以来,哲学家们努力找出能够对所有道德困境进行梳理的全面准则。18世纪的伊曼努尔·康德提出了"绝对命令"——每个人在所有情况下处理任何事情时都会认可的广泛原则。康德的想法并不是规定性的,它更多地被看成是对全面的思考、清晰的思路与思维一致性的呼吁。

过程 vs. 结果

没有什么能够比义务论者和目的论者之间的矛盾更好地展示道德伦理的复杂性。义务论者强调创造好的规则,因为他们认为,遵循好的规则会导致好的行为表现。而目的论者对此会说,"呵呵,这可不好说"。他们可以举出各种各样本意很好但是在特定场合适得其反的规则。目的论者认为,结果可以更好地用来评价行为。于是,第三类伦理学家开始从头审视每一种道德困境。他们的想法是,不考虑更宏大的哲学框架,而是思考某种具体情况下的事实问题。但是,对这些境遇伦理学家的批评指出,没有哪两个人的思维方式是一样的。在没有一致认同的原则的前提下,人们对于如何处理困境最终会有差异巨大的想法。不是每个人都能做得正确。

波特的盒子

从定义上来看,一个道德困境是没有完美的解决方法的。这正是困境的"困"之所在。一种处理这种问题的有效方式叫作"波特的盒子"。这种方法从事实入手,运用价值与原则,相关人员身上究竟是对什么事物的忠诚影响了他们的想法。波特的盒子强调的不是一种旨在寻找答案的用脑的过程。

伦理、法律与实用性

道德和法律之间的关系是混淆在一起的。当某人声称只要是遵守法律的行为就一定是有道德的行为时,这种混淆得到了最好的展示。道德伦理没这么简单。想想那些历史长河中的告密者们,他们违犯了国家安全相关的法律,但是也因揭露了政府的错误行为而被誉为英雄。有时,在某一行业里,人们会将道德伦理跟标准和惯常做法混淆起来。而事实上,惯常做法就其效力而言,是需要人们对其进行持续的再思考的。模仿过去的行事方法或许是在实践良好的行为,但或许又并非如此。

令人不安的媒介问题

很多标准的媒体行为可以称得上是阴暗的。没什么比剽窃更有问题了。每个人都谴责剽窃行为是偷盗性质的不诚实行为,但是人们在创造媒体文本时还是大量地"借用"。大量电影盲目地追随当红的电影主题就是一个例子。这与"歪曲事实"的行为差别不大,而后者是很容易受到谴责的。约翰·霍华德·格里芬(John Howard Griffin),作为一个白人把自己的皮肤染黑,之后来到20世纪50年代的美国南部,去见证那里的种族歧视问题,而最终帮助触发了民权运动。对于他该怎么看呢?他也歪曲了关于自己的事实。那么他的行为是正确的还是错误的?

批判性思考

1. 为什么道德规范不能预期所有的道德问题?这会限制媒体道德规范的价值吗?
2. 媒体受众如何影响媒体道德?
3. 有哪些前人遗留下来的原则可以帮助媒体人梳理困境问题?
4. 基于过程和基于结果的道德体系如何对媒体行为产生不同的指导?
5. 为什么波特的盒子比道德规范更加让人满意?
6. 法律与道德伦理有什么区别?与惯常做法有何区别?与人的审慎思考的区别又在哪里?
7. 讨论一下,有哪些可疑的媒体事件是与很多道德原则相违背的。

媒介术语

accepted practices 惯常做法
canons of journalism 新闻规约
categorical imperative 绝对命令
code of ethics 道德规范
deontological ethics 义务伦理学
divine command theory 神明指示论
Do Unto Others 己所不欲,勿施于人
egalitarianism 平等主义
freebies 免费赠品
Golden Mean 中庸之道
junket 公费旅游
libertarian theory 自由主义论

misrepresentations 歪曲事实
new journalism 新新闻主义
plagiarism 剽窃
Potter's Box 波特的盒子
pragmatic ethics 实用主义伦理
prescriptive ethics 规范伦理
principle of utility 功利原则
prudence 审慎思考
reality programs 社会写真节目
re-enactments 场景再现
secular command theory 世俗命令论
selective editing 选择性编辑

situational ethics 境遇伦理学
social responsibility 社会责任
staging news 创造新闻

teleology 目的论
veil of ignorance 无知之幕

■ 媒体资源

→Dan Gillmor. *Mediactive*. Lulu.com, 2010. Gillmor, 一名科技记者和学者, 认为好的媒体习惯可以帮助消费者避免被动媒体消费的陷阱。

→Howard Good and Sandra L. Borden, editors. *Ethics and Entertainment*: *Essays on Media Culture and Media Morality*. McFarland, 2010. 集合了关于媒体娱乐业的道德问题方面广泛的学术作品与思想。

→Thomas Bivins. *Mixed Media*: *Moral Distinctions in Advertising*, *Public Relations and Journalism*. Erlbaum, 2004. Bivins 教授强调在选择行为方式时, 道德方面的考量所能产生的影响。

→Clifford G. Christians, Kim B. Rotzoll and Mark Fackler. *Media Ethics*, sixth edition. Longman, 2002. 这些学者在描述康德的绝对命令理论和其他构建媒体道德规范的哲学体系方面做得很好。

→Ralph B. Potter. "The Structure of American Christian Responses to the Nuclear Dilemma, 1958-1963." Potter 在他 1965 年的哈佛大学博士论文中描绘了后来被人们所熟知的"波特的盒子"模型。

▶ 本章主题性总结

媒介伦理

为了更好地巩固你的媒介知识, 此处用贯穿本书的几个主题来展现本章内容。

媒介技术

将网络上的信息视为准确信息给国会女议员米歇尔·巴赫曼带来问题。

大众媒体历史上不断变化的科学技术带来了一些此前无法预期的道德挑战。年轻一代人的一个逐渐加剧的现实问题就是缺乏一种道德敏感性, 他们的行为包括批量复制网络文本, 然后在未注明来源的情况下把它们粘贴到自己的成果中去。剽窃一直都是大众媒体领域的一个难以解决的问题, 尤其是在面临截止日期的压力和人们持续重组文本的行为习惯的影响时。不论是否有帮助, 媒体人已经对信息交换的条件和规则达成了一致的认识。然而, 甚至是这些被广泛认可的习惯标准还是会引起一些学术领域的纯粹主义者的战栗——"天哪! 没有脚注吗?"随着信息数字化的推动, 自由复制行为被越来越多的人接受, 这个问题变得更加紧要。人们需要重新审视过去的行事方法了。

传媒经济学

找到能替代广告的收入来源就可以避免一些义务所带来的道德问题。但是依赖广告收入的媒体公司又该怎么经营下去呢?

依赖广告收入的媒体对其经济来源——广告商有许多义务。但是媒体也需要对其他一些利益主体和价值观念负责,包括读者、雇主。另外,事实本身当然也不容忽视。权衡这些义务和责任会带来各种各样的道德困境。试想,一家杂志在财政上依赖一种可疑的伟哥替代品的广告投放,不上这条广告可能就意味着这家杂志会破产,但对于本指望从这家杂志的文章中受益的读者而言,这家杂志提供的内容服务质量将是如何呢?

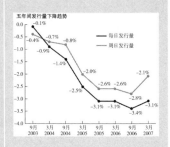

媒介伦理

新兴技术让几乎每个人都可以为媒体市场贡献内容,这意味着很多新的大众传播者可能对哈钦斯委员会倡议的那些社会责任并不了解。

1947年,由罗伯特·哈钦斯牵头的一个一流的知识分子小组号召媒体要对社会负责。哈钦斯委员会的这种想法总体上受到了媒体的欢迎,尽管也有一些显著的例外。今天的媒体不再仅限于那些很容易识别的、拥有设备和手段来接触广大受众的媒体公司。新兴科技让几乎每个人都可以进入媒体市场,这些人很多从未听说过哈钦斯委员会,对于他们流传下来的这些理念也一概不知。

媒体与民主

选民需要对候选人的生平履历知道多少?

为了让民主发挥它应有的作用,人们需要准确、及时、有用的信息。正义的媒体行为包括提供全面的报道,但是否完全没有限制呢?在美国2000年的大选期间,缅因州的一个勇敢的记者揭露了乔治·W.布什30多年前的一起酒驾案,布什的竞选团队对此大为光火,用了诸如"不相关""不公平"和"诽谤"等词来回应。其他人却将此视为布什没有坦白过去的一个证据。他们表示,布什曾经想要删除这个不良记录。他们认为这是选民们应该知道的布什本人的一个性格缺陷。

精英主义与民粹主义

通常,走向媒体职业的道路都要涵盖伦理方面的教育。而现在,任何人只要有一台能上网的电脑就可以做媒体了。他们真的准备好了吗?

数字化的实现给了几乎每个人一个大众媒体扩音器。看看你的身边。谁没有建立一个 Facebook 主页或是成为博主的能力?大众媒体的民主化触发了人们的这样一项需求:重新评价传统媒体所采用的规则。比如说,伦理行为在几百年来都是以版权条例和被广泛接受的诸多限制为前提的,如那些生产媒体信息的训练有素的专业人员所遵守的针对诽谤、隐私和下流信息等方面的限制。这些惯例又得到了一系列机构的加强，包括新闻学院和其他的职业导向教育项目等。而今天，没有人需要一个文凭才能发布博客或是登录Facebook。

媒体的未来

处理困境时，仔细思考的重要性无可替代。

新兴技术带来改变，而人们的价值观也在进化。因此，专业的媒体协会还会继续改进它们的道德规范，尤其是在应对那些之前未能预期的问题方面。这些准则会给那些游走在合适行为边缘的媒体人带来压力，这些人缺乏法律的强制，最有可能受道义劝告的影响。而面对那些体现矛盾义务的复杂问题，这些准则还会跟以往一样，作用有限，很难帮助人们找到答案。只有通过仔细思考才有可能解决道德困境，而且即便那样都很难达到普遍满意。

波特的盒子（POTTER'S BOX）
1. 情境（Situation）
2. 价值观（Values）
3. 原则（Principles）
4. 忠诚（Loyalties）